NOUVELLE

HISTOIRE DE PARIS

ET DE SES ENVIRONS,

PAR

M. J. DE GAULLE,

Ancien élève de l'École des Chartes et professeur d'histoire,

AVEC DES NOTES ET UNE INTRODUCTION

PAR M. CH. NODIER,

De l'Académie Française.

PARIS.

P. M. POURRAT FRÈRES, ÉDITEURS,

RUE JACOB, 26.

M DCCC XLI.

NOUVELLE HISTOIRE
DE PARIS
ET DE SES ENVIRONS.

(ENVIRONS.)

PREMIÈRE PARTIE.
RÉGION DU NORD.

La région qui s'étend au nord de Paris, dans le rayon de vingt lieues que je me suis prescrit pour limite, comprend, dans le département de l'Oise, les arrondissements de Senlis, de Compiègne, de Beauvais et de Clermont : dans le département de l'Eure, la ville de Gisors et ses environs, qui font partie de l'arrondissement des Andelys : dans le département de Seine-et-Oise, l'arrondissement de Pontoise avec quelques communes voisines de la Seine, qui dépendent de l'arrondissement de Versailles ; enfin, dans le département de la Seine, la ville de St-Denis et la plupart des villages de son arrondissement. Tel est l'ordre que nous allons suivre dans la description de ces belles contrées, si riches par la fécondité du sol et par les merveilles de l'industrie, si intéressantes par les souvenirs et les monuments du passé.

HISTOIRE ET DESCRIPTION
DES ENVIRONS DE PARIS.

CHAPITRE PREMIER.
DÉPARTEMENT DE L'OISE.

§ Ier

ARRONDISSEMENT DE SENLIS.

I. SENLIS.

SENLIS, comme toutes nos anciennes villes, a son origine romaine et son appellation latine. D'après quelques historiens, une peuplade gauloise ou celtique, du nom de *Silvanectes*, d'autres disent *Silvancetes*, habitait son territoire sur un espace d'environ 70 lieues. Quelques auteurs du VIIIe siècle ont appelé ces peuples *Senletences*. Pline parle le premier des *Sylvancetes*, qu'il place, non pas aux environs de Paris, où est aujourd'hui situé Senlis, mais dans une contrée de la Belgique, et il les nomme *Ulmancetes* ou *Ulbancetes*. Ptolémée les nomme Συεανετα ou Συεανετα. La notice de l'Empire dit *Sylvancetas Belgicæ secundæ*, et Pline joint à leur nom l'épithète de *Libri*.

Ces divers noms peuvent avoir de l'intérêt pour les érudits dont toute la science consiste à discuter sur les mots, à comparer de vieux textes et à les user, en quelque sorte, à force d'en vouloir faire jaillir quelque lueur; que Senlis se soit appelé ou non, comme le prétend Ptolémée, *Rotomagus* ou *Augustomagus*; ce qu'il y a de certain, c'est qu'elle était, au VIIIe siècle, une des plus importantes villes du royaume, et que sous la première race de nos rois elle avait le privilège de battre monnaie.

Les Romains en avaient fait une place forte. Les murs d'enceinte, dont il reste encore des vestiges, étaient construits de moellons séparés par plusieurs rangs de briques. Ce genre de construction, que l'on retrouve dans tous leurs ouvrages, dans les fortifications et dans les monuments publics comme dans les édifices privés, semble indestructible.

Au IXe siècle, Senlis tenait un rang important parmi les villes du royaume. En 853, son château servit de prison à Pepin, roi d'Aquitaine.

Charles-le-Chauve y fit renfermer son fils Carloman, convaincu et déclaré coupable par le concile d'Attigny d'avoir commis des crimes odieux. Plus tard, en 873, un nouveau concile le condamna à mort; mais sa peine fut commuée en une prison perpétuelle, qu'il subit après avoir eu les yeux crevés.

Les fastes militaires de Senlis datent du Xe siècle. L'empereur Othon, à la tête d'une armée formidable que l'on évalue à cent mille hommes, après avoir pris et saccagé Reims, marcha sur Senlis. La résistance de cette ville fut l'écueil de ses conquêtes; il ne put s'en emparer.

Grace à sa situation sur une colline, à la force de ses tours, de ses murailles et de son château, Senlis eut le privilége d'être la résidence d'une partie des rois capétiens. Plus tard, Louis-le-Gros, Louis-le-Jeune, Philippe-Auguste, Louis VIII, St-Louis, l'habitèrent une partie de l'année.

Senlis fut érigé en comté sous les rois de la seconde race. Pendant plusieurs siècles, ce comté fut tantôt séparé, tantôt uni au comté de Vermandois, au duché de Valois. Cette ville subit toutes les phases de la féodalité, supporta toutes les misères des guerres civiles, endura toutes les exactions des seigneurs, et sut, l'une des premières, s'en affranchir lors de la formation des communes.

L'histoire a conservé la filiation des comtes de Senlis, depuis le comte Pepin jusqu'à la réunion définitive du Valois à la couronne. Parmi ces comtes, il en est fort peu dont la postérité ait répété les actions glorieuses, et dont les peuples aient gardé quelque souvenir.

Ce fut en 1173 que la commune de Senlis obtint sa charte d'établissement, confirmée, en 1201, par lettres patentes de Philippe-Auguste, datées de Pont sur Yonne, et par celles de Louis VIII, données à Paris en 1223. On connaît peu de chartes de communes aussi anciennes que celle-là.

Philippe-Auguste épousa en 1180 Elisabeth de Hainaut; après avoir reçu la bénédiction nuptiale à Reims, il vint à Senlis, où il célébra son mariage par des fêtes brillantes.

En 1214, à la bataille de Bouvines, Guérin, évêque de Senlis, se fit remarquer par son courage; il contribua par ses conseils et par ses talents, au gain de la bataille. Nous aurons occasion d'en reparler bientôt.

Aux XIVe et XVe siècles, Senlis souffrit beaucoup de l'invasion des Anglais, de la révolte des paysans et des prétentions des vassaux qui se disputèrent l'autorité pendant l'époque déplorable du règne de Charles VI. Les factions, les divisions entre les princes du sang mirent le royaume à deux doigts de sa perte; Henri VI d'Angleterre fut couronné roi de France, mais rien n'était moins propre à calmer la fureur des partis; l'esprit de nationalité s'indigna, et de toutes parts les populations se soulevèrent. Senlis, toujours fidèle à son roi, refusa de recevoir dans ses murs le duc de Bourgogne allié de Henri VI. Investi par des troupes nombreuses, et craignant par sa résistance d'exposer la ville à de grands malheurs, le commandant capitula à des conditions honorables, et les Senliciens eurent la douleur de voir les plus cruels ennemis de la France, sous la bannière d'un rebelle, prendre possession de leur cité. Plusieurs d'entre eux l'abandonnèrent, et lorsqu'en 1418, Charles VI vint, à la tête d'une forte armée, mettre le siége devant Senlis, la ville était presque vide d'habitants. Les Bourguignons se défendirent si bien et l'armée du roi souffrit tellement des sorties fréquentes que faisaient les ennemis, que le connétable, qui avait juré de détruire la ville, fut obligé de se retirer avec son armée épuisée de fatigue et réduite à un petit nombre d'hommes. L'armée royale fut exaspérée de cet échec, et s'il faut s'en rapporter à ce que raconte à ce sujet le *Journal de Charles VI,* les gens d'armes exercèrent entre Paris et Senlis d'horribles cruautés : « Vrai fut que les anciens des dits gens » d'armes furent pleins de si grandes cruautés et tyrannie, qu'ils » rôtirent hommes et enfants au feu, quand ils ne pouvaient pas » payer leur rançon. »

Les Senliciens déploraient amèrement ces malheurs et détestaient le joug anglais. Ils étaient impatients d'ouvrir les portes de leur ville au roi et à ses troupes; mais les soldats bourguignons et anglais ne laissaient aux habitants aucune liberté, aucun moyen de manifester leur désir de rentrer sous la puissance de leur souverain légitime. Bientôt le duc de Bedfort a établi son quartier-général dans la ville, il y commande au nom du roi d'Angleterre; il tolère les exactions de ses soldats, et ne montre pour le peuple ni amour ni pitié. Dans ces temps déplorables, où la force brutale et les passions violentes tourmentaient la société, partout la vie des hommes était un jouet, le sentiment de la propriété, méconnu, et de malheureuses ambitions excitées par un événement plus malheureux encore, la folie de Charles VI, mettaient le comble au désordre.

Le règne de Charles VII fut brillant dès son début. Autour de lui se groupent de grands capitaines, d'habiles généraux; plusieurs victoires, préludes de l'expulsion totale des Anglais, ramènent la confiance dans la nation. L'armée anglaise est battue sur plusieurs points. Elle est affaiblie par le soulèvement des populations animées par l'exemple d'une jeune fille, qui par une inspiration du ciel, rend à la bannière des lys son prestige glorieux.

En 1425, Senlis est toujours au pouvoir des Anglais, mais les habitants sont dans les intérêts de Charles VII. Comme elle, les autres villes du Valois n'attendent que le moment favorable pour le recevoir et reconnaître son autorité.

Après le siége d'Orléans, l'occasion se trouvant propice, les Senliciens prirent les armes, chassèrent les Bourguignons et les Anglais, et tout ce que la ville renfermait de gens notables, alla aussitôt après à Compiègne, rendre hommage à Charles VII et le reconnaître comme l'unique souverain de la France.

Senlis n'a rien à se reprocher dans l'histoire des guerres où la religion n'était que le prétexte, et où les plus saints devoirs qu'elle nous impose servaient d'auxiliaires à l'ambition des partis qui déchiraient l'état. La nuit de la St.-Barthélemi fut vierge de crimes à Senlis. Les huguenots furent avertis assez tôt pour se mettre en sûreté contre les premières fureurs des plus aveugles fanatiques.

La ligue signée à Péronne le 13 février 1576, portait ce titre : « Association faite entre les princes, seigneurs, gentilshommes et » autres, tant de l'état ecclésiastique que de la noblesse et du tiers-» état, sujets et habitants de Picardie. » Le maréchal de Montmorenci, gouverneur de l'Ile-de-France, ayant convoqué les habitants de Senlis, et leur ayant demandé s'ils adhéraient à cette association, ils firent cette réponse digne d'être recueillie par l'histoire : « Que, » toujours fidèles au roi, ils ne voulaient cependant pas entrer en » association et ligue particulière au préjudice de la liberté fran-» çaise. » La ligue ne fut point signée.

La conduite des habitants ne se démentit pas. Les ligueurs essayèrent plusieurs fois de pénétrer dans la ville, mais ce fut en vain. Ils furent obligés d'avoir recours à la trahison pour s'en emparer. Les intrigues de l'évêque, Guillaume Roze, du parti de la ligue, finirent par persuader quelques notables ; ils firent ouvrir, par ruse, les portes de la ville, dans la nuit du 17 février 1589, à des troupes commandées par le sieur Rasse, et les Senliciens se trouvèrent à leur insu livrés aux ligueurs ; mais ils ne tardèrent pas à se venger de la déloyauté de leur évêque et à secouer le joug du commandant Rasse. Montmorenci de Toré, seigneur de Chantilly, fut introduit dans Senlis avec trente hommes, le 26 avril suivant ; il s'empara de Rasse, fit la garnison prisonnière, et proclama la souveraineté de Henri III. L'acte d'adhésion fut brûlé solennellement et on fit serment d'être fidèle au roi.

Le 17 mai de la même année 1589, le duc de Longueville et La Noue Givri, vinrent au secours de Senlis, qui venait d'être attaqué par les ligueurs, à l'instigation de l'évêque Roze, alors à Paris. L'armée assiégeante, commandée par le duc d'Aumale, pouvait être évaluée à vingt-deux mille hommes de troupes et huit mille volontaires. La garnison n'était composée que de six cent trente hommes soldés, quelques gentilshommes et quinze cents habitants capables de porter les armes, réunis sous le commandement de M. de Montmorenci. Senlis était défendu par des murailles, des tours, des pont-levis, des bastions, des herses, qui, défendus par des troupes dévouées et un général habile, pouvaient faire une longue résistance. Ces fortifications avaient à l'intérieur un circuit de treize cent quarante-deux toises. On a calculé que la population de la ville était, à cette époque, d'environ quatorze mille cinq cents habitants. Les ligueurs pressèrent le siège avec mollesse, tandis que chaque jour les assiégés faisaient des sorties avantageuses. Trois fois les assiégeants vinrent à l'assaut, mais, toujours repoussés avec perte, ils prirent le parti de se retirer, ayant appris que le duc de Longueville et La Noue Givri venaient au secours des Senliciens, à la tête de quatre mille hommes. Les ligueurs prirent position dans une plaine entre la ville, l'abbaye de la Victoire et Montepiloy. Le duc de Longueville et le brave La Noue les attaquèrent et les mirent en déroute. Le duc d'Aumale, ses mignons et un grand nombre de gentilshommes se sauvèrent en fuyant vers Paris, abandonnant aux vainqueurs tous leurs bagages.

Cette fuite précipitée, après tant de jactance de la part de plusieurs d'entre eux, fut chansonnée par les esprits malins de l'époque. Nous cédons volontiers au désir de citer quelques uns des couplets qui firent fortune parmi le peuple, et que l'histoire a conservés.

A chacun nature donne
Des pieds pour le secourir :
Les pieds sauvent la personne;
Il n'est que de bien courir.

Ce vaillant prince *d'Aumale*
Pour avoir fort bien couru,
Quoiqu'il ait perdu sa malle,
N'a pas la mort encouru.

Courir vaut un diadème :
Les coureurs sont gens de bien :
Trémont et *Balagny* même,
Et *Congy* (1) le savent bien.

Qui bien court est homme habile,
Et a Dieu pour reconfort;
Mais *Chamoin et Maineville*
Ne courent pas assez fort (2).

Les ligueurs ne furent pas rebutés par cette défaite. Ils conservaient contre Senlis une haine profonde et ils résolurent de s'en rendre maîtres par tous les moyens possibles. Mais le bon esprit des habitants et la sage administration de M. de Montmorenci rendirent leurs tentatives inutiles. Huit fois ils cherchèrent à y pénétrer, tantôt en s'y ménageant des traîtres, en y introduisant des soldats

---

(1) Trois chefs de ligueurs. — (2) Ils furent tués en fuyant. Le roi nommait *Maineville*, Maineligue ; il était lieutenant du duc de Mayenne et furieux ligueur.

déguisés, tantôt par escalade; mais toujours repoussés par la valeur de la garnison et par la milice, ils se virent forcés d'y renoncer.

A la mort de Henri III, les habitants de Senlis s'empressèrent de reconnaître Henri IV pour leur souverain. Pendant le siége de Paris, ils fournirent à son armée des munitions de bouche et de guerre et tout ce qu'ils purent ramasser d'argent. Henri IV, reconnaissant, les exempta de tailles pendant neuf ans. Ce grand prince ne se contenta point de cette faveur fiscale pour récompenser une ville qui avait tant de droits à son affection, par les sacrifices qu'elle s'était volontairement imposés, il voulut lui témoigner, par sa présence, combien il avait été sensible à son noble dévouement. Dans l'espace de trois années, il la visita dix fois.

Depuis cette époque, l'histoire particulière de Senlis n'offre plus rien de remarquable; elle se confond dans les faits généraux de nos annales. La centralisation politique et administrative du royaume dans les mains du roi, commencée sous Louis IX, continuée par Richelieu, fait chaque jour des progrès. Les provinces sont effacées par la capitale, et les villes perdent de leur importance, à mesure que celle-ci grandit en puissance avec les institutions dont elle est le siége.

Avant la révolution de 1789, Senlis avait un bailliage et siége présidial, une prévôté royale pour la ville et banlieue, un grenier à sel, une maréchaussée, une maîtrise particulière des eaux et forêts, et une capitainerie royale des chasses. Les officiers du présidial rendaient la justice suivant une coutume particulière, appelée la coutume du bailliage de Senlis, qui fut rédigée en l'an 1539 (1).

Senlis était le siége d'un évêché très ancien et suffragant de Reims. Il fut, assure-t-on, fondé par Régulus ou saint Rieul qui vint dans les Gaules avec Saint-Denis, et fut le premier évêque de Senlis. Parmi les évêques qui ont succédé à saint Rieul, il en est trois qui se sont rendus particulièrement célèbres par leur savoir ou par des services rendus à l'état: *Ursus* ou *Ursion*, qui fut chancelier de France, en 1090, sous le règne de Philippe Ier.

Guérin ou *Garin*, natif de Pont-Sainte-Maxence, et chevalier de l'ordre de St-Jean de Jérusalem, fut aussi chancelier de France sous le règne de Philippe-Auguste. On lui donne la principale gloire de la journée de Bouvines, où il rangea l'armée en bataille. Contrairement aux historiens qui rapportent qu'il se servit pendant la bataille d'une massue pour frapper les ennemis, il en est d'autres qui affirment que, nommé alors à l'évêché de Senlis, il se retira dans l'oratoire du roi où il resta en prière tout le temps du combat. Il fut revêtu de la dignité de chancelier jusqu'au règne de Saint-Louis. Il mourut en 1230, regretté de ce grand prince. Sa charge de chancelier resta vacante jusqu'en 1240.

Le troisième des évêques de Senlis qui ont fait honneur à leur

---

(1) *Nouvelle Description de la France*, par Piganiol de la Force.

église et à la France, est le cardinal de Larochefoucauld, né en 1558, évêque de Clermont sous Henri III, cardinal en 1607, évêque de Senlis, en 1613, grand aumônier de France et chef des conseils de Louis XIII. Il mourut en 1645 âgé de 87 ans.

On cite encore l'évêque Guillaume Parvis, qui vivait vers l'an 1350, et qui fut un des meilleurs théologiens de son siècle.

L'évêché de Senlis avait cent soixante-dix-sept paroisses, quarante-quatre chapelles, trois abbayes, neuf prieurés et dix-neuf maladreries; il valait 20,000 livres. Il y avait, en outre, deux collégiales, l'une dite de *St.-Rieul* et l'autre de *St.-Frambourg*; sept paroisses, une abbaye de chanoines réguliers de la congrégation de France, nommée *St.-Vincent*, fondée en 1067, et le prieuré de St.-Maurice, du même ordre. Il y avait aussi une commanderie, une maison hospitalière de St.-Jean de Jérusalem, et plusieurs couvents, savoir : un de cordeliers, un de capucins, un de carmes, un de religieuses de la Présentation, un autre dit *des filles du Calvaire*, un Hôtel-Dieu et un hôpital du nom de *St.-Lazare*.

Il est peu de villes en France qui n'aient eu, soit au moyen-âge, soit dans les siècles suivants, quelques fêtes brillantes à citer dans leurs annales. D'un bout de la France à l'autre, ces fêtes, les unes patronales, les autres rappelant à la mémoire un acte généreux, un magnifique fait d'armes, ou une fondation pieuse, étaient religieusement célébrées par toutes les populations qui attachaient une certaine gloire à n'en pas laisser perdre les traditions.

A Strasbourg, à Valenciennes, à Beaucaire, à Tarascon, à Marseille, au nord comme au midi, ces fêtes étaient placées sous la surveillance municipale, qui en ordonnait et dirigeait les préparatifs ainsi que l'exécution.

A Senlis le jeu de l'arbalète était devenu célèbre. Il avait ses réglements, ses héros, ses gloires, ses honneurs; et tout cela sérieusement établi et placé sous le patronage des notables du pays, qui, eux-mêmes, auraient cru manquer à leur religion et à leurs devoirs s'ils n'eussent pas veillé à l'exécution de ces conventions traditionnelles. L. Nic. Séguin, chanoine de l'église de Senlis, et chevalier dudit jeu, a fait un extrait des registres de cet établissement depuis l'an 1408. Le réglement portait :

« Tu ne parleras, ne diras sur homme ou sur femme mot qui
» soit déshonnête dessous la ceinture. *Item*, En fréquentant ledit
» jeu et entre deux buttes, tu ne nommeras le diable en aucune
» manière. »

Chaque partie de l'arbalète correspondait à une partie du corps de Jésus-Christ.

Le réglement disait aussi : « Celui qui sera roi sera tenu de payer
» au chevalier, le premier jour de mai, un jambon; et le connétable
» une fraise de veau, au retour que les chevaliers seront allés
» quérir le mai. »

Et si l'on commettait plus grande offense, comme « blasphémer le nom de Dieu, péter, routter, quereller », le roi prononçait une amende arbitraire contre les coupables; ils pouvaient les suspendre d'exercice, et leur infliger des punitions corporelles.

Le vainqueur portait « le joyau des dimanches et fêtes solennelles,
» qui est un chapeau de fleurs, et un bouquet ordonné d'an-
» cienneté. »

Le roi de l'arbalète de Senlis, pendant son année de règne, ne payait aucun impôt : ce privilége lui fut donné par Henri III.

Le roi, pendant trois années consécutives, était déclaré empereur, et ne payait aucune des charges de la société des arbalétriers. »

« En 1508, au mois d'août, arrivèrent le roi et arbalétriers de
» Meaux, accompagnés d'autres chevaliers, qui ont tiré six de leur
» compagnie contre six de Senlis, pour jouer six écus d'or et la re-
» vanche, en quatre jours. » Senlis remporta la victoire, et tous les chevaliers mangèrent en commun le montant des paris.

« Dimanche, 10 juillet 1575, a été tiré un prix à Senlis au jeu
» de l'arbalète, auquel ont été invités les chevaliers de Paris, de
» Meaux, de Crépi, de la Ferté-Milon, de Beauvais, de Compiègne
» et de Dammartin; Antoine Legave, de Senlis, et roi de l'arbalète,
» de cette ville, fut vainqueur; le prix était 300 livres tournois. »

Les jeux de l'arbalète cessaient pendant la guerre.

Dans la liste que l'auteur donne des paris célèbres des arbalétriers de Senlis, celui de Palaine, en 1578, paraît avoir acquis le plus de célébrité; on cite aussi celui de Denis Velly, en 1626, etc. (1)

Senlis est situé sur le penchant d'un coteau et dans une position des plus agréables. L'aspect de ses murailles, de ses vieilles tours ruinées, et de l'admirable clocher de sa cathédrale, l'un des plus hauts et des plus élégants de France, produit sur le voyageur une riante impression. L'artiste et l'historien y puisent des sujets de méditation et d'étude. L'un cherche à retracer sur son album ce que l'architecture de ces monuments délabrés peut offrir de pittoresque, l'autre rappelle à sa pensée à quelle occasion cette enceinte élevée fut rendue nécessaire; à quelle époque fut construit ce clocher, dont la flèche radieuse s'élance vers le ciel.

Cette ville est située par les 20° 15' de longitude, et par les 49° 12' 33" de latitude. Elle est a 10 lieues N. de Paris, à 11 lieues de Beauvais, chef-lieu du département. Elle est traversée par la grande route de Flandre. Sa forme est circulaire. Sa population, qui vers la fin du XVIe siècle était estimée à 14,000 ames, est aujourd'hui réduite à 5,000. Elle est entourée de boulevarts, d'où l'on découvre, en plusieurs endroits, des paysages charmants. La porte de *Meaux* est remarquable par son architecture; elle est voûtée sur une longueur de 12 à 15 mètres et elle paraît avoir été l'un des points les mieux défendus de la ville, et celui qui était le plus souvent attaqué.

(1) Cambry, *Description du département de l'Oise*.

Sous cette voûte obscure est un canal pratiqué pour l'écoulement des eaux de la petite rivière la Nonette.

La porte dite de Bellon mérite moins l'attention du voyageur. C'est un reste de fortifications tombant en ruines et n'offrant aucune particularité curieuse.

Celle de Compiègne est un arc de triomphe improvisé en quelque sorte, et d'un goût qui ne fait pas honneur à son architecte. Elle fut construite sur la nouvelle route de Paris, à l'occasion du passage de Marie-Louise, lorsqu'elle se rendait à Paris, pour recevoir des mains de Napoléon, et partager avec lui, le sceptre du plus brillant et du plus fastueux empire du monde.

Dans l'intérieur de la ville, on doit mettre au nombre des édifices qui méritent d'être visités par les voyageurs, le château et l'église cathédrale.

Le château fut construit ou peut-être reconstruit du temps de saint Louis. Plusieurs des enfants de France y ont été élevés à cause de la salubrité de l'air. Avant la révolution, le présidial et les juridictions de la ville y tenaient leurs séances. Aujourd'hui, dégradé par le temps et peut-être aussi par la main des hommes, il tombe en ruines; mais de tous les côtés on aperçoit des traces de son ancienne splendeur royale. La chapelle, bien que délabrée, est remarquable par son architecture. Tout près, est une vaste salle où l'on distingue le chiffre de Diane de Poitiers et de Henri II.

L'église est un monument dont la construction est plus ancienne que celle du château. On prétend qu'elle fut bâtie sur les ruines d'un ancien temple, consacré à *Berecynthe*. On en attribue la fondation à Charlemagne. Sous Louis-le-Jeune, elle tombait en ruines par son extrême vétusté; on la reconstruisit vers l'an 1153 : il ne reste de cette église que le grand portail et ce qui l'environne immédiatement (1). En 1304 elle fut incendiée par le feu du ciel, et presque entièrement détruite; elle ne fut rééditiée que sur la fin du règne de Louis XII et sous le règne de François Ier. On voyait près de la porte du midi la statue de Louis XII, surnommé le *Père du peuple*, et vis-à-vis, celle d'Anne de Bretagne, son épouse.

Le vaisseau en est vaste et d'une construction fort hardie. Rien de délicat, de délié, comme les ornements en pierre de l'intérieur. Ils joignent à la légèreté des évidements, ces formes si variées qui commençaient à paraître dans la sculpture au xve siècle. L'intérieur en est très richement décoré. Parmi un grand nombre de tableaux assez médiocres, on en distingue un de Restau qui est fort estimé. Le clocher en pierre est travaillé à jour avec une extrême délicatesse, genre de décoration fort en usage dans le xiiie siècle; mais la flèche qui le termine, n'est pas proportionnée à sa hauteur (2). Cela vient de ce que les quatre angles du clocher sont surmontés de

---

(1) Cambry.
(2) Alexis Donnet, *Description des environs de Paris.*

quatre pyramides qui empêchent de distinguer la naissance de la flèche, de sorte que celle-ci ne paraît commencer qu'a l'endroit où finissent ces pyramides, bien qu'en effet elle commence 10 à 12 mètres plus bas. L'élévation de ce clocher, à compter du sol à la crête du coq, est de 70 mètres 50 centimètres. Cette élévation mérite d'être citée après celle de la flèche de Chartres.

Le principal portail de la cathédrale de Senlis est à plein cintre, et lourd de style; les figures en sont mutilées.

Les portails latéraux sont beaucoup plus riches : ils datent de François Ier; car la Salamandre s'y fait remarquer. Chacun des pignons de ces portails est surmonté de figures : sur le portail méridional est représentée la Trinité, sous la figure du Père éternel assis et tenant la croix sur laquelle est étendu Jésus-Christ; une colombe semble désigner le Saint-Esprit, ordinairement représenté sous la figure de cet oiseau. On donne, dans le pays, à cette statue le nom de *Dieu le Père*. Au portail septentrional est aussi une figure allégorique, nommée *Dieu le Fils*; elle représente un homme, les mains élevées vers le ciel, dans l'attitude que prenaient les premiers chrétiens pour prier. Ces deux portails sont très curieux par la variété et l'élégance des frises, des ogives et des clochetons. (1).

Senlis avait autrefois quelques manufactures de toiles peintes, des mégisseries. Elles sont aujourd'hui réduites à fort peu de chose. La petite rivière de La *Nonette* qui coule au sud de la ville, dans la direction de l'est à l'ouest, et l'*Aunette*, autre petite rivière qui coule, au nord de la ville, dans la même direction, font tourner une quantité de moulins à eau, situés dans les environs, et employés principalement à l'approvisionnement de Paris; la farine provenant de ces usines est fort recherchée.

Les blanchisseries de Senlis passaient pour les meilleures du royaume; elles avaient une telle réputation que de tous les points de la France, de Lyon, de Marseille même, on y faisait blanchir pour obtenir ce qu'on appelait le beau *blanc de Senlis*.

Si le commerce et l'industrie languissent à Senlis, si cette ville a perdu la réputation commerciale et industrielle qu'elle avait avant la révolution, il ne faut pas l'attribuer à l'incapacité de ses habitants, à leur ignorance ou à leur inertie, mais bien plutôt à leur proximité de la capitale, contre laquelle il est impossible de lutter, et dont l'absorption immense épuise tous les lieux situés dans son voisinage. Le commerce et l'industrie ayant déserté cette ville, dont la population était, il y a deux siècles, trois fois plus nombreuse qu'aujourd'hui, il n'y est resté que quelques familles qui, avant la révolution, tenaient à l'église, ou à quelques unes des nombreuses juridictions qui y siégeaient.

La petite rivière de l'*Aunette* dont nous avons parlé, prend sa

(1) Voyez Cambry, *Description du département de l'Oise*.

source au-dessus du village de Braye, et se jette dans la *Nonette.* La Nonette a sa source près de Montheuil ; c'est elle qui, dans le parc de Chantilly, se partage en cascades, en nappes d'eau, en étangs ; elle répand dans ces lieux une fraîcheur délicieuse, embellit une multitude de demeures champêtres, sert des manufactures, et se jette dans l'Oise (1).

On connaît une seule source minérale dans les environs de Senlis ; elle est dans le parc de Chantilly.

La pierre de Senlis est plus belle que celle de Saint-Leu, son grain plus fin que celui des carrières d'Arcueil ; les portes de la chapelle de Versailles en sont construites : on la tire quelquefois par blocs de 4 mètres de long et d'une largeur presque égale ; elle se travaille facilement, durcit à l'air, est à l'épreuve de la gelée : six siècles d'antiquité n'en ont pas altéré les arêtes et le poli dans le chœur et l'ancien portail de l'église. Des débris de ces pierres on fait une excellente chaux d'une blancheur éblouissante. Les murs de Senlis ont peut-être deux mille ans d'existence ; le pic ne peut que les briser, il n'en peut séparer les pierres.

Les premiers rois de France vantaient leurs vignes de Senlis.

Le sable de Senlis, ou plutôt d'une montagne voisine, mis en fusion avec la soude d'Alicante, produit les magnifiques glaces de Saint-Gobin, dont plusieurs ont près de trois mètres de hauteur. Ce riche dépôt de sable est au-dessus du village d'Aumont ; ce sable est de couleur bleuâtre ; on le charge dans des bateaux à Creil (2).

Senlis est entouré, à une petite distance, par les forêts de Hallate, de Chantilly, de Pontarmé et d'Ermenonville. C'est en traversant cette dernière que l'on arrive au village qui lui donne son nom.

II. ENVIRONS DE SENLIS.

ABBAYE DE LA VICTOIRE.

A peu de distance, à l'est de Senlis, on voit les ruines très pittoresques de l'abbaye de la Victoire, fondée en 1222 par Philippe-Auguste, en reconnaissance de la victoire qu'il avait remportée à Bouvines sur l'empereur Othon, et dans le lieu où le courrier qu'il envoyait annoncer à son fils le gain de la bataille, rencontra celui

(1) Cambry.
(2) Alexis Donnet, *Description des environs de Paris.*

de Louis, qui annonçait à Philippe la victoire remportée sur Jean-sans-Terre.

Louis XI et Edouard IV y conclurent un traité de paix que l'on nomma *la paix heureuse.*

D'énormes piliers, de vastes arcades élancées dans les airs, font de ces imposantes ruines un des plus curieux débris de l'architecture de nos aïeux.

Cette abbaye dépendait de Mont-L'Évêque, où se trouvait un château ou maison de campagne fort jolie, ayant vue sur trois étangs, appartenant aux évêques de Senlis; elle était occupée par des chanoines réguliers de l'ordre de Saint-Augustin, et son revenu était plus considérable que celui de l'évêché de Senlis : l'un et l'autre appartenaient à l'évêque depuis 1761.

MONTEPILOY.

Montepiloy ou Montespiloy est un lieu célèbre dans l'histoire du Valois. On fait dériver son nom, d'après des titres des xie et xiie siècles, *Mons Spiculatorum.* Les hauteurs fortifiées, chargées d'éclairer la marche des troupes ou d'observer leurs mouvements, portaient autrefois le nom de de *Spicula* ou *Spicla.* Mais cette étymologie n'a rien de rigoureusement vrai.

Au xiiie siècle, ce château, par sa construction d'une grande solidité et par sa position sur une éminence, était l'asile des bandes dévastatrices, des soldats indisciplinés, qui pillaient et rançonnaient le pays et vivaient du fruit de leurs rapines et de leur brigandage. C'étaient alors, comme on sait, les seules forces militaires dont les rois et les seigneurs pussent faire usage. Montepiloy commandait une vaste étendue de pays dont il était la terreur. Son château et celui de Chavercy ont long-temps été les deux principales forteresses de la contrée. Ses restes, dont une part est encore debout, suffisent pour donner une idée de sa force et de sa solidité. Il était défendu par des fossés larges et profonds, dont on retrouve les traces. Les murs de son donjon avaient vingt-quatre pieds d'épaisseur. Une masse énorme, détachée par le temps du faîte de cette tour, est tombée sans se briser, et des arbrisseaux assez forts, élevés sur cet emplacement, qui tant de fois a retenti du bruit des armes, du hennissement des coursiers, des sanglots des captifs et des blasphèmes de leurs féroces vainqueurs, ombragent aujourd'hui l'humble chaumière d'un paisible laboureur.

Dans les décombres de cet immense édifice, ont été retirés plusieurs tombereaux de charbon; on y a reconnu des poutres calcinées, des feuilles de plomb de cinq à six pouces, des grilles de fer, des pierres vitrifiées par l'action du feu : toutes choses qui semblent indiquer un grand incendie, suite probable du dernier siége soutenu par ce château.

La construction du château de Montepiloy remonte au XIIe siècle, mais ce qui reste est d'une date plus récente. En effet, on trouve que l'ancien château fut démoli au XIVe siècle, et que sur ses ruines on en construisit un nouveau. La hauteur de la tour principale, ou donjon, de forme circulaire, est de cent pieds; les deux tiers se sont écroulés, et ce qui est encore debout semble toujours prêt à tomber. Le diamètre de cette tour paraît avoir été de 17 mètres 50 cent. Rien n'est imposant comme les débris de ce vieux manoir, dont la construction a du coûter d'immenses labeurs. Notre siècle, bien que riche en moyens mécaniques, et en bien-être réparti dans toutes les classes de la société, reculerait à l'idée de construire un pareil monument. A l'époque où la volonté royale enfantait des prodiges, mais où les peuples étaient très souvent sacrifiés à cette volonté, les édifices tels que celui de Montepiloy étaient des œuvres nécessaires, autour desquels, en l'absence d'une organisation politique, forte et créatrice, les faibles trouvaient abri et protection.

« Au XVe siècle, on trouve les deux terres de Montepiloy et de Chavercy dans la famille d'Orgemont. Pierre d'Orgemont, par acte de 1484, donna à Guillaume de Montmorency, son neveu, les trois seigneuries de Chantilly, de Chavercy et de Montepiloy. »

« Ces terres passèrent ensuite à Anne de Montmorency. Dans les querelles des ducs d'Orléans et de Bourgogne, Montepiloy resta toujours fidèle au roi, malgré les efforts de ses ennemis. Lorsque le roi d'Angleterre, Henri V, fut reconnu pour héritier présomptif de la couronne de France, il fit avancer des troupes dans le Valois; mais le seigneur de Gamaches, fidèle au parti du dauphin, se transporta à Montepiloy avec la garnison de Compiègne, et prit des mesures pour couper et charger les Anglais : il les surprit; et, quoique bien inférieur en nombre, il remporta la victoire.

Cependant cette place fut à la fin enlevée aux Français, mais bientôt après rendue à Charles VII. Montepiloy n'avait reçu une garnison ennemie qu'à la dernière extrémité.

LE PLESSIS-CHAMANT.

Au nord de Senlis, dans un vallon étroit, on trouve un joli château, dont l'architecture rappelle le siècle de Henri IV, par le mélange de pierres et de briques usité à cette époque. Le château de Plessis-Chamant a appartenu à Lucien Bonaparte, qui y fit faire un pavillon, une galerie et une salle de spectacle. Soyet en fut le principal architecte, et Calais et Fragonart fils peignirent les ornements et les décorations de l'intérieur.

Le paysage, les jardins, les sites pittoresques, les lointains ménagés avec art, la sévère simplicité qui règne partout, attestent le goût de celui qui préféra au faste de l'Empire et aux couronnes qui ceignirent le front de ses frères la culture des lettres et des arts, et la conversation des hommes voués à l'étude.

Un tombeau, renfermant les cendres de madame Lucien Bonaparte, et élevé par son mari, est un monument de bon goût; le buste est placé sur un cippe entouré de fleurs et d'arbustes.

ERMENONVILLE.

Village à deux lieues de Senlis, à dix lieues N. E. de Paris. Le nombre des habitants est de 500 environ. Le terroir est sablonneux et aride.

Ce village fut érigé en vicomté par le roi Henri IV, en faveur du capitaine Sarrède (Dominique de Via), un de ses plus braves officiers, qui mourut de désespoir à la nouvelle de la fin tragique du prince qu'il chérissait.

Néanmoins, au commencement de 1778, Ermenonville était encore à peu près inconnu. Mais dans le cours de cette année, le château, que possédait alors M. de Girardin, et qu'il embellissait avec profusion, devint pour jamais célèbre par le séjour et la mort de J.-J. Rousseau.

Le grand écrivain est inhumé dans l'Ile des Peupliers, au milieu d'un petit lac.

Sur l'une des faces du tombeau est gravée cette inscription:

Ici repose l'homme de la Nature et de la Vérité.

Sur l'autre face, au-dessus d'un bas-relief de Lesueur, est une couronne avec la devise adoptée par Jean-Jacques:

Vitam impendere vero.

A l'une des extrémités du monument, on lit:

Hic jacent ossa J.-J. Rousseau.

Dans un lieu qu'on nomme le Désert, on montre l'endroit où termina ses jours, par le suicide, un jeune homme qui a été enterré dans le parc de M. de Girardin. Le lendemain de ce funeste événement, une femme vint, considéra, pénétrée de douleur, les restes inanimés du malheureux jeune homme, coupa une tresse de cheveux, et disparut.

Dans un bocage orné de divers monuments, on remarque un pavillon et une pyramide.

La pyramide porte cette inscription :

Genio P. Virgilii Maronis lapis iste cum luco sacer esto.

et le pavillon, celle-ci :

Otio est musis.

Ermenonville possède un temple érigé à la philosophie. Ce temple, bâti sur une éminence près du lac, n'a pas été achevé, et l'imperfection en est emblématique; dans l'intérieur, on trouve cette inscription explicative.

Hoc templum inchoatum
philosophiæ nondùm perfectæ,
Michæli Montaigne
qui omnia dixit
sacrum esto.

« Ce temple imparfait de la philosophie encore imparfaite, est » consacré à Michel Montaigne qui a tout dit. »

Ces mots : *Quis hoc perficiet?* « Qui l'achèvera? » sont gravés sur le chapiteau de la colonne couchée au pied du temple.

On lit sur le frontispice :

Rerum cognoscere causas.

Des inscriptions, au nombre de six, sont réparties sur pareil nombre de colonnes qui soutiennent ou paraissent soutenir l'édifice.

1° NEWTON, *lucem;*
2° DESCARTES, *nil rebus inane,*
3° VOLTAIRE, *ridiculum;*
4° PENN, *humanitatem;*
5° MONTESQUIEU, *justitiam;*
6° ROUSSEAU, *naturam.*

A peu de distance du *temple de la philosophie,* est un petit rocher sur le côté duquel on lit ces mots :

Joseph II s'y est reposé.

Un nombre considérable d'autres personnages plus ou moins illustres sont venus voir la dernière demeure de Jean-Jacques.

Ermenonville présente plusieurs sites très pittoresques. Les jardins et le parc sont des lieux de délices. Tout y semble animé des souvenirs de l'homme extraordinaire qui vint mourir dans cette retraite;

son tombeau protecteur a été une sauve-garde contre les exactions des armées étrangères qui envahirent la France en 1815 : Ermenonville a été épargné.

MORTEFONTAINE.

A une lieue et demie d'Ermenonville, est le village de Mortefontaine ou Morfontaine, dont la population est d'environ 5 à 600 habitants.

Le château de Mortefontaine est un des plus beaux des environs de Paris. La grande route, qui passe à l'extrémité des cours, divise le parc en grand et petit ; ces deux parcs sont réunis par une galerie souterraine. On trouve dans le petit parc des plantations variées, des arbres rares et curieux, avec une glacière où il y a un pavillon à trois étages, qui renferme une chapelle.

Le château est élégant, entouré d'une grille et parfaitement situé. Il a été construit pour le fameux Le Pelletier de Morfontaine, qui y dépensa une partie de sa grande fortune. Il se plaisait, dans ce séjour délicieux, à donner un libre cours à son imagination ardente, fantastique, bizarre. Dans le temps où la fortune des traitants était la ruine du peuple, où le financier rapidement enrichi se croyait obligé d'être prodigue pour affecter les airs de grand seigneur, les extravagances étaient, comme on sait, réputées de bon ton, et Morfontaine, bien souvent, fut le théâtre des excès d'une licence effrénée.

Joseph Bonaparte acheta le château et ses dépendances, y fit des embellissements, le meubla d'une belle bibliothèque, de tableaux et d'ornements élégants. En pénétrant dans les jardins, une pelouse conduit jusqu'à la pièce d'eau, surmontée d'un joli pont à la chinoise ; en la côtoyant, on arrive à la tour octogone située au fond du parc ; de sa plateforme, sous une tente qui la met à l'abri des injures du temps, on peut contempler de beaux lointains, de riches paysages, des points de vue magnifiques.

Le grand parc est dessiné d'une manière large et grandiose. Le lac des Ilettes et celui de Vallière se réunissent et sont alimentés par la *Morte-Fontaine*, dont le lieu tire son nom. Ces lacs occupent une vallée profonde que la vue suit au loin jusqu'aux montagnes d'Aulmont et de St.-Christophe. Ses eaux baignent de belles prairies qu'entourent des côteaux boisés, où se montrent souvent des rochers grisâtres dont les cîmes sont noircies par les orages. Une masse imposante de ces rochers, séparés, dit-on, par un tremblement de terre, est restée comme suspendue sur le lac de Vallière, et porte pour inscription, ce beau vers, un peu emphatique peut-être, de l'abbé Delille.

« Sa masse indestructible a fatigué le temps. »

Au milieu du grand lac est une île d'une assez grande étendue, où de nombreux troupeaux de différentes espèces de bestiaux, tirés de la Suisse et de l'Allemagne, animent ce paysage, et ont pour demeure des étables bien entretenues, de vastes bergeries construites sur de hautes pelouses. Partout, dans cette enceinte, où la nature se montre grande et libérale, on rencontre une végétation vigoureuse, une agréable variété de verdure et de fleurs, et tous les grands arbres de l'un et l'autre hémisphère. La cabane du pécheur, la grange et le moulin de Vallière, ajoutent à la beauté du lieu par leur situation pittoresque.

Sur une pyramide à moitié ruinée on lit cette inscription :

Tempus edax rerum.

Les vallons les plus renommés de la Suisse n'offrent rien de plus piquant, de plus harmonieux que le site de Morfontaine; l'aspect en est sauvage et mélancolique; il retrace parfaitement la nature abrupte du Northumberland ou du Holstein.

On aime à voir au-dessus du chemin tortueux qui conduit au *Petit-Colbert*, le pavillon qui rappelle le président d'Ormesson, magistrat si pur, si désintéressé, si généreux.

Sur la hauteur de Montmeillan (1), du pied d'un vieux donjon ruiné, on découvre d'un côté Paris, éloigné de neuf lieues; de l'autre, Senlis, la tour de Montepiloy, les bois de Villers-Cotterêts, de Chantilly, de Mortefontaine et d'Ermenonville; près de soi, la ferme de Bertrand-Fosse, la plus considérable de ce canton, et la vallée des Tombeaux, que bornent les buttes sablonneuses de Mahet, couvertes de fossiles.

PONT-SAINTE-MAXENCE.

En quittant la route de Paris à Calais, pour remonter l'Oise, on rencontre une jolie petite ville de 2,500 habitants, c'est Pont-Ste.-Maxence, située agréablement sur la rive gauche de l'Oise, au pied de la forêt de Hallate, à 14 lieues de Paris.

Il est souvent question de Pont-Ste.-Maxence dans l'histoire de nos troubles politiques. On fait remonter très-haut son origine. Carlier (2) y reconnaît le *Litanobriga* des Romains, et il fait dériver ce nom de deux mots celtiques, dont le second signifie un pont.

Cette ville s'appelait *Sancta Maxcentia* ou *Maxcencia*, du temps de l'auteur des Gestes de nos rois de la première race : il dit « qu'Ebroïn, à la mort de Chilpéric, vint à Sainte-Maxence, tua

---

(1) Le petit village de Montmeillan fait partie du département de Seine-et-Marne.
(2) Histoire du duché de Valois, t. I,. liv I, p. 17.

les gardes du pont, et passa du côté d'Amiens. » On présume que ce passage était fort connu des troupes romaines, qui le traversaient lorsqu'elles se transportaient de Beauvais ou d'Amiens à Senlis.

Son nom lui vient, selon les chroniqueurs, de celui d'une jeune vierge chrétienne, appelée Maxentia, qui y reçut la couronne du martyre; on montre encore le lieu de son supplice sur la route de Senlis, à l'endroit où l'on trouve une chapelle sous son invocation, à côté d'une fontaine. *Sancta Maxentia*, était, assurent les légendes, Irlandaise, et se rendit à Pont, en Beauvoisis, accompagnée de Bardaus, son serviteur, et de Rosélie, sa suivante. Maxent, gouverneur de ce pays, ou l'un des gouverneurs, l'aima; mais, furieux de n'en être pas aimé et de rien obtenir, il lui fit trancher la tête, ainsi qu'à ses compagnons de voyage.

La ville de Pont-Ste.-Maxence est d'une assez haute antiquité, puisqu'on voit par des titres de l'abbaye de St.-Denis et par des chartes de nos rois, que Charles-le-Chauve en fit présent à ce monastère : elle fut réunie à la couronne sous Philippe-Auguste, en 1194.

En l'an 1076, le roi Robert avait donné dans ce lieu une charte contre Erfrède d'Eucre, avoué du monastère de Corbeil. Dans cette charte, ce lieu n'est qualifié que de *villa*, mot qui signifiait alors *village*, et quelquefois ferme, maison des champs. *In villa vocabulo Pons Sanctæ Maxenciæ* (1).

Les Anglais s'en emparèrent en 1359, pendant le temps des guerres civiles.

En 1434, elle fut prise par Guilbon de Ferrière, qui en était capitaine.

Pendant les guerres de la ligue, vers la fin de 1588, Pont-Ste.-Maxence tomba au pouvoir des ligueurs.

Cette ville n'offre à la curiosité des voyageurs que son beau pont sur l'Oise, qui passe pour un des plus remarquables de ceux que la France doit à Perronet.

Le pont qui existait auparavant, et dont les ruines obstruent le lit de la rivière, avait été bâti par les Romains, ainsi que le prouvent des médailles de Maxime, qui ont été trouvées dans l'une de ses piles. Son peu de largeur qui gênait la circulation des voitures, huit petites arches qui tombaient en ruines et entravaient la navigation, déterminèrent l'administration des ponts et chaussées, qui, sous Louis XV, s'est particulièrement distinguée par ses travaux pour l'amélioration des routes, à le remplacer par le beau pont qui existe actuellement et dans lequel on trouve le caractère distinctif de l'habile ingénieur qui fut chargé de sa construction. Il est surtout remarquable par cette légèreté, cette grace dans la coupe des arches, qu'on admire dans la plupart de nos ponts modernes, par les soins extrêmes apportés dans l'appareil, qui, il est vrai, devait être ici en rapport avec la légèreté du tracé.

(1) *Recueil des historiens de France*, t. X, p. 599.

Ce pont commencé en 1774, et terminé en 1777, est une preuve de la variété qu'on peut apporter dans les formes de la décoration de ce genre d'édifices, qui, en France, a longtemps semblé ne consister que dans la réunion d'un nombre plus ou moins considérable d'arches semi circulaires (1).

Au nord, et près de Pont-Sainte-Maxence, on trouve le *Plessis Villette*, château célèbre par le séjour de Madame de Villette, fille adoptive de Voltaire. Plus loin, le village d'*Ognon* qui rappelle un nom plus célèbre encore : il fut habité par Madame de Sévigné.

CRÉPY.

A 15 lieues N.-E. de Paris, à 5 lieues de Senlis. La petite ville de Crépy, maintenant simple chef-lieu de canton dans le département de l'Oise, a été la capitale du comté de Valois, berceau de la branche Capétienne, qui arriva au trône en la personne de Philippe VI, au commencement du XIVe siècle. Ce comté fut érigé en duché-pairie par le roi Charles VI.

La ville de Crépy n'a guère actuellement que 3,000 habitants. Elle a eu trois paroisses; il n'en reste plus qu'une, où l'on remarque, comme chef-d'œuvre de délicatesse, les deux colonnes qui soutiennent le chœur.

On s'est fort anciennement occupé, à Crépy, de l'instruction publique. Dans un couvent de Clunistes réformés, les religieux professaient la philosophie. Il y avait, de plus, un collége où l'on enseignait les humanités.

Le véritable fondateur de la ville paraît avoir été un comte d'Amiens, Gautier dit le Blanc, qui, vers les dernières années du Xe siècle, fit construire un château où il établit une abbaye. Autour de ce château, furent bâties successivement les demeures des familles que le seigneur s'empressa d'attirer près de son nouveau manoir. Dès son origine la ville fut fortifiée, et elle a été, pendant plusieurs siècles, une des meilleures places du royaume.

Un fils ou petit-fils du comte Gautier, le comte Rodolphe ou Raoul, son premier ou son second successeur au comté de Valois, en étendit au loin les domaines par des violences et des usurpations. Raoul était un homme de guerre, habile surtout dans l'art des siéges. Devenu, par toutes sortes de moyens, le plus riche seigneur de France, il épousa, en 1062, la veuve du roi Henri 1er.

Le fils et héritier de Raoul, Simon, ne posséda point sans scrupule tous les domaines acquis par son prédécesseur; il se crut obligé à des restitutions. Lui-même, cependant, ne fut pas irré-

---

(1) A. Donnet, *Description des environs de Paris*.

prochable. Il se permit quelques agressions, quelques injustices qu'il jugeait utiles à sa grandeur. Mais enfin, sa piété sincère l'emporta sur d'autres penchants, et en 1076, il quitta le monde pour entrer au monastère de Saint-Claude, sur le Mont Jura. Il sut obtenir l'estime du Pape Grégoire VII, qui lui confia une mission importante. Il mourut en 1082, à Rome, où son corps fut déposé dans le caveau des pontifes romains.

La retraite du comte Simon avait occasionné un partage de ses vastes domaines. En 1077, Herbert, comte de Vermandois, son beau-frère, lui succéda au comté de Valois. Les deux fiefs, dès-lors, n'en formèrent qu'un seul, et l'histoire de l'un est celle de l'autre. Herbert mourut en 1080. Sa fille Adélaïde fut son héritière; elle était femme de Hugues, troisième fils du roi Henri Ier, et les beaux domaines du Valois et du Vermandois devinrent ainsi une propriété de la famille des Capets.

La ville de Crépy fut érigée en commune, par Philippe-Auguste, en 1223, et sa milice figura fréquemment avec honneur dans les guerres du XIIIe et du XIVe siècle.

De puissants comtes de Valois habitèrent leur capitale, et la cour de Crépy se distingua souvent par son luxe et sa splendeur.

Mais cette ville fut frappée de grands désastres. Dévastés successivement par les Navarrais, par les Anglais, par les brigands de la Jacquerie et les Bourguignons, le comté de Valois et le Vermandois furent, pendant un espace de trente années, le théâtre des plus affreux ravages.

A la fin du XIVe siècle, le duc d'Orléans, mis en possession du comté de Valois, entreprit de faire reconstruire les remparts de Crépy. Ces longs travaux furent interrompus, dans les premières années du XVe siècle, par l'invasion des troupes du duc de Bourgogne; ils furent cependant repris; ils étaient à peine terminés lorsque les Bourguignons, unis aux Anglais, attaquèrent de nouveau la ville, qui fut prise d'assaut et presque entièrement détruite.

Quelques années après, les troupes de Charles VII la reprirent.

Le duc d'Orléans rentra dans Crépy et fit réparer plusieurs bâtiments, restes de l'ancienne ville. On releva des ruines; des bourgeois et des paysans vinrent y demeurer : c'était le commencement de la ville nouvelle.

Charles-Quint et François Ier conclurent, en 1544, un traité de paix qu'ils datèrent de Crépy.

En 1588, cette ville fut encore assiégée et prise; ce fut par les Ligueurs. Henri IV les chassa et fit rétablir des fortifications; il en reste quelques débris et une haute tour.

VERBERIE.

Les géographes nomment Verberie tantôt ville, tantôt bourg. Il est situé sur la grande route de Paris à Compiègne, à quatre lieues au S. de cette dernière ville et à quatorze lieues de Paris. Ce fut une des plus anciennes maisons des rois de France.

Verberie peut prétendre à une haute antiquité. Les plus anciens noms qu'on trouve dans les manuscrits, sur les documents échappés aux ravages des barbares, sont ceux de *Vermbria* et *Verbria*; *Vermeria*, *Wurembria* et *Verberiacum* sont plus récents. On trouve aussi *Verimbrea publica*.

Verberie était déjà une maison royale du temps des rois mérovingiens. Pepin et Charlemagne y firent de longs séjours, et il y a plusieurs chartes de Charles-le-Chauve, qui sont datées de ce lieu, et qui nous font connaître qu'il y demeurait souvent. Ethelwulfe, roi d'Angleterre, revenant de Rome, y épousa Judith, fille de Charles-le-Chauve, le premier octobre de l'an 856. Hincmar, archevêque de Rheims, leur donna la bénédiction nuptiale. Les prières qu'il prononça ont été conservées (*V.* Baluze, Ch. II, p. 510); elles prouvent qu'on tendait le voile sur les époux, qu'on passait l'anneau au doigt, et qu'on faisait un présent.

Pepin assembla un concile à Verberie. Au mois d'août 853, on y tint le synode de Soissons, convoqué par Charles le Chauve; un autre concile y fut tenu l'an 869. Le roi Eudes, en 892, y convoqua l'assemblée des grands de la nation.

Les Normands s'étant rendus maîtres de cette maison royale, la dégradèrent sans néanmoins la détruire, car nous avons des actes qui prouvent qu'elle subsistait encore en 1028 (1).

Verberie paraît avoir eu son premier emplacement sur la montagne, vers la Borde, au-delà de la chaussée de Brunehault, dans l'endroit appelé Mal-Assise (2).

« Les anciens titres, dit Carlier (3), nous apprennent que la sur-
» face de ce terrain a long-temps été couverte de ruines. Les la-
» boureurs y ont trouvé d'anciennes monnaies de tout métal, des
» vases de fer de figures singulières.... Ces ruines ont fourni de
» pareils monuments pendant près d'un siècle; Verberie s'étendait
» sur la montagne depuis cet endroit jusqu'à Fay, comme l'indi-
» quent les puits, les aqueducs et les fondations qu'on trouve sur
» cette étendue en plein champ. Dans la vallée, les habitations bor-
» daient la montagne depuis Rhuys jusqu'à Saintines. »

(1) Piganiol de La Force, *Nouvelle Description de la France*.
(2) C'était un des douze bourgs du premier royaume de Soissons.
(3) *Histoire du duché de Valois* t. I, p. 7.

On a une description intéressante du palais que fit construire ou reconstruire Charlemagne à Verberie; en voici l'extrait :

« Le palais de Charlemagne, à Verberie, avait son aspect au midi:
» les édifices s'étendaient de l'occident à l'orient sur une ligne de
» deux cent quarante toises; les murs, bâtis de pierres de taille
» choisies, étaient ornés de figures en bas-reliefs, de frontons, de
» fleurons, de fenêtres ouvertes, de fenêtres feintes, d'ornements
» bien ménagés, et d'un grand dessin proportionné au genre d'ar-
» chitecture qui approchait du colossal. Les bâtiments latéraux,
» moins élevés que le corps principal, étaient percés de hautes et
» larges fenêtres, semblables aux croisées des églises du treizième
» siècle, moins chargées cependant de pilastres et de mou-
» lures (1).

» Ce palais tenait à plusieurs dépendances qui formaient comme
» autant de châteaux particuliers, dont chacun avait sa destination.
» Les noms anciens de ces châteaux n'ont pas changé; ils les con-
» servent encore dans les titres modernes. Ces dépendances, qui
» sont au nombre de quatre, se nomment : 1° la Tour ou Saint-
» Corneille; 2° Herneuse; 3° le bois d'Ajeux ; Fay, qui com-
» prenait la Borde, Francourt et la Boissière. » (2)

Au couchant de ce palais, était une grosse tour; mais il n'est pas sûr qu'elle datât du règne de Charlemagne. C'est ce lieu qui fut désigné par le nom de *Prædium*. L'officier qui gouvernait le palais de Verberie y faisait sa résidence; cet officier a successivement pris les titres de comte, de juge, d'économe et de châtelain.

Les autres parties du palais devinrent la proie des principaux officiers de ce palais, qui érigèrent en fiefs héréditaires des biens qui leur avaient été donnés à vie seulement, en sorte que le ressort de ce palais, autrefois si considérable, se réduisit alors au principal corps de logis du château. Ensuite, le roi Robert, voulant donner de l'importance à la forteresse de Béthizy, y transféra le siége de la juridiction, qui avait été jusque là attaché au palais de Verberie. Les dépendances des deux territoires de Béthizy et de Verberie furent réunies sous le même ressort; mais on laissa à Verberie un prévôt et un *vintre*, espèce de magistrat ou seigneur.

Ce superbe palais fut, comme je l'ai dit, pillé par les Normands à plusieurs reprises, entre autres, en 885. Nos rois le visitaient encore, mais ils n'y faisaient plus de ces voyages d'apparat où toute leur cour les accompagnait. Ses appartenances se divisèrent. Charles-le-Simple donna deux fermes situées à Verberie, avec six familles de serfs, à l'église St.-Clément, ainsi que le jardin du palais, situé entre le corps de logis du château et le pont de l'Oise; cette donation est de 919.

L'ancien palais de Verberie subsistait encore au XII° siècle, mais il ne conservait plus rien de son premier état.

(1) Idem.
(2) Carlier, *Histoire du Valois*.

En 1358, les Navarrais et les Anglais, réunis, achevèrent de détruire ce château, et le brûlèrent entièrement.

Le continuateur de Guillaume de Nangis, né à Verberie, écrit qu'en l'an 1368, le dommage causé à ce palais, n'était pas encore réparé.

Philippe-le-Bel et ses successeurs firent quelques séjours à Verberie et y donnèrent plusieurs chartes. Une charte de 1309 prouve que le lieu de Verberie se divisait alors en quatre quartiers: la *Ville*, le *Château*, le *Bourget* et le *Bourg*.

« La Ville comprenait le Haut Cours, le long de la montagne
» presque jusqu'à Francourt ; il y avait en cet endroit une porte
» dont on voyait encore les fondements en 1676 ; à côté de cette
» porte était une masure que les titres nomment *la maison de la*
» *clé de la porte de la ville*.

« Le Bourget, qui commençait à la grosse tour de St.-Corneille,
» et le Bourg, qui s'étendait sur la droite, contenaient les rues des
» Orfèvres, des Allemands, des Juifs, des Barbeaux, de Valtere-
» nard, de St.-Martin, de Blois, la rue Paléeuse (*des Marais*), la
» rue du Monastère, la ruelle Grillot, la rue du Temple et la rue du
» Bourg (1). »

Charles V fit au château de Verberie des travaux assez considérables en embellissements et en appartements. Les murs de ce nouvel édifice subsistaient encore au milieu du xviiie siècle, sous le nom de Grand-Pignon ; ils ont été démolis depuis.

Au xve siècle, les Anglais et les Bourguignons se rendirent maîtres de Verberie et maltraitèrent cruellement les bourgeois pour s'être vigoureusement défendus dans l'intention de conserver leur ville au roi. Un de ces braves citoyens, nommé Jean de Dours, dont le nom devrait être conservé pour la postérité, fut pendu comme étant le chef.

A cette époque, le château fut gravement endommagé, s'il faut s'en rapporter à un auteur du xviiie siècle, qui dit : « Le mur des
» bâtiments qui composent actuellement le bourg de Verberie a
» été formé presque tout entier, sous François Ier, des débris du
» château. Ce bourg fut fermé de murs, flanqué de tourelles par
» intervalles, et percé de cinq portes garnies chacune de meur-
» trières et de créneaux. La nef et la tour de l'église de Saint-
» Pierre sont des ouvrages de ce même temps. Les ruines de l'an-
» cien palais de Charlemagne avaient été abandonnées à la fabrique
» de Saint-Pierre et à la communauté des habitants. »

A l'occasion des troubles survenus pendant la minorité de Louis XIV, les murs de Verberie furent réparés. L'armée du maréchal de Turenne campa tout auprès, en 1652.

La peste y éclata en 1658 ; des secours administrés à propos en arrêtèrent les effets désastreux.

(1) Carlier, *Histoire du Valois*, t. II, liv. V, p. 248.

Les rois de France ont presque tous habité Verberie : Philippe-le-Long y fit un voyage en 1320 ; le roi Jean s'y rendit en 1350 et en 1351 ; Charles V date une de ses ordonnances de Verberie, 1375.

Verberie a été célèbre, aux xve et xvie siècles, par ses *sorciers*, ses *sorcières*, ses *sabattiers*, *magiciens*, *astrologues*, *nécromanciens*, *devins*, etc. La croyance aux effets des sortilèges et à la puissance du diable était tellement enracinée parmi le peuple, et même dans les classes plus élevées, que toutes les lumières de la science et de la religion ont, encore aujourd'hui, beaucoup de peine à en triompher.

BÉTHISY.

L'origine de Béthisy est fort obscure ; son nom latin est *Bertum* ou *Bistisiacum*, *Bestisiacum*. Son territoire se divisait en trois parties : Béthisy-Saint-Martin, Béthisy-Saint-Pierre et le château de Béthisy.

Saint-Martin-Béthisy est placé sur la chaussée *Brunehaud* ou *Bruneau*.

Béthisy-Saint-Pierre est une métairie (*prœdium*) qui appartint à nos rois jusqu'au règne de Charles-le-Simple qui, l'an 907, la donna au monastère de Morienval. Dès l'an 1060, l'église de Saint-Martin avait le titre de paroisse.

Mabillon et dom Germain placent la fondation du château de Béthisy sous le roi Robert. Il était situé sur le haut d'une montagne, dominant une immense vallée et les environs.

« On peut, dit Carlier (1), se former une idée du fort château
» de Béthisy, en partageant d'abord le tertre en deux parties :
» l'une regarde le septentrion, l'autre le midi. La partie septen-
» trionale n'offre à la vue qu'une pelouse de deux cents pieds
» d'élévation, couronnée d'une tour ovale ; l'autre partie était cou-
» verte de bâtiments disposés en amphithéâtre. Le chemin qui
» conduisait au château et à la tour côtoyait une pente très raide.
» Le corps de logis, composé de plusieurs étages, était adossé
» contre la terre. Une belle plate-forme paraissait au-dessus du
» comble des toits, et régnait le long de la partie du tertre qui
» regarde le midi : c'est là qu'on bâtit dans la suite l'église de
» Saint-Adrien, les logements des religieux et l'hôtel du châtelain.

» Arrivé à cette plate-forme, on avait encore à gravir une nou-
» velle pente avant de toucher au sommet du tertre qui est aplati.

---

(1) Carlier, *Histoire du Valois*.

» La surface de ce sommet représente un ovale autour duquel est
» assise une ceinture de fortes murailles. On dressa au milieu une
» tourelle en forme de guérite, plus haute du double que les murs
» du couronnement. Au pied de la guérite paraissait l'ouverture
» du puits, où l'on descendait jusqu'à l'eau par deux escaliers col-
» latéraux. Ces escaliers communiquaient à des souterrains spa-
» cieux dont plusieurs avaient une issue dans la campagne, au pied
» du tertre. J'ai trouvé moyen de pénétrer, il y a quinze ans, dans
» une de ces salles souterraines. Le goût d'architecture des voûtes
» et des arcades se rapporte évidemment au règne de Robert. Il y
» a tous les caractères du premier gothique qui, en France, a suc-
» cédé au goût romain, après les ravages des Normands.

» On construisit un four qui avait une issue dans la tour et une
» autre issue dans le château. On plaça à côté du four le logement
» du fournier. La charge de fournier de Béthisy fût érigée en fief
» presque aussitôt son établissement. On plaça au-dessus de la prin-
» cipale porte d'entrée de la tour une chapelle qu'on dédia pour
» l'invocation de Sainte-Geneviève. »

Ce château fut bâti, dit-on, à l'instigation de la reine Constance, et à la suite de troubles survenus à l'occasion d'une tentative qu'elle fit pour faire couronner son fils cadet au détriment de l'aîné. Cette version ne paraît pas admissible. La position de Béthisy a sans doute, comme beaucoup d'autres, été remarquée par les possesseurs de fiefs, et jugée propre à devenir le centre de leur puissance et de leurs richesses.

Le roi Robert y transporta le siége de la juridiction qui, jusqu'a-lors, avait toujours été à Verberie.

Le châtelain Richard, sous Henri Ier, acheva la construction de plusieurs parties du château ; il y fonda une chapelle sous l'invocation de St-Adrien, avec quatre prébendes et une dignité de doyen. Le roi Philippe lui donna le palais ou maison royale de Cuise avec ses dépendances, et en appliqua les revenus au chapitre de son église.

Béthisy fut enrichi par Louis-le-Gros ; ce séjour lui plaisait beaucoup, il s'y livrait avec ardeur au plaisir de la chasse. Il affranchit les habitants de toutes servitudes onéreuses envers les seigneurs.

Ce fut dans ce château qu'en 1137, Louis VII épousa Éléonore de Guyenne, dont la répudiation devait plus tard attirer tant de malheurs sur la France.

Philippe-Auguste se plaisait à Béthisy ; il y entretenait des chevaliers et un prévôt. Le comte de Flandre, dans les démêlés qu'il eut avec le roi, vint mettre le siége devant le château, mais inutilement.

Sous Charles V, les Navarrais et les Anglais vinrent assiéger Béthisy ; mais après plusieurs assauts où ils perdirent beaucoup de monde, ils furent obligés de se retirer. Le commandant du château fit une sortie, les tailla en pièces et les mit dans une déroute complète. L'endroit nommé encore *Cavée aux Anglais* (1), est le champ de bataille où un grand nombre d'Anglais perdirent la vie Le reste de l'armée se retira dans le château de Creil. Honteux de cette défaite, et voulant en tirer une vengeance éclatante, les Anglais revinrent, l'année suivante, pour s'emparer de la forteresse et la brûler. Mais le commandant de la place sortit avec une partie de la garnison et alla au-devant d'eux, les rencontra du côté de Verberie, et les attaqua vigoureusement; le combat dura longtemps, mais enfin la victoire resta du côté des Français, qui poursuivirent les ennemis de tous les côtés.

Sous Charles VII, au xve siècle, les Bourguignons ruinèrent presque entièrement le château. Le malheur des guerres civiles, c'est d'affaiblir la nation et de l'appauvrir. Le château de Béthisy qui avait opposé aux Anglais une résistance honorable, tomba sous les coups des Français, ennemis les uns des autres, animés par la fureur des partis.

Catherine de Médicis, duchesse de Valois, fit réparer le château et la tour de Béthisy (2), afin d'assurer aux habitants du lieu un asile dans les calamités publiques, et pendant les guerres de religion qui commençaient à éclater.

En septembre 1584, les officiers du siége de Béthisy donnèrent l'exemple d'un réglement fort sage, qui, depuis, a été généralement adopté et considérablement amélioré. Ils ordonnèrent que les curés des paroisses de la Chatellenie tiendraient registres de tous les baptêmes, mariages et enterrements célébrés dans leurs églises. Dans les autres bailliages du royaume, cet usage fut adopté beaucoup plus tard; ce n'est guère qu'en 1658 qu'il devint général.

En 1592 Béthisy hérita des juridictions des baillages, prévôté et élection de Crépy.

En 1615, Marguerite de Valois, femme de Henri IV, engagea le domaine de Béthisy, dépendant du duché de Valois, à un sieur de Villers; mais il fut racheté par Louis XIII, en 1625.

Sous le règne de Louis XIII, il fut fait une guerre aux châteaux. Le système politique de Richelieu, système de concentration de force politique dans les mains du souverain, de centralisation administrative dans le chef de l'Etat, chercha à effacer le peu d'influence qu'avait laissée après elle la féodalité, en abaissant, en faisant disparaître du sol jusqu'aux demeures des grands vassaux.

En 1618, Louis XIII ordonna aux habitants de Béthisy de détruire leur forteresse. Les habitants envoyèrent des députés au roi pour lui représenter que, leur tour ayant été ruinée sous Charles IX, ils avaient reçu l'ordre de la rebâtir *à leurs frais*, « qu'après avoir épuisé leurs moyens, ils avaient été obligés d'em-

---

(1) Bergeron, *Valois royal*. f. 29.
(2) Idem.

» prunter la somme de mille livres, de laquelle ils payaient l'in-
» térêt ; que, comme il serait douloureux pour eux d'être réduits
» à la nécessité de raser un monument qui leur avait tant coûté à
» rebâtir, et que d'ailleurs il était notoire que, dans toutes les
» rencontres, la garnison et les habitants avaient donné au roi
» toutes les marques possibles de leur zèle et de leur attachement,
» ils espéraient de sa bonté qu'on leur épargnerait un déplaisir
» d'autant plus sensible, qu'on leur ôterait un asile assuré pour
» eux, leurs femmes et leurs enfants, aux premiers événements
» fâcheux qui pouvaient troubler le repos de l'Etat. »

Cette requête fut rejetée, et il ne fut pas même permis aux habitants de vendre les matériaux provenant de la démolition, pour acquitter la dette de mille livres qu'ils avaient contractée. L'ordre du roi fut faiblement exécuté, car sauf quelques brèches, la tour existait encore sous la minorité de Louis XIV, et servit de point de mire aux armées commandées par Condé et Turenne. Celle du prince de Condé vint, en 1652, camper tout près, et s'y livra, selon le père Carlier (1) à d'horribles excès.

« Après le passage de ses troupes, le pays était rempli d'objets
» plus hideux les uns que les autres. A peine parcourait-on quel-
» ques parties de chemin sans rencontrer des gens mutilés, des
» membres épars, des femmes coupées par quartiers, après avoir
» été violées ; des hommes expirant sous des ruines ; d'autres qui
» conservaient encore un souffle de vie dans un corps déchiré ou
» ensanglanté ; d'autres enfin percés de broches ou de pieux ai-
» guisés. J'ai lu dans un écrit du temps le trait d'un laboureur,
» qui, ayant refusé à des soldats une somme d'argent qu'il n'avait
» pas, fut attaché par les pieds à la queue du plus fougueux de
» ses chevaux, qu'ils mirent en plaine en le chargeant de coups.
» Les membres du laboureur furent disloqués et mis en pièces ;
» on les retrouva épars, et les pieds encore attachés à la queue du
» cheval. »

MORIENVAL.

Morienval ou Morgienval, Morguienval, en latin, *Mauritiana-Vallis, Morigni-Vallis, Morgne-Vallis*, etc, est un bourg fort ancien, et que l'on croit avoir été une *villa* des Romains. On y a trouvé un grand nombre de médailles frappées au coin des empereurs romains. Ce bourg a été fortifié. On y trouve des vestiges de trois portes dont les murs étaient fort épais.

(1) *Histoire du duché de Valois*, t. III, liv. 8, p. 85.

Morienval possédait une abbaye qui, selon les annalistes du Valois, a été fondée par Dagobert Ier dans le même temps que celle de Saint-Denis, vers l'an 635 ou 640. La statue de ce roi se voyait, avant la révolution, dans une niche au frontispice de l'église. Plusieurs rois, entre autres Charles-le-Chauve et Charles-le-Simple, l'enrichirent. Située dans une position agréable, cette abbaye devint célèbre et fut plusieurs fois visitée par la reine Ermentrude, femme de Charles-le-Chauve, qui s'y plaisait beaucoup.

BONNEUIL.

Bonneuil est un château célèbre de nos rois; il en est fait mention à la fin d'une charte que Louis-le-Débonnaire y délivra en faveur du monastère de Saint-Denis, à la fin de l'an 832.

Son nom latin était *Bonus oculus*, *Bonnalicum*. Vingt-quatre ans après, Charles-le-Chauve y convoqua une assemblée d'évêques. Un titre de l'an 1218 prouve que le château subsistait alors en son entier avec son enceinte. On voit encore aujourd'hui des restes de l'ancien palais entre la vallée et le hameau de Butte, au nord de l'église, à l'endroit appelé *Richebourg*.

VEZ.

Vez est remarquable par un vaste château, où résidait le comte gouverneur du Valois, sous les deux premières races.

Le *Valois* a pris son nom de *Vadum*, qui était primitivement celui du château de Vez. De *Vadum* on donna d'abord au pays celui de *Vadois*, et puis celui de *Valois*, comme étant plus doux à prononcer.

D'après les anciens monuments, *Vadum* ou Vez ne fut pas longtemps la capitale du Vadois, son titre passa à Crépy sous les premiers rois de la troisième race.

Le château de Vez a été rebâti sur les fondements du premier, au commencement du XIIIe siècle, par Raoul d'Estrées, auquel Philippe-Auguste en céda le domaine. Ce château est défendu, d'un côté, par une vallée profonde, où passe un des ruisseaux qui forment plus loin la rivière d'Autonne; on y ajouta, sous le règne de Charles VI, la grosse tour qu'on découvre de loin. Ce château a soutenu plusieurs siéges pendant les règnes de Charles VI, Charles VII et Charles IX, et pendant les troubles de la Fronde.

MONTATAIRE.

Montataire est situé sur une montagne presque vis à vis de Creil. Ce village se montre aux yeux du voyageur de la manière la plus pittoresque. De ce lieu on jouit d'une des plus belles vues de la contrée, et peut-être de la France. Le Thérain, ruisseau qui va se jeter dans l'Oise à un quart de lieue de Nogent, baigne le pied de la montagne. Le château, situé au sommet de la montagne, est dans une position extrêmement agréable; il fut construit dans le XIIIe siècle. Henri IV venait souvent y visiter les Lespard de Madaillan.

On voit encore auprès du village des portes et des vestiges de vieilles fortifications; quelques parties des anciens murs subsistent encore. Si l'on juge de la ville par son ancien cimetière, son étendue était considérable. Elle était habitée par beaucoup de protestants, avant la ligue; deux tombes de plomb des Madaillans se voient encore dans le château.

On assure que c'est dans l'église de Montataire que l'ermite Pierre fit ses premiers sermons pour exciter à la croisade.

CAMY.

Sous la première race de nos rois, il y avait à Chambly un palais royal. Sous la deuxième race ce palais porta le titre de *mallum publicum*, un des principaux tribunaux où l'on rendait la justice.

Chambly reçut aussi le surnom de *Cambliacus loricatus*, le *Hauberger*, à cause des armes qui s'y fabriquaient; c'était un des meilleurs et des plus grands arsenaux de France.

L'antiquité de Chambly est prouvée par plusieurs documents. Il en est fait mention sous Clotaire, en 625, dans les Gestes de Dagobert; on en parle dans une ordonnance de Charles-le-Chauve, datée de Chelles, dans la vingtième année de son règne; il en est question dans des lettres-patentes de Clovis II, données en faveur de l'abbaye Saint-Denis (1).

Suger, dans la vie de Louis-le-Gros, met le château nommé *Cameliacum* au nombre des biens possédés par Matthieu, comte de Beaumont.

Il existe une confirmation faite par Clovis et Mathilde sa mère, de la donation de Cotisac-sur-Oise, dans le territoire de Chambly, par Dagobert II (2).

Chambly fut un comté sous les rois de la deuxième race (*Cambliacensis comitatus*; les états s'y tenaient trois fois l'an, suivant les capitulaires de Charles-le-Chauve, de l'an VIIIe de son règne; c'est-à-dire que les commissaires du roi y jugeaient *in mallo* avec les *Scabini*.

Cette ville fut assiégée par Louis-le-Gros, en 1103, et secourue par Matthieu, comte de Beaumont, gendre de Hugues, comte de Clermont.

Hector et Philippe de Saveuse, qui n'avaient pu prendre Beaumont, pillèrent Chambly en 1409.

Chambly est situé au milieu d'une plaine terminée par des montagnes très pittoresques dans les parties qui touchent à la vallée. Il est bien bâti; les rues sont larges : la promenade qu'on trouve au midi du bourg est vaste, aérée, plantée de belles allées d'ormeaux (3).

L'eau de la fontaine de Saint Lubin, à une lieue de Chambly, passe pour guérir les maladies auxquelles les enfants sont sujets; on les plonge dans la fontaine, et on leur fait boire de ses eaux.

« On célébrait encore il y a quelques années, dans la commune de Chambly, une fête nommée le Bois Ourdy ou la Folie. Le premier dimanche de carême, des jeunes gens, montés sur des chevaux chamarrés de rubans, se rendaient dans un bois de soixante perches, donné autrefois pour cet usage par un des partisans de cette fête; on y coupait des buis qu'on portait sur la place de Chambly, on y mettait le feu, on buvait, on dansait, et on s'égayait jusqu'à la foire du lendemain » (4).

BEAUMONT-SUR-OISE.

La petite ville de Beaumont, située sur une montagne, se présente gracieusement aux yeux des voyageurs, ornée de ses vieilles tours, de ses pavillons, de ses jardins, de ses terrasses descendant jusqu'aux bords de l'Oise.

(1) Cambry, *Description du département de l'Oise*, t. II.
(2) Idem.
(3) Cambry, *Description du département de l'Oise*.
(4) A. Donnet, *Description des environs de Paris*.

Beaumont est moins remarquable par son importance actuelle, que par celle que lui donnaient jadis sa force et sa situation, et par les démêlés fameux de l'un de ses seigneurs, Robert d'Artois, avec sa tante Mahault, comtesse de Bourgogne. Les prétentions du comte Beaumont sur l'Artois, justement condamnées par Philippe-le-Bel, son seigneur suzerain, et par le parlement, amenèrent, par un funeste enchaînement de circonstances, l'une des guerres les plus sanglantes et les plus désastreuses dont notre histoire fasse mention, guerre qui fut l'origine de la rivalité de la France et de l'Angleterre (1).

Le roi de Navarre, Charles-le-Mauvais, prétendait à la possession du comté de Beaumont, comme mari de Jeanne de France, fille du roi Jean. Il renonça à ses droits par un traité signé à Mantes, le 22 février 1353.

De tous les châteaux-forts de la contrée, aucun n'eut plus à souffrir pendant le moyen-âge que celui de Beaumont-sur-Oise. Pris par le duc de Bourgogne, avec quelques autres places, en 1417, il fut démantelé cinq ans après, et ne s'est point relevé depuis.

Du milieu des ruines pittoresques du château de Beaumont, l'une des forteresses les plus remarquables du pays, on jouit d'une vue très étendue sur les bords sinueux de la rivière, et sur les campagnes voisines. Au loin on aperçoit d'autres ruines féodales, au milieu des bouquets d'arbres et des plaines fertiles. C'est un des points les plus pittoresques des environs de Paris.

CREIL.

Creil, *Credilium*, dans les écrits de Loup de Ferrières, et *Credelium* dans les lettres de Philippe-Auguste, sur la rive de l'Oise, est une ancienne mais très petite ville; on n'y compte guère que 1,200 habitants, c'est un des chefs-lieux de canton de l'arrondissement de Senlis.

Cette petite ville fut, à une époque très reculée, le siége d'une seigneurie assez considérable; les Normands la prirent et la pillèrent plusieurs fois. On peut penser que le château que Charles V y fit bâtir était sur l'emplacement d'un autre plus ancien, et construit à l'époque où l'on cherchait à opposer sur ce point une ligne de petites forteresses aux invasions des Normands.

La fondation de l'église est fort ancienne. D'après certains historiens, ce fut vers le règne de Chilpéric, c'est-à-dire à la fin du

---

(1) Cambry, *Description du département de l'Oise.*

vi⁰ siècle, que le corps de saint Evremont y fut déposé. D'après d'autres, ce fut vers l'an 944, qu'un évêque de Séez y transporta les reliques de ce saint, pour les dérober à la fureur et à l'impiété des Danois.

Saint Louis donna à Robert, un de ses fils, la seigneurie de Creil, lors de son mariage avec Béatrix de Bourgogne. Elle passa ensuite à Louis de Bourgogne, fils de Robert, qui la donna à Béatrix de Bourbon, sa fille, en la mariant à Jean de Luxembourg, roi de Bohême; après la mort de Jean de Luxembourg, sa veuve en traita avec Charles V qui la réunit à la couronne.

Barthélemy, cinquante-sixième évêque de Beauvais, consacra l'église de la Maladrerie de Creil, à la prière de Raoul, comte de Clermont, en 1190.

Les Navarrais et les Anglais, pendant l'année 1359, vinrent quatre fois porter le ravage et la désolation dans cette partie de la France qui n'opposait à tant de maux qu'une faible résistance, tant les partis qui l'opprimaient l'énervaient en l'avilissant. A cette époque, un nommé Fondriguès, Navarrais, remit aux Anglais le château de Creil, dont il s'était emparé (1).

Ce Fondriguès envoyait des détachements sur les grands chemins de Paris, de Crépy, de Senlis, de Noyon, et forçait les voyageurs à prendre de sa main des saufs-conduits. Froissart écrit qu'il en vendit pour 100,000 livres, somme énorme pour ce temps-là.

Le château que Charles V, fils de Jean, y fit bâtir, était d'une construction remarquable par l'épaisseur de ses murailles, sa position dans une île et son étendue. Il fut pris par les Anglais en 1434, après six semaines de siége. Amadour de Vignolles, qui le commandait, ayant été tué, le château et la ville se rendirent.

Le 19 mai 1441, Charles VII, accompagné de son fils, vint mettre le siége devant Creil sous le commandement du connétable de Richemont; après douze jours de siége, la place capitula; les quatre ou cinq cents hommes qui composaient la garnison se retirèrent avec armes et bagages. Les habitants de Paris, à cette nouvelle, témoignèrent leur joie par des feux, des danses et des cris de Noël (2).

Les Calvinistes s'étant emparés de Creil, en 1567, brûlèrent toutes les reliques qu'ils y trouvèrent. Les chanoines sauvèrent néanmoins la tête de saint Evremont.

En 1588, les ligueurs saisirent sans résistance Creil, Pont Ste.-Maxence, Crépy, et le château de Pierrefonds.

Avant la révolution, les ruines de Creil étaient encore majestueuses; on y montrait la chambre dans laquelle Charles VI fut enfermé à l'époque de sa folie. Le balcon de cette chambre était formé par une grille de fer. Les murailles de ce vieux château, que souvent habitaient nos rois, étaient peintes en camaïeu, et les hautes solives des planchers, teintes en rouge.

(1) *Journal de Paris, sous le règne de Charles VII*, p. 144.
(2) *Journal de Paris sous le règne de Charles VII*. p. 144.

On a prétendu que sous le règne de Charles VI, on se chauffait encore autour d'une large fosse ronde au milieu de l'appartement. Dans les anciennes ruines, on voyait des cheminées semblables aux nôtres, mais beaucoup plus grandes, qui étaient pratiquées dans l'épaisseur du mur.

Quelques années avant la révolution, ce château appartenait au prince de Condé, qui le vendit à la charge de le démolir. Sur son emplacement, a été bâtie une maison assez apparente. Il ne reste plus de ce vieux manoir, qui tant de fois a retenti des cris des batailles, et qui a recelé dans ses murs des têtes couronnées, que le soubassement d'une terrasse au-devant de cette maison, laquelle est flanquée d'une espèce de tour tronquée, qui paraît être la base d'une des anciennes tours.

Il se fait à Creil un grand commerce de farines pour l'approvisionnement de Paris. Sa fabrique de faïence est devenue célèbre. Elle occupe cinq à six cents ouvriers, et l'on évalue à un million le montant des produits qu'elle livre au commerce. Elle a aussi des manufactures de cristaux, de verreries et de poteries anglaises. Il y a dans le voisinage de cette ville des carrières de pierres très propres à la construction des plus beaux édifices.

Près du château, sont les ruines de l'abbaye de St.-Evremont, dont le chœur est encore debout. Le clocher de l'église paroissiale mérite l'attention des amis des arts par sa construction.

C'est des environs de Creil, près du village d'*Aumont*, que la manufacture de St.-Gobin tire le quartz arénacé ou sable blanc employé à la fabrication des glaces.

VERNEUIL-SUR-OISE.

Sur la rive gauche de l'Oise, et à deux petites lieues à l'est de Creil, près de la forêt de Halatte, est le village de Verneuil-sur-Oise.

Le château de Verneuil était une des plus anciennes maisons du Beauvaisis. Son nom latin était ou *Vernogilum*, ou *Vernoilum*, *Vernalium*. Il est célèbre par les conciles qui s'y sont tenus.

Louis-le-Débonnaire y prenait souvent le plaisir de la chasse.

La maison royale, qui existait déjà sous Clotaire III, n'était pas où se trouve à présent le château, mais près les vestiges qu'on nomme encore le vieux château.

Charles-Martel s'y arrêta après avoir gagné la célèbre bataille de Poitiers sur les Sarrasins.

Pepin, maire du palais, y rendait la justice dans la cinquième année du règne de Chilpéric ; quand il monta sur le trône de France, il y convoqua les évêques des Gaules.

En 802, Louis-le-Débonnaire, n'étant encore que roi d'Aquitaine, suivit son père Charlemagne à Verneuil.

Louis-le-Bègue et Carloman y résidèrent très souvent.

Henri IV rebâtit le nouveau château ; la construction en était riche et élégante. C'est dans ce lieu que ce roi se rendait souvent auprès de Gabrielle d'Estrées, ou plus vraisemblablement aux pieds de la marquise de Verneuil, à laquelle il avait donné, à titre de chauffage pour son marquisat, la coupe de deux arpents de bois dans la forêt (1).

Ce château, dont il ne reste que des ruines et de grandes voutes souterraines, était entouré d'un large fossé revêtu de pierres de taille, et flanqué, aux quatre coins, d'autant de petites plate-formes qui s'avançaient comme des bastions. « La cour était formée par quatre corps de bâtiments qui en occupaient les quatre faces. Chacun de ces corps était terminé par deux pavillons, en sorte que le château avait huit différents pavillons, tous armés de frontons, et chargés de trophées, d'armes et de figures. La principale entrée consistait en un vestibule qui s'avançait sur le devant, et qui était formé par quatre hautes arcades, soutenues par des colonnes et des pilastres, et ornées de six niches remplies par autant de statues. Sur ce premier vestibule s'en élevait un autre ouvert des quatre côtés, qui communiquait à droite et à gauche à une galerie découverte, ornée d'une balustrade de pierre. Au-dessus, enfin, s'élevait une coupole ronde bien percée, et dont le comble se terminait par une lanterne. » (2)

Cette belle terre fut érigée en marquisat, en faveur de madame d'Entragues, et en duché pairie, par Louis XIV en 1652, en faveur de Henri de Bourbon, duc de Verneuil, qui mourut sans postérité en 1682. Elle passa ensuite dans la maison de Bourbon Condé.

Il existe à Verneuil une source ferrugineuse.

NOGENT LES VIERGES.

Suivant quelques historiens, les rois de la première race avaient une maison de plaisance à Nogent-les-Vierges. (3)

En qualité de maison royale, Nogent a le droit de prétendre, comme tant d'autres, à la pièce de monnaie sur laquelle on lit

---

(1) Cambry, *Description du département de l'Oise*, t. II.
(2) Piganiol de La Force, *Nouvelle description de la France.*
(3) L'abbé Lebeuf.

Novigento villa. Il est probable que Thierry III se trouvait à Nogent lorsqu'Ebroïn vint surprendre ses gardes avec une armée levée en Austrasie. Ebroïn passa l'Oise à Pont-Sainte-Maxence, en l'an 673. Le maire Lindisius s'enfuit avec Thierry.

Nogent fut surnommé les Vierges, de deux sœurs, princesses irlandaises ou écossaises, qui voyageant par esprit de religion, furent assassinées à Balagny, village situé à une lieue et demie de Nogent, par des *voleurs, aux dépravées et sales affections.* Leurs corps furent transportés à Nogent, qui devint un lieu de pèlerinage fort célèbre, où l'on accourt de vingt lieues à la ronde.

NANTHEUIL-LE-HAUDOUIN.

Nant est, dit-on, le premier nom du bourg de Nantheuil-le-Haudouin; c'est un mot celtique qui désignait la plupart des lieux où l'on trouvait des sources, des étangs, des fontaines.

Nantheuil a été l'une des plus riches possessions des Romains dans les Gaules.

Un auteur qui écrivait deux siècles après l'établissement de la monarchie française, voulant donner une idée de ce lieu, au moment où ses domaines passèrent des Romains aux Francs, appela Nantheuil, *Vicus famosi nominis.*

Clovis donna cette terre à un des généraux de son armée, nommé Chagneric, Sicambre d'origine.

Les fermes et les greniers du château de Nantheuil abondaient alors en toute sorte de productions naturelles, en troupeaux, en grains, etc. Le maître de ces domaines occupait un château, dont le ressort comprenait une immense étendue de forêts.

Un fils de Chagneric s'allia au comte de Ponthieu.

Cette terre fut transmise par droit d'hérédité à Saint-Walbert, qui vivait au VIIe siècle; elle fut ensuite partagée entre les moines de Luxeuil et les comtes de Ponthieu. Hilduin, comte de Breteuil, la possédait presque toute entière en l'an 1000. Elle passa ensuite par la main de différents seigneurs, de Lenoncourt, de Guise, de Schomberg, d'Estrées; le prince de Condé en fut le dernier possesseur.

La terre de Nantheuil-le-Haudouin était, après Villers-Cotterets, la principale dépendance de la châtellenie de Crépy.

Le surnom de Haudouin lui vient, dit une note manuscrite de l'historien Lebeuf, de Hilduins, à qui elle appartenait autrefois.

La maison de Nantheuil est issue de l'ancienne maison des comtes du Vexin, et portait l'oriflamme de France.

Le château de Nantheuil fut érigé en comté vers 1543, en faveur d'un seigneur de Lenoncourt. (1)

Le duc de Guise s'y retira en 1560, lorsqu'à la mort de François II, la reine-mère, pour abaisser les Guises, favorisa les protestants. Le connétable de Montmorency, également mécontent de la cour, était à Chantilly. Ce voisinage facilita les réunions et les intrigues de ces deux seigneurs, à la suite desquelles ils formèrent, avec le maréchal de Saint-André, cette ligue connue sous le nom de *Triumvirat*, qui fut le prélude de la guerre civile et de la Saint-Barthélemy.

Le château de Nantheuil, presque entièrement démoli, n'offre plus rien de remarquable.

C'est à Nantheuil que se trouvent les sources de la Nonette, petite rivière qui passe à Senlis, et qui fait tourner de nombreuses et riches usines.

CHANTILLY.

Il faudrait faire des volumes pour écrire l'histoire de tous les faits remarquables dont Chantilly a été témoin, et dépeindre dignement les beautés que la nature a prodiguées dans ses environs. En effet, que de grands noms! Quels brillants souvenirs s'attachent à ce château, à ces jardins, à ces forêts! Que d'hommes savants, que de guerriers, que d'artistes renommés ont concouru à le rendre célèbre!

Berthold de Senlis, chevalier qui vivait sous le règne de Hugues-Capet, était seigneur de Chantilly et d'Ermenonville.

Au xe siècle, un Rothelin de Senlis, était seigneur de Chantilly et d'Ermenonville; il fut l'héritier de Hébert, comte de Senlis.

Au commencement du douzième siècle, Guy, comte de Senlis, possédait Chantilly; ce fut lui que Louis-le-Gros éleva à la dignité de grand bouteiller de France, titre que sa postérité a constamment conservé. Guillaume, Bouteiller de Senlis, troisième du nom, et l'un des descendants de Guy, embellit le séjour de Chantilly, et, en 1333, y fit bâtir une chapelle qui fut sa sépulture. Il la céda par son testament, en 1360, au sire d'Esqueric.

La race des Bouteillers de Senlis, qui se disaient issus de Charlemagne, s'éteignit vers le commencement du xve siècle.

(1) Cambry, *Description du département de l'Oise.*

Le sire d'Esqueric, par son testament du mois d'août 1560, en fit présent à Jean de Laval, seigneur d'Attichy.

Guy de Laval la vendit, le 28 mai 1386, à Pierre d'Orgemont, chancelier de France sous Charles VI, pour une somme de 8,000 l. tournois, en comprenant dans ce marché la tour de Montmeillan, et le fief de Montey-le-Neuf.

Un des descendants de Pierre d'Orgemont épousa Marie de Roye, et n'eut pas d'enfants : la terre de Chantilly passa, en 1484, dans la maison de Montmorency; Jean de Montmorency avait épousé Marguerite d'Orgemont.

Anne de Montmorency, son fils, hérita de cette belle propriété; c'est lui qui la fit ériger en chatellenie, en 1522.

Henri, duc de Montmorency, second de nom, qui fut décapité à Toulouse le 30 octobre 1632, fut le dernier de cette maison qui posséda Chantilly. Elle fut confisquée et donnée en 1633 à Henri de Bourbon, deuxième de nom, prince de Condé, héritier de Henri de Montmorency, par Charlotte Marguerite de Montmorency qu'il avait épousée.

François de Montmorency avait donné des fêtes brillantes à Charles IX dans sa terre de Chantilly. Henri IV y visita souvent Henri duc de Montmorency; mais ce n'est que sous les Condé que ce beau domaine commença à s'embellir.

C'est à Louis de Bourbon de Condé, celui à qui la postérité a conservé le surnom de Grand, que Chantilly doit les embellissements de son château, les routes de sa forêt, et ses jardins, ouvrage du fameux Le Nôtre. Son fils y fit exécuter le parc de Silvie, l'église, le reste des bâtiments et le labyrinthe célébré par Santeuil.

En 1671, Louis XIV vint à Chantilly visiter le Grand Condé; des fêtes extraordinaires y furent données. Voici ce que Madame de Sévigné, dont la plume originale savait si bien dépeindre tous les genres d'émotions, nous raconte de cette fête.

« Le roi doit aller à Chantilly le 25 de ce mois (avril), il y sera
» un jour entier : jamais il ne s'est fait tant de dépenses au triomphe
» des empereurs, qu'il y en aura là; rien ne coûte : on reçoit toutes
» les belles imaginations, sans regarder à l'argent; on croit que
» Monseigneur le prince n'en sera pas quitte pour quarante mille écus.
» Il faut quatre repas : il y aura vingt-cinq tables, servies à cinq ser-
» vices, sans compter une infinité d'autres qui surviendront. Nour-
» rir tout, c'est nourrir la France et la loger; tout est embelli; de
» petits endroits qui servaient à mettre des arrosoirs, deviennent
» des chambres de courtisans; il y aura pour mille écus de jon-
» quilles : jugez à proportion. »

Dans une autre lettre, Madame de Sévigné en parle ainsi; tout en racontant la mort tragique du fameux Vatel, qui avait trop d'honneur *à sa manière* :

« Ce n'est pas une lettre, c'est une relation que Montreuil vient
» de me faire de ce qui s'est passé à Chantilly, touchant Vatel

» (maître-d'hôtel du prince de Condé). Voici l'affaire en détail : Le
» roi arriva le jeudi soir. La promenade, la collation dans un lieu
» tapissé de jonquilles; tout cela fut à souhait. On soupa; il y eut
» quelques tables où le rôti manqua, à cause de plusieurs dîners,
» à quoi l'on ne s'était point attendu. Cela saisit Vatel; il dit plu-
» sieurs fois : je suis perdu d'honneur, voici un affront que je ne
» supporterai pas. Il dit à Gourville : la tête me tourne, il y a douze
» nuits que je n'ai dormi; aidez-moi à donner des ordres. Gourville
» le soulagea en ce qu'il put. Le rôti qui avait manqué, non pas à
» la table du roi, mais aux vingt-cinquièmes, lui revenait toujours
» à l'esprit. Gourville le dit à M. le Prince. M. le Prince alla jusque
» dans la chambre de Vatel, et lui dit : Vatel, tout va bien, rien
» n'était si beau que le souper du roi. Il répondit : Monseigneur,
» votre bonté m'achève; je sais que le rôti a manqué à deux tables.
» Point du tout, dit M. le Prince, ne vous fâchez point, tout va
» bien. Minuit vint; le feu d'artifice ne réussit point : il fut couvert
» d'un nuage; il coûtait 16,000 francs. A quatre heures du matin,
» Vatel s'en va partout : il trouve tout endormi; il rencontre un
» petit pourvoyeur qui apportait seulement deux charges de marée;
» il lui demande est-ce là tout? Oui, monsieur. Il ne savait pas que
» Vatel avait envoyé à tous les ports de mer. Vatel attend quelque
» temps; les autres pourvoyeurs ne vinrent point; sa tête s'échauf-
» fait; il crut qu'il n'aurait point d'autre marée. Il trouva Gourville,
» et lui dit : Monsieur, je ne survivrai point à cet affront ci. Gour-
» ville se moqua de lui. Vatel monte à sa chambre, met son épée
» contre la porte, et se la passe au travers du cœur; mais ce ne fut
» qu'au troisième coup : car il s'en donna deux qui n'étaient pas
» mortels; il tomba mort. La marée cependant arrive de tous côtés,
» on cherche Vatel pour la distribuer; on va à sa chambre, on
» heurte, on enfonce la porte, on le trouve noyé dans son sang, on
« court à monsieur le prince qui fut au désespoir. M. le duc pleura :
» c'était sur Vatel que tournait son voyage de Bourgogne. Monsieur
» le prince le dit au roi fort tristement. On dit que c'était à force
» d'avoir de l'honneur, à sa manière; on le loua fort; on loua et
» blâma son courage...... Cependant Gourville tâcha de réparer la
» perte de Vatel; elle fut réparée, on dîna très-bien, on fit colla-
» tion, on soupa, on se promena, on joua, on fut à la chasse; tout
» était parfumé de jonquilles, tout était enchanté. Hier, qui était
» samedi, on fit encore de même; et le soir le roi alla à Liancourt
» où il avait commandé *media noche*..... Je jette mon bonnet par
» dessus les moulins, et je ne sais rien du reste. »

Une autre relation de cette belle fête, rapporte que le grand
Condé y déploya une telle magnificence que Paris « se trouva pen-
» dant trois jours sans musique et sans spectacles. La cour entière
» défrayée aux dépens du prince, trouvait partout des plaisirs
» nouveaux et variés; elle n'avait pas le temps de respirer. »

Louis XIV enchanté de tant de merveilles et d'un séjour aussi

beau, désira compter Chantilly au nombre de ses maisons de plaisance; il pria le prince de le lui céder. Le prince qui désirait ne pas s'en défaire, le laissa maître d'en fixer le prix. « Il est à votre
» majesté, dit le grand Condé, pour le prix qu'elle déterminera
» elle-même; je ne lui demande qu'une grace : c'est de m'en faire
» le concierge.—Je vous entends, mon cousin, répliqua le roi,
» Chantilly ne sera jamais à moi. »

Lorsque le grand Condé, se sentant vieillir, voulut se retirer des plaisirs du monde, il attira souvent près de lui à Chantilly les savants orateurs et les poètes qui embellissaient le siècle de Louis XIV. Corneille, Bossuet, Boileau, Racine, Bourdaloue, La Fontaine, Santeul, etc., allaient le trouver et discouraient ensemble sur plusieurs sujets variés. Il y mourut en 1686.

« C'est ainsi, dit Bossuet dans l'oraison funèbre de ce prince,
» qu'il parut à Chantilly comme à la tête de ses troupes. Qu'il em-
» bellît cette délicieuse et magnifique maison, ou bien qu'il munît
» un camp au milieu de pays ennemis, et qu'il fortifiât une place;
» qu'il marchât avec une armée au milieu des périls, et qu'il con-
» duisît ses amis dans ses superbes allées, au bruit de tant de jets
» d'eau qui ne se taisaient ni le jour ni la nuit : c'était toujours le
» même homme, et la gloire le suivait partout. »

L'ancien château de Chantilly, bâti vers la fin du xve siècle, était, ainsi que le montrent ses ruines, assis sur un roc au milieu d'une vaste pièce d'eau qui forme ses fossés. Son plan présente un triangle, dont les trois faces, très irrégulières, étaient flanquées de tourelles, accompagnées de meurtrières, et surmontées de pavillons, dont les combles étaient en calottes sphériques. Ces tourelles communiquaient l'une à l'autre par une galerie extérieure fort étroite, qui régnait entre les deux étages sur les trois façades du château. Cette décoration, à la fois triste et sauvage, rappelait à l'imagination des uns la demeure de ces anciens preux dont parlent si souvent nos vieux romans de chevalerie, et à la mémoire des autres, le séjour d'un de ces châtelains si sombres et si redoutés dans les temps féodaux.

Les appartements de ce vieux château étaient richement décorés; les peintures étaient en grande partie l'ouvrage de Coypel, et de Le Sueur.

Le petit château, construit vers le xvie siècle, moins vaste et plus simple à l'extérieur, est le seul qui existe aujourd'hui. Au temps où Chantilly appartenait à la maison de Montmorency, cet édifice était destiné à la capitainerie. Il est élevé dans les fossés du grand château auquel il communiquait par des ponts en forme de corridors, et présente un corps de bâtiment ayant deux pavillons en avant-corps sur la cour; ces pavillons sont décorés d'une ordonnance corinthienne en pilastres, d'un bon style et d'une habile exécution. Dans toute l'étendue du bâtiment, l'entablement est interrompu par les croisées en mansarde de l'étage qui règne au-dessus du rez-de-chaussée.

La galerie des batailles est décorée de douze tableaux peints par Lecomte, sur les dessins de Vander-Meulen, et tous représentent les faits-d'armes qui illustrèrent le grand Condé dans les années comprises entre 1643 et 1674. Au bout de cette galerie était un riche cabinet d'histoire naturelle, commencé par le duc de Bourbon, pendant son ministère, et augmenté, en 1786, de la collection du célèbre Valmont de Bomare.

En face du château est le bâtiment d'Enghien, dû aux soins de l'architecte Leroy, qui ne mit que quatre mois à le bâtir. Ce bâtiment se compose d'un rez-de-chaussée et d'un seul étage que couronnent un entablement et une balustrade.

La terrasse du Connétable, placée entre le bâtiment d'Enghien et les fossés du vieux château, était décorée de la statue équestre d'Anne de Montmorency. Cette figure, assez bonne pour le temps où elle fut faite, était composée de lames de cuivre très rapprochées; à cette époque, on ignorait en France l'art de jeter en fonte de grandes figures.

De cette terrasse on arrive au grand escalier, du haut duquel l'œil embrasse à la fois le parterre et le riant coteau de Villers, qui termine ce riche tableau. Les deux parties du soubassement de la terrasse sont décorées d'une ordonnance de colonnes toscanes, rustiques et accouplées; des statues de naïades et de fleuves enrichissent les niches et les grottes pratiquées dans le mur entre ces colonnes. Quoique fort dégradé, cet ouvrage est encore un des plus imposants de ceux qu'on admire à Chantilly.

L'écurie de Chantilly, bâtie sur les dessins de Jean Aubert, fut commencée en 1719, et finie en 1735; elle présente une façade d'environ 196 mètres de développement sur 19 mètres de largeur; les deux extrémités sont arrêtées par deux gros pavillons de 22 mètres en carré, et de 14 mètres 50 centimètres en hauteur, depuis le rez-de-chaussée, jusqu'à l'entablement; ils sont percés de trois arcades sur chacune de leurs faces. Au milieu de la façade est un pavillon formant avant-corps, orné de pilastres ioniques, et où se trouve la principale porte d'entrée de l'écurie; sous l'archivolte sont sculptés en demi-bosse trois chevaux qui présentent différentes attitudes. Sur ce pavillon, couronné, comme tout l'édifice, d'une balustrade, s'élève un dôme octogone qui offre pour amortissement la Renommée montée sur un cheval ailé.

Les deux parties de cette façade qui sont entre les trois pavillons, sont percées de vingt arcades de 4 mètres de largeur chacune, sur 8 mètres 50 centimètres de hauteur, et ornées d'assises en bossages.

L'intérieur des écuries a, dans œuvre, 186 mètres de long sur 12 mètres de large; la hauteur prise du sol à la clef de la voûte est de 13 mètres 50 centimètres, proportion énorme, qui en donnant un air de majesté à ce logement pour des chevaux, nuit beaucoup à la commodité. La vaste étendue de l'intérieur, la hauteur de la voûte, la grandeur des fenêtres rendraient cet édifice inhabitable même pour les animaux, si, en hiver, on n'avait soin d'y entretenir du feu.

Au milieu de cette longueur est le dôme qui a, dans œuvre, 21 mètres de diamètre et 27 mètres 35 centimètres de hauteur. La voûte, qui est à huit pans, est éclairée par quatre grandes croisées ovales; le tout est orné de guirlandes et de trophées de chasse, tels que des têtes de cerfs et de sangliers.

Au-dessous de ce dôme, et en face de la principale porte d'entrée, est un renfoncement formant une grande arcade en cul-de-four, sous laquelle on trouve une magnifique fontaine en cascade, décorée d'un groupe de chevaux et d'enfants.

Ces écuries peuvent contenir deux cent quarante chevaux.

Les arcs doubleaux, placés entre les fenêtres, présentent, à la naissance de la voûte, des têtes de cerfs entourées de cartels et de guirlandes de feuilles de chêne en peinture.

Les deux extrémités de cette écurie sont terminées par un cul-de-four. Dans un renfoncement qui est au dessus de la corniche, sont peints des sujets de vénerie; d'un côté est une chasse aux loups, et de l'autre côté, une chasse aux sangliers. L'étage supérieur, en mansardes, est divisé en vingt-quatre appartements.

Le manége découvert est un édifice circulaire de 40 mètres de diamètre, bâti dans le genre de l'écurie à laquelle il tient, et présente des portiques à jour décorés d'une ordonnance de colonnes ioniques répétée par des pilastres.

Les chenils construits pour les divers espèces de chiens, ne sont pas distribués moins grandement que l'écurie. Ils sont décorés de fontaines, de sculptures et de peintures. La boulangerie, les remises, le logement de la vénerie, forment avec le principal édifice, dont ils répètent la décoration extérieure, un vaste et magnifique ensemble qui, par le caractère de son architecture et sa position avantageuse sur une immense pelouse, peut excuser l'erreur où tombent quelque fois les étrangers en le prenant pour le palais même.

La porte par laquelle on entre dans le bourg de Chantilly est le commencement d'un pavillon symétrique à celui de l'écurie; la rue qui vient ensuite est bordée d'un corps-de-logis de plus de trois cent vingt mètres de longueur, divisé en maisons uniformément construites, derrière chacune desquelles est un jardin qui donne sur la pelouse de Chantilly. L'église paroissiale est d'une construction moderne; l'intérieur est orné de pilastres, et sur l'autel on voit une Adoration peinte par Nouasse (1).

Pour aller dans le parc, de la terrasse du château, on descend, par un superbe escalier, dans les jardins, chef-d'œuvre, ainsi que nous

---

(1) Alex. Donnet, *Description des environs de Paris.*

l'avons déjà dit, du célèbre Le Nôtre. Cet ingénieux artiste a su tirer le parti le plus heureux des avantages que lui fournissait la nature. La rivière de Nonette répand dans ces jardins la richesse de ses eaux. Elle forme, dit l'auteur de la *Description des eaux de Chantilly*, la fontaine de la Gerbe, que l'on voit avec tant de plaisir; elle produit, à droite, une superbe pièce d'eau qui symétrise avec les fossés du château, qu'elle a eu soin de remplir. De là on aperçoit un bras du grand canal, et, sur les côtés, le parterre enrichi de dix bassins : ceux du milieu forment miroirs. C'est un charmant tableau dont toutes les richesses semblent s'encadrer au moyen d'une grande portion de cercle percée au milieu par une belle et large allée qui mène à la forêt de Hallate.

L'Orangerie est à gauche; son architecture est belle; et son parterre a cinq bassins remplis par des jets d'eau qui jouent continuellement. Le bassin du milieu est orné d'une colonne antique de porphyre, dont la base fournit une nappe d'eau; cette colonne supporte un octaèdre sur les pans duquel sont placés huit cadrans qui indiquent les heures pour différentes villes de la terre.

La salle de spectacle est construite d'après les dessins de Bellisard; l'élégance de sa forme, la richesse de sa décoration ne sont pas ses seuls avantages. Le théâtre offre un effet que l'on chercherait en vain dans les autres théâtres de la France. Le fond s'ouvre, et laisse voir en dehors une cascade ornée de la figure d'une nymphe; et par le moyen d'un tuyau que l'on impose à volonté, il s'élève sur le théâtre huit nappes d'eau, qui offrent le plus agréable et le plus étonnant des spectacles.

Nous ne répéterons pas les descriptions des autres lieux embellis par les eaux qui abondent de tous côtés dans ce beau domaine. On cite surtout les îles, la grande cascade et ses jets merveilleux, le grand canal, qui a trois quarts de lieue de longueur, et la belle chute d'eau qui le termine.

La forêt contient 7,600 arpents. Au milieu est une place ronde qui sert à des haltes de chasse : place célèbre par les fêtes que le grand Condé y donna à Louis XIV et à toute sa cour, et où vont aboutir douze grandes avenues, dont la plupart ont plus d'une lieue de longueur. On trouve encore dans cette forêt d'autres étoiles, où viennent aboutir plusieurs routes d'une longueur immense.

La plus grande partie de ces embellissements sont dus au prince Henri Jules, fils unique du grand Condé; il s'en occupa toute sa vie.

« Chantilly, dit le duc de Saint-Simon, était les délices de ce
» prince; il s'y promenait toujours, suivi de plusieurs secrétaires,
» avec leur écritoire et du papier, qui écrivaient à mesure ce qui
» lui passait par l'esprit, pour raccommoder et ensuite embellir :
» il y dépensa des sommes prodigieuses. »

Ce prince reçut Louis XV à Chantilly, et les fêtes qu'il lui donna furent aussi brillantes que celles que son père avait données à Louis XIV.

Le bourg de Chantilly est peuplé de 2,300 habitants. On y trouve plusieurs grands établissements industriels parmi lesquels on doit citer une manufacture de porcelaine fort renommée.

Du *Mont-du-Pot*, dans le voisinage de Chantilly, on jouit de l'un des plus beaux points de vue de cette riche contrée. Au delà de l'Oise, on aperçoit Boran, puis la grande plaine de Chambly, au-dessus de laquelle on distingue la tour de Beaumont ; la forêt de Lys est sous les pieds : vers le sud-est, la vue s'étend jusqu'à Champlâtreux ; on aperçoit Montmélian, Luzarches ; à l'est, on découvre Senlis, St.-Christophe, Montepiloy, et le rideau de la forêt de Hallate. Plusieurs Anglais qui ont visité ce beau point de vue le préfèrent au paysage si renommé de Richmond.

§ II.

ARRONDISSEMENT DE COMPIÈGNE.

I. COMPIEGNE.

Cette ville ancienne, dont le nom latin est *Compendium*, est située dans une position avantageuse sur les bords de l'Oise, près du confluent de l'Aisne. Quelques historiens en attribuent la fondation à Jules-César. Il est probable que le lieu qu'elle occupe a dû être habité dès les temps les plus reculés. Cependant l'existence de Compiègne n'est certaine qu'à dater de la fin du règne de Clovis. On assure même que Clovis vainquit et chassa le fameux Siagrius, général des Romains, entre Compiègne et Soissons. Depuis ce prince, Compiègne a toujours fait partie du domaine royal : on lisait sur le frontispice d'une de ses portes, *Regi et regno fidelissima*.

Il paraît que, soit du temps de Childebert, soit du temps de Clovis, ou des rois ses prédécesseurs, il y avait à Compiègne un palais où se tenaient les assemblées nationales. Clotaire Ier mourut à Compiègne, à la suite d'exercices forcés qu'il avait pris dans la forêt.

Chilpéric Ier essaya de dissiper dans cette ville la douleur que lui causa la mort de Théodoric, son fils.

Clotaire II, prêt à livrer bataille à Théodebert, roi d'Austrasie, sous les murs de Compiègne, fit la paix avec ce prince; elle fut signée dans cette ville.

Dagobert livra un sanglant combat aux Austrasiens près de Cuise (*Cotia*), maison de plaisance qu'il avait dans ce lieu. Ce fut à Compiègne qu'il arrêta la fondation de l'abbaye de St.-Denis: il établit dans cette cité un hôtel des monnaies dont il confia l'administration à saint Eloi, orfèvre à Compiègne, avant qu'il exerçât son art à Noyon, dont il devint évêque (1).

Théodoric Ier, Clovis II, Clotaire III, Childéric II, Thierry III, Clovis III, Childebert III, etc., habitèrent Compiègne. Charles Martel, maire du palais, y faisait sa demeure habituelle. Après sa fameuse victoire sur les Sarrasins, il y institua, dit-on, l'ordre de la Geneste, que d'autres attribuent, avec plus de probabilité, à saint Louis ou à Charles VI.

Pepin y tint un parlement en 757; et Charlemagne en 779. On croit que sous cet empereur, la montagne de Clairoix, vulgairement nommée le Camp de César, reçut le nom de Ganelon, de celui du fameux chevalier félon, qui y reçut le châtiment de ses crimes et de sa trahison à Roncevaux.

En 838, Louis-le-Débonnaire fut déposé, par décision du parlement, connu sous le nom de parlement de Compiègne.

Charles-le-Chauve donna à Compiègne le nom de *Carlopolis*, Charleville. Il fit bâtir le château en 876, au dehors de la ville, et lui donna pour territoire tout ce qui s'étend depuis la porte de Pierrefonds, jusqu'à une borne que l'on voit encore près du confluent de l'Oise et de l'Aisne. Il fit ensuite bâtir un autre château sur les bords de l'Oise, près du faubourg St.-Germain, dont les jardins étaient dans une petite île. Ce dernier château a subsisté jusqu'au règne de Saint-Louis, qui plaça dans cette île l'Hôtel-Dieu qu'on y voit encore.

Ce prince fonda à Compiègne une abbaye célèbre, dédiée à Notre-Dame, et cent chanoines pour la servir; il leur donna le corps de St.-Cyprien et de St.-Corneille.

L'air pur des environs de Compiègne et la situation de cette ville, construite en partie sur le plateau d'une éminence qui domine d'assez beaux points de vue, attiraient ainsi dans ses murs presque tous nos rois

Louis-le-Bègue fut couronné dans l'église de St.-Corneille, à Compiègne; ce roi mourut dans cette ville et y fut enterré.

Sous le règne d'Eudes, fils aîné de Robert-le-Fort, les Normands firent des invasions en France, brulèrent Noyon, Clermont, Beauvais, et d'autres villes; ils échouèrent sous les murs de Compiègne. Eudes se hâta d'en rétablir les fortifications. Il y fut couronné. On croit que, le premier, il fit passer la rivière dans les fossés qui cernaient cette ville.

(1) Cambry, *Description du département de l'Oise*, t. I.

Louis V, dit le fainéant, dernier roi de la seconde race, mourut à Compiègne et y reçut la sépulture.

Sous la troisième race, Compiègne fut moins fréquenté par nos rois.

Cependant, Hugues Capet fut salué roi par les états-généraux assemblés dans Compiègne.

Louis-le-Gros s'y trouvait quand le pape Innocent II vint implorer son assistance. Quoiqu'en aient pu dire certains écrivains à système, c'est, en grande partie, à ce prince que les Français doivent l'abolition de la servitude et l'établissement des libertés municipales. Compiègne est une des premières villes auxquelles il accorda le droit de commune.

Suger, abbé de St.-Denis, obtint de Louis VII que les chanoines de St-Corneille fussent remplacés par les Bénédictins. Selon plusieurs historiens, la conduite scandaleuse de ces chanoines était la cause de l'éloignement des princes du séjour de Compiègne.

Philippe-Auguste, âgé de 14 ans, suivit un sanglier dans la forêt de Compiègne avec une telle ardeur qu'il s'y perdit. Duchesne, dans ses Antiquités, rapporte ce fait, d'après une chronique contemporaine, accompagné du merveilleux qu'à cette époque reculée on trouvait dans toutes les histoires.

Les habitants de Compiègne accompagnèrent Philippe-Auguste à la bataille de Bouvines; ils y firent des prodiges de valeur. Ce prince les appelait ses bourgeois, et, par lettres datées de 1209 et de 1218, il confirma tous leurs priviléges.

Saint Louis affectionnait aussi cette cité : il y fit bâtir le couvent des Jacobins, celui des Cordeliers, et l'Hôtel-Dieu ; il fit construire le pont sur l'Oise, en face de la ville, pour remplacer celui de Choisy, que le débordement de l'Aisne avait renversé.

Charles V fit bâtir la partie du château qui est à l'orient de la ville. En 1378, il envoya Louis, duc de Bourbon, son beau frère, à Compiègne, pour y recevoir l'empereur Charles Ier, son oncle (1).

Sous Charles VII, à l'époque des guerres civiles et étrangères qui désolaient la France, au temps des Bourguignons et des Armagnacs, le duc de Bourgogne, après la réconciliation du roi avec le duc d'Orléans, se retira en Flandre. Mais, ayant trouvé le moyen de mener une intrigue avec le duc de Guyenne, alors prisonnier au Louvre (2), il augmenta son armée de quelques renforts et envoya de gros détachements, auxquels les villes de Noyon, de Soissons et de Compiègne, ouvrirent leurs portes. Ils y mirent des garnisons très-fortes. Ces garnisons restèrent en possession de leurs postes, depuis la fin du mois de décembre 1413, jusqu'à Pâques de l'année suivante 1414. Pendant tout ce temps, le pays fut infesté de partis Bourguignons, qui sortaient continuel-

---

(1) Cambry, *Description du département de l'Oise.*
(2) Monstrelet, v. 1, col. 115.

lement de ces trois villes. Les incursions des Bourguignons continuèrent pendant les trois mois de janvier, février et mars, et furent accompagnées de toute espèce d'excès, auxquels les Armagnacs répondaient par des excès plus grands encore; le sort des populations des campagnes voisines était affreux.

Cependant, après l'hiver, Charles VI se rendit devant Compiègne, en fit le siège, et en chassa les Bourguignons. Ce siége commença le 31 mars 1412; dans le mois d'avril suivant, la ville se rendit à composition.

Charles VI garda cette place jusqu'en 1417, et son fils aîné, le duc de Guyenne, y mourut le 3 avril de cette même année.

« Les Anglais s'étant réunis aux Bourguignons après avoir tout ravagé dans le Valois, se présentèrent devant Compiègne. Comme la garnison de cette ville était faible, elle n'osa soutenir un siège; les bourgeois ouvrirent leurs portes et reçurent les troupes des Bourguignons qui s'établirent dans la ville, d'où ils envoyaient des détachements de troupes légères dans l'intérieur du Valois. Quelques partis des leurs poussèrent même la hardiesse au point de s'avancer jusqu'aux portes du château de Pierrefonds, défendu par N. Bosquiaux, le premier capitaine de son temps. Bosquiaux résolut de punir par un coup de main la témérité des Bourguignons (1).

» Informé que la garnison de Compiègne laissait souvent la ville sans défense, afin d'aller faire du butin, il choisit cinq cents hommes d'armes, et alla se poster à leur tête dans une embuscade. Des émissaires, envoyés à la découverte, rapportèrent qu'une partie de la garnison était sortie pour fourrager, mais que toutes les portes étaient exactement fermées. Bosquiaux attendit l'occasion.

» Un charretier parut, qui conduisait une voiture de bois dans la ville. La sentinelle avait ordre de le laisser entrer. Bosquiaux arrêta le conducteur, l'interrogea: il apprit l'heure qu'on lui avait fixée pour arriver avec sa voiture. Bosquiaux lui fit changer ses habits, qui furent donnés à un soldat affidé; celui-ci prit la conduite de la charrette, qui fut suivie par sept autres soldats déguisés en paysans. Le nouveau conducteur avait ordre de tuer le limonier, lorsqu'il se trouverait sur le pont levis, du côté de la herse, afin qu'à la faveur de l'embarras, Bosquiaux et sa troupe eussent le temps de le joindre.

» Les ordres du capitaine furent ponctuellement exécutés. Le limonier, blessé à mort, tomba, la voiture versa, les huit soldats déguisés égorgèrent la sentinelle et donnèrent à leur chef le signal convenu. Ils firent plus; ne jugeant pas nécessaire d'attendre de renfort, ils entrèrent sans obstacle.

» Le concierge du gouverneur, qui était alors absent de la ville, aperçut le premier les ennemis; il connaissait particulièrement l'un des huit soldats pour un zélé royaliste. Celui-ci se jeta sur le concierge et le tua d'un coup de hache.

---

(1) Monstrelet, col. 195, an 1418.

» Bosquiaux avait déjà joint les huit soldats, lorsque les officiers de la garnison furent avertis du danger ; ils se sauvèrent dans la tour Saint-Corneille, et firent d'abord quelques dispositions pour se défendre ; mais, apprenant qu'ils avaient affaire à Bosquiaux en personne, ils se rendirent à discrétion.

» Bosquiaux divisa son détachement en plusieurs corps qu'il envoya dans les différents quartiers de la ville, pour faire la recherche de tous ceux qui tenaient le parti du duc de Bourgogne. On pilla leurs maisons, on saisit leurs biens, et on les emmena prisonniers au château de Pierrefonds. Le sire de Gamaches eut le gouvernement de Compiègne. (1)

» Par les intrigues d'Isabeau de Bavière et des Anglais, Compiègne, comme tout le nord de la France, se trouva au pouvoir de ces derniers (2). » Mais Charles VII chassa les Anglais ou les fit prisonniers, aux acclamations d'une population qui l'affectionnait, il y fit une entrée solennelle. Toutes les villes des bords de l'Oise et de la Picardie ouvrirent leurs portes au représentant de la cause nationale, et partout on proclama sa souveraineté.

Cependant les Anglais ayant eu quelques succès, revinrent mettre le siége devant Compiègne. L'affaire de Pont-l'Evêque avait été malheureuse pour l'armée royale. Jeanne-d'Arc, qui commandait cette armée, avait cru prudent de se retirer sur Compiègne. Poton de Xaintrailles alla l'y rejoindre avec un renfort de bonnes troupes. Les Anglais continuèrent d'avancer vers la ville, mais ils furent repoussés avec perte. Les troupes royales firent un prodige de valeur, guidées par Jeanne et par le brave Xaintrailles. Le comte de Huntington amena mille archers aux Anglais, le combat dura longtemps, la résistance fut opiniâtre, et les Anglais repoussés formèrent la résolution de bloquer la ville, et dévastèrent le pays.

Xaintrailles, le maréchal de Boussac et le comte de Vendôme s'étaient réunis, et le 24 mai 1431, ils dirigeaient un fort convoi de vivres sur Compiègne, lorsqu'ils furent attaqués par les Anglais. Jeanne, qui était dans la place, fit une sortie, tua de sa main un grand nombre d'Anglais, et en mit d'autres en fuite. Quand elle se fut aperçue que les troupes de Xaintrailles et des autres généraux, ainsi que le renfort, étaient en sûreté dans la place, elle songea à la retraite. Elle se replia vers la ville ; arrivée à l'une des portes, elle se plaça à l'arrière-garde et vit défiler ses soldats, résolue d'entrer la dernière, mais elle tomba au pouvoir des ennemis, la herse ayant été baissée, et la porte fermée avant qu'elle eut pu la franchir.

On assure que Guillaume de Flavi, gouverneur de la ville, fit à dessein fermer la porte. Les habitants au désespoir, le pendirent à l'une des murailles. Ce fait était confirmé par un tableau peint sur bois, qu'on voyait encore avant la révolution dans l'hôtel-de-

---

(1) Dulaure, *Environs de Paris*, t. IV.
(2) Monstrelet.

ville, mais si vermoulu et dans un tel état de vétusté qu'on acheva de le détruire pendant les troubles révolutionnaires, sans en connaître l'importance (1).

Charles VIII eut le projet d'embellir Compiègne; mais Anne de Bretagne l'en détourna, préférant le séjour d'Amboise, plus voisin de son apanage.

Un second tableau longtemps, conservé dans la grande salle de l'hôtel-de-ville, représentait le retour de Louis XII à Compiègne, après son sacre à Reims, en 1498.

Un autre tableau, plus précieux sans doute par le nom du grand maître qui l'avait composé (Léonard de Vinci), représentait l'ouverture de la châsse, où Philippe Ier, en 1092, avait fait déposer le saint-suaire; François 1er présidait à cette cérémonie, accompagné du cardinal de Bourbon, abbé de Saint-Corneille, des princes, et d'une foule de grands seigneurs : ce bel ouvrage était placé au-dessus des fonds baptismaux de l'église de Saint-Corneille.

A son passage en France, Charles-Quint fut conduit à Compiègne par François Ier. L'empereur, frappé de l'accueil qu'il y reçut, dit : « Je ne m'étonne pas si les rois de France ont tant d'attache- « ment pour Compiègne, le séjour en est tout aimable. »

François Ier, dans ses lettres datées d'Abbeville, en 1531, appelle *nobles bourgeois* les habitants de Compiègne. C'est ce prince, qui, dit-on, fit percer dans la forêt les huit grandes routes qui la traversent, et creuser quelques puits pour rafraîchir sa vénerie; d'autres prétendent que ces routes furent ouvertes par Philippe-Auguste, qui, comme nous l'avons dit, s'y était égaré.

Charles IX célébra son mariage avec Isabelle d'Autriche, à Compiègne; il y revint après son voyage à Mézières. Son entrée fut des plus brillantes; on répétait ce vieux proverbe :

« Oncques ne sort de Compiègne
» Que volontiers n'y revienne. »

Quand ce prince, en 1563, créa des tribunaux de commerce dans les grandes villes du royaume, il en établit un à Compiègne.

Henri III fonda un hôtel des monnaies dans le lieu nommé, du temps de Louis-le-Gros, la Tour-des-Forges.

Pendant les troubles de la ligue, en 1589, les habitants de Compiègne, sous le commandement de leur gouverneur, Charles d'Humières, s'unirent à l'armée du roi qui fit lever aux ligueurs le siége de Senlis; ils ramenèrent en triomphe dans leur ville plusieurs drapeaux et six canons.

---

(1) Jeanne d'Arc, selon Louvet, fut vendue aux Anglais par messire Jean de Luxembourg. Pierre Cochon, évêque de Beauvais, lui fit faire son procès, et l'abandonna au bras séculier, qui la condamna au feu.
Monstrelet dit de Jeanne d'Arc : « Elle était très douce, aimable, moutonne, sans orgueil ne » envie, gracieuse, moult serviable, et qui menait bien belle vie. »
L'évêque Cochon mourut misérablement vers l'an 1432. Le jugement de Jeanne d'Arc avait été déclaré injuste par la cour de Rome.

Henri IV, en deux ans, fit douze voyages à Compiègne. Ce grand prince se plaisait dans ce lieu, au milieu d'une population qui avait toujours eu pour ses rois le plus fidèle attachement.

Louis XIII s'y rendait aussi très fréquemment. Vers la fin de 1641, quelque temps avant sa mort, affecté d'une maladie qui le conduisit lentement au tombeau, il dit au capitaine de ses gardes, en entrant dans Compiègne : « Je me plais fort ici ; je m'y porte » bien. »

Le fameux camp de Coudun, dans la forêt, est célèbre par ce qu'en ont rapporté Duclos et St.-Simon. Louis XIV y fit des dépenses immenses. La forêt y gagna de belles routes.

Chaque fois que Louis XV se rendait à Compiègne, il y donnait des ordres pour quelque ouvrage nouveau, dans l'intention d'embellir le château et la ville.

« En 1750, il approuva le dessin d'un pont de pierre, qui lui fut présenté par M. Du Bois, directeur général des ponts-et-chaussées du royaume. Le 11 mai 1752, le roi s'y rendit pour poser la première pierre. Il fut reçu par M. Du Bois, dans une gondole magnifique, et conduit à la pile du pont où la cérémonie devait se faire, et où l'on avait dressé un échafaud et préparé une table sur laquelle était une boîte de cèdre avec six grandes médailles, une d'or, deux d'argent et trois de bronze.

» Cette boîte fut mise dans une autre boîte de plomb, qui fut aussitôt soudée en présence du roi. Le roi plaça cette boîte dans le lieu destiné, arrangea des cales et du ciment avec une petite truelle d'argent, et pressa les cales avec un petit marteau d'argent qui lui avait été présenté par M. Du Bois, ainsi que la truelle. Sur ces médailles était, d'un côté, la tête du roi, couronnée de lauriers, et la légende ordinaire ; et de l'autre, le pont que Louis XV faisait construire à Compiègne, sur la rivière de l'Oise, et cette légende : *Compendium armatum, et locupletatum.* Dans l'exergue est : *Ponte novo Isara imposito.* M. DCC. XXX (1). »

Ce pont fut entièrement achevé au mois de mai 1733. Il a au total 113 mètres de long, sur 12 de large entre parapets, sur l'un desquels un obélisque est placé au milieu de la longueur du pont. Un second pont de trois arches, et de 66 mètres de long, sur 10 de large, destiné à l'écoulement des eaux débordées, est à 110 mètres du premier ; il conduit à une chaussée de 4 kilomètres de largeur, haute de 6 mètres 60 centimètres, large de 15 mètres, et dont le talus, du côté de la rivière, est revêtu de pierres de taille ; c'est un des plus beaux ouvrages de ce genre.

Compiègne, à l'intérieur, n'offre rien de curieux aux voyageurs. Les rues sont étroites, mal bâties, sinueuses. Cette ville qui était autrefois entourée de murailles élevées pour sa défense, passait pour une place forte ; elle avait des demi-lunes et des bastions, on y

---

(1) Piganiol de La Force, *Nouvelle description de la France*, t. I.

comptait sept portes; elles étaient toutes ornées de sculptures, d'inscriptions, et de figures avec des couronnes entrelacées. C'est près de celle du *Vieux Pont* que Jeanne d'Arc fut prise; on y lut longtemps l'inscription suivante :

« Cy fuct Jehanne d'Ark près de cestui passage par le nombre
» accablée et vendue à l'Anglais, qui brula, le félon, elle tant brave
» et sage. Tous ceux là d'Albion n'ont faict le bien jamais. »

L'hôtel-de-Ville est un monument dont l'architecture est remarquable.

Mais l'édifice le plus somptueux, le plus renommé, celui qui fait l'orgueil du pays, est le château de Compiègne.

Ce château fut commencé sous Louis XI. L'ancien château et ses jardins, dont il ne reste aucun vestige, avaient été donnés par ce prince aux moines de St.-Dominique.

D'autres princes vinrent ensuite qui l'augmentèrent et l'embellirent. François Ier fit élever la principale porte et ses tourelles, détruites depuis, en 1695. Le connétable de Montmorency ordonna la construction d'un appartement, près de la porte dite encore aujourd'hui du connétable. Plus tard, Louis XIV fit embellir les jardins, les réunit au château, en faisant abattre le rempart qui les en séparait, et rétablit toute la partie de bâtiment qui fait face à la forêt.

Le grand escalier, le jeu de paume, sont dus à ce prince; mais c'est particulièrement sous Louis XV que les immenses travaux de Gabriel donnèrent au palais de Compiègne cet ensemble qu'on ne devrait pas attendre du défaut d'unité de son plan et de la diversité des époques auxquelles furent bâties les différentes parties du palais.

Cet architecte termina la façade, du côté de la forêt, entreprise sous Louis XIV; il l'étendit de deux corps de bâtiments latéraux, et construisit, sur l'emplacement de plusieurs maisons qu'on abattit, les deux ailes et la colonnade qui en forment la cour d'honneur. Il fit preuve d'un rare talent dans le raccordement de ces constructions disparates, raccordement exécuté sur ses dessins par Leleu, et qui a rendu tous les appartements de plein-pied, quoiqu'ils soient au premier sur la cour et au rez-de-chaussée sur le jardin.

Le projet de Gabriel comportait, au-devant du palais, une place vaste et régulière, entourée d'un portique de même caractère que le soubassement du palais, et qui aurait établi la communication entre l'édifice royal et ceux destinés à l'habitation des ministres. Cette partie du projet qui eut complété, d'une manière vraiment grande, le palais de Compiègne, ne fut jamais entreprise.

Sous le règne de Louis XVI, on ajouta peu aux bâtiments, mais on les meubla.

Pendant la Révolution, on établit à Compiègne une école des arts et métiers, formée de celle de Liancourt. Toutes les distributions intérieures du palais disparurent; les somptueux appartements qui avaient jusques-là échappé au vandalisme, furent transformés en ateliers de serrurerie et de menuiserie : en peu de temps ce château fut dans un état déplorable.

C'est au château de Compiègne que Napoléon, au mois de mai 1808, fit conduire le roi d'Espagne, Charles IV, la reine sa femme, et Godoy, leur favori, après la plus insigne trahison. Le roi écrivit à Napoléon qu'il s'y trouvait bien, mais qu'habitué à un climat plus chaud, moins humide, il le priait, vu son grand âge, de lui permettre de se rapprocher des contrées méridionales de la France. Napoléon le fit conduire à Marseille. Quelque temps après, le prince exilé alla fixer sa résidence à Rome.

Le 27 mars 1810, à neuf heures du soir, Marie-Louise, archiduchesse d'Autriche, fut reçue au château de Compiègne avec magnificence par les officiers de l'empereur. Ce fut là que Napoléon vit pour la première fois celle qui devait être son épouse, et qui devait influer d'une manière si étrange sur sa destinée.

Lorsqu'après la révolution, le château de Compiègne eut été rendu, en 1806, à sa destination primitive, la restauration en fut confiée à M. Berthault. Cet architecte, dans son projet, régularisa la distribution des cours dans la partie gauche du palais, et ajouta un théâtre qui s'éleva sur l'emplacement de constructions qui remontent à François Ier et même à Louis XI.(1).

La façade du côté de la ville présente deux pavillons, en avant-corps, décorés d'une ordonnance de pilastres ioniques élevés sur un soubassement, régnant dans toutes les parties de ce château, et couronné par un fronton triangulaire. Ces pavillons sont réunis par une double colonnade dorique dont l'entablement est surmonté d'une balustrade. Au milieu de cette colonnade, une porte, couronnée d'un fronton circulaire, donne entrée dans la cour d'honneur comprise entre les ailes qui terminent les pavillons ; au fond de cette cour s'élève le principal corps de bâtiment.

Un avant corps, composé de quatre colonnes ioniques, décore la façade ouverte, ainsi que les autres parties de ce côté du château, de deux étages de croisées : une balustrade règne sur toute l'étendue de cette ordonnance qui manque de sévérité ; l'entablement complet dans les avant-corps est comme le reste de la façade. La cour a soixante-huit mètres de profondeur sur cinquante-un de largeur.

Au fond de cette cour, est un immense et superbe vestibule, décoré d'une colonnade dorique d'une belle exécution, et recevant les retombées des arcs surbaissés qui forment la voûte. Ce vestibule donne accès au grand escalier qui est à double rampe. Au premier étage, la salle qui répète le vestibule, et qui est décorée de pilastres doriques et de trophées, conduit, d'un côté, à une chapelle fort petite, au théâtre et à la grande galerie ; et, de l'autre côté, à la salle des gardes, par laquelle on entre dans les appartements du roi.

---

(1) Alex. Donnet, *Description des environs de Paris.*

La salle de spectacle, non encore achevée, doit avoir, dans son plan circulaire, seize mètres de diamètre. Le théâtre aura, dans œuvre, vingt-deux mètres de largeur sur quatorze de profondeur.

Les appartements du château, endommagés par le séjour de l'Ecole des arts et métiers, devinrent, après la translation de cette même école à Châlons, l'objet de réparations considérables. M. Berthault, chargé de la direction de cette entreprise, non seulement rétablit cette habitation royale dans son ancienne somptuosité, mais encore y ajouta un lustre qu'elle n'avait jamais eu. De ces appartements nouveaux, ceux du roi occupent l'avant-corps sur les jardins; de chaque côté sont ceux des princes. Ces appartements communiquent avec ceux du roi par les antichambres communes, et entre eux par la grande galerie et la salle des gardes. La grande galerie, qui a été construite en 1810, a trente mètres de long sur douze de large; elle est décorée d'une ordonnance de quatre colonnes corinthiennes en stuc. Les peintures sont de Girodet, comme presque toutes celles du palais. M. Vafflart a peint les arabesques; la décoration et les ornements sont de M. Dubois. Le service des cuisines et offices, rejeté sur les derrières du palais, est de la plus parfaite distribution; c'est un vrai modèle en ce genre (1).

La façade qui donne sur les jardins se développe sur une longueur totale de cent quatre-vingt-quinze mètres. Le corps de bâtiment principal, qui se distingue par ses ornements de sculpture, offre trois pavillons; celui du milieu est décoré de quatre colonnes ioniques d'une belle proportion, surmontées d'un fronton triangulaire enrichi d'un bas-relief. L'entablement, surmonté d'une balustrade, se prolonge en couronnement sur toute l'étendue de la façade, dont les grandes lignes, sans mouvements, ne produisent qu'un effet médiocre et monotone, auquel le style peu sévère de cette décoration contribue singulièrement : cependant on doit convenir que cet ensemble, d'un aspect imposant, présente une unité de composition qu'on rencontre assez rarement dans un édifice de cette importance. (2)

De la terrasse on descend, par une pente douce et par plusieurs escaliers, au jardin qui s'étend dans la plaine. Ce vaste jardin, clos de murs et de fossés, communique avec les avenues de la forêt par des ponts tournants. On y remarque un berceau d'une longueur considérable.

Une machine à vapeur, construite en 1810, par M. Berthault, fournit les eaux de l'Oise au palais. Ce n'était qu'une construction provisoire, en attendant qu'on pût mettre à exécution le projet conçu par le même architecte, et agréé en 1810, d'amener à Compiègne, par des conduits souterrains, les eaux des étangs de Pierrefonds. Ces travaux, qui devaient coûter un million, auraient

---

(1) Alex. Donnet, *Description des environs de Paris*.
(2) Ibid.

fourni aux jardins du palais des jets de cent pieds de hauteur et d'abondantes eaux à douze fontaines de la ville (1).

La forêt de Compiègne, avant le règne François Ier, n'avait d'autre route percée en ligne droite, que la chaussée Brunehaut. Cette chaussée était une partie de la voie militaire des Romains, commencée par Agrippa, sous le règne d'Auguste, et terminée au temps de Caracalla, connue en langue romance, sous l'ancien nom de *Chemin de li-Estrées*. Ce n'est que dans le XIIIe siècle qu'elle a pris son nom actuel, des rêveries d'un poète nommé *Reuclery*, qui en attribua la construction aux enchantements d'un certain roi de Hainaut, nommé Brunehaut, et contemporain de Salomon.

Cette voie fut décorée de colonnes militaires par Caracalla, ainsi que le prouve l'inscription d'une de ces colonnes, trouvée à Vie-sur-Aisne, en 1712. La structure de la Chaussée Brunehaut n'est point uniforme ; tantôt ce n'est qu'un amas de pierrailles recouvert de sable, tantôt un massif de maçonnerie en moellon hourdé de mortier de chaux. Ici il est tombé, là il ne déborde pas la surface du terrain, et ressemble aux fondements d'un grand édifice.

François Ier fit percer la forêt de Compiègne de huit grandes routes ; Louis XIV y ajouta cinquante quatre petites laies ; et enfin Louis XV fit ouvrir deux cent vingt-neuf routes, ce qui étend à deux cent soixante-quinze lieues le chemin qu'on peut parcourir dans cette forêt.

II. ENVIRONS DE COMPIÈGNE.

CUISE.

Les immenses bois de Compiègne ne sont eux-mêmes qu'une partie de la vaste forêt de *Cuise*, démembrée et défrichée en divers temps. Cette dernière prenait son nom du château de Cuise, regardé comme la plus ancienne habitation qu'aient eue les rois de France dans ce canton. En 890, il s'y tint une assemblée des évêques et des grands vassaux de la couronne. On en trouve encore quelques vestiges à Saint-Jean-aux-Bois (2).

(1) Alex. Donnet, *Description des environs de Paris*.
(2) Histoire du Valois.

St-JEAN-AUX-BOIS.

L'abbaye de Saint-Jean-aux-Bois fut fondée dans un site agreste et sauvage, au milieu de l'immense forêt de Cuise, dont la forêt de Compiègne faisait anciennement partie. Cette abbaye a été célèbre. Les uns en attribuent la fondation à Louis VII et à la reine Adélaïde, sa mère; d'autres prétendent, et l'historien Carlier (1) est de ce nombre, qu'elle a une date beaucoup plus ancienne; qu'elle fut donnée en échange par les chanoines de Béthisy à la reine Adélaïde, et que cette reine et son fils l'agrandirent et l'enrichirent considérablement. C'était une communauté de filles de l'ordre de Saint-Benoît, qui possédait de précieuses reliques; on s'y rendait en pèlerinage de fort loin.

PIERREFONDS.

Sur les limites des départements de l'Oise et de l'Aisne, entre les forêts de Compiègne et de Villers-Cotterets, est un lieu célèbre dans l'histoire du moyen-âge. C'est le château de Pierrefonds, l'une de ces mille forteresses élevées dans le centre même de la France, et redoutables aux populations voisines et aux volontés du chef de l'Etat, dont les hauts barons ont méconnu trop souvent la puissance souveraine.

Les ruines de Pierrefonds attestent la puissance de ces anciens possesseurs de grands fiefs. Elles imposent encore par leur solidité, leur majesté et leur formidable position.

Les seigneurs de Pierrefonds, ont été les plus riches et les plus puissants du Valois, par la protection qu'ils accordaient aux seigneurs leurs voisins, et par l'étendue de leurs propriétés.

Le château est situé sur une montagne, mais on croit que le plus ancien fut construit sur les débris d'une maison royale nommée *Cæsnum*, qui existait, sous la première race, à l'endroit qu'on nomme

---

(1) Histoire du Valois.

aujourd'hui *Chêne-Herbelot*. On ignore au juste son premier fondateur. Quelques chroniqueurs, cependant, en attribuent la fondation à un nommé *Nivelon*, dont le frère et le neveu furent successivement évêques de Soissons. Au xiie siècle, Nivelon II succéda à son père et épousa Hervaise de Montmorency, fille d'Hervé et d'Agnès.

Nivelon II eut un fils qui s'appela Drogon Ier. Ce seigneur passa sa vie à chasser et à faire bonne chère dans son château qu'il agrandit, fortifia et rendit plus redoutable. C'était, de son temps, un des plus grands, des plus fastueux et des plus riches seigneurs de France.

Après Drogon Ier, vint Drogon II, et ensuite Nivelon III qui, étant mort sans enfants, laissa sa seigneurie à sa sœur, Agathe de Pierrefonds. Cette famille s'étant éteinte sans postérité, le vaste domaine de Pierrefonds fut, au xiiie siècle, divisé en trois lots : les Cherisy eurent le premier, les Châtillon, le second, et les descendants de Jean de Pierrefonds, d'une branche collatérale, le troisième.

En 1182, Philippe, comte de Flandre, possédait le château de Pierrefonds.

Philippe-Auguste l'obtint de ce comte par un traité passé à Senlis en présence du légat du pape et du roi d'Angleterre. Philippe-Auguste le rendit ensuite à Nivelon, évêque de Soissons, qui, en même temps, le transmit à Agathe, épouse de Hugues d'Oisy, reconnu comme ayant des droits héréditaires sur le domaine de Pierrefonds (1).

Philippe-Auguste, cherchant à diminuer la puissance des seigneurs de Pierrefonds, réunit au domaine de la couronne quelques parties de cette châtellenie. En 1195, la famille de Cherisy lui céda ses droits, moyennant un échange. Il en acquit d'autres de plusieurs particuliers. Il obtint la vicomté, objet de son ambition ; peu à peu il démembra ce colosse qui lui faisait ombrage, et il le réduisit à des proportions moins étendues. Il confia l'administration de tout ce qu'il put acquérir à des baillis et des prévôts qui exerçaient en même temps les fonctions de receveurs et de juges.

Philippe-Auguste renouvela aux habitants de Pierrefonds leur charte de commune, et y ajouta quelques priviléges. Il abandonna aux religieux qui desservaient l'église une grande partie des bâtiments du château.

L'historien Guillaume le Breton rapporte ainsi un événement désastreux arrivé en l'an 1224.

« Dans le château appelé Pierrefonds, pendant que le prêtre cé-
» lébrait l'office divin, un orage violent éclata ; le tonnerre tomba
» sur l'église, y tua cinq hommes, en blessa vingt-quatre autres,
» du nombre desquels était le prêtre célébrant ; ils ne purent gué-

---

(1) *Radulfus de Diceto*. Recueil des historiens de France, t. 17, p. 619.

» rir de leurs blessures que longtemps après. Le calice de l'autel
» fut frappé et mis en pièces; l'Eucharistie resta entière et in-
» tacte. »

Louis, duc d'Orléans et de Valois, fit, en 1390, reconstruire le château de Pierrefonds, sur un nouvel emplacement. Ce château fut considéré, pendant plusieurs siècles, comme un édifice merveilleux. Il formait un quadrilatère de trois mille trois cent soixante mètres de superficie; il était ceint d'une très haute et très épaisse muraille crénelée, percée de meurtrières, et flanquée de tours rondes, de trente-six mètres de hauteur, construites en maçonnerie. Le château s'élevait sur un groupe de montagnes qui s'avançait dans la vallée, et à peu de distance de l'ancien château. La plus grande partie des fondements reposait sur un roc très profond. Les intervalles de ce roc furent creusés, et on y construisit des galeries, des caves et des souterrains vastes et profonds. Les murs étaient attachés au roc, dans quelques endroits, avec des crampons en fer scellés de plomb; rien n'avait été négligé par les architectes pour en rendre la construction solide.

La Chapelle du château fut bâtie à l'imitation de celle de St. Mennes, dans la tour du milieu, du côté du sud-est. Cette tour était entièrement consacrée au service de l'église. La chapelle avait St.-Jacques pour patron.

Tous les historiens qui ont vu ce château au temps de sa splendeur se plaisent à rendre justice à sa beauté, à son imposante architecture, et à sa force comme place de guerre. Monstrelet (1) le nomme *un chatel moult bel et puissemment édifié...., il était fort défensable, bien rempli de toutes choses appartenant à la guerre.* Bergeron (2) dit « *qu'il a été rendu un des plus forts et défensables, fondé sur un rocher.* »

A l'époque des guerres des Bourguignons et des Orléanistes, Pierrefonds fut assiégé par les Bourguignons. Le fameux capitaine Bosquiaux le commandait, il fit une sortie contre les assiégeants, les battit et les mit en fuite.

En 1405, les Bourguignons étant revenus mettre le siége devant Pierrefonds, Bosquiaux le leur remit, moyennant des conditions qu'il avait dictées, et le comte de Saint-Pol en prit possession au nom du roi.

Après que le duc d'Orléans se fut réconcilié avec le roi Charles VI, cet infortuné monarque, croyant mettre un terme aux malheurs d'une guerre civile qui épuisait le royaume, lui restitua les châteaux de Crespy, de La Ferté-Milon, de Viviers, de Courtieux, d'Amblemy, et ceux de Courcy et de Pierrefonds, que le comte de Saint-Pol refusa de lui rendre malgré les intentions formelles et réitérées du roi. Le comte de Saint-Pol y mettait des conditions que ni le roi, ni le duc d'Orléans ne pouvaient remplir. Il exi-

(1) Val. col. 2
(2) Le Valois royal.

geait, par exemple, une grosse somme d'argent qu'il prétendait lui être due en dédommagement des réparations qu'il avait fait faire à plusieurs parties du château. Cependant, se voyant forcé d'obéir aux ordres de roi, le comte crut se venger noblement du duc d'Orléans en mettant le feu en plusieurs endroits du château avant que d'en sortir. L'incendie fut terrible; les murs et les voûtes résistèrent, mais l'intérieur des appartements fut consumé; une partie des tours souffrirent considérablement de l'action du feu. Les contemporains ont déploré cet acte de barbarie, et ils n'ont pas craint de comparer le comte de Saint-Pol au fanatique Erostrate qui, pour se faire un grand nom, brûla la temple de Diane, à Ephèse.

En prenant possession de Pierrefonds, le duc d'Orléans y fit réparer les dommages causés par les flammes. Quelques années après, ce château fut assiégé par les Anglais et les Bourguignons réunis; la garnison, manquant de vivres et de munitions de guerre, capitula; mais la forteresse ne tarda pas à retomber sous la puissance de Charles VII, qui la garda pendant tout le temps des troubles.

Louis XII répara le château de Pierrefonds; il lui rendit une partie de son éclat, et il en remit le gouvernement à Nicolas de Bonnery, bon militaire et serviteur dévoué.

Sous François Ier, le bourg s'agrandit par un grand nombre de maisons qui y furent bâties. La grosse tour de l'église paroissiale fut achevée en 1557.

En 1588, les ligueurs s'emparèrent de Pierrefonds. Le commandant avait abandonné la place avant l'arrivée des ligueurs, emportant les bagages et les vivres qui y étaient renfermés. Cet acte de trahison et de lâcheté rendit pour les ligueurs cette conquête facile.

Aussitôt que Henri IV fut parvenu au trône, il entreprit de réduire sous son obéissance toutes les forteresses qui tenaient encore pour la ligue. La plupart des commandants des châteaux commettaient des excès de cruauté qui font frémir. Le château de Pierrefonds était alors commandé par un homme nommé Rieux. Les historiens, ses contemporains, nous le représentent comme exerçant dans la contrée des atrocités révoltantes, et ayant, parmi les ligueurs, une influence d'autant plus redoutable, qu'il passait pour un soldat brave, courageux, audacieux, très capable de commander et d'entreprendre les coups les plus hardis. Son caractère était emporté, cruel et vindicatif. Il figure dans la *Satyre* Menippée comme un des plus fameux ligueurs, et l'orateur le plus désordonné dans ses discours.

« Monsieur *de Rieux le jeune* (c'est-à-dire non noble), comte
» et gardien de Pierrefonds, député pour la noblesse de France,
» habillé d'un petit capot à l'espagnol et une haute fraise, se leva
» pour parler, et ayant mis deux ou trois fois la main à la gorge,
» *qui lui démangeait* (il fut pendu dans la suite), il commença
» ainsi : »

» Messieurs, je ne sais pourquoi on m'a député pour porter la
» parole en si bonne compagnie, pour toute la noblesse de notre
» parti. Il faut bien dire qu'il y a quelque chose de divin en la
» sainte union, puisque, par son moyen, de commissaire d'artil-
» lerie assez malotru, je suis devenu gentilhomme et gouverneur
» d'une belle forteresse ; voire que je me puis égaler aux plus
» grands, et suis un jour pour monter bien haut à reculons ou
» autrement, etc. »

Ce Rieux était du village de Retonde, à deux lieues au-dessus de Compiègne, sur la rivière l'Aisne. Il fut commis des vivres et se fit soldat par ambition. Son grand père était maréchal-ferrant, et sa grand-mère était venue vendre du beurre au marché de Compiègne. C'était par sa valeur qu'il avait obtenu des chefs de la Ligue de défendre Pierrefonds contre le parti protestant, et plus tard contre Henri IV. Il eut pour auxiliaires, dans cette défense, et dans les excursions dévastatrices qu'il commettait sur les terres voisines, tous les mauvais sujets, tous les bandits qu'il put recruter ; tous hommes résolus et déterminés. Les royalistes eurent beaucoup à souffrir de leurs brigandages. Henri IV ne put laisser longtemps leurs crimes impunis. Il ordonna au duc d'Epernon de faire le siége du château et de s'en emparer. Le duc s'y rendit au mois de mars 1591. Rieux, excellent canonnier, démonta les pièces du duc, et celui-ci se vit contraint de se retirer après de vaines tentatives.

Après le siége de Noyon, où Rieux était parvenu à faire entrer un renfort de cinq cents hommes à cheval avec chacun un fantassin en croupe, le maréchal de Biron vint, avec une grosse artillerie, assiéger Pierrefonds. Malgré tous ces efforts, il ne put réussir à se rendre maître du château. Rieux se défendit avec tant de courage, ses pièces, mieux montées et visées plus juste que celles du maréchal, firent tant de mal dans l'armée royaliste que le siége fut levé.

Les succès de Rieux exaltèrent son audace. Il résolut un jour d'enlever Henri IV qui était venu à Compiègne pour y voir la duchesse de Beaufort. Il fit mettre dans la forêt de Compiègne une embuscade de cinq cents chevaux. Un paysan ayant découvert cette embuscade, vint avertir le roi qui prit aussitôt ses précautions pour déjouer les projets de Rieux et s'emparer de sa personne. Rieux fut pris, amené prisonnier à Compiègne, jugé et condamné par l'intendant Miron à être pendu, ce qui fut exécuté en 1593.

La capture et la mort de Rieux n'amenèrent pas la reddition du château de Pierrefonds. La Ligue nomma Saint-Chamant pour succéder à Rieux et défendre le château, devenu pour le parti protestant une de ses meilleures forteresses.

Henri IV pressé d'en finir avec les ligueurs, jaloux de faire reconnaître partout son autorité, prit enfin la résolution de s'emparer de Pierrefonds. Il chargea le duc de Nevers de l'affamer en fermant tous les chemins qui y aboutissaient, et François des Ursins, à la tête de l'armée qui venait de prendre Laon, se préparait à l'assiéger, lorsque Saint-Chamant capitula, moyennant une somme d'argent considérable.

Pendant la guerre des mécontents, Pierrefonds, commandé par le marquis de Cœuvres, embrassa la cause de cette nouvelle ligue. Il ne prit pas lui-même le commandement du château, mais il en renforça la garnison et en confia la défense au capitaine Villeneuve. Ce Villeneuve, manquant de provisions, rançonnait les lieux voisins, levait des contributions et faisait des incursions dans les campagnes; il alla même jusqu'à voler les voitures publiques. Les actes de ce temps font mention des violences qu'il exerçait; il arrêta plusieurs fois les coches de Normandie, de Flandre et de Picardie, et les pilla; il tombait l'épée à la main sur tous les convois de vin, de fourrages et de vivres qu'il pouvait découvrir; il en vint même au point de maltraiter ceux qu'il dépouillait, de brûler les chaumières, et faire prisonnières toutes les personnes qui tombaient entre ses mains (1).

Des plaintes arrivèrent de toutes parts à la cour contre les brigandages de Villeneuve. On y décida d'assiéger Pierrefonds. Une armée de quinze mille hommes, soutenue d'une bonne artillerie, fut donnée à Charles de Valois; et ce prince se présenta devant la place.

Après avoir examiné les plans d'attaques du duc d'Epernon, de Biron et de Henri IV, il reconnut que le château était imprenable du côté des remparts, et résolut de l'attaquer par la langue de terre qui confinait à la plaine du *Chêne-Herbelot*.

Le siége commença et fut conduit avec tant d'habileté, que, le sixième jour, Villeneuve fut obligé de capituler.

Louis XIII ordonna de démolir le château, qui, ne pouvant être d'aucune utilité pour son gouvernement, aurait servi, dans les temps de troubles, de retraite à quelque mécontent. Louis XIII suivit, à l'égart de Pierrefonds et selon la politique de Richelieu, son système d'abaissement des grands vassaux, et de démolition de leurs châteaux. Pierrefonds fut démantelé, ses fortifications furent détruites, ses tours découvertes, ébréchées, rendues à l'état de ruines, ne pouvant, à cause du massif de ses murs et de leur dûreté, les renverser sans y consacrer un temps et des sommes considérables.

Aujourd'hui encore, ces ruines, dans leur aspect imposant et pittoresque, offrent un tableau plein de grandeur.

---

(1) Dulaure, *Environs de Paris*. Mezerai, *Abrégé chronologique*, etc.

TROSLY-BREUIL.

Dans le canton de Rethondes, à quelques lieues de Compiègne, est un village nommé Trosly-Breuil. Il y avait en ce lieu, sous les rois de la première race, un château ou maison royale très souvent habité par eux, à cause de sa situation au milieu de la vaste forêt de Compiègne et à proximité de la belle forêt de l'Aigue, où ils aimaient à se livrer aux plaisirs de la chasse.

Ebroïn, maire du palais, fit donner ce château à l'abbaye de Notre-Dame de Soissons. En 858, le roi Charles-le-Chauve confirma cette donation. C'est sous le règne de ce prince que la plupart des fondations pieuses se trouvèrent investies de grandes propriétés territoriales au détriment du domaine de la couronne.

En juin 909, Hervic, archevêque de Rheims, tint un conseil à Trosly sur la triste situation de l'Église et de l'Etat, sur les villes dépeuplées, sur les monastères ruinés ou brûlés, sur les campagnes réduites en solitudes.

D'autres conciles se tinrent à Trosly sur ce même sujet, en 921, 924 et 927.

En 955, le roi Lothaire y assembla les états du royaume, afin de remédier aux maux qui affligeaient l'Etat, et dont les excès semblaient faire pressentir la fin du règne de la race Carlovingienne.

FAYEL.

Fayel est un château considérable, situé à peu de distance du Grand-Fresnoy. Il a appartenu à Rouault de Gamache, petit-fils du maréchal de La-Mothe. Dans le parc, est un ancien fossé qui entoure des ruines, que l'on croit avoir fait partie de l'ancien château, petit, élevé, garni de tours (1).

Au coin du feu, dans toutes les veillées, on raconte de père en fils la triste et lamentable histoire de la malheureuse Gabrielle de Vergy. Les habitants assurent que c'est dans ce château que se passa cette scène que quelques romanciers et auteurs tragiques ont rendue si touchante. Les villageois, en la racontant, pleurent encore sur le sort de Gabrielle; ils plaignent Raoul de Coucy et maudissent de tout leur cœur le cruel et sanguinaire Fayel. Il y a un endroit dans le parc qui a de tout temps porté le nom de Carrefour de Coucy; il

(1) Crespy, *Description du département de l'Oise.*

ferait croire à la vérité du récit, si d'un autre côté, on n'assurait pas que le véritable théâtre de cette histoire est le château de Fayel, en Vermandois.

SÉCHELLES.

C'est sur la commune de Cuvilly, près de la route de Flandre, qu'est le château de Séchelles, patrie du fameux conventionnel Héraut de Séchelles, un des démagogues les plus ardents de la révolution, et dont le nom s'associe à tous les excès qui ont été commis pendant la Terreur. Il périt avec Danton, le même jour, par le même supplice, de la main du bourreau, au même lieu qui avait vu mourir un roi et une reine plus dignes d'amour que de haine, et dont touts les torts, aux yeux de Hérault de Séchelles et de ses complices, étaient d'avoir eu une ame trop belle et un cœur trop généreux.

BOIS-DAJEUX.

Dans le canton de Lemeux, et dans la commune de Bois-Dajeux, était un ancien château qui occupait l'emplacement qu'on nomme aujourd'hui l'Abbaye ; il fut bâti, assure-t-on, pour faire le pendant de celui de Verberie.

Charlemagne, Louis-le-Débonnaire, et plusieurs autres princes en aimaient le séjour ; c'était un lieu de délices. Charlemagne l'embellit, y prodigua des richesses d'architecture ; des marbres, des dorures, des pavés en mosaïque décoraient les appartements. Le château était situé dans une position agréable, dominant au loin sur une vaste campagne. Les historiens font mention de belles eaux, de canaux, d'étangs, entretenus, renouvelés par une saignée de la rivière d'Oise, qui ajoute à l'agrément de ce beau lieu.

Quelque temps avant la révolution, en rebâtissant l'abbaye, on trouva des débris d'un très beau marbre, en fort grande quantité, et des morceaux précieux de mosaïque, de la meilleure conservation.

NOYON.

Noyon est nommé dans l'histoire *Noviodunum*, *Noviomum*. Il est situé à 22 lieues de Paris, et sur la petite rivière de Verse, qui se jette à un quart de lieue de là dans l'Oise.

Cette ville est fort ancienne. César en parle dans ses Commentaires, comme d'une ville importante; il en fit le siége, et il eut beaucoup de peine à s'en rendre maître. D'après l'étendue de ses anciens murs, elle a dû être, à cette époque, très peuplée.

Un historien, Jacques Levasseur, docteur en théologie, et chanoine de Noyon, a écrit deux gros volumes in-4°, pour prouver que cette ville avait été construite par le patriarche Noë.

Sous le règne de Dagobert, saint Eloi, célèbre comme orfèvre et bijoutier, fut évêque de Noyon.

En 720, Chilpéric mourut à Noyon; il y fut enterré.

Quelques écrivains prétendent que Charlemagne fut sacré à Noyon, et porta le titre de roi de Noyon, comme Karloman, son frère, fut sacré à Soissons, et déclaré roi de cette ville; mais cette aessrtion est démentie par les témoignages historiques les plus estimés.

En 814, Rambert se trouva au concile de Noyon, convoqué par Vulser, métropolitain, pour régler les limites des diocèses de Noyon et de Soissons.

Hugues-Capet, en 987, fut élu roi dans une assemblée tenue à Noyon au mois de juillet.

Les Normands pillèrent Noyon en 859, en 1132, en 1152, et en 1228.

Sous Saint-Louis, cette ville était encore d'une assez grande importance, pour que saint Médard, évêque du Vermandois, la choisît comme une place sûre contre les attaques des barbares.

Le christianisme, dans le VIIe siècle, n'avait point détruit toutes les pratiques superstitieuses dans le Beauvaisis. Saint Eloi, évêque de Noyon, recommandait à son peuple de ne point fréquenter ni consulter les devins : « N'observez pas non plus les augures,
» leur dit-il, et quand vous êtes en voyage, ne faites pas plus atten-
» tion au chant des oiseaux qu'aux calendes de janvier; que per-
» sonne ne se masque, et ne prenne la forme d'une génisse, d'un
» faon, et ne fasse le jongleur. » (1)

Depuis 1108, les habitants de Noyon jouissent du droit de commune, établi par l'évêque Balderic, confirmé par Louis-le-Gros, et Louis VII, dit le Jeune.

---

(1) Cambry, *Description du département de l'Oise.*

François Ier y conclut un traité avec Charles-Quint, en 1516.

Noyon fut totalement brûlé par les Espagnols, après la fameuse bataille de St.-Quentin. Il éprouva le même sort, en 1552 et 1557.

Henri IV se rendit maître de cette ville, en 1591. Deux ans après, les ligueurs la reprirent; en 1594, elle passa définitivement sous la domination de Henri IV.

L'évêché de Noyon est un des plus anciens de France; car on ne sait pas quel fut l'apôtre qui vint le premier prêcher l'évangile à Noyon. Saint Trophime et saint Denis passent pour les introducteurs de la religion chrétienne dans les Gaules; l'historien Levasseur prétend qu'un des disciples de saint Denis vint jusqu'à Noyon.

On dit qu'en 531, saint Médard, évêque du Vermandois, quitta la ville d'Augusta, et transféra son siége à Noyon. Quelques écrivains ont pensé que le chœur de la cathédrale de Noyon fut fondé par ce saint homme, et que le reste de l'église fut construit par Pépin et par Charlemagne.

La ville de Noyon a produit quelques hommes illustres, entre autres Calvin, célèbre par les troubles que son hérésie a apportés dans l'Eglise et dans la société pendant le XVIe et le XVIIe siècle. Il naquit à Noyon, le 10 juillet 1509. L'historien Papire Masson, dit que le grand-père de Calvin fut marinier (*navicularius*). On dit à Noyon qu'il fut tonnelier, natif de Pont-l'Évêque, bourg situé à un quart de lieu de Noyon.

Le père de Jean Calvin fut Gérard Kauvin; il fit plusieurs métiers sans faire fortune; il fut notaire apostolique, procureur fiscal, etc. Calvin avait la modestie ou l'orgueil de se dire un homme du peuple, *unus de plebe homuncio*.

Calvin est un des hommes les plus remarquables du XVIe siècle, non pas seulement pour son esprit de controverse, mais encore par ses talents comme écrivain et orateur, talents qui, malheureusement, comme ceux de Luther, n'ont servi, pendant deux siècles, qu'à jeter la perturbation dans la société.

Le 20 septembre 1527, Calvin fut nommé curé de St-Martin de Montreuil, diocèse de Noyon. Le 5 juillet 1529, il changea cette cure contre celle de Pont-l'Evêque, demeure ancienne de son père; il possédait en outre la petite chapelle de St-Jean de Bayencourt, dans l'église de St-Quentin-de-l'Eau, faubourg de Péronne. Il quitta Noyon pour se rendre à Genève, le 5 août 1523 suivi par son frère Antoine. Il y mourut le 27 mai 1564.

La ville de Noyon, située au pied de la montagne de St-Siméon, est assez bien bâtie; au couchant, à environ deux milles de distance, s'élève une autre montagne, dite de Larbroy: rien ne la borne à l'orient; c'est une longue plaine qu'on appelle la vallée de Chauny. Autour de la ville sont des milliers de jardins cultivés avec art, qui donnent une idée de l'abondance et de la richesse de cette ville.

De la route de Compiègne on distingue toutes les parties de Noyon, la hauteur sur laquelle il est placé, les montagnes qui l'environnent, les tours qui la dominent; en approchant de la ville, les murailles, ornées encore de leurs créneaux et de leurs machicoulis, annoncent qu'avant l'invention de l'artillerie, elle était en état de résister longtemps l'ennemi (1).

La construction de la cathédrale est fort ancienne; ses tours sont d'un bon style et d'une architecture assez imposante; sa flèche est d'une hardiesse et d'une élégance remarquables.

Un ruisseau, nommé la Goële, descendant de la montagne, se réunit à la Verse aux portes de Noyon.

Dans les parties hautes de la ville, des puits publics ont cinquante et soixante pieds de profondeur. A l'aide des eaux de la Verse, on a pratiqué dans les faubourgs des abreuvoirs assez commodes, dont le nettoiement est à la charge des meuniers établis sur cette rivière.

La ville de Noyon est un des chefs-lieux de canton de l'arrondissement de Compiègne. Sa population est d'environ 6,500 habitants.

CHARTREUSE DE MONT-RENAULT.

Sur la droite de la route de Paris à St-Quentin, dans le canton de Ribecourt, et à peu de distance de Noyon, est la Chartreuse-de-Mont-Renault, dans le territoire de Passel.

En 1300, Renault de Rouy, trésorier de Philippe-le-Bel, et dame Agnès, sa femme, achetèrent Hérimont, de Gérard de Villars, commandeur des maisons des templiers en France, dans l'intention d'y fonder un monastère. En juillet 1308, des Chartreux s'y établirent. En 1310, Philippe-le-Bel prit cet établissement sous sa protection, et voulut qu'on le nommât Mont-St-Louis, quoique communément on l'appelât Mont-Renault.

Renault et sa femme furent enterrés au milieu du chœur. On y déposa également le cœur de Jeanne de Rouvrai, seigneur de St-Simon; il avait épousé Jeanne de la Trémoille (2).

Cette chartreuse est située sur un monticule dont elle embellit le paysage (3).

Au nord-ouest, dans la vallée, au pied d'une montagne très-élevée et couverte de bois, est une carrière de belle pierre, dont

(1) Cambry, *Description du département de l'Oise*.
(2) Ibid.
(3) Ibid.

l'embouchure est au midi. Cette carrière est exploitée depuis un temps immémorial; elle est très profonde, et sillonnée par trente belles routes souterraines qui se croisent et se communiquent dans toutes les parties, et qui permettent de la parcourir en voiture.

A une demi-lieue du village de Dreslincourt, est une montagne que l'on dit la plus élevée du pays. Il y a trente ans, on y voyait encore un chêne décrépit dont les branches feuillues et d'une grosseur énorme le faisaient apercevoir à la distance de plusieurs lieues. Ce chêne avait bravé bien des orages. Ses branches portaient des cicatrices de la foudre, qui, plus d'une fois, avait cherché à le terrasser. On dit que le tronc de ce bel arbre existe encore. Du sommet de la montagne, on jouit d'une vue magnifique. Il en est peu en Suisse et en Ecosse qui offrent autant d'objets variés et intéressants. On distingue, au nord, St.-Quentin, le château de Ham, la vallée de la Somme; au nord-est, La Fère, Chauny, Coucy; au sud, se développe la belle vallée de Soissons, située au-delà des montagnes de Cus et des Loges; on aperçoit dans la même direction tous les bois de Varesne, Ourscamp, Carlepont, les forêts de l'Aigue et de Villers-Cotterets; dans toute cette étendue, on suit avec délices les contours de l'Oise, immense ruban argenté, dont les détours multipliés enrichissent les pays qu'elle arrose. La vue, à l'Est est embellie par les eaux de l'Aisne qui se réunissent à celles de l'Oise. On aperçoit Compiègne et l'immense tapis de la forêt, dont la ligne ondulée coupe légèrement l'horizon, et se confond avec les nuages; le sud présente des plaines, des bois étendus; la vue se perd à quinze lieues dans les environs de Dammartin. Vers le sud-ouest, on distingue la célèbre ferme de Warnonvillé, la Toulle, le château de Séchelles; la vue ne peut être arrêtée que par les monts lointains, voisins de la ville de Clermont et de la forêt de la Neuville-en-Hez; la ville de Roye, des plaines, des vallons, des bois et des montagnes, tout le Santerre, pays de richesse et de fécondité. Le superbe château de Champied, appartenant à la maison d'Hautefort, forme l'admirable point de vue du nord-ouest (1).

Toute cette partie du département de l'Oise est riche de paysages et d'aspects merveilleux. Vallées, rochers, bois, fabriques, chutes d'eau, rivières, fontaines, semblent prodigués par la nature pour en faire le séjour le plus délicieux. Il n'y a pas un seul village qui ne soit agréablement situé, soit sur une montagne ou sur le penchant d'un coteau, soit aux bords d'une rivière, à l'entrée d'une belle vallée dont les pentes sont cultivées ou couvertes de bois.

(1) Cambry, *Description du département de l'Oise.*

VARESNE.

Varesne est un village situé dans une plaine sur la rive gauche de l'Oise. Le château de Varesne appartient à l'histoire ; il a laissé des souvenirs dignes d'être recueillis. Avant la révolution, il était remarquable par sa grandeur ; un parc couvert d'arbres étrangers en dépendait ; deux cents orangers, plus gros que ceux qu'on voit aux Tuileries, formaient une avenue qui aboutissait à la principale entrée de l'édifice. Tout est ruiné depuis la révolution. Dans ce temps de cruauté et de folie, à cette époque où tant d'hommes s'illustraient par leurs vertus, leurs talents, leur courage, il en était aussi qui, à la honte de la civilisation, se déshonoraient en violant les tombeaux, en cherchant, jusque dans les caveaux où reposaient depuis des siècles de pieuses reliques, à satisfaire leur infâme cupidité. Le cercueil et les cendres de madame de Barbanson, dont le nom, célèbre dans la contrée par ses bienfaits, s'était conservé depuis deux siècles dans le cœur des villageois, ne furent pas épargnés.

Madame de Barbanson mourut le 23 mai 1587 ; son mari avait été tué le 10 novembre 1567, à la bataille de St.-Denis.

Pendant la terreur, « on se permit, dit un historien contempo-
» rain (1), les plus grossières et les plus sales plaisanteries sur le
» corps de cette dame, parfaitement conservé dans le cercueil de
» plomb qui l'enfermait ; et le produit du cercueil, qu'on vendit,
» enivra, dans un cabaret, des hommes qui s'étaient souillés d'un
» crime en violant l'asile de la mort. »

Louis XIII a logé dans ce château. Le chancelier Duprat en a été le propriétaire ; il y dépensait, dit-on, 200,000 livres de rente pour l'embellir, et faisait vivre tout le village. A l'imitation de la fête établie à Salency, il avait fondé un prix annuel de cent pistoles en faveur des trois filles les plus vertueuses des communes de Varesne, de Cauny, de Pontoise, de Morlincourt, de Babœuf, d'Appilly et de Mondescourt. Il entretenait à Varesne un hôpital pour les pauvres des environs (2).

---

(1) Cambry, *Description du département de l'Oise*.
(1) Idem.

SALENCY.

Le village de Salency, formé de deux cents feux, est situé à mi-côte, en face de Varesne, sur la rive droite de l'Oise ; il est traversé par un ruisseau qui va se jeter dans l'Oise.

C'est à la fête de la Rosière que Salency doit sa célébrité. Saint Médard, né dans ce village, évêque de Noyon et de Tournay, sous le règne de Clotaire Iᵉʳ, établit cette fête. La sœur de ce vertueux prélat fut la première rosière, et fut parée d'un chapeau de roses de la main même de son frère. Saint Médard, en habits pontificaux, couronnant sa sœur au pied des autels, a été le sujet de plusieurs tableaux composés par des artistes célèbres. Le pieux fondateur assigna sur une partie de son domaine de Salency, appelé, dans les titres postérieurs, *le fief de la Rose*, une redevance considérable pour être donnée, chaque année, à la fille la plus vertueuse de la paroisse de Salency ; elle devait être issue de parents d'une probité à couvert de tous reproches ; le moindre blâme, la tache la plus légère, soit chez la fille, soit dans sa famille, était un titre d'exclusion irrévocable.

Bien que les cérémonies de la fête de la Rosière de Salency aient été souvent décrites, nous ne pouvons résister au désir de rappeler ici cette institution qui n'a pas échappé aux sarcasmes et au ridicule dont certaines gens se sont plues à couvrir tout ce qui se rattachait à la conservation des mœurs, et au respect de la religion.

« Le dimanche qui précédait la cérémonie de la fête de la Rosière, tous les habitants, assemblés en présence de la justice du lieu, choisissaient trois filles parmi celles de la paroisse ; ils priaient le seigneur de Salency d'élire une d'entre elles : le choix fait, à l'instant la justice le proclamait.

» Le 8 juin, jour de la fête de Saint-Médard, la fille préférée, qu'on nommait la Rosière, se rendait à l'église, précédée de tambours et d'une musique champêtre ; douze filles de la paroisse l'accompagnaient, vêtues de blanc comme elle ; chacune d'elle portait en écharpe un large ruban blanc : douze jeunes garçons sous les armes accompagnaient ce groupe intéressant. La Rosière et ses compagnes avaient une place distinguée au milieu du chœur ; on célébrait en leur présence une messe solennelle en l'honneur de Saint-Médard ; la Rosière y présentait le pain bénit, et recevait la communion du prêtre officiant.

» A une heure après midi, un des principaux officiers de justice allait à la maison du père de la Rosière, qui, suivi du cortége que nous venons de désigner, se rendait au château. Le seigneur, ou celui qu'il avait indiqué pour son représentant, lui donnait une place d'honneur ; on lui présentait quelques rafraîchissements. A deux heures et demie, le seigneur donnait la main à la Rosière : elle était accompagnée de son cortége, et, pendant les vêpres, elle occupait un fauteuil au milieu du chœur; un prie-dieu était placé devant elle : le seigneur était à sa droite, le premier officier de la justice à sa gauche, derrière elle se plaçaient les autres officiers; les douze filles qui ne la quittaient pas dans ces différentes cérémonies, étaient placées sur des banquettes, à ses côtés, et les douze jeunes garçons du cortége formaient deux haies à l'entrée du sanctuaire ; le sergent, les officiers de la justice gardaient les portes du chœur : la Rosière seule recevait les encensements et les hommages honorifiques que le célébrant distribue communément au seigneur, aux prêtres, aux marguilliers du village.

» Dès que les vêpres étaient finies, le clergé conduisait processionellement la Rosière dans une chapelle située sur la place de Salency et bâtie sur le lieu où fut jadis le berceau de saint Médard. Le prêtre officiant bénissait le chapeau de roses, l'anneau d'argent, et faisait un discours de circonstance. La Rosière, à genoux, recevait la couronne et l'anneau; on chantait le *Te Deum* en la reconduisant à l'église, où elle assistait aux complies, au salut du Saint-Sacrement.

» Suivie d'une foule immense, elle se rendait sur l'angle d'une pièce de terre située à l'entrée du village de Salency, et appelée le fief de la Rose : les vassaux du fief lui présentaient une collation sur une table couverte d'une nappe, de six assiettes, de six serviettes, de deux couteaux, et de deux verres; on y ajoutait deux demi-pots de vin du pays dans des vases d'étain, un demi-pot d'eau dans un vase de la même matière, deux pains d'un sou, un fromage et cinquante noix. Sur la fin de ce sobre repas, les mêmes vassaux lui présentaient, par forme d'hommage, un bouquet de fleurs, deux balles de jeu de paume, deux flèches entourées de petits rubans bleus, un sifflet. On la reconduisait ensuite à la maison paternelle ; là ses parents, au comble du bonheur, offraient à son cortége une légère collation.

» Louis XIII, en 1640, étant au château de Varesne, résolut d'assister à la touchante cérémonie de Salency: une indisposition l'empêcha d'exécuter son projet ; il fit porter à la Rosière, par le marquis de Gordes, premier capitaine de ses gardes, une bague d'un très haut prix, et son cordon bleu, en lui permettant de le porter le jour des grandes cérémonies ; c'est de cette époque que la Rosière et ses compagnes sont parées de larges rubans bleus, qu'elles portent en sautoir.

» Un seigneur de Salency, en 1774, refusa la redevance de 25 livres dont était grevé le fief de la Rose, le prix du chapeau, de l'anneau d'argent, et les frais de la collation champêtre, auxquels étaient tenus les vassaux de ce fief. Un arrêt du parlement, de 1774, débouta ce seigneur de ses prétentions, le condamna aux dépens, et rétablit la fête dans son état antérieur.

» C'est à présent la commune de Salency qui fournit sur les deniers communaux les frais de cette cérémonie.

» La fête de Salency a toute la simplicité, tous les caractères de son ancienne origine. Elle s'est célébrée à l'époque même des plus grands désordres de la révolution; cependant on a vendu la petite chapelle élevée sur le berceau de St-Médard. »

L'historien Cambry, à qui j'emprunte cette description, la termine par les réflexions suivantes : « Qui ne connaît la fête de Salency,
» qui ne voudrait la voir établie partout! qui n'aime, dans ces jours
» d'agitation et de licence, à suivre idéalement et lentement, dans
» toutes ses marches et contremarches, et la Rosière, et les vierges,
» et les vieillards qui l'accompagnaient!!...(1) »

A une époque comme la nôtre, de pareils vœux peuvent paraître un peu naïfs; ils n'en sont pas moins dignes d'être recueillis.

§ III.

ARRONDISSEMENT DE BEAUVAIS.

I. BEAUVAIS.

Beauvais est une des villes les plus anciennes et les plus importantes du nord de la France. Il en est fait mention dans les Commentaires de César. Le pays dont cette ville était le chef-lieu, est désigné dans les historiens anciens sous les noms de *civitas Bellovacorum*, *civitas Bellvacorum*, *civitas Belvagarum*, ou *Belvacensium*, et quelquefois *civitas Bellogavarum*. *Cæsaromagus* est le nom du chef-lieu des *Bellovaci*.

Le mot *Belvacus*, qu'on lit sur les médailles, est gaulois, en supprimant la terminaison latine. *Bellgo*, puis *Belgium*, désigne la nation des Belges, que César ne put soumettre, tant elle montra de courage et de valeur guerrière. Le mot *ac*, selon les savants qui se sont occupés, avec plus ou moins de succès, de la langue celtique, signifie *demeure*, *habitation* De là on a conclu, non sans quelque probabilité, que Beauvais et son territoire étaient, anté-

(1) Cambry, *Description du département de l'Oise.*

rieurement à la conquête des Gaules par Jules César, habités par des Gaulois-Belges. Jules-César parle des Gaulois-Belges en ces termes dans ses Commentaires : « Plurimum inter Belgos, Bellovacos » et virtute, et auctoritate et hominum numero, valere; hos posse » conficere armata millia centum. »

César, après avoir combattu, après avoir soumis les peuples de la Gaule et rendu justice à leur valeur, eut le soin de décrire le pays qu'ils habitaient, et les peines qu'il éprouva pour les enchaîner à son char de triomphe. On voit que les *Bellovaci* avaient mérité toute son estime, en raison de la résistance qu'ils lui avaient opposée.

Les guerres civiles de l'empire, allumées par les concurrents au trône d'Auguste, les exactions des empereurs, la faiblesse de leur gouvernement, la rapacité des gouverneurs des provinces, la mauvaise administration des employés subalternes, l'exemple des mauvaises mœurs, affaiblirent tellement la puissance romaine dans les Gaules, que les Francs et les Saxons purent facilement et plusieurs fois envahir la Belgique. Probus opposa une digue à ces barbares, mais, à sa mort, tout le pays fut ravagé. On lit dans le panégyrique d'Eumène, que Constance Chlore repeupla la Champagne, la Picardie, le Beauvaisis, en permettant aux Francs de les habiter.

D'après l'historien Loisel, Constantin aurait fait sa résidence à Beauvais.

On ne croit pas à la prise de cette ville par Attila. Quant à ce que l'on rapporte que Clodion, en s'en emparant, y fit périr six cent mille hommes, rien n'est moins vraisemblable.

Ce fut en 477, suivant le père Lecointe; en 471, suivant d'autres, que Chilpéric fit son entrée victorieuse dans cette cité.

Le Beauvaisis, la Picardie et la Champagne, fatigués du joug oppressif des Romains, ne firent aucune résistance lorsque les Francs firent irruption dans les Gaules; ces provinces se soumirent volontairement et devinrent, comme on sait, le noyau de la puissance des Francs et du royaume de France.

Le Beauvaisis souffrit cruellement de l'invasion des Normands. Après avoir ravagé tout le pays, ils se présentèrent devant Beauvais et l'assiégèrent, comme le prouvent plusieurs monuments historiques, entre autres une lettre d'Hincmar, archevêque de Reims, à Charles-le-Chauve, où il est expressément question de ce siége : *pro solvenda obsidione urbis Bellovacensis*. On ne dit pas s'ils prirent la ville, mais on rapporte que les Beauvaisins furent forcés de contribuer au tribut de sept mille livres d'argent, que les Barbares levèrent sur les peuples de la Belgique.

En 850, Oscheri, chef des Normands, revint ravager la Picardie, assiégea, prit et brûla Beauvais. Dès que ces pillards se furent retirés avec leur butin, la ville fut relevée de ses ruines et fortifiée : trente ans après elle était en état de se garantir de leurs invasions.

En 881, les Normands, conduits par un chef que l'on nomme *Quaramond*, s'avancèrent jusqu'à Beauvais en ravageant les environs. En 883, ils fixèrent dans cette ville leurs quartiers d'hiver ; en 886, Beauvais servit d'asile aux habitants de Pontoise, que Sigefroy chassait de leur pays.

Le 17 septembre 886, Beauvais fut encore consumé par le feu ; on ignore la véritable cause de cet incendie.

En 923 et en 925, cette ville fut encore pillée par les Normands. Ce n'est qu'en 946 que, s'étant fixés enfin dans la Neustrie, ils cessèrent de ravager la Picardie et laissèrent respirer les habitants de nos malheureuses provinces centrales. Guérin ou Garin le Lohérain (le Lorrain) dans son roman composé au XIIe siècle, disait, en parlant de ces ravages :

« *Li Normands ont tot Biauvaisins gâté.* »

Mais les hommes du Nord étaient trop ardents au pillage pour laisser long-temps le pays en repos. Les Normands recommencèrent leurs courses quelques années après, et c'est à cette époque que les seigneurs et les peuples, résolus de se fortifier, firent élever cette quantité de châteaux dont ils couvrirent la Picardie et les pays voisins, afin d'opposer plus de résistance à l'ennemi et d'y mettre à l'abri leurs personnes et ce qu'ils avaient de plus précieux.

En 1018 et en 1180, Beauvais fut presque entièrement détruit par des incendies.

Les guerres contre les Anglais désolèrent la Picardie et le Beauvaisis. Philippe Ier fit la guerre en Normandie contre Henri Ier, roi d'Angleterre et duc de Normandie, qui avait dépossédé Robert son frère de cette province. Louis-le-Gros voulut réparer la faute de son père, qui aurait dû soutenir Robert contre les prétentions de Henri. Malgré la bravoure, la sagesse et les talents de ce prince, la guerre ne fut pas heureuse pour les armées françaises, et la Picardie et le Beauvaisis supportèrent toute espèce de maux. Louis-le-Jeune ajouta aux malheurs de la France par son divorce avec Éléonore de Guienne qui épousa, en 1151, Henri, duc de Normandie, depuis roi d'Angleterre.

Mais la guerre la plus cruelle, pour le Beauvaisis, fut celle qui eut lieu entre Philippe de Valois et Édouard III, roi d'Angleterre. Philippe, l'idole de la France au commencement de son règne, devint, sur la fin, odieux à ses sujets. Le Beauvaisis fut ruiné, en 1346, sans que Beauvais pût être pris.

Il y eut dans ces temps déplorables un autre fléau encore plus terrible, et qui vint ajouter de nouvelles calamités à celles qui accablaient déjà le pays. Sous le règne du roi Jean, prince malheureux sans mériter de l'être, et sous la régence de son fils, les maux qui étaient résultés des guerres précédentes, avaient tellement désolé la France, que le peuple, dans la plus profonde misère, méconnaissant tout pouvoir, n'écouta que l'esprit d'insurrection que lui inspirait le désespoir. Les paysans se révoltèrent et semèrent la terreur dans les campagnes, dans les châteaux et dans les villes, portant de tout côté l'incendie et le pillage, et faisant périr dans les flammes et dans les tortures les seigneurs et les gens de communes dont ils pouvaient s'emparer.

« Un nouveau genre de calamités, dit Villaret, sembla, par ses ex-
» cès, suspendre et faire oublier, pendant quelque temps, la fureur
» des deux partis (les Navarrais et les royalistes). Les campagnes, li-
» vrées à toutes les horreurs de la guerre, n'étaient plus qu'un séjour
» affreux pour les habitants. Cette multitude de troupes répandues
» de tous côtés portait en tous lieux la misère et la faim. Les malheu-
» reux cultivateurs abandonnaient leurs champs à la merci des bri-
» gands qui les occupaient. Exposés à des insultes continuelles, op-
» primés indistinctement par les factions opposées, qui semblaient
» avoir oublié qu'elles avaient affaire à des hommes; rançonnés mal-
» gré leur extrême pauvreté, dépouillés de tout, ils voyaient tous les
» jours croître leurs maux, sans pouvoir se flatter d'aucun adoucisse-
» ment. N'attendant plus rien, leur désespoir se convertit en rage.
» La première étincelle de cette révolution, qui devint subitement
» un embrâsement général, parut dans le Beauvaisis. Quelques
» paysans de cette contrée s'étant rassemblés, jurèrent entre eux
» d'exterminer les gentilshommes, disant que tous les nobles
» honnissaient le royaume de France, que ce serait un grand
» bien qui tous les détruirait. « Honni soit celui par qui il demeu-
» rera qu'ils ne soient tous détruits, » s'écrièrent-ils d'une com-
» mune voix.

» Dans tous les environs de Paris et de l'Ile-de-France, dans
» les provinces de Picardie, du Soissonnais, du Beauvaisis; en un
» mot, dans presque toutes les parties septentrionales de la
» France, on ne vit plus que des bandes de rustres assemblés, qui
» tuaient même ceux des leurs qui refusaient de se joindre à eux.
» Ce soulèvement arriva presque dans le même jour; et, ce qui
» doit paraître plus extraordinaire, c'est qu'il fut excité sans qu'on
» eût pu soupçonner ces hommes agrestes de s'y être préparés par
» un concert médité. La plupart n'avaient aucune liaison les uns
» avec les autres, uniquement occupés de leurs travaux, et n'ayant
» jamais pris aucune part aux affaires du gouvernement. Différen-
» tes troupes, s'étant réunies, formèrent, en peu de temps, des
» corps considérables. Un historien contemporain assure que, si
» elles avaient été toutes rassemblées, elles auraient au moins
» composé une armée de cent mille hommes. »

On sait que ces terribles paysans s'étaient fait appeler Jacques ou Jacquiers, du nom de Jacques, un de leurs chefs, capitaine de Beauvais. Quand on leur demandait, dit Froissard, pourquoi ils agissaient ainsi, ils répondaient « qu'ils ne savaient; mais qu'ils
» faisaient ce qu'ils voyaient les autres faire, et pensaient qu'ils
» dussent, en telle manière, détruire tous les nobles et gentils-
» hommes du monde. »

La noblesse, épouvantée, craignit de tomber entre les mains de ces furieux. Elle se réfugia dans les villes fortifiées et à l'étranger. Quelque temps après, s'étant rassemblée et ayant réuni, avec l'aide de plusieurs seigneurs de Flandre, de Brabant, du Hainaut et de la Bohême, assez de forces pour attaquer les Jacquiers, ils les exterminèrent. Charles-le-Mauvais, roi de Navarre, en fit tuer près de trois mille en un seul jour, près de Clermont en Beauvaisis. « Les nobles,
» dit Villaret, rassurés par leur réunion et les secours qu'ils avaient
» reçus, tinrent alors la campagne, mettant tout à feu et à sang, et
» massacrant indistinctement tous les paysans qu'ils rencontraient,
» innocents ou coupables. »

C'était un temps bien triste pour la France que cette époque de nos annales! Avec quel sentiment pénible nous la rappelons! De quelles sombres couleurs ne faut-il pas se servir pour la dépeindre dans tout son hideux aspect! Le nord de la France, surtout, était en proie à une des plus effroyables calamités que la fureur des partis puisse inventer. « Toutes les horreurs, dit encore Villaret, toutes les horreurs
» que peuvent produire la guerre nationale et les discordes civiles s'y
» trouvaient rassemblées. La France était également dévastée par les
» Anglais, les Navarrais et les compagnies. Les habitants des villes,
» d'un autre côté, aux prises avec les nobles et les paysans, se déchi-
» raient impitoyablement et se faisaient plus de maux que les trou-
» pes étrangères ne pouvaient leur en causer. Enfin, si l'on veut se
» former une juste idée de l'état où le peuple était réduit; qu'on se
» figure que, dans nos provinces septentrionales, il n'y avait pres-
» que pas un seul petit canton qui ne fût teint de sang, et d'où ne
» s'élevât la flamme de quelque incendie. »

Pendant le règne de l'infortuné Charles VI, les factions des Armagnacs et des Bourguignons ravagèrent tour à tour le Beauvaisis et les pays d'alentour. Ce fut encore une époque malheureuse; la France se vit cent fois sur le point de succomber sous les efforts de l'étranger et des partis qui se disputaient le gouvernement de l'Etat.

Beauvais ouvrit ses portes aux troupes bourguignonnes, sur la foi des promesses du duc de Bourgogne, qui avait assuré aux habitants toute exemption de dîmes, tailles, aides, gabelles et autres impôts.

Les Anglais ne purent s'emparer de Beauvais. Leur général Talbot échoua devant la valeur des habitants de cette ville, qui se mêlèrent à la garnison et combattirent vaillamment. « Le 7 juin 1433,
» les troupes anglaises surprirent la porte de l'Hôtel-Dieu (actuel-
» lement porte d'Amiens), et tuèrent *Jacques de Guehengnin*,
» lieutenant du capitaine de la ville, qui, avec Jean de Signières,
» d'une des premières familles du pays, avait fait échouer leur en-
» treprise. Le premier s'était opposé avec force à leur entrée, en
» soutenant, avec quelques soldats, leurs efforts à toute outrance;
» l'autre eut la présence d'esprit de couper adroitement la corde qui
» soutenait la herse de fer pendante entre les deux portes, ce qui fut
» cause que tous les ennemis qui s'étaient déjà introduits dans la

» ville, furent mis à mort par les habitants. C'est en mémoire de cet
» événement, que fut instituée la procession qui se faisait autrefois,
» le jour de la Trinité, à la porte de l'Hôtel-Dieu. »

Sous Louis XI, Charles, duc de Bourgogne, dit le Téméraire, ne fut pas plus heureux ; les Beauvaisins donnèrent des preuves remarquables de leur courage et de leur attachement pour le roi.

Charles-le-Téméraire vint, le 27 juin 1472, à la tête d'une armée de quatre-vingt mille hommes, mettre le siége devant Beauvais. La résistance des habitants fut héroïque ; ils opposèrent aux efforts prodigieux que faisait le duc de Bourgogne pour les obliger à lui ouvrir les portes de la ville, un sang-froid, une sagesse, un courage inexprimables, et on peut dire une unanimité de sentiments qui leur fait le plus grand honneur. C'est à ce siége mémorable qu'une femme, que les uns nomment *Jeanne Fourquet*, d'autres *Jeanne Lainé*, mais plus connue sous le nom de *Jeanne Hachette*, se couvrit de gloire. Elle combattit avec une ardeur admirable ; elle arracha un étendart que les Bourguignons avaient planté sur la brêche ; elle versait sur l'ennemi des flots de poix fondue, d'huile bouillante, de chaux vive ; et, prévoyante autant qu'intrépide, elle faisait préparer elle-même la nourriture des soldats qui combattaient à son exemple. Toutes les ruses, tous les efforts des Bourguignons échouèrent contre le patriotisme de cette héroïne, et le courage de quelques braves, des comtes de Dammartin, du maréchal de Lohéac, des Fontenaille, des Crussol, des Rubempré, etc, qui s'étaient rendus de Noyon à Beauvais pour le défendre.

Philippe de Commines a dit « que jamais place n'avait été mieux
» attaquée, ni mieux défendue. » (1).

On prétend que la faute principale du duc de Bourgogne fut d'avoir négligé d'investir la ville du côté de Voisinlieu ; c'est par là que tous les secours arrivèrent à Beauvais.

Ce fut en mémoire de cette belle défense que Louis XI, par ses lettres patentes données à Amboise, au mois de juin 1473, ordonna que les femmes et les filles de Beauvais précéderaient les hommes à la procession solennelle et à l'offrande qu'on fait tous les ans, le 14 octobre, jour de la fête de sainte Angadresme, patronne de la ville de Beauvais, dont les reliques reposent dans l'église collégiale de St.-Michel.

L'ordonnance portait qu'en outre, toutes femmes et filles pourraient, le jour de leurs noces, et aussi souvent que bon leur semblerait, prendre tels atours, vêtements, joyaux et habillements qu'elles voudraient.

Cette cérémonie, interrompue pendant un temps, se fait actuellement tous les ans, le dimanche le plus proche du 14 octobre, en exécution d'un décret de 1806 (2).

(1) Cambry, *Description du département de l'Oise*.
(2) *Notice sur la ville et les environs de Beauvais*, par D. J. Tremblay, p. 60.

Avant la révolution, il se faisait encore, en mémoire de ce siège, le 27 juin de chaque année, une procession générale, dite de l'assaut (1).

Louis XI gratifia la ville, par d'autres lettres patentes, de grandes prérogatives; elle fut affranchie de toute taille et de tout impôt, et obtint plusieurs exemptions, telles, par exemple, que celle de ne pas fournir des hommes en temps de guerre.

D'autres lettres patentes, datées du 22 février 1473, furent données à *Jeanne Lainé*, dite *Fourquet*, dite *Hachette*, en récompense de sa noble conduite, et comme ayant été celle de toutes les femmes qui s'était le plus distinguée. Nous croyons devoir reproduire de ces lettres, comme un témoignage de la haute faveur accordée à cette héroïne de Beauvais, par le roi Louis XI, qui n'était pas, comme on sait, prodigue de ses grâces.

« En considération de la bonne et vertueuse résistance qui fut
» faite l'année dernière, par notre chère et bien amée *Jeanne Lainé*,
» fille de *Mathieu Lainé*, demeurant en notre ville de Beauvais, à
» l'encontre des Bourguignons, nos rebelles et désobéissants sujets
» qui, ladite année, s'efforcèrent surprendre et gagner sur nous et
» notre obéissance, par puissance de siège et d'assaut, notre dite
» ville de Beauvais; tellement que, en donnant les dits assauts, elle
» gagna et retira devers elle un étendard des dits Bourguignons,
» ainsi que nous, étant dernièrement en notre dite ville, avons été
» de ce dûment informé : nous avons, pour ces causes et en faveur
» du mariage de *Colin Pillon et elle*, lequel, par notre moyen, a
» été naguères traité, conclu et accordé, et par autres considéra-
» tions à ce nous mouvant, octroyé et octroyons, voulons et nous
» plaît, de grâce spéciale, par ces présentes, que le dit Collin Pillon
» et Jeanne sa femme, et chacun d'eux, soient et demeurent, toute
» leur vie durant, francs, quittes et exempts de toutes tailles qui
» sont et seront dorénavant mises sus et imposées de par nous en
» notre royaume : quelque part qu'ils fassent leur demeure en no-
» tre dit royaume. Et de ce les avons exemptés et affranchis, exemp-
» tons et affranchissons de notre dite grâce, par ces mêmes pré-
» sentes (2). »

Les habitants de Beauvais ont religieusement conservé, depuis bientôt quatre siècles, le drapeau enlevé sur les Bourguignons par leur héroïne, et tous les ans, à la procession, il est porté par les jeunes filles.

Un tableau, donné par le gouvernement à la ville de Beauvais, en 1825, rappelle le glorieux fait d'armes de Jeanne Hachette. Ce tableau, placé dans l'hôtel-de-ville, est dû au talent de M. D'Hardiviller, élève distingué de David.

« Vers l'an 1580, dit l'auteur de la *Notice sur la ville de Beau-*

---

(1) Loisel, *Mémoires de Beauvais*, p. 352 et 353.
(2) Dulaure, *Environs de Paris*.

» *vais*, au milieu des guerres de la ligue, les habitants de Beauvais,
» sans rien entreprendre, refusèrent de servir sous Henri III, mais
» ils se rendirent volontairement à Henri IV. Lorsqu'ils surent que
» ce prince était à Amiens, ils allèrent au-devant de lui, et con-
» clurent un traité qui fut signé le 22 août 1594. »

D'après une autre relation des événements qui ont eu lieu à cette époque, la ville de Beauvais ne se serait rangée sous l'autorité de Henri IV qu'après y avoir été forcément obligée. Elle tint pour la ligue jusqu'au moment où la ligue elle-même expirait sous les efforts des partisans nombreux de Henri IV.

Depuis le règne de ce prince jusqu'à nos jours, l'histoire de Beauvais n'offre rien de remarquable. Du temps de la Fronde et pendant les troubles excités par les mécontents, cette ville resta fidèlement attachée au parti du roi.

Beauvais traversa les orages de la révolution sans avoir noirci ses annales par des actes d'inhumanité; elle souffrit des désordres du gouvernement et des guerres qui décimèrent les populations, mais rien d'extraordinaire ne vint la troubler.

La commune de Beauvais était riche de priviléges, de la conservation desquels elle était fort jalouse. Ainsi, par lettres patentes de Louis XI, du mois de juillet 1472, il fut permis aux citoyens « de faire maire et pairs de la ville telles personnes qu'ils
» aviseront; soient clercs, gens de fiefs ou autres, et ordonner
» que tous les habitants d'icelle seront tenus d'obéir aux maire et
» pairs, pour comparoir aux assemblées qui, par eux, seront advi-
» sées estre à faire pour le bien et utilité de la ville, sur peine d'a-
» mende. L'autorité des maires paraissait principalement en ce que,
» lorsque les tailles n'estant point ordinaires, ains se levant par
» l'advis des estats, selon les nécessités des guerres et affaires du
» royaume, la levée s'en faisait par l'imposition des maire et pairs...
» et de ces derniers on soudoyait les gens qu'ils envoyaient aux
» guerres, ou austrement étaient employez aux néccessitez de la
» ville : ce qui a cessé lorsque les tailles ayant esté faictes ordi-
» naires, on les a employez à la solde des gens de la gendarmerie
» du roi. » Alors la juridiction des maires fut beaucoup restreinte.

L'élection du maire se faisait avec pompe dans une assemblée, au son des cloches et dans le cimetière de l'église de St-Etienne. Toute la ville était en émoi; cette cérémonie avait quelque chose de grave et d'imposant; c'était, en quelque sorte, l'intronisation périodique du citoyen reconnu le plus digne par ses talents, ses vertus et sa fortune, d'être le chef et de commander à toute la population, réunie ce jour-là comme un grand jour de fête. Elle commençait le dernier jour de juillet, de chaque année. Ce jour-là, le maire, déjà investi de l'autorité municipale, avant d'abdiquer ses fonctions, montait en chaire, remerciait les bourgeois de l'honneur qu'ils lui avaient fait, et les priait de le décharger de son office et de le remplacer par un citoyen affectionné au service du roi et à la conservation de la ville.

Le lendemain, à six heures du matin, le maire, les pairs et les membres du conseil, faisaient chanter dans l'église une messe du Saint-Esprit, puis allaient à l'Hôtel-de-Ville, où se trouvaient la plupart des habitants; là, le maire les remerciait de nouveau, et remettait les clefs de la chambre du secret et les sceaux de la ville sur le bureau, puis se retirait.

Alors le plus ancien des pairs les recevait de la main du procureur de la ville, et on procédait à l'élection.

Quatre scrutateurs étaient élus pour recevoir les voix : deux du corps de la ville et deux de la commune. Les maîtres des métiers étaient ensuite appelés à tour de rôle, et nommaient celui qu'ils croyaient le plus digne du titre de maire, pour l'année; on sortait alors de la chambre du secret, et on se rendait dans la salle où était assemblé tout le peuple et où était publié le nom du maire élu à la pluralité des voix (1).

Le citoyen élu maire prêtait un serment, que l'avocat de la ville prononçait ainsi : « Vous jurez Dieu, le créateur, que vous conser- » verez la ville de Beauvais sous l'autorité du roi, la défendrez de » tout votre pouvoir, envers et contre tous, en ses droits, priviléges, » franchises et libertés, ensemble toute la commune. Que sitôt » qu'il viendra à votre connaissance quelque péril imminent, et vous » paraisse quelque chose en dommage de la ville, et surtout contre » le service du roi, vous le communiquerez à vos pairs pour en avoir » avis; et au contraire, s'il vient à votre connaissance quelque bien » pour le profit de la ville et commune, vous le mettrez en déli- » bération. Qu'en votre charge aucun pour inimitié ne blesserez, » ni pour amitié ne supporterez. Que vous ne transporterez, ni » permettrez être transportés aucun titres ou enseignements du » secret sans délibération. Que vous ferez exécuter, selon votre » pouvoir, ce qui sera délibéré, et vous vous comporterez en votre » charge comme un bon maire et homme de bien est tenu de le » faire (2). »

Après ce serment, le maire remontait dans la chaire, et dans un discours adressé au peuple, à tous les citoyens, il les remerciait de leur suffrage et de l'honneur qu'ils lui avaient fait en l'élisant à la première fonction de la ville; il les exhortait aussi à le seconder dans l'accomplissement de ses devoirs, en maintenant la tranquillité publique, et à rester fidèles au roi. Il était ensuite reconduit chez lui par les pairs, aux acclamations de la foule.

Le lendemain, avait lieu l'élection des pairs qui prêtaient le même serment. « Ce que font aussi, dit Loisel, dans ses Mémoires, tous » les autres officiers de cette ville, sçavoir est : les lieutenant, ad-

---

(1) Dulaure, *Environs de Paris.*
(2) Loisel, *Mémoires*, p. 176.

» vocat, procureur, greffier et maistre des forteresses. Qui montre
» que toutes lesdites charges sont annuelles, et les élections sus-
» dites, populaires. »

Il y avait aussi à Beauvais un présidial, une justice seigneuriale tenue en pairie, un grenier à sel, une élection, etc. Le présidial de Beauvais fut établi sous le règne de Henri III, en 1580. Comme son ressort s'étendait sur plusieurs bailliages et prévôtés, distraits du ressort de plusieurs autres juridictions, il en résultait que les procès y étaient décidés selon différentes coutumes. Une partie était régie par la coutume de Senlis, et les autres par les coutumes de Clermont, d'Amiens et de Montdidier. Le siége de Beauvais était composé de dix-huit officiers, y compris les chefs.

La justice de la ville de Beauvais appartenait à l'évêque; elle était exercée par un bailli qui avait sous lui trois lieutenants, un procureur et un avocat fiscal, un substitut et un greffier. Il avait encore une juridiction pour les eaux et forêts de son évêché; et les appellations de ces deux justices de l'évêque étaient portées au parlement (1).

Les évêques de Beauvais ont joué un rôle trop important, non seulement dans l'histoire du Beauvaisis, mais encore dans l'histoire de France, pendant le moyen-âge, pour que nous ne fassions pas connaître par quelques détails historiques les plus célèbres d'entre eux. On sait que, durant plusieurs siècles, les évêques ont été les seuls hommes éclairés, les seuls qui pussent servir d'intermédiaires entre la volonté despotique des souverains, la tyrannie des seigneurs et l'abrutissement et la misère du peuple. On ne peut oublier que c'est aux évêques, aussi bien qu'aux couvents, qu'est due la conservation de la plus grande partie des richesses littéraires de la Grèce et de Rome; que beaucoup d'entre eux se sont rendus célèbres, non seulement par leurs travaux apostoliques, mais encore par des ouvrages où respire le plus noble enthousiasme pour les sciences et les lettres. Ils ont presque tous été des hommes politiques, des administrateurs éclairés, et se sont servis, pour le bien de tous, de leur position intermédiaire, entre le trône, la noblesse et le peuple.

On assure, sur je ne sais quelle tradition, que, vers l'an 245 ou 250, ou du temps de Julien l'apostat, saint Lucien, que plusieurs hagiographes font disciple de saint Pierre, pénétra le premier dans le Beauvaisis pour y prêcher la religion chrétienne, et qu'il convertit au christianisme un grand nombre de payens. Saint Lucien y cueillit la couronne du martyr. Etabli à Montmille, situé à une lieue environ de Beauvais, il s'attira la persécution des idolâtres qui le décapitèrent; sa tête fut portée jusqu'au lieu qui, de son nom, fut appelé Saint-Lucien. On y bâtit une chapelle qui fut détruite dans le ve siècle; Chilpéric Ier la fit rétablir.

Grégoire de Tours ne dit pas un mot de saint Lucien. Il n'est

(1) Piganiol de La Force, *Nouvelle Description de la France*, t, I.

pas impossible que cet historien ait ignoré l'existence de cet apôtre des Gaules ; et son silence n'est pas une preuve suffisante que saint Lucien n'ait jamais existé.

« On prête, dit Cambry, (1) une autre origine a l'établissement de la religion catholique dans le Beauvaisis : douze généreux chrétiens, dit-on, quittèrent Rome pour porter l'évangile dans les Gaules. Saint Lucien était un de ces généreux apôtres ; douze vierges qui vivaient à Rome dans un saint commerce de toutes les vertus, vinrent joindre les douze guerriers, et travaillèrent avec eux à la régénération du pays. »

En 406, les Vandales, errants dans les Gaules, ruinèrent vraisemblablement l'église de Saint-Lucien ; ils décapitèrent saint Just, dont le corps fut transporté dans la cathédrale de Beauvais.

Loisel croit et déclare « qu'il y a beaucoup de défectuosités et » d'incertitude sur les premiers évêques de Beauvais, aussi bien » que sur ceux des autres diocèses de ce temps-là. »

Odo ou Odon, premier abbé de Corbie, fut présent au partage du royaume fait entre Charles-le-Chauve et Louis, son frère, en 860 ou 870 ; il souscrivit le synode de Poissy, etc, et fut le trente-deuxième évêque de Beauvais.

Hervé, le quatrième, est dénommé au synode de Reims, en 991 ; il fit beaucoup de bien à l'église de Beauvais ; c'est de son temps que furent jetés les fondements de Saint-Pierre, cathédrale de cette ville.

Le quarante-unième évêque fut Rogerius, fils d'Eude II, comte de Champagne ; il fut, dit-on, chancelier du roi Robert avant d'être évêque : on dit que par lui furent réunis les livres, actes et joyaux du trésor et de la bibliothèque de Beauvais ; il mourut en 1024.

Henri de France, fils du roi Louis-le-Gros, fut fait évêque de Beauvais en 1148.

Philippe de Dreux était petit-fils de Louis-le-Gros ; il se croisa, fut pris, et mené à Babylone ; il fit la guerre contre les Albigeois et les Anglais. Richard, roi d'Angleterre, le fit prisonnier près de Milly, et le garda pendant deux ans. Il assistait à la fameuse bataille de Bouvines ; il y combattait avec une masse d'armes, dont il se servit pour renverser Etienne, comte de Salisbury, dit Longue-Epée, frère et lieutenant du roi d'Angleterre ; il s'empara du Vidame de Gerberoy, fut 35 ans évêque de Beauvais, et mourut en 1217 (2).

Le successeur de Philippe de Dreux, Miles de Nantheuil, qui avait fait un voyage en Palestine avant de se faire sacrer, eut quelques démêlés avec Louis IX ; des troubles excités par lui furent apaisés par l'arrivée du prince, qui fit punir les rebelles. L'évêque ayant refusé de donner au roi la somme de 80 livres parisis pour son

---

(1) Cambry, *Description du département de l'Oise*.
(2) *Idem*.

droit de gîte à Beauvais, saint Louis fit saisir son hôtel et ses meubles ; l'évêque vindicatif excommunia le maire et les échevins de la ville, et mit l'interdit sur son diocèse. Des évêques se portèrent médiateurs dans cette affaire, et jugèrent en faveur de leur collègue. Louis IX, prince juste et ferme, continua à poursuivre l'évêque. Miles partit pour Rome dans l'intention de demander satisfaction au pape, et d'en référer à son jugement, mais il mourut en route, l'an 1234.

Godefroy de Nesle était fils aîné de Raoul de Clermont, connétable de France, et d'une fille de la maison de Nesle ; il fut sacré l'an 1234. Il voulut soutenir la cause de son prédécesseur, Miles, mit un nouvel interdit sur son diocèse, partit pour Rome, et mourut aussi en route.

Robert de Cressonsac, qui avait fait avec saint Louis le voyage de la Terre Sainte, continua à revendiquer sur le roi le temporel de l'évêché de Beauvais, fidèle à la cause de ses prédécesseurs ; mais il s'accommoda moyennant 100 livres parisis par an, qu'il consentit à payer au prince pour le droit de gîte.

On prétend que cet évêque assista, en l'an 1239, au supplice d'un très grand nombre d'Albigeois ou Bulgares, brûlés en présence du roi de Navarre, des barons de Champagne, de l'archevêque de Reims et de ses suffragants.

Jean de Dormans fut le soixante-huitième évêque de Beauvais ; il était, en 1358, chancelier du Dauphin, duc de Normandie, régent du royaume pendant la prison du roi Jean, son père.

Il fut aussi chancelier de France et cardinal ; le pape Grégoire XI le chargea de négocier la paix entre les rois de France en d'Angleterre ; il baptisa Charles VI.

Après Jean de Dormans, vint Miles II. On assure qu'à la bataille contre les Flamands, en 1389, il commandait l'avant-garde de l'armée de Charles VI. Il avait aussi contribué à la prise du château de Saint-Sauveur, en Normandie, en 1375, avec Bertrand Duguesclin, connétable de France, et Olivier de Clisson.

Le soixante-seizième évêque fut ce Pierre Cochon, qui a laissé une mémoire exécrée pour s'être montré si passionné dans l'affaire de la Pucelle d'Orléans. Ce fut lui qui la conduisit à l'échafaud. Jean Juvenal des Ursins prétend qu'il était fils d'un vigneron des environs de Reims. On assure, mais sans preuve, qu'en 1444 son barbier lui coupa la gorge.

Odet de Coligny fut le protecteur et l'ami de Rabelais et de Ronsard ; il embrassa la religion protestante. Il était neveu maternel d'Anne de Montmorency, connétable de France, et frère de l'amiral Coligny. Pie IV l'excommunia en 1565, le déclara hérétique, le priva de tous ses bénéfices ; son chapitre même l'excommunia dans sa propre cathédrale. Il épousa une demoiselle de Hauteville, en 1564, sans quitter la pourpre de cardinal. Poursuivi par les habitants de Beauvais, il passa en Angleterre. Il combattit à la journée de Saint-Denis, et mourut en 1570 (1).

Depuis le xvie siècle jusqu'à nos jours, un grand nombre d'évêques ont édifié par leurs vertus le diocèse de Beauvais. Leur conduite temporelle s'est bornée aux soins de maintenir l'ordre et d'adoucir, par leurs aumônes et leurs prières, les maux que les troubles civils et les guerres étrangères ont attirés sur la France.

Les évêques de Beauvais eurent le titre de pairs de France ; toutefois ils n'acquirent ce titre qu'assez tard, car on le voit, pour la première fois, figurer en cette qualité au sacre de Philippe-Auguste. Le premier des évêques qui paraissent en avoir été revêtus, est Philippe de Dreux, cousin-germain du roi Philippe-Auguste.

Beauvais fut une des premières villes de France qui obtinrent une charte de commune. Elle lui fut accordée par Louis-le-Gros, ainsi qu'il en est fait mention dans deux lettres de Louis-le-Jeune, son fils (2). Par cette charte, les droits de justice appartenaient à la commune. Cependant, des différends s'élevèrent, au sujet de l'exercice de ces droits, entre la commune et l'évêque, comte de Beauvais. L'évêque Henri de France se plaignit au roi Louis-le-Jeune, son frère, et les Beauvaisins reconnurent que la seule justice de l'évêque devait s'étendre sur toute la ville, tant que l'évêque ne s'y refuserait pas ; mais, au refus de l'évêque, dit Loisel, les citoyens avaient le droit de rendre eux-mêmes la justice à leurs concitoyens.

Beauvais est placé dans un riant vallon, entouré de canaux formés par le Thérain, jolie rivière très poissonneuse, et par l'Avelon, dont les eaux l'environnent de toutes parts. Ces eaux, dirigées avec intelligence, traversent plusieurs rues, et servent une multitude de tanneries et de fabriques qui font la principale richesse des habitants. L'Avelon verse ses eaux dans le Thérain, près de la porte Saint-Jean, et coule avec lui dans l'Oise. Trois routes royales traversent la ville : 1° celle de Paris à Calais ; 2° celle de Rouen à Soissons ; 3° celle d'Evreux à Breteuil.

Loisel, dans ses *Mémoires sur Beauvais*, a donné une description de cette ville, telle qu'elle se trouvait de son temps. Quelques passages de cette relation du xvie siècle méritent d'être reproduits :

« La cité qui nous reste, dit-il, est très ancienne et vraiment
» romaine ; presque' carrée et fermée de murailles épaisses de
» huit pieds, accompagnées de hautes tours rondes de mesme
» estofe et également distantes les unes des autres, afin de se dé-
» fendre les unes les autres suivant le précepte de Vitruve. De
» laquelle cité les restes se voient aujourd'hui pour la plupart : le tout
» basti de petites pierres quarrées, fort dures, entrelacées de grosses
» et larges briques tellement cimentées ensemble que l'on n'y sau-
» rait quasi piquer. L'une des largeurs de cette cité commençait
» du côté de l'orient, à la porte que l'on appelle *Gloria laus*,

---

(1) Cambry, *Description du département de l'Oise.*
(2) Loisel, *Mémoires*, p. 163.

» autrement du Chastel, que je croy avoir esté la principale porte
» d'icelle. On l'appelait Chastel ou plus tost *Castellum*, ou bien
» il y avait un chasteau à l'entrée d'icelle, ou bien où est main-
» tenant bastie l'église de Saint-Barthélemy, tant pour ce que
» la maison du chastelain de Beauvais y attouche, que pour ce
» qu'on tient que le chastelain est le fondateur de ceste église.
» L'autre porte était vers l'évesché et l'église de Notre-Dame-du-
» Chastel, où pouvait être un autre chastel, d'où on tournait du
» costé de midy, vers la poterne Sainct-Gilles et l'église Sainct-
» Michel, et du costé du septentrion, derrière les maisons des
» chanoines de la grande église. Aussi est ceste cité environnée de
» toutes parts d'eau courante, encores qu'elle ayt esté beaucoup
» amoindrie par les divertissements qui en ont été faicts au moyen
» des autres ruisseaux qui sont en la ville de maintenant. (1) »

L'ancien Beauvais, dont parle Loisel, est désigné encore aujourd'hui sous le nom de la Cité; il forme à peu près le cinquième de la ville actuelle. Jusqu'à la fin du XVIIIe siècle, le tout était entouré de remparts et de fossés, dont la construction remontait aux XIIIe ou XIVe siècles. Ces fossés et ces remparts ont fait place, depuis une trentaine d'années, à de fort jolis boulevarts, plantés de quatre rangs d'arbres, larges de 26 mètres, bordés par un canal d'eau vive, ornés de jolies constructions et offrant une promenade des plus agréables. La partie de la ville opposée à ce boulevart, est bordée par un bras du Thérain et par des jardins soigneusement entretenus.

Dans le temps où les fortifications de Beauvais étaient tenues dans un état respectable de défense, cette ville offrait un aspect très imposant; son immense cathédrale est là pour l'attester; privée de tous les alentours qui paraissaient la soutenir, elle est comme une masse énorme de rochers, qui, minés par le temps, n'attendent qu'un coup de mer pour s'abîmer dans l'Océan. Les différents amphitéâtres qu'elle surmontait encore, conduisaient l'œil jusqu'au mont St-Simphorien, couronné par le séminaire, et par de belles masses d'arbres. C'est du sommet de cette montagne qu'on peut jouir du plus bel aspect de la ville et voir se développer des plaines, des vallons, des coteaux revêtus de bois, qui laissent apercevoir au dessus de Clermont, sur les vastes ondulations de la forêt de Neuville-en-Hez (2).

Dominées par les hauteurs du séminaire, et du Mont-Capron, par la montagne du Thil, la ville et ses fortifications ne pourraient se défendre contre les nouveaux systèmes employés par le génie et l'artillerie dans l'attaque des places fortes.

La ville, mal bâtie, mal percée, comme le sont toutes les villes anciennes, formée de maisons construites la plupart en bois, mais couvertes d'une multitude d'ornements et de sculptures, se compose, outre la cité, de huit faubourgs; et l'on peut, en outre considérer

(1) Loisel, *Mémoire des pays, villes, etc. de Beauvais*, p. 34.
(2) Cambry, *Description du département de l'Oise*.

comme tels quatre villages contigus à la ville; ces villages sont : Voisinlieu, St-Just, Marissel et St-Lucien (1).

La ville de Beauvais comprenait, il y a quelques années, *intra muros,* 118 rues, 10 places, 2,380 maisons; *extra muros,* 45 rues, 10 places et 660 maisons, ce qui donne un total de 163 rues, 20 places et 3,040 maisons. Sa population totale est aujourd'hui de 13,082 habitants.

L'intérieur de la ville, ainsi que nous l'avons fait remarquer, n'est pas sans agrément. Ses murailles, de constructions variées et couvertes d'arbres, présentent parfois un coup d'œil très pittoresque. La promenade des remparts, où l'on respire un air pur, domine tantôt sur la campagne, tantôt sur les ruines d'anciennes églises, au milieu desquelles on aperçoit la cathédrale qui ne porte aucune marque de destruction. Une multitude d'aiguilles, d'arcades, de pans de murs, fournissent des études intéressantes pour l'architecte et l'archéologue. Presque toutes les maisons, mal alignées, sont bâties de bois, d'argile et de mortier, mais on est frappé d'étonnement, au milieu de ce désordre, de la quantité d'ornements de sculptures en bois qui décorent les bâtiments les plus modestes.

Après la cathédrale, le plus bel édifice qu'on puisse citer, c'est l'Hôtel-de-Ville, construit en 1753 et 1754; il forme une des faces de la place principale de Beauvais, à laquelle il ne manque, dit Cambry, qu'une suite de bâtiments pareils, pour être une des plus vastes et des plus belles de la France. Tous les habitants désirent de la voir ornée d'une fontaine, à laquelle on pourrait, avec peu de dépense, conduire les eaux abondantes et pures de Panthemont, ou de Mie-au-Roi.

« Avant la révolution, dit un historien du pays, la ville de Beauvais s'était acquis une réputation qu'elle n'a certainement pas conservée : l'esprit casanier des habitants, leurs habitudes sédentaires, l'intimité qui régnait entre toutes les familles donnaient naissance à divers propos, à des récits malins que l'on taxait de médisance. D'un autre côté, les nombreuses églises étaient ornées de clochers, et dans chacun de ces clochers étaient une ou plusieurs cloches, qui assourdissaient les habitants, et surtout les étrangers, la veille des fêtes. Enfin, la ville, entourée de canaux dont les eaux alors stagnaient sur plusieurs points, était empestée par de mauvaises odeurs qui s'en échappaient. Ces trois circonstances avaient donné lieu à ce proverbe : *Beauvais, ville sonnante, puante et médisante.* La philosophie, ou plutôt l'irréligion, enfantée par une fausse application des lumières de la philosophie, a fait justice des cloches et de leurs clochers; elles ne sonnent plus ces cloches, parceque les lieux où elles étaient suspendues ont changé de destination. Les principes d'hygiène, appliqués à l'assainissement des grandes villes et à l'entretien des canaux, ont fait disparaître

---

(1) D. J. Tremblay, *Notice sur les villes et les cantons de Beauvais.*

les miasmes qui, plusieurs fois ont empesté et dépeuplé Beauvais. Quant à la médisance, ajoute le même historien, il n'y en a pas plus à Beauvais que dans beaucoup d'autres petites villes. »

Nous ne pouvons quitter Beauvais pour faire quelques excursions dans ses environs, sans parler de son palais épiscopal et de son commerce.

Le palais épiscopal est un édifice de construction très ancienne, et les dehors annonceraient plutôt une forteresse que la paisible demeure d'un évêque.

Ce palais est entouré de fortes murailles, et flanqué de grosses tours crénelées. L'escalier est pratiqué dans un pavillon ou avant-corps du bon temps de l'art gothique. La face opposée à ce pavillon donne sur les fossés de la ville, et sur le bras de la rivière qui l'entoure. Les tours furent bâties des deniers de la ville, par ordre de Simon de Nesle, évêque de Beauvais; le palais fut rebâti au XVe siècle.

Lorsque le palais épiscopal fut converti en préfecture, la chapelle renfermait des archives; le feu y prit et tout fut consumé; la chapelle est à peu près détruite.

Avant la révolution, Beauvais renfermait, outre la cathédrale, six églises collégiales, douze paroisses, dont neuf dans l'intérieur et trois hors des murs de la ville, six couvents d'hommes et deux de femmes. Il ne reste aujourd'hui que l'église de Saint-Pierre, qui est la métropole, et celle de Saint-Étienne, avec deux succursales dans les faubourgs.

La cathédrale de Beauvais est souvent admirée par les artistes et les amateurs de l'architecture du moyen-âge. C'est un des plus magnifiques monuments qui nous restent de la foi de nos aïeux.

Les fondements de cette église furent jetés vers l'an 991. C'est de ce siècle que datent, comme on sait, la plupart des grandes constructions chrétiennes. Un incendie en consuma le comble et les voûtes vers 1225; les grandes voûtes du chœur et quelques piliers s'écroulèrent en 1284, et l'on ne put y célébrer la messe que quarante ans après. Jusqu'au commencement du XVIe siècle, cette église ne consista que dans le chœur; la croisée ne fut entreprise qu'en 1500, et la nef n'est pas encore commencée.

On dit proverbialement que le chœur de Beauvais, la nef d'Amiens, le portail de Reims et les clochers de Chartres, formeraient une église parfaite. Ce chœur a dix piliers de chaque côté dans sa longueur, avec des chapelles au pourtour. Le jubé, qui sépare la nef du chœur, est tout incrusté de marbre et orné de quatorze colonnes et d'autres ornements également en marbre. On remarque dans l'intérieur un monument élevé à la mémoire du cardinal de Forbin-Janson, commencé par Coustou l'aîné, et terminé par Coustou le jeune, après la mort de son frère. Ce mausolée de marbre blanc a trois mètres cinquante centimètres de haut sur deux mètres cinquante centimètres de large.

« Dans la cathédrale de Beauvais se voit encore une tapisserie curieuse de la fabrique d'Arras. Elle est placée au fond de la troisième chapelle du chœur, à droite. Elle est divisée en trois compartiments séparés par un grand arbre.

« Sur le premier compartiment on lit la date de 1530, et dans le bas, on voit, sur toute la longueur, une inscription ainsi conçue : (1)

> *Mil CCC ans soixante dis en some,*
> *Depuis le déluge : et devant que fust l'home,*
> *Régénéré par grace déifique,*
> *Mil Ve IIII du moy qu'on nome,*
> *Belgius roy enn^e : on voit Côme*
> *Fonday Beauvais dont vint Gaule Belgique.*

« Dans ce premier tableau, est représenté, en effet, le roi Belgius, qu'on a, pendant longtemps regardé comme l'un des rois qui régnèrent sur les Gaulois. A sa gauche, et sur le second plan, on voit la ville et la cathédrale de Beauvais ; à sa droite est représentée la ville de Clermont.

» Le second tableau représente Jason et Dardanus, et porte aussi une longue inscription.

« Le troisième se présente dans le fond ; et sur le devant, on voit le roi François Ier sous le nom du beau Pâris ; le roi est accompagné de plusieurs personnages. L'inscription que porte ce tableau est remarquable ; on y lit :

> *Mil V^{cc} ans il est ir passez*
> *Du déluge : Paris le noble roi,*
> *Dishuitiesme : fonda en grand arroy*
> *Ville et cité de Paris, belle assez*
> *Devant qu'à Rome eust des gens amassez,*
> *VI^{cc} ce remarquate et VIII come croy* (2).

Beauvais renferme encore d'autres églises qui méritent l'attention des artistes voyageurs. Près de la cathédrale, on voit les restes de celle de *Notre-Dame de la Basse-OEuvre*, distinguée d'une autre plus nouvelle que l'on nomme de la *Haute-OEuvre*. On dit que, sur son emplacement, existait, au IVe siècle, un ancien temple de Jupiter, et que ce temple ayant été converti en église, on y fit des réparations, et on l'agrandit assez pour servir de cathédrale et recevoir les nombreux chrétiens qui y affluaient.

On donne à l'église de St.-Etienne une origine à peu près semblable. On dit, qu'en 220, saint Firmin changea en église chrétienne

---

(1) Tremblay, *Notice sur la ville et les cantons de Beauvais*, p. 19.
(2) Dulaure, *Environs de Paris*. Je ne garantis pas l'exactitude de cette inscription que je n'ai pu vérifier, et que je transcris ici d'après le texte, probablement fautif, donné par Dulaure.

un ancien temple consacré au paganisme. L'édifice qui existe aujourd'hui fut construit, assure-t-on, vers l'an 997.

Les vitraux de l'église de St.-Étienne sont remarquables par leurs peintures. L'un de ces vitraux représente la généalogie de Jésus-Christ. On y remarque les portraits et les costumes de plusieurs rois de France.

Si la ville de Beauvais est riche de souvenirs historiques, elle ne l'est pas moins, et à des titres aussi honorables, par ses monuments de bienfaisance. Il y a toujours eu, dans Beauvais, des hospices destinés à toutes les infortunes; aux malades, hommes et femmes, aux vieillards, aux orphelins des deux sexes, aux militaires ambulants, aux prisonniers, etc.

L'*Hôtel-Dieu* et l'*Hospice des indigens* ou *Bureau des pauvres*, contiennent, le premier, quarante-huit lits, et l'autre trois cents. Ce dernier fut établi, en 1653, par la munificence des habitants de Beauvais. « On y reçoit, dit M. Tremblay (1), des vieil-
» lards et des orphelins des deux sexes, ainsi que les enfants aban-
» donnés. Des ateliers de draperie où se font tous les ouvrages,
» depuis le nettoiement des laines jusqu'à la fabrication du drap,
» sont établis dans cet hospice, sur ses fonds et pour son compte.

» Cet établissement est une source abondante de secours de tout
» genre; la multitude de pauvres qu'il renferme, les nourrices qu'il
» salarie, tous les ouvriers en laine qu'il occupe dans les temps mal-
» heureux, rendent bien chère à la ville la mémoire du digne évê-
» que, Augustin Potier, qui, en 1629, en posa les premiers fon-
» dements, et celle de tous les bienfaiteurs de cet utile établisse-
» ment.... Mais actuellement les hommages et les bénédictions des
» pauvres, ainsi que ceux de tous les habitants de la ville, s'adres-
» sent principalement à mademoiselle Guérin qui, depuis cinquante-
» cinq ans, dirige cet utile établissement. Cette personne, aussi
» pieuse que charitable, a consacré sa vie entière au soulagement
» des pauvres, qui ne doivent prononcer son nom qu'avec la véné-
» ration qu'il inspire..... »

Beauvais a toujours passé pour une ville commerçante; on sait que l'industrie du tissage y a pris un grand développement. Dès la conquête des Francs, comme Amiens, Abbeville et quelques autres villes placées sous leur domination, elle eut des fabriques d'étoffes de laine très-considérables. Ces fabriques tombèrent peu à peu et disparurent enfin lorsque les Normands ravagèrent le pays.

Vers l'an 800, des moulins à foulon étaient établis dans le faubourg nommé St.-Quentin. En 1182, Philippe II fit un réglement où il est fait mention de pieux ou *pandouers* qu'on fichait en terre à Beauvais pour y étendre des draps.

En 1360, Beauvais vit s'établir dans ses murs deux foires qui furent très fréquentées. On y trouvait en quantité des laines et d'au-

(1) *Notice sur la ville et les cantons de Beauvais*, p. 113.

tres objets de commerce que l'on transportait dans les provinces voisines.

Avant la révolution, c'est-à-dire, de 1780 à 1789, le commerce de Beauvais fut très florissant; on y comptait alors de sept à huit cents métiers battants, qui employaient neuf à dix mille ouvriers. Aujourd'hui on en compte à peine deux cents. Il y avait aussi dans cette ville des manufactures de toiles peintes ou indiennes, des établissements de blanchisserie pour les toiles, qui occupaient un grand nombre d'ouvriers; bien qu'aujourd'hui l'importance de ces établissements soit loin d'être ce qu'elle a été, ils ne sont cependant pas sans livrer au commerce des produits pour des sommes considérables.

La *Manufacture Royale de tapisseries* de Beauvais est célèbre dans le monde industriel. Beauvais lui doit sa réputation et son lustre. Elle fut fondée trois ans avant celle des Gobelins, au commencement de la carrière administrative du plus grand ministre que la France ait eu. En 1664, un nommé Louis Hinard projeta l'établissement de cette manufacture; le gouvernement lui donna dix mille livres pour faciliter ses premières opérations et trente mille livres pour faire construire les bâtiments dont il avait besoin.

En 1684, la direction de la *Manufacture Royale* fut donnée à un Flamand nommé Béhacle, qui avait su s'attirer la protection de Colbert. Il fit exécuter des tapisseries qui sont encore très curieuses. L'église de Saint-Pierre de Beauvais en possède plusieurs qui représentent les actes des Apôtres; elles ont été exécutées d'après les cartons de Raphaël.

Beauvais a aussi des fabriques de tapis de pied, qui livrent au commerce des produits très recherchés autant pour la beauté des dessins, la richesse des couleurs, que par leur prix et leur qualité supérieure.

Nous ne pouvons quitter Beauvais sans parler du beau pays qui l'environne, des magnifiques paysages qui se présentent de toutes parts aux yeux du voyageur. Mais nous laisserons parler l'homme qui les a le mieux décrits, Cambry, (1) dont l'ouvrage consciencieux et plein d'observations sur le département de l'Oise, mérite toujours d'être consulté. Le temps a apporté peu de changements à ce qu'il a vu, et sa relation n'a pas cessé d'être aussi fidèle qu'instructive.

« J'ai peu vu de cités, dit-il, dont les alentours fussent aussi variés, aussi pittoresques, et d'un genre de paysage aussi riche. La route d'Amiens n'offre qu'une vaste et fertile plaine, quelques villages épars dans l'étendue; ce chemin assez beau se rend jusqu'à Breteuil au milieu d'une allée de pommiers; son uniformité n'est coupée que par les vallons de Noirmont, et les aspects riants de Maisoncelles et l'Oursel-Maison.

» La route de Calais traverse les villages de Duthil, de Villers, en laissant sur la gauche le joli paysage de la Mie-au-Roi: le commen-

(1) Cambry, *Description du département de l'Oise.*

cement de la route est formé de vallons et de monticules qui laissent apercevoir toutes les variétés de la vallée de Saint-Lucien, de jolies habitations champêtres, riches de pâturages et de vergers délicieusement ombragés. Les alentours de Villers, espèce de labyrinthe, sont un des lieux les plus tranquilles, les plus fleuris et les plus frais qu'on puisse parcourir dans les jours ardents de l'été.....
A la ferme du bois, avant la descente qui conduit dans la plaine de Troissereux, vous découvrez un vaste bassin, formé par le prolongement de la montagne de Montmilles, et les bois qui couronnent la fin du coteau de Villers; cette vue étendue est embellie par les contours du Thérain, qui serpente dans la prairie, par de belles moissons, par des bosquets agréablement disposés. On aime à contempler le soleil couchant, du bois où ce riche tableau se déploie avec magnificence, à voir ses rayons pourprés teindre les eaux du Thérain.....

» Mais c'est dans les bosquets de la Mie-au-Roi, près du moulin, dont les tourelles, rongées par le temps, laissent deviner un antique château, ou bien, dit-on, un vieux monastère consacré par l'amour d'un de nos premiers rois; c'est dans les sinuosités, si bien boisées, si romantiques de ce rivage, qu'il faut aller terminer sa journée, l'esprit et le cœur pleins de souvenirs de merveilles et d'amour que la tradition y consacre.....

» La route se sépare en deux branches à l'extrémité du village de Saint-Just; l'une d'elles conduit à *Savignies*, cette intéressante habitation de potiers, qui fournissent Paris de fontaines de grès, de creusets et de vases de toute espèce. On traverse, en s'y rendant, le joli bois du parc; en pénétrant dans ses allées, tantôt droites et propres à la chasse de la bête fauve, tantôt circulaires, couvertes de gazons et de fleurs, vous arrivez à des vallons que les eaux ont abandonnés, à des salles de verdure que la nature seule à préparées, à des coudrettes impénétrables à l'œil de la curiosité; tantôt un lit de mousse vous offre le repos et le sommeil; tantôt des cintres majestueux de grands arbres, asile de la religion de nos pères, vous portent à la méditation, sans qu'ils soient assez sombres pour conduire à la mélancolie. La fin du bois, en s'approchant de Savignies, laisse apercevoir les rayons du soleil couchant, les jeux de sa lumière, et les pommiers chargés de fruits, qui couvrent les vergers du hameau de *Rome*, et du vaste château d'*Herculé*.

» La deuxième branche de la route de Gournay ressemble à ces vallons de la Bretagne et de la Normandie, qui n'offrent que rarement de vastes aspects, dont l'horizon se termine à chaque quart de lieue, pour vous présenter de nouveaux et de riants points de vue; ce sont de petits bois sur de petits coteaux, des prairies coupées de ruisseaux, des tertres cultivés, décorés d'arbres épars : quelques maisonnettes répandues dans la campagne en coupent l'uniformité.

» Le paysage est plus vaste et plus riant près de *Goincourt*, que vous dominez du grand chemin ; ce beau village se plonge dans la vallée terminée par la montagne du Point-du-Jour, qu'on aperçoit dans le lointain. On s'arrête avec plaisir pour examiner un établissement où l'on fait des briques de la meilleure espèce, et du plus beau rouge ; l'incroyable variété des terres permet d'y fabriquer toutes espèces de poteries, depuis le grès jusqu'à la porcelaine. Le prolongement de cette route conduit jusque dans la vallée du Bray, pays très curieux qui demande un article particulier.

» En quittant Beauvais pour se rendre à Rouen, l'œil est arrêté sur la gauche par une montagne à pic, que l'active industrie des habitants essaie de cultiver; les terrains bas et trop humides qu'on a sur la droite, sont couverts d'arbres fruitiers de toute espèce ; les bords de l'Avelon, qui laissent échapper mille ruisseaux, offrent des promenades délicieuses. A mesure qu'on s'élève sur la montagne, le riant village de Goincourt, les bâtiments de la manufacture de vitriol, le village du *Marais*, les bois du *Belloy*, se déploient à vos yeux. Ce superbe point de vue est encore terminé par la montagne du Point-du-Jour, qu'un long ruban de la route de Rouen coupe dans toute sa longueur, et par les enfoncements vaporeux de la vallée du Bray. Les bois que vous traversez en continuant cette route sont enchanteurs : le village de *Saint-Léger*, que vous trouvez en les quittant, offrirait à l'ami des champs et du repos, le plus délicieux asile. Vous passez le riche pays d'*Auneuil* avant d'arriver au Point-du-Jour, que je viens de citer comme une des bornes de ce noble et grand paysage.

» La route de Paris est riche d'aspect, et variée de formes; outre le grand tableau que présente sur la gauche la vallée de Voisinlieu et de Villers, et le vaste amphithéâtre qui s'élève de Marissel et de Terdonne jusqu'à la ligne du Tillé et de Laversines; outre ces monts qui se croisent à l'horizon derrière Bourguillemont, vous avez sur la droite le bois et la vallée d'Altone, le bois de Warlouis, et des vallons délicieux.

» Je ne connais point de jardins anglais qui présentent plus de richesses, de masses plus belles dans des proportions bornées, que celles qui se varient à l'infini sur la route de Beauvais à Clermont. Rien de comparable à ce village, perdu dans les ormeaux sur les bords du Thérain, qui s'étend presque jusqu'à Terdonne ; rien d'aussi fécond que ces terrains chargés de légumes, qui, dans une vaste étendue, couvrent les environs de la ville, au sud-est. A ces riches aspects, à ces terres fécondes succèdent d'immenses prairies peuplées de grands troupeaux, des bocages disposés avec tant de bonheur, qu'on les croirait l'effet de l'art et de l'intelligence; votre œil est entraîné de monticules en monticules dans un lointain où tout se confond avec les nuages. Je laisse à l'imagination du lecteur à compléter le tableau des environs de Beauvais, à remplir les terrains qui séparent ces routes, de tout ce qui peut embellir la campagne; jardins frais et fleuris, moulins si variés de formes, châteaux qui ne rappellent ni l'extrême opulence ni la féodalité..... »

§ II.

ENVIRONS DE BEAUVAIS.

SAINT-LUCIEN.

Ce village, situé à peu de distance de Beauvais, se nommait anciennement le Thil (*Tilium*); son église était sous l'invocation de Notre-Dame, ou Notre-Dame-du-Thil. Son nom de St-Lucien lui vient, comme nous l'avons dit, de celui du saint martyr qui y transporta sa tête depuis la montagne Montmille.

L'abbaye de St-Lucien est très célèbre; on prétend qu'elle fut fondée et bâtie par Childebert Ier; du moins, dans le préambule d'anciennes chartes, il est dit que ce roi avait fait des donations à cette abbaye. Chilpéric y mourut en 584. Ce prince et Gontran enrichirent l'abbaye, l'agrandirent et y firent transporter les corps des trois martyrs, Lucien, Maxime et Julien, dans trois châsses réunies en une seule, qui servait de retable au grand autel. Cette châsse passait pour un chef-d'œuvre hardi et délicat. Elle était en forme d'église avec croisées, collatéraux, pilastres, arcs-boutants, pyramides, etc. Au centre s'élevait une flèche très haute et tout à jour. Au pourtour de cette châsse, étaient des niches, autrefois remplies par des figures en vermeil qui furent enlevées par les Anglais. Cette châsse était posée sur un cénotaphe, ou tombeau vide, d'une délicatesse surprenante, haut de 35 à 56 pieds. Huit piliers, d'un travail très remarquable, soutenaient tout l'ouvrage, qui était de pierres d'un grain très fin, posé sur le caveau où furent mis les corps de St-Lucien et de ses compagnons, après leur martyre. A six pieds était une plate-bande qui remplissait toute la cavité du sépulcre. Le dessous de la pierre était ciselé en mosaïque, et au-dessus était la châsse sur une estrade (1).

L'église de St.-Lucien était située sur une montagne, dans une position des plus riantes. On y trouvait une quantité d'ouvrages d'art

(1) Piganiol de La Force, *Nouvelle description de la France*, t. I.

très curieux, entre autres des stalles qui fournirent au spirituel Callot toutes les bizarreries qu'il consigna dans sa tentation de saint Antoine, et dans d'autres compositions. Ces stalles sont conservées et méritent une description que j'emprunterai encore à Cambry.

« Tous les ornements de St-Lucien, les décorations du chœur, les stalles, sont de l'époque de la troisième reconstruction de cette belle et riche abbaye, dans les XIIe, XIIIe et XIVe siècles.

» Ces ornements sont faits d'un bois dont tout annonce l'extrême vétusté ; on est étonné des folies que les sculpteurs ont conçues, ont exécutées, surtout de l'incroyable mouvement des figures, dans un temps où les peintres de l'Italie ont représenté leurs personnages droits, immobiles, placés par compartiments, avec symétrie, des deux côtés du personnage principal.

» La Tentation de saint Antoine, est un des principaux morceaux des stalles et des balustrades que je vais essayer de décrire, avec l'impossibilité cependant de faire connaître la chaleur de leur exécution.

» Saint Antoine, assis sur un tronc d'arbre, est appuyé sur le livre qu'il lisait, quand un diable vient le distraire, et Proserpine, dans une attitude gracieuse, lui présenter un bouquet. Le diable nu, couvert d'un poil droit et raide, saisit le saint par les épaules et l'arrache à sa méditation ; ses mains, en forme de pattes d'oie, sont couvertes de rudes nageoires, armées de griffes acérées ; les cuisses et les jambes du diable sont celles d'un satyre ; sa tête à mufle d'hippopotame, est garnie de cornes rompues ; une énorme queue circule autour de ses cuisses.

» Proserpine, modestement vêtue d'une longue tunique, la taille bien marquée, a les bras couverts ; dans la partie haute, de grandes manches plissées, nouées par des rubans à franges qui ne descendent que jusqu'au coude ; l'avant-bras est enveloppé d'une large chemise qui tombe jusqu'au-dessous des doigts : elle tient un livre de la main droite ; une chaine d'or est sur son sein ; ses cheveux tressés se relèvent avec grace, ornés d'un gros diamant de forme carrée ; elle a dans le maintien de la modestie qui doit séduire un vieux solitaire ; une ceinture, un large manteau, sont le reste de sa toilette. Elle serait *Vénus*, sans un pied d'âne qu'elle ne peut cacher. La queue de Proserpine, à larges franges, est portée par le plus grand diable de l'enfer : on en juge par les débris qui restent de ce monstre ; ses pieds sont ceux d'un lion aux larges griffes ; sa queue cannelée finit en tête de chien à larges oreilles, dont le bec se termine en bec d'oiseau et de poisson ; il a pour ornement, ou pour genou, une énorme tête de requin ; le reste du corps a disparu.

» Le saint, vêtu d'une robe à grands plis, couvert du *Bardocucullus*, ayant une gourde pendante à sa ceinture, détourne la tête ; il a l'air de la résignation et de la patience : son attitude, en général, est vraie et d'une exécution très bonne ; les extrémités de ses mains sont finies avec beaucoup plus d'art qu'il n'en existe dans nos plus jolis manuscrits, dans nos meilleurs dessins de romans de chevalerie. Les plis de ses vêtements sont larges, vrais et simples, et laissent distinguer ses formes; la barbe de saint Antoine se sépare en deux touffes égales.

» Ce tableau se dessine sur un fond de rochers couverts d'arbres, que domine une ville défendue par des murailles et des tours; une haute colonne les surmonte, et pourrait être une informe image de la colonne de Pompée.

Dans un autre tableau, saint Antoine est horriblement tourmenté par l'enfer; il est à demi renversé; un affreux monstre à face humaine, dont les yeux ronds s'élèvent au-dessus d'un petit nez aplati, de la vaste gueule duquel sortent deux dents de sanglier, le tire avec force par les cheveux, tandis que son pied d'oie pose sur l'épaule du saint. Au bas des ruines de ce monstre, est la tête énorme d'un animal qu'on ne peut décrire : sa cuisse, son genou, sont formés de la machoire d'une bête à longues cornes, dont les dents aiguës pénètrent dans les jambes.

» Un autre démon à pied d'onagre, dans une attitude singulièrement combinée, passe un de ses pieds sur l'estomac du saint, l'autre sur son genou, et, des mains de devant, terminées par des pattes de griffon, le tire par la barbe. Il est impossible, sans gravure, de donner une idée des poils de sangliers qui, par touffes, couvrent son corps, et de la tête extravagante que l'artiste lui prêta, espèce de muffle de tigre à vaste gueule, aux longues oreilles de chauve-souris. Il est inconcevable qu'à cette époque, un dessinateur ait pu combiner tant de raccourcis, et les exécuter d'une manière si naturelle et si précise, en se servant surtout de membres dont l'original n'existe et ne peut exister dans la nature. »

En 1810, la plus grande et la plus belle partie de l'église de St-Lucien fut détruite. On voit encore une tour, restée debout pour faire regretter la perte du reste de cet édifice si remarquable.

MARISSEL.

Marissel peut être considéré comme un faubourg de Beauvais. Ce village est situé sur un coteau, au bas duquel coule le Thérain, à l'est de la ville. C'est un lieu très fréquenté par les habitants de Beauvais à cause de sa belle promenade et de ses beaux points de vue.

Son nom latin est, dans les anciens titres, *Mariæ Sella*, ou *Cella*. On y voit une église très remarquable par sa construction élégante, et parceque on prétend qu'elle fut un temple payen dédié à Bacchus.

« Le portail de l'église de Marissel est curieux ; il est orné de
» guirlandes de vigne, copiées peut-être d'après les ruines d'un
» temple de Bacchus qui existait jadis dans les environs, sur un
» monticule appelé le Mont-Caperon...... Quelques personnes
» pensent même que cette église, qui n'est pas tournée vers
» l'orient, comme le sont toutes les églises chrétiennes, était
» jadis elle-même un temple payen. Elle domine agréablement
» un coteau chargé de vignes, et y forme un beau point de
» vue. » (1)

Il est probable, en effet, que sur ces lieux était jadis un édifice payen, car, en 1655, on trouva des vestiges assez considérables d'un temple de Bacchus, et on prétend que la façade de ce temple était tellement grande qu'elle égalait en longueur celle du Louvre. De ces débris, on construisit quelques pans de murs des fortifications de Beauvais. Parmi ces débris antiques étaient des frises, des pilastres, des colonnes, des chapiteaux, et des ornements d'un style excellent. Une statue de Mercure, gravée dans les Antiquités de Montfaucon, fut trouvée, en 1675, à quelque distance de Marissel.

ÉPAUBOURG.

A l'ouest de Beauvais, dans le canton d'Osembray, est un village que l'on nomme Epaubourg, et qui a dû être, dans des temps anciens, beaucoup plus considérable qu'aujourd'hui.

Dans ce village est une église dédiée à Saint-Martin, qui possède les plus jolis vitraux, dit Cambry, et d'une conservation parfaite.

« La naissance de l'enfant Jésus en est le principal sujet. Le nouveau né, couché sur un lit de paille, dans une attitude un peu forcée, est entouré du bœuf, de l'âne, et d'un cordelier qui paraît moins s'occuper de l'enfant que de la vierge, dont la figure finie, élégante, sortit du pinceau d'un grand maître ; ses cheveux tressés à l'étrusque, sont enveloppés d'un mouchoir ; ses doigts allongés, délicats, sont du fini le plus parfait ; sa tunique d'un pourpre éclatant, est entourée d'un manteau bleu à larges plis. Au-dessus de la vierge, une jeune fille porte au nouveau né une élégante corbeille de fruits ; on n'est

(1) *Notice sur la ville et les cantons de Beauvais*, p. 126.

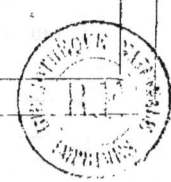

pas mieux posé, on n'a pas une tournure plus élancée, une physionomie plus douce; elle est vêtue d'une tunique violette; la figure d'une vieille qui se penche pour embrasser l'enfant, a toute l'expression que Le Poussin aurait pu lui donner. Je ne parle pas des têtes moins délicates de quelques pâtres à bonnets phrygiens, dont les vêtements blancs, ou de l'écarlate la plus éblouissante, tranchent sur la robe sombre et repoussante du cordelier. La scène se passe sous une arcade à cintre plein, d'un grès rougeâtre; des bergers dans le lointain sont avertis par un ange de la naissance du Fils de Dieu; l'ange est bien jeté dans les airs, et porte écrit sur un ruban : *Gloria in Excelsis* : l'étoile des Mages paraît au ciel dans un des angles du tableau. Tous les ornements des vitraux de cette église sont dignes du sujet principal; les animaux des quatre évangélistes, des vases, des rosaces, des têtes de vieillards, se dessinent sur des fonds blancs ou jaunes, ombrés légèrement de couleurs violettes (1). »

CHAUMONT.

Chaumont, chef-lieu de canton, dans l'arrondissement de Beauvais, est une petite ville très ancienne, et qui fut jadis sur le sommet d'une montage, dont la ville actuelle occupe le pied. Les ruines qu'on y remarque, le style de quelques parties de l'église, une tour appelée tour Bègue, qui prend son nom de Louis-le-Bègue, qui la possédait, dit-on, la nature de l'architecture et de la maçonnerie, tout enfin atteste que la fondation de cette petite ville remonte à des temps reculés.

Robert Ier surnommé l'Eloquent, fut, dit-on, le premier seigneur de Chaumont; il tomba de cheval au retour d'une course qu'il avait faite en Normandie, et il périt accablé sous le poids de son armure.

Cette seigneurie fut longtemps la propriété de différentes familles. Depuis 1445, elle appartint à la maison de Chaumont. Elle avait le titre de vicomté dès l'an 1060. Une charte de la vingt-neuvième année du règne de Henri Ier porte dans la liste de ceux qui l'ont souscrite, *Walo, vice-comes Calidi montis*.

Guillaume-le-Breton fait mention de cette place en 1188.

Par les démolitions qu'on aperçoit, on voit que le château, à l'une des extrémités duquel était le donjon ou la tour Bègue, était bâti sur un plan elliptique, et formé de dix tours; à l'extrémité opposée, se voyait le prieuré de St.-Pierre.

(1) *Description du département de l'Oise*, t. I.

Ce fief, indépendant de la seigneurie de la ville, avait passé de la maison de Chaumont à celle de Longueville, et enfin à celle de Conti.

On assure que l'ancienne cité contenait jusqu'à cinq mille habitants et qu'elle fut brûlée par les Normands, en 1164, sous Louis-Jeune. On parle beaucoup de souterrains immenses, mais dont on ignore l'entrée.

Du sommet de la montagne, on découvre les points de vue les plus beaux; Gournay se distingue au nord-ouest, Gisors à l'ouest; au sud-est les marais de Chaumont; plus loin les montagnes de Liancourt, de Tourly et de Marguemont; à l'est on aperçoit la plaine de Feit, Locconville, Henonville, le meilleur pays des environs. La forêt de Thelle, au nord, couvre un grand arc de l'horizon.

On assure qu'avant la chute de la tour d'observation, abattue au mois d'octobre 1793, on distinguait de son sommet Paris et le dôme des Invalides.

L'église actuelle est la miniature d'une cathédrale; elle est élégamment placée sur le milieu de la colline, et dominée par une tour carrée à la moderne; l'architecture gothique en est très légère; elle a été réparée à l'époque de la renaissance. On y remarque plusieurs ornements du genre de ceux qu'on employait du temps de Henri II. L'histoire de saint Louis était représentée sur les vitraux de cette église. Ce qui subsiste de cette peinture n'a rien de remarquable, et n'annonce pas de grands talents chez le maître qui l'exécuta. Dans un de ses panneaux, on voyait saint Louis à Royaumont, aux pieds d'un abbé rongé d'écrouelles. Ailleurs, sous les yeux de ce prince, un bourreau, vêtu d'un pourpoint et d'un pantalon fort étroits, comme on les portait sous Henri II, perçait la langue d'un blasphémateur. On assure qu'un des vitraux, représentant l'adoration des Mages, à la couleur, au fini du dessin, faisait reconnaître Jean Cousin (1).

La petite ville de Chaumont, placée dans une situation pittoresque, est traversée par la petite rivière de Troesne. Elle ne compte pas plus de 1,200 habitants.

TRIE-LE-CHÂTEAU.

Trie-le-Château est dans le canton de Chaumont. C'est encore une de ces anciennes demeures princières ou seigneuriales dont l'opulence et le faste sont attestés par un amas de ruines et de débris

(1) *Description du département de l'Oise.*

qui attirent la curiosité des voyageurs. Partout on ne voit que des murs renversés, des tourelles détruites, des souterrains qui sillonnent les flancs de la montagne, et ces destructions, ces ravages du temps et des hommes, plus cruels que le temps, sont couverts par des constructions plus modernes qui n'ont pu résister à l'action destructive qui les poursuit sans relâche pour les anéantir. Ces débris, ces murailles encore debout, ces portes, veuves de leurs herses, ont été témoins des efforts de nos rois, soit pour repousser ou fixer définitivement, dans un coin de la France, ces hommes du Nord qui venaient la ravager, soit pour purger le sol de la présence des Anglais. Que de fois, au coin des vastes foyers, sous les voûtes retentissantes du château de Trie, ces preux chevaliers, dignes compagnons de la gloire de Charles VII, ont médité sur les moyens de chasser l'étranger du sol de la patrie, de cette belle France pour laquelle leur pur patriotisme sacrifiait fortune et repos !

Plusieurs maisons puissantes au moyen-âge ont possédé la terre de Trie. Dans la seconde croisade, en 1145, l'histoire met Guillaume Agillon de Trie. On trouve aussi un Mathieu de Trie, maréchal de France, en 1320; en 1394, cette terre était possédée par Charles de Dammartin. Elle passa ensuite à Jean d'Orléans, comte de Dunois, bâtard d'Orléans, chef de la maison de Longueville; le duc d'Estouteville et de Longueville en était propriétaire en 1513; cette terre appartint, en 1595, à Marie de Bourbon, duchesse de Longueville; en 1700, elle était à François-Louis de Bourbon, premier prince de Conti, issu de Henri II, prince de Condé et de Charlotte-Marguerite de Montmorency, sœur du connétable, décapité le 31 octobre 1632; le dernier prince de Conti la vendit à Louis XVI, sous la réserve de la chasse et de la jouissance du château.

La façade d'un vieux bâtiment, composé de trois tours et de deux corps de logis, datait de 1500. Une des tours a été habitée par J.-J. Rousseau pendant un an, quand son amour pour la solitude et la botanique le conduisit dans la forêt de Thelle. Il s'y occupait souvent à cueillir des plantes rares, ou à semer, dans les lieux qui lui paraissaient favorables, des graines étrangères dont il avait les poches pleines. Ce philosophe morose cherchait dans cette étude le calme qui manquait à son esprit inquiet.

La chapelle de ce vieux monument était du XIVe siècle.

La belle galerie moderne et le gros pavillon du nord furent élevés en 1620, par Henri, duc de Longueville. (1)

La hache révolutionnaire a frappé le château de Trie; ses vastes et somptueux débris, épars sur le sol, attirent encore à juste titre l'attention de l'archéologue.

Dans une des pièces du grand pavillon, à l'extrémité de la galerie, au-dessus d'une cheminée, on voyait représenté, revêtu de son

---

(1) *Description du département de l'Oise.*

armure, ce vaillant Dunois, ce héros si fier de servir son roi et la France et de porter le nom de *Bâtard* d'Orléans.

Dans un autre appartement on voyait le retour de Créquy, seigneur de Trie, dont l'histoire mêlée de merveilleux est une véritable épopée.

« A peu de distance de Grandvillers, dit Cambry, dans la commune du Hamel, on voit de grosses chaînes, que l'opinion publique déclare y avoir été déposées par un seigneur de Créquy. François Ier, prisonnier de Charles-Quint, après la bataille de Pavie, ne pouvait payer la forte rançon que l'empereur exigeait de lui. M. de Créquy ressemblait beaucoup à François Ier; il lui proposa de se charger de ses chaînes : refus; on insiste : Créquy obtient enfin la faveur qu'il sollicite. Charles-Quint, instruit de cette ruse, traite fort mal M. de Créquy; il est chargé de chaînes énormes, et maltraité par ses geôliers. Sa confiance en Notre-Dame-du-Hamel le tira de cette fâcheuse position. Il fut, par son intercession, miraculeusement transporté, pendant la nuit, de Madrid dans un champ voisin du Hamel. Un berger, surpris de voir ses moutons danser gaiement autour d'un homme à longue barbe, fort mal vêtu, chargé de chaînes, s'approche et le salue : Créquy l'interroge; il apprend qu'il est sur les terres voisines de son château (le château de Trie), où sa femme, qui le chérissait, forcée par ses parents, qui le croyaient mort, de contracter une nouvelle alliance, devait se marier le même jour.

» Avant d'entrer chez lui, Créquy se prosterne aux pieds de la Vierge, sa bienfaitrice, et dépose sur les marches de l'autel les chaînes dont le berger l'aida sans doute à se débarrasser. Il se rend au château : on refuse de le laisser parler à madame de Créquy; il est enfin reçu en faisant présenter à sa femme un anneau sur lequel étaient gravés son portrait et celui de l'épouse qu'il adorait; sa barbe, ses cheveux hérissés, ses vêtements, le faisaient encore méconnaître; il est forcé de lui parler d'une marque qu'elle avait sur le corps et que seul il pouvait connaître. On devine les transports des deux époux qui n'avaient jamais cessé de s'aimer. Créquy prend les habits d'un chevalier français; il se rend à la cour, reproche au roi de l'avoir oublié dans les prisons de Madrid; ce prince s'excuse en lui proposant pour récompense ce qu'il voudrait lui demander : Je ne veux, lui dit Créquy, qu'ajouter une fleur de lys à mes armes. *Je vous en donne mille*, lui dit François Ier. Depuis ce temps, le lion des Créquy et le champ qui le renferme sont couverts de fleurs de lys. (1) »

La petite église de Trie est un des plus anciens et des plus curieux monuments du département de l'Oise. Son ancienneté est attestée par son architecture. Elle fut réparée, au XVe siècle, par la duchesse de Longueville. Sa forme est plutôt celle d'un temple

---

(1) Cambry, *Description du département de l'Oise.*

antique que d'une église chrétienne; elle n'offre pas une croix comme la plupart de nos églises plus modernes, mais elle rappelle ces vieilles basiliques dont la destination première était affectée au culte des divinités du paganisme. Les ornements qui la décorent dans toutes ses parties et dont la variété est infinie, ressemblent à ceux que les Romains prodiguaient dans leurs édifices religieux; on y trouve festons de vignes et de raisins, entremêlés de grenades, têtes de léopards, griffons aux ailes étrusques, chapiteaux corinthiens d'un assez bon style, roses, fleurons bien évidés, dragons, larges corniches, moulures guillochées, etc.

On s'aperçoit, en étudiant de près ce monument vraiment curieux, que pour réparer les outrages du temps, on a plusieurs fois été obligé de le consolider par des réparations qui forment disparate. Ses fenêtres latérales se trouvent conservées dans des murs de construction moderne; on aperçoit, çà et là, des colonnes cannelées, des frises, des portions bien évidentes de l'ancien bâtiment, amalgamées, par nécessité, avec des ouvrages nouveaux. Le bon goût n'a pas toujours présidé à ces restaurations; elles ont, sans doute, été confiées à des ouvriers du pays dont l'intelligence était peu propre pour un tel travail.

On trouve, dans le voisinage du château, dans un lieu appelé la Garenne de Trie, un autel druidique. Ce monument a environ trois mètres de hauteur; la pierre qui pose sur les deux autres, a trois mètres cinquante-six centimètres de longueur, sur quatre-vingt-huit centimètres d'épaisseur; une quatrième pierre percée s'unit à ce monument.

Trie-le-Château a vu naître Dupuis, auteur du trop célèbre *Traité de l'Origine de tous les cultes.*

Le territoire de ce village comprend l'ancienne paroisse de *Trie-la-ville*, le beau château de Bois-Joly et l'ancienne abbaye de Gomer-Fontaine

---

LE MONT-JAVOULT.

Dans le canton de Chaumont, est le village du Mont-Javoult, situé au penchant d'une montagne qui a la forme d'un pain de sucre. Sur cette montagne s'élevait, assure-t-on, un temple dédié à Jupiter-Ammon; de là son nom de Mont-Javoult, par corruption de *Mons Jovis.* D'autres prétendent qu'il vient de l'ancien cri de guerre *Montjoie saint Denis!* mais il est vraisemblable que la première de ces étymologies est la meilleure. Du sommet de cette montagne, on aperçoit, à l'aide d'une lunette, les dômes et les tours de Paris.

Les habitants ont conservé, par tradition, le nom de temple de Jupiter, à un carré de pierre dont chaque côté peut avoir seize mètres et qui est situé du côté du nord, près de la fontaine attenante à l'église.

On a trouvé, dans le voisinage de cette montagne, un grand nombre de médailles du temps des empereurs Constantin, Adrien et Vespasien.

Au sommet du Mont-Javoult, était une tour très ancienne et très bien bâtie. Elle servait, au temps des Romains et pendant les guerres du moyen-âge, à transmettre des signaux. On dit que Henri IV, se trouvant à Rouen, apprit, au moyen d'un fanal placé sur cette tour, l'accouchement de la reine.

Le portail de l'église doit attirer l'attention des artistes et des antiquaires ; c'est un morceau d'art qui mérite d'être conservé.

NOAILLES.

Le village de Noailles est dans une position des plus riantes. Son nom était anciennement Longvillers. Le maréchal de Noailles y substitua le sien après avoir embelli le village de jolies maisons, d'une place vaste et garnie de halles étendues.

Le maréchal de Noailles était propriétaire du château de *Mon-Cchy-le-Châtel* qui est, dit-on, la plus ancienne baronnie du pays. Ce château, autrefois bien fortifié, offre encore quelques parties dignes d'être visitées. Louis-le-Gros l'assiégea pour le réduire sous son obéissance. Dreux de Monchy, qui le possédait alors, se défendit, mais forcé de se rendre, il accompagna, en 1096, Hugues de Vermandois à la croisade, avec Clerembault de Vandeuil, Dreux de Nesles, Payen et d'autres croisés que l'esprit aventureux et le désir de conquérir des royaumes, précipitaient sur l'Asie.

MÉRU.

Il y a peu de choses à dire sur Méru, petite ville industrieuse, autrefois environnée d'épaisses murailles et fermée de quatre portes. Elle est située dans une vallée au sud de Beauvais, et sur la nouvelle route qui conduit de cette ville à Pontoise. Ses anciens seigneurs portaient jadis les armes de Pontoise, parce qu'ils descendaient des Dreux, comtes de Vexin, de Pontoise et d'Amiens, *porte-oriflamme* héréditaires de France.

Cette terre est passée de la maison d'Aumont dans celle de Montmorency. Le quatrième fils du connétable Anne de Montmorency, ajoutait à son nom patronimique celui de Méru ; il fut tué au siége de Rouen, au mois de décembre 1591.

Elle a appartenu au bâtard de Rochechouart, qui vint au secours de Beauvais, en 1472.

Méru était jadis défendu par un château qui n'existe plus depuis plusieurs années. Cette petite ville, qui compte près de 2,000 habitants, est le centre d'un commerce considérable de tabletterie et de bois d'éventails.

MONTCHEVREUIL.

Dans le canton de Fresneaux et tout près du village du même nom, on trouve le vieux château de Montchevreuil, qu'on aperçoit de trois lieues. L'époque de sa construction est ignorée. Ce vieux manoir, presque ruiné, a quelques souvenirs historiques dignes d'être recueillis. On y voit encore l'appartement qu'a occupé la célèbre madame de Maintenon. La calomnie, qui a poursuivi cette femme pendant et après sa vie, a prétendu qu'elle avait été amenée au château de Montchevreuil par M. de Villarceaux, qui n'avait osé la conduire à sa terre, dans la crainte d'éveiller la jalousie de sa femme. Cette femme, dont la conduite fut irréprochable aux yeux de ceux qui l'ont intimement connue, a daté plusieurs de ses lettres du château de Montchevreuil.

Il y a une trentaine d'années, on visitait encore à Montchevreuil l'appartement de madame de Maintenon, dont on a conservé l'ameublement ; il est de soie bleu de ciel, bordée de blanc.

Dans le cabinet de cet appartement, sont les portraits des deux frères Mornai ; l'un d'eux fut célébré par Voltaire, le fameux Duplessis-Mornai, l'ami de Henri IV, qu'on appela le *pape des Protestants*. On voit, dans le même cabinet, le portrait de madame de Maintenon (1).

(1) Cambry, *Description du département de l'Oise*, t. I.

BRESLE ou PRESLE.

Bresle est un gros village situé à trois lieues à l'est de Beauvais, sur la route de cette ville à Clermont. Là s'élevait anciennement un château fort, et une maison de plaisance des évêques de Beauvais, qui est nommée, dans une charte du roi Robert, de l'an 1016, *Villa-Episcopi*. Le château fut construit, en 1210 ou 1212, par Philippe de Dreux.

« Cette forteresse, dit Louvet (1), estoit proche et contigüe des confins et limites de la comtesse de Clermont en Beauvaisis, qui estoit parente du comte de Boulogne; par le moyen de laquelle le dit évesque (Philippe de Dreux), pouvoit doresnavant endommager le pays de ceste dame : elle en fit sa plainte à Renault de Dammartin, comte de Boulogne, lequel, tout aussitost, vint ruiner la forteresse. L'évesque, se ressentant de cette injure, ne faillit d'user de revanche; car, sachant que Raoul, comte de Clermont, avoit fait bastir de nouveau, en l'an 1187, le bourg et chasteau de la Neuville, en la forest de Hez, il y fut avec forces et rasa le chasteau à fleur de terre. Ce qui fut cause que la guerre s'émeut entre les deux seigneurs, l'un desquels, à sçavoir l'évesque, estoit favorisé du pape et du roi de France (Philippe-Auguste); l'autre, de l'empereur Othon et du roi d'Angleterre.

» Or, la guerre que nostre dit évesque avoit contre le comte de Boulogne s'échauffa tellement qu'elle fut cause de la bataille de Bouvines, le 25e jour de juillet 1214, où l'évesque de Beauvais conduisit ses troupes avec l'évesque de Laon, son frère. »

Le comte d'Armagnac commandait à Bresle en 1417; il battit Philippe de Joyeuse, près de Beauvais.

Pendant la ligue, le château de Bresle fut assiégé par les ligueurs et défendu par Nicolas Fumée, évêque de Beauvais, qui s'y était réfugié après avoir refusé d'entrer dans leur parti. Les ligueurs attaquèrent le château, s'en emparèrent, et firent l'évêque prisonnier.

Cette attaque est ainsi racontée par un historien contemporain :

« Un jeudi donc au soir (29 novembre 1589), ayant mis une partie de leurs gens en embuscade assez proche du pont du château, et d'autres s'étant cachés dans une allée qui répond à l'autre porte du même château, les premiers s'aperçurent qu'on venait d'abaisser le petit pont; aussitôt les voilà qui sortent comme des lions d'une caverne et se saisissent de ce pont et de la petite porte, tandis que leurs compagnons accourent au signal donné. Ainsi assemblés, ils entrent avec furie, sous la conduite du sieur Desmasures, et s'emparent du palais de leur évêque, frappant et maltraitant ceux qu'ils rencontrent. Ils pillèrent, non seulement toute la vaisselle d'argent

---

(1) Louvet, *Hist. et antiquit. du diocèse de Beauvais*, p. 342 et 343.

du prélat et ses tapisseries, mais aussi tous les autres meubles qu'ils trouvèrent, tous lesquels meubles et ceux qui appartenaient aux habitants de Bresle, ledit Demasures fit conduire en la ville de Beauvais, par plus de cent tant chariots que charrettes. Non content d'avoir encore pris la mitre de l'évêque, il voulut, en dérision, contrefaire l'évêque, nonobstant les remontrances à lui faites. Un gentilhomme de la troupe eut aussi la hardiesse de mettre ses mains sacriléges sur l'oinct de Dieu, son propre pasteur, et de lui arracher même les marques de son caractère; je veux dire son anneau pastoral; mais il n'eut pas sitôt commis cet attentat, qu'il entendit une parole terrible de la bouche de son évêque : que dans l'an il irait comparaître infailliblement devant le Dieu des vengeances, pour y rendre compte d'un tel crime. Ce qui arriva en effet, selon que l'avait prédit ce prélat outragé, qui, regrettant de voir ainsi vilipender sa dignité sacrée, fit plusieurs monitions audit Desmasures et à ses complices, et ensuite fulmina son excommunication, dont puis après ils ressentirent les effets, ledit Desmasures ayant été tué et malheureusement massacré (1). »

L'évêque fut détenu cinq jours prisonnier dans son château, et conduit ensuite à Noyon, « où, combien que leur capture eût été » déclarée injurieuse par le duc de Mayenne, et nonobstant l'excommunication lancée, le prélat paya neuf cents écus afin de sortir plus vite des mains des ligueurs. »

Peu de temps après, les Beauvaisins ayant fait prisonnier le seigneur de Mouy, il entra dans les arrangements de ce seigneur avec le roi, que Bresle et Gerberoy seraient démantelés. Le pacte porte : « Le sieur de Mouy offre, selon le bon plaisir du roi, de faire » démanteler Gerberoy et Bresle. » L'approbation du roi est ainsi conçue : « Le roi trouve bon que les fortifications de Ger- » beroy et celles que le sieur de Mouy a fait faire à Bresle soient démantelées. » Ce qui fut exécuté au bout de quelques jours.

A peu de distance de Bresle, et dans la même commune, est le mont César. La tradition du pays, le récit des commentaires, la vraisemblance, concourent à placer l'armée Bellovaque, opposée au général romain, sur une montagne en face du Mont-César, appelée le Larris de Hez; il paraît que les Romains avaient une réserve sur le mont St-Symphorien, près Beauvais. On y voit encore des vestiges bien conservés du camp de César; des retranchements, et quelques restes d'un double fossé, qui dans son origine avait cinq mètres de large. Au sommet, on reconnaît du premier coup d'œil la ligne circulaire qui renfermait le camp de César, et les quatre ouvertures par lesquelles on pénétrait dans son enceinte.

(1) *Histoire de la ville et du château de Gerberoy*, p. 250.

FROIDMONT.

Au pied du Mont-César sont les restes de la célèbre abbaye de Froidmont, *Frigidus Mons*, de l'ordre de Cîteaux, située à trois lieues de Beauvais.

Cette abbaye fut fondée le 28 janvier de l'an 1134, par Lancelin et Manassès de Bulles, et Alix, leur mère. Ce monastère se nommait anciennement *Trie* ou *Notre-Dame-de-Trie*, parcequ'il est situé sur la petite rivière de Trie.

Claude de Bèze, oncle du fameux hérésiarque Théodore de Bèze, fut le dernier abbé régulier de Froidmont, et Eudes de Coligny, cardinal, en a été le premier commendataire.

§ IV.

ARRONDISSEMENT DE CLERMONT.

1. CLERMONT-EN-BEAUVAISIS.

La fondation de Clermont remonte, si l'on en croit une tradition plus que suspecte, aux premiers siècles de l'invasion des Gaules par les Romains. On l'attribue à un certain Corineus, compagnon ou capitaine d'un prince nommé Bacon, chef ou roi de cette partie des Gaules. On ajoute que cette ville fut le *Bratuspantium* de César, et que Chilpéric la réduisit en cendres, en 586.

Sous Hugues Capet, Clermont fut confirmé dans le titre de comté, titre que ses possesseurs avaient usurpé quelque temps auparavant.

En 987, Gedouin, seigneur de Nesle, possédait le comté de Clermont; sa famille le conserva jusqu'en 1201.

Un des sires de Nesle, nommé Raoul 1er, fut souvent en querelle avec le chapitre de Beauvais. Ces querelles se terminèrent toujours à l'avantage du chapitre. Elles avaient lieu principalement pour des limites de territoire et des droits seigneuriaux. Raoul partit avec Philippe-Auguste pour aller combattre les infidèles en Palestine, et en 1191, il fut tué au siége de Saint-Jean-d'Acre. Il ne laissa pas d'enfants mâles ; sa fille aînée, Catherine, épousa Louis, comte de Blois, et en eut Thibaut, dit le Jeune, le dernier comte de cette famille, mort en 1218.

Philippe-Auguste, après avoir acheté des héritiers collatéraux de Thibaut, leurs droits au comté de Clermont, réunit ce domaine à la couronne, et en investit, dans la même année 1218, son fils Philippe. Ce prince mourut peu de temps après son investiture, en 1233. Il laissa deux filles : l'aînée, Jeanne, épousa Gaucher ou Gauthier de Châtillon, l'un des seigneurs qui suivirent saint Louis en Egypte ; il y mourut sans postérité. Sa femme, Jeanne, mourut en 1250. Le roi, en sa qualité de plus proche héritier, prit possession du comté de Clermont pour l'adjoindre au domaine de la couronne. Cet acte fut contesté par les frères du roi, les comtes de Poitiers et d'Anjou, qui prétendirent que cet apanage d'un prince du sang royal devait être partagé entre eux. Un parlement jugea la contestation en faveur du roi, qui donna, en 1269, le comté de Clermont pour apanage à son sixième fils, Robert de France, tige de la maison de Bourbon.

Robert était né en 1256, et le roi son père fit venir tout exprès de Rome, pour le baptiser, Humbert, général des Dominicains, si l'on en croit la chronique de St.-Etienne de Limoges. (1) En 1272, il épousa Béatrix, fille de Jean de Bourgogne, seigneur de Charolais, et d'Agnès, dame de Bourbon. Ce nom, qui devait devenir celui d'une des plus puissantes dynasties de l'Europe, appartenait alors à une petite châtellenie que Hugues IV, duc de Bourgogne, aïeul de Béatrix, avait démembrée du comté de Châlons, et donnée par testament à sa petite-fille.

On croit que la forteresse de Clermont fut construite sous Charles-le-Chauve, pour résister aux Normands qui ravageaient le pays.

A l'époque de l'insurrection des paysans, sous le nom de *Jacquiers*, la ville de Clermont fut assiégée et surprise par le fameux Captal de Buch. Le commandant de la place se sauva dans la tour, une des meilleures forteresses du canton ; mais il fut attaqué avec tant de chaleur qu'il fut obligé de se rendre. Le Captal de Buch leva des contributions extraordinaires dans toute la contrée.

En 1359, les Anglais, devenus maîtres d'une partie de la France, pillèrent et brûlèrent Clermont.

Ils revinrent assiéger cette ville en 1415, mais elle s'était tellement relevée de ses ruines qu'elle opposa à leurs efforts une invincible résistance. Les assiégeants furent forcés de se retirer après avoir brûlé le faubourg Saint-André.

En 1430, à la tête des troupes qui venaient de faire lever le siège de Compiègne, le maréchal de Boussac assiégea le château,

(1) Labbé, *Chronique*, t. II, p. 660.

défendu par le sire de Crevecœur et Jean de Barentin, qui furent forcés de se retirer.

En 1434, cette ville fut encore prise par les Anglais; le brave Lahire la reprit; mais elle fut rendue, en 1437, pour la rançon de ce valeureux chevalier, qui avait été enlevé, à Beauvais, en jouant à la paume dans l'hôtellerie de Saint-Martin.

Après l'expulsion des Anglais du territoire français, le comté de Clermont revint à la couronne, et fit partie plus tard du gouvernement général de l'Ile de France.

En 1569, Charles IX, ayant besoin d'argent, aliéna la ville de Clermont en faveur du duc de Brunswick, pour une somme de trois cent soixante mille livres. Trente ans après, la duchesse de Brunswick la vendit à Charles, duc de Lorraine. Elle revint ensuite à la France.

En juillet 1615, le prince de Condé, mécontent de la cour, se retira à Clermont, s'y fortifia, et garnit le château de troupes dévouées à sa fortune.

En 1255, Saint-Louis maintint le maire de Clermont dans le droit qui lui avait été concédé par les comtes de Clermont, de couper une charretée de bois dans la forêt de la Neuville-en-Hez chaque semaine; et celui de prendre sur les boucheries, *une épaule de bœuf par semaine, depuis le dimanche le plus proche de la Saint-Arnould, jusqu'au dimanche le plus proche de la Saint-Martin.*

Le chapitre de Clermont est connu depuis 1050 : il a perdu ses titres dans les incendies de 1359 et 1456. Le père Louvet cite néanmoins le diplôme d'une concession que fit, en 1114, aux chanoines, Renaud, comte de Clermont; par cet acte il octroya :

« Une foire le jour et fête de Saint-Jean, et les deux jours
» subséquents, et avec les profits et droits de *tonlieu*, *forage*,
» *rouage* et *travers*, et avec privilége que quiconque viendrait
» en icelle faire trafic, *ne pourrait, pour quelque cause que ce fût,*
» *être arrêté, ni circonvenu, sinon pour homicide.* Que la con-
» naissance du *marcogné* et des délits qui arriveraient durant la
» dite foire, en dedans la lieue, appartiendraient audit chapitre,
» ne retenant ledit comte de Clermont autre chose en icelle,
» que la tierce partie des amendes. (1) »

« On possédait à Clermont un os du bras de Saint-Arnould; pour vérifier si le bras qu'on leur donnait était véritablement celui du saint, les habitants, avant de le placer dans leur église, le jetèrent au feu; il en sortit avec vivacité. Miracle ! Une dame de la famille de Guibert lui consacra ses diamants..... Quelque temps après, ce bras guérit un homme de la même famille. En reconnaissance d'un si grand bienfait, ce dernier fonda pour chaque année un repas splendide. » Cambry, qui rapporte ce fait, ne manque

---

(1) P. Louvet, *Hist. et antiquit. de Beauvais*, t. I, p. 700.

pas d'ajouter, selon l'esprit de son temps : « Les chanoines de Saint-Arnould s'empressèrent toujours de participer à cet acte de reconnaissance (1). »

Il y avait anciennement à Clermont une maîtrise des eaux et forêts qui avait dans son ressort les abbayes de Foidmont, de St.-Lucien, de St.-Quentin, St.-Symphorien, St.-Germer, Breteuil, St.-Paul, St.-Martin-aux-Bois, Beaupré-Lanois, St.-Just, Mareuil, Ressous, Macheux, Gomer-Fontaine, et les bois et grueries de la forêt de Thelle, ceux des châtellenies de Remy, Balles, Laherelle, Bomreuil, le bois de Bourbon, la forêt de Hez, autrement dite de la Neuville : les futaies et les baliveaux des bois du comté appartenaient au roi (2).

Près de deux cents paroisses dépendaient du bailliage de Clermont, et se régissaient par la coutume qui leur était propre.

Cette coutume est une des premières qui aient été écrites; elle contient soixante-dix-huit chapitres, et fut rédigée, en 1283, par le célèbre Philippe de Beaumanoir, bailli de Clermont. Dumoulin en a tiré les plus belles maximes du droit français. Cette coutume fut réformée en 1539.

La ville de Clermont est bâtie sur une montagne, à 14 lieues de Paris et à 6 lieues de Beauvais. Elle est traversée par la route de Paris à Amiens; celles de Beauvais à Clermont et de Clermont à Compiègne, passent au bas de la montagne.

En arrivant à Clermont par la route de Paris, cette ville n'offre rien de remarquable aux regards du voyageur. Par la route de Beauvais, l'aspect en est plus imposant. Les prisons, le château, quelques clochers, la disposition de ses longs faubourgs sur une ligne qui court du nord au midi, lui donnent l'aspect d'une des grandes cités de la France.

L'édifice le plus remarquable de Clermont, par son ancienneté et par sa construction extraordinaire, est le château; il est situé sur la partie la plus élevée de la montagne. Du sommet de ce château, on jouit de la vue la plus étendue, sur quelque point de l'horizon qu'elle se promène. On aperçoit au sud-est les bois de Senlis, et plus loin, lorsque l'atmosphère est dégagée de toute vapeur, on distingue jusqu'à la petite ville de Dammartin. Vers le midi on peut apercevoir le château de Champlatreux, les environs de Luzarches, de Beaumont, et même de Méru, en se tournant vers le sud-ouest. Au couchant, la vue s'étend sur la jolie forêt de la Neuville-en-Hez; on distingue, dans le lointain, la cathédrale de Beauvais. Au nord-ouest, l'œil s'arrête sur le parc et les vastes ruines du château de Fitzjames.

On assure que de la plate-forme du château on peut découvrir trente paroisses et leurs environs, quinze montagnes, dix-huit bois, parcs ou forêts, et des milliers de collines chargées d'arbres fruitiers.

(1) Cambry, *Description du département de l'Oise.*
(2) Idem.

Au pied du château est le Catelier, promenade très belle. On y jouit de la vue de très beaux paysages, de lointains magnifiques.

Le marché de Clermont est un des plus considérables du département de l'Oise; on y vend une grande quantité de blé, qui, communément, se dirige sur Paris. La population de Clermont est d'environ 2,500 habitans : cette ville est la patrie du roi Charles-le-Bel.

FRANCASTEL.

Dans le canton de Luchy on trouve le bourg de Francastel, placé sur un mont élevé, dominant au loin la campagne. Son nom accuse son origine, mais sa construction ne remonte pas plus haut que le XIIe siècle.

Francastel a eu le titre de ville. Il était fermé de murs élevés, de fossés profonds et larges; c'était une forteresse d'une grande importance. Ses environs sont jonchés des débris de ses murs et de son château dont quelques pans, couronnés d'herbes, sont encore debout.

PLAINVILLE.

Le beau château de Plainville fut construit en briques, en 1586, par Charles de Monchy, seigneur d'Hocquincourt, maréchal de France, gouverneur et lieutenant-général des villes et châteaux de Péronne, Montdidier, Roye et Ham.

Ce château est un immense et solide édifice, voûté partout, ayant sous le rez-de-chaussée des offices et de somptueuses cuisines. Des canaux, construits à grands frais, distribuent l'eau dans les jardins et dans toutes les pièces du château. Un puits, dont un seul cheval meut les rouages, porte ses eaux dans un bassin élevé d'où elles s'écoulent par divers canaux. Ce puits fort remarquable fut fait au dernier siècle, par Pellerin, intendant des armées navales.

Les jardins et le parc ont été plantés par le célèbre Le Nôtre. Ils sont dessinés avec cette symétrie si peu pittoresque, et cependant si majestueuse, que Le Nôtre savait employer avec tant de bonheur sur de vastes terrains.

Des différents étages du château, du perron même, la vue s'étend au loin dans la campagne. De la salle du billard elle domine un assez vaste amphithéâtre. On voit au nord-est la ville de *Montdidier*, qui couvre du nord au sud une colline que rien ne domine; un clocher rond s'élève au milieu de la ville, dont les toits de tuile se détachent gracieusement sur des fonds boisés. Cet aspect est doux et tranquille; il y a deux petites lieues de Plainville à Montdidier.

A droite de Montdidier, on aperçoit la montagne et le village de Boulogne-la-Grasse, enveloppés d'arbres fruitiers; plus près, la belle ferme de Lamorlière, Coivrel, Maignelay entouré de bois.

Pellerin fils, grand numismate distingué, M. de Feuquières, M. de Luçon, ont été propriétaires de Plainville (1).

MAIGNELAY.

Le bourg et la terre de Maignelay formaient un marquisat qui fut possédé pendant long-temps par la famille des Tristan. Ce marquisat était composé de dix-sept villages.

Un seigneur de la famille des Tristan ayant été fait prisonnier à la bataille de Poitiers, et conduit, avec le roi Jean, en Angleterre, fut obligé, pour payer sa rançon et ses dettes, de vendre sa terre de Maignelay à un seigneur flamand de la maison d'Halluin. Cette terre passa ensuite dans celle des Schomberg. M. de Larochefoucauld l'acheta du marquis de Longeval, qui, avant de s'en défaire, appela tous ceux de ses vassaux qui supportaient les plus fortes charges, leur fit remise des arrérages et réduisit les redevances. Un pareil trait de désintéressement et d'humanité fait honneur à cet homme de bien.

Le marquisat de Maignelay fut érigé en duché-pairie, l'an 1586, par Henri III, en considération des services qui lui avaient été rendus par la maison de Pienne et par la maison d'Halluin.

Maignelay est situé dans une plaine, dont l'air est vif et salubre, à deux lieues et demie de Montdidier, à cinq lieues de Clermont, à quatre de Breteuil et de Ressons.

Le portail de l'église est remarquable; son architecture tient un peu de l'âge romain; autour de la porte, formée d'un arc à plein cintre, circulent des branches de vignes entrelacées et des grappes de raisins; le bénitier est un chapiteau de colonne corinthienne, ce qui ferait présumer que l'église a été construite sur l'emplace-

(1) Cambry, *Description du département de l'Oise.*

ment et des débris d'un temple antique. Le baptistère est d'une forme elliptique.

En 1794, à l'époque de la plus grande destruction des monuments religieux en France, on a démoli un superbe mausolée placé dans cette église. Il avait été érigé en l'honneur de Florimond Halluin, par sa veuve Marguerite-Claude de Gondi, dame de Maignelay, fille du duc de Retz. Florimond d'Halluin fut assassiné à La Fère, dont il était gouverneur, en 1591, par Colas, vice-sénéchal de Montélimart et lieutenant des gardes du duc de Mayenne. Ce monument était en forme de tombeau, recouvert d'une grande table de marbre noir. Cette table portait la statue en marbre blanc de Florimond, vêtue d'une cuirasse ciselée, terminée par une large bande de cuir ou d'étoffe en forme de fraise très foncée, retombant sur les reins; d'un pantalon étroit; une épée à fourreau rond, des brassards et des gantelets formés de lames fort étroites, qui s'avançaient de quatre pouces au-delà du poignet, complétaient son armure (1).

Un groupe en marbre blanc, représentant la vierge tenant son fils mort sur ses genoux, et près du grand autel, deux statues, Magdeleine et Saint-Jean, ne sont pas sans quelque mérite.

Maignelay possède deux places publiques très remarquables par leur grandeur, et dont l'une est ornée de gazons et de hauts peupliers plantés sur quatre rangs; elle est destinée aux fêtes, aux danses; elle présente une surface de cent vingt-quatre mètres sur dix. Les peupliers forment trois vastes parallélogrammes. Deux belles allées, plantées de pommiers, conduisent de cette place au bois de Maignelay, qui n'en est éloigné que de deux cents mètres environ. Ce bois est percé de belles allées qui offrent des promenades délicieuses.

C'est dans ce bois qu'on voyait encore, avant la révolution, un chêne séculaire, dont la circonférence, mesurée à un mètre du sol, était de cinq mètres. Son tronc était de dix mètres de hauteur, sous branches. Ses branches, projetées au loin, couvraient un espace fort étendu, et lorsqu'il était garni de son feuillage, on l'apercevait à la distance de huit lieues. Dans le pays, on conservait, par tradition, le souvenir qu'en 1720, le bois de Maignelay possédait trente de ces arbres; ils furent abattus pour servir à la construction de l'abbaye de Saint-Just.

Il y a deux foires par an à Maignelay; on y vend de sept à huit mille moutons. Il y a chaque semaine deux marchés.

Le château de Maignelay était jadis un château-fort; ce qu'on reconnaît aux débris des tours, aux larges fossés, aux épaisses murailles qui l'environnent. Au milieu d'une de ses cours est un vaste bassin présentement à sec; l'eau s'y rendait de Coivrel, et formait une fontaine publique; il fut rétabli de 1767 à 1768, par le duc d'Estissac, père de l'illustre duc de Liancourt, le philantrope; des pilastres d'ordre corinthien, de grandes arcades, deux rangs de

---

(1) Cambry, *Description du département de l'Oise*.

colonnes massives, une salle décorée d'arcades et de colonnes, un pont-levis, annoncent l'ancienne opulence de ce château.

« Dans la partie à droite se trouvait une tour fort élevée ; sur la plate-forme étaient deux statues de plomb de deux mètres et demi à trois mètres de hauteur; c'était Judith coupant la tête d'Holoferne. On voyait ce monument de Noyon; il dépassait la hauteur du clocher (1). »

FERRIÈRES.

Le village de Ferrières était jadis considérable. On trouve, dans les enclos de vigne qui l'environnent, des caves, des débris de murailles, des constructions qui attestent que ce village était beaucoup plus étendu qu'il ne l'est aujourd'hui. On attribue sa ruine aux guerres civiles qui tant de fois ont désolé la France, aux droits féodaux dont la commune était grévée. Voici l'énumération de ces droits, dont quelques-uns paraîtront singuliers :

1º. Les lods et ventes, réglés sur le pied du septième de la valeur.

2º. Les bannalités de pressoir et de moulin.

3º. Le droit d'épaulage ; il se percevait sur chaque porc tué dans la commune, dont l'épaule droite était due au seigneur.

4º. Le droit d'afforage, qui consistait en deux pots de vin dus sur chaque pièce de boisson mise en vente par les cabaretiers.

5º. Le droit de rouage; il était dû huit deniers par chaque paire de roues qui exportait du vin de la commune.

6º. Le droit de pulvérage, appelé dans le pays vitrillage; il était de cinq sous pour chaque cheval, âne ou mulet qui se vautrait dans la rue.

En 1760, les habitants de Ferrières tentèrent de se soustraire à ces droits; mais le parlement de Paris confirma le seigneur de Ferrières dans leur possession; celui de vitrillage fut seul aboli.

La seigneurie de Ferrières a appartenu depuis un temps immémorial à la famille des Lemaitre. Le plus célèbre de cette famille est Gilles Lemaitre, qui fut président au parlement de Paris sous Henri II, François II et Charles IX. Jean Lemaitre, en 1482, Gilles Lemaitre, en 1540, Jean Lemaitre, en 1589, furent avocats-généraux du même parlement.

(1) Cambry, *Description du département de l'Oise*, t. I.

DOMPIERRE.

La commune de Dompierre touche celle de Ferrières. Le château de Dompierre offre des vues pittoresques et variées.

Ce qu'on trouve de plus curieux dans cette commune, c'est un usage fort ancien, « usage, dit Cambry (1), licencieux et nuisible aux mœurs, et propre à engendrer des haines et des vengeances; l'ancienne police le tolérait, sans doute dans la persuasion qu'il pouvait être avantageux dans un pays où les maris, presque toujours absents, pour mendier ou pour travailler, n'ont d'autres surveillants de la fidélité de leurs moitiés, que l'influence de l'opinion et la crainte de l'ignominie. Le voici :

« Se commet-il un adultère dans le cours de l'année, les deux parties sont citées au carnaval suivant devant la justice dite *des fous* : elles refusent d'obéir ; leur procès n'en est pas moins instruit par contumace, en place publique, pendant trois dimanches consécutifs ; enfin, après avoir entendu les témoins et les défenseurs des accusés dans leurs plaidoyers burlesques, on les condamne à être brûlés solennellement le jour du mardi gras. Tous les citoyens des communes voisines qui ont des chevaux ou des mulets, sont sommés à l'avance de se rendre avec leur monture sur la place au jour de l'exécution; ils manquent rarement à l'appel, et il se trouve quelquefois à ces farces plus de quatre-vingts cavaliers. Dans la matinée, les officiers de la justice des fous ne manquent pas de prendre, chez les cabaretiers, un à compte sur le produit de la fête, et, par suite de la licence du jour, ils enlèvent, chez les cultivateurs des environs, des jambons et des morceaux de lard, qu'ils se contentent de payer en monnaie de fort peu de valeur. Sur les onze heures, les condamnés, représentés par des mannequins de paille, sont traînés dans un tombereau sur la place, après avoir parcouru toutes les rues ; ils sont affublés de façon à faire reconnaître les personnages. L'homme et la femme sont dans une attitude obscène : on les brûle enfin. Toutes les femmes du pays s'empressent d'assister à cette scène révoltante, et croient donner une preuve d'autant plus convaincante de leur fidélité, qu'elles déchirent plus inhumainement leur infortunée compagne. Quand le mari n'a pas le talent de se faire aimer de la justice en la régalant amplement; on le met de la partie ; son mannequin, bien encorné, est placé sur la charrette fatale; tantôt on le représente dans l'attitude de la fureur, avec un bâton ou des verges à la main, quelquefois avec un mouchoir dont il s'essuie les yeux. Cette farce grossière et insultante s'est renouvelée depuis la révolution. »

(1) *Description du département de l'Oise.*

SAINT-JUST.

Saint-Just est un bourg situé sur la grande route de Paris à Calais, sur la pente d'une colline, et à 16 lieues de Paris. Sa population est de 1,100 habitants.

Les fontaines de Saint-Just donnent naissance à un ruisseau nommé l'Arré, qui arrose et fertilise une riche prairie.

Le bourg est situé à l'ouest, en face d'une montagne nommée Mirmont; il avait autrefois, dit la tradition, le titre de ville sous le nom d'Arré. On voit encore quelques vestiges de ses fossés et de ses murs. D'après ces débris, on peut supposer que l'étendue de cette ville était beaucoup plus grande qu'elle ne l'est actuellement. Dans le voisinage on trouve des tombeaux, des médailles gauloises et romaines qui confirment son ancienneté. Cette ville a dû beaucoup souffrir des invasions des Normands et des guerres des Bourguignons et des Anglais.

Il y avait à Saint-Just, avant la révolution, un couvent de Prémontrés et un couvent de Cordelières. Ces religieuses étaient au nombre de six; quand on les réunit au couvent d'Amonteelve, la plus jeune avait soixante-quinze ans, et la plus agée quatre-vingt-dix-sept.

Il existe dans ce pays une coutume fort ancienne, et qui rappelle ces contes de fées qui plaisaient tant à nos bons aïeux.

« A la naissance d'un enfant, dit Cambry (1), les femmes font de longues dissertations sur ses ancêtres, citent des anecdotes merveilleuses, consultent le sort sur son état futur, et, comme les fées du temps passé, prédisent quelles doivent être ses qualités physiques et morales.

» Le mariage est aussi l'occasion d'une réunion d'amis et de parents : l'épouse, conduite par son parrain, est ordinairement vêtue de noir ; après la cérémonie, la mariée reste au pied de l'autel, jusqu'au moment où le plus proche parent de son époux la prend pour la conduire au lit nuptial. »

Trémonvillers est la plus grosse ferme des environs de St.-Just. On y voit les traces d'une ancienne abbaye qu'on dit avoir appartenu aux Templiers. D'une pièce de terre de Trémonvillers, on découvre une trentaine de moulins, des lointains magnifiques et des vues très variées.

Montigny est un joli village où la plupart des habitants sont carriers, maçons ou tailleurs de pierre.

Près de Montigny on voit un beau fort, qui pouvait contenir dix mille hommes; on le nomme fort Philippe. Il fut bâti par

---

(1) Cambry, *Description du département de l'Oise,*

Philippe-le-Bel, dans le temps de ses guerres avec le duc de Bourgogne, alors maître de Montdidier. Dans l'enceinte de ce fort était jadis une tour, à la place de laquelle on cultive aujourd'hui, ainsi que dans les fossés qui l'entouraient, de belles plantations de pommiers.

La terre de Montigny a appartenu à M. de Larochefoucauld Liancourt.

Le village industrieux de *Nourard-le-Franc* est ainsi nommé, dit-on, parce qu'il appartenait à un seigneur qui le fit affranchir. On y fabrique des toiles estimées.

Un vieux livre, dit Cambry (1), porte qu'il y a une mine de charbon de terre à Nourard-le-Franc, au couchant, près du cimetière.

On voit à Nourard un ancien château entouré de très grands fossés. Placé sur une montagne plus élevée que Clermont, au bout de la rue Neuve, on distingue de Nourard la cathédrale de Beauvais, la forêt de la Neuville, Bresle, etc.

A l'ouest de Saint-Just, à une demi-lieue, on visite la trouée de Nourard, chemin étroit et élevé duquel on distingue les clochers de Laon à vingt-cinq lieues de distance, et les tours de Coucy-le-Château, dans le département de l'Aisne.

Quand on fouille ou que la terre s'affaisse dans les environs du château de Nourard, on découvre beaucoup de caves très anciennes.

« En allant de Trémonvillers à Clermont, du hameau d'*Argent-Lieu* on voit Montdidier à six lieues, Beauvais à sept, Clermont à deux ; la montagne de Creil, les bois de Chantilly, St.-Christophe près de Senlis, les environs de Pont, les bois de Roleau. L'intérieur de cette vaste étendue offre les bois de St.-Remy-en-l'Eau, de la Neuville-en-Hez, ceux de la montagne de Nointel, les bois de Maignelay, de Plainville, ceux de Saint-Martin-aux-Bois et des plaines de grande culture. (2) »

SACY-LE-GRAND.

Le canton peu fertile de Sacy-le-Grand doit une certaine célébrité à l'industrie de ses habitants.

Le bourg, ou village, est dominé par une montagne qui porte encore le nom de *Mont-César* ; on y voit les vestiges d'un camp, quoiqu'il paraisse un peu petit d'après la description des camps

(1) *Description du département de l'Oise*
(2) Idem.

romains, par Polybe; il est entouré de larges fossés, et ne pourrait avoir contenu que le tiers d'une légion. Les débris d'antiquités qu'on trouve à sa surface, des médailles de bronze et d'or attestent le séjour des armées romaines. Il y aurait là, pour l'antiquaire, une mine à fouiller; c'est un travail dont le gouvernement seul pourrait se charger. La plus curieuse de ces médailles représente d'un côté l'effigie d'un des Césars, et de l'autre un faisceau de piques.

Du sommet de la montagne sur laquelle est assis le prétendu camp de César, on a la vue la plus étendue, la plus belle sur toute la vallée de l'Oise; elle se prolonge jusqu'au-delà de la forêt de Compiègne.

On a découvert des médailles dans la commune de *St-Martin-Longueau*, qui fait partie du canton de Sacy. Une tradition ancienne fait croire que cette petite commune portait jadis le nom de ville, qu'elle était couverte d'habitations, qu'on y tenait un marché très considérable. Dans quelques excavations, faites au hasard, on a découvert des ruines de tombeaux de pierre qui donnent de la vraisemblance à cette assertion.

PRONLEROY.

On trouve beaucoup de médailles romaines du bas et moyen-âge, entre Avrechy et St-Remy-en-l'Eau. On a découvert une petite idole de Cérès dans les ruines d'un ancien bâtiment de Lieuvillers.

En 1358 la Jacquerie, ou la révolte des paysans contre la noblesse, commença dans le village de Pronleroy. Le capitaine des Jaques se nommait Guillaume Caillet de Clermont. La noblesse de la Picardie, de la Brie et de l'Artois fut, comme je l'ai dit ailleurs, en proie à la rage de ces furieux pendant trois semaines.

Gaston Phébus, comte de Foix, les détruisit; il en tua près de vingt mille. Compiègne leur avait fermé ses portes; ils abattirent le château d'Ermenonville et celui de Beaumont-sur-Oise; ce fut à Meaux, vers le 9 juin, qu'ils périrent sous les coups de Gaston de Foix. « Le roi de Navarre leur courut sus, dit une vieille chro- » nique, et fit couper le col à Caillet, leur capitaine. »

BULLES.

Adrien de Valois dit qu'il est fait mention de Bulles sous le nom de *Babulla*, dès l'an 1075, dans plusieurs chartes.

Un Manassès de Bulles, accompagna Louis VII dans sa croisade : la perfidie d'Emmanuel Comnène, empereur de Constantinople, causa la mort de la plus grande partie des seigneurs qui avaient accompagné le roi de France. Louis VII, dans une lettre à Suger, témoigne de toute l'estime qu'il avait pour Manassès de Bulles, qui périt, en 1148, au combat de Laodicée.

La seigneurie de Bulles appartint longtemps aux comtes de Dammartin.

A Mesnil sur Bulles il reste quelques débris d'un ancien édifice que les habitants prétendent avoir appartenu aux Templiers. On y avait dernièrement trouvé beaucoup de médailles romaines, portant les effigies des Faustines et des Antonins.

Le canton de Bulles était autrefois florissant ; il s'y faisait un commerce considérable de toiles dites demi Hollande. On y cultivait une grande quantité de lins, préférables à ceux de la Flandre ; les Flamands et les Hollandais s'en procuraient à grands frais, pour donner à leurs toiles la finesse qui fait leur réputation. Sous Louis XV, le gouvernement français, jaloux de protéger ces établissements, accordait à ceux qui se livraient à la culture du lin des priviléges qui firent un moment la fortune de ces contrées; les cultivateurs étaient exempts de corvées; on diminuait leurs impositions; les enfants de ces cultivateurs ne tiraient point à la milice. Si quelqu'un négligeait une année la culture de ses terres, il était permis à tout habitant de la commune de Bulles, ou de ses environs, de semer du lin dans ses champs, en lui payant, par forme de loyer, 5 livres par mine. Tous ces détails sont attestés par un réglement de l'intendant de Soissons, fait en 1755.

Les toiles fabriquées à Bulles se répandaient en France et chez l'étranger, en Espagne surtout : leur principal entrepôt était à Beauvais. Dix ou douze maisons se partageaient cette riche branche de commerce. On se rappelle encore, dans cette ville, qu'une seule maison a fait, des produits de Bulles, jusqu'à deux millions d'affaires par an.

C'est aux années 1751 et 1753 qu'on peut rapporter l'abandon progressif des linières de Bulles. On attribue leur dépérissement à diverses causes; à la destruction des digues qui les protégeaient contre les inondations; aux ravages que les eaux stagnantes ont apportés dans le pays, etc. Il paraîtrait, cependant, que des rivalités de pays dans la fabrication des toiles auraient également contribué au déplacement de ce commerce jadis si lucratif, et source du bien-être de la population de cette partie du Beauvaisis. La destruction des digues de Bulles, dont la reconstruction eut pu se faire en peu de temps et à peu de frais, n'est certainement pas la véritable cause de la ruine du pays.

Suivant une tradition qui a donné lieu à une longue polémique entre les savants du siècle dernier, saint Louis serait né au château de la *Neuville-en-Hez*, près de Bulles, le 25 avril 1215; mais l'opinion la plus probable est celle qui le fait naître à Poissy.

Près d'un lieu nommé *le Château*, on voit les restes d'un aqueduc, de construction romaine. On a trouvé dans cet aqueduc un vase de cuivre antique d'un beau modèle, ainsi que quelques médailles de Posthumus.

Dans le voisinage, au lieu nommé les *Brulés*, on a aussi découvert treize ou quatorze cents médailles (1).

LIANCOURT.

Liancourt est situé à 15 lieues au nord de Paris, entre Creil et Clermont-sur-Oise.

La terre de Liancourt était possédée, au xvie siécle, par Nicolas d'Amerval, seigneur fort riche, mais difforme et d'un esprit fort étroit. Il épousa la fameuse Gabrielle d'Estrées, maîtresse de Henri IV. Ce mariage ne fut pas heureux; il fut dissous quelque temps après sa conclusion, et la dame de Liancourt, Gabrielle d'Estrées, devint marquise de Monceaux et duchesse de Beaufort.

Le château de Liancourt était encore, dans le siècle dernier, une des belles maisons de plaisance des environs de Paris. Il était entouré de fossés en pierres de taille. La principale porte était ornée d'un bossage et accompagnée de deux niches dans chacune desquelles était une statue. Il y avait, à gauche, un grand corps de logis, dont la principale façade donnait sur le jardin. Le haut de ce corps de logis était occupé par une longue galerie couverte, ornée sur le devant d'un rang de pilastres et de frontons, dont les uns étaient à angles, et les autres en demi-cercles, et le tout soutenu par sept arcades ouvertes des deux côtés. Au fond de la cour, on trouvait deux ailes ou corps de logis, qui donnaient principalement du côté du grand parterre. Le petit corps avancé qui en occupait le milieu, se composait de quatre étages, terminé par un fronton et par deux ailes en demi-cercles. Les deux pavillons du bout, à droite et à gauche, étaient de la même hauteur, et terminés par une coupe carrée

---

(1) Cambry, *Description du département de l'Oise.*

chargée d'une petite lanterne. Les quatre coins du château étaient occupés par autant de grands pavillons carrés.

Les jardins avaient de la magnificence. On y admirait deux grands bassins d'un bel effet ; le plus grand était octogone ; l'eau qui s'élevait du milieu formait une gerbe qui tombait en cinq cascades circulaires ; quatre tritons jetaient l'eau d'autant de côtés.

On remarquait, dans le parterre, une grande pièce d'eau, entourée d'arbres dont le feuillage était taillé en arcades ; au milieu était une petite île ronde où de petites barques conduisaient le promeneur. Partout respirait ce goût mythologique et champêtre qui a fait les délices du xviiie siècle. On trouvait, dans l'île ronde, une salle tapissée de feuillage, et percée de plusieurs arcades ; elle servait de rendez-vous à de mystérieuses amours.

C'est en 1611 que la seigneurie de Liancourt passa dans la famille de La Rochefoucauld. Le célèbre philantrope, qui a plus récemment illustré ce nom, a fait subir à cette propriété de grands changements. Il y appela des ouvriers, y établit des manufactures de bas à la manière anglaise, des métiers de filature de coton, et ce séjour de luxe et d'opulence fut transformé en de vastes ateliers d'industrie ; le silence qui régnait dans les corridors du château, dans les allées où de loin en loin on apercevait quelques statues de dieux ou de déesses, fit place au bruit des mécaniques, au chant joyeux des travailleurs, et aux fêtes populaires qui y furent instituées.

M. de Liancourt fit abattre la façade, une aile du château, les cours, et ne conserva que la partie de ce vaste bâtiment qui contient la bibliothèque.

« Le parc est abattu, disait Cambry (1). Retiré dans un pavillon qui n'a qu'un rez-de-chaussée et un seul étage, le propriétaire, fermier, cultivateur, manufacturier, de Liancourt réalise, exécute toutes les conceptions que ses lectures, ses voyages et la fréquentation des hommes ont pu lui inspirer. Il perfectionne toutes les espèces de culture, soigne les plus belles races d'animaux, et répand chez tous ses voisins les procédés de la nouvelle agriculture ; il leur inspire pour leur état l'amour qu'il éprouve lui-même, les aide de ses conseils, de ses moyens, de ses exemples, et réalise tout ce que nous nous promettons de l'établissement de grandes fermes expérimentales.

» Si chaque canton de la France possédait un homme aussi tourmenté de l'amour du bien, faisant, pour l'opérer, d'aussi grands sacrifices, la terre de France, aidée dans sa fécondité naturelle par tous les moyens de l'industrie, effacerait bientôt les récits vrais, quoique étonnants, de la prospérité de l'agriculture en Angleterre. »

Pendant la révolution, M. de Liancourt ne dut la conservation

---

(1). Cambry, *Description du département de l'Oise*.

de sa fortune qu'au prytanée qu'on avait placé dans son château, et qui, quelque temps après, fut établi à Compiègne.

Le pays qui entoure Liancourt est riche de paysages. « Dans l'arrondissement de Clermont, dit Cambry, rien ne l'emporte sur la richesse et sur les agréments de la *Vallée Dorée* : les eaux de la Brèche et de la Beronnelle la traversent dans toute sa longueur; des montagnes boisées la dominent à l'est; c'est un paysage enchanteur dont rien n'égale la variété, la fraîcheur...... »

En traversant le joli village de Liancourt, qui s'élève sur la côte, on arrive, par une pente assez rapide, jusqu'à l'entrée d'un immense jardin anglais, dont les promenades variées, plantées d'arbres verts, laissent apercevoir les paysages enchanteurs de la vallée Dorée. En passant sur la croupe de la montagne qui s'avance vers le sud-est, on peut, de la hauteur qui domine *Rieux*, parcourir l'immense et délicieuse vallée de l'Oise, promener ses regards sur les revers de la forêt de Halatte, et voir s'élever dans le lointain, du milieu des prairies, près de Creil, la montagne et le château de Montataire; au nord-est, la vue s'étend jusqu'au-delà de la forêt de Compiègne; mais rien ne charme l'œil, ne l'attire, ne le caresse, comme les contours brillants de l'Oise, ses rives calmes et tranquilles, et les maisons délicieuses qui les bordent. »

Dans la commune de Liancourt, on cultive en quantité de beaux haricots qu'on nomme fèves larges de Liancourt. Cette culture occupe une grande surface de terrain, et elle est pour ce pays une source de richesse très-productive.

NOTICES BIOGRAPHIQUES

SUR LES HOMMES CÉLÈBRES DU DÉPARTEMENT DE L'OISE.

Adelelme, religieux de St-Germer, est célèbre par ses écrits. Il vivait vers l'an 1107. On a très peu de renseignements sur sa vie.

Ailly (Pierre d'), cardinal, naquit près d'Abbeville, d'autres disent à Compiègne, en 1350, d'une famille obscure. Il s'éleva, par son mérite, aux premières dignités de l'Eglise. Reçu grand-maître du collége de Navarre en 1384, il fut ensuite fait chancelier de l'Université (1), confesseur de Charles VI, évêque de Cambrai. Il se distingua au concile de Pise par son savoir et sa prudence; deux ans après il fut nommé cardinal et légat du Saint-Siége en Allemagne. Il est mort à Avignon, légat du pape Martin V, en 1420. Le collége de Navarre hérita de ses livres et de ses manuscrits. Parmi ses ouvrages on distingue le *Traité de la réforme de l'Eglise*, inséré dans l'édition des *OEuvres* de Gerson, publiée par Ellies Dupin.

Arnould ou *Arnulphe*, naquit à Beauvais vers l'an 1040, et mourut l'an 1140. Il fut évêque de Rochester; il publia un livre intitulé : *Textus Roffensis*, dont Warton a donné un extrait dans son *Anglia sacra;* il est aussi auteur de quelques opuscules insérés dans le Spicilége de d'Achery.

Baillet (Adrien), né en 1649, à la Neuville-en-Hez, diocèse de Beauvais, fut d'abord prêtre et curé. Il quitta sa cure pour se livrer tout entier à l'étude; recommandé par Hermand, il fut nommé bibliothécaire de M. de Lamoignon, et il mourut chez ce magistrat, en 1706. On a de lui plusieurs écrits dont les plus connus sont : *Jugements des savants sur les principaux ouvrages des auteurs*, Paris 1722, 7 vol. in-4°, donnés par Lamonnoye. Les *Vies des Saints*, 1701, 3 vol. in-folio, in-12, in-8°.

Baumé (Antoine), pharmacien célèbre, est né à Senlis, en 1728, et est mort aux Carrières, près Paris, en 1804, laissant la réputation d'un très habile chimiste. Il fut membre de l'Académie des sciences, puis de l'Institut. Il a publié plusieurs ouvrages sur la chimie et la pharmacie, qui ont contribué au progrès de la science et lui ont acquis la plus haute réputation.

(1) Voyez tome II, p. 160, 527 529.

Beaucousin (C. J. François), né à Noyon, fut avocat au parlement de Paris, et consacra tous ses loisirs à la littérature et à la bibliographie. Il a laissé en manuscrit les *Vies d'Antoine Lecomte, de Philippe Delorme, de Jacques et Pierre Sarrasin,* etc., et des *Hommes illustres de Noyon.* Il fut un des coopérateurs de la *Bibliothèque historique de France,* où l'on trouve indiqués les principaux manuscrits de son cabinet.

Beaumanoir (Philippe de), chevalier, bailli de Clermont et conseiller du comte Robert, fils de saint Louis, né dans le XIIIe siècle, écrivit, vers 1283, *les Coutumes du Beauvaisis.* Jean le Bouteiller et ceux qui l'ont suivi ne firent que l'imiter ; Thomas de la Thaumassière en a publié une édition estimée, Bourges, 1690. in-folio.

Bergeron (Nicolas), de Béthisy, avocat au parlement, l'un des plus savants hommes de son temps, a publié l'extrait de ses recherches sur le duché de Valois, sous le titre de : *le Valois royal,* Paris 1583, in-8°.

Billy (Jacques), Jésuite astronome, né à Compiègne, ami de Fermat, mort en 1679. Il est auteur d'un grand nombre d'ouvrages de mathématiques fort estimés, et de l'*Opus astronomicum,* Paris 1661, in-4°.

Binet (Claude), avocat au parlement, né à Beauvais, fut l'admirateur et l'ami de Ronsard, qui le choisit pour donner une édition complète de ses œuvres. On a de lui une foule de petites pièces de vers, mentionnées dans les bibliothèques de Duverdier et Lacroix du Maine ; un discours de la vie du P. Ronsard, Paris 1586, in-4°. Il osa dire que ce poëte, par sa naissance, le 11 septembre 1524, dédommagea la France du malheur qu'elle éprouva le même jour par la perte de la bataille de Pavie, où François Ier fut fait prisonnier : « Ainsi, dit-il, la naissance du grand Alexandre fut » signalée et comme éclairée par l'embrasement du temple » d'Éphèse. » Il a traduit du latin de Dorat *les Oracles des douze Sybilles,* Paris 1586. Il composa des vers sur le pied de Mlle Desroches, et sur la main de Pasquier ; en 1575 il fut l'éditeur de la *Médée,* et des autres poésies de Jean de Lapéruse.

Binet (Pierre) frère de Claude, mort en 1584, est auteur de quelques *sonnets,* de *l'épithalame de Henri III,* du *Trépas de Charles IX,* d'un poëme sur la truite ou sur les truites de la rivière du Thérain, du *Vœu d'un pêcheur à Neptune* et de quelques autres pièces insérées dans l'ouvrage de son frère, intitulé les *Plaisirs de la vie rustique,* 1583. Lacroix du Maine dit de lui : « que c'était un homme fort docte en grec, latin, français, et bien » versé dans l'une et l'autre poésie. »

Boileau (Charles), abbé de Beaulieu, membre de l'Académie française, prédicateur de Louis XIV, né à Beauvais, mort à Paris en 1704 ; il est connu par des *homélies,* des *sermons* et des *panégyriques,* imprimés après sa mort.

Bourdon (François Louis), dit *de l'Oise*, né à Remy, village dans les environs de Compiègne, d'un cultivateur. En 1786 il était procureur au parlement de Paris. Il fut partisan exalté de la révolution. Député du département de l'Oise à la Convention, il vota la mort du roi, et se fit remarquer par la violence de ses opinions révolutionnaires. Envoyé dans la Vendée en qualité de commissaire, il blâma, mais trop tard, les excès des agens républicains. Rentré dans le sein de la Convention, il contribua au renversement des partis de la Gironde, de Danton, de Robespierre. Il fut membre des Cinq-Cents, se rangea dans le parti de Clichy contre le Directoire et fit rapporter la loi qui bannissait tous les nobles. Compris, au 18 fuctidor, sur la liste de déportation, il ne chercha point à éviter l'exil qui le menaçait, il le subit avec fermeté, et mourut à Sinnamary, quelques mois après y être arrivé.

Bourlé (Jacques), naquit à Long-Mesnil, dans le Beauvaisis, Il fut curé de St.-Germain-le-Vieux à Paris, au XVIe siècle ; il est auteur d'un grand nombre d'ouvrages de piété dont Lacroix du Maine donne la liste. On y trouve *une prière à Jésus-Christ pour la prospérité du très-chrétien roi Charles IX et d'Elisabeth d'Autriche*, imprimée à Paris, et une *Déploration sur la trop hastive mort du très chrestien roi de France Charles IX*, Paris 1574.

Calvin (Jean), est né à Noyon. Nous avons eu occasion de parler de ce chef de la réforme religieuse, en faisant l'histoire du lieu de sa naissance.

Carlier (Claude), né, en 1725, à Verberie, mort en 1787, prieur d'Andrésy, s'occupa de l'histoire naturelle, principalement dans ses rapports avec l'économie rurale, fit des recherches sur quelques parties de l'histoire de France, et fournit un grand nombre d'articles au *Journal des Savants* et à celui de *Physique*. On cite parmi ses œuvres : *Considérations sur les moyens de rétablir en France les bonnes espèces de bêtes à laine*, 1762, in-12. — *Histoire du duché de Valois, contenant ce qui est arrivé dans ce pays depuis le temps des Gaulois, jusqu'en 1703*, Paris, 1764, 3 volumes in-4°, avec cartes et figures. — *Traité des bêtes à laine*, 1770, 2 vol. in-4°, avec figures ; ouvrage très estimé.

Cassini de Thury (César François), fils et petit fils de deux hommes illustres dans les sciences et l'astronomie. Il est né dans la terre de Thury, en 1714, près de Compiègne. Il fut maître des comptes et directeur de l'Observatoire. Il avait été reçu à 22 ans à l'Académie des sciences comme adjoint surnuméraire. Il a beaucoup écrit, mais l'ouvrage qui lui fait le plus d'honneur est la carte détaillée de la France, connue sous le nom de *Carte de Cassini*. Il mourut en 1784, après avoir vu cette belle œuvre presque entièrement terminée. Elle se compose de 182 feuilles, y compris la carte des triangles.

Charles IV, dit le Bel, roi de France, successeur de Philippe-le-Long son frère, et troisième fils de Philippe-le-Bel, naquit à Clermont en Beauvaisis. Il mourut en 1328, à Vincennes, à l'âge de 33 ans.

Cholet (Jean), cardinal, fondateur du collége des Cholets (1), fils d'Oudard, seigneur de Nointel en Beauvaisis, fut créé cardinal, en 1281, par le pape Martin IV. Les nombreux legs institués par son testament de 1289, supposent une fortune immense. Il mourut en 1291 et fut inhumé au milieu de l'église de Saint-Lucieu, près de Beauvais, dans un magnifique tombeau, sur lequel on voyait son effigie d'argent massif, enrichie de pierreries.

Courroi (Eustache du), né à Beauvais, mort en 1609, a fait un *Essai sur la musique*. La plupart des noëls que l'on chante encore dans les provinces, sont des gavottes et des menuets qu'il composa pour Charles IX. Il fit une messe des trépassés qui a joui d'une grande célébrité.

Crèvecœur (Philippe de), seigneur d'Esquerdes, maréchal de France en 1492, gouverneur de l'Artois, chevalier de la Toison-d'Or, grand capitaine et habile négociateur, était né à Beauvais. Il sut s'attirer l'estime de Louis XI, qui, en mourant, le recommanda au dauphin son fils. Il mourut sans postérité, en 1494, tandis qu'il marchait à l'expédition de Naples. On lui attribue ces paroles patriotiques : « Je consentirais à passer un an ou deux en enfer, pourvu » que je pusse chasser les Anglais de Calais. »

Dubos (Jean-Baptiste), publiciste et littérateur, né à Beauvais, en 1670, s'adonna d'abord à la théologie qu'il abandonna bientôt pour l'étude du droit public. Il fut un des hommes les plus savants de son temps. En 1720, il remplaça à l'Académie l'abbé Genest; il fut élu secrétaire perpétuel en 1722. Il mourut en 1742. Ses principaux ouvrages sont : *les intérêts de l'Angleterre mal entendus dans la guerre présente*, Amsterdam, 1703, in-12. — *Histoire de la ligue de Cambrai*, Paris, 1709, 1728 et 1785, 2 vol. in-12. — *Histoire critique de l'établissement de la monarchie française dans les Gaules*, 1734, 3 vol. in-4°; 1743, 4 vol. in-12; le plus célèbre de ses écrits. — *Réflexions critiques sur la poésie et la peinture*, 1719, 2 vol. in-12.

Dupuis (Charles-François), naquit à Trie-le-Château, en 1742, d'autres disent à Songeons. Il fut membre de l'Institut et mourut en 1809. Il est auteur de plusieurs ouvrages, dont le plus remarquable est l'*Origine de tous les cultes, ou la religion universelle*. Cet ouvrage, qui a fait beaucoup de bruit à cause de ses erreurs, alors fort à la mode, fut publié, pour la première fois, à Paris, en l'an III (1795), en 3 vol. in-4°.

Enghien (Louis-Antoine-Henri de Bourbon duc d'), est né à

(1) Voyez, sur le collége des Cholets et son fondateur, t. II, p. 329.

Chantilly, le 2 août 1772. On connait la fin déplorable de ce dernier des Condé. On sait que sa mort ternit à jamais la gloire la plus éclatante des temps modernes. Enlevé du château d'Ettenheim, dans la nuit du 15 au 16 mars 1804, par ordre de Napoléon, le duc d'Enghien fut transféré d'abord à Strasbourg, puis au château de Vincennes, où il arriva le 20 à cinq heures du soir; à onze heures, il était traduit devant une commission militaire nommée par Murat, gouverneur de Paris, condamné à mort et fusillé à 4 heures du matin, dans les fossés du château de Vincennes.

Fernel (Jean), célèbre médecin de Henri II, naquit à Clermont en Beauvaisis, en 1497, et mourut en 1558. Il cultiva avec succès l'astronomie et les mathématiques. On lui doit de nombreux ouvrages scientifiques qui sont encore très recherchés.

Fontaines ou *Desfontaines* (Pierre), historien, naquit dans le Vermandois. Il fut maître des requêtes de saint Louis, en 1270; il a écrit un livre très estimé, où il traite de la justice et de la police.

Fourquet (Jeanne), plus connue sous le nom de *Jeanne Hachette*, était de Beauvais. Nous avons eu occasion de parler de cette héroïne en faisant l'histoire de Beauvais.

Greban de Compiègne (Simon), religieux de St.-Riquier de Ponthieu, secrétaire de Charles d'Anjou, comte du Maine, né vers la fin du xive siècle. On a de lui plusieurs *mystères*, *élégies* et *complaintes* qui ne sont pas sans mérite.

Grévin (Jacques), médecin et conseiller de Marguerite de France, duchesse de Savoie, né vers 1540, à Clermont en Beauvaisis, mort à Turin en 1570. Il a laissé des pièces de théâtre, et plusieurs ouvrages de médecine. Il a fait une description du Beauvaisis.

Guibert, abbé de Ste.-Marie de Nogent-sous-Coucy, ordre de St.-Benoît, diocèse de Laon, naquit à Clermont en Beauvaisis, l'an 1053, et mourut en 1124, laissant de nombreux ouvrages. Ses œuvres ont été publiées par d'Achery, Paris, 1651, in-folio. *Sa vie écrite par lui-même* et son *Histoire des Croisades*, traduites en français, font partie de la *Collection de mémoires* publiée par M. Guizot, t. ix et x.

Hauy (René Just), minéralogiste célèbre, né à St.-Just, en 1744, mort à Paris le 1er juin 1822. Il fut membre de l'Institut et regardé comme un des premiers savants de cette pléiade qui a illustré la fin du dernier siècle et le commencement de celui-ci.—Son frère *Hauy* (Valentin), est également né à St.-Just, en 1745, et mort à Paris, le 19 mars 1822. Il est auteur de plusieurs ouvrages d'instruction qui lui ont acquis de la réputation.

Helinand, moine de Fromond, naquit à Pronleroy, et est mort en 1223; il est auteur d'une chronique en vers.

Hersan (Marc-Antoine), professeur de rhétorique à l'Université de Paris, puis d'éloquence au collége royal, est né à Compiègne en 1652. Il fut l'ami de Rollin; dans ses derniers jours il fonda une école pour les pauvres enfants dans sa ville natale, et mourut en 1724. On a de lui plusieurs ouvrages, entre autres une *Oraison funèbre du chancelier Le Tellier*, en latin, Paris 1686. Elle a été traduite par Bonavit, *ibid*, 1688.

Lebrun (Charles), peintre célèbre, né à Auneuil près de Beauvais, en 1619, fut l'un des plus grands artistes du grand siècle de Louis XIV, si fécond en hommes illustres. Les ouvrages de Lebrun sont trop connus pour que nous les détaillions. Il est mort en 1690, comblé de gloire et de dignités.

Lebrun-Tondu (Pierre-Hélène-Marie), fut ministre des Affaires-Etrangères, en 1792. Il naquit à Noyon, en 1763. Partisan de la révolution, et d'abord ardent réformateur, il fut une des victimes de la terreur; il mourut sur l'échafaud, le 24 décembre 1793, comme partisan de la contre-révolution. Il était ami intime de Dumourier, et attaché au parti de Brissot.

Lenglet Dufrénoy (Nicolas), né à Beauvais en 1674, fut un savant historien, mais un esprit bizarre. Il a publié une multitude d'ouvrages qui décèlent, sinon de la profondeur, du moins de la facilité et du savoir. Il périt d'une manière funeste; s'étant endormi en lisant un ouvrage nouveau, il tomba dans le feu et se brûla, en 1755.

Loisel (Antoine), savant jurisconsulte, né à Beauvais en 1536, fit ses premières études à Paris sous le célèbre Ramus, qui le nomma son exécuteur testamentaire, puis alla suivre le barreau à Toulouse où il se lia avec Cujas et Pithou. Il accompagna Cujas à Bourges, à Cahors, à Paris, à Valence, et fut ensuite reçu avocat au parlement de Paris. Il fut l'ami du chancelier de L'Hôpital, du président de Thou, de Claude Dupuis, de Scevole de Sainte-Marthe. Il devint substitut du procureur-général, puis successivement conseiller au trésor, avocat de la reine Catherine de Médicis, du duc d'Anjou, etc, et mourut à Paris en 1617. Le meilleur de ses nombreux ouvrages a pour titre : *Mémoires des pays de Beauvais et Beauvaisis*, 1617, in-4°.

Louvet (Pierre), avocat et historien, né près de Beauvais en 1574, fut maître des requêtes de la reine Marguerite, en 1614, et mourut dans sa patrie en 1646. On a de lui divers ouvrages sur Beauvais et le Beauvaisis.

Louvet (Pierre), historien, est né également à Beauvais, mais d'une autre famille; mort en 1680, il a laissé un assez grand nombre d'ouvrages dont on trouve la liste dans la *Bibliothèque historique de la France*.

Maucroix (François de), littérateur, né à Noyon en 1619, fut l'ami intime de La Fontaine, recherché par tous les savants.

Il embrassa la vie ecclésiastique, où il trouva des consolations après la mort de mademoiselle de Joyeuse, puis marquise de Brosses, qu'il avait tendrement aimée. Il termina sa longue carrière à Reims, en 1706, laissant un nom estimé et de nombreux ouvrages, qui ne sont point oubliés des érudits.

Saint Médard, nous avons parlé de ce pieux évêque à l'occasion de l'institution de la fête de la Rosière de Salency.

Mouchy ou *Monchy* (Antoine de), en latin *Demochares*, docteur en Sorbonne, né à Ressous, mourut en 1574, à 80 ans; il fut un des plus chauds adversaires de la réforme religieuse, et prit le titre *d'Inquisiteur de la foi*. Mézeray et quelques autres historiens ont vu dans son nom l'origine de la dénomination de *mouchard*, mais cela ne doit passer que pour une plaisanterie. Mouchy était un homme éloquent; il parut avec quelque avantage au concile de Reims et au colloque de Poissy; mais on reproche justement à sa mémoire le supplice d'Estienne Dolet, imprimeur à Lyon. On ne peut oublier que ce fut sur la dénonciation d'Antoine de Mouchy que Dolet fut condamné à mort, et brûlé avec ses livres, comme hérétique et relaps, le 3 août 1546, sur la place Maubert, à Paris.

Nollet (Jean-Antoine), physicien célèbre et l'un des hommes qui ont le plus contribué à répandre en France le goût de la physique, naquit en 1700, à Pimpré, dans le diocèse de Noyon. Il fit ses études à Clermont, ses humanités à Beauvais; Paris et l'Italie furent les théâtres de ses succès. Il fut membre de plusieurs académies. Il mourut en 1770, aux galeries du Louvre, où le roi lui avait donné un logement, laissant après lui une réputation brillante, et des ouvrages que les progrès des sciences n'ont pu faire oublier.

Oriol (Pierre), en latin *Aureolus*, théologien du xiiie siècle, né à Verberie. Il mérita le surnom de *Doctor fecundus*. Oriol mourut, selon quelques biographes, en 1322, mais l'abbé Dutemps retarde sa mort jusqu'en 1345. On a de lui divers opuscules.

Pajot de Linière (François), surnommé l'*Athée de Senlis*, était de cette ville. Il fut l'ami de Boileau, de Saint-Pavin, et de tous les épicuriens de son siècle.

Partiez (*de l'Oise*, Louis-François Réné), avocat, fut député à la Convention où il vota la mort du roi, avec cette restriction, qu'on examinerait ensuite quand la sentence devrait être exécutée. Il fut membre des Cinq cents, et se fit remarquer par son travail dans les bureaux. Il était né à Beauvais le 1er mai 1765, et il est mort à Paris le 28 avril 1810. On a de lui un *Code diplomatique*.

Patin (Gui), médecin, fameux par son esprit satirique et la singularité de ses manières, est né en 1601, à Houdon en Beauvaisis, et est mort à Paris en 1672. On a de lui, entre autres ouvrages, un *Traité de la conservation de la santé*, 1632, in-12, réimprimé dans *le Médecin charitable* de Guilbert, etc. Mais c'est à ses lettres que Patin doit sa réputation : elles sont remplies de choses originales, de traits d'esprit et d'anecdotes qui en rendent la lecture amusante. Elles ont été publiées, pour la première fois, à Amsterdam, en 1718, 7 vol. in-12.

Pierre, chantre de Paris, du diocèse de Beauvais, mourut en 1197 ; il est auteur d'un livre intitulé, *Verbum abreviatum*, in-4°, imprimé à Mons en 1737.

Restaut (Pierre), grammairien, né à Beauvais, en 1696, vint de bonne heure à Paris, et fut chargé de quelques éducations particulières au collége de Louis-le-Grand. Il se livra ensuite à l'étude de la jurisprudence, se fit recevoir avocat au parlement, puis au conseil du roi, en 1740, et mourut en 1764. Comme jurisconsulte, Restaut a composé plusieurs mémoires écrits avec clarté et précision. Mais les ouvrages qui lui font le plus de réputation, sont : 1° Sa *Grammaire française*, publiée en 1730, et qui a eu un grand nombre d'éditions, comme ouvrage élémentaire. 2° Le *Traité de l'orthographe française, en forme de dictionnaire*, Poitiers 1764, in-8°. On lui doit aussi une traduction de la *Monarchie des Solipses*, 1721, in-12, attribuée à Scots et à Juchofer.

Sahuc, général de division sous l'empire, est né dans le département de l'Oise ; il fut un des braves qui, depuis le commencement des guerres de la révolution, se sont distingués sur tous les champs de bataille, en suivant la fortune de Napoléon. Il est mort à Paris, en 1813, membre du corps législatif.

Saint-Just (Antoine-Louis-Léon de), naquit en 1768, à Blesancourt, près de Noyon, d'une famille noble de Picardie. Il était fils d'un ancien militaire aimé et estimé dans son pays. Il avait à peine terminé ses études à Soissons, quand la révolution éclata. Il en fut le promoteur le plus ardent, et se fit, dès son début dans le monde, remarquer par l'exaltation de ses opinions. Quoique bien jeune, il fut nommé député du département de l'Aisne à la Convention. Le 13 novembre 1792, il prononça un discours sur la question si Louis XVI devait être mis en jugement, et s'appuyant des exemples de l'histoire de Rome, de la Grèce et de l'Angleterre, il prétendit que le roi devait être jugé, non comme *citoyen*, mais comme *ennemi*, comme *rebelle* à sa patrie, et que tout Français avait sur lui le droit que Brutus avait eu sur César. Il est inutile de dire qu'avec de pareilles dispositions, Saint-Just vota la mort du roi sans appel et sans sursis. On le vit ensuite adopter plusieurs mesures révolutionnaires, et présenter un projet de constitution très démocratique, aborder les questions les plus importantes de législation, vouloir concentrer dans la Convention tous les pouvoirs de l'Etat, et intimider l'Europe par la terreur et par les excès les plus extravagants. Il fut admis au comité de Salut public. Il proposa à ses collègues de la Convention de diriger eux-mêmes les opérations militaires, ou du moins de s'en faire rendre compte par le ministre de la guerre. C'est aussi lui qui, après le 31 mai 1793, fit le fameux rapport contre les *girondins*, et commença par là ce long ministère de proscriptions qui suivit cette journée. Les Autrichiens ayant forcé les lignes de Weissembourg, et l'armée du Rhin se trouvant dans une position très critique, Saint-Just fut envoyé avec Lebas en Alsace où il continua les mesures de proscriptions et de terreur commencées par Guyardin, Baudot et autres. A propos de cette mission, Robespierre s'exprimait ainsi : « Saint-Just a rendu les » services les plus éminents, en créant une commission populaire » qui s'est élevée à la hauteur des circonstances, en envoyant à » l'échafaud tous les aristocrates municipaux, judiciaires et mili- » taires. Ces opérations patriotiques ont réveillé la force révolu- » tionnaire..... » A son retour à Paris, Saint-Just devint, avec Couthon, le régulateur des projets de Maximilien Robespierre. Son intimité avec cet homme, commencée en 1791, augmenta de plus en plus; il fut le confident de toutes ses pensées criminelles. Nommé, le 19 février 1794, président de la Convention, il acquit dès-lors la plus grande influence dans le gouvernement. Il se chargea de faire les rapports contre ses collègues Danton, Lacroix, Hérault de Séchelles, Chabot, Camille Desmoulins, etc., qu'il conduisit à l'échafaud. On prétend qu'il nourrissait un ressentiment particulier contre Camille Desmoulins, qui avait dit dans un de ses numéros du *Vieux Cordelier*, que *Saint-Just portait sa tête comme un saint-Sacrement*, à quoi l'orgueilleux décemvir avait répondu : *Je lui ferai porter la sienne comme saint Denis*. A la fin d'avril 1794, il fut envoyé à l'armée du Nord, alors sur la Sambre, et il y mit, comme à l'armée du Rhin, la terreur à l'ordre du jour. Il revint à Paris quelques jours avant le 9 thermidor, pour seconder les desseins de Robespierre; il le défendit seul à la tribune, où il s'écria avec une audace imperturbable : « Que dût-elle devenir » pour lui la roche Tarpéienne, il n'en dirait pas moins son opi- » nion. » Il partagea le sort de son ami et périt avec lui sur l'é- chafaud, le 10 thermidor (28 juillet 1794). On a de Saint-Just, *Organt*, poëme en 20 chants, 1789, 2 vol. in-8°. — *Mes passe-temps, ou le nouvel Organt de* 1792, (poëme lubrique en 20 chants) *par un député à la Convention*, Paris, 1792, 2 part. in-8°. — *Rapports faits à la Convention* sur les personnes incarcérées; sur les factions intérieures et de l'étranger; contre Danton, Fabre d'Eglantine, Lacroix, Phélippeaux, Camille Desmoulins, etc.; sur la police générale, etc.; les crimes des factions, etc., réimprimés en 1834, in-8°, sous le titre d'*OEuvres de Saint-Just*, précédées d'une notice critique sur sa vie et ornées de son portrait. — *Fragments sur les institutions républicaines*, (Besançon) in-8°; réimprimé en 1831.

Sangle (Claude de la), grand maître de l'ordre de Malte, fit bâtir et fortifier dans cette île, le bourg de Saint-Michel, appelé de son nom, de la Sangle ; il était Beauvaisin, de la maison de Mont-Chavoise : il mourut en 1559.

Sarazin (Jacques), célèbre sculpteur, est né à Noyon en 1590 ; il habita 18 ans en Italie ; à son retour en France il épousa la fille de Vanet ; et s'acquit par ses œuvres une grande réputation. Il mourut en 1660.

Talon (Omer), professeur de belles lettres, né dans le Vermandois en 1510 ; mort en 1562 ; il fut l'ami de Ramus, et publia un traité de rhétorique (*Institutionnes oratoriæ*) qui eut de son temps une grande vogue.

Théotime, prêtre de Beauvais, donna le premier des preuves de ses connaissances liturgiques en augmentant, vers l'an 870, le lectionnaire de cette église.

Vaillant (Jean-Foy), célèbre antiquaire et historien, de l'académie des Inscriptions, naquit à Beauvais, en 1632, en mourut en 1706. Sa vie fut celle d'un homme passionné pour les monuments de l'antiquité ; il parcourut plusieurs contrées de l'Europe, alla en Afrique, où il fut emmené prisonnier, en Perse et en Egypte.

Villiers de l'Ile-Adam (Philippe de), naquit à Beauvais, à la fin du XVe siècle, et mourut, en 1534, à l'âge de 54 ans. Il fut le quarante-troisième grand-maître de l'ordre de Saint-Jean de Jérusalem, et l'un des plus vaillants chevaliers de la chrétienté.

Watrin, général de division, né à Beauvais, en 1772. Entré au service, au commencement de la révolution, en qualité de simple soldat, la bravoure qu'il déploya en mille occasions, le fit parvenir rapidement aux premiers grades de l'armée. Il se trouva sur tous les champs de bataille. Il accompagna, en 1797, le général d'Hédouville à Saint-Domingue. A son retour, il assista, en Italie, à toutes les affaires glorieuses et y conquit un sabre d'honneur. Envoyé de nouveau à Saint-Domingue avec le général Leclerc, il mourut au fort Louis, le 22 novembre 1803, universellement regretté.

Yves (de Chartres), naquit à Auteuil dans le Beauvaisis ; il fut fait abbé de Saint-Quentin de Beauvais. En 1072, il fut fait évêque de Chartres ; emprisonné depuis par le roi Philippe, en 1104 ; il reçut l'ordre du pape d'excommunier le comte Rotroc, ce qu'il refusa constamment : il mourut en 1115, le 23 décembre. On a de lui des sermons ; une petite chronique des rois de France, depuis Pharamond jusqu'à Philippe Ier ; une autre chronique qui commence à Ninus, roi d'Assyrie, et finit à Louis-le-Pieux. Ses œuvres ont été imprimées à Paris, en 1577, in-folio. C'est à lui que l'école de théologie de St-Quentin de Beauvais doit son origine, en 1070.

CHAPITRE DEUXIÈME.

DÉPARTEMENT DE L'EURE.

EXCURSION DANS LE DÉPARTEMENT DE SEINE-INFÉRIEURE.

§ Ier.

GISORS.

En sortant du département de l'Oise pour se diriger vers Rouen, on entre dans le département de l'Eure, dont quelques parties seulement peuvent être considérées comme appartenant aux environs de Paris.

Gisors, la première ville que l'on rencontre de ce côté, n'est remarquable ni par son industrie, ni par son étendue, ni par sa population; mais elle n'a rien à envier à nos grandes cités, sous le rapport de ses souvenirs historiques et de son admirable situation.

Le nom de la ville de Gisors, *Gisortium*, n'est pas fort ancien; on le trouve, pour la première fois, dans des écrivains du XIIe siècle. Cette ville est située sur la rivière d'Epte, à l'embranchement des routes de Paris, de Rouen, d'Alençon, de Dieppe et de Beauvais; à six lieues au S. O. de cette dernière ville, et à quinze au N. O. de Paris. Elle est aujourd'hui le chef-lieu d'un canton du département de l'Eure, et sa population n'excède pas 4,000 habitants.

L'abbé Suger nous apprend qu'un baron du nom de Payen, *Paganus*, ayant fait construire et fortifier le château de Gisors, fut obligé de le céder à Henri Ier, roi d'Angleterre. Louis VI, en 1110, voulut s'y opposer; il accourut à la tête d'une armée pour s'en emparer; Henri arriva en toute hâte pour le défendre; les Anglais furent défaits, mais par le traité de 1111, ils restèrent maîtres du château de Gisors.

En 1158, Louis VII réunit Gisors à la couronne, et en 1161, cette ville fut donnée en dot à la princesse Marguerite, fiancée au jeune Henri, fils de Henri II, et héritier du royaume d'Angleterre. Philippe-Auguste la prit en 1193; et en 1198, il y trouva un refuge, lorsqu'il fut poursuivi par Richard-cœur-de-Lion, après la perte d'une bataille donnée dans les environs.

Sous Charles VI, Gisors, une partie de la Normandie et la presque totalité de la banlieue de Paris tombèrent au pouvoir des Anglais. Quand Charles VII eut rétabli le royaume par sa valeur et les conseils des braves capitaines qui combattaient avec lui, Gisors et plusieurs autres places importantes de la Normandie reconnurent son autorité.

En 1465, lors de la ligue dite du *bien public*, Gisors fut pris par le duc de Calabre.

En 1710, Louis XIV réunit les seigneuries de Gisors, Andely et Vernon, sous le titre de vicomté, et en forma, avec le duché d'Alençon, l'apanage de Charles de France, duc de Berry. En 1718, Louis-Charles-Auguste Fouquet devint propriétaire de toutes ces seigneuries. Gisors fut érigé en duché, le 19 juillet 1742, et enfin en pairie, le 9 juin 1748.

La ville de Gisors est surtout remarquable par les ruines de son beau château. Cette ville avait trois portes et trois faubourgs.

« Le château, dit le savant Millin, (1) devait être un des plus
» forts qui existât. Dans le temps où l'on ne connaissait pas
» l'usage de la poudre, il devait être presque imprenable, tant
» par sa situation que par la solidité de sa construction et la qua-
» lité de ses ouvrages. »

« La première enceinte était très étendue et pouvait contenir un grand nombre de troupes ; elle était flanquée de plusieurs tours ; il y avait, pour pénétrer dans la forteresse, deux portes avec de grosses tours, des herses avec des ponts levis ; la seconde enceinte, bâtie sur le sommet de la butte, dominait la première, et n'avait qu'une entrée ; le donjon central, de forme octogone, était très élevé. »

Aujourd'hui, l'enceinte du château sert de halle, et ses ruines offrent un point de vue très pittoresque. Plusieurs parties sont remarquables par leur conservation ; il existe encore près de là une petite chapelle qui a dû être celle du château.

Une tradition qui n'est appuyée, d'ailleurs, par aucun témoignage historique, veut que le château de Gisors ait servi de demeure à la reine Blanche de Castille. Aux environs de Paris, et dans tout le centre de la France, les châteaux qu'on prétend avoir été habités par cette princesse sont en si grand nombre, que ce fait constituerait une véritable énigme historique, si l'on ne savait pas que le peuple, au moyen-âge, donnait le nom de *reine Blanche* à toutes les veuves de nos rois, parce qu'elles portaient en blanc le deuil de leur mari.

Indépendamment du château, il reste une vaste ceinture de fortifications qui entoure la ville, du côté du nord, depuis ce château

(1) *Antiquités nationales.*

jusqu'à la rivière d'Epte ; de distance en distance, sont des tours presque démolies ; l'une d'elles se fait remarquer par sa hauteur, qu'on peut évaluer à 90 ou 100 pieds ; son diamètre est d'environ 30 pieds. Une partie de la rivière passe dans les fossés de la ville, au midi.

L'église paroissiale est sous l'invocation de Saint-Gervais et Saint-Protais. Elle fut donnée en 1067, à l'abbaye de Marmoutier, par le seigneur de Gisors, et détruite par un incendie au commencement du XIIe siècle, puis reconstruite vers 1240. De 1496 à 1555, et de 1561 à 1684, la nef et les autres parties de l'église furent bâties. Le plan de cette église forme une croix latine. « Le dehors est orné d'une belle architecture moderne, du temps » du renouvellement des arts ; l'ordre du bas est dorique, et celui » du haut, ionique. »

Le portail du milieu est du XVIe siècle ; il est richement orné de sculptures de bon goût ; il a trois portes ; « chaque pierre y est » sculptée avec autant de soin qu'un ouvrage d'orfèvrerie, et re- » présente quantité de petits personnages.

» Le portail du nord est ancien, mais, dit Millin, ce portail est » un chef-d'œuvre et un des derniers ouvrages en ce genre. » On y voit beaucoup de sculptures dans le goût moresque, et découpées comme de la dentelle.

La tour est belle ; sa forme est peu ordinaire ; elle est carrée jusqu'au tiers environ de sa hauteur, où se trouve une galerie ; à partir de cette galerie, s'élève comme un second étage de forme octogone ; le troisième étage est également octogone, mais dans des proportions moins fortes que le second.

Dans l'intérieur on trouve quelques morceaux de sculpture que l'on attribue à Jean Goujon. On admire surtout une figure en pierre, couchée sur un tombeau. Au-dessus de cette figure, on lit ces deux vers latins :

« Quisquis ades, tu morte cades, sta, respice, plora :
» Sum quod eris, modicum cineris ; pro me precor, ora. »

« Qui que tu sois, la mort te renversera, arrête, regarde, » pleure. Je suis ce que tu seras, un peu de cendres ; prie Dieu » pour moi. »

On voit de fort beaux vitraux dans une chapelle dite de la crèche ; on en attribue les dessins à Raphaël, tant ils sont remarquables par leur fini et leur expression. On trouve aussi, dans l'église de Gisors, deux tableaux sur bois qui paraissent fort anciens. Ils représentent diverses circonstances de la vie de Saint-Bernard.

Les promenades et les environs de Gisors sont fort agréables ; on y respire un air pur, on y jouit de points de vues gais et pittoresques. Cette ville est commerçante ; sa situation à la jonction de plusieurs grandes routes royales et départementales, la rend vivante et lui donne l'aspect d'une ville plus importante et plus peuplée.

On remarque, aux environs de Gisors, le château de *Saint-Paër*, dont la construction primitive remonte au XIIIe siècle. Ce château est aujourd'hui la propriété de l'une de nos célébrités littéraires, M. le vicomte d'Arlincourt, qui y donna, il y a quelques années, une fête magnifique à Mme la duchesse de Berry.

ÉTREPAGNY.

En quittant Gisors pour aller à Rouen, on trouve, à 3 lieues au N. O., le bourg d'Etrepagny, situé sur la rivière de Bonde. Ce bourg était jadis plus considérable qu'aujourd'hui. Il a appartenu à l'abbaye de Saint-Denis, au IXe siècle ; au XIVe, à la famille des comtes de Melun, puis à celle d'Harcourt, et enfin à celle d'Orléans-Longueville. En 1752, la baronnie d'Etrepagny fut portée en mariage à Michel-Jacques Turgot, président du parlement de Paris.

Étrepagny était fermé de murailles, et dix-neuf paroisses relevaient de sa seigneurie.

Sa population n'excède pas aujourd'hui 1,300 habitants. C'est un des chefs-lieux de canton de l'arrondissement des Andelys.

ÉCOUIS.

Après Etrepagny, le premier bourg que l'on rencontre, en continuant de suivre la route de Paris à Rouen, c'est Ecouis, à une lieue et demie des Andelys, et à trois de Gisors.

Ce bourg n'a rien de remarquable que le souvenir de la vie et de la fin tragique du célèbre Enguerrand de Marigny, comblé de dignités et d'emplois sous Philippe-le-Bel, et tombé, du faîte des grandeurs et de la fortune, dans une des plus éclatantes disgrâces qui furent jamais.

La seigneurie d'Ecouis avait été donnée, par Philippe-le-Bel, à Enguerrand, qui fit reconstruire l'église et la convertit en collégiale, et établit dans le même bourg, un hôpital sous le titre de St.-Jean-Baptiste.

On a conservé jusqu'à la révolution le tombeau que la reconnaissance des habitants d'Ecouis avait élevé à Enguerrand de Marigny, après la réhabilitation de sa mémoire, mais le vandalisme révolutionnaire ne l'a pas respecté. Ce tombeau était dans l'église collégiale. L'église d'Ecouis mérite l'attention des artistes et des antiquaires. Sa construction, un peu lourde, offre néanmoins des détails d'architecture fort curieux.

LES ANDELYS.

La ville des Andelys est double; elle se compose de deux parties, le *grand* et le *petit Andely*, qui se joignent par une chaussée longue d'un quart de lieue.

Les Andelys sont le chef-lieu d'une sous-préfecture du département de l'Eure, comprenant les six cantons de Lions, d'Etrepagny, de Grainville, de Gisors, des Andelys et d'Ecos. Cet arrondissement compte environ 63,000 habitants et la ville 4,000.

Le grand Andely a joué un rôle assez important pendant les guerres contre les Anglais. Cette ville avait un château qui a été pris et repris plusieurs fois par les Anglais et les Français. Elle possédait aussi plusieurs établissements religieux considérables.

L'église collégiale, sous l'invocation de sainte Clotilde, est un édifice fort beau; le portail offre de très riches détails d'architecture. Dans l'intérieur est un excellent tableau de Lesueur, représentant *Jésus retrouvé dans le temple*.

La chapelle de sainte Clotilde, voisine de la collégiale, et la fontaine où les pèlerins venaient chercher, en invoquant cette sainte, la guérison de leurs maux, rappellent encore de pieux et touchants souvenirs.

Le *petit Andely* est célèbre dans le moyen-âge, par son château, qu'on nommait *Château Gaillard*. Il fut bâti par Richard Ier, roi d'Angleterre. Cette forteresse formidable, située sur une éminence, fut assiégée, prise et reprise bien souvent dans le cours des guerres civiles qui ont désolé la France. Les siéges les plus mémorables qu'elle ait eu à soutenir, sont ceux des années 1204 et 1418. On sait que ce fut au Château-Gaillard que Louis X fit enfermer, en 1315, sa femme Marguerite de Bourgogne.

Les ruines de ce château sont encore assez imposantes pour donner une idée de ce qu'il pouvait être, alors qu'il était réputé l'un des plus forts du royaume.

Le duc de Penthièvre, grand amiral de France, qui consacra si noblement la plus grande partie de son immense fortune au soulagement des malheureux, dépensa plus de 400,000 francs pour fonder au Petit Andely un hospice qu'il dota, en outre, de revenus considérables.

Parmi les hommes célèbres nés aux Andelys, il faut citer le savant Turnèbe, professeur de langue grecque à Paris, au XVIe siècle, l'immortel peintre Nicolas Poussin, l'une des gloires de l'école française, et l'abbé de Chaulieu, l'un des plus aimables poètes du siècle de Louis XIV.

ROUEN.

Des Andelys à Rouen on ne compte que huit lieues. Il nous est impossible de conduire le lecteur si près d'une ville de cette importance, sans en dire quelques mots, bien qu'il faille, pour cela, dépasser de beaucoup la limite dans laquelle se circonscrivent les Environs de Paris.

L'aspect de Rouen, vu du Cours Dauphin, près de l'église Saint-Paul, est des plus magnifiques; la ville se déploie tout entière aux yeux des voyageurs; et ses tours, ses églises, ses clochers, ses édifices, sa rade, le cours de la Seine, ses nombreuses manufactures, ses faubourgs, une double chaîne de collines, de larges boulevarts se présentent comme un vaste panorama. On aperçoit les *casernes de Martainville*, l'église de *Saint-Paul*, construite, dit-on, sur les restes d'un temple d'Adonis; la *Cathédrale*, monument d'une structure imposante, commencé vers l'an 1200; la *Tour de beurre*, construite avec le produit d'un impôt sur l'usage du beurre pendant le carême; la *Tour de Saint-Romain*, de forme carrée, terminée en 1477, veuve des onze cloches qu'elle avait avant la révolution; le *Palais archiépiscopal*, commencé en 1461, et terminé par le premier cardinal d'Amboise; l'admirable église de *Saint-Ouen*, dont la première pierre fut posée en 1318, et qui ne fut achevé qu'au commencement du XVIe siècle; les églises de Saint-Maclou, de Saint-Romain, de Saint-Gervais; la tour gothique de Saint-Laurent, le clocher de Saint-Godard, etc.

Quittant à regret ce beau point de vue, pour chercher dans les rues tortueuses, sales et humides du vieux Rouen, d'autres monuments, ou lieux célèbres, on trouve la place de la Pucelle, où la vierge de Vaucouleurs, que la Grèce et Rome eussent divinisée, fut inhumainement sacrifiée; la Bourse, l'hôtel des Monnaies, celui de la Préfecture, l'hôtel de Bourgtheroude, l'Hôtel-Dieu, la tour de la Grosse-Horloge ou du Beffroi; le Palais de Justice, les halles, le théâtre, la statue de Corneille, de belles fontaines, etc. etc. Tous ces édifices ont des histoires longues et intéressantes à raconter. Car Rouen est une vieille ville; elle a suivi les destinées du

DES ENVIRONS DE PARIS. 157

royaume de France, née avec lui, elle a souffert pour lui, elle a traversé tous les âges de discordes et de malheurs depuis Rollon jusqu'à ce jour. Ce serait une bien longue histoire que l'histoire de Rouen. Il faudrait suivre les progrès de son étendue, parcourir au travers de ses rues étroites les sinuosités de ses six enceintes successives. Il faudrait faire plusieurs volumes pour dire tout ce que fut Rouen, pour raconter tous les événements importants qui se sont passés dans ses murs. Après Paris, il n'est point de ville en France qui éveille d'aussi grands souvenirs.

Rouen existait avant l'invasion des Romains, mais c'était une ville peu connue; Jules-César n'en parle pas. Son nom était *Rothomagus*, capitale des Vélocasses. C'est Ptolémée qui la désigne sous ce nom, un siècle après l'auteur des Commentaires.

Dès l'an 250, Rouen a des évêques. Saint Mellon est le premier qui y érige un chapitre sous l'invocation de la sainte Vierge; saint Victrice, un de ses successeurs, agrandit la ville.

Vers 497, Rouen devient ville française : elle fut la capitale de la Neustrie, et elle se soumit volontairement à Clovis.

C'est en 586, le dimanche de Pâques, que l'évêque Prétextat fut mis à mort, à Rouen, au pied des autels, par les ordres de Frédégonde.

La Neustrie fut plusieurs fois ravagée par les Normands dans le cours du IX° siècle. Charles III traita avec un de leurs chefs, le fameux Rollon; il lui céda la Neustrie et la Bretagne en 912, et Rouen devint, à cette époque, la capitale du duché de Normandie. Rollon et son fils agrandirent la ville en faisant construire une seconde enceinte; la troisième fut faite dans le XI° siècle. La quatrième date des derniers ducs. Sous le règne de saint Louis, on éleva la cinquième. Enfin, la sixième enceinte fut construite au XIV° siècle.

Rouen soutint un siège mémorable, en 1418, contre Henri V, roi d'Angleterre. Les habitants supportèrent, avec un courage héroïque, tous les fléaux d'une guerre désastreuse, la famine, la peste, et ils résolurent de brûler la ville plutôt que de se rendre à des conditions honteuses; ils en obtinrent d'honorables.

Les réformés, sous la conduite du prince de Condé, pillèrent la ville en 1522. Dans la nuit de la St.-Barthélemy, quatre cents d'entre eux furent égorgés.

En 1593, Henri IV assiège Rouen. Cette ville et tout le duché de Normandie, lui furent vendus par Villard, gouverneur de la ville, pour la somme de 3,477,800 livres.

En 1661, la ville souffrit considérablement de la peste; ce fléau fit périr les trois quarts des habitants.

Le duché de Normandie a toujours été regardé comme un des plus beaux joyaux de la couronne de France. Rouen a été visité par plusieurs de nos rois. Elle a reçu dans ses murs Louis XI, Louis XII, François Ier, Louis XV, Napoléon et Louis-Philippe.

T. V. 18

La population de cette ville a toujours suivi une progression croissante ; son commerce est fort étendu ; d'innombrables marchandises, venues de tous les pays, encombrent sans cesse ses quais, ses magasins. Sa rade est garnie de vaisseaux de toutes les nations. On peut considérer Rouen comme l'entrepôt de Paris. Cette ville populeuse compte aujourd'hui de beaux boulevarts, 33 barrières, 3 halles, 8 marchés, 2 places, environ 17,000 maisons, près de 500 rues, et plus de 100,000 habitants. Avant la révolution, elle possédait 37 églises paroissiales, à peu près autant de communautés religieuses des deux sexes ; elle n'a plus que 6 églises paroissiales et 8 succursales.

Rouen a vu naître un grand nombre d'hommes illustres, parmi lesquels nous nous contenterons de nommer Corneille, Fontenelle et Boyeldieu.

Cette ville, qui est la quatrième de France, dans l'ordre d'importance, est le chef-lieu de préfecture du département de la Seine-Inférieure, et le siége d'une cour royale, et d'une académie universitaire. Sa bibliothèque est célèbre ; elle contient plus de 70,000 volumes imprimés, et environ 4,000 manuscrits.

ELBEUF.

En revenant de Paris à Rouen par le bateau à vapeur, parmi les villes considérables que l'on rencontre, est Elbeuf, agréablement située sur le bord de la Seine, dans une belle vallée bordée au midi par une chaîne de collines élevées et d'aspects pittoresques et variés. Les rues de cette ville sont étroites, obscures, sinueuses ; les maisons, mal bâties. C'est une ville de fabriques ; personne n'ignore la célébrité des draps d'Elbeuf.

On trouve dans cette ville deux églises fort belles, St.-Etienne et St.-Jean-Baptiste, dont les vitraux sont admirés des connaisseurs. La population d'Elbeuf est évaluée à 10,258 habitants. Son commerce a de l'activité ; ses habitants sont très laborieux ; cette ville respire un air d'aisance et de bonheur qui n'appartient qu'aux cités industrieuses

DÉPARTEMENT DE SEINE-ET-OISE.

§ Ier.

ARRONDISSEMENT DE PONTOISE.

Le département de Seine-et-Oise, qui entoure de tous côtés celui de la Seine, appartient, dans sa plus grande étendue, aux contrées occidentales et méridionales des environs de Paris. L'arrondissement de Pontoise, qui occupe l'extrémité septentrionale de ce riche département, est le seul qui dépende de la région du nord, dont la description est l'objet de cette première partie. Cet arrondissement subdivisé, en 7 cantons, contient 165 communes et environ 93,000 habitants.

PONTOISE.

La ville de Pontoise, aujourd'hui chef-lieu d'arrondissement du département de Seine-et-Oise, et autrefois capitale du Vexin Français, est agréablement située au penchant d'un coteau, sur la rive droite de l'Oise et au confluent de cette rivière et de la Viosne, à 28 kilom. (7 lieues) N. O. de Paris, et à 34 kilom. (8 lieues 1/2) N. de Versailles. Sa population est de 5,500 hab.

Le nom de cette ville est la traduction de celui qu'elle porte dans l'itinéraire d'Antonin : *Briva-Isaræ*, composé du mot celtique *Briva*, qui désigne un pont ou passage, et de *Isara*, nom latin de la rivière d'Oise.

Il est donc certain qu'un pont traversait l'Oise sur ce point, dès l'époque romaine ; mais ce pont était alors placé à quelque distance de celui qui existe aujourd'hui ; il aboutissait à une voie romaine qui conduisait à Saint-Denis, et qui est connue sous le nom de *Chaussée de César*.

Là aussi, à la même époque, était une ville ou bourgade qu'on doit croire très ancienne sans qu'il soit nécessaire d'en faire remonter l'origine au roi Belgius, comme l'a fait le naïf auteur des *Antiquités de Pontoise.*

Au VIIIe siècle, vers 780, Pontoise et son territoire étaient sous l'obéissance de Riferus ou Riferon, que d'anciens monuments qualifient comte de Meulan. Cent ans après, en 885, une forteresse fut élevée à Pontoise pour résister aux Normands, et la défense en fut confiée à Aletramne ou Alatramne. Bientôt 30 ou 40,000 de ces barbares, appelés en France par le désir de venger la mort d'un de leurs chefs, assassiné par ordre de Charles-le-Gros, (1) remontent la Seine avec 700 barques, entrent dans l'Oise, et viennent assiéger la nouvelle forteresse de Pontoise que Gozlin, évêque de Paris, avait pourvue de vivres. La résistance ne fut pas longue. Les assiégeants étant parvenus à couper les conduits qui amenaient dans la place les eaux de la rivière, obligèrent Aletramne à capituler. Il obtint la vie sauve et se retira avec ses troupes. Les Normands pillèrent la forteresse, y mirent le feu, et continuèrent leurs dévastations jusque sous les murs de Paris, dont ils firent le siége. (2) Le château détruit par les Normands fut reconstruit peu de temps après; il est certain, du moins, que dès les premiers temps de la troisième race, ce château était rétabli.

En 1032, sous le règne de Henri Ier, Pontoise et tout le Vexin passèrent aux mains de Robert-le-Diable, duc de Normandie. Ces possessions furent la récompense de l'appui que Robert avait prêté au roi, en l'aidant à vaincre le comte de Champagne. Il y eut dès lors des comtes particuliers pour Pontoise et Chaumont, sous l'autorité des ducs de Normandie. Les premiers de ces comtes furent Drogon et son fils Gautier.

La fondation de l'abbaye de St.-Martin, près Pontoise, par Philippe Ier, en 1069, donna quelque importance à la ville. C'est du château de Pontoise que ce prince date les priviléges qu'il accorda au nouveau monastère, autour duquel la population s'agglomera peu à peu. Un faubourg se forma de ce côté, et porta d'abord le nom de *Neubourg*, ensuite celui de *Ville-Saint-Martin*.

J'ai vu dans les archives de la ville de Pontoise, (3) une charte par laquelle Thibaut de Gisors donne, vers 1178, à Geoffroy, abbé de Saint-Martin, ce village de Neubourg avec la justice, le ban et la voirie qui en dépendaient. Les abbés, devenus propriétaires de Neubourg, le firent fortifier et ce fut alors qu'il prit le nom de ville de Saint-Martin. Ce village ou faubourg, où l'on comptait environ cent feux, fut détruit au XVe siècle, pendant les guerres contre les Anglais. Il n'en resta plus de vestiges, mais l'emplacement qu'il occupait appartint aux religieux de Saint-Martin jusqu'en 1789. La ville

---

(1) Voyez t. I. p. 338 et suiv.
(2) Voyez t. I. *ibid.* et le *Rec. des Hist. de Fr.*, t. VIII, p. 84 et 95.
(3) Documents historiques. Liasse 67.

Saint-Martin était située sur le bord de la chaussée de César (1).

Un autre monastère, celui de Saint-Mellon, existait à Pontoise, dans l'intérieur de la ville, lorsque les religieux de Saint-Martin vinrent s'établir hors des murs. L'époque de la fondation de l'abbaye de Saint-Mellon n'est pas bien connue; mais suivant l'opinion la plus générale, cette fondation remonte au moins à l'an 899 (2). En 1094, le roi Philippe Ier donna en fief ce monastère à Guillaume, archevêque de Rouen. Dans la suite, l'abbaye de Saint-Mellon fut sécularisée et remplacée par une collégiale instituée par Philippe-le-Bel en 1286, et qui a subsisté jusqu'à la révolution. L'église abbatiale, puis collégiale de Saint-Mellon était située dans l'avant-cour du château de Pontoise. De là, la partie de la ville, qui avoisinait le château, prit, dès le xiie siècle, le nom de Ville-neuve-Saint-Mellon, comme on voit par une charte de 1196.

Enfin, un troisième établissement religieux se forma au xie siècle, à Pontoise. Les moines de la célèbre abbaye du Bec fondèrent dans cette ville un prieuré sous l'invocation de Saint-Pierre. Ce prieuré a formé depuis une paroisse, qui a été supprimée en 1793.

Toutes ces pieuses fondations augmentèrent en peu de temps la population et la prospérité de la ville. En 1151, le pape Innocent II voulut y séjourner. Une de ses lettres est datée de Pontoise. Ce fut là aussi que vint habiter Isabelle de Hainaut, première femme de Philippe-Auguste, lorsque son mariage avec ce prince eut été déclaré nul par les évêques.

Mais ce qui acheva de classer Pontoise au nombre des villes, ce fut la charte de commune que lui accorda Philippe-Auguste en 1188, et dont une des principales dispositions garantissait aux habitants que leur ville serait constamment partie du domaine de la couronne (3). Depuis cette époque Pontoise fut gouverné par un maire et douze pairs (4).

Les mesures que nécessitait la défense de la ville suivirent de près son organisation municipale. Les fossés et les épaisses murailles dont on voit encore aujourd'hui des restes si remarquables, paraissent dater du règne de Philippe-Auguste.

On sait que saint Louis aimait le séjour de Pontoise et qu'il y habita long-temps avec sa mère Blanche de Castille, et la reine, sa femme, Marguerite de Provence. Là, dit-on, la sévère Blanche prétendait régler jusqu'aux plaisirs que le mariage permettait aux royaux époux. Marguerite se plaignit un jour amèrement de cette

---

(1) Voyez aux archives de Pontoise, section des documents historiques, la liasse n° 67.
(2) Gallia christiana. Voyez aussi dans l'*Annuaire de la société de l'histoire de France* pour 1838, la liste des *monastères de France*, par M. L. de Maslatrie, p. 166.
(3) Trois fois Pontoise avait été cédé par les rois de France. J'ai déjà parlé de l'abandon qu'en fit Henri I à Robert le Diable, duc de Normandie. Philippe I donna cette ville en propre, vers l'an 1105, à son fils Louis, qui lui succéda depuis sous le nom de Louis-le-Gros. Enfin ce dernier prince, se vit lui-même obligé de céder Pontoise et tout le Vexin français à Guillaume duc de Normandie, qui ravageait le pays. Je dois faire remarquer ici que la cession faite par Louis-le-Gros, ne peut pas être de l'an 1097, comme le prétendent Dulaure et M. Touchard-Lafosse, puisque ce prince ne monta sur le trône qu'en 1108.
(4) Une copie ancienne de la charte de commune de Pontoise est conservée aux archives de cette ville; *docum. hist.* liasse 67.

gène. *Ne me laisserez-vous voir mon seigneur*, lui dit-elle, *ni en la vie, ni à la mort?* Dulaure, beaucoup plus enclin, comme on sait, au blâme qu'à l'éloge, s'est élevé vivement à ce propos contre la dureté de Blanche de Castille. La conduite de cette princesse est ainsi expliquée par un historien moins frondeur. En rappelant que la scène dont je viens de parler eut lieu pendant une maladie de saint Louis, il ajoute : « cette circonstance peut prouver qu'alarmée des empressements trop vifs de son fils, elle employa, moins par jalousie que par prudence et tendresse, des moyens que la confiance respectueuse du prince autorisait (1). »

La longue maladie que saint Louis éprouva pendant son séjour à Pontoise n'alarma pas seulement, comme le veut Dulaure, les puissants du royaume, elle affligea les Français de toutes les classes. Un peuple nombreux suivait les évêques et archevêques qui vinrent à Pontoise visiter le prince, et la nouvelle de sa guérison causa une joie universelle. Ce fut pendant cette maladie que Saint-Louis fit vœu de se croiser.

Pontoise dut à la sollicitude de saint Louis une amélioration importante. La ville, située sur un rocher, se trouvait, par sa position, privée d'eau, ce qui était un grave inconvénient en cas de siége. Saint Louis fit construire, à une demi-lieue de Pontoise, une digue qui traverse ses fossés et ses remparts jusqu'à l'Oise, et amène, par ce nouveau lit, la rivière de Viosne dans la place.

L'histoire de Pontoise pendant le xive siècle ne présente point de faits remarquables. On cite seulement la réunion des bourgeois en confrérie pour l'administration du bien des pauvres, sous le nom de confrérie de Saint-Jacques, en 1380. J'ajouterai, d'après les documents originaux déposés aux archives de la ville, qu'en 1368, des réparations considérables furent faites aux fortifications, et qu'en 1390, la ville contribua pour une somme très importante aux dépenses que rendait nécessaires la défense du royaume (2).

Au siècle suivant, Pontoise eut sa large part des calamités du règne de Charles VI. La ville fut prise, le 29 juillet 1419, par les Anglais, qui la conservèrent jusqu'en 1423. Elle fut alors délivrée par l'adresse et l'énergie des habitants, qui, après avoir chassé la garnison, demandèrent au roi Villiers-de-l'Ile-Adam pour les gouverner.

En 1437, Talbot, général anglais, s'empara encore de Pontoise par un artifice singulier. Les campagnes étaient couvertes d'une neige épaisse. Talbot fit vêtir ses soldats de toile blanche et pendant une nuit sombre s'avança à leur tête sous les remparts de la ville, sans qu'ils fussent aperçus. Les murailles furent escaladées sans bruit, et les postes les plus importants tombèrent au pouvoir des assiégeants. Le gouverneur français s'enfuit lâchement et laissa les habitants à la merci de l'ennemi qui les massacra ou les mit à rançon.

(1) Anquetil. *Hist. de France;* édit. de 1817, t. II, p. 152.
(2) Archives de Pontoise. *Docum. hist.* liass. 69 et 76.

DES ENVIRONS DE PARIS.   143

Le joug anglais pesa pendant quatre ans encore sur cette malheureuse ville. Aussitôt que Charles VII fut en état de lutter victorieusement contre les ennemis de la France, il songea à délivrer Pontoise. Le siége et la prise de cette ville sont un de ses plus beaux faits d'armes.

Les circonstances de ce siége, qui dura trois mois, méritent d'être rapportées avec détail. J'en reproduirai une partie d'après un ouvrage récemment publié, qui contient beaucoup de renseignements utiles pour l'histoire du Vexin français. « Le 4 juin 1441, Charles VII, ayant pris la résolution d'enlever Pontoise aux Anglais, se met en marche, et accompagné de son fils, le dauphin de Viennois, de Charles d'Anjou, du comte de Clermont et de plusieurs autres seigneurs, vient se loger à l'abbaye de Maubuisson. Le duc de Bourgogne unit ses forces aux forces royales. La Hire, Pothon, Floquet, soutiennent par leur présence le courage des soldats; la ville de Paris envoie au roi une troupe bien montée. Charles a douze mille combattants sous les armes. Le signal de l'attaque est donné. La Hire s'empare du bastion de Maubuisson, près de l'abbaye de Saint-Martin; cependant la ville n'est pas si bien gardée, que Talbot n'y fasse entrer des gens avec force vivres.

» Sur ces entrefaites le duc d'York, lieutenant-général de Henri, roi d'Angleterre, à la tête de huit mille hommes, arrive à Cencry et à Hotonville, lieux fort près de Pontoise, et envoie ses hérauts à Charles pour lui offrir le combat. Charles les renvoya sans autre réponse, sinon : « Qu'on lui en feroit manger tout son saoul,
» plustost qu'il ne voudroit. »

» L'Oise séparait les deux armées : Charles en défendait le passage depuis Pontoise jusqu'à Beaumont. Cependant le duc d'York traversa la rivière en dépit des Français, en faisant défiler ses soldats sous l'arche du pont de Beaumont. L'obscurité de la nuit favorisa tellement leur passage, qu'une grande partie de l'armée anglaise avait franchi l'Oise avant que nos sentinelles s'en fussent aperçues; alors il n'y eut d'autre remède que d'aller informer le roi de l'arrivée de l'ennemi.

» Le duc d'York, ayant ainsi heureusement traversé la rivière et fait prendre haleine à ses soldats, s'achemina en bon ordre vers Charles, avec l'intention de l'attaquer. Le roi ne se trouva point en état de hasarder ce jour-là une bataille qui pouvait être décisive. Sans attendre l'ennemi, il jette le plus pesant de son attirail militaire, avec deux mille hommes, dans le fort Saint-Martin, sous la garde de Charles d'Anjou, de l'amiral de Coëtivy, La Hire, Rouhault, Estouteville et d'autres résolus capitaines, abandonne Maubuisson et se réfugie à Poissy.

» Le duc d'York s'empare bientôt de Maubuisson et fait mine d'attaquer le fort Saint-Martin. Ayant vainement essayé de l'ébranler, il prend le chemin de Poissy et pose son armée devant la ville, en présence du roi et de ses troupes. Il y eut bien quelques escarmouches, mais sans résultat décisif. Charles resta ferme dans son dessein de ne rien hasarder. Le duc d'York, soigneux d'avitailler et de sauver Pontoise, se retira à Mantes pour envoyer de cette place des subsistances et des secours aux assiégés.

» Si le commencement de cette affaire avait paru peu favorable à nos armes, l'issue en fut heureuse et brillante. Le roi, qui s'étant retiré à Saint-Denis pour préparer ses moyens d'attaque, revint bientôt à Pontoise, résolut d'emporter cette place ou de s'ensevelir sous ses ruines. Trois fois il fit donner l'assaut de trois côtés différents. Ses troupes s'emparèrent d'abord de l'église de Notre-Dame, située hors de la ville, et d'où l'on pouvait beaucoup incommoder les assiégés. Le roi, accompagné des comtes de La Marche, d'Albret et de Tancarville, en prit possession. A la porte de la Friche, au bord de l'Oise, étaient le Dauphin, le comte du Maine, l'amiral et le grand maître des arbalètriers ; de l'autre côté de la batterie étaient le connétable, le maréchal de Lohéac, les sieurs de Mouy, de Thouars, de la Suze, de Serran, de Sanzay et le vidame de Chartres.

» La batterie donnant de tous côtés et la brèche étant assez large, les Français s'y précipitent, le roi en tête. Les Anglais sont culbutés : cinq cents sont tués, cinq cents sont faits prisonniers. Les habitants, par ordre du roi, furent soigneusement épargnés. Telle fut l'issue du siège de Pontoise, qui pesa alors d'un poids considérable dans la balance des affaires publiques (1). »

En 1465, pendant la guerre du bien public, Pontoise fut livré aux mécontents, par son commandant, Louis Sorbier ; mais le roi en reprit possession quelques mois après, en exécution du traité de Conflans. Il fit alors dans la ville une entrée solennelle (2).

Des fêtes magnifiques eurent lieu à Pontoise, en 1508, à l'occasion de l'entrée de Louis XII et d'Anne de Bretagne (3).

En 1561, les Etats généraux, qui avaient été convoqués, l'année précédente, à Orléans, se réunirent à Pontoise, pour délibérer sur l'administration des affaires publiques et sur la pacification des troubles religieux. Cette délibération des Etats eut un résultat favorable à la Réforme ; elle prépara l'édit de janvier 1562, qui accorda aux Huguenots le libre exercice de leur religion.

Dans les guerres de la ligue, les troupes royales, aux ordres du seigneur d'O, s'emparèrent de Pontoise, qui était défendu par le baron d'Alincourt (4).

Louis XIV se retira à Pontoise pendant les troubles de la Fronde

---

(1) *Biographie des hommes remarquables de Seine-et-Oise*, par H. Daniel de St-Antoine, 1857. in-8°. p. XXXVIII.
(2) Voy. aux archives de Pontoise, *Documents historiques*, L. 81.
(3) Voy. *ibid.*, L. 65.
(4) Voy. *ibid.*, L. 65. Ce siège n'est pas de 1589, comme l'a écrit Dulaure, mais de 1593, ainsi que le prouvent les documents conservés aux archives de Pontoise. Les principaux de ces documents sont le traité de capitulation signé par le seigneur d'O, par le roi de Navarre et le baron d'Alincourt, et un placet que la ville présenta au roi, après la capitulation, pour demander l'oubli du passé.

et y transféra le parlement, le 6 août 1652. Sous la régence, le parlement fut encore exilé à Pontoise, en 1720, pour avoir adressé au duc d'Orléans des représentations contre le système de Law, et une troisième fois, sous Louis XV, en 1753, pour refus d'obéissance au roi à l'occasion des poursuites dirigées contre l'archevêque de Paris.

Outre l'abbaye de St-Martin, la collégiale de St-Mellon, et l'église de St-Pierre, dont j'ai parlé plus haut, il y avait à Pontoise, avant 1789, un couvent de Cordeliers, fondé par la reine Blanche, en 1248, et où était déposé le cœur du cardinal Georges d'Amboise; un couvent de Carmélites, où l'on voyait le tombeau du chancelier Pierre Séguier; et un monastère de Bénédictines anglaises, établi en 1659.

Il n'y a plus aujourd'hui à Pontoise que deux paroisses : la belle église de St-Maclou, remarquable par son architecture (1); et celle de Notre-Dame, célèbre autrefois par de pieux pélerinages, mais aujourd'hui peu considérable et fort mal entretenue.

L'Hôtel-de-Ville de Pontoise renferme des archives dont la partie historique, classée avec beaucoup d'ordre, est riche de documents précieux.

La bibliothèque publique, confiée aux soins du principal du collège, a peu d'importance. On y trouve pourtant deux ouvrages manuscrits qui méritent d'être signalés à l'attention des érudits : une histoire de l'abbaye de Maubuisson, et un grand travail inédit sur le monastère de St-Martin de Pontoise, par le savant bénédictin D. Claude Estiennot (2).

La population de Pontoise est de 5,400 habitants. Il s'y fait un grand commerce de blé, de farines et de bestiaux. La rivière de Viosne fait tourner, tant dans la ville qu'aux environs, 22 moulins. Sur les bords de l'Oise on remarque un fort bel hôpital construit récemment.

On voyait, il y a quelques années, hors de la ville, sur la route de Rouen, une tour ruinée, dernier vestige du château seigneurial. Elle a été démolie en 1824.

L'ancienne maison abbatiale de St-Martin a été convertie, au XVIIe siècle, en un magnifique château que le duc de Bouillon fit décorer par les meilleurs artistes de son temps. Le Nostre dessina les jardins. Cette propriété, qui existe encore,

---

(1) La fondation de l'église de St. Maclou remonte à une époque très ancienne ; mais aucune partie de l'édifice actuel ne paraît antérieure à la fin du XIIIe ou au commencement du XIVe siècle. La tour renferme une cloche destinée à jeter l'alarme en cas d'incendie, et sur laquelle on lisait ce vers latin souvent cité pour son harmonie imitative :
    Unda, unda, unda, unda, unda, unda, unda ; accurrite cives.

(2) Ce dernier ouvrage, en 3 vol. in fol., est d'un intérêt moins restreint que ne l'annonce son titre : *Historia regalis monasterii sancti Martini suprà Viosnam propè et extrà muros Pontisaræ in Vulcassino Franciæ.* Je crois qu'on peut le considérer comme le travail le plus complet qui existe sur l'histoire civile et ecclésiastique du Vexin français. Les pièces justificatives, comprises dans le tome III, m'ont paru surtout d'un grand prix. La bibliothèque royale ne possède que des fragments de cet ouvrage, dont une copie existait autrefois dans la bibliothèque de S.-Germain-des-Prés (Voy. *Bibliothèque historique de la France*, par Lelong et Fontette, t. I, p. 782; n° 12624).

a successivement appartenu, depuis la mort du duc de Bouillon, au duc d'Albret, au prince de Conti et au comte de la Marche.

L'arrondissement de Pontoise comprend les sept cantons de Pontoise, d'Ecouen, de Gonesse, de l'Ile-Adam, de Luzarches, de Marines et de Montmorency.

§ II.

ENVIRONS DE PONTOISE.

SAINT-OUEN-L'AUMONE. — ABBAYE DE MAUBUISSON.

Sur la pente d'un coteau qui domine la vallée de l'Oise, et à un quart de lieue de Pontoise, est le village de St-Ouen, peuplé de 1,500 habitants, et dont le territoire comprend l'Aumône, faubourg de Pontoise, le hameau d'Epluches, la ferme de Liesse et l'ancienne abbaye de Maubuisson.

On croit que ce village doit son nom à une chapelle qui fut érigée en l'honneur de saint Ouen, sur le bord de la chaussée romaine, lorsque le corps de ce saint évêque fut transporté, en 683, de Paris à Rouen, sa ville épiscopale (1).

Le surnom de l'*Aumône*, donné au village de St-Ouen et au faubourg qui en dépend, viendrait, suivant quelques auteurs, des libéralités que saint Louis y répandit pendant son séjour à Pontoise, et Dulaure a reproduit cette opinion (2); mais elle est sans aucun fondement, puisque des titres du xiie siècle prouvent que, dès cette époque, le surnom de l'Aumône s'appliquait à cette localité (3).

Près de Saint-Ouen l'Aumône, il existait autrefois une léproserie où se conservait précieusement le *bourdon* de Saint-Louis (4), et qui portait le nom de *St-Lazare* ou *St-Ladre*, comme la plupart des établissements affectés à la guérison de la lèpre. Lebeuf ne cite, relativement à cette maison, aucun titre qui soit antérieur à 1315; mais j'ai vu un diplôme qui en fait remonter la fondation beaucoup plus haut. C'est une charte de l'an 1142, par laquelle Louis-le-Jeune donne à cette léproserie une terre située près du pont de l'Oise (5). En 1600, Henri de Gondi, évêque de Paris, plaça cet hôpital sous l'administration des échevins de la ville. Il a été supprimé en 1604.

---

(1) Lebeuf, *Histoire du diocèse de Paris*, IV, 177.
(2) *Histoire des environs de Paris*, Ire edit., t. III, p. 113.
(3) Lebeuf, *Histoire du diocèse de Paris*, IV, 178.
(4) Lebeuf, *ibid*.
(5) Archives de Pontoise. Documents historiques, L. 101.

Peu de monastères en France ont été plus célèbres que l'abbaye de *Maubuisson*, fondée en 1236, par Blanche de Castille, mère de St-Louis, qui voulut y être inhumée.

Assez d'autres se sont plus à raconter longuement la scandaleuse histoire, heureusement très peu authentique, des trois princesses de Bourgogne, reléguées à Maubuisson, en 1314 (1), ou à mêler de grossières plaisanteries au récit des outrages subis par les religieuses de cette abbaye pendant nos guerres civiles, sous Charles VII et sous Henri IV (2).

MAUBUISSON.

J'aime mieux rappeler quelques uns des noms illustres et des pieux souvenirs qui se rattachent à l'histoire de Maubuisson.

Les abbesses de ce monastère appartenaient presque toujours, soit à la maison royale, soit aux plus anciennes familles de la noblesse. Parmi celles qui se sont distinguées par leurs vertus, on peut citer, au XIIIe siècle, Blanche de Brienne, fille d'Alphonse, comte d'Eu, chancelier de France, petite nièce de la reine Blanche; en 1622, Charlotte de Bourbon-Soissons; en 1653, Catherine-Angélique d'Orléans, fille du duc de Longueville; et à diverses époques, des dames de Montmorency, de Meulan, d'Etouteville, de Dinteville, d'Annebault.

Au commencement du XVIIe siècle, la conduite d'une abbesse de Maubuisson, Angélique d'Estrées, sœur de Gabrielle d'Estrées, ayant donné lieu à des plaintes graves, cette abbesse fut déposée par le chapitre de Cîteaux en 1618, et enfermée dans un couvent de Paris où elle mourut en 1636. La réforme fut alors introduite à Maubuisson, où Marie-Angélique Arnaud amena de Port-Royal-des-Champs, vingt religieuses pour rétablir la discipline.

Le style d'architecture de l'abbaye de Maubuisson était celui des monuments religieux les plus ornés du XIIIe siècle. Le chœur de l'église était très vaste, et pavé d'une marqueterie de mastic, qui de loin paraissait être du marbre. (3)

Au milieu de ce chœur, étaient placés, dans une tombe de cuivre, les restes de l'illustre fondatrice de l'abbaye, la reine Blanche de Castille. Cette princesse, qui mourut en 1252, avait voulu, quelques jours avant sa mort, prendre l'habit de l'ordre de Cîteaux et faire des vœux entre les mains de l'abbesse de Maubuisson, qu'elle avait fait venir à Paris avec ses religieuses. « Quand elle fut morte, dit Tillemont, on la revêtit de ses vêtements royaux

---

(1) Marguerite de Bourgogne, femme de Louis le Hutin, l'héroïne du drame de la Tour de Nesle, et ses deux belles-sœurs, Jeanne et Blanche de Bourgogne.
(2) Voy. Dulaure, *Histoire des environs de Paris*, 1re édit., t. III, p. 94, et suiv. — Touchard Lafosse, *Histoire des environs de Paris*, t. I, p. 295.
(3) Lebeuf. *Hist. du dioc. de Paris*, IV. 189

sur ses habits de religion, avec la couronne d'or sur le voile. En cet état, elle fut portée dans Paris par les principaux du royaume, sur une litière d'or, et comme elle avait ordonné, avant de mourir, que son corps fût porté à Maubuisson, elle y fut conduite processionnellement par l'évêque de Paris, accompagné de tout son clergé, et avec beaucoup de solennité. Elle y fut enterrée sous une voûte, au-dessus de laquelle on lui a élevé un tombeau. L'année suivante son cœur fut porté de Maubuisson à l'abbaye du Lys, près de Melun (1). »

Un grand nombre d'autres personnages illustres étaient inhumés à Maubuisson : Jean de Brienne, roi de Jérusalem; Alphonse, comte de Poitiers, frère de St.-Louis; Mathilde, comtesse d'Artois et de Bourgogne; Bonne de Luxembourg, femme du roi Jean ; Blanche de Bourgogne, femme de Charles-le-Bel ; Marguerite de Brienne, femme de Bohémond, prince d'Antioche. Près du grand autel étaient deux tombeaux de marbre noir, renfermant les entrailles du roi Charles-le-Bel et de Jeanne d'Evreux, sa troisième femme. Ces tombeaux étaient surmontés des deux figures couchées de Charles et de Jeanne.

Le souvenir de Gabrielle d'Estrées se rattache, par un contraste assez bizarre, à l'histoire de ce monastère. Cette célèbre maîtresse de Henri IV y fut inhumée avec l'enfant dont elle était grosse. Sa sœur, Angélique d'Estrées, était alors abbesse de Maubuisson.(2)

Après la révolution, les bâtiments de l'abbaye ont été convertis en manufacture. Il ne reste plus que les ruines de l'église.

On peut remarquer encore dans le canton de Pontoise: *Pierrelaye*, village ancien que l'abbé Lebeuf croit être l'*Alateum* donné à l'abbaye de St.-Denis par Landégisile, frère de la reine Nanthilde, femme de Dagobert Ier ; *Cergy* ou *Sergy*, agréablement situé sur l'Oise; *Eragny*, ou l'on voit les ruines d'un ancien château qui appartint à la famille de saint François de Paule; *Osny*, , avec une belle habitation construite en 1787, par le général Charles de Lameth ; *Ennery*, qu'habita le comte Réal, sous l'empire; enfin, le joli village d'*Auvers*, dans la plus riante situation, sur une colline au bord de l'Oise. L'une des rues d'Auvers a plus d'une lieue de longueur. Ses deux châteaux sont remarquables par la beauté de leur position.

(1) *Hist.* manuscrite *de St-.Louis*, I, 621. Le dernier vers d'une épitaphe latine placée sur le tombeau de Blanche faisait allusion à la profession religieuse qu'elle avait embrassée peu de jours avant sa mort :

Tanta prius, talis jacet hic pauper monialis.

(2) Lebeuf, *Hist. du dioc. de Paris*, IV. 192.

ÉCOUEN.

Le bourg et le château d'Ecouen sont situés sur un tertre qui domine les belles campagnes environnantes à une grande distance.

Le bourg d'Ecouen, chef-lieu de canton du département de Seine-et-Oise, compte environ 1,400 habitants; il est bien bâti et bien percé; mais la route qui le traverse offre des pentes rapides et dangereuses. Au xie siècle, ce bourg appartenait à la famille de Montmorency; depuis il a passé dans celle de Condé, et a fait partie de ses vastes domaines.

Le château d'Ecouen, l'un des plus magnifiques des environs de Paris, fut bâti, sous le règne de François Ier, sur les dessins de Jean Bullant, pour le connétable Anne de Montmorency. Il domine le bourg; il est d'un aspect imposant et majestueux. Sa forme est un carré parfait de 62 mètres 36 centimètres de chaque côté; à chaque angle, s'élève un pavillon d'une grande élégance; un fossé l'entoure de toutes parts.

La façade du côté de Paris présente un avant-corps décoré de colonnes d'ordres ionique et dorique, avec un attique surmonté d'un campanille. L'admirable galerie qui conduisait à la chapelle construite à gauche dans l'un des pavillons, était éclairée par un portique d'ordre ionique. Dans les niches, ornées de sculptures estimées, étaient de fort beaux bustes de marbre. Dans un des cintres de la façade, on voyait autrefois une statue équestre du connétable de Montmorency.

La cour carrée est formée par les quatre corps de bâtiment qui réunissent les pavillons des angles, plus élevés que le reste de l'édifice. La porte du bâtiment du fond, modèle de grace et d'élégance, est ornée de deux Renommées en bas-relief, par Jean Goujon.

Les deux corps de bâtiment latéraux ne sont pas tout à fait symétriques. Celui de gauche, le plus recommandable, se compose de quatre colonnes corinthiennes cannelées, aux proportions grandioses et couronnées par un entablement dont la frise est enrichie de trophées d'armes, de la plus belle exécution.

Pendant le dernier siècle, les princes de Condé avaient laissé dans l'abandon le château d'Écouen, dont plusieurs parties tombaient en ruines lorsque la révolution éclata.

Lors de la révolution, les amis des arts sauvèrent d'une perte imminente plusieurs morceaux précieux qui existaient encore à cette époque au château d'Ecouen, et qui furent transportés à Paris au musée des Petits-Augustins, et confiés à M. A. Lenoir. Parmi ces objets d'art, on comptait vingt-deux vitraux de la petite galerie, représentant, en trente tableaux, l'histoire de l'Amour et de Psyché, d'après les compositions de Raphaël. Ces peintures avaient été exécutées en 1545; les deux grands vitraux de la chapelle, dont le Primatice avait donné les dessins, et qui représentent, l'un la Nativité, et l'autre la Circoncision du Christ; un groupe de grandeur naturelle, représentant l'Education de la Vierge, exécuté en albâtre de Lagny, par Bulland; un bel autel en pierre de liais; enfin, deux sujets de bataille, dessinés et exécutés sur faïence par Bernard de Palissi. Ces deux morceaux remarquables servaient de pavé dans la chapelle du château.

Lorsque Napoléon, par un décret daté du château de Finkestein, le 15 mai 1807, ordonna que les sœurs, les filles et les nièces des membres de la Légion-d'Honneur seraient élevées aux frais de l'état, il choisit Ecouen pour le chef-lieu des établissements créés en vertu de ce décret; et M. Peyre, architecte, fit, par ses ordres, les changements nécessaires pour approprier le château à cette nouvelle destination. Trois cents jeunes filles y furent placées sous la direction de madame Campan, ancienne femme de chambre de la reine Marie-Antoinette. En 1809, madame Campan eut le titre de surintendante. Celui de protectrice des maisons d'Education des filles de Légion-d'Honneur fut donné à la reine Hortense.

On sait que Napoléon visita plusieurs fois la maison d'éducation d'Ecouen. On trouve dans les *Mémoires de madame Campan*, de curieux détails sur ces visites et sur l'administration de cet établissement célèbre.

En 1814, Louis XVIII, par une ordonnance du 19 juillet, réunit l'institution d'Ecouen à celle de Saint-Denis, qui n'était précédemment qu'une succursale.

Le dernier des Condés, en instituant le duc d'Aumale son légataire universel, lui avait imposé la condition d'entretenir au château d'Ecouen, devenu la propriété de madame de Feuchères, un certain nombre d'enfants appartenant aux familles des anciens officiers de l'armée de Condé; mais cette clause du testament du prince n'a pas reçu son exécution.

C'est du château d'Ecouen, durant nos discordes civiles, que fut daté le fameux édit du mois de juin 1559, qui prononça l'arrêt de proscription des Protestants.

Les villages de Villiers-le-Bel, Moisselles, Saint-Brice, Sarcelles, Piscop, Daumont, Bouffémont et Baillet, que nous allons mentionner, font partie du canton d'Ecouen.

VILLIERS LE BEL.

Ce village est ainsi nommé du mot *Villare*, *Villiers*, c'est-à-dire, maison de campagne, auquel on a joint le nom d'une famille Lebel, à laquelle il appartenait dès le XIIe siècle. Pendant les guerres de religion qui agitèrent la France, ce lieu servit de refuge aux calvinistes, et l'on y trouve encore aujourd'hui un assez grand nombre de protestants.

L'église de Villiers-le-Bel ne manque pas d'élégance. Elle possédait plusieurs reliques, entre autres, la tête de saint Etern, évêque d'Evreux. La population de Villiers-le-Bel s'élève à plus de 1,200 individus, et s'occupe, comme celle des villages voisins, de la fabrication des dentelles. André Barré, chanoine, puis abbé de St.-Victor, personnage distingué du xve siècle, a pris naissance dans ce village.

MOISSELLES.

Moisselles, *Muscella*, à 5 lieues nord de Paris, appartenait, dès le ixe siècle, à l'abbaye de St.-Denis. Au xiie, ce village avait une église appartenant aux religieux de St.-Martin-des-Champs, qui en nommaient le pasteur et percevaient la dîme. Plus tard elle passa à l'évêque de Paris, qui la conserva jusqu'à la révolution.

La maison de Montmorency fonda en cet endroit des hôpitaux pour les malades et les lépreux. Ces établissements se voyaient encore au xvie siècle. Dans ces derniers temps, la seigneurie de Moisselles relevait de la maison de Condé.

Environ 400 habitants forment la population de Moisselles. Situé dans un bas fond, ce village est arrosé par un petit ruisseau nommé le Rône.

SAINT-BRICE.

Le village de St.-Brice est situé à 4 lieues nord de Paris. Le terroir en est très fertile en blé et en vin. L'industrie des habitants est principalement la fabrication des blondes. On y distingue plusieurs jolies maisons de campagne, mais le château n'offre rien de remarquable. Autrefois cette seigneurie appartenait à la maison de Montmorency; elle a passé depuis dans celle de Condé. Aujourd'hui on évalue la population de St.-Brice à 800 habitants environ.

SARCELLES.

Ce village, situé à 3 lieues 1/2 au nord de Paris, date d'une époque assez reculée. Les rois de France y avaient, au ixe siècle, un domaine, et sans doute une maison de plaisance. Ils favorisèrent son église de leurs dons. En 1456, Jean de Popincourt, avocat au Parlement, était seigneur de Sarcelles. Jean Du-

Duplessis, son gendre, maître d'hôtel de Louis XI et de Charles VIII, posséda après lui cette seigneurie. Longtemps après il y eut des seigneurs de Sarcelles du nom de Neubourg, investis comme les précédents du titre de Maître d'Hôtel de rois ou de princes. Sous Roland de Neubourg, cette terre fut érigée en marquisat. Ce marquisat appartenait à la maison d'Hautefort dans le siècle dernier. Deux maisons de plaisance se remarquent aujourd'hui dans ce lieu; l'une d'elles a appartenu au comte Otto, célèbre sous Napoléon, et l'autre à Volney, auteur des *Ruines*. La population de Sarcelles, évaluée à plus de 1,300 habitants, est en grande partie occupée à la fabrication des dentelles et autres étoffes. Près de ce village existe une briqueterie très importante.

PISCOP.

Piscop, village contigu à la forêt de Montmorency, tire évidemment son nom du mot *episcopus*, évêque.

La seigneurie de Piscop passa dans la maison de Braque, vers le milieu du XIVe siècle. Cette famille dont plusieurs personnages furent très distingués, cessa de la posséder vers le milieu du siècle dernier.

Le hameau de *Blémur* est peu distant de Piscop et dépendant de ce village. Son château est remarquable par sa situation pittoresque.

Piscop, avec les hameaux qui y sont annexés, n'a pas en tout 300 habitants.

DAUMONT.

Ce village, situé à 4 lieues 1/2 de Paris, est, à l'exception du levant, entouré par la forêt de Montmorency. L'église qui existait dès le commencement du XIIe siècle, est sous l'invocation de la Vierge. On y voit les tombes de plusieurs seigneurs du lieu, la plupart nommée Villiers. Le général Saint-Laurent habitait, sous la restauration, l'ancienne demeure seigneuriale.

La population, y compris celle du hameau de *Manines*, est à peu près de 700 habitants.

BOUFFÉMONT.

Situé sur le revers d'une des collines de la forêt de Montmorency, ce village est distant de 5 lieues et 1/4 au nord de Paris. On croit que son nom vient d'une famille de Bouffé ou Buffé, qui figurait à la cour de France au XIIe siècle.

Le prieuré de *Ste.-Radegonde,* situé dans le voisinage, et les bois environnants, ont servi d'asile, pendant la terreur, à La Révellière-Lépaux et à d'autres membres distingués du parti girondin. On remarque aussi à quelque distance, près d'un étang, le *Château de la Chasse,* but ordinaire des excursions des promeneurs de Montmorency.

BAILLET.

Baillet est situé près de la forêt de l'Ile-Adam, à 1 lieue 3/4 d'Ecouen. Il est fait mention de ce village dès 832. Il appartenait alors à l'abbaye de St.-Denis. En 1379, il avait pour seigneur Hutin le Baveux. Plus tard on voit qu'une Jeanne la Baveuse était dame de Baillet; son fils Jacques d'O rendit hommage pour elle au duc de Bourgogne, dont il était chambellan. Plusieurs seigneurs du nom d'O possédèrent successivement cette terre. On trouve dans l'église de Baillet les tombes de Charles et de Jacques d'O, ainsi que celle de la femme de ce dernier. Il ne faut pas confondre ces seigneurs dont l'un mourut en 1584 et l'autre en 1614, avec François d'O, surintendant des finances sous Henri III. La population de Baillet n'excède guère 200 habitants.

GONESSE.

La petite ville de Gonesse est située dans une belle plaine renommée par sa fertilité, et sur la rivière de Crould, à 4 lieues environ au N.-O. de Paris, entre les routes de Compiègne et d'Amiens.

Son appellation latine fut *Gonissa* ou *Gonessa,* de là Gonesse. Elle faisait anciennement partie des domaines particuliers de Hugues-Capet, qui, avant son intronisation, était le plus puissant, comme le plus riche seigneur de France.

Gonesse a l'honneur d'avoir donné naissance à Philippe-Auguste, le 21 août 1165; et ce roi se plaisait à se faire appeler Philippe de Gonesse.

Au commencement du XIVe siècle, Gonesse était renommée pour ses fabriques de draps; elle en faisait un commerce assez considérable et elle avait, à Paris, rue de la Tonellerie, une halle particulière qu'on appelait alors la *Halle aux bourgeois, habitants, pelletiers et drapiers de la ville de Gonesse.* Ces draps jouissaient d'une grande réputation; leur qualité était fort estimée. Les rois Philippe de Valois, Jean et Charles V n'en employaient pas d'autres pour leurs vêtements, et ils étaient imités par les gens qui les entouraient.

Les fabriques de draps de Gonesse étant peu à peu tombées en discrédit, les moulins à foulon furent remplacés par des moulins à farine, et les habitants, toujours industrieux, se mirent à fabriquer du pain excellent qu'ils portaient à Paris. Ce nouveau commerce prospéra longtemps.

En 1358, Charles-le-Mauvais, roi de Navarre, et les Anglais, ses alliés, passèrent le mois de septembre à Gonesse, vivant aux dépens des malheureux habitants.

Le 14 juin 1465, sous Louis XI, les Bourguignons ravagèrent Gonesse et ses environs, commettant toute sorte d'excès.

Henri IV resta un mois campé dans cette ville, après sa seconde tentative infructueuse sur Paris.

François Ier, dont l'esprit caustique est bien connu, se qualifiait de seigneur de Gonesse et de Vanvres, pour se moquer du fastueux Charles-Quint et de sa longue énumération de titres.

Le 28 juin 1815, après la désastreuse bataille de Waterloo, le maréchal Grouchy, franchissant la distance qui sépare Charleroi de Gonesse en deux jours, vint prendre position devant cette dernière ville, avec quarante mille hommes et cent vingt pièces de canon. La reddition de Paris rendit ses efforts inutiles.

Gonesse a peu de monuments remarquables; on ne cite que l'église de St.-Pierre, placée sur une éminence, et dont la construction, élégante et bien conservée, rappelle les beaux morceaux gothiques du moyen-âge.

La population de cette ville est de 2,200 habitants.

—

ARNOUVILLE.

Ce joli village, à 4 lieues N. de Paris, est remarquable par son château, où s'arrêta pendant trois jours Louis XVIII, lors de sa seconde rentrée à Paris. Les premiers seigneurs connus de ce lieu sont Adam et Pierre d'Ermenouville (ancien nom de ce village), qui vivaient l'an 1177; un autre Adam d'Ermenouville, chevalier, en 1236; Robert de Lorry, maître des requêtes, en 1246; Philippe de Lacy, en 1384; Philippe de Beloy en 1429. Pierre l'orfèvre possédait cette terre en 1465. En 1511, Bastien de la Grange, dont le tombeau, ainsi que celui de sa femme, se remarquent dans l'église; puis enfin Bertrand l'orfèvre. Dans le siècle dernier, la terre d'Arnouville était possédée par M. de Machault, en faveur de qui elle avait été érigée en comté. Ce village est régulièrement construit; sa population est d'environ trois cents habitants.

GARGES.

L'existence de ce village remonte à une époque très reculée puisqu'il paraît que c'est là que Dagobert convoqua une assemblée générale des grands de son royaume, pour lui faire part de ses dernières volontés, dont il remettait l'exécution à ses fils, Sigebert et Clovis. Garges n'offre pas d'autres souvenirs bien intéressants. Sa distance de Paris est de trois lieues un quart; sa population, de 600 habitants. On y exploite des carrières de pierre à plâtre. La petite rivière du Crould arrose le village.

LOUVRES.

Louvres est un petit bourg fort ancien, situé à 5 lieues de Paris, sur la grande route de Paris à Compiègne.

Suivant certains chroniqueurs, Louvres aurait existé au IIIe siècle, et ses habitants, alors idolâtres, auraient été convertis à la foi chrétienne par saint Rieul. Ce saint y avait une chapelle qui existait encore au XIIIe siècle.

Quelques fondations pieuses, telles qu'un hôpital et une aumône de pain, datent du XIIIe siècle; on les croit établies par la reine Blanche de Castille, mère de saint Louis, et par Philippe-le-Bel, petit-fils de ce roi. Il y avait aussi, dans ce bourg, une léproserie qui est citée dès l'an 1241.

La terre de Louvres a appartenu à plusieurs anciennes familles puissantes; à celles d'Aunoy, de Nicolaï. Le roi Jean a daté une charte de Louvres, en 1354. L'empereur Charles IV, se rendant à Paris, y coucha, en 1377. En 1545, François Ier permit aux habitants de clore leur bourg de murailles.

Ce bourg dont la population actuelle est de 1000 habitants environ, fabrique des dentelles de fil et de soie. On y trouve une église que l'on dit être en partie du XIe siècle et en partie du XVe. Elle n'est pas sans élégance, ni sans intérêt pour l'art. Il faut aussi remarquer à Louvres la tour de l'ancienne église de St.-Rieul, qui sert aujourd'hui de prison. La construction de cette tour paraît remonter, quant aux parties inférieures, au IXe ou Xe siècle.

CHAMPLATREUX.

Champlâtreux est un joli village qui tire son nom des carrières à plâtre qui l'avoisinent. Il est situé sur la route Paris à Calais. Son château, bâti au XVIIe, sur les dessins de Chevalet, et qui a reçu depuis de nombreux embellissements, est d'une construction fort remarquable. Il est vaste et entouré de jardins bien dessinés. Les façades sont ornées de colonnes de plusieurs ordres. On voit encore dans le parc des arbres plantés de la main du célèbre et vertueux défenseur de Louis XVI, M. de Malesherbes.

Parmi les anciens propriétaires de Champlâtreux, on compte le courageux président Molé. Les descendants, de cet homme illustre possèdent encore ce château. M. le comte Molé en a fait un séjour enchanteur. Il eut l'honneur d'y recevoir, en 1836, Louis-Philippe, et y donna, à cette occasion, une fête brillante.

LUZARCHES.

En quittant Champlâtreux pour se rendre à Luzarches, on trouve une vallée admirable par ses sites pittoresques, ses prairies, ses vergers, ses ruisseaux et ses points de vue.

La petite ville de Luzarches, *Lusareca* ou *Lusarca*, est traversée par la grande route de Paris à Amiens, à six lieues de Paris, et à égale distance de cette ville à Pontoise.

Clovis II et Clovis III ont tenu, sur l'emplacement qu'occupe cette ville, leurs plaids, en 680 et en 692. (1)

Charlemagne a, par une charte de 775, fait don à l'église de Saint-Denis de quelques terres qu'il possédait à Luzarches. Cette ville avait dès lors la prétention de posséder les reliques de St.-Côme et de St.-Damien, et c'est en leur honneur que Charlemagne fit cette donation.

Une bulle du pape Lucien III, datée de l'année 1183, constate l'existence du chapitre de Luzarches.

Jeanne de Bourgogne, femme de Philippe-le-Long, roi de France, trouvant que les châsses qui contenaient les ossements de St.-Côme, de St.-Etern et de St.-Damien étaient trop peu décentes, en fit faire d'autres d'argent, dont elle fit don à l'église collégiale.

Cette église se trouvait anciennement renfermée dans l'enceinte du château seigneurial, édifice fort vaste, et dont la construction solide a résisté aux efforts du temps. Il avait été construit sur les ruines de l'ancien palais des rois de France de la première et de la seconde race. L'église est remarquable par sa belle façade. Son architecture date du XIIe et du XIIIe siècle.

A l'époque de la persécution des protestants, plusieurs d'entre eux trouvèrent dans cette petite ville aide et protection. Elle les accueillit avec bienveillance. Luzarches peut aussi s'honorer d'avoir donné le jour à *Robert de Lusarches*, célèbre architecte, contemporain de Philippe-Auguste, et qui commença sous ce prince, vers l'an 1220, la construction de la cathédrale d'Amiens.

Luzarches possède aujourd'hui environ 1800 habitants, y compris les hameaux voisins. C'est le chef-lieu d'un canton; il y a un bureau de poste et une brigade de gendarmerie.

Hérivaux est à peu de distance de Luzarches. Ce lieu est remarquable par une ancienne abbaye dont l'origine remonte au XIIe siècle, et qui fut fondée par Asselin, seigneur de Marly-la-Ville. Il y introduisit l'ordre de St.-Augustin. C'était à cette époque un lieu sauvage. Asselin, dégoûté des vanités du monde et des crimes qui s'y commettaient sans cesse dans ces temps d'ignorance et de ténèbres, avait entraîné plusieurs de ses amis à imiter son exemple. Cette abbaye devint célèbre. Elle était située dans un vallon qui a conservé encore aujourd'hui le triste et sombre aspect qui avait séduit Asselin et ses compagnons.

ROYAUMONT.

Entre Chantilly et Luzarches, sur le territoire de la commune d'Anières-sur-Oise, et dans un lieu appelé très anciennement *Cuimont*, était la célèbre abbaye de Royaumont, fondée en 1228, par saint Louis, en exécution du testament de son père, qui avait destiné à cette fondation le prix de toutes ses pierreries.

La magnificence de ce monastère était digne de sa royale origine. Indépendamment des libéralités immenses dont il gratifia les moines de Cîteaux qu'il y établit, saint Louis dépensa, pour la construction seule de l'édifice, plus de cent mille livres parisis, somme prodigieuse pour le temps.

Mais l'histoire nous a conservé un témoignage bien plus frappant du zèle pieux de ce grand prince, et de la touchante simplicité de ses mœurs. « Durant qu'on bâtissait l'abbaye de Royaumont, St.-Louis était souvent dans ce monastère ou aux environs, soit pour presser les ouvriers, soit pour s'y reposer dans la solitude ou dans la compagnie des religieux. Il y vint plusieurs fois d'Anières, aider les moines à bâtir un des murs. Il y travaillait de ses propres mains, en gardant un profond silence, et il y faisait de même travailler ses frères et ses chevaliers. »

S'il ne reste plus rien aujourd'hui des splendeurs de la riche abbaye, Royaumont a conquis, de nos jours, un autre genre de célébrité.

C'est aujourd'hui un des établissements industriels les plus importants de la contrée. Les ateliers d'une filature de coton occupent l'immense maison conventuelle. Des débris de sa belle et célèbre église, on a construit un petit village, habité par les ouvriers et leurs familles, au nombre de plus de quatre cents personnes, et renfermé dans l'enclos de l'abbaye avec la jolie maison abbatiale qu'habite le propriétaire de l'établissement. Cette importante manufacture enrichit les villages d'alentour, et vivifie tout le voisinage.

ANIÈRES-SUR-OISE.

Le village d'Anières-sur-Oise, voisin de l'abbaye de Royaumont, est remarquable dans l'histoire par le souvenir d'un château dont il est souvent parlé dans les chroniques du moyen-âge, et qui servit d'habitation au roi saint Louis et à quelques uns de ses successeurs; au duc Louis d'Orléans, frère de Charles VI, assassiné par Jean-sans-Peur, et à son fils Charles d'Orléans, si célèbre par ses touchantes poésies et par sa longue captivité en Angleterre.

La commune d'Anières est peuplée d'environ 650 habitants. Le terroir en est extrêmement fertile.

SURVILLIERS.

Village à 2 lieues E. de Luzarches. Sa population est d'environ 500 habitants. Le prince Joseph Napoléon, ex-roi d'Espagne, était, au temps de l'empire, propriétaire du château de ce village, et retient encore aujourd'hui le nom de comte de Survilliers.

BELLOY.

Connu spécialement sous le nom de Belloy en France, ce village appelé anciennement *Bidolidum*, existait dès le commencement du IX° siècle, puisqu'un seigneur de la cour de Louis-le-Débonnaire le céda à cette époque aux moines de Saint-Denis en échange d'autres terres. L'église actuelle est, comme celle d'alors, sous l'invocation de saint Georges. Jacques de Belloy, l'un des seigneurs les plus dintingués de ce lieu, commandait un des principaux corps de l'armée française à la bataille de Verneuil où il fut tué. Une filature de coton a été établie dans l'ancien château: 800 habitants composent aujourd'hui la population de ce village.

L'ILE ADAM.

Placé dans une des situations les plus pittoresques des environs de Paris, ce bourg tire son nom d'une île formée par l'Oise, et d'un seigneur appelé Adam, qui le possédait en 1200.

Philippe de l'Ile-Adam qui en était seigneur en 1521, a laissé de trop nobles souvenirs pour que nous le passions sous silence. Elu grand maître de Saint-Jean de Jérusalem, ce fut lui qui soutint, dans l'île de Rhodes, en 1522, ce fameux siége où, seul à la tête de ses chevaliers, il résista à une armée de 200,000 turcs, et en tua 40,000. La trahison seule le contraignit à capituler. Les mahométans, transportés d'admiration, lui firent les offres les plus avantageuses pour se l'attacher; mais constamment fidèle à son ordre, il aima mieux partager les infortunes de ses compagnons que d'accepter les bienfaits des Turcs. Après qu'il eût erré huit ans avec les débris de sa chevalerie, l'empereur Charles-Quint lui fit don de l'île de Malte dont ses chevaliers portèrent désormais le nom.

Le petit neveu du Grand Maître et son héritier ayant donné toutes ses terres à la maison de Montmorency, l'île Adam passa, sous Henri IV, dans celle de Condé, par le mariage du prince de Condé avec Charlotte de Montmorency.

La terre de l'Ile Adam portait, avant la révolution, le titre de baronnie, et appartenait au prince de Conti; il y avait un prieuré de Bénédictins, ainsi qu'une communauté de prêtres missionnaires. On y admirait aussi un magnifique château dont il ne reste plus que des ruines.

L'Ile Adam est maintenant chef-lieu de canton de l'arrondissement de Pontoise, et siége d'une justice de paix. Sa population est de plus de 1,500 habitants, y compris celle de deux hameaux qui en dépendent. Stors, l'un de ces hameaux, possède un château remarquable, qui domine tout le pays environnant.

Les villages de *Méry*, *Mériel* sont dans une délicieuse situation, ainsi que Villiers Adam, et l'abbaye du Val, dont nous allons parler.

VILLIERS ADAM. — ABBAYE DU VAL.

Villiers Adam, comme le bourg de l'Ile Adam, paraît tirer son nom d'un personnage considérable, possesseur du pays environnant, et que l'abbé Lebeuf croit avoir été connétable sous le règne de Philippe Ier. Dans le dernier siècle, Villiers Adam appartenait à la maison de Conti.

Ce village peut être considéré comme un des plus pittoresques de la contrée. Sa population est d'environ 400 habitants.

A peu de distance de Villiers Adam, est l'ancienne abbaye du *Val Notre-Dame*, de l'ordre des Cîteaux, situé dans une profonde vallée. Dans la chapelle de l'abbaye furent inhumés, à différentes époques, des personnages de la plus haute distinction, dont l'abbé Lebeuf décrit les sépultures et rapporte les épitaphes. Une inscription qu'il vit sur la porte d'une cellule en visitant cette abbaye paraît curieuse. Elle annonce que Saint-Guido, cinquième abbé de cette maison, y mourut, et que c'était lui qui avait introduit l'emploi de la sonnette pendant l'élévation de l'hostie, et le transport du St.-Viatique.

Le comte Regnauld de Saint-Jean d'Angély, ministre d'état sous l'empire, fit de cette abbaye une grande et belle maison de campagne, dont le magnifique parc contient plusieurs sources d'eau vive.

Les pierres de taille que l'on tire des carrières du Val sont très renommées.

NESLE.

Ce village est situé vis-à-vis de l'Ile Adam, sur la rive droite et à peu de distance de l'Oise. Avec les hameaux qui en dépendent, sa population est de près de 800 habitants.

La ferme de *Launay*, située sur le territoire de la commune de Nesle, est connue par le séjour du poëte Santeuil, qui y fit bâtir une tour carrée à trois étages, où il croyait être d'autant mieux inspiré qu'il s'élevait davantage au-dessus du sol. Le caractère de cet homme bizarre, que son génie emportait comme à son insu, a été admirablement dépeint par Labruyère.

Sa mort fut aussi singulière que sa vie : à un repas, quelqu'un eut la malice ou l'imprudence de glisser du tabac d'Espagne dans son verre; à peine Santeuil l'eut-il avalé qu'il éprouva de violentes coliques qui l'emportèrent au bout de quelques heures de cruelles douleurs.

La petite ville de *Beaumont-sur-Oise* est la localité la plus importante du canton de Villers-Adam. Nous en avons parlé ci-dessus, en décrivant les contrées du département de l'Oise dont cette ville est voisine (1).

MARINES.

Ce bourg, situé sur la route de Pontoise à Gisors, remonte pour son origine au XIIe siècle. L'histoire n'en dit guère autre chose, sinon qu'une congrégation d'oratoriens y fut réunie en 1618 à un

(1) Voy. p. 32.

ancien prieuré de chanoines réguliers qui y était établi dès 1164. Aujourd'hui ce bourg, faisant partie de l'arrondissement de Pontoise, est chef-lieu de canton. Sa population est de 14 à 1,500 habitants.

Le canton de Marines contient peu de localités intéressantes.

Les villages de Chars, et de Cormeilles-en-Vexin, méritent seuls une mention particulière.

CHARS.

Chars, bourg assez important, situé sur la route de Paris à Gisors, portait autrefois le titre de baronnie. « Le patronage de » Chars, dit Félibien, était partagé en deux parties, dont l'une » appartenait à Thibaud de Gisors, l'autre à Thibaud le jeune. » Ces deux seigneurs remirent chacun leur part entre les mains » de Rotron, archevêque de Rouen, pour en faire don à l'abbaye » de Saint-Martin de Pontoise. »

Il se trouvait à Chars un hospice et une léproserie dont la fondation remonte à une époque très ancienne : Le château qui n'existe plus passe pour avoir été très beau. L'église mérite d'être remarquée, surtout sa tour qui est d'une très belle architecture. La population de Chars est d'environ 1,000 habitants.

CORMEILLES-EN-VEXIN.

Cormeilles-en-Vexin, tire son nom, suivant Lebeuf, des cormiers plantés sur son territoire. Les habitants de ce village étaient tenus, au XIIe siècle, de payer chaque année au roi un droit de procuration, c'est-à-dire un droit de gîte et de repos. Louis le jeune les en déchargea l'an 1158, *en l'honneur de Dieu et de Saint-Denis.*

Le médecin Gui Patin, si célèbre par ses lettres satyriques, avait une maison de campagne à Cormeilles, dont il jugeait l'air très pur. La population de ce village est d'à peu près 900 habitants, y compris les hameaux de Bazancourt; Cormiolles et Bretagne, qui dépendent de cette commune.

On a dit à tort[1] qu'une abbaye de Bénédictins existait autrefois à Cormeilles en Vexin. Le monastère de Cormeilles, fondé en 1060, était situé dans un autre village de ce nom, au diocèse de Lisieux, aujourd'hui département du Calvados.

---

[1] Voy. *Dict. topogr. des environs de Paris,* par Oudiotte.

MONTMORENCY.

L'admirable plaine si connue sous le nom de vallée de Montmorency s'étend de St.-Denis à Pontoise, entre le coteau de Montmagny et la route de Calais à l'est; les hauteurs de la forêt de Montmorency au nord, les bois de Rosière et de Maubuisson à l'ouest, et les buttes de Sannois et d'Orgemont au midi. Dans ces limites s'offrent aux yeux des paysage que rien ne surpasse en beauté, de riches villages, d'élégantes maisons de campagne, un sol fécond couvert de productions variées. Cette riante contrée passe avec raison pour la plus belle des environs de Paris. Elle se recommande en outre par d'intéressants souvenirs.

La petite ville de Montmorency, placée sur le versant méridional du coteau qui borne, au nord, ce magnifique bassin, a un nom célèbre et une origine ancienne. (1)

En 1008, Burchard, ou Bouchard le Barbu, qui possédait un château fort dans une île de la Seine, voisine de l'abbaye de Saint-Denis, dévastait souvent les propriétés de ce monastère. Sur la plainte de l'abbé, le roi Robert ordonna que ce château serait rasé, et que Bouchard recevrait en échange la forteresse appelée Montmorency, située près de la fontaine de Saint-Valery. (2)

Cet accord de l'an 1008, qui n'ajoute rien à ce que tant d'autres témoignages nous apprennent de la rudesse des mœurs du moyen-âge, est exploité fort ridiculement par Dulaure, comme un acte d'accusation contre le nom de Montmorency, l'un des plus illustres de notre histoire. « Cet accord existe, dit-il, mais André Duchesne s'est bien gardé de le reproduire dans son histoire généalogique. » Or, jugez de la bonne foi de Dulaure, le diplôme dont il parle se trouve tout au long dans l'ouvrage de Duchesne sur la maison de Montmorency, et c'est à cet historien qu'on en doit la première publication (3).

Les termes de cette charte indiquent positivement que Bouchard deviendra possesseur du château-fort de Montmorency, et non, comme le prétend Dulaure, que Bouchard fera construire ce château. La forteresse de Montmorency existait donc avant l'an

---

(1) André Duchesne a eu tort de prétendre que Montmorency est le *Morantiacum* cité dans une loi de l'empereur Gratien, datée de l'an 377. Godefroy a prouvé qu'il fallait lire *Mogantiacum*, Mayence. Mais il est certain qu'avant le ixe siècle, un seigneur franc, du nom de *Morenciacus*, possédait, près des bords de l'Oise, vers Chambly, une terre qui est désignée, dans une charte de 845, sous le nom de Morency (*Morenciaci curtis*); et ce n'est pas sans vraisemblance que Lebeuf rattache au même personnage l'origine du nom de Montmorency. Voy. *Hist. du diocèse de Paris*, t. III, p. 371, 372.

(2) *Munitionem ei firmari concedentes quam Mommaurenciacum* (aliàs *Montemmorenciacum*) *dicunt, secus fontem qui dicitur sancti Valarici*. Je ne sais pourquoi Lebeuf prétend que le souvenir de cette fontaine s'est perdu dans le pays. Rien n'est plus connu à Montmorency que la fontaine de St.-Valery.

(3) *Histoire de la maison de Montmorency*. Paris, 1624, in folio. *Preuves*, p. 9—11. Duchesne avait donné à cette charte la date de 996. Doublet, qui l'a aussi publiée dans son *Histoire de l'abbaye de Saint-Denis*, la rapporte à l'année 998. Mais les savants auteurs du Recueil des Historiens de France, en la reproduisant à leur tour, prouvent qu'elle ne peut être ni antérieure ni postérieure à l'an 1008. (Voy. *Recueil des Historiens de France*, X, 592).

1008. J'en trouve, d'ailleurs, la preuve dans une très ancienne chronique, où on lit qu'en 978, sous le règne de Lothaire, les troupes de l'empereur Othon II, s'étant approchées de Paris, mirent le siége devant le château de Montmorency et s'en emparèrent (1).

« Un des descendants de Bouchard-le-Barbu, Bouchard IV, s'étant ligué avec Matthieu, comte de Beaumont, et Dreux de Moncy, contre le roi Louis-le-Gros et contre les intérêts de l'abbaye de Saint-Denis, ce prince vint aussitôt mettre tout à feu et à sang dans les villages qui dépendaient du château de Montmorency, et comme ceux de ce château se préparaient à la résistance, il le fit investir par les troupes de France et par celles de Robert, comte de Flandres, son oncle, et Burchard fut obligé de se rendre à discrétion (2) »

Le château qui fut livré, en 1008, à Bouchard-le-Barbu était probablement isolé; mais des maisons d'habitation et une église ne tardèrent pas à se placer sous la protection de ses murs. Voici comment Lebeuf explique l'origine de la ville. « La tour ou forteresse de Montmorency était bâtie sur le territoire de Saint-Martin de Groslay. Les riches seigneurs qui augmentèrent ce château firent bâtir par la suite, pour leur propre commodité, une église sous le même titre qu'était leur paroisse. Leurs officiers et leurs vassaux voisins augmentant en nombre, il se forma sur le lieu une paroisse desservie dans la même église, puis un bourg, puis enfin une ville, selon la nécessité qu'il y eut de se mettre à couvert de l'ennemi (3). »

La belle église collégiale de Saint-Martin de Montmorency, aujourd'hui paroissiale, n'a donc pas une origine aussi ancienne que l'ont cru Duchesne et quelques écrivains modernes, qui en font remonter l'existence jusqu'au règne de Charlemagne. Le plus ancien titre qui fasse mention de cette collégiale est du commencement du XIIe siècle (vers 1130). Elle fut desservie, depuis 1618 jusqu'à la révolution, par les pères de l'Oratoire, et nous aimons à rappeler que ce fut dans cette communauté que M. Daunou étudia, puis enseigna la philosophie dans les années 1779 à 1785. L'église, dont on aperçoit de fort loin la flèche gracieuse, mérite l'attention des curieux par son étendue et par le style de son architecture. « Suivant une ancienne inscription qui se voyait dans le sanctuaire, au bas du portrait de Guillaume de Montmorency, chambellan des rois Charles VIII, Louis XII et François Ier, ce fut ce seigneur qui fit rebâtir, en 1525, l'église de Montmorency; mais le corps presque gothique de cette église paraît, par son élégance et sa légèreté, être un des beaux ouvrages de la fin du XVe siècle. Cet édifice, comme il arrive souvent, n'était point achevé, et

---

(1) *Gesta consulum andegavensium, auctore monacho Benedictino Majoris monasterii* (Rec des Hist. de France, X; 249, 250, 251).
(2) Lebeuf. *Histoire du diocèse de Paris*, III, 373.
(3) Lebeuf. *Ibid.*, III. 374.

Guillaume ne fit sans doute que le réparer et y ajouter la façade que l'on y voit actuellement, et dans laquelle l'emploi des ordres grecs sur un petit module, la voûte du porche en plein cintre et la délicatesse des sculptures attestent l'époque de la renaissance des arts (1). » Malgré l'opinion exprimée par l'auteur que je viens de citer, je crois que les parties les plus anciennes de l'église de St.-Martin de Montmorency ne sont pas antérieures à 1525. Une inscription qui se lit à la voûte de la nef prouve que l'édifice a été achevé en 1563, et l'on sait que ce fut par les ordres du connétable Anne de Montmorency et sous la direction du célèbre Bullant. Les beaux vitraux qu'on voit encore derrière le maître-autel font vivement regretter la perte de ceux qui ont été détruits à la révolution. On admirait autrefois, dans cette église, le mausolée que Marguerite de Savoye-Tende, fit élever, en 1567, au connétable Anne de Montmorency, son époux. Ce magnifique tombeau, dont l'architecture était de Bullant et les sculptures de Leprieur, fut placé, le 5 ventôse an IV, au musée des Petits-Augustins. Nous ne savons où il a été transporté après la suppression de ce musée. Les quatre colonnes de marbre vert antique qui le décoraient sont aujourd'hui à la salle des antiques du musée du Louvre. Il ne reste plus aucun vestige des bâtiments qu'occupaient les pères de l'Oratoire. Leur bibliothèque, assez considérable, fut portée, vers les premières années de la révolution, à Pontoise, chef-lieu de l'arrondissement (2).

Les premiers seigneurs de Montmorency ne se contentèrent pas de fonder l'église de St.-Martin pour les besoins de la population qui croissait rapidement autour de leur manoir ; ils firent construire, en outre, dans leur château et pour leur usage, une chapelle sous le titre de Notre-Dame. Cette chapelle, le plus ancien édifice de Montmorency, est aujourd'hui la propriété d'un de nos savants distingués, M. Jules Desnoyers, qui en a conservé religieusement le portail, charmant ouvrage de la fin du XIe ou du commencement du XIIe siècle.

L'antique forteresse, dont l'emplacement est voisin de cette chapelle, a complètement disparu. A quelque distance du lieu où elle se trouvait, un fort beau château avait été bâti sous le règne de Louis XIV, par l'architecte Cartaud ; les jardins en avaient été dessinés par Le Nôtre. Les appartements de ce château étaient ornés de magnifiques peintures de Lebrun. Il a été démoli, sous l'Empire, par des spéculateurs qui en ont vendu les matériaux. Ce château, dit *de Luxembourg*, n'était point celui des princes de Condé

---

(1) Alex. Donnet. *Description des environs de Paris*, p. 28.

(2) Un certain nombre de livres provenant du couvent des Oratoriens de Montmorency, se trouvent aujourd'hui à la bibliothèque publique de Pontoise. J'y ai remarqué quelques beaux *aldes* qui ont été la propriété du célèbre bibliophile Grolier avant d'appartenir au Chapitre de Montmorency ; mais j'y ai vainement cherché l'exemplaire d'*Emile* adressé par Jean-Jacques Rousseau, en 1762, à M. de Muly, supérieur de cette maison, avec une lettre d'envoi que plusieurs écrivains ont publiée. (Voy Delort, *Mes voyages aux environs de Paris*, t. I, p. 55; et Dulaure, *Histoire des environs de Paris*, Ire édit., t. III, p. 25).

qui n'en possédèrent jamais à Montmorency. Il avait été successivement habité par le célèbre peintre Lebrun, qui le décora, le savant Crozat, la duchesse de Lorges, le maréchal de Luxembourg et le duc de Lauzun.

Montmorency a été autrefois environné de murailles, et plusieurs parties de son enceinte fortifiée subsistent encore. Cette enceinte a été élevée, suivant Lebeuf, en l'année 1441. « Selon le continuateur de Nangis, dit cet historien, le bourg de Montmorency fut pris en 1358 par les Anglais qui le ravagèrent et y mirent le feu. Selon un autre écrivain, ce furent les habitants du Mulcien, entrés dans la Jacquerie de Beauvais, qui firent ce mal. On résolut donc, en 1411, de rassembler toutes les maisons éparses de côté et d'autre et de fermer ce lieu, de sorte qu'il ne resta dehors les murs que quelques maisons éloignées. Il y en a encore qui touchent aux derrières de Groslay (1). »

La seigneurie de Montmorency avait été érigée en duché-pairie en faveur du connétable Anne de Montmorency ; mais après le supplice de Henri II de Montmorency, décapité à Toulouse, en 1632, par ordre de Richelieu, cette terre fut donnée au prince de Condé qui avait épousé la sœur de ce duc, et érigée de nouveau en duché-pairie. En confirmant cette donation par lettres patentes de l'an 1689, Louis XIV changea le nom de Montmorency en celui d'*Enghien;* mais le nom de Montmorency, qui rappelle tant de glorieux souvenirs, a toujours prévalu.

La grandeur des *premiers barons chrétiens* n'est pourtant pas ce qui préoccupe d'abord ceux qui visitent Montmorency. Ils y cherchent le souvenir d'une autre illustration plus récente et plus populaire. Tout le monde sait que l'un de nos plus grands écrivains du dernier siècle, Jean-Jacques Rousseau, habita longtemps Montmorency et ses environs.

L'auteur d'Émile passa plusieurs années à l'*Ermitage*, situé à un quart de lieue de Montmorency, vers Groslay, et qui était alors une dépendance du château de *la Chevrette,* appartenant à Madame d'Épinay. Tous les auteurs qui ont décrit les environs de Paris ont si longuement parlé de l'Ermitage, qu'il n'y a rien à dire de nouveau sur cette maison, qui est le but ordinaire des visites des curieux, quoique tout y soit bien changé depuis Jean-Jacques. Je me contenterai de rappeler que l'Ermitage a été habité aussi, pendant 16 ans, par l'immortel Grétry, qui y est mort le 24 septembre 1813.

Le *Petit Mont Louis*, célèbre aussi par le séjour de Rousseau, est dans l'intérieur de la ville. Cette maison modeste, mais admirablement située, est aujourd'hui la propriété de l'un de nos peintres de paysage les plus renommés, M. Bidauld, membre de l'Institut.

Parmi les autres maisons remarquables de Montmorency, il faut citer encore la vaste propriété de M. Mora, et surtout la curieuse

---

(1) *Histoire du diocèse de Paris,* III, 390.

habitation où M. Jules Desnoyers a rassemblé avec autant de savoir que de goût, de précieux spécimens de l'architecture et de la sculpture de toutes les époques du moyen-âge.

Montmorency, aujourd'hui l'un des chefs-lieux de canton de l'arrondissement de Pontoise est peuplé de 1800 habitants.

GROSLAY.

Grand village dont la population s'élève à plus d'un millier d'ames. Il est situé sur la pente orientale de la colline de Montmorency, dont il n'est éloigné que d'un quart de lieue. C'est entre Groslay et Montmorency, qu'est situé l'*Ermitage*, dont nous venons de parler.

L'origine de ce village est antérieure à celle de Montmorency. Il paraît qu'il existait dès le temps de Charles-le-Chauve. Une dame de Groslay nommée Richilde, qui vivait vers la fin du XIIe siècle, rendit sa mémoire chère aux habitants de Groslay par les fondations bienfaisantes qu'elle y établit.

Plusieurs historiens du temps de saint Louis parlent d'une *pucelle de Groslay*, fille de Jean le Boucher de Groslay, née en 1271, et qui fut miraculeusement guérie par l'intercession du saint roi.

Le château de Groslay, qui se trouvait compris dans les possessions des seigneurs de Montmorency, n'existe plus, mais ce village renferme beaucoup de belles maisons de campagne.

MONTMAGNY.

Le nom de ce village vient d'une montagne assez élevée qui le sépare de Pierrefitte. L'église, sous l'invocation de saint Thomas de Cantorbéry, ne peut être plus ancienne que de 1173, époque à laquelle ce saint fut canonisé. Il y a lieu de croire que ce furent les seigneurs de Montmorency qui la firent bâtir. Des seigneurs du nom de Huault habitèrent le château pendant une longue suite d'années. Ce sont les plus anciens titulaires dont on ait connaissance. M. de Mallebranche, frère du célèbre père de l'Oratoire, leur succéda. Ce château n'existe plus. La population de Montmagny, en y ajoutant le hameau des Carmeaux, est d'environ 600 habitants.

DEUIL. — LA BARRE.

Deuil, en latin *Dioilum* ou *Diogilum*, touche au pied de la colline de Montmorency. L'origine en est très ancienne. On raconte que saint Eugène, l'un des compagnons de saint Denis, y a été inhumé, et que sur son tombeau se sont opérés plusieurs miracles qui rendirent ce lieu vénérable. Dans le XIe siècle, Deuil appartenait aux seigneurs de Montmorency, qui en firent don à des religieux, n'exigeant qu'une redevance de quelques gâteaux nommés roissolles et gâteaux d'épices, aux quatre principales fêtes de l'année. Odon, abbé de St.-Denis, successeur de Suger et historien de Louis VII, qu'il accompagna en Terre-Sainte, est né à Deuil. Le hameau de *la Barre*, remarquable par son château et son parc, et celui d'*Ormesson*, dépendent de Deuil ; la population de la commune se monte au total à 1,200 habitants.

ENGHIEN-LES-BAINS.

Dans le siècle dernier, on ne voyait sur l'emplacement d'Enghien que deux maisons ; on ne soupçonnait pas encore l'existence des sources salutaires qui y attirent aujourd'hui tant de monde. Maintenant c'est un des plus agréables séjours de la contrée.

Le lac d'Enghien, qui n'a pas moins de 120 arpents d'étendue, est bordé de maisons de campagne, dont plusieurs imitent des châlets suisses.

L'établissement des eaux minérales est une construction des plus élégantes. Ce fut le père Cotte de l'Oratoire, curé de Montmorency, qui, dans ses excursions géologiques, découvrit ces eaux, en 1766. Il est reconnu maintenant qu'elles ont des qualités aussi précieuses que celles qu'on va chercher dans les Pyrénées. D'ailleurs tout contribue à faire d'Enghien un lieu de plaisance dont les charmes influent aussi favorablement sur l'esprit d'un malade que toutes les distractions qu'offrent les établissements de ce genre les plus éloignés.

Enghien, dont la population n'excède pas 200 habitants, n'est encore qu'une annexe de Deuil. Son accroissement progressif ne peut manquer de le faire bientôt ériger en commune. Il n'y a point encore d'église, mais seulement une chapelle près de l'établissement thermal.

SAINT-GRATIEN.

A l'extrémité occidentale du lac d'Enghien, se trouve le village de St.-Gratien, célèbre par son château, qu'habita l'illustre maréchal Catinat, qui en était seigneur. Il descendait, par sa mère de l'ancienne famille Poille, à laquelle il fit élever un monument, dans l'église de St.-Gratien. L'épitaphe gravée sur cette tombe a souvent été citée pour sa singularité ; elle marque qu'un de ces Poille était gendre d'André Tiraqueau, que François Ier fit venir du Poitou pour le faire conseiller au Parlement, lequel Tiraqueau *eut trente enfants et fit trente et un livres fort estimés.*

Catinat, pauvre et disgracié, s'étant retiré dans le château de ses pères, cultivait lui-même son jardin. Un vieux maronnier planté de sa main, est toujours en vénération dans le pays. Ce sage guerrier, qu'on avait surnommé le père de la pensée, à cause de son air méditatif, sut remporter des victoires sans jamais perdre de vue l'humanité, et faisait son étude de réduire la guerre à la plus petite somme de mal possible. 450 habitants forment aujourd'hui la population de St.-Gratien.

SOISY.

Beau village dont l'origine est antérieure au temps de saint Louis. Les ducs de Montmorency en étaient suzerains, et sous eux, d'autres seigneurs étaient propriétaires du fief. Bâti au pied de Montmorency, Soisy est remarquable par la salubrité de son air et sa proximité des eaux minérales d'Enghien. La riante habitation de la famille Javon et la riche propriété de M. Th. Davilliers en font l'ornement. Le Bois-Jacques, qui joint le lac, contribue encore à faire de Soisy l'un des villages les plus agréables de la vallée de Montmorency. Sa population est de 400 habitants.

EAUBONNE.

Ce village appartenait aux ducs de Montmorency ; il n'a que 300 habitants. Sa situation est saine et riante ; il faut cependant avouer qu'en dépit de son nom, l'eau, qui y est rare, est moins bonne que celle des pays environnants. Les habitations de madame d'Houtetot et de Saint-Lambert, auteur des *Saisons*, l'ont rendu célèbre. Quoique ce dernier fut surnommé le Sage d'Eaubonne, sa vie n'offre guère de preuves de sagesse. Parmi les propriétés qui embellissent Eaubonne, on distingue celle du général Merlin, et celle du baron Davilliers, pair de France.

ERMONT.

La véritable orthographe du nom de ce village est *Ermon*, comme on l'écrivait dès le XIIIe siècle. C'est, suivant Lebeuf, le *viculus Ermedonis* qu'Hilduin, abbé de St.-Denis, donna à son monastère vers l'an 835. La syllabe *mont*, qui se rencontre exclusivement dans les noms des lieux placés sur une montagne, ne saurait convenir au village d'Ermont, situé dans la partie la plus profonde de la vallée de Montmorency; mais l'usage a prévalu sur l'étymologie.

Ermont, dont la population est de 600 habitants, n'est pas, comme le dit Dulaure, à 3 lieues de Montmorency, mais à 1 lieue seulement à l'ouest de cette ville, et à 4 lieues et demie au nord de Paris.

L'église de ce village est dédiée à saint Flaive, dont la légende, mêlée de fables, est fort intéressante. L'architecture de l'édifice actuel indique qu'il a été élevé à diverses époques; les plus anciennes parties sont du XIIIe ou du XIVe siècle; il est certain néanmoins que la construction primitive de cette église remonte beaucoup plus haut, car les titres prouvent qu'elle existait sous Philippe-Auguste, et qu'elle appartenait alors à un laïque nommé Jean de Gisors; singularité dont les annales de ce temps offrent plus d'un exemple.

A l'exception de Dulaure, tous les écrivains qui ont parlé d'Ermont citent les curieux tombeaux qu'on trouve en grand nombre sur son territoire. Voici la description qu'en donne Thiébaud de Berneaud dans son *voyage à Ermenonville*. « Ces tombeaux remontent au XIIIe ou XIVe siècle. Ils sont en pierre de taille, ou bien d'un mastic fait de plâtre et de cailloux; ils sont d'une seule pièce et ressemblent assez à une auge. Le couvercle est ordinairement chargé de blasons. Ils contiennent un seul individu. Ils sont accolés les uns aux autres. » Le même auteur ajoute : « Presque tout Ermont est bâti sur ces tombeaux, principalement l'église et les maisons qui l'avoisinent. Cela me semble inadmissible, soit pour la partie ancienne du village, soit pour l'église elle-même. Ces tombes paraissent seulement indiquer l'existence d'un cimetière ancien, voisin de l'église. Ce cimetière étant unique pour tout le canton, suivant la conjecture d'un historien, pouvait couvrir un espace considérable, aujourd'hui occupé en partie par des maisons. Des sépultures trouvées, au siècle dernier, sur le chemin du Plessis-Bouchard, prouvent qu'il s'étendait au loin de ce côté.

LE PLESSIS-BOUCHARD.

Plusieurs villages des environs de Paris portent le nom de Plessis. Il paraît que celui-ci tire son nom d'un Bouchard de Montmorency, qui vivait à la fin du xiie siècle et qui y possédait un grand enclos de vignes. La terre du Plessis-Bouchard est du nombre de celles qui passèrent de la maison de Montmorency dans celle de Condé. S'il faut en croire un registre de l'an 1470, ce village n'avait alors que 10 habitants; il en a environ 200 aujourd'hui.

MARGENCY.

Margency ne faisait autrefois qu'une paroisse avec Audilly, dont il a été démembré sur la fin du xvie siècle. Sa population est de 200 habitants pendant huit mois de l'année que ses belles maisons de campagne sont habitées. On doit à madame la comtesse de Rochefort, qui occupe l'une de ces propriétés, la construction d'une fontaine de la plus ingénieuse disposition, et infiniment utile aux habitants du lieu. La reconnaissance y a gravé une inscription qui perpétuera le nom de la bienfaitrice ainsi que celui de la marquise de Bayanne qui a concouru aussi à cette construction.

ANDILLY.

Ce village, dont l'existence est antérieure à l'an 1125, est situé sur une hauteur au nord de la vallée de Montmorency. Il touche à la forêt; les points de vue en sont admirables; 300 âmes composent sa population. Le fameux Arnauld, célèbre par ses écrits et les persécutions qu'ils lui attirèrent, était frère d'un seigneur d'Andilly.

Parmi les belles propriétés d'Andilly, on remarque celle que le prince de Talleyrand y a fait construire.

MONTLIGNON.

Ce hameau, peuplé de 340 habitants, est dans une situation des plus pittoresques. Un château admirable s'y fait remarquer, avec son parc qui passe pour le mieux dessiné des environs. A l'autre extrémité de Montlignon, se trouve une autre propriété des plus élégantes. L'histoire ne rapporte rien de bien intéressant sur Montlignon, qui appartenait, en 1300, à Mathieu de Montmorency. Le célèbre acteur Larive a possédé, à Montlignon, une habitation charmante.

SAINT-PRIX.

Ce village s'appelait anciennement *Tor* ou *Tour* et dans les titres *Turnus*. Il changea de nom à l'occasion des reliques de Saint-Prix ou Preject, qu'apportèrent avec eux les moines de St.-Martin de Pontoise qui vinrent s'y établir. Ces reliques attiraient en foule à St.-Prix, une fois par an, le peuple de Paris.

Le château de Tour était autrefois fortifié; il a été démoli. La situation en était si agréable, que des rois de France, entre autres Charles-le-Simple, et plus tard François 1er, se sont plus à l'habiter. Ce village se recommande encore par de très belles maisons de campagne. Sa population est d'environ 500 habitants.

SAINT-LEU-TAVERNY.

L'acte le plus ancien qui fasse mention de Saint-Leu est du commencement du xiie siècle. Son patron est saint Loup, évêque de Sens, appelé Leu par corruption. Aiglantine de Vendôme, femme de Mathieu de Montmorency, qui en était seigneur, fut enterrée dans ce lieu. Le château, qui appartint plus tard à la maison de Condé, a fait ensuite partie des domaines du duc d'Orléans, dont madame de Genlis éleva les enfants dans cette délicieuse demeure. Sous l'empire, la reine Hortense en fit son habitation de prédilection, et l'on sait qu'elle conserva depuis le titre de comtesse de St.-Leu. Enfin, ce château est devenu surtout tristement célèbre par la catastrophe qui termina les jours du prince de Condé, qui, depuis la restauration, en était propriétaire. On le démolit en ce moment.

La population de ce grand village est de près de 3,000 habitants.

FRANCONVILLE.

Une charte de l'abbaye de Saint-Denis, datée de 832, fait mention de la terre de Franconville. Ce lieu y est appelé *Francorum villa*. Ce qui rend assez probable l'opinion qu'il a été bâti ou habité, peu de temps après la conquête, par des Francs.

La cure de Franconville existait dès le XIIIᵉ siècle. Il y avait aussi dans ce lieu une léproserie destinée à recevoir les malades de plusieurs villages environnants. Cette paroisse est l'une des premières où l'on ait commencé à établir des sœurs de Saint-Vincent de Paul.

Le comte de Tressan, traducteur de l'Arioste, a fait une pièce de vers intitulée *les Charmes de Franconville*. Il avait dans ce village sa maison de campagne où il vécut jusqu'à plus de 80 ans.

On remarque encore, à Franconville, la maison et les jardins que le comte Camille d'Albon avait enrichis de monuments des arts dont il était l'ami et le protecteur. Entre autres monuments intéressants, on y voit le tombeau de Court de Gébelin qui mourut chez ce comte d'Albon. Avant lui Cassini, Casanova avaient habité cette propriété.

La population de Franconville est de plus de mille habitants.

SANNOIS.

Les rois de la première race avaient un palais à Sannois, qui s'appelait alors *Captonacum*.

L'abbé Lebeuf assure que ce château avait été remplacé par celui *du Mail*, dont les ruines existaient encore de son temps sur le territoire de Sannois.

Au XVIIᵉ siècle, un ermite s'établit près de la fontaine de Saint-Flaive. Il avait fait bâtir une chapelle où la dévotion attirait beaucoup de monde. Aujourd'hui cet ermitage est converti en une maison bourgeoise.

Le moulin de Sannois, d'où l'on jouit d'une des plus belles vues qu'on connaisse, est renommé pour avoir servi aux observations astronomiques de M. Cassini.

La population de Sannois s'élève à près de 2000 ames.

Quoique les deux villages de Franconville et de Sannois appartiennent au canton de Versailles, nous les mentionnons ici parce qu'ils font partie de la vallée de Montmorency.

TAVERNY.

Taverny était connu dès le VIIᵉ siècle. Il paraît qu'il doit son nom à des tavernes ou cabarets qui y étaient établis. L'église de ce bourg est, au jugement de l'abbé Lebeuf, la plus belle de toutes les églises de village du diocèse de Paris.

Taverny faisait partie du duché de Montmorency. Le prince de Condé le céda, en 1675, à un M. Leclerc de Lesseville.

Il est question dans l'histoire de l'abbaye de Saint-Victor d'un Thibaud de Taverny, qui vivait vers 1170.

On cite aussi un Adam de Taverny, *grand-queux* ou cuisinier du roi en 1328.

C'est dans ce village que Mme Pollallion si célèbre au siècle dernier par sa bienfaisance, commença à exercer son zèle pour l'instruction des pauvres. Cette vertueuse dame, déguisée en paysanne, y passa environ quinze jours occupée à instruire les villageois.

La population de Taverny est d'environ 1,500 habitants.

BESSANCOURT.

C'est l'un des villages les plus anciennement connus de la contrée; mais il n'était encore que hameau avant la fin du XIIe siècle. On croit qu'il appartenait alors à un chevalier du nom de Tirel. La reine Blanche l'acheta de Hugues de Tirel II, pour servir à doter l'abbaye de Maubuisson.

L'église de Bessancourt est remarquable par son architecture, dont quelques parties sont du XIIe siècle.

La population de ce village est d'environ 900 habitants.

NOTICES BIOGRAPHIQUES

SUR LES HOMMES CÉLÈBRES DE L'ARRONDISSEMENT DE PONTOISE.

Abelli (Louis), évêque de Rhodez, est né, en 1604, dans le Vexin français. On lui doit plusieurs ouvrages de théologie. Il mourut en 1667.

Boessière (Nicolas de), célèbre médecin, né à Gonesse, en 1623, se retira au mont Valérien, et y mourut en 1669.

Bonamy (Pierre-Nicolas), né à Louvres en 1694, fut un des membres distingués de l'académie des Inscriptions et belles lettres. On a de lui d'excellentes dissertations sur divers points de notre histoire, dans les mémoires de cette compagnie. Il mourut en 1770.

Bretonneau (Gui), né à Pontoise, a laissé un ouvrage intitulé *Histoire de l'origine du Vicariat de Pontoise*; Paris, 1636, in-4°.

Cheviller (André), né à Pontoise en 1636, mourut en Sorbonne en 1700. On a de lui un ouvrage intitulé *Origine de l'Imprimerie de Paris*; une dissertation latine sur le concile de Chalcédoine, etc.

Clérembault (Gui de), né à Gonesse, fut un célèbre docteur de Sorbonne, au XIIIe siècle.

Corbinière (David de la), fameux médecin né à Luzarches, on ne sait dans quelle année, mourut en 1635.

Cossart (Gabriel), savant jésuite, naquit à Pontoise en 1615. Il travailla de concert avec le P. Labbe, après la mort duquel il continua seul la grande collection des conciles, qui parut en 1672, en 18 vol. in-folio. Il mourut à Paris en 1674. On a aussi de lui des discours et de ses poésies latines.

Delacour (Jean-Philippe), né à Pontoise en 1725, professa la rhétorique avec succès pendant 47 ans. Il est mort en 1803.

Deslyons (Jean), né à Pontoise vers 1615. On a de lui une *Apologie du Banquet des Rois*, 1664, in-12 très rare. Un *Traité de l'ancien droit de l'évêché de Paris sur Pontoise*; et une *Défense de la véritable dévotion envers la Ste.-Vierge*. Il mourut en 1700.

Duval (André), né à Pontoise, dans le XVIe siècle, fut supérieur général des Carmélites de France et doyen de la Faculté de théologie de Paris. Il a laissé plusieurs ouvrages estimés.

Flamel (Nicolas), né à Pontoise au XIVe siècle, fut une des plus singulières illustrations parisiennes du commencement du xve. Il acquit dans le commerce plus de quinze cent mille écus, somme prodigieuse pour ce temps-là, et il passa pour avoir trouvé la pierre philosophale. Il employait sa fortune à faire beaucoup de bien et à fonder des hôpitaux. Nous avons vu qu'il fut un des bienfaiteurs de l'église de Saint-Jacques-la-Boucherie, à Paris, où il fut inhumé (1).

Fontaine (Pierre-François-Léonard), membre de l'Académie des Beaux-Arts, est né à Pontoise le 20 septembre 1762. Il fut architecte de Napoléon, des rois Louis XVIII, Charles X, et il est aujourd'hui celui de Louis-Philippe. Il a exécuté, de concert avec M. Percier, la plupart des monuments achevés ou entrepris sous l'Empire; et entre autres, l'Arc de Triomphe du Carrousel. On lui doit des travaux considérables dans plusieurs châteaux royaux. Dans ces dernières années, M. Fontaine a pris une part très honorable à la disposition et à la décoration du musée historique de Versailles.

Guignes (Joseph de), membre de l'académie des Inscriptions et Belles-Lettres; est né à Pontoise en 1721 et mort en 1800. Il a laissé un ouvrage qui a dû lui coûter un travail immense, et qui est très estimé pour la profondeur des recherches : c'est une *Histoire générale des Huns, des Turcs, des Mogols et autres Occidentaux avant et depuis J.-C.* Vingt-huit dissertations de cet auteur, relatives à l'histoire et à la chronologie, se trouvent dans la collection des mémoires de l'Académie des Inscriptions et Belles-Lettres.

Jean de Gonesse, prieur des Blancs-Manteaux, évêque de Nassau, est né à Gonesse, en 1391.

Laboureur (Jean le), né à Montmorency, en 1623 (2), fut l'un des écrivains qui ont le plus contribué aux progrès de l'histoire de France. Il mourut à Paris en 1675. Ses principaux ouvrages sont : l'*Histoire du maréchal de Guébriant;* l'*Histoire du roi Charles VI* traduite du latin en français; un *Traité de l'origine des Armoiries;* enfin une *Histoire de la Pairie,* conservée manuscrite à la bibliothèque du roi.

Laboureur (Louis le), frère de l'historien dont nous venons de parler, mourut le 20 juin 1679, à Montmorency, dont il était bailli. Il a publié plusieurs poèmes, oubliés aujourd'hui, mais son nom vivra par cette simple et touchante élégie :

> Que fais-tu dans ce bois, plaintive tourterelle?
> — Je gémis; jai perdu ma compagne fidèle.
> — Ne crains-tu pas que l'oiseleur
> Ne te fasse mourir comme elle?
> — Si ce n'est lui, ce sera ma douleur.

(1) Voy. t. I, p. 408.
(2) C'est à Montmorency que tous les biographes font naître Jean le Laboureur; mais M. Reguard, maire de Montmorency, qui s'occupe d'intéressantes recherches sur tous les personnages qui ont illustré cette petite ville, n'a trouvé sur les registres aucune trace de la naissance de Jean le Laboureur.

Le général *Leclerc* (Charles-Emmanuel), beau-frère de l'empereur Napoléon, naquit à Pontoise de parents pauvres. Il dut sa rapide fortune à sa bravoure, à ses principes démocratiques et surtout à l'amitié de Bonaparte, qui lui fit épouser sa sœur Pauline. Il commanda en chef l'armée de Portugal et l'expédition de Saint-Domingue. Il mourut à l'île de la Tortue, en 1802. Sa veuve épousa le prince Camille Borghèse.

Magallon (François-Pierre), général, né à l'Ile-Adam, en 1754, se distingua dans les campagnes de 1770, 1771 et 1772, dans les guerres de la République et à la défense de l'Ile-de-France.

Mandar (Jean-François), supérieur de Saint-Magloire, né à Marines en 1732, et mort en 1803, a laissé plusieurs sermons, un *Panégyrique de saint Louis;* un *Discours en vers sur la vieillesse;* un *Poème sur son voyage à la Grande-Chartreuse;* etc.

Mandar (Charles-François), architecte, ingénieur des travaux hydrauliques de la marine, est né au village de Marines, en 1757. Il a publié un ouvrage intitulé *Architecture des forteresses;* et des *Études d'architecture civile.*

Marchand (Jean-Henri), né à Pontoise en 1702, mort à Paris, en 1785, s'est distingué dans le barreau et dans la littérature.

Mazières (Jean-Simon), prêtre de l'Oratoire, naquit à Pontoise. Sa *Dissertation sur le choc des corps* a été couronnée par l'Académie des Sciences, en 1726.

Merville (Pierre-Camus-François), né à Pontoise en 1785, est l'un de nos plus spirituels auteurs dramatiques.

Nicolas de Gonesse, traducteur de Valère-Maxime, en 1401, fut maître-ès-arts et en théologie, sous Charles VI.

Le Prince (H.-S.), né à Pontoise, fut bibliothécaire de la ville de Versailles et savant bibliographe. Il rendit aussi des services aux sciences physiques qui lui doivent plusieurs ouvrages estimés. On a de lui des *Principes universels du langage*, qui peuvent aider à éclaircir la question de la filiation des langues.

Robert de Luzarches était l'un des architectes les plus célèbres du XIIIe siècle. C'est à lui qu'on doit la belle cathédrale d'Amiens.

Sédillot, orientaliste et astronome, naquit à Montmorency, en 1782. Élève de l'école Polytechnique et de l'école des langues orientales, il fut nommé, très jeune, professeur de turc à cette dernière école, et se trouva en même temps en état d'aider les Delambre et les Laplace dans leurs recherches. Un travail inédit de Sédillot, entrepris pour concourir aux prix décennaux, fut couronné; c'est sa traduction de la première partie du traité d'astronomie d'Abou'l-Hassan, qui a pour objet la construction des instruments astronomiques. On a de ce savant plusieurs autres ouvrages estimés. Il était secrétaire de l'école spéciale des langues orientales vivantes à la Bibliothèque royale, lorsque la mort le frappa à Paris, le 9 août 1832.

Taillepied (Noël), religieux de l'ordre de Saint-François, est né à Pontoise dans le xvie siècle. Il a fait une *Histoire des Druides*, et des traités sur les antiquités de Paris et de Rouen. Il a publié aussi des sermons.

Tardif, ingénieur, maréchal-de-camp au xviie siècle, était né à Luzarches.

Teissier (Guillaume-Ferdinand), sous-préfet de Thionville, puis préfet du département de l'Aude, naquit à Marly-la-Ville, près de Pontoise, en 1779. Il s'est distingué par plusieurs ouvrages archéologiques sur la Lorraine, et en particulier sur l'arrondissement de Thionville. Il est mort à Carcassonne, en 1836.

Villiers de l'Ile-Adam (Jean de), seigneur de l'Ile-Adam, fut maréchal de France, en 1418, et périt à Bruges, en 1437, dans dans une sédition populaire.

Villiers de l'Ile-Adam, (Philippe de), né à l'Ile-Adam, en 1461, mourut à Malte, en 1534. Il s'est immortalisé par la vigoureuse résistance qu'il opposa aux Turcs, au siége de Rhodes.

CHAPITRE IV.

DÉPARTEMENT DE LA SEINE.

ARRONDISSEMENT DE SAINT-DENIS.

SAINT-DENIS.

L'histoire de la ville de St-Denis se lie d'une manière particulière à celle de la célèbre abbaye qu'elle renferme. C'est la seule ville du département de la Seine, après Paris, qui mérite l'attention de l'historien et de l'artiste. Elle est le siége d'une sous-préfecture, d'une justice de paix, et sa population est de 9,700 habitants environ. Elle est située dans une belle plaine, près de la rive droite de la Seine, et sur un canal qui joint cette rivière au canal de l'Ourcq. Deux ruisseaux, le Croult et le Rouillon, qui servent à des teintureries importantes, baignent une partie de ses rues.

Comme tous les monuments religieux des premiers siècles de la monarchie française, l'abbaye de St-Denis doit son origine à la piété de nos rois.

La fondation de cette abbaye et de la ville elle-même, est d'une haute antiquité. Sur l'emplacement qu'occupe l'antique monastère était jadis un hameau appelé *Catolacum*. Une dame romaine, du nom de *Catulla*, y vivait; ayant acheté des bourreaux les restes de saint Denis et de ses compagnons, saint Rustique et saint Eleuthère, elle leur fit élever un tombeau; et sur ce tombeau on fit plus tard une chapelle, puis ensuite une église, et enfin une basilique et un monastère devenu célèbre. Plusieurs chroniqueurs en attribuent la fondation à sainte Geneviève de Paris.

Sous Clotaire Ier, il n'y avait, dit-on, à St.-Denis, qu'un oratoire, bâti sur le tombeau des saints martys. En 580, suivant Grégoire de Tours, Chilpéric fit enterrer un de ses fils dans cette chapelle; mais la célébrité, les richesses de l'abbaye de St-Denis ne datent que de Dagobert.

On rapporte que, déjà roi d'une partie de la France par concession de son père Clotaire II, et brouillé avec lui pour avoir fait raser son gouverneur Landrigésile ou Landregisile, Dagobert s'était réfugié dans l'oratoire de St.-Denis. Il y eut une vision dans laquelle saint Denis et ses compagnons martyrs lui apparurent et lui promirent leur protection, s'il faisait vœu de leur élever un temple

ST DENIS EN FRA.

Publié par Pourrat frères à Paris

CHAPITRE IV.

...TEMENT DE LA SE...

ARRONDISSEMENT DE SAINT-DENIS.

magnifique; Dagobert s'y engagea; dès le lendemain on vint lui faire des propositions d'accommodement, et le père et le fils se réconcilièrent.

Dagobert ne songea plus qu'à accomplir son vœu. D'après Frédégaire, historien contemporain, il ordonna qu'on bâtit l'église de St-Denis, et il la décora d'or, de pierreries et d'autres objets précieux. Eloi, célèbre d'abord comme sculpteur et comme orfèvre, et depuis évêque de Noyon, conseilla et dirigea les constructions. Le roi dépouilla plusieurs églises pour enrichir celle de St-Denis. Il fit enlever à celle de St-Hilaire de Poitiers ses portes richement sculptées, et une superbe cuve de porphyre qui servait de fonds baptismaux. Cette cuve est un morceau d'art très remarquable. Dagobert établit à St-Denis le *laus perennis*, ou la psalmodie perpétuelle, c'est-à-dire qu'à chaque heure du jour et de la nuit, des moines y chantaient les louanges de Dieu, comme cela se pratiquait dans le monastère de St-Maurice d'Agaune. Il mit son royaume sous la protection des saints martyrs qu'on invoquait dans la nouvelle abbaye, et il lui donna tant de terres et de villages, que, selon Frédégaire, on en était étonné. Il fut le premier roi qui y reçut la sépulture, en 638.

Pepin contribua par ses largesses à l'embellissement de l'église de St-Denis. Charlemagne l'agrandit et y fit renfermer les tombeaux de Charles Martel et de Pépin. Les ravages des Normands, qui commencèrent à cette époque, obligèrent d'entourer l'abbaye de fortifications dont il reste encore des vestiges. La nouvelle église, telle que Charlemagne en avait tracé le plan, fut achevée au mois de février de l'an 775, et cet empereur assista à la dédicace qui en fut faite la même année.

Cette église se trouva dans la suite trop petite pour contenir ceux qui y venaient de toutes parts aux jours de grandes solennités. L'abbé Suger, vers l'an 1130, ayant fait abattre la partie avancée du portail, bâtie sur le sépulcre de Pépin, entreprit un nouveau portail, et agrandit l'église en jetant les fondements d'un nouveau chevet, et du sanctuaire, dont il fit la dédicace en présence du roi, au mois de juin de l'an 1144.

Dans le portail qu'on voit aujourd'hui, il n'y a guère que le haut de la tour septentrionale qui ne soit pas de son temps. Les portes paraissent en être, aussi bien que les deux premières arcades de la nef contiguës au portail. Les habitants de St-Denis avaient fourni à l'abbé Suger deux cents livres pour achever ce portail; à raison de quoi, il leur remit le droit de main morte (1).

On ignore quelle sorte de moines habitaient St-Denis sous les premiers abbés. Le dix-neuvième abbé, *Hilduin*, qui vivait sous Louis-le-Débonnaire, est le premier qui ait soutenu que le patron de son église était le même que St-Denis l'aréopagite, converti par saint Paul. Hilduin établit dans l'abbaye la règle de saint Benoît.

(1) L'abbé Lebeuf, *Histoire du diocèse de Paris*, t. III.

Hugues Capet, parvenu au trône, le dépouilla de l'abbaye de St-Denis, fit élire à sa place Odilon, religieux profès, et composa son clergé régulier de moines de la réforme de Cluny. Cent cinquante ans plus tard, ces moines furent encore réformés par Suger, aidé de Pierre-le-vénérable, abbé de Cluny.

Cette église, quelque dépense que Suger eut faite pour l'agrandir et la consolider, menaçait ruine vers l'an 1231 ; Saint-Louis et la reine Blanche, sa mère, engagèrent Eudes de Clément à la faire rebâtir, et contribuèrent à la plus grande partie de la dépense ; de là vient sans doute que cette pieuse reine voulut que les armes de sa famille, celles de Castille, fussent accolées à celles de France, comme on les voit dans plusieurs endroits du chœur, dans la croisée et sur le marche-pied de quelques autels, entre le chevet et le sanctuaire.

L'abbé Eudes ne vit point la fin du bâtiment qu'il avait commencé. Il ne fut achevé que sous Mathieu de Vendôme, en 1281, et l'église se trouva alors telle qu'on la voit aujourd'hui.

En 1567, les protestants saccagèrent Saint-Denis, dépouillèrent les châsses de l'or et des pierreries qu'elles renfermaient, et profanèrent les sépultures. La bataille du mois de novembre de la même année, bataille dans laquelle le connétable de Montmorency fut tué, obligea le prince de Condé et les protestants à remettre cette ville au pouvoir de leurs adversaires.

En 1633, on introduisit dans l'abbaye de St.-Denis la réforme de la congrégation de Saint-Maur, qui a subsisté jusqu'en 1790, époque à laquelle l'abbaye a été supprimée.

En 1692, la manse abbatiale avait été réunie à la maison de Saint-Cyr. Les moines sont aujourd'hui remplacés dans le service de l'église par un chapitre de neuf chanoines, choisis parmi les archevêques et évêques sexagénaires, et de vingt-cinq chanoines du second ordre, dont plusieurs dignitaires.

L'église de Saint-Denis était riche en reliques. Elle renfermait, avant la révolution, un grand nombre d'ossements de saints, dans des châsses d'argent et or, remarquables par leur beauté comme ouvrages d'art, et qui attestaient l'existence de grands talents, dans des siècles que l'on croit communément avoir été privés de toute espèce de lumières. Nous ne rapporterons pas les noms des saints dont les reliques ornaient ce sanctuaire religieux; le nombre en est grand ; il en venait de tous les points du monde chrétien ; les rois, les papes et les peuples mêmes, au moyen-âge, attachaient tant de respect et d'amour, tant de précieuses prérogatives aux restes d'hommes devenus célèbres par le martyre, qu'ils cherchaient à se procurer par tous les moyens possibles ces reliques vénérables.

Le trésor de l'église de Saint-Denis était des plus riches et des plus curieux. La description de tous les objets qu'il renfermait serait trop longue. Tous ces objets, consistant en grande partie en châsses d'or et d'argent, en croix d'or ornées de saphirs et d'émeraudes, en reliquaires d'or, en images de vermeil doré, en mîtres, en sceptres, en bâtons pastoraux, en bustes, en vases d'agate orientale, en agraffes, en anneaux pontificaux, en couronnes, étaient renfermés dans cinq armoires placées dans une grande salle, dont la voûte était soutenue dans le milieu par une colonne de marbre; cette salle n'existe plus.

L'église de Saint-Denis passe pour un des plus beaux édifices gothiques de toute la France, et souvent on la compare avec Notre-Dame de Paris, bien qu'il y ait entre ces deux cathédrales une différence en faveur de celle de Paris. Son antiquité, car elle était vénérée dans les Gaules longtemps avant la fondation de la plupart des autres églises, ses trésors amassés pendant une longue suite de siècles, enfin l'honneur d'être la sépulture royale, ont établi et entretenu cette favorable prévention.

« Cette église, dont les plus anciennes constructions n'existent plus, manque d'ensemble comme la plupart des édifices construits à plusieurs reprises, ou rebâtis à des époques différentes. Ce défaut d'ensemble peut tenir à plusieurs causes : d'abord à cette sorte de respect, dont on a peine à se défendre pour les restes des anciens monuments ; quelquefois c'est au désir de surpasser en magnificence les premiers édifices, à la vanité des ordonnateurs qui prétendent s'illustrer par des innovations remarquables, et bien plus souvent encore ce sont des motifs mal entendus d'économie. (1)

» Il est fort incertain si l'église bâtie, ou tout au moins agrandie par Dagobert, fut reconstruite en entier par Charlemagne, ou si ce prince ne fit qu'y ajouter quelques autres parties. Il est à présumer, cependant, que Charlemagne se contenta de l'agrandir sans toucher aux premières constructions.

» Suger, ainsi que nous l'avons dit, employa l'influence qu'il avait obtenue par ses vertus, sur l'esprit de Louis-le-Gros et de Louis-le-jeune, pour faire quelques dépenses favorables à l'embellissement de l'église de Saint-Denis. Il fit élever, de 1130 à 1134, le portail, le vestibule et les tours, ainsi que le rond-point et la crypte ou caveaux semi-souterrains qui contiennent les sépultures et que quelques uns attribuent à Charlemagne.

» Enfin, sous saint-Louis, l'abbé Odon fit joindre ce rond-point au portail de Suger, par la nef qui ne fut terminée qu'en 1281, sous Philippe-le-Hardi.

» L'architecte ignoré qui bâtit cette dernière partie de l'édifice, partie qu'on admire avec raison, était sans contredit un homme fort habile, et l'on doit croire qu'il fut maîtrisé par le caprice de ceux qui l'employèrent, ou qu'il ne put se résoudre à sacrifier le goût dominant alors aux convenances, en proportionnant sa composition aux anciens ouvrages. Cette belle nef est beaucoup

(1) A. Donnet, *Description des environs de Paris.*

trop élevée relativement au portail, et se distingue encore par un style fort différent.

« L'arc du sanctuaire et du rond-point est incliné sur la gauche. Ces parties de l'édifice sont aussi plus étroites que la grande nef ; néanmoins le plan en est bien disposé, et les chapelles circulaires qui en contournent le pourtour, produisent un fort bel effet. »

Les voûtes et toutes les croisées du sanctuaire semblent être du même temps et de la même manière que la nef, ce qui porte à croire que l'ouvrage de Suger n'était pas encore terminé à l'époque de la construction de ce sanctuaire. Le portail et les tours, dont une a deux cent soixante-huit pieds de hauteur, sont d'un style mâle et simple, et présentent ce caractère de solidité qui se retrouve dans les édifices construits vers les XIe et XIIe siècles. La partie inférieure du portail est ornée de sculptures d'une composition ingénieuse et d'une belle exécution.

La nef, construite vers la fin du XIIIe siècle, présente ces formes légères qui caractérisent les constructions de cette époque. Enfin, le chœur ou sanctuaire et le rond-point, élevés de dix-huit marches sur la crypte pratiquée au-dessous de la partie postérieure de cette église, participent de ces différents styles.

Autrefois il n'y avait de chapelles que du côté gauche de la nef. Les anciens bâtiments de l'abbaye mettaient obstacle à ce qu'il y en eût de l'autre ; mais dans la restauration qui se fait actuellement, on a élevé, en place de ces bâtiments, et pour servir d'église paroissiale aux habitants de la ville, une nef contiguë au bas côté de l'église principale, sur laquelle elle est ouverte par cinq entre-piliers. Cette petite église a un autel principal, huit chapelles, une sacristie et une entrée sur la place, indépendante de celle de la collégiale.

La porte de l'église souterraine était autrefois sous celle du chœur ; aujourd'hui l'on descend dans cette crypte sépulcrale par deux escaliers latéraux. L'intérieur de ces voûtes, réparées avec soin, a reçu les tombeaux, ou plutôt les cénotaphes rapportés du musée des Petits-Augustins. Une large tranchée, ouverte au pourtour de ces souterrains, les garantit de l'humidité qui les rendait presque impraticables ; ils sont distribués en un grand nombre de petits caveaux ouvrant sur une galerie circulaire, soutenus par de petites arcades portées par des colonnes dont les chapiteaux, ornés de bas-reliefs, indiquent la manière du style antique, dégénéré à l'époque du Bas-Empire.

Cette disposition a permis à M. Debret, architecte, actuellement chargé de la restauration de l'église de St.-Denis, de classer chronologiquement ces monuments qui consistent, pour la plupart, dans des statues couchées sur une pierre tumulaire.

Les premiers tombeaux que l'on rencontre au pied de l'escalier par lequel on descend dans ces souterrains, sont ceux de Clovis et de Clotilde, de Childebert, et successivement, en faisant le tour des caveaux, jusqu'à la sortie, où se trouvent les Valois. Le caveau du centre, destiné à la famille des Bourbons, est fermé par une porte de bronze ornée de dorures; c'est là qu'ont été déposés les restes de Louis XVI et de Marie-Antoinette, recueillis au cimetière de la Madeleine à Paris. A droite et à gauche, sont deux caveaux, dont une partie du premier est occupée par la sépulture du duc d'Enghien, prince de Condé, et dans le second, en deux tombes, touts les ossements qui, des anciens tombeaux, avaient été portés au cimetière des Valois où on les a recueillis.

Le caveau du milieu de la galerie tournante forme une chapelle expiatoire.

Vers la fin de 1792, au plus fort de la fièvre révolutionnaire, alors qu'un esprit frénétique soufflait sur la France le désordre et le vandalisme le plus hideux, l'église de St.-Denis fut dépouillée de son riche trésor, de ses magnifiques ornements; des mains sacriléges ne respectèrent rien; les sépultures furent violées, et les cendres des rois jetées au vent. L'Eglise fut transformée en un magasin de subsistances.

Cependant, grâces aux soins de savants estimables, parmi lesquels nous citerons le vénérable M. Lenoir, grâces à la commission temporaire et au comité d'instruction publique qui fut institué à cette époque, tout ce qui intéressait les arts échappa aux fureurs de la destruction et fut transporté au musée des monuments français; les vases et ornements précieux à la bibliothèque nationale, d'où, plus tard, ils passèrent en partie au trésor de la cathédrale de Paris.

Lorsque l'église de St.-Denis fut rendue à sa destination primitive, on songea à la réparer. Les travaux entrepris sous Napoléon, par Legrand, ont été continués par Célérier, et s'exécutent encore aujourd'hui, sous la conduite de M. Debret, avec les changements qu'exigent les circonstances. Ces travaux, commencés sous l'Empire, touchent à leur fin; on espère les voir terminés cette année.

La sacristie actuelle a été construite sur les dessins de Célérier; l'exécution de la décoration en menuiserie est digne d'être remarquée. La partie qui renfermait le trésor, tombant de vétusté, a fait place à l'église paroissiale, et dans la partie qui s'étend de cette petite église à la sacristie, on a construit un nouveau bâtiment pour recevoir les parties du trésor qui ont pu être recueillies. Une galerie de communication joint l'église au bâtiment de la maison royale. (1) Les vitraux de l'abside de ce monument étaient regardés comme les plus anciens qui nous fussent restés. Il paraît, qu'appartenant à l'avant dernière église, ils furent conservés et replacés dans l'édifice de saint Louis. Les peintures en étaient fort estimées. Ces vitraux ayant été détruits à la révolution, on les a remplacés par d'autres, composés de verres de couleurs où le jaune doré qui y domine produit un assez bon effet. Les vitraux des deux chapelles latérales qui précèdent le chœur, et où l'on avait élevé les autels expiatoires des

(1) Dulaure, *Environs de Paris*, t. IV.

deux premières dynasties, sont remarquables par leur dessin qui offre des fleurs de lys en fer de lance, et des couronnes dans le style des VIe et IXe siècles (1).

Dans l'église haute on a placé, sous le vestibule, le cénotaphe de Dagobert Ier. Le tombeau de ce roi et ceux de ses successeurs ayant été détruits, dans le XIe siècle, par les Normands, saint Louis les fit réédifier. Ce monument est extrêmement curieux, sous le double rapport de l'art et du sujet représenté dans les trois bas-reliefs qui contiennent la prétendue révélation faite à Ansoalde, ambassadeur en Sicile, par un anachorète nommé Jean, qui assurait avoir vu Dagobert sur un esquif, entre les mains des démons qui le fustigeaient, et secouru par saint Denis, saint Martin et saint Maurice. Ce monument, qui était à double face, n'ayant pu, dans le projet de M. Debret, être isolé, M. Lenoir, conservateur des monuments de saint Denis, l'a fait séparer en deux parties, dont une forme le cénotaphe de Dagobert, et l'autre, celui de Nantilde son épouse.

Dans la chapelle à droite, qui précède le chœur, on a placé le mausolée de François Ier, érigé, en 1550, d'après les dessins, les uns disent de Primatice, d'autres de Philibert Delorme. Ce monument, en marbre blanc, est composé de seize colonnes ioniques cannelées, de six pieds de hauteur, qui soutiennent un entablement. Sur les cuves ou gisants placés sur la voûte principale de ce monument, sont couchées les statues, plus grandes que nature, de François Ier et de Claude de France, sa femme, dans leur état de mort. Ces statues, d'une très belle exécution, sont attribuées à Pierre Bontems, mais elles paraîtraient plutôt être de Jean Goujon. La voûte, enrichie de bas-reliefs et d'arabesques exécutés par Goujon, offre des génies éteignant le flambeau de la vie; l'immortalité de l'âme y est ingénieusement exprimée par l'allégorie du Christ vainqueur des ténèbres; les quatre prophètes de l'Apocalypse entourent ces deux figures. Le bas-relief qui fait le tour du monument représente les batailles de Cérisoles et de Marignan; au dessus de l'entablement sont placées, à genoux, les statues, en habit de cour, de François Ier, de la reine et de leurs trois enfants, François, dauphin, qui, dit-on, fut empoisonné par Catherine de Médicis; Charles, duc d'Orléans, et Charlotte, morte à huit ans.

Dans la chapelle à gauche, sont les tombeaux de Louis XII et de Henri II. Le premier, dont le style indique l'époque de la renaissance est d'un grand caractère de dessin, et offre des détails précieux. Louis XII et Anne de Bretagne, représentés dans leur état de mort, sont de l'exécution la plus hardie, et d'une vérité effrayante; les figures des douze apôtres, placées dans les douze arcades ornées d'arabesques qui entourent ce nénotaphe, sont remarquables par la beauté de leur attitude et par leur exécution : les bas-reliefs du socle

---

(1) Alex. Donnet, *Description des environs de Paris.*

représentent les triomphes des Français en Italie; la bataille d'Agnadel et l'entrée de Louis XII à Milan. Les statues agenouillées de Louis XII et d'Anne couronnent ce monument, dont on croit qu'une partie fut faite à Tours, par Jean Juste, sculpteur, et les figures à Paris, par Paul Ponce Trebati.

Le tombeau de Henri II, exécuté par Germain Pilon sur les dessins de Philibert Delorme, est orné de douze colonnes d'ordre composite, avec leurs pilastres en marbre bleu turquin. Les quatre vertus cardinales, figures en bronze, en décorent les angles; Henri II et Catherine sont représentés morts dans le monument, et vivants et agenouillés sur le couronnement.

Depuis sa restauration, l'église de St.-Denis, plus belle qu'elle ne le fut jamais, a été enrichie de plusieurs tableaux et statues modernes. Dans la sacristie, on voit la statue de saint Denis, par Monsiau; Dagobert ordonnant la construction de l'église, par Ménageot; l'institution de l'église de St.-Denis comme sépulture des Rois, par Garnier; sa dédicace, en présence de Charles-Quint, par Meynier; saint Louis faisant placer les cénotaphes de ses prédécesseurs, en 1264, par Landon; saint Louis recevant l'oriflamme, par Le Barbier aîné; Philippe III portant sur ses épaules le corps de son père mort, en 1270, par Guérin; Charles-Quint visitant l'église de St.-Denis avec François Ier, par Gros; le couronnement de Marie de Médicis à St.-Denis, imitation de celui de Rubens; Louis XVIII ordonnant la continuation des travaux de l'église, par Menjaud.

Dans le caveau des Bourbons, on voit les statues modernes de Charlemagne, par Gois fils; de Louis Ier, par Bridan; de Charles II, par Foucau; de Louis II, par Desseine; de Charles III, par Gaulle; et de Louis IV, par Dumont. La première est en marbre; les autres sont seulement en pierre.

Le cimetière des Valois, situé le long de la partie septentrionale de l'église, tire son nom du monument sépulcral le plus vaste, le plus magnifique, peut-être, que nous ayons eu en France. Il fut commencé par Catherine de Médicis; son plan polygonal à douze faces, avait trente-trois mètres de diamètre; des six avant-corps, dont un formait la communication avec l'église, cinq étaient décorés des ordres dorique et ionique, de vingt colonnes correspondantes aux pilastres entre lesquels se trouvaient des niches. Un troisième ordre en retraite devait soutenir une coupole de quatorze mètres de diamètre, surmontée de son lanternon. Dans l'intérieur, chaque corps était marqué par deux colonnes : six chapelles décorées de niches et de colonnes, occupaient, à chaque étage, les intervalles des massifs; celles du deuxième étage communiquaient entre elles par une galerie circulaire. Les souterrains de ce monument présentaient la même distribution avec ses niches, mais sans colonnes. Au centre était le tombeau de Henri II et de Catherine de Médicis.

Ce monument sépulcral, qui ne fut jamais achevé, était si négligé qu'il tombait en ruines en 1719, époque à laquelle on le démolit pour en avoir les matériaux ; le souvenir nous en est conservé, heureusement pour les arts, par Marot, architecte et graveur du XVIIe siècle, dans une planche qui fait partie de ses ouvrages ; ce monument contenait dix-huit autels, soixante-cinq niches pour les statues et cénotaphes, et cinquante-trois pour les cercueils. (1)

Lorsqu'en 1793, la Convention ordonna la destruction des tombes royales de Saint-Denis, les ossements qui furent trouvés dans les 51 tombeaux démolis en trois jours, furent jetés pêle-mêle dans une fosse creusée sur l'emplacement qu'occupait autrefois la rotonde des Valois. La démolition de ces tombeaux se fit avec tout le cynisme que le dévergondage de l'esprit révolutionnaire put inventer.

Le cadavre de Henri IV, fut trouvé parfaitement conservé, et resta pendant quelque temps exposé aux regards et à la vénération de la foule, qui venait contempler ses traits mâles et nobles. Quelques personnes ne craignirent pas de recueillir comme des reliques des poils de sa moustache et de sa barbe grise.

N'oublions pas de dire qu'un des descendants de ce grand roi est mort sur la terre d'exil, et que, selon l'usage antique, le corps de Louis XVIII, n'a pas encore trouvé sa place dans le caveau royal, puisque son successeur n'est point venu le remplacer.

Une autre branche de cette souche royale, éteinte depuis peu, sans laisser de rejetons, celle des Condé, a vu naguère son dernier cercueil porté dans le caveau qui lui était destiné ; ce caveau est fermé désormais.

Les bâtiments occupés par les religieux de l'abbaye de St.-Denis, avaient été élevés sur les dessins de Robert de Cotte. Ils sont remarquables par leur étendue et leur belle construction ; ils forment un double carré ; la façade qui regarde la ville est décorée d'un grand fronton orné de sculpture, par Adam le cadet, représentant saint Maur implorant le secours de Dieu pour la guérison d'un enfant déposé à ses pieds par une mère affligée. Cette maison abbatiale est aujourd'hui occupée par l'*Institution royale des orphelines de la Légion-d'Honneur*. Les élèves y sont au nombre de cinq cents, depuis la réunion en ce lieu de l'institution qui existait à Ecouen. Quatre cents sont reçues gratuitement, et cent à titre de pensionnaires. La direction de cette maison est confiée à une surintendante, assistée de sept dames dignitaires, de dix dames de première classe et de trente de seconde classe.

La ville de Saint-Denis ne fut entourée de murailles que dans le IXe siècle. Ce fut Charles-le-Chauve qui, y passant le carême et les fêtes de Pâques de l'an 869, commença à les faire construire.

---

(1) Alex. Donnet. *Description des environs de Paris*, p. 28.

Trois foires furent instituées à St.-Denis, l'une vers le temps du roi Dagobert, elle commençait le 9 octobre et durait quatre semaines, pour donner aux marchands, dit un historien, le temps de venir de Lombardie, d'Espagne et de Provence. Il y venait aussi des marchands de la Frise et autres pays septentrionaux. La seconde foire est celle qui se tient à la St-Mathias; elle a été instituée par Henri III; elle dure huit jours. La troisième et la plus célèbre est celle du Landit. Nous en parlerons ci-après.

On voit encore à St-Denis l'ancien couvent des Carmélites, dans lequel s'était retirée Madame Louise de France, fille de Louis XV. L'enclos de ce couvent forme aujourd'hui une très-belle pépinière.

L'église, d'une belle construction, rebâtie en 1786, sur les dessins de Mique, offre un péristyle, en avant-corps, de six colonnes d'ordre ionique, couronné par un fronton orné de sculpture. Ce péristyle est d'un bel effet et d'une heureuse proportion.

Au nord de la ville, est un très beau corps de caserne d'infanterie, précédé de belles plantations.

Saint-Denis est encore entouré de remparts, changés en promenades agréables. Cette ville a soutenu plusieurs siéges pendant le moyen-âge et pendant la guerre entre les Anglais et les Bourguignons. Elle fut souvent au pouvoir des Anglais, sous les règnes de Charles VI et de Charles VII. En 1435, le 1er juin, les Français s'en emparèrent, puis ensuite, reprise par les Anglais, elle fut démantelée; on ne respecta que les murs de l'abbaye.

En 1437, Charles VII l'exempta de prises, c'est-à-dire de fournitures pour la cour. En 1451, le même roi fit aux habitants la remise de tout impôt pour les vivres qu'ils conduisaient par terre et par eau. Pour repeupler cette ville ruinée par les guerres, Louis XI l'exempta de tous subsides en 1482, ce qui fut confirmé par Charles VIII.

Les Calvinistes l'ayant prise en 1561, il s'installèrent dans l'abbaye jusqu'au 10 novembre. En étant encore devenus maîtres en 1567, ils y firent tous les dégats qu'ils purent. Elle fut rendue à Henri IV en 1590. Le chevalier d'Aumale la reprit; mais peu de temps après elle revint au roi. Le prince de Condé, pendant les troubles de la minorité de Louis XIV, l'assiégea et la força de se rendre par capitulation; mais il n'en jouit pas longtemps; elle rentra bientôt sous l'obéissance du roi.

On sait que c'est dans la plaine de St-Denis que se tenait jadis la foire du *Landit*, une des plus célèbres du moyen-âge. Le nom de cette foire vient par corruption du mot latin *Indictum*, qui signifiait un lieu d'assemblée, comme on le voit dans plusieurs chartes du douzième siècle.

On attribue la fondation de l'assemblée ou foire du Landit à Dagobert; d'autres prétendent que Charles-le-Chauve en fut l'instituteur. La vénération des fidèles pour les reliques déposées dans l'église de St-Denis fut, assure-t-on encore, l'origine de l'*indict* ou *landit*. La dévotion, puis ensuite l'intérêt commercial, rendirent cette réunion une des plus remarquables par le nombre des individus de tous les pays qui s'y rendaient. L'ouverture de la foire, fixée au premier du mois de juin, était précédée d'une procession faite par le clergé de St-Denis; cette solennité, longtemps observée, est tombée en désuétude, mais au moyen-âge elle était une nécessité; le peuple n'eut pas considéré de bon œil les opérations commerciales qui s'y faisaient, si elles n'eussent pas été placées sous l'invocation des saints martyrs, dont les restes reposaient dans la vénérable basilique.

Il se vendait, à la foire du *Landit*, une grande quantité de parchemins, et comme c'était alors presque la seule matière sur laquelle on écrivait, l'université de Paris, constituée définitivement au XII° siècle, obtint le privilége d'y choisir le parchemin dont elle pouvait avoir besoin. On rapporte qu'en l'an 1291 une défense fut faite aux parcheminiers en général de se pourvoir de parchemins à la foire du Landit, avant que les marchands du roi, de l'évêque de Paris, les maîtres et les écoliers eussent fait leur provision.

Le recteur se rendait à la foire au jour indiqué, suivi d'un certain nombre de régens et d'écoliers; ce nombre s'accrut tellement avec le temps, et les écoliers, pour qui cette foire du Landit était devenue une occasion de fêtes, et de joyeux ébats, y commirent tant de désordres, que le procureur-général porta ses plaintes, le 31 mai 1550. Un nouvel édit restreignit à douze le nombre de ceux qui devaient accompagner le recteur; mais pendant longtemps encore après cet édit, les écoliers s'y rendaient clandestinement et y commettaient des méfaits inouis.

En 1556, la foire fut transférée dans l'intérieur de St-Denis. En 1578, le 8 juillet, il fut fait de nouvelles défenses expresses de la part du parlement, aux régens de l'Université, de faire aucun Landit, ni de mener leurs écoliers avec tambourins, armes et enseignes déployées, en quelque lieu que ce fût. La foire du Landit continua de se tenir dans St-Denis, et ne fut guère interrompue que dans les temps de guerre, ou comme en 1668, à cause de la peste qui régnait à Soissons.

La ville de St.-Denis, commerçante et industrieuse, a cependant peu d'établissements qui méritent d'être cités. Un des plus utiles et pourtant des plus ignorés, est une bibliothèque communale, précieux reste de celle de l'abbaye, et qui mériterait d'être publique.

ILE SAINT-DENIS.

A l'ouest et à peu de distance de la ville de St.-Denis, au milieu du lit de la Seine, est la jolie île de St.-Denis, d'environ une lieue de longueur, à l'extrémité de laquelle est bâti un petit village.

Nous avons dit, en parlant de Montmorency, qu'au commencement du XIe siècle, Bouchard le Barbu, possédait un château fort dans une île de la Seine. Cette île est sans aucun doute l'île St.-Denis, appelée alors *de Chastelier*. On a vu que ce seigneur dévastant les terres de l'abbaye de St.-Denis, le roi, sur la plainte de l'abbé, contraignit Bouchard à démolir cette forteresse et lui donna en échange le château de Montmorency, à condition que lui ni ses successeurs ne rebâtiraient jamais la forteresse de l'île St.-Denis. Néanmoins les héritiers de Bouchard eurent encore plus d'un démêlé avec les religieux de St.-Denis. Enfin, Charles V ayant acquis cette île, la donna, en 1373, à l'abbaye.

Aujourd'hui l'île St.-Denis est un rendez-vous de plaisirs; des promenades sur l'eau, de frais ombrages, de nombreux restaurants y attirent les Parisiens en été. La plupart des maisons du village sont rangées en forme de quai. On y voit plusieurs jolies maisons de campagne. Il s'y trouve une église érigée en cure depuis 1662. La population de l'île St.-Denis, qui a été beaucoup plus considérable, ne s'élève guère aujourd'hui qu'à 250 habitants.

VILLETANEUSE.

Villetaneuse, en latin *Villa Tineosa*, était une cure dès le XIIIe siècle, et relevait du duché de Montmorency. Ce village, situé à peu de distance au nord de St-Denis, n'a guère plus de 400 habitants et renferme quelques fabriques de colle forte, d'amidon et de fécule de pomme de terre.

STAINS.

Stains est un village assez peuplé, situé à une demi lieue de St.-Denis, et à deux lieues au nord de Paris. S'il est vrai que le nom de Stains vienne du mot latin *stagnum*, eaux stagnantes, marécageuses, croupissantes, ce pays a dû être anciennement bien malsain. Il est vrai qu'au nombre des édifices que le village de Stains possédait jadis, était une *léproserie*, et on sait que la lèpre était fréquente dans les lieux bas et humides.

Eustache du Belloy, évêque de Paris, fit, en 1650, la dédicace de l'église actuelle, dont l'architecture n'a rien de bien remarquable. La seigneurie de Stains était, vers la fin du XVIe siècle, dans la maison de Thou. Christophe de Thou, père de l'illustre historien, la possédait en 1568. Sa fille la porta en dot dans la famille de Harlay. En 1678, elle appartenait au conseiller d'Etat Claude Coquille. En 1752, le fermier général Perrinet y fit construire le beau château que l'on voit aujourd'hui. Elle devint ensuite la propriété du marquis de Livry, qui y fit élever un superbe troupeau de mérinos. Cette propriété fut vendue et divisée en 1810; le château devint la propriété de Jérôme Napoléon, roi de Westphalie.

Ce château est situé sur une élévation d'où l'on jouit d'une vue magnifique. Le parc est étendu et très bien planté; les jardins sont agréables; on voit de belles prairies, des vallées arrosées par la petite rivière de Crould, dont les eaux se répandent de toutes parts au moyen de petits canaux habilement dirigés. Cette propriété est citée comme l'une des plus belles des environs de Paris. La population de Stains est d'environ 900 habitants.

DUGNY.

Dugny est un village très ancien, situé dans la plaine de Saint-Denis; il en est question dans des chartes de Charles-le-Chauve. La seigneurie de Dugny a appartenu à la maison de Montmorency. Il y a dans ce village quelques manufactures de bougies, de colle, etc. Sa population est de 350 habitants.

LE BOURGET.

Le Bourget est à deux lieues et demie de Paris, vers le Nord Ouest. Ce village fut longtemps un hameau dépendant de la paroisse de Dugny. Le Bourget, qui ne possède pas plus de 620 habitants, est très anciennement connu sous le nom de *Burgellum*, diminutif de *Burgum*. Au XIe siècle, on y voyait une léproserie. Après la bataille de Waterloo, Napoléon s'arrêta au Bourget pendant quelques heures pour y attendre la nuit, avant d'entrer à Paris; ne voulant pas sans doute se montrer au peuple dans l'état fâcheux où la fortune venait de le réduire.

BLANC-MESNIL.

Blanc-Mesnil dépendait jadis de Dugny. En 1355, le roi Jean y fit bâtir une chapelle dédiée à Notre-Dame ; ces deux villages furent alors séparés. Le président Guillaume de Lamoignon fut seigneur de Blanc-Mesnil ; il y avait un très beau château qui a été détruit.

AUBERVILLIERS ou NOTRE-DAME-DES-VERTUS.

Aubervilliers ou *Notre-Dame-des-Vertus*, est situé à droite de l'avenue de Saint-Denis. Ce village fut, en 1815, pris et repris par les troupes françaises et celles des alliés. On y trouve des usines importantes, mais les habitants se livrent particulièrement à la culture de la terre, du jardinage et des arbres fruitiers, dont les produits sont portés à Paris. La population de la commune d'Aubervilliers est évaluée à 2,300 habitants.

Un seigneur nommé Aubert donna son nom à ce village. Une charte du xie siècle nous apprend que Henri Ier fit don au monastère de St.-Martin-des-Champs d'un bien qu'il possédait en ce lieu. Sous le règne de Philippe de Valois, une vierge miraculeuse qui attirait en pèlerinage la population des environs, fit appeler l'église d'Aubervilliers *Notre-Dame des Miracles ou des Vertus*. Ce village beaucoup à souffrir des guerres civiles du règne de Charles VI. Henri II fit rebâtir la façade et la tour de l'église, en 1541. On y voit encore son chiffre uni à celui de la duchesse de Valentinois.

La famille de Montholon posséda la terre d'Aubervilliers depuis le xvie jusqu'au xviiie siècle.

SAINT-OUEN.

Saint-Ouen est remarquable par sa situation agréable sur la rive droite de la Seine. Le château que l'architecte Lepautre y bâtit en 1660, pour la Seiglière de Boisfranc, chancelier du duc d'Orléans, frère de Louis XIV, et qui passa ensuite au duc de Gèvres et à madame de Pompadour, fut démoli en 1816, sauf un corps-de-logis formant pavillon, que Louis XVIII donna à Mme Ducayla.

Mais dès les temps les plus reculés, St.-Ouen, dont le nom vient de celui de l'évêque *Odoenus*, saint-Ouen, qui y mourut en

685, eut un château habité par les rois de la première et de la deuxième race. Au XIIIe siècle, il y avait encore à St.-Ouen un manoir dont il est souvent fait mention dans les chartes de cette époque. Philippe de Valois l'habita, et il y institua l'ordre de Chevalerie de l'Etoile, qui n'eut qu'une existence éphémère.

En 1814, Louis XVIII donna au château de St.-Ouen cette fameuse déclaration, préliminaire de la charte, qui devait mettre fin aux discordes civiles soulevées par la révolution.

Le célèbre industriel Ternaux avait à St.-Ouen une très belle propriété qui appartenait au siècle dernier à M. Necker; c'est là qu'il se livrait à ses grandes recherches sur la conservation des grains, à l'éducation des mérinos et des chèvres du Thibet, dont il avait su, conjointement avec M. Jancourt, se procurer de beaux troupeaux.

La population de St.-Ouen est de 600 habitants. Il y a des manufactures de cachemires, des imprimeries d'étoffes, des lavoirs pour la laine. La glacière est remarquable par ses dispositions et les procédés chimiques employés à la confection de la glace. La gare de St.-Ouen est une précieuse construction pour la navigation de la Seine, dont elle abrège considérablement le parcours aux bateaux du commerce, qui viennent de Rouen et des autres ports en aval de Paris.

CLICHY-LA-GARENNE.

Clichy est désigné dans plusieurs chartes sous le nom de *Clipiacum*. On prétend qu'on y élevait autrefois une grande quantité de lapins, et que c'est de là qu'il tire son nom. Dagobert Ier y a demeuré, ainsi que quelques uns de ses successeurs; ils y avaient des maisons de plaisance agréablement situées et dont il ne reste aucun vestige. Sous Charles Martel, Clichy passa par donation aux moines de Saint-Denis, dans les mains desquels il est longtemps resté. Au nombre des seigneurs de Clichy on trouve le fermier Grimod de la Reynie, moins célèbre que son fils dans les fastes culinaires; bon viveur et gourmand, et dont la mémoire s'est conservée parmi les amateurs de la bonne chère.

L'héroïque défense que les troupes françaises opposèrent aux Anglo-Prussiens, en 1815, à la barrière et dans le village de Clichy, restera célèbre dans notre histoire.

LA CHAPELLE.

En sortant de Paris par l'une des barrières de la partie septentrionale, pour se rendre à St.-Denis, on trouve le village de *La Chapelle*, qui semble n'être que la suite du faubourg St.-Denis. C'était là, disent les chroniques, que se reposaient la patronne de Paris, sainte Geneviève, la jeune fille de Nanterre, et ses compagnes, lorsqu'elles allaient tous les samedis faire leurs dévotions sur les tombeaux des saints martyrs à St.-Denis. On y bâtit une chapelle ; de là vient le nom de ce village ; cette chapelle, dépendante du chapitre de St.-Denis, fut érigée en cure par Odon, abbé de St.-Denis, l'an 1229. Plusieurs maisons se groupèrent autour de cet oratoire ; le village s'agrandit peu à peu, mais pendant les guerres civiles qui ont si longtemps désolé la France, il fut plusieurs fois pillé.

On y trouve plusieurs fabriques et de belles maisons de campagne. Sa population est de 5,000 habitants.

C'est la patrie d'un écrivain du XVIIe siècle bien connu par son esprit vif et joyeux, Chapelle, dont le véritable nom était Claude Emmanuel Luillier.

LA VILLETTE.

Ce lieu était, au XIIe siècle, une dépendance du prieuré St.-Lazare ; il se nommait *Villeta sancti Lazari*, la Villette St.-Lazare, ou simplement *la Villette*. Ce village fut brûlé, le 8 juillet 1418, par les Armagnacs unis aux Anglais, et encore réduit en cendre plus tard par Henri VI d'Angleterre, qui le donna, en récompense, à un nommé Jean Gilles, qui avait favorisé l'entrée des Bourguignons dans Paris.

C'est dans ce village que les conférences entamées à Suresnes, au mois de mai 1593, pour la conversion de Henri IV, furent continuées ; les séances avaient lieu dans la maison d'Emeric de Thou. Le 30 juillet de la même année, fut conclue, dans ce village, la trève entre les royalistes et les ligueurs, trève qui ne dura pas longtemps.

L'importance de la Villette s'est considérablement augmentée depuis la construction du grand bassin du canal de l'Ourcq, achevé sous l'empire. Sa population est actuellement, y compris celle du village appelé la *petite Villette*, d'environ 8,000 habitants. Il y a de nombreux entrepôts de marchandises, notamment en vins venus des départements du midi.

LES BATIGNOLLES-MONCEAUX.

Les Batignolles deviennent, en s'agrandissant chaque jour, un des plus beaux faubourgs de Paris. Ce village, ou plutôt cette petite ville, située hors de la barrière de Clichy, était, il y a peu d'années encore, un petit hameau dépendant de la commune de Clichy. C'est aujourd'hui une commune séparée, et l'une des plus importantes du département de la Seine. Les Batignolles sont habités par un grand nombre d'employés des ministères, des administrations publiques de la capitale, de peintres, d'hommes de lettres, d'artistes et de petits rentiers. L'air y est pur, le pays charmant, les rues larges, bien percées, les maisons y rivalisent de luxe et de commodités avec celles de Paris.

En 1814, les Batignolles furent vigoureusement défendus par la garde nationale de Paris; l'auberge du *Père La Tuile* acquit de la renommée en devenant le rendez-vous des braves qui combattaient pour leur pays. On évalue à 12,000 habitants la population des Batignolles; mais cette population est toujours croissante, et avant peu de temps elle sera probablement encore augmentée.

Le hameau de *Monceaux* ou par corruption *Mouceaux*, a communiqué son nom au bourg des Batignolles, qu'on appelle officiellement Batignolles-Monceaux. Ce hameau n'avait rien de remarquable que son château, qui se trouve compris aujourd'hui dans l'enceinte extérieure de Paris, entre les rues de Chartres et de Valois du Roule.

Le château et le parc de Monceaux ont longtemps attiré un un grand nombre de promeneurs. Ce lieu charmant, appelé avant la révolution *les Folies de Chartres*, appartenait au duc d'Orléans, père du roi Louis-Philippe, qui y dépensa des sommes considérables en embellissements. Ce ne sont que bosquets, jardins anglais, kiosques, ponts, ruines, pelouses, ruisseaux, rochers, coteaux admirablement disposés, exécutés sur les dessins du fameux Carmontelle, si connu par ses proverbes. Le château est plus élégant que vaste, mais il ne présente rien de particulier.

Le château de Mouceaux fut, pendant la révolution, destiné à devenir un établissement public, mais on n'y fit rien qui valut la peine d'être conservé. Napoléon en fit don à l'archi-chancelier de l'Empire, Cambacérès, qui ne le posséda que peu de temps. Il fut réuni, par Napoléon, au domaine de la couronne, et à la Restauration, restitué à la famille d'Orléans, qui le possède encore aujourd'hui.

MONTMARTRE.

On ne peut guère sortir de Paris sans apercevoir, de près ou de loin, la butte Montmartre et ses moulins, et sans se rappeler aussitôt les rendez-vous qu'une partie de la population parisienne s'y donnent pendant la belle saison. Cette butte est intérieurement traversée, dans touts les sens, par des galeries d'où l'on a extrait le plâtre qui sert aux constructions de la capitale. Ces trouées se sont tellement multipliées, qu'il est devenu dangereux de s'y aventurer sans un guide; le sol même sur lequel repose le village de Montmartre, est, à chaque instant, menacé d'écroulement.

Le nom de Montmartre vient, dit-on, de *Mons Martis*, nom donné par les Romains à cette colline à l'époque de la fondation de Lutèce; c'est ainsi qu'elle est appelée dans le poème latin que le moine Abbon écrivit, en 896, sur le siége de Paris. Cette montagne fut aussi nommée, suivant deux de nos plus anciens historiens, Frédégaire et Hilduin, *Mons Mercurii*, d'un temple dédié à Mercure. D'autres écrivains l'appellent *Mons Martyrum*, parce que ce fut au pied de cette montagne, que saint Denis et ses compagnons furent martyrisés. Cette étymologie est la plus probable. En 1657, si l'on en croit Sauval, qui assure l'avoir vu, il y avait encore quelques vestiges d'un temple ancien dans l'église du Prieuré.

En 1133, Louis-le-Gros et la reine Adélaïde sa femme fondèrent à Montmartre une abbaye pour cinquante-cinq religieuses. Ce monastère s'attira, jusqu'à la fin du dix-huitième siècle, une triste célébrité. Les mœurs des religieuses y étaient fort relâchées; elles avaient, du temps d'Henri IV, une réputation de galanterie telle que plusieurs historiens font, de leurs débordements, le tableau le plus scandaleux. Marie de Beauvilliers, maîtresse de Henri IV, en fut abbesse; ayant voulu tenter de les ramener à une règle de conduite plus sévère, on chercha à l'empoisonner; elle garda toute sa vie une difficulté de parler, que l'on dit être le résultat du poison qu'on lui avait fait prendre. Les bâtiments de l'abbaye ont fait place aujourd'hui à une belle maison de campagne dans laquelle est établi un pensionnat.

Le cimetière de Montmartre est un des mieux situés de Paris. Ce séjour des morts renferme les tombes de Greuze, de St.-Lambert, de Legouvé, de Dazaincourt, etc.

Comme point militaire, la butte Montmartre a souvent attiré l'attention de l'Assemblée Nationale, et, en 1814 et 1815, celle de Napoléon qui en ordonna la fortification. Si elle entrait dans le nouveau plan que le gouvernement va faire exécuter, on peut assurer que, liée au couchant au mont Valérien, et au levant, à la butte Chaumont, elle pourrait rendre cette partie nord de Paris inattaquable.

Sur le versant septentrional de la colline de Montmartre, est le hameau de Clignancourt, bien situé, mais peu considérable. C'est une dépendance de la commune de Montmartre

---

ASNIÈRE.

D'où vient le nom de ce village ? D'après l'historien Lebeuf, c'est de la multitude d'ânes que l'on y élevait autrefois. Il est question d'Asnières dans une bulle de l'année 1158. On a prétendu que ce village était sous les Romains, assez important pour mériter le titre de cité. En faisant des fouilles, il y a environ un siècle, on y a trouvé un grand nombre de tuiles antiques, des coupes, des bouteilles en terre et divers objets de fabrique romaine. On a aussi découvert quelques tombeaux antiques et des squelettes qui font présumer, en effet, que cette cité devait être assez considérable.

Le village d'Asnières et ses environs possèdent de fort jolies maisons de campagne, bien situées, d'un aspect agréable. On y voyait autrefois plusieurs beaux châteaux, entre autres, celui de la belle marquise de Parabère, maîtresse du régent Philippe d'Orléans. Il n'y a pas plus d'une lieue et demie de Paris à Asnières ; c'est une promenade assez fréquentée par la population parisienne dans les beaux jours d'été. On y compte 600 habitants environ. Sa situation offre des points de vue délicieux, un air pur et des commodités de toute espèce.

COLOMBES.

Entre Asnières et Argenteuil, à deux lieues et demie, au nord-ouest de Paris, se trouve le joli village de Colombes, au milieu de la presqu'île formée par les détours de la Seine. La tour de son église mérite l'attention des antiquaires. Elle est d'une architecture qui la fait présumer du XIIe siècle. Cependant rien ne certifie cette date d'une manière positive. Il n'est question de Colombes que dans le XIIIe siècle ; c'était une dépendance de l'abbaye de St.-Denis ; plus tard, ce village appartint à la communauté des filles nobles de St.-Cyr. Son château était un monument remarquable. Henriette-Marie de France, fille de Henri IV, et veuve de l'infortuné Charles Ier, roi d'Angleterre, y mourut en 1669. Ce château fut démoli pendant la terreur.

Des débris du château restés debout, on en construisit un autre plus petit, qu'on a nommé le petit château et qui appartient à Madame la princesse de la Moskowa.

Colombes est encore un de ces lieux charmants peuplé de maisons de campagne, refuge, pendant les beaux jours, des riches habitants de Paris. Sa population est évaluée à environ 1,700 habitants.

GENNEVILLIERS.

Ce village n'est remarquable que par le joli château qu'y fit construire le maréchal de Richelieu, en 1752, monument de plaisir et quelquefois de débauches. Ce voluptueux séjour y attirait une foule de personnes de la cour de Louis XV. Il appartient aujourd'hui à M. le comte de Portalis.

L'inondation de 1740, ensevelit presque entièrement ce village. Le souvenir de ce désastre s'est conservé dans le pays. Jamais plus affreux malheur, même du temps des invasions étrangères et des guerres de religion, n'avait causé autant de maux.

Gennevilliers a près de 1,200 habitants. On trouve dans ses environs de jolies maisons, des sites agréables, des promenades variées.

EPINAY.

Les rois de France de la première et de la seconde race avaient à Epinay un château célèbre dans l'histoire. Dagobert s'y retira vers la fin de sa vie. Sigebert et son frère Clovis, ses fils y séjournèrent également. Au XIe siècle la seigneurie d'Epinay appartenait au chapitre de St-Denis; dans le siècle suivant, elle passa dans la maison de Montmorency.

Gabrielle d'Estrées avait un château à *la Briche*, près Epinay. Ce château a appartenu à feu M. de Sommariva qui l'a beaucoup embelli.

D'après les dernières volontés exprimées par Madame d'Houdetot, le cœur de cette dame a été déposé dans la chapelle du château d'Epinay. Madame d'Houdetot, en manifestant ce désir, voulait se rapprocher après sa mort de son père et de sa mère, dont les tombeaux sont également à Epinay. On ne peut parler de Mme d'Houdetot sans se rappeler l'impression que sa vue et sa conversation faisaient sur J.-J. Rousseau, et que cet écrivain a si éloquemment décrite.

Epinay est à trois lieues de Paris, dans une situation charmante, entre la Seine et la route de Pontoise; sa population est d'environ 1,100 habitants.

PIERREFITTE.

Il y a en France un assez grand nombre de lieux du nom de *Pierrefitte*, nom que l'on attribue au voisinage des monuments druidiques.

Pierrefitte, à 3 lieues nord de Paris, n'est remarquable par aucun monument. C'est un village dont l'histoire n'a rien de particulier. Il renferme de jolies maisons. Sa seigneurie relevait, au XIIIe siècle, de l'Abbaye de St-Denis. Elle en fut détachée plus tard, et donnée pendant l'invasion anglaise à un nommé *Fréron* qui avait favorisé l'entrée des Bourguignons dans Paris.

La population de Pierrefitte est d'environ 900 habitants.

DEUXIÈME PARTIE.

RÉGION DE L'OUEST.

La région occidentale des environs de Paris comprend, dans le département de Seine-et-Oise, les arrondissements de Versailles et de Mantes, avec la plus grande partie de celui de Rambouillet ; dans le département d'Eure-et-Loir, une partie des arrondissements de Chartres et de Dreux ; enfin, dans le département de la Seine, toute la contrée occidentale depuis Courbevoie et Neuilly, vers le nord, jusqu'à Vaugirard et Issy au midi.

CHAPITRE PREMIER.

DÉPARTEMENT DE SEINE-ET-OISE.

ARRONDISSEMENT DE VERSAILLES.

§ Ier **VERSAILLES.**

I. LE CHATEAU.

Au commencement du XVIIe siècle, sur l'emplacement qu'occupent aujourd'hui le majestueux château de Versailles et ses jardins enchantés, étaient un moulin et une chaumière où les chasseurs, rois, seigneurs et valets, prenaient quelque repos lorsqu'ils se trouvaient y passer par hasard. Cette chaumière, par une belle soirée d'automne, eut l'insigne honneur de recevoir, sous son humble toiture, le roi Louis XIII et sa suite. Emporté par l'ardeur de la chasse, le monarque s'était égaré dans les bois voisins, et ce ne fut qu'avec peine qu'il parvint dans ce lieu. Ses gens et ses chiens s'abritèrent pêlemêlé dans un cabaret où les voituriers et les voyageurs avaient coutume de se reposer.

Le lendemain matin, au point du jour, Louis XIII, prêt à quitter le toit hospitalier du meunier, fut frappé de la beauté des paysages qui s'offraient à ses yeux; il admira les coteaux de Satory, les vallées, les collines voisines; un air frais et pur vint porter jusqu'à son âme une impression de bonheur qu'il n'avait pas sentie depuis bien des années. Sa vie languissante, remplie d'une tristesse qui l'accablait par moment, au point de la lui faire maudire, sembla se rattacher à la terre, et il songea que s'il avait tout près du moulin de Versailles une modeste habitation où il pût venir se délasser des tracasseries de sa cour, des obsessions de sa mère et de la tyrannie de Richelieu, il serait le monarque le plus heureux de la terre.

On ignore l'origine du nom de *Versailles*. Dans les chartes latines des xe et xie siècles, il en est question sous celui de *Versaliis*. C'était, au xe siècle, un fief et un manoir seigneurial; le manoir était situé sur le penchant du coteau qui regarde le bois de Satory. Le plus ancien titre où il soit fait mention de Versailles, est de 1057. D'après les savantes et laborieuses recherches de l'abbé Lebeuf, exhumées de la poussière des chartes et des cartulaires, on voit figurer au nombre des possesseurs du fief et du manoir de Versailles, Hugues de *Versailles*, Gui et Jean de Soisy, Pierre, qui répondit au fameux Petit dans le plaidoyer contre le duc de Bourgogne, en 1408, ami de Gerson et envoyé aux deux conciles de Basle et de Constance. Un Jean de Versailles était capitaine des francs-archers, sous le règne de Charles VII.

Louis XIII se contenta d'abord de faire construire à Versailles un petit pavillon, simple, élégant, pouvant suffire à loger son train de chasse, s'y reposer et donner des rendez-vous. Moins prodigue qu'on ne l'a dit des biens de ses sujets, ou moins scrupuleux de les leur arracher par des vexations ou des impôts, il attendit quelques années pour y faire élever le modeste château qui, depuis, a servi de noyau aux immenses constructions ordonnées par Louis XIV.

Louis XIII choisit justement l'emplacement où était situé le moulin; lui-même le désigna à son architecte Lemercier, abandonnant à son goût le plan des bâtiments et celui des dispositions des jardins.

Ce château fut en état de recevoir Louis XIII en 1630. Ce monarque s'y retira le 10 novembre, mais il était dans sa destinée de ne pas y trouver le repos qu'il cherchait. Les affaires politiques de son royaume, les cabales des courtisans, les disputes de ses ministres, le caractère de sa mère, l'ambition de Richelieu, l'y poursuivirent. C'est là, c'est dans ce château que le cardinal reprit sur l'esprit du roi cet ascendant tyrannique qui l'a fait grand ministre. C'est là que, dans cette fameuse journée, appelée *la journée des Dupes*, une femme, une mère, Marie de Médicis, gémit des faiblesses de son fils, et déçue dans ses projets de le gouverner, et avec lui, la cour et la France, alla expirer de dépit et misérablement sur la terre d'exil.

Le château de Louis XIII était peu spacieux, mais assez élégant. Saint Simon l'appelait *un château de cartes*, et Bassompierre un *chétif* château. Mais il suffisait à Louis XIII, à sa misanthropique rêverie. Il présentait un carré de 42 mètres 87 centimètres sur chaque face, formé de quatre pavillons réunis par des bâtiments sans décorations. Au centre était une cour carrée; une galerie couverte entourait la totalité des bâtiments. Autour du château s'élevèrent quelques maisons de plaisance. Tous les courtisans voulurent avoir un pied à terre auprès du château royal. La ville s'agrandit sur un plan donné et régulier. Les jardins furent dessinés sur de petites proportions, mais on ménagea de belles vues et de grandes allées dans les bois qui les entouraient.

A peine Louis XIV fut-il monté sur le trône qu'il trouva le château de Versailles trop petit, trop mesquin pour y faire sa résidence. Le château de St-Germain qu'il habitait ne lui parut pas assez magnifique, bien que sa proximité d'une belle forêt et sa position sur un coteau dominant le pays dans une étendue immense, avec une rivière à ses pieds, le rendît un séjour délicieux. Meudon et Fontainebleau n'eurent pas non plus l'avantage de lui plaire. Il fallut au jeune monarque une demeure plus splendide; son goût pour la représentation, pour la magnificence, pour les fêtes brillantes, s'était révélé de bonne heure.

Le château de St-Germain déplaisait à Louis XIV. La construction de ce château, bien que grandiose, était lourde; son architecture n'offrait rien d'agréable à la vue; ses briques, ses fossés, imprimaient un sentiment de tristesse insupportable à un jeune prince ardent au plaisir, et nourri des aventures des chevaliers du moyen-âge, dont l'histoire lui avait été racontée dès sa plus tendre jeunesse.

On a dit aussi que ce fut par un sentiment différent, selon nous bien pusillanime, qu'il résolut de quitter St-Germain pour habiter Versailles, pour faire du modeste château de son père une des merveilles de la France après y avoir dépensé des sommes énormes. On prétend que c'est parce qu'il apercevait des appartements de St.-Germain, Paris, cette capitale qui, pendant les troubles de la Fronde, avait insulté à son enfance, St.-Denis et ses hautes flèches, souvenirs sans cesse renaissants des vanités de ce monde, et qui lui rappelaient le tombeau de son père et ceux de ses aïeux. Cette dernière opinion s'est tellement accréditée, que presque tous les historiens l'ont répétée. Mais nous la repoussons comme une faiblesse indigne de ce grand homme. Peut-on supposer que Louis XIV, jeune, bien constitué, aimant le plaisir, les fêtes, passionné pour la galanterie, pût songer sitôt à la mort? Il avait vingt-deux ans quand il ordonna l'agrandissement du château de Louis XIII. Est-ce à cet âge, lorsqu'on est entouré de tout ce qui peut embellir la vie et contribuer à la faire trouver agréable, que l'on songe au néant des grandeurs? Disons plutôt comme un ingénieux écrivain (1), que si cette pensée ne lui était pas venue naturellement, elle dut naître en lui à la vue des merveilles que lui offrit la fête que Fouquet lui donna à sa terre de Vaux. Ce fastueux surintendant des finances, aussi riche, mais faisant meilleur usage de sa fortune que Mazarin, avait appelé, pour embellir sa demeure, le concours des arts et des lettres; Mansard avait élevé ce palais, Le Nôtre dessiné les jardins, Lebrun décoré les appartements, Molière et Turelli composé les ballets, les intermèdes. Cette fête fut une sorte de magie, d'opéra en plein air, une suite de scènes, de tableaux variés de musique, de danse. Le monarque, dont l'enfance s'était passée assez tristement, put se croire transporté dans un monde nouveau, dans un empire plus puissant que le sien, à une cour plus brillante que la sienne. Un sentiment d'orgueil, plutôt encore que d'envie, dut alors agiter son cœur. Quoi, se disait-il, ces merveilles ont été créées près de moi, sans moi, pour un autre que moi! Il existe dans mon pays des hommes qui peuvent ainsi vaincre la nature, détourner le cours des fleuves, niveler les collines, et je n'aurai pas la puissance ou la volonté de les occuper, d'employer leur talent à la splendeur de mon habitation et de mon règne! (2) »

« De ce moment, dit le même auteur, le lieu où devait être appliquée cette pensée devint indifférent, et le choix de Versailles tint sans doute à sa situation au milieu d'une forêt, à peu de distance de la capitale, à la possibilité de tout y créer sans rencontrer des obstacles insurmontables, et de n'avoir sous les yeux que les personnes que le roi était bien aise d'y rencontrer. »

Les grands artistes qui avaient concouru à l'embellissement du château de Vaux furent appelés à Versailles. Mansard, Le Nôtre, Lebrun, firent des merveilles chacun dans leur art. Le champ était vaste pour ces génies; la munificence du roi suffit à leur ambition; leur talent put se déployer à l'aise, et rien ne manqua à leur grande conception.

Le château primitif de Louis XIII, comme nous l'avons dit, consistait en quatre pavillons unis par un passage en arcades, le tout entouré d'un fossé sec. Sur la fin de son règne, Louis XIII avait fait construire en avant du fossé un grand bâtiment pour servir d'écurie.

En 1661, Levau, architecte de Louis XIV, décora cette aile et en éleva une autre parallèle pour loger les ministres et les autres personnes de la cour; mais en conservant la séparation et y ajoutant la magnifique grotte ou bâtiment latéral, qui mérita d'être chanté par Lafontaine.

---

(1) Le comte A. de Laborde, *Versailles ancien et moderne.*
(2) *Ibid.*, p. 87.

« Lorsqu'en 1664, Louis XIV y donna des fêtes splendides, l'état primitif du château n'avait subi que fort peu de changement, les jardins seuls avaient été presque entièrement refaits sur les dessins de Le Nôtre.

» En 1674, Mansard joignit les deux pavillons, supprima les arcades qui fermaient la cour, combla les fossés, et, sur leur emplacement, bâtit la magnifique enveloppe qui présente du côté des jardins un palais entièrement nouveau.... Ainsi disparut aux regards, sans cesser de subsister, ce premier, ce doyen des immenses bâtiments qui couvrent ce sol ; et aujourd'hui que Versailles n'est plus destiné à une habitation royale, et que la beauté de l'entrée n'est plus une condition absolue, on est bien aise de suivre depuis son origine les traces de tous les travaux qui firent d'un château un palais, du palais une ville, et bientôt de cette ville un des plus beaux quartiers de la capitale.

» On voit encore dans l'ancien palais la chambre à coucher de Louis XIV, telle qu'elle était, mais enfermée du côté du jardin par la grande galerie et les autres pièces composant ce qu'on appelait les grands appartements de Louis XIV.

» En même temps que Mansard décorait ainsi le palais, il joignait aux premières constructions de Levau différents corps de bâtiments pour loger la cour, qui devenait plus nombreuse tous les jours ; il élevait les grandes et petites écuries, et l'aile du midi, à laquelle il devait donner bientôt pour pendant l'aile du nord et sa magnifique chapelle. (1) »

On doit savoir gré à Louis XIV, ce nous semble, d'avoir voulu conserver le château de son père, de ne l'avoir pas sacrifié aux plans présentés par Mansard, bien que ce château les dérangeât. L'obstination de Louis XIV fut un sentiment purement filial. C'était pour lui un héritage précieux que cette modeste habitation qu'il ne voulait pas aliéner ; rien ne put le faire changer de résolution.

La modeste demeure de Louis XIII, presque perdue dans le vaste assemblage des bâtiments qui sont venus successivement s'y adjoindre, était encore alors telle qu'il l'avait construite. On y trouvait la chambre où il passa tant de nuits agitées par le désir de se soustraire à l'influence de son ministre, l'appartement de ce terrible Richelieu, celui de la douce et savante mademoiselle Lafayette, qui seule apportait quelque charme dans ce triste séjour. Louis XIV laissa subsister longtemps ces dispositions, et, son affection lui faisant un devoir de les conserver, il se borna à les agrandir.

Les deux ailes du nord et du midi, élevées par Mansard, doublèrent de chaque côté le palais ; deux antichambres précédèrent la chambre à coucher ; près de cette chambre s'assembla le conseil des secrétaires d'état ; quelques cabinets furent affectés aux

---

(1) Le comte de Laborde, *Versailles ancien et moderne.*

réunions de famille ; une petite galerie, confiée aux soins de Mignard, reçut les chefs-d'œuvre des diverses écoles ; différentes salles furent destinées à la collection de médailles, de vases précieux et d'objets plus précieux encore. Ce ne fut pas tout : Louis XIV connaissait parfaitement l'effet de la magnificence, et une longue suite d'appartements enrichis des plus beaux marbres, ornés des plus belles peintures, précéda la vaste, la merveilleuse galerie, dans laquelle il recevait, au milieu d'une cour brillante, les ambassadeurs extraordinaires. La reine et le dauphin eurent leur logement dans la partie disposée au midi et dominant l'orangerie et la pièce d'eau des Suisses. Le gouverneur du palais et le confesseur du roi logèrent dans l'aile qu'a reconstruite Gabriel ; un des princes du sang occupa l'aile opposée ; au-delà de la chapelle étaient les appartements des enfants légitimés du roi, des princes de Condé, de Conti, du gouverneur des enfants de France et d'une foule de grands officiers et de chapelains ; dans l'aile du midi, les enfants de France et la famille d'Orléans habitèrent sur les jardins ; les premiers gentilshommes du roi, les dames d'honneur de la reine, occupèrent la partie qui donne sur la rue de la Surintendance. Vis-à-vis, dans le grand commun, logeaient plus de deux cents officiers attachés au service du roi, de la reine ou du dauphin. Les secrétaires d'Etat, ministres de la maison du roi, des relations extérieures, de la guerre ou de la marine, habitaient les deux corps de bâtiment devant lesquels s'élèvent aujourd'hui des statues d'hommes célèbres.

Le palais, du côté du jardin, était dans l'origine fort simple ; Louis XIV en fit orner les murs et éleva un petit avant-corps en saillie pour en décorer l'entrée ; il resta ainsi à peu près jusqu'en 1670. Mansard l'enveloppa des deux côtés par les grands appartements, en laissant subsister cependant une longue terrasse au premier étage qui conservait un double jour aux appartements, et leur procurait un lieu de promenade. C'est alors peut-être qu'il se trouvait le plus à son avantage. En effet, il a été longtemps agité si le palais, dans cet état, et tel qu'il subsista jusqu'à l'année 1678, n'était pas d'un meilleur style, d'un goût plus pur, d'un effet plus agréable qu'il n'a été depuis. A l'exemple de plusieurs palais d'Italie, l'élégante terrasse, au milieu, donnait, par les projections des ombres, du mouvement à tout l'édifice. Versailles fut alors un palais régulier, élégant, mais qui ne pouvait contenir l'immense entourage du monarque, et la multitude de princes que deux générations élevèrent autour du trône. On commença par combler l'ouverture laissée par la terrasse, en construisant la superbe galerie de Lebrun, destinée à retracer les hauts faits du roi. Bientôt après, à droite et à gauche, s'élevèrent les ailes latérales. Leur architecture est élégante et riche. Sous un soubassement percé de cent vingt-cinq ouvertures s'élève un ordre ionique formant le premier étage, supportant un attique corinthien et une balustrade ornée de trophées. Cette façade, ou plutôt ces trois façades, d'une longueur de trois cents toises, ont ensemble cent vingt-cinq croisées au premier et au deuxième étage, ce qui forme trois cent soixante quinze ouvertures sur le jardin.

Les deux ailes du midi et du nord, maintenant unies au corps principal du palais, en furent autrefois séparées. L'absence des pilastres aux deux parties qui communiquent à la cour des Princes et à celle de la chapelle, en est une preuve incontestable. Ces trois corps, d'abord détachés, une fois réunis composèrent la plus immense façade qu'on eût vue, mais en même temps la plus monotone. Il fallut donner un peu de mouvement à cette ligne continue; on crut en trouver le moyen en imaginant une suite de péristyles, supportant chacun autant de statues qu'ils avaient de colonnes. Cette suite de saillies ou loges, imitées du temple d'Erechtée à Athènes, avait déjà été employée par le vieux Mansard, au château de Maisons.

Pour compléter l'ensemble de tous ces bâtiments, il parut nécessaire à Louis XIV de faire construire, sur les dessins de Mansard, les deux magnifiques écuries situées de chaque côté de l'avenue de Paris. La place d'Armes les sépare seule du château, auquel elles servent de perspective, et dont elles complètent l'ensemble majestueux. Commencées en 1679, elles furent achevées en 1685. La régularité, la beauté des proportions et le bon goût des ornements en font des édifices très remarquables. Egales en grandeur, malgré leur nom de petite et de grande écurie, qui s'appliquait à la destination et non à l'étendue, elles sont composées de deux ailes flanquées chacune de deux pavillons que deux corps cintrés joignent au corps-de-logis construit dans l'enfoncement, et elles tirent une nouvelle grâce de cette forme arquée.

Tel fut Versailles dès l'année 1680. Il n'y manquait plus qu'une chapelle et un théâtre, élevés depuis l'un et l'autre pour servir de modèles dans ce genre.

Ces immenses constructions, subdivisées à l'infini dans l'intérieur, servaient d'habitation à la famille royale, à ses gardes, à ses ministres, à près de trois mille familles, qui formaient comme l'entourage du souverain.

A la vue de ces prodigieux bâtiments, on n'était point tenté d'en critiquer les défauts. Cette longue ligne, non interrompue par des pavillons, ou tout autre corps en saillie qui en eût marqué la grandeur, présentait un aspect unique dans le monde, et dont on n'avait même aucun exemple dans l'antiquité. Quoique élevé à différentes époques, ce palais semblait avoir été conçu et exécuté d'un seul jet.

La magnificence des appartements répondait au luxe extérieur, ou plutôt le surpassait encore; tout ce que des générations de rois avaient amassé en tableaux, en statues, en meubles précieux, renfermés aujourd'hui dans les galeries du Louvre, était distribué comme ameublement dans les différentes pièces : c'était un musée pour l'ornement d'un palais.

C'est dans cette superbe demeure que vécut, que régna quarante ans le monarque le plus puissant de cette époque, entouré des plus grands généraux et des orateurs les plus éloquents, d'artistes et de gens de lettres célèbres qui peuplaient cet immense palais. C'est là que Louis XIV donnait des fêtes dont le programme était suivi dans toutes les autres cours.

La belle disposition des jardins, les vues magnifiques ménagées au travers du parc, les pelouses, l'emplacement des statues, tout cela était l'œuvre de Le Nôtre; il rivalisa de génie avec Mansard, il prodigua ses talents et fit des merveilles. Il fallut faire venir l'eau de fort loin et à grands frais. Il fut question de détourner la rivière d'Eure de son cours pour la faire passer à Versailles; après de grandes dépenses faites pour mettre ce projet à exécution, il fut abandonné; la machine de Marly lui fut substituée.

Pendant que l'on travaillait à l'agrandissement et aux embellissements du palais de Versailles, la ville, de chétive bourgade qu'elle était, devenait peu à peu une ville importante. Louis XIV encourageait ceux qui voulaient y bâtir par des concessions de terrains. Les premières maisons furent construites en pierre et briques, dans le genre du château de Louis XIII, de St.-Germain. Ce fut une condition imposée par Louis XIV, qui craignait, sans doute, que la belle pierre de taille ne vînt à manquer pour les bâtiments du palais.

Après vingt années de travaux et d'efforts inouïs, pendant lesquelles il examinait et réglait tout par lui-même, Louis XIV réussit à faire de Versailles le plus noble et le plus magnifique séjour.

Depuis la mort de la reine, le château de Versailles perdit quelque chose de sa grâce et de sa splendeur. Il se ressentit de l'influence austère de madame de Maintenon et des tristes préoccupations de la vieillesse du grand roi.

Les plaisirs revinrent à Versailles avec Louis XV, qui, à sa majorité, en 1722, vint l'habiter. La galanterie redonna, de la vie à ces vastes appartements devenus solitaires depuis la mort du grand roi; mais ils subirent l'influence du caractère de leur nouveau maître; ils étaient devenus trop grands pour lui. Bientôt, avec le règne de madame de Pompadour, arriva celui des colifichets, de l'afféterie, des jolis riens. Boucher, successeur de Lebrun, transforma le palais en une vaste bergerie, où l'on ne voyait plus que pompons, fleurs et houlettes. D'immenses salles se transformèrent en cabinets, en distributions mesquines. L'architecte Gabriel, dont la mémoire reste chargée de la plupart de ces méfaits, et qui construisit, de 1772 à 1774, le pavillon, ainsi que la partie de l'aile près de la chapelle, partie qui a gardé son nom, aurait fait encore pis, si la mort de Louis XV ne fut venue l'empêcher d'entreprendre une restauration générale du palais.

Louis XVI, et surtout Marie-Antoinette, donnèrent, comme Louis XV, la préférence au petit Trianon. Versailles continua d'être négligé, bien que la cour y fût toujours établie, et qu'en 1789, plus de cent quatre-vingts logements fussent encore assignés aux princes, princesses, officiers et gens de service. Louis XVI eut bien l'intention de restaurer ce palais; l'architecte Mique fut même consulté à ce sujet, mais le roi trouva qu'il fallait trop de millions et trop d'années.

Aux jours de la tempête révolutionnaire, ce palais, dépouillé de ses meubles et de ses ornements les plus précieux, devint un désert. On voulut y établir une succursale des Invalides, et peu s'en fallut plus tard qu'on ne le vendît par lots.

L'élévation de Bonaparte au consulat, puis ensuite au trône, fit cesser ces velléités démagogiques qui mettaient de temps à autre Versailles en péril. Napoléon, devenu empereur des Français, pensa qu'il lui appartenait de restaurer le palais de Louis XIV. Et certes il l'aurait fait, si l'architecte Gondouin ne se fût pas mis en tête de présenter un devis de cinquante millions qui, dans l'exécution, aurait peut-être monté au double, et si, plus tard, la guerre d'Espagne et celle de Russie n'eussent pas détourné l'empereur du projet beaucoup plus économique de MM. Percier et Fontaine qui proposaient une modeste restauration de six millions.

L'empereur, il est vrai, avait d'abord objecté que la chapelle et la salle de spectacle n'étaient pas comprises dans ce plan de restauration, et que les logements projetés n'étaient pas suffisants; quelques millions de plus auraient pourvu à l'affaire, mais la volonté impériale était appelée sur d'autres points bien autrement importants. Versailles fut ajourné; l'on se borna à faire les réparations les plus urgentes, et à supprimer les trophées sculptés qui décoraient le haut de l'attique, du côté des jardins, et qui étaient fort endommagés.

Dès 1814, Louis XVIII caressa l'idée de reporter la cour à Versailles. Il arrêta même l'état des logements tels qu'ils auraient lieu au château. On remit sur jeu le projet de MM. Percier et Fontaine; mais les six millions furent employés à restaurer les façades, à réparer les peintures et dorures des grands appartements, enfin, à construire un pavillon correspondant à celui que l'architecte Gabriel avait élevé sous Louis XV. Quant aux dépenses d'ameublement, elles eussent été si considérables pour tous les appartements du palais, qu'on crut devoir y renoncer.

Sous Charles X, les mêmes motifs empêchèrent de songer à la restauration de Versailles.

Après la révolution de 1830, d'immenses travaux ont été faits dans ce palais pour transformer la demeure de Louis XIV, qu'il était impossible d'habiter désormais, en un vaste musée historique consacré à *toutes les gloires de la France*. Ce musée, dont la pensée est due au roi Louis-Philippe, a été inauguré au mois de juin 1837, à l'occasion des fêtes du mariage du duc d'Orléans.

II. INTÉRIEUR DU CHATEAU. — LE MUSÉE.

En décrivant l'intérieur du château de Versailles, nous adopterons l'ordre suivi par M. de la Borde dans l'utile ouvrage qu'il a publié récemment (1), et après avoir fait connaître la destination primitive de chacun des appartements, nous indiquerons celle qu'il a reçue aujourd'hui, en énumérant succinctement les tableaux ou objets d'art qui s'y trouvent placés. Nous constaterons ainsi l'état ancien et l'état actuel du palais, aussi complètement que nous le permettent les limites de cet ouvrage.

Le musée historique de Versailles se divise en cinq parties.

1° Les tableaux consacrés à la représentation des événements historiques.

2° Les portraits.

3° Les résidences royales.

4° Les bustes, statues et bas-reliefs.

5° Les médailles.

Les tableaux représentent : 1° Les grandes batailles qui, depuis l'origine de la monarchie jusqu'à nos jours, ont honoré les armes françaises ; 2° Les événements ou les traits les plus remarquables de notre histoire ; 3° Le règne de Louis XIV ; 4° Les règnes de Louis XV et de Louis XVI ; 5° La campagne de 1792 ; 6° Les campagnes de la République depuis 1792 jusqu'en 1796 ; 7° Les campagnes de Napoléon, depuis 1796, jusqu'en 1814 ; 8° Les règnes de Louis XVIII et de Charles X ; 9° Les principaux événements du règne de Louis-Philippe, depuis juillet 1830, jusqu'au temps présent. Il faut ajouter à l'énumération de ces tableaux, la collection des gouaches qui retracent les campagnes d'Italie, de Hollande, de Suisse, d'Allemagne, de Pologne, d'Espagne, etc., etc., et enfin les marines, qui offrent la représentation des combats sur mer, glorieux pour la France.

Les portraits comprennent : 1° Les grands amiraux ; 2° les connétables ; 3° les maréchaux ; 4° ceux de nos guerriers célèbres qui n'ont été revêtus d'aucune de ces dignités ; 5° une réunion indistincte de personnages français et étrangers qui se sont illustrés sur le trône, à la guerre, dans l'ordre politique, dans le clergé et la magistrature, dans les sciences, les lettres et les arts.

Sous le titre de Résidences royales, sont réunies les vues des anciens châteaux de nos rois, avec les personnages dans le costume de leur époque.

(1) *Versailles ancien et moderne*. Paris 1841, grand in-8°.

Les bustes et statues forment une autre galerie de personnages célèbres depuis les premiers siècles de la monarchie jusqu'à nos jours; on y a joint les tombeaux des rois et reines, princes et princesses de France, ainsi que ceux de quelques autres personnages historiques.

La collection des médailles commence vers 1300, et finit au règne de Louis-Philippe.

Ce musée occupe les trois principaux corps de bâtiments du palais de Versailles : le corps central, l'aile du nord, et l'aile du sud.

« Au sortir de la belle avenue de Paris, en laissant à droite et à gauche les deux écuries, on se trouve sur un emplacement étendu qui permet d'apercevoir l'imposante masse des édifices de Versailles. Une double allée d'arbres plantés aux deux côtés de cette esplanade cachera bientôt ces bâtiments irréguliers qui la bordent, et rien ne distraira plus les regards de l'aspect grandiose du palais. La vaste cour des ministres, précédée de la grille dorée, est comme défendue par une suite de statues colossales d'hommes célèbres, au milieu desquels, Louis XIV, à cheval, semble régner encore. »

Les statues de ces grands hommes, sont : *Condé*, par David; *Duquesne*, par Roguier; *Suffren*, par Lesueur; *Mortier*, par Calamata; *Lannes*, par Deseine; *Suger*, par Stouf; *Sully*, par Espercieux; *Duguesclin*, par Bridan; *Turenne*, par Lois. *Dugay-Trouin*, par du Pasquier; *Tourville*, par Marin-Mallesa. *Masséna*, par Espercieux. *Jourdan*, par Espercieux. *Richelieu*, par Ramey père. *Colbert*, par Milhomme. *Bayard*, par Montoni.

La grille dorée de la cour des ministres est l'ouvrage d'un artiste nommé Dufour. Elle est surmontée des armes de France, et des deux côtés ornée de quatre groupes. Celui de la *Paix*, par Coustou; de l'*Abondance*, par Coysevox; les deux autres de la *France victorieuse*, par Marsy et Girardon.

« L'entrée du palais de Versailles a toujours été par le vestibule situé à gauche de la cour de marbre existant aujourd'hui et par l'escalier de marbre, mais ce vestibule ne consistait autrefois qu'en une seule pièce de petite dimension et adossée à d'autres salles aussi peu étendues, servant les unes de corps-de-garde aux archers et cent-suisses, les autres à des concierges et gardes du château. Le roi Louis-Philippe a imaginé d'ouvrir toutes ces salles par de grandes arcades au lieu de portes, et de donner par là du jour, du mouvement à toutes ces pièces; d'en faire en quelque sorte une galerie circulaire à jour autour de l'escalier, et, en décorant chacun des piliers de statues ou bustes d'hommes célèbres, de donner par là un noble abord à l'escalier que l'on aperçoit de plusieurs côtés dans le fond. »

Les noms des personnages qui figurent dans le vestibule sont : Destouches, Regnard, Quinault, Boileau, Molière, Pierre Corneille, Le Poussin, Louis XIV enfant, Rotrou, Santeuil, Corneille, Lulli, Rousseau, Crébillon, Piron.

L'escalier n'est pas seulement célèbre par sa beauté, mais aussi par ses souvenirs. C'est appuyé sur sa balustrade en marbre que Louis XIV attendait le grand Condé qui, affaibli par l'âge et les blessures, ne montait que lentement, et à qui il adressa ces belles paroles : « Mon cousin, ne vous pressez pas; on ne peut pas monter très vite quand on est chargé, comme vous, de tant de lauriers. » L'escalier de marbre communique aux appartements du palais par quatre ouvertures : la première, à droite, sert d'entrée à la salle des gardes de la reine; la seconde, vis-à-vis, au salon de l'Empire; la troisième aux petits appartements de Mme de Maintenon; la quatrième, aux appartements de Louis XIII et de Louis XIV. En tournant à gauche, on se trouve dans un petit vestibule ou passage, qui donne, par une ouverture, sur l'escalier, et par ses fenêtres, sur la cour de marbre. C'est de cette pièce, comme point de partage, qu'on pénètre à droite, dans quatre petites salles, jadis l'appartement de Mme de Maintenon, consacrées aujourd'hui aux événements de 92 et 93; et à gauche, dans l'antichambre des appartements de Louis XIV, appelée salle des gardes. Cette pièce, la première en sortant du grand escalier, était destinée aux gardes composant la maison du roi.

On entre ensuite dans la salle des valets de pied. Cette salle, aujourd'hui une simple antichambre, occupa autrefois un rang important dans la distribution des appartements. En effet, elle servait alors de salle de bal, de concert et de grand couvert. C'est là que Louis XIV, entouré déjà de sa nombreuse famille, accordait à quelques personnes distinguées la faveur de s'asseoir à ses côtés, car ses enfants ou petits enfants avaient seuls ce droit. Cette salle, sur la fin du règne de Louis XIV et sous les règnes suivants, fut destinée aux valets de pied chargés de reconnaître les personnes qui se présentaient pour entrer dans l'OEil-de-bœuf.

Quelques tableaux de Parrocel et de Piètre de Cortone sont restés à la place qu'ils occupaient, mais au dessous règne une suite d'esquisses de Vander-Meulen très-intéressantes. Ce sont les ébauches de tous les tableaux que ce grand peintre a faits pour Versailles et plusieurs autres qui n'ont point été exécutés en grand, tels que l'intérieur de la chambre à coucher de Louis XIV, qui a servi à la restauration de cette pièce.

Au deux ouvertures ovales pratiquées au plafond de la salle suivante, on reconnaît dans sa solitude actuelle le fameux OEil de bœuf autrefois rempli d'une foule de courtisans. L'OEil de bœuf était célèbre dans le monde entier; il a conservé sa décoration, sa frise dorée avec tous les amours; mais on y a placé d'autres tableaux; c'est Louis XIV couronné par la victoire; Anne d'Autriche, le duc de Bourgogne, la grande Mademoiselle, et, au milieu, une singulière composition qu'on prendrait pour une réunion des dieux de l'Olympe, si les énormes perruques dont sont affublés les deux personnages principaux ne faisaient reconnaître, sous ces différents emblèmes de la fable, Louis XIV et toute sa famille.

On entre ensuite dans la chambre à coucher de Louis XIV, la chambre où vécut et mourut un des plus grands rois de la France. Elle a été rétablie telle à peu près qu'elle était à cette époque. On a heureusement retrouvé presque tous les meubles qui l'ornaient; le lit, brodé par les élèves de Saint-Cyr, présente le mélange de scènes religieuses et profanes, le sacrifice d'Abraham près des jardins d'Armide; le prie-dieu; la balustrade dorée et infranchissable près de laquelle se tenait le capitaine des gardes; les quatre Evangélistes en dessus de porte, et enfin le buste de la bonne reine Marie-Thérèse, dont la mort fut le premier chagrin qu'elle causa au roi.

La salle du Conseil, qui suit immédiatement la chambre à coucher de Louis XIV, n'était, du temps de ce prince, que le tiers de ce qu'elle est aujourd'hui; il la fit agrandir vers la fin de sa vie, et Louis XV, en 1750, y réunit le cabinet des perruques et celui des thermes, dont il fit abattre les cloisons. C'est dans cette pièce que Louis XIV proclama roi le duc d'Anjou, et que le malheureux Louis XVI reçut M. de Brézé lorsqu'il vint lui apprendre la résistance des députés à ses ordres et la réponse hardie de Mirabeau.

Cette salle, décorée avec goût et magnificence, a de plus quelques meubles d'un travail précieux; une porte ornée de glaces s'ouvre de cette pièce sur la grande galerie; c'est par là que le roi se rendait à la chapelle.

La salle qui est à côté fut la chambre à coucher de Louis XV, ornée avec un soin minutieux par MM. Dangoulon et Delbet; c'est le type de la sculpture ornementale plus soignée encore et plus élégante sous le règne de Louis XV que sous Louis XIV.

Une magnifique pendule indiquant les jours, les mois, les années, les phases de la lune et le cours des planètes, a donné le nom de Salle des Pendules à cette salle, où les ministres tenaient ordinairement conseil.

Elle renferme un méridien fabriqué, dit-on, par Louis XVI; on y voit aussi plusieurs tables en mosaïque représentant le parc de Versailles en 1736. « C'est, dit la chronique, dans cette salle que Louis XV signa et remit à Mme de Pompadour la confirmation de l'arrêt du parlement de 1762, qui expulsait les jésuites du royaume. »

En sortant de la salle que nous venons de décrire, on entre dans une petite pièce élégamment décorée, dont la fenêtre donne sur l'avenue de Versailles, et qui servait, sous Louis XVI, de salon d'attente aux ministres qui venaient travailler avec le roi.

Cette salle faisait partie des petits appartements sous le nom de cabinet de Jeu.

Au dessus des trois salles dont nous venons de parler, étaient les petits appartements de Mme Dubarry, très bien conservés encore, et où l'on arrive par un petit escalier attenant au balcon de la cour des Cerfs, et communiquant à l'alcove de la chambre à coucher du roi. Ils consistent en une suite de petites pièces très basses, éclairées par des fenêtres en voûte circulaire, mais décorées avec un luxe et un goût remarquables.

L'ancien cabinet des Chasses est aujourd'hui consacré aux portraits des principaux personnages qui ont contribué à embellir Versailles : Colbert, Louvois, Lebrun, Mansart, Le Nôtre, Vander-Meulen. La fenêtre donne sur la cour des Cerfs, petit espace que Mansart enferma dans son enveloppe pour donner du jour aux appartements intérieurs. Un balcon doré règne autour de cette cour; de là un petit escalier conduit à l'appartement de Mme Dubarry dont nous avons parlé, et à plusieurs pièces que Louis XV et Louis XVI avaient fait arranger pour leur usage particulier; ce même escalier communique à la cour de marbre, et c'est par là que Louis XIV descendait ordinairement pour monter en voiture sans apparat. Ce fut près d'un petit vestibule qui y sert d'entrée en bas, que Damiens frappa Louis XV, le 5 janvier 1757. Cet escalier a conservé le nom d'escalier de Damiens.

La salle du confessionnal n'a qu'un tableau, et l'on ne pouvait pas en chercher un plus d'accord avec le lieu : c'est le portrait de Mme de Maintenon, par Rigaut, et l'un des plus ressemblants.

En sortant de la pièce du confessionnal, on se trouve dans un charmant petit salon, décoré dans le style du temps de Louis XV, et qui servait autrefois à ce prince pour renfermer sa cassette, ses bijoux et plusieurs collections précieuses. Ce cabinet, ainsi que plusieurs pièces qui l'avoisinent, a été construit dans l'emplacement du grand escalier et de la galerie de Mignard. Ce cabinet est le véritable type de la manière dont étaient décorés les appartements du temps de Louis XV, et quoiqu'il soit très permis de ne pas aimer ce genre, devenu de nouveau à la mode, on ne peut se refuser à trouver qu'il ne manque ni d'agrément ni de magnificence.

La bibliothèque de Louis XVI a été conservée telle qu'elle était sous ce prince, et l'on y a réuni tous les ouvrages descriptifs de Versailles et des maisons royales, ainsi que la collection des mémoires sur l'histoire de France.

Au dessus de la bibliothèque était la salle du Tour, où Louis XVI s'occupait de petits ouvrages en menuiserie et en serrurerie. Cette petite pièce contenait une forge et deux enclumes qui existent encore. C'est là que le fameux serrurier Gamin lui donnait des leçons de sa profession, et que Louis XVI forgea, dit-on, avec lui les serrures et la clé de l'armoire qui renfermait le livre rouge. On sait que Gamin trahit le roi au moment de la Révolution, et fit découvrir et saisir cette armoire.

La salle des Croisades renferme treize tableaux dont voici les sujets: *Siège de Salerne*, en l'an 1000. *Bataille de Civitella*, en 1053. *Combat de Cezano*, en 1061. *Adoption de Godefroy de Bouillon par l'empereur Alexis Comnène*, en 1077. *Bataille de Nicée. Prise de Jérusalem. Godefroy élu roi de Jérusalem. Ba-*

taille d'Ascalon. Institution de l'ordre de Saint Jean de Jérusalem. Prédication de la deuxième croisade à Vézelai en Bourgogne en 1146. Louis VII. Passage du Méandre. (1148). — Philippe-Auguste prend l'Oriflamme à Saint-Denis (1190). Siège de Ptolémaïs (1191).

La salle des Etats-généraux retrace l'histoire des assemblées parlementaires depuis les commencements de la monarchie jusqu'au serment du Jeu de Paume, le 20 juin 1789.

Nous allons parcourir maintenant les salles qu'on nommait, sous Louis XIV, *les grands Appartements*. La première salle est la *salle de Vénus*. C'était sous Louis XIV la grande salle de l'Escalier du roi ; elle communiquait au grand vestibule des appartements de la reine, qui est devenu la salle du Sacre. Cette salle a trois croisées qui donnent sur le parterre au nord, et d'où la vue s'étend sur les vastes plaines de Glatigny. Le plafond est de Houasse. C'est par ce salon que Louis XIV entrait et paraissait au milieu de toute sa cour. Cette pièce n'a point de tableaux, son ordonnance ne le permettait pas, mais elle a deux perspectives peintes avec talent par Rousseau.

Salle de l'Abondance. Le plafond représentant l'Abondance, peint par Houasse, a donné son nom à cette salle, qui était décorée autrefois de tableaux anciens, et qui aujourd'hui, faisant partie de la suite des grands appartements, contient, comme les autres, des tableaux relatifs au règne de Louis XIV, tels que la Prise des villes de Fribourg, de Valenciennes, de Courtrai, et l'entrée de Louis XIV à Ypres, tous de Van-der-Meulen.

La salle de Diane, aussi riche que la précédente en marbres, en sculptures et en dorures, a aussi trois fenêtres. Elle servait de salle de billard.

Le plafond a été peint par Blanchard. Au fond de la salle est le buste de Louis XIV exécuté en marbre blanc par le célèbre chevalier Bernin.

Salon de Mars. Le plafond de ce salon a été décoré par Audray. Le premier tableau qui fixe les regards dans cette grande pièce est le sacre de Louis XIV à Reims, en 1654. Le second tableau est le mariage de ce prince avec l'infante Marie Thérèse, célébré à Saint-Jean de Luz, le 9 juin 1660.

Salon de Mercure. Le plafond est peint par Philippe de Champagne, et au dessus des portes sont des allégories peintes par Lesueur, et relatives à la naissance et au sacre de Louis XIV.

Les tableaux qui décorent cette salle sont *Louis XIV à l'Académie des Sciences. La réception des Suisses. L'alliance des Suisses.*

Salle d'Apollon. Le plafond est de Lafosse. On y trouve trois tableaux représentant l'attaque et la prise de la ville de Douai par Louis XIV.

Le salon de la Guerre est un des plus beaux et des plus richement ornés. Les peintures sont de Lebrun qui y prodigua toutes les ressources de son immortel génie pour retracer les hauts faits du roi. Au dessus de la cheminée paraît Louis XIV à cheval, en fort relief, couronné par la victoire.

Le roi gouverne par lui-même : c'est à lui seul qu'appartiennent les victoires, les hauts faits, la prospérité de son règne ; tel est le principal sujet représenté sur le plafond de cette galerie, telle est la pensée que Louis XIV a voulu faire prévaloir, et que Lebrun a parfaitement rendue dans l'immense conception architecturale et pittoresque dont il s'est chargé. Sa galerie est un des plus beaux ouvrages d'art qui existent au monde.

Elle est d'ordre composite, et l'ordonnance de l'architecture est réglée par dix-sept grandes fenêtres cintrées, qui répondent à autant d'arcades remplies de glaces. Les unes et les autres, séparées par vingt-quatre pilastres, étaient jadis ornées de deux statues antiques placées dans des niches. Dans le fond on aperçoit une grande arcade accompagnée de deux colonnes, de six pilastres et deux statues posées sur des piédestaux en saillie. Cette ornementation se trouve répétée dans le fond par lequel on pénètre dans la galerie.

Toute cette architecture est de marbres de différentes couleurs ; les bases et les chapiteaux sont de bronze, ainsi que les trophées, les peaux de lion, les festons, les soleils et les roses qui ornent les arcades et les entre-deux des pilastres.

Au dessus de l'entablement sont des cartouches et des trophées de différentes figures qui servent de couronnement aux arcades. Dans les cartouches qui sont au dessous des grands tableaux de la voûte, et accompagnés de griffons et de sphinx, on lit les inscriptions faites d'abord d'un style emphatique par l'académicien Charpentier, simplifiées par Racine et Boileau. Quelques-unes ont été changées depuis : nous les mentionnerons. Les trophées sont soutenus par des enfants qui tiennent des guirlandes, et ces ornements, comme l'entablement, sont de stuc doré. Toute la galerie est voûtée d'un berceau en plein cintre. Le plafond de cette galerie, composé et peint en entier par Lebrun, retrace les événements du règne de Louis XIV, depuis 1661 jusqu'à 1668. Il se compose de sept grands compartiments et dix-huit petits ; nous les énumérerons brièvement en commençant par le grand tableau du milieu, qui se recourbe des deux côtés et domine toute la composition. Il est divisé lui-même en deux parties ; la première porte pour titre : *Le roi gouverne par lui-même.* L'autre partie : *Fastes des puissances voisines de la France.*

Le second tableau : *Résolution de châtier les Hollandais.* Le troisième : *Le roi attaque sur terre et sur mer.* Le quatrième : *Le roi donne l'ordre pour attaquer en même temps quatre places de la Hollande.*

Les petits médaillons au nombre de 18, présentent les sujets suivants : 1. *Protection accordée aux beaux arts,* 1663. 2. *La paix d'Aix-la-Chapelle,* 1668. 3. *L'ordre rétabli dans les fi-*

nances, 1662. 4. *Ambassades envoyées des extrémités de la terre*, 5. *Acquisition de Dunkerque*, 1662. 6. *Établissement de l'hôtel royal des Invalides*, 1674. 7. *Jonction des deux mers*, 1667. 8. *Police et sûreté établies à Paris*, 1665. 9. *Renouvellement d'alliance avec les Suisses*, 1663. 10. *Réformation de la justice*, 1667. 11. *Guerre contre l'Espagne pour les droits de la reine*, 1667. 12. *Rétablissement de la navigation*, 1663. 13. *La prééminence de la France reconnue par l'Espagne*, 1662. 14. *La fureur des duels arrêtée*, 1662. 15. *Défaite des Turcs en Hongrie par les troupes du roi*, 1664. 16. *Réparation de l'attentat des Corses*, 1666. 17. *Soulagement du peuple pendant la famine*, 1662. 18. *La Hollande secourue contre l'Evêque de Munster*, 1663.

C'est ordinairement dans cette galerie, au bout de laquelle un trône était élevé sur un tapis de Perse à fond d'or, enrichi de fleurs d'argent, à droite et à gauche duquel étaient placés de grandes cassolettes d'argent, et des candelabres de même métal, que Louis XIV, entouré de ses enfants, de ses généraux et des principaux personnages de sa cour, recevait les ambassadeurs extraordinaires. C'est ainsi qu'il admit en sa présence, le 15 mai 1683, le doge Imperiali, accompagné de quatre sénateurs à genoux, pour lui faire la réparation des sujets de mécontentement qu'il avait éprouvés. On y donna aussi des bals et des fêtes, entre autres celle qui eut lieu le 7 décembre 1697, à l'occasion du mariage du duc de Bourgogne et de la princesse de Savoie.

Salon de la Paix. Tout dans ce salon offre un contraste frappant avec les peintures et les sculptures du salon de la Guerre. Là tout représentait les fureurs de Bellone, ici tout respire les douceurs de la paix.

La corniche est ornée de branches d'olivier, d'épis et de guirlandes; sur les portes, des enfants soutiennent des festons de fleurs; aux angles, des lyres surmontées de la couronne de France, sont placées entre des caducées et des cornes d'abondance.

Sur le cintre qui est du côté des appartements de la reine, est représentée l'Europe chrétienne en paix.

Dans le cintre qui fait face à la galerie, on voit l'Allemagne recevant avec reconnaissance la branche d'olivier que lui apporte son bon génie. Au-dessus de l'arcade de la galerie, l'Espagne, à genoux, remercie le ciel du laurier que lui apporte un amour.

En face des appartements de la reine est la Hollande, également à genoux offrant avec respect sur un bouclier les flèches qui lui restent, un amour les enlace de lauriers.

Sur le plafond ovale, la France, couronnée par l'Immortalité, est dans un char porté dans un nuage; elle appuie sa main gauche sur un écu orné de fleurs de lis, et de son sceptre qu'elle tient à sa main droite, elle ordonne à la Paix, qui porte un caducée, de répandre partout l'abondance et la joie. Au-dessous, sont divers amours qui jouent avec des tourterelles au cou desquelles sont attachés divers médaillons aux armes des Bourbons d'Espagne, des maisons de Bavière et de Savoie; allusion aux mariages du dauphin avec Marie-Anne de Bavière, de Charles d'Espagne avec Marie-Louise d'Orléans, et de Victor-Amédée de Savoie avec Anne-Marie d'Orléans.

Tous ces tableaux, ainsi que ceux de la grande galerie et du salon de la Guerre qui les précèdent, sont dus au génie inépuisable de Lebrun.

Sur la cheminée est un magnifique portrait de Louis XV, par Lemoine; d'une main il tient un gouvernail, et de l'autre il présente à l'Europe l'olivier de la paix. Dans cette pièce était le jeu de la reine.

Chambre à coucher de la reine. Cette pièce avait à peu près les mêmes ornements que tous les grands appartements, mais elle fut entièrement restaurée et changée au mariage de Louis XVI. On voit dans les encoignures du plafond les armes d'Autriche réunies à celles de France; aux quatre panneaux au-dessus des glaces, étaient les portraits de Marie-Thérèse, de l'empereur Joseph et de l'archi-duchesse Christine des Pays-Bas.

Cette salle contient trois grands tableaux dont le plus apparent, le siége de Lille, occupe le fond où était le lit de la reine. Les autres sont *le combat près le canal de Bruges,* et la prise de Dôle.

Le salon de la reine. Cette pièce est du petit nombre de celles qui ont toujours conservé leur destination. C'est là que se tenait le cercle de la reine, et que les personnes célèbres des divers règnes ont brillé par les graces de la beauté et de l'esprit, par la parure et l'envie de plaire. Les hôtels de Rambouillet, de Richelieu, s'étaient concentrés dans ce salon. Après la mort de la reine, la duchesse de Bourgogne égaya encore quelque temps ce salon, qui n'eut plus, sous Marie Leczinska, et même sous Marie-Antoinette, qu'une froide représentation.

Trois grands tableaux décorent cette salle: le plus en évidence est *la visite de Louis XIV à l'hôtel des Invalides.* Les autres sont: *Louis XIV visitant les Gobelins, et le Baptême de Louis de France, dauphin, fils de Louis XIV.*

Salle du grand Couvert. Le plafond de cette salle, peint dans l'origine par Coypel, fut décoré plus tard d'un magnifique tableau de Paul Véronèse, échappé, comme celui de la chambre à coucher de Louis XIV, aux nécessités de la restitution qui eut lieu en 1815; il représente l'Evangéliste saint Marc, qui se trouve ainsi entouré assez singulièrement de Rodogune, Artémise, Zénobie et Clélie traversant le Tibre à la nage, peintes dans les anciennes décorations du plafond.

Cette salle renferme quatre grandes compositions appartenant au règne de Louis XIV, et au milieu, au-dessus de la cheminée, le portrait de ce prince à cheval, tableau admirable de Van-der-Meulen.

Le premier tableau représente *le duc de Bourgogne enfant, pré-*

senté à *Louis XIV et fait chevalier du Saint-Esprit*. Le tableau qui suit a pour sujet *le mariage du duc de Bourgogne avec une princesse de Savoie*, en 1697, *après la paix de Ryswick*. Le troisième représente *le duc d'Anjou déclaré roi d'Espagne*.

Salle des gardes de la Reine. Cette pièce a un plafond orné, comme tous les autres, de compartiments dorés et de tableaux. Il est de Coypel, et inférieur à beaucoup de ses ouvrages. Au milieu, Jupiter sur un char traîné par des aigles, et, dans le cintre, Solon, Ptolémée, Trajan et Septime-Sévère dans des actes de justice et de bienfaisance.

Au dessus de la cheminée, est la famille du grand dauphin, tableau de Mignard, souvent répété; dans les deux autres panneaux, la statue de la duchesse de Bourgogne, de Coysevox, et son portrait en pied, par Rigaud, très beau tableau qui passe pour être fort ressemblant.

Petits appartements de la reine. Les petits appartements de la reine consistaient, sous Marie Leczinska, en un salon, un oratoire et un cabinet de travail. La reine Marie-Antoinette les fit arranger dans le goût moderne, et ils se composaient d'un cabinet de toilette, d'un salon, et d'une bibliothèque, le tout dans de très petites dimensions, ne recevant le jour que d'une cour étroite, mais décoré avec goût.

Le cabinet de toilette de la reine a une cheminée et une alcove avec un canapé; la reine y passait tous les jours près de deux heures que durait la coiffure de ce temps. C'était alors qu'elle recevait l'abbé de Vermond, et qu'elle convenait avec lui des réponses à faire à la multitude de demandes de tout genre qui lui étaient adressées.

C'est dans *le petit salon* que Marie-Antoinette recevait les personnes qu'elle admettait dans son intimité, celles surtout qu'elle pouvait obliger, quelle pouvait secourir. La société habituelle de la reine était Mme de Polignac, MM. de Lamballe, de Vaudreuil, de Narbonne, de Coigny, et plus tard MM. de Lameth, de Ségur et de Besenval.

Marie-Antoinette passait dans *la bibliothèque de la reine* une partie de ses matinées à écrire, à lire et à faire quelques ouvrages de tapisserie : c'est ainsi que l'a représentée Mme Lebrun.

Nous pénétrons maintenant dans les salons consacrés aux époques principales de la Révolution et de l'Empire.

Nous trouvons dans le *salon du Sacre*, *le sacre de Napoléon* peint par David; *la distribution des aigles*, *la bataille d'Aboukir*, de Gros.

Cette salle, la plus grande du palais, s'appelait autrefois le *Magasin des gardes*. C'est là en effet qu'ils se rassemblaient pour passer des inspections; elle servait aussi à toutes les réunions considérables, tels que lits de justice, cours plénières, et le jeudi saint, à la cérémonie de la Cène. Les pauvres étaient rangés sur un des côtés, et les princes leur apportaient leur dîner qu'ils allaient prendre dans la pièce voisine.

Salle de 1792. Ici sont les tableaux représentant la *Bataille de Valmy*, celle *de Jemmapes*; puis viennent en foule des portraits, au nombre de 87, de maréchaux, généraux, amiraux, tous célèbres, tous appartenant aux époques glorieuses de la Révolution et de l'Empire, au milieu desquels brille celui de Napoléon.

Attenant à la salle de 1792 est une suite de petites pièces, composant autrefois l'appartement du Cardinal de Fleury, et aujourd'hui consacrées à une collection de gouaches au nombre de plus de trois cents, et comprenant toutes les campagnes de 1795 à 1809 ; elles sont la véritable représentation stratégique de ces célèbres combats.

En sortant de la salle que nous venons de décrire, on traverse un large espace formant le *pallier de l'escalier des princes*, et communiquant à la *salle des Batailles*.

L'escalier des princes fut ainsi nommé parce qu'il conduisait à l'aile des bâtiments du midi de Versailles, consacrée au logement des enfants de France, comme le lieu le plus aéré, le plus sain. La cour qui sépare cette aile du corps central s'appelait aussi cour des princes. Cet escalier est orné de plusieurs statues qui représentent : 1º Gaston d'Orléans, oncle de Louis XIV ; 2º Philippe d'Orléans, neveu de Louis XIV, régent ; 3º Le duc de Bourgogne, l'élève de Fénélon ; 4º Le duc d'Anjou, roi d'Espagne sous le nom de Philippe V.

Le temps et l'espace nous manquent pour décrire comme nous l'aurions désiré, toutes les pièces dont se compose le rez-de-chaussée. Nous nous bornerons à leur énumération et aux noms qu'elles ont reçu d'après les statues ou les tableaux qu'elles renferment.

Le vestibule des salles des amiraux, connétables et maréchaux est très remarquable ; viennent ensuite *la salle des grands amiraux, la salle des connétables*, les 1re, 2e, 3e, 4e, 5e, 6e, 7e *salles des maréchaux*, puis *la galerie de Louis XIII, la salle des tableaux plans, les salles des résidences royales, la salle des rois*, les 8e, 9e, 10e, 11e, 12e, et 13e *salles des maréchaux, la* 1re *et la* 2e *salle des guerriers célèbres.*

L'aile du sud contient les campagnes de l'empereur Napoléon, la galerie des Batailles et la salle de 1830. Onze salles renferment les premiers exploits de Bonaparte général, puis empereur. On trouve ensuite *la salle de Marengo. La galerie des Batailles* est vaste et contient une série de batailles depuis celle de Tolbiac, en 496, jusqu'à la bataille de Wagram, en 1809. Sur douze tables de bronze sont écrits, en lettres d'or, les noms des guerriers célèbres, au nombre de six cent cinquante, tués ou blessés mortellement en combattant pour la France.

On trouve ensuite la salle de 1830, où sont retracés les événements de la révolution de 1830 et l'avénement de Louis-Philippe.

L'aile du Nord contient la chapelle, le théâtre et l'histoire chronologique de France.

Une suite de salles renferment en tableaux les événements les plus remarquables de l'histoire de France, depuis la fondation de la monarchie, jusqu'en 1830. Après l'époque napoléonienne, viennent *la salle de Louis XVIII*, et celle de Charles X.

Les quatre salles du *pavillon du Roi* sont consacrées à la marine, et les combats et les portraits de nos plus célèbres marins y sont exposés.

On trouve ensuite la 2ᵉ *salle des Croisades* et *des ordres de chevalerie pour la défense de la foi.*

La *salle de Constantine et des événements contemporains.*

La collection de portraits et médailles dans la première *salle de l'attique au Nord.*

La *Chapelle* et la *Salle de spectacle* mériteraient une description particulière. Nous nous contenterons de dire que ces deux monuments si différents entre eux, sont l'un et l'autre dignes du magnifique ensemble de bâtiments auxquels ils appartiennent.

III. LES JARDINS.

Le célèbre Le Nôtre, chargé de la décoration des jardins, trouva « celui de Louis XIII composé de deux bosquets coupés dans l'intérieur du bois, et séparés par une avenue vis-à-vis du château, avec plusieurs bassins au milieu de la terrasse. Il se borna à développer ce plan sur une échelle immense; l'allée étroite devant le château devint un large espace pris sur les bosquets; et, sans attendre l'approbation de Louis XIV, il traça l'emplacement du bassin de Latone et de celui d'Apollon, qu'il unit par le vaste tapis vert, et qu'il prolongea par le grand canal. Voici pour le point de vue principal. Cela posé, il perça dans le bois, des deux côtés, deux autres avenues parallèles à celle du milieu, de trente pieds environ de largeur, celle du Roi et celle des Prés; puis deux autres encore à la même distance, mais qui s'écartent un peu à mesure qu'elles s'éloignent du château. Il coupa ces allées par quatre autres transversales, d'une largeur à peu près semblable, ce qui lui donna douze bosquets, dont il se proposa de varier les dessins et les ornements. »

Ces bosquets ont chacun un nom. Il y a le *Bosquet d'Apollon*, les *Quinconces du Nord*, le *Bosquet des dômes*, la *Colonnade*, les *Quinconces du sud*, la *Salle de bal*, et les *Bosquets de la Reine, du Miroir, du Roi, de l'Obélisque, de l'Étoile* et *du Rond-Vert.*

« Cette division du terrain était déjà faite, ou du moins tracée en 1664, puisque dans les fêtes que Louis XIV donna cette année, les courses de bagues eurent lieu dans une des sections de l'allée du Roi, et le théâtre où fut représentée *la Princesse d'Elide,* dans une section de l'autre côté. Les changements qui eurent lieu depuis, et qu'on retrouve dans le programme des fêtes de 1668, et plus tard de 1674, consistèrent seulement dans l'ordonnance de ces différents compartiments, dans la masse des eaux qu'on y fit venir, dans les bassins qu'on y forma, et dans les différents sujets qu'on voulut y représenter, pour motiver le mouvement des eaux. »

De la terrasse du château, on voit les bosquets de toute la partie centrale, les deux bassins du parterre d'eau ; à droite et à gauche, les deux fontaines de Diane, du Point du Jour ; au milieu, la fontaine de Latone, le Tapis Vert, le bassin d'Apollon, et toute l'étendue du grand canal encadré par des bois à l'horizon ; enfin dans les deux parties latérales, le bosquet d'Apollon, le Quinconce du Nord, les Dômes, la Salle de Bal, le Quinconce du Midi, et la Colonnade.

Quatre statues d'après l'antique sont adossées au mur de la Terrasse : Silène, Antinoüs, Apollon pythien et Bacchus ; plus loin deux vases de marbre ornés de bas-reliefs représentant, l'un la victoire des Impériaux sur les Turcs avec le secours des Français, par Coysevox, l'autre la Réparation de l'Espagne à Louis XIV, en 1662.

Du milieu de la Terrasse, dite le *Parterre d'Eau,* on découvre en face, le *Bassin de Latone,* l'*Allée du Tapis-Vert,* le *Bassin d'Apollon* et le *Canal ;* à droite, le *Parterre du Nord,* la *Fontaine de la Pyramide,* la *Cascade,* l'*Allée d'Eau,* la *Fontaine du Dragon,* et le *Bassin de Neptune ;* à gauche, le *Parterre des Fleurs,* l'*Orangerie* et la *Pièce d'eau des Suisses.*

Le *Parterre d'Eau* est formé de deux grands bassins oblongs, ayant chacun 225 mètres de circonférence, contournés aux quatre angles, et bordés par des tablettes de marbre blanc sur lesquelles reposent vingt-quatre groupes en bronze, fondus par les Kellers, représentant des fleurs, des nymphes et des amours. Il y a 32 jets d'eau, et du milieu s'élance une grosse gerbe dont l'eau s'élève à 52 pieds.

Au bassin du nord, en descendant de la terrasse, sont les statues de la Garonne et de la Dordogne, modelées par Coysevox et fondues par les Kellers. A l'autre bout, la Loire et le Loiret, par Lehongre. Au bassin du sud, le Rhône, par Tuby, et la Saône, par l'Espignola. A l'autre bout, la Seine, par Regnaudin ; la Marne, par Magnier. Sur les longs côtés, sont huit nymphes ou nayades, groupées avec des amours ou des zéphirs, huit groupes de trois enfants chacun, jouant avec des oiseaux ou des couronnes de fleurs, d'une admirable exécution. Du milieu de chacun de ces bassins, s'élance une gerbe de 29 pieds de hauteur, qu'entourent seize jets formant corbeille.

On s'avance, au milieu de ces bassins, vers le parterre de Latone ; mais une des plus gracieuses fabriques des jardins, est la fontaine de Diane, que l'on rencontre avant d'arriver à ce beau bassin.

Cette charmante composition, connue sous le nom de Bassin de Diane, est un mélange heureux de belles lignes d'architecture, de groupes de sculpture, et d'eaux vives en mouvement, ombragés d'arbres magnifiques ; elle a pour pendant une autre fontaine à gauche, appelée le Point du Jour. Ces deux compositions sont des modèles de goût et de magnificence. Elles consistent en un bassin carré d'où s'élève une gerbe de 25 pieds de hauteur, dont l'eau retombe en nappe dans un second bassin. Sur l'appui de la bordure supérieure, sont des groupes d'animaux d'un travail excellent ; les uns lancent de l'eau dans le bassin supérieur, les autres dans le second. Ces deux charmantes fabriques rappellent ce qu'on voit de plus parfait dans les *villas* d'Italie.

C'est au haut de l'escalier qui conduit au Bassin de Latone, qu'il faut se placer pour juger de l'effet magique de ce bassin. Sur le plus élevé des deux gradins étagés en pyramides, est le groupe de Latone avec ses deux enfants, Apollon et Diane, par Marsy. Latone implore la vengeance de Jupiter contre les paysans de la Lydie. Çà et là, sur les gradins, comme sur les rebords de la pièce, on voit une foule d'hommes et de femmes métamorphosés en grenouilles, les unes entièrement, les autres en partie ; elles lancent contre la déesse, au lieu d'imprécations, des jets d'eau qui se croisent en tous sens et offrent le plus beau coup-d'œil qu'on puisse imaginer ; le pourtour du parterre est un talus de gazon en fer à cheval, orné d'une suite de statues et de vases entremêlés.

Le bassin a 100 mètres de circonférence. Les grenouilles sont au nombre de soixante-quatorze. Cette pièce d'eau est appelée vulgairement *la Reine des Grenouilles*.

C'est en voyant cette réunion de l'art statuaire, monumental et hydraulique, qu'on regrette que les travaux pour amener la rivière d'Eure à Versailles n'aient pas été terminés, et qu'on ne puisse jouir de cet aspect que pendant quelques heures.

Nous allons énumérer les statues qui ornent de droite et de gauche toute cette ligne intérieure, depuis le sommet du parterre de Latone, le Tapis-Vert, et le bassin d'Apollon, jusqu'au Canal.

Nous les partagerons en deux séries du Nord et du Midi pour la meilleure intelligence de leur situation.

HISTOIRE

COTÉ DU MIDI OU DE L'ORANGERIE.

Parterre d'eau.

L'*Eau*, par Legros, dessin de Lebrun.
Le *Printemps*, par Magnier, dessin de Lebrun.

Regardant le nord.

Le *Point du Jour*, par Mazly, dessin de Lebrun.

En descendant.

Le *Poème lyrique*, par Tuby.
Le *Feu*, par Dozier, dessin de Lebrun.
Thiridate, roi des Parthes, par André.

En retour, regardant le couchant.

Vénus Callipyge (d'après l'antique), par Clairion.

Dans le bas du fer à cheval.

Silène (d'après l'antique), par Mazière.
Antinoüs (d'après l'antique), par Legros.
Mercure (d'après l'antique), par Melo.
Uranie (d'après l'antique), par Carlier.
Apollon Pythien (d'après l'antique, par Marcline.

En retour, regardant l'ouest.

Circé, par Magnier.

Au bout de l'allée.

Le *Gladiateur mourant* (d'après l'antique), par Masnier.

Allée transversale.

Platon, par Royal.
Mercure, par Vauclerc.
Pandore, par Legros, dessin de Mignard.
Acheloüs, par Mazière.

En regard, dans la demi-lune.

Castor et Pollux, par Coysevox.

En face du char.

Petus et Aria, par l'Espingola.
Ancienne place de *Milon de Crotone*, par Le Pujet.

COTÉ DU NORD OU DE LA CHAPELLE.

Parterre d'eau.

Le *Midi*, sous la figure de Vénus, par Massy.
Le *Soir*, sous la figure de Diane, par Desjardins.

Regardant le sud.

L'*Air* avec l'*Aigle*, par Lehongre.

RAMPE DU PARTERRE DE LATONE.

En descendant.

Le *Mélancolique*, par Leperdrix.
Antinoüs (d'après l'antique), par Lacroix.
Tigrane (d'après l'antique), par L'Espagnandel.

En retour, regardant le couchant.

Un *Faune* (d'après l'antique), par Hutrelle.

Dans le bas du fer à cheval.

Bacchus (d'après l'antique), par Granier.
Faustine ou *Cérès* (d'après l'antique), par Regnaudin.
Commode ou *Hercule*, par Coustou.
Uranie (d'après l'antique), par Frémery.
Ganymède (d'après l'antique), par Laviron.

En retour, regardant l'ouest.

Cérès couronnée de fleurs, par Poultier.

Au bout de l'allée.

La *Nymphe à la coquille*, par Coysevox.

Allée transversale.

Diogène, par l'Espagnandel.
Un *Faune*, par Houzeau.
Bacchante, par Dedieu.
Hercule, par Lecomte.

En regardant la demi lune.

Papyrius, par Carlier.

En face du char.

Persée, par Le Pujet.

On arrive alors au Tapis-Vert, sorte de grande allée en gazon, de mille pieds environ de longueur, qui présente le plus bel aspect et que l'on peut comparer avec la grande allée des Tuileries. Il est orné, comme elle, de vases et de statues; les principales sont :

En descendant du côté du nord.

La *Fourberie*, par Lecomte, dessin de Mignard.
Junon, statue antique.
Hercule tenant un enfant, par Jouvenot.
Vénus (d'après l'antique), par Frémery.
Cyparisse, par Flamen.
Artémise, par Desjardins.
Aristote, par Slootz Per.

Dans la demi lune.

Cyrinx, *Jupiter*, *Junon*, *Vertumne* et *Silène*

En descendant du côté du nord.

La *Fidélité*, par Lefebvre, dessin de Mignard.
Vénus, par Legros.
Un *Faune*, par Flamen.
Didon, par Buirette.
Une *Amazone*, par Poultier.
Achille, par Vigier.
Ino et *Mélicerte*, par Granier.

Dans la demi lune.

Le *dieu Pan*, le *Printemps*, *Bacchus* et *Pomone*.

Dans les belles soirées d'été, la promenade du Tapis-Vert est la plus fréquentée et l'une des plus belles de Versailles. Le coup-d'œil en est admirable lorsqu'il y a foule. Sa longueur est de 352 mètres. Sa largeur de 36. Le gazon seul est large de 25 mètres.

« Au bout de cette allée, et toujours dans l'axe du palais, se trouve le *bassin d'Apollon*, le plus grand du parc après celui de Neptune, et qui faisait les délices de Louis XIV. Dans plusieurs tableaux on voit ce prince assis dans sa chaise roulante, au milieu de sa cour et admirant l'effet des eaux. Au centre de ce bassin est Apollon sur son char, traîné par quatre chevaux, et entouré de dauphins et de monstres marins. Le peuple l'appelle le char embourbé, comme il nomme Latone, la reine des grenouilles. Sans doute, si l'on considère ce groupe en raison du peu de profondeur de l'eau, de la lourdeur du char, il peut paraître défectueux; mais il faut le voir au moment où un jet d'eau de cinquante-sept pieds de haut, et deux autres de quarante-sept, le couvrent de vapeurs brillantes et ne laissent entrevoir les figures que pour expliquer le sujet. »

Le bassin d'Apollon, de figure octogone, a 140 mètres de diamètre, quatre des côtés sont semi-circulaires. Le groupe est de plomb; il a été fondu par Tuby, d'après les dessins de Lebrun.

« A la suite de ce beau bassin, et dans la perspective du palais, est le *grand canal* qui a 192 pieds de large et 4,000 de long. Sous Louis XIV, cette majestueuse pièce d'eau était couverte de bâtiments de toutes formes, et principalement de gondoles vénitiennes qui étaient conduites par trois ou quatre cents rameurs et matelots, pour lesquels on avait bâti un village dans le bois prochain, qui a conservé le nom de bois des matelots. Les fêtes finissaient toujours par quelque feu d'artifice sur le canal; en 1690 et en 1770, pour le mariage du dauphin, on y avait établi un soleil de feu qui éclairait tous les plans, et deux cents chaloupes couvertes de verres de couleurs. »

Le grand canal est traversé vers le milieu par un autre canal dont la longueur est de 1,000 mètres; les deux bras conduisent à Trianon et à l'ancienne Ménagerie. A l'extrémité du grand canal, se trouve encore une autre pièce d'eau de 400 mètres de longueur sur 200 mètres de largeur.

Si nous parcourons maintenant les côtés de cette ligne, nous trouvons, attenant au parterre de Latone, le *bosquet d'Apollon*, ou plutôt un immense rocher qu'on a taillé de manière à y placer le célèbre groupe d'Apollon et des nymphes, chef-d'œuvre de Girardon, qui, depuis deux siècles, a plusieurs fois changé de demeure. Il orna d'abord la grotte de Thétis, et fut, comme elle, chanté par Lafontaine. Plus tard, on éleva pour lui un ridicule baldaquin en métal doré. Enfin, il repose aujourd'hui dans une place qui lui convient, et à laquelle il convient. Cette belle fabrique est due au talent de Robert, qui était alors, c'est-à-dire en 1778, à la mode pour dessiner les jardins irréguliers et les petits monuments qui devaient les orner. Ici, il s'est véritablement surpassé, et ce rocher d'où coulent des eaux abondantes au milieu d'arbres et de plantes de tous les climats, est d'un admirable effet, et qui contraste avec les autres parties du jardin. Le groupe d'Apollon, comme on sait, représente ce dieu au moment où il vient de terminer sa course. Les nymphes le reçoivent. A quelque distance sont les groupes de ses chevaux, qui sont aussi d'un beau travail.

Du bosquet d'Apollon, on passe au *quinconce du midi*, qui n'a rien de remarquable que huit Termes exécutés, dit-on, sur les dessins de Poussin.

On arrive alors au bosquet des *Dômes*, appelé ainsi de deux petits bâtiments en marbre fort élégants, mais qui tombent aujourd'hui en ruines; on n'y retrouve plus que la suite des charmants bas-reliefs qui les décoraient, dus au ciseau de Girardon et Guérin.

Du bosquet des Dômes on doit passer entre le bassin d'Apollon et le Tapis Vert, pour visiter le premier bosquet de la ligne opposée, connu sous le nom de *la Colonnade*.

Au milieu de cette salle de verdure est un superbe groupe en marbre blanc, ouvrage de Girardon; il représente l'enlèvement de Proserpine par Pluton. Sur ce piédestal rond sont sculptées en bas-reliefs les diverses scènes de cet enlèvement; la jeune Proserpine cueillant des fleurs avec ses compagnes, et Cérès, une torche à la main, cherchant partout sa fille chérie. L'artiste a puisé ses inspirations dans la description d'Ovide. Tout autour de la salle, règne un péristyle, composé de trente-deux colonnes répondant à autant de pilastres de très beau marbre. Ces trente-deux colonnes sont d'ordre ionique, dont 8 sont de brèche violette, 12 de marbre de Languedoc, et 12 de marbre bleu turquin; chaque colonne répond à un pilastre de marbre de Languedoc, qui, placé derrière, est éloigné de 2 mètres et demi. Les colonnes communiquent entre elles par des arcades cintrées, ornées à leurs clefs de masques de Nymphes, de Naïades ou de Sylvains, et sur les impostes des bas reliefs représentant les jeux et les amours, charmants groupes d'artistes justement célèbres, Mazière, Granier, Coysevox, Lehongre et Lecomte. Sous les arcades sont vingt-huit grandes cuvettes de marbre blanc; de chacune s'élance un jet d'eau qui retombe en cascades ou en nappes dans le chenal inférieur. Près de ce bosquet est celui d'*Encelade*, remarquable par un énorme jet d'eau. Le *quinconce du midi* ne se fait remarquer que par de très beaux maronniers. On entre ensuite dans le dernier bosquet de la partie centrale, connu sous le nom de *salle de bal*, et attenant au parterre d'eau. Ce bosquet, construit en amphithéâtre de verdure, est remarquable par une cascade en forme de gradins, en rocailles et en coquillages. Lorsque les eaux jouent, les nappes d'eau qui tombent d'un gradin sur un autre font un effet agréable. Le milieu représente une véritable salle de danse, qui servit à cet usage dans plusieurs grandes fêtes. »

Après être remonté sur la terrasse, nous nous dirigerons vers l'*Orangerie*.

« Cette superbe *orangerie*, construite par Mansard, est un des plus beaux ouvrages d'architecture qui existent au monde; il faut admirer comment, à cette époque, on put revenir aussi complètement aux grands travaux des anciens.

» Elle fut commencée en 1685, et terminée vers la fin de 1686. On y arrive par deux escaliers magnifiques, de soixante pieds de large et de cent trois marches, divisés en deux palliers. On croit descendre une montagne. L'orangerie est exposée au midi, et consiste dans une galerie qui a quatre vingts toises de long sur trente-huit pieds de large; elle est éclairée par douze fenêtres cintrées, qui sont dans l'enfoncement des arcades. Dans une niche, au milieu de cette galerie, est la statue de Louis XIV, donnée à ce prince par le maréchal duc de la Feuillade, qui l'avait fait faire à Desjardins, pour mettre sur la place des Victoires. Cette galerie tient à deux autres, en retour, de soixante toises de long chacune.

» Ces galeries sont décorées au dehors de trois avant-corps; celui de la galerie du fond est de huit colonnes accouplées, d'ordre toscan, et les deux autres ont chacun quatre colonnes de quatre pieds de diamètre. Ce gigantesque ouvrage est d'un effet et en même temps d'un goût qui étonnent; il égale ce qu'on admire le plus dans les monuments antiques.

» Du haut de la terrasse les regards planent sur le parterre de l'Orangerie, où sont rangés un millier d'arbres précieux, dont le parfum se répand jusque dans les appartements du palais. Au delà s'aperçoit la magnifique pièce d'eau des Suisses, ainsi nommée parce qu'on employa un régiment suisse à la creuser.

» Le parterre de l'Orangerie consiste en six compartiments de gazon, au milieu desquels s'élève un jet d'eau de cinquante pieds environ; au pourtour sont disposés les orangers, les citroniers, les grenadiers, en six grandes allées. On distingue parmi ces arbres celui qu'on nomme le Grand-Bourbon, parce qu'il fut acquis en 1550, par la confiscation des biens du connétable de Bourbon, et qu'il avait déjà alors plus de cent ans.

» *Le bosquet de la Reine*, ou de Vénus, se trouve en sortant de l'orangerie ; c'était autrefois le labyrinthe. Ce bosquet a pris son nom d'un entrelacement de plusieurs allées bordées de palissades, où on pouvait s'égarer. A chaque détour on trouvait une fontaine ornée de deux bassins en rocailles, et d'une fable d'Esope en sculpture. Le dessin de ces fables fut donné par Lebrun ; les inscriptions en vers qui se trouvaient au-dessous, avaient été composées par Bensarde. A l'entrée était une statue d'Esope, et une autre de l'Amour. Le temps qu'on passait à examiner chacune de ces fables, et à lire les vers, faisait oublier la route qu'on devait suivre. Ce bosquet a été changé en une plantation fort belle d'arbres exotiques, dont le milieu forme un quinconce de tulipiers, qui entoure la statue de Vénus.

» En quittant le bosquet de la reine, on traverse le quinconce du midi et les beaux maronniers qui le composent, pour arriver à l'ancienne Ile d'Amour, aujourd'hui le *Bosquet du Roi*.

» Le goût exclusif de la magnificence explique la durée des jardins réguliers : on voulait étendre au dehors cette décoration, cette pompe, cette symétrie, qui semblaient d'accord avec les appartements Les villas italiennes firent faire quelques progrès au véritable genre des jardins, en admettant de vastes bosquets irréguliers ; mais ce ne fut que beaucoup plus tard qu'on revint franchement à la nature, et que l'on ne considéra les jardins que comme une partie plus ornée, plus soignée du paysage, se joignant à lui par des transitions naturelles : voilà l'effet que les Anglais ont si bien conçu, et que l'on a voulu obtenir dans le Bosquet du Roi. En effet, ici, la la scène change, et le genre symétrique fait place à une composition naturelle et gracieuse.

» Depuis longtemps les conduits d'eau qui alimentent le bosquet nommé l'Ile d'Amour s'étaient détériorés, et ce lieu n'était plus qu'un marais dont les exhalaisons devenaient fort dangereuses pendant l'été. Louis XVIII y fit exécuter des travaux qu'il confia à M. Dufour, et qui employèrent, pendant l'hiver si rigoureux de 1816, un nombre considérable d'ouvriers. Le bosquet fut changé, au printemps, en un des plus agréables *pleasure gowes* qu'on puisse voir. C'est aujourd'hui la promenade favorite des habitants de Versailles, qui viennent y chercher un gazon vert, de beaux ombrages, une abondance de fleurs et d'arbres exotiques qu'on trouverait difficilement réunis ailleurs.

» On doit le dire cependant, au sujet du bosquet qui fait aujourd'hui le charme de Versailles, celui qu'il a remplacé sous le nom de l'Ile Royale ou l'Ile d'Amour ne manquait pas d'agrément. Une grande masse d'eau, ombragée de beaux arbres, attirait, dans ce temps comme aujourd'hui, toute la société à la mode. C'est là qu'avaient lieu sans doute cette brillante réunion, ces charmants entretiens qui, depuis le cardinal de Richelieu, faisaient l'agrément presque la gloire de la cour de France. »

Dans la partie nord du jardin on trouve trois bosquets remarquables. Le premier est celui *de l'Obélisque*, ainsi nommé d'une immense gerbe, qui présente la figure d'un obélisque ; le second *l'Etoile*, à cause des allées qui se croisent ; la troisième enfin du *Rond-Vert*, ancien théâtre d'eau, dont un boulingrin occupe le milieu. Arrivé à ce point, on se trouve en face d'un des parterres les plus agréables du jardin de Versailles, de celui qui est connu sous le nom de *Parterre du Nord,* et qui comprend *l'Allée d'Eau* et le *Bassin de Neptune.*

Le célèbre Perrault a donné le plan de toute cette partie du jardin, peut-être la plus brillante.

De la grande terrasse, on descend dans le parterre du nord par un escalier en marbre. A droite et à gauche, sur une tablette couvrant le mur qui soutient la terrasse, sont quatorze vases de bronze, fondus par Duval. Aux angles de l'escalier sont deux statues d'après l'antique, Enée, Milon, par Faggers; l'autre, Vénus pudique, par Coysevox.

On arrive en face de la fontaine de la *Pyramide*, composée de quatre cuvettes ou vasques les unes sur les autres, décroissant en forme de pyramide, et surmontées d'un vase d'où l'eau s'échappe avec force, et forme, en retombant de cuvette en cuvette, autant de masses d'eau qui vont se perdre dans la fontaine de Diane. Cette fontaine consiste en un bassin carré, encadré dans de grandes dales de marbre blanc, couvertes d'élégants bas-reliefs de Girardon, de Le Hongre et de Legros. C'est tout-à-fait une fabrique italienne; ainsi que la fontaine de la Pyramide, elle domine *l'allée d'eau,* charmante conception, qui, à l'exemple du Tapis-Vert, sépare deux bosquets autrefois célèbres, aujourd'hui abandonnés, les bosquets des *Trois-Fontaines* et de *l'Arc de-Triomphe.*

L'Allée d'Eau est un long espace bordé des deux côtés de bandes de gazon, sur lesquelles sont quatorze groupes d'enfants en bronze, alternés avec des ifs taillés en cône. Ces groupes reposent sur des socles de marbre et dans des bassins de même matière d'un seul bloc; ils soutiennent une petite cuvette, d'où s'élève un jet d'eau.

Ces groupes variés sont dus au ciseau de Legros, de Le Hongre, de le Rambue et de Marcelin. Ils sont d'un très bon travail, et lorsque les eaux sont en mouvement, que la fontaine de la Pyramide, qui les domine, et celle du Dragon, répandent leurs jets d'eau dans les airs, il n'y a pas de plus beau et plus agréable spectacle. La fontaine du Dragon eut autrefois beaucoup de célébrité, lorsque le serpent Python lançait du milieu un jet d'eau de quatre-vingt cinq pieds, composition de Gaspard de Marsy, à peu près détruite aujourd'hui.

Le *bassin de Neptune* est la dernière et la plus élégante des compositions des jardins, autant par les sculptures et les ornements qui le décorent que par l'abondance des eaux.

Une longue tablette ornée de vingt-deux vases de métal et garnie d'un jet d'eau entre chaque vase, règne le long de la façade méridionale de ce bassin ; ces jets et ceux qui s'élèvent de chaque vase, au nombre de soixante-trois, sont reçus dans un chenal, d'où l'eau s'échappe dans de vastes coquilles placées aux angles, et par des Mascarons, pour retomber dans la grande pièce. Les vases, ouvrages des plus habiles sculpteurs, ont des animaux de mer pour anses, et sont décorés de roseaux.

« Placé au nord, sur la rampe de gazon qui s'élève autour de la pièce en amphithéâtre, le spectateur admire la beauté et la majesté des groupes où Adam aîné et Girardon semblent s'être surpassés. La majesté de Neptune, armé de son trident; la grâce d'Amphitrite, qui se plait à contempler les richesses de la mer, qu'une naïade déploie à ses yeux ; l'action des Tritons qui semblent diriger le vaste char du dieu; tout, dans ce groupe montre le jeu d'une imagination vive qui surprend et éblouit. »

Lorsque Lemoine, en 1740, a refait le groupe de gauche, il n'est pas resté au dessous d'Adam et de Girardon. Il est sans doute difficile de décrire toutes les parties de ce bel ensemble, mais il est impossible d'en reproduire l'effet magique quand les eaux jouent.

Non loin de ce bassin, on trouve un bosquet que nous ne pouvons oublier, et qui terminera dignement cette description trop rapide. C'est le bosquet de *la France victorieuse*, ainsi nommé d'un très beau groupe en plomb doré, représentant la France soumettant l'Espagne et l'Autriche, ouvrage de Girardon, d'après les dessins de Lebrun. On dit que Napoléon s'arrêta devant ce groupe, que peu de personne visitent, et qui méritait, à plus d'un titre, d'attirer ses regards.

Nous ne parlerons pas des travaux qui ont été faits pour amener à Versailles les eaux de la rivière d'Eure, puisqu'ils ont été abandonnés. Des années y furent employées, ainsi que bien des millions. Nous parlerons ailleurs de la machine de Marly, aujourd'hui détériorée, mais nous devons mentionner ici les admirables et utiles travaux faits pour rassembler en deux réservoirs immenses toutes les eaux qu'il était possible d'y conduire de dix lieues à la ronde. Le sol sur lequel on marche dans le parc de Versailles est une sorte de parquet porté sur des voûtes innombrables. Des pierrées, des canaux, des aqueducs souterrains reçoivent de tous côtés les eaux, qu'ils versent ensuite dans de vastes récipients, d'où par des milliers de tuyaux, elles se répandent dans les différents bosquets du parc, au grand canal et à la pièce d'eau des Suisses.

Le mouvement des eaux à Versailles consiste dans les petites eaux, qui vont constamment, et les grandes eaux, qui, par un art admirable, se multiplient à commencer par les points les plus élevés, et se répandent dans les autres. Ainsi on les voit parcourir d'abord le parterre d'eau de l'Orangerie, les deux fontaines d'animaux, et une partie du bassin d'Apollon; puis elles alimentent la salle de Bal, l'Allée d'eau, la fontaine du Dragon, les bains d'Apollon et les différents bosquets. Pour juger de leur effet successif, il faut les suivre du bassin d'Apollon au bassin de Latone, aux bosquets de l'Obélisque, à l'allée d'Eau, et attendre là que la totalité des masses amoncelées de tous les côtés viennent produire dans le bassin de Neptune le plus merveilleux effet.

Pour compléter les magnificences de Versailles, il fallait, comme dépendance, une ville; comme entourage, un parc immense, en quelque sorte, un pays tout entier. Nous allons parler de la ville; disons un mot seulement du parc. Il comprenait environ six mille arpents, il avait cinq à six lieues de tour, presque entièrement en bois percés et disposés pour la chasse. Il avait coûté, en différentes acquisitions, environ douze millions. Louis XIV aimait à en parcourir les avenues dans une calèche qu'il menait lui-même. « Il était entouré de ses gardes et des seigneurs que leur charge appelait auprès de sa personne. Le reste de la cour se répandait dans les allées, lorsque la symétrie des jardins de Versailles leur faisait rechercher quelque apparence de sites plus naturels, d'aspects plus agrestes, où ils pouvaient fuir l'étiquette et la représentation. Les plus brillantes réunions se rencontraient aux abords de la pièce d'eau des Suisses, dans les bois de Satory, près du château de l'admirable orangerie. »

IV. LA VILLE

Le hameau de Versailles consistait, à la fin du XVIe siècle, en une quarantaine de chaumières, groupées autour du prieuré de St.-Julien, et comprenant l'espace occupé aujourd'hui par l'Orangerie, la Chancellerie et la Sous-Intendance. Des bois et des étangs couvraient tous les environs. Lorsque le palais fut élevé, lorsque Louis XIV y créa des merveilles, il ne lui fallut pas moins pour dépendance qu'une ville, une ville régulière et tracée de manière à ce qu'il parut bien à tous les regards qu'elle procédait de la même volonté, de la même puissance qui avait élevé le palais. Le mode de construction des maisons, leur élévation, leur alignement furent fixés par une ordonnance qui, en même temps, exemptait d'impôts les constructions; cette ordonnance, rendue en 1672, fut renouvelée en 1676.

La ville de Versailles se divise en deux parties séparées par l'avenue de Paris : au midi, le quartier St.-Louis ou Vieux-Versailles, au nord, le quartier Notre-Dame ou Nouveau-Versailles. La ville n'a que 30,000 habitants ; elle en eut autrefois jusqu'à 100,000.

Elle est agréablement située entre de riantes collines, mais elle manque d'un grand cours d'eau, qui serait nécessaire, non pas seulement pour contribuer à son embellissement et à la fertilité du pays, mais pour y alimenter des fabriques dont elle est privée. Ses rues sont percées au cordeau et dans les directions à angles droit, nord et sud, est et ouest. Elles ont généralement 12 mètres de largeur. Les rues Royale et de l'Orangerie en ont 16. Ce sont aussi les plus longues, après celle de Satory. Les maisons et les hôtels sont bien bâtis. Il y a de jolies promenades, des boulevarts ombragés, de belles avenues ; celle de Paris, qui se termine à la place d'Armes, en face du château, fait l'admiration de tous les étrangers.

La place d'Armes a 350 mètres de largeur ; les *petites et grandes écuries du Roi,* qui en font l'ornement, peuvent contenir 3 à 4,000 chevaux. Les fontaines de Versailles, alimentées par des canaux et la pompe à feu de Marly, sont fort belles et abondantes.

Les édifices les plus remarquables sont : *le Grand-Commun,* que Louis XIV fit élever, en 1673, pour loger deux mille gentilshommes employés à la cour.

L'*Hôtel des Affaires-Étrangères,* servant à la fois de *dépôt des archives de la Marine et des Colonies* et de *Bibliothèque publique.* Le dépôt des archives de la Marine y a été établi en 1776 pour les Colonies seulement ; il renferme aujourd'hui tous les papiers provenant des colonies françaises appartenant ou qui ont appartenu à la France. La Bibliothèque contient environ 50,000 volumes.

Le *Jeu de Paume,* devenu célèbre depuis 1789, subsiste encore et conserve deux inscriptions. Il sert aujourd'hui d'atelier de menuiserie.

L'*Hôtel des Gardes ;* la *Salle de spectacle* où débutèrent les acteurs Molé, Fleury et Dugazon. Cette salle fut construite en 1777. La façade est composée d'un avant-corps d'ordre dorique et ionique, orné, au rez-de-chaussée, de cinq arcades et de deux portes en arrière-corps. Au dessus de l'entablement est un groupe de Melpomène et Thalie. L'intérieur offre une rotonde dont la voûte est peinte en grisaille. La salle peut contenir 1,200 personnes.

L'*Église St.-Louis.* Louis XV en posa les fondements en 1743. Louis XIV en avait conçu l'idée, mais s'il l'eût fait exécuter, il aurait sans doute adopté un meilleur style d'architecture, et il eût banni les ornements intérieurs dont le mauvais goût est frappant, surtout après avoir visité le palais.

Les *Réservoirs Gobert et Montbauron,* dont l'élévation au dessus des eaux du château, permet de répandre dans Versailles cette abondance d'eau qui fit jadis sa célébrité.

On remarque dans la ville neuve le *Collége Royal,* autrefois un couvent.

L'*Hospice Royal ou Civil,* est un des plus anciens édifices de

Versailles, fondé par Louis XIII sur l'emplacement de l'ancienne léproserie; il a été augmenté par les libéralités des princes qui lui ont succédé.

L'église Notre-Dame, bâtie deux fois par Louis XIV, la dernière fois en 1664, sur les dessins de Mansard. Le portail a deux ordres, le dorique et l'ionique, couronnés par un fronton. Les deux campaniles placées aux angles tiennent de ce dernier ordre, et sont moins hautes que le dôme qui s'élève au milieu de la croisée. L'intérieur de l'église est d'ordre dorique denticulaire; il est orné de plusieurs tableaux de différents maîtres. Pélisson et le comte de Vergennes y furent enterrés.

La *statue du général Hoche*, érigée en 1836 sur la place de ce nom, autrefois place Dauphine.

L'*Hôtel de la Préfecture; l'église de St.-Symphorien.*

La ville de Versailles est habitée par les descendants des familles qui autrefois étaient en rapport avec la cour, mais elle contient de plus une grande quantité d'étrangers et de rentiers qui y trouvent les avantages de la ville et de la campagne.

Versailles, sans être une ville d'industrie, renferme quelques usines importantes. On peut citer surtout sa manufacture d'armes de luxe. Une manufacture d'armes de guerre, établie autrefois dans le bâtiment dit *le grand commun*, était renommée dans toute l'Europe, mais, en 1815, les Prussiens ruinèrent de fond en comble ce précieux établissement.

La prospérité de Versailles s'accroît rapidement depuis que les deux *chemins de fer* de la rive droite et de la rive gauche y font affluer chaque jour des milliers de curieux.

Le chemin de fer de Paris à Versailles (rive droite), achevé en moins de deux ans, offre, par les difficultés qu'il y avait à vaincre, un exemple des plus remarquables de l'habileté de nos ingénieurs.

Cette ligne de chemin qui embrasse un grand nombre de courbes, présente un développement de 22,713 mètres (près de 5 lieues 3/4), dont la pente en montant, jusqu'à Versailles, est de 88 mètres 477 millimètres.

Il y a dans toute la longueur du parcours, 58 ponts, viaducs et souterrains. Les principaux sont: le souterrain des Batignolles, long de 323 mètres; le pont d'Asnières qui traverse la Seine; le grand viaduc de Puteaux, haut de 14 mètres, et long de 100; le grand viaduc de Surène, haut de 13 mètres; le souterrain de Montretout, long de 100 mètres; le pont suspendu en fil de fer de l'allée de Monsieur; le grand souterrain de St.-Cloud, long de 525 mètres. Le reste consiste en 13 ponts de bois et 38 ponts en pierre, dont 25 sont *sous* le chemin de fer, et les autres passent *au-dessus*.

L'inauguration du chemin de Paris à Versailles (rive droite), a eu lieu le 3 août 1839. Dix-huit voitures, remplies de voyageurs, et remorquées par deux locomotives, ont franchi les 22,713 mètres dans l'espace de 29 minutes 54 secondes. Le retour à Paris s'est effectué en 28 minutes 30 secondes.

Le voyage de Paris à Versailles dure ordinairement, par cette voie, 30 à 35 minutes, et le retour 25 à 30.

Le chemin de fer de Paris à Versailles (rive gauche) inauguré en 1840, n'offre pas au voyageur moins de commodités que celui de la rive droite. Son parcours est d'une longueur à peu près égale, et le trajet se fait dans le même espace de temps. Ses convois desservent Clamart, Vanvres, Meudon, Bellevue et Sèvres.

§ II.

ENVIRONS DE VERSAILLES.

LE GRAND TRIANON.

« C'était, dit madame de Sévigné, un pavillon au bout du parc de Versailles, où l'on cultivait des fleurs et des arbres à fruit; on l'appelait Palais de Flore, et on y venait souvent faire des collations » Ce pavillon était revêtu à l'intérieur de glaces et de carreaux de porcelaine comme les palais orientaux, et orné, à l'extérieur, de vases de porcelaine. On y voyait de longues allées d'orangers, de myrtes et de jasmins en pleine terre. Cependant, tout agréable que fût ce lieu, le roi s'en lassa bientôt, et ayant fait l'acquisition de quelques terres des moines de Ste.-Geneviève, en 1663, il chargea Mansard de bâtir un palais à l'imitation des *villas* italiennes. Commencé en 1671, il fut terminé vers la fin de la même année, et parut, ce qu'il est en effet, un édifice plein d'élégance.

Sa première destination lui fut conservée, celle de réunir les plus belles plantes, les plus belles fleurs et les meilleurs fruits; c'était une sorte de complément du magnifique potager créé à peu près à la même époque, et confié également aux soins du célèbre La Quintinie, qui créa en France, et presque en Europe, l'horticulture. Ce potager était situé dans un vaste terrain devant l'église de St.-Louis, et près de l'emplacement connu depuis sous le nom de Parc aux Cerfs, et s'étendant jusqu'aux étangs Gobert. La Quintinie avait développé là tout son génie; Louis XIV, qui voulait réunir auprès de lui les hommes célèbres dans tous les genres, ne pouvait rester indifférent à celui qui avait su vaincre la nature, non point pour la courber comme les autres aux exigences d'un vain luxe, mais pour la rendre plus féconde, plus abondante.

Louis XIV et le Grand Condé se plaisaient à passer quelques instants avec La Quintinie, et à recevoir de ce célèbre horticulteur des leçons de l'art de greffer et de façonner les arbres. Louis XIV en faisait un de ses amusements, et l'on connaît la passion du Grand Condé pour les fleurs.

L'aspect du Grand Trianon ne donne pas l'idée d'une demeure permanente, mais plutôt d'un édifice construit pour des fêtes, par son éclat et par sa magnificence; il se compose d'un rez-de-chaussée très étendu, sans étage au dessus, sans toit apparent, et sans caves sous les appartements; la décoration intérieure est riche et brillante; le vestibule du milieu est à jour et à colonnes de marbre rose; il sépare la cour d'entrée et les parterres des deux principales ailes du palais, de manière à former en quelque sorte deux habitations distinctes. La galerie principale a été bâtie après coup, en prolongation de l'aile droite au midi; toutes ces pièces communiquent par leur extrémité au grand corps de bâtiment appelé Trianon-sous-Bois, et où se passa la dispute de Louis XIV avec Louvois. On peut supposer que ces dernières constructions furent faites pour augmenter le nombre des logements; elles sont cachées par de grands arbres, et n'ont de communication avec les autres qu'au centre, par le vestibule dont nous avons parlé.

La vue, du milieu du parterre, découvre de tous côtés ce brillant édifice, dont les élégantes colonnes et les ornements s'accordent si bien avec l'abondance des fleurs et les jets d'eau qui l'entourent. L'aspect de Trianon est charmant, mais l'habitation en était si incommode, qu'aucun souverain, depuis Louis XIV, n'avait pu parvenir à s'y fixer. Napoléon n'y resta que huit jours et n'y serait pas revenu. Les travaux entrepris aux deux Trianon depuis quelques années en ont fait une demeure royale aussi commode, aussi complète que les autres résidences, et cela toutefois, sans altérer le caractère des constructions existantes. Il serait trop long d'entrer dans le détail de tous ces changements; il suffit de dire que les pièces se communiquaient sans dégagement, sans aucun de ces petits détails que commandent la dignité du possesseur et les besoins de la vie, tout y avait été fait pièce à pièce, sans ensemble, et comme jeté au hasard autour de deux palais séparés, communiquant par un corridor magnifique en marbre, mais où le vent et la pluie pénétraient.

Voici les dispositions nouvelles qui ont été faites : les deux appartements ont été réunis en fermant le vestibule par des portes vitrées; ils ont été augmentés par le prolongement de l'aile du midi sur la partie en retour où l'on avait placé les cuisines; un appartement complet a remplacé les petites pièces humides du logement de l'ancien gouverneur; la galerie en aile, qui n'était qu'un corridor, est devenue une grande et belle salle à manger, dont le service se fait par un couloir souterrain, qui unit les cuisines au reste du palais.

L'emplacement sur lequel le grand Trianon a été construit, était jadis un village qui, au XIIe siècle, portait le nom de *Triarnum*, d'où est venu le nom moderne.

C'est le célèbre Le Nôtre qui a disposé les jardins, mais ses plans ont subi quelques changements en 1776. On y trouve de belles statues et des points de vue admirables.

LE PETIT TRIANON.

Le nom de Trianon est inséparable de celui de Marie-Antoinette. Tout, dans ce lieu, rappelle sa grâce, sa bonté, ses malheurs. Ces arbres qu'on faisait planter sous ses yeux, élèvent aujourd'hui leurs têtes dans les cieux, et cependant on croit la voir encore errer sous leurs ombrages. Voilà bien la salle de musique où elle étudiait ses rôles, le théâtre où elle jouait, le hameau qu'elle avait fait construire, enfin la grotte où elle était assise quand on vint, le 5 octobre, lui annoncer l'arrivée du peuple à Versailles, et qu'elle put prévoir qu'elle ne reverrait plus cette demeure chérie!

Louis XIV avait bâti le Grand-Trianon pour échapper à Versailles; Louis XV éleva le Petit-Trianon pour échapper au grand. L'édifice, bâti par Gabriel, est d'une architecture élégante, et forme un pavillon carré de vingt-trois mètres à chaque face. En avant des bâtiments, à gauche, sont les logements accessoires; sur la droite commence le jardin anglais, dessiné par Robert, et l'un des plus agréables sans contredit qui existent, par la manière dont il est tracé et la beauté des arbres rares qui le composent.

En sortant du palais du côté de l'ouest, on trouve un magnifique rocher couvert de plantes, de fleurs et d'arbres, à travers lequel on arrive à un pavillon octogone, situé au dessus d'un précipice.

En descendant de la charmante colline où est situé le cabinet de musique, on arrive à une nappe d'eau bordée, de l'autre côté, par un hameau célèbre, bâti par la reine Marie-Antoinette et qu'elle affectionna particulièrement. Ce hameau comprend, dans de très petites proportions, tout ce qui constitue un village : la ferme, le presbytère, la maison d'habitation, la laiterie, tout cela orné et meublé à l'intérieur avec beaucoup d'art. Le plaisir de la reine était de venir passer quelques heures dans ce lieu, souvent habillée en bergère ainsi que les dames de la cour. Ce goût de bergère et d'imitation des mœurs de la campagne était fort à la mode à cette époque, mais il existait déjà sous le règne de Louis XIV.

La tour de Malborough est une fabrique de mauvais goût par sa petitesse et par son invraisemblance, mais c'était un tribut qu'il fallut payer à la mode du temps. Il y avait dans presque tous les jardins, d'obligation, une tour de Malborough. Celle du Petit Trianon mérite cependant un regard à cause d'un saule pleureur, planté par Marie-Antoinette l'année même où elle fut forcée de quitter Versailles, et qui aujourd'hui couvre une grande étendue de terrain.

Le goût de jouer la comédie était dans toute sa force. La reine fit construire le théâtre que l'on voit au Petit-Trianon, et sur lequel elle aimait à paraître; mais il faut l'avouer, elle ne jouait pas bien, et elle permettait qu'on le lui dît; elle s'en tirait par sa grace naturelle et sa charmante figure. Les autres rôles, mieux rendus par le comte d'Artois, les duchesses de Polignac et de Guiche, M. de Vaudreuil, surtout, comprenaient les pièces alors les plus à la mode. Louis XVI, ou son frère le comte de Provence, depuis Louis XVIII, faisait l'office de souffleur. L'intérieur du théâtre est décoré avec art, et l'entrée ressemble assez aux jolies fabriques des villages italiens.

Dans les parties du jardin qui longent la grande route, plusieurs canaux forment des îles réunies par des ponts, et dans l'une d'elles est le *Temple de l'Amour*, rotonde à jour, soutenue par des colonnes corinthiennes. Le groupe de Vénus et de l'Amour est de Courton.

C'est principalement dans ce lieu frais et solitaire que se plaisaient la reine et sa cour. C'est là qu'elle cherchait à oublier les calomnies dont elle était abreuvée.

SAINT-CYR.

Ce village, qui touche au parc de Versailles, est situé sur la grande route de Bretagne. Il doit son nom à un jeune enfant nommé Cyrus, martyr à trois ans, à ce que dit sa légende, et fils de sainte Julithe qui fut décapitée par un seigneur payen pour avoir résisté à ses séductions.

Pendant longtemps, St.-Cyr, composé seulement de quelques maisons de paysans, au milieu desquelles était le château du seigneur, n'eut aucune importance. Il doit sa célébrité à la fameuse communauté qu'y fonda madame de Maintenon pour l'éducation des jeunes filles nobles sans fortune. La première supérieure de cette maison fut une religieuse Ursuline nommée madame de Brinon, dont la vie avait été traversée par autant de vicissitudes que puisse jamais en offrir aucune profession séculière. En se fixant à St.-Cyr, cette dame se trouvait, pour la huitième fois, changer de situation, et toujours par des circonstances indépendantes de son choix. Aussi avait-elle été à même d'acquérir une expérience qui, jointe à ses vertus, devait la rendre éminemment propre à élever de jeunes personnes destinées au monde. Cependant, cette communauté de St.-Cyr, où elle occupa longtemps et avec succès le premier rang, ne fut pas encore son dernier asile, elle fut disgraciée et contrainte de se retirer à l'abbaye de Maubuisson avec une modique pension viagère.

Saint-Cyr ne cessera jamais d'être célèbre; on se souviendra toujours que c'est là que la femme qui sut gouverner le plus grand roi du monde venait se délasser de ses grandeurs, elle qui, après avoir *goûté de tout*, trouvait tout si vain qu'elle eût *voulu être morte*. C'est là que Racine fit représenter ses deux chefs-d'œuvre, qui semblent avoir été créés pour fournir la preuve que la piété inspire plutôt qu'elle n'éteint le génie. C'est là que se retira, après la mort du roi, cette favorite encore heureuse et respectée, car il lui restait le bien qu'elle avait fait. La vertu en honneur donne lieu de soupçonner l'hypocrisie. Madame de Maintenon a des détracteurs comme des panégyristes. Son caractère n'est pas aimé de tous. Des gens impartiaux doivent convenir qu'elle n'est pas à l'abri de certains blâmes, elle méconnut quelques gens de bien, elle a persécuté Fénélon, enfin elle a payé sa dette à l'imperfection humaine. Mais elle a eu constamment pour but d'employer son crédit à faire tout le bien possible, et la communauté de Saint-Cyr en est un monument incontestable.

Cette masse imposante de bâtiments tout pleins de ses souvenirs, et où l'on voit encore son tombeau, fut l'ouvrage de Mansard. Rien n'y est changé que la destination. Une partie des jardins est transformée en champ de Mars, le bruit du canon remplace les voix des jeunes filles. En un mot tout le monde sait que l'ancienne communauté de Saint-Cyr est aujourd'hui une école militaire.

GLATIGNY.

L'origine de Glatigny remonte à une époque assez ancienne. Au XIIIe siècle, il appartenait à une famille de ce nom. Philippe des Essarts en devint possesseur à la fin du XIVe (1). Cette terre passa, en 1464, dans les mains de Philippe des Essarts, duc de Bretagne. Guillaume Briçonnet, trésorier de la reine, la posséda en 1506. Ce fut du dernier rejeton de cette famille que Louis XIV acheta la terre de Glatigny, pour en faire présent à Madame de Montespan et à son fils, le duc du Maine, en 1675.

(1) Ce Des Essarts était frère de celui qui avait fait élever à l'entrée de Notre-Dame de Paris la statue gigantesque de saint Christophe qu'on y remarquait avant la révolution.

Depuis lors cette propriété passa entre les mains de divers particuliers. Il ne reste plus aujourd'hui de l'ancien château que l'entrée. Et l'on voit encore la grille où fut exposée, pendant la révolution, la tête d'un des Brissac, tué après le massacre des prisonniers d'Orléans.

CLAGNY.

Pierre Lescot, chanoine architecte à qui on doit une partie du Louvre, fut propriétaire de ce fief sous François Ier et Henri II. Au XVIIe siècle, Clagny appartenait à l'hospice des Incurables de Clagny et fut acheté par Louis XIV, pour y faire construire un château digne de Madame de Montespan. Tout concourait à en faire une demeure merveilleuse : l'élégance de l'architecture, le luxe des décorations, des jardins que Madame de Sévigné comparait à ceux d'Armide, en ajoutant que *c'était la plus belle, la plus surprenante, la plus enchantée nouveauté* qu'on pût imaginer. Mais de ce lieu de délices il ne reste plus pierre sur pierre, et une plaine silencieuse remplace ces *bosquets d'orangers où l'on était à l'ombre et dont les caisses étaient cachées par des palissades de roses, de tubéreuses, de jasmins et d'œillets.*

MARLY-LE-ROI.

Un moment fatigué de la cour, Louis XIV cherchait une retraite, où il pût se dérober quelquefois aux pompes de la royauté. Il crut avoir trouvé une situation convenable pour cet ermitage dans un vallon étroit, profond, inaccessible, qui se nommait Marly. Il disait ne vouloir d'abord qu'un *rien*; mais le grand roi ne pouvait rien faire à demi, et ce *rien* devint une nouvelle merveille. Les courtisans ne tardèrent pas à s'emparer des plans, et le roi n'en fut bientôt plus le maître.

Ce magnifique château, bâti avec précipitation et sur un terrain mouvant, ne tarda pas à être ébranlé. On ne put subvenir aux frais des réparations. La révolution acheva de détruire ce que le temps avait épargné. Aujourd'hui l'herbe croît au milieu des décombres de ce palais enchanté dont l'éclat a duré si peu.

Le village de Marly existait dès le XIe siècle; ses plus anciens seigneurs connus furent Hervé et Bouchard de Marly, l'un aïeul, l'autre père du fameux Mathieu de Montmorency, seigneur de Marly, qui se croisa et mourut près de Constantinople. La terre de Marly resta dans cette famille jusqu'en 1356; en 1660 elle fut érigée en comté. Louis XIV l'acquit en 1693, en vertu d'un contrat d'échange avec Louis Phélippeaux, comte de Pontchartrain, ministre et secrétaire d'Etat, pour Neauffle-le-Chatel et ses dépendances.

La population de Marly est aujourd'hui d'un millier d'habitants.

LA MACHINE DE MARLY. — LOUVECIENNES OU LUCIENNES.

A peu de distance de Marly-le-Roi, et sur le bord de la Seine, est le village de *Marly-le-Port*, qui n'est remarquable que par l'existence de la fameuse machine.

La machine de Marly, destinée à porter les eaux de la Seine à travers les vallées jusque dans les canaux de Versailles, est assurément l'un des monuments hydrauliques les plus étonnants qui soient en Europe, et encore l'une des productions merveilleuses du siècle de Louis XIV. On la doit à un charpentier Liégeois nommé Hennequin Sualem, et au chevalier De Ville.

Cette machine, qu'on a presque remplacée aujourd'hui par une admirable pompe à feu, était originairement composée de quatorze roues, dont sept sur le devant et sept sur le derrière. Ces roues faisaient mouvoir deux cent vingt-un corps de pompe, transportant les eaux de la Seine à cinq cents pieds plus haut que le bout des tuyaux aspirants, pour les faire monter ensuite par de nouveaux conduits, au sommet de l'aqueduc de Louveciennes.

Cet admirable aqueduc, long de trois cent trente toises, est soutenu par trente-six arcades. Du sommet de cette construction on jouit d'une vue des plus pittoresques.

Le village de Louveciennes ou de Luciennes, bâti au pied de l'aqueduc dont je viens de parler, était connu, dès le IXe siècle, comme une seigneurie dépendant de l'abbaye de Saint-Denis. Jacques de Beringhen, premier écuyer du roi Louis XIV, a été l'un des possesseurs de cette terre.

L'église de Saint-Martin de Louveciennes paraît avoir été construite au XIIIe ou XIVe siècle. On la croit l'ouvrage des Anglais. Elle a été restaurée il y a quelques années.

Entre toutes les charmantes habitations que contient ce village, on admire surtout le célèbre pavillon habité si longtemps par Madame du Barry, et qui est aujourd'hui la propriété de M. Laffitte.

On découvre de ce pavillon une vue des plus étendues, et aussi riche de souvenirs que de beauté. La population de Louveciennes est d'environ 700 habitants, y compris les hameaux qui en dépendent.

LA MALMAISON.

L'origine de ce nom remonte à l'époque de l'invasion des Normands qui débarquèrent en ce lieu au IXe siècle, et ravagèrent le pays d'alentour. La vieille masure située à l'endroit où ils avaient touché le rivage retint, depuis lors, le nom sinistre de *Male maison (Mala domus)*, ce qui ne l'empêcha pas de devenir un jour une maison de plaisance des plus agréables.

Au XVIe siècle, il existait déjà sur cet emplacement un fief seigneurial dont Christophe Pérot, conseiller au parlement, était seigneur en 1622. Avant la révolution, Delille habita quelques mois le château de la Malmaison, et y traduisit une partie de ses Géorgiques. Vendue comme propriété nationale en 1792, la Malmaison fut achetée par M. Le Coulteux de Canteleu, qui la céda, l'année suivante, à Joséphine Tascher de la Pagerie, veuve du vicomte de Beauharnais, et remariée à Napoléon. Pendant les campagnes de son époux, c'était là qu'elle se consolait de son absence, en embellissant cette résidence dont elle fit un vaste musée d'histoire naturelle, où elle réunit les plantes exotiques les plus rares, les animaux les plus curieux, et tout ce qui pouvait intéresser cette science pour laquelle elle avait un goût particulier. Elle y fonda une école d'agriculture consacrée à d'utiles expériences.

Les fêtes brillantes que Joséphine donna à la Malmaison, les bienfaits surtout qu'elle y répandit avaient rendu cette princesse l'idole des habitants. Elle y parut plus grande encore dans son abaissement volontaire, dans cette abnégation qui lui fit faire le sacrifice de ses plus chères affections à l'intérêt du héros qu'elle aimait. « Les larmes que cette résolution a coûtées à l'empereur suffisent à la gloire de ma mère, » dit le prince Eugène son fils, à l'occasion de ce divorce. Ecoutons cette douce princesse, elle-même, exprimer là dessus ses sentiments pleins de grandeur d'âme et de résignation. « Je me plais à donner à notre auguste et cher époux,
» dit-elle, la plus grande preuve d'attachement et de dévouement
» qui ait jamais été donnée sur la terre; je tiens tout de ses bontés,
» c'est sa main qui m'a couronnée, et du haut de ce trône je n'ai
» reçu que des témoignages d'affection et d'amour du peuple
» français. Je crois reconnaître tous ces sentiments en consentant
» à la dissolution d'un mariage qui, désormais, est un obstacle au
» bien de la France, qui la prive du bonheur d'être un jour gou-
» vernée par les descendants d'un grand homme, évidemment
» suscité par la providence pour effacer les maux d'une terrible
» révolution, et pour rétablir l'autel, le trône et l'ordre social. »

Napoléon voulut que Joséphine conservât néanmoins le rang et le titre d'impératrice.

La France qui l'aimait vit avec peine s'accomplir cette résolution. Il semble que ce fut à dater de ce moment que l'étoile du

grand homme pâlit. Lors de sa chute, les puissances étrangères entourèrent Joséphine de toutes sortes de respects et d'égards. L'empereur Alexandre en particulier s'honora des visites qu'il lui rendit.

Le 24 mai 1814, il accepta le dîner que l'ex-impératrice lui offrit à la Malmaison. Voulant lui faire les honneurs de son habitation, et lui en faire voir avec détail les curiosités, Joséphine, déjà indisposée, tomba tout à fait malade de la fatigue qu'elle se donna, et trois jours après elle n'existait plus. On l'enterra dans l'église de Ruel.

L'empereur aimait les ombrages de la Malmaison; c'était souvent là qu'il avait tracé le plan de ses campagnes, ou médité ses coups d'état. Après le désastre de Waterloo, il s'y retira pendant quelque jours, et y fut reçu par la reine Hortense. Pressé par l'approche des troupes Anglaises et Prussiennes, il fut obligé de partir à la hâte. A peine éloigné, il se rappela avoir oublié dans ce château un caisson contenant six millions. Il fit prier M. Jacques Laffitte de venir le trouver, et lui confia ce dépôt, dont il disposa par son testament de Ste.-Hélène en faveur de ses anciens compagnons de gloire.

Les Prussiens et les Anglais ravagèrent la Malmaison. Aujourd'hui ce n'est plus qu'une solitude qui n'a rien d'intéressant que ses grands souvenirs.

ROCQUENCOURT.

Après avoir appartenu à l'abbaye de Saint-Denis, ce village eut, depuis le XIIe siècle, une longue suite de seigneurs obscurs sur lesquels on ne sait rien. Au XVIe siècle, cette seigneurie appartenait à la famille Sanguin. Au XVIIIe la terre de Roquencourt fut vendue à un bourgeois de Paris, qui y fit bâtir une maison. *Madame*, qui en fit l'acquisition, la fit raser en 1783, et remplacer par un édifice plus vaste et plus élégant. De là on domine Versailles, son parc et tout le val de Galée. La population de Rocquencourt est d'environ 200 habitants.

LE CHESNAY.

Ce village tire son nom des bois de chênes qui l'entouraient. Il paraît que cette terre avait appartenu aux religieux de Saint-Germain-des-Prés, qui la donnèrent à des seigneurs puissants afin qu'ils les protégeassent contre les attaques des Normands. Au XIe siècle les comtes de Montfort en étaient possesseurs.

La paroisse du Chesnay fut sujette à bien des vicissitudes. L'église ayant été brûlée par les Normands, les habitants de ce lieu furent obligés de s'assembler dans une chapelle sous l'invocation de Saint-Sulpice située entre leur village et Versailles, jusqu'à ce qu'en 1181 un abbé de Saint-Germain nommé Foulque, leur fît don d'un terrain pour bâtir une église au centre de leurs demeures. Au xvie siècle cette église était déjà tellement délabrée que les habitants furent obligés de recourir de nouveau à la petite chapelle dont le titre de Saint-Sulpice était changé en celui de Saint-Antoine-du-Buisson.

En 1651, Pierre Lepelletier, auditeur des comptes, fonda une école au Chesnay, et paya un prêtre pour y instruire les enfants.

Ce village servit de retraite à une partie des solitaires de Port-Royal lorsque leur maison fut détruite. Enfin, en 1683, Louis XIV acheta, des Bénédictins de Saint-Germain, la terre du Chesnay, pour faire partie du grand parc de Versailles.

Le village du Chesnay est aujourd'hui peuplé d'environ 300 habitants.

VAUCRESSON.

Fondé par Suger, abbé de Saint-Denis, et ministre de Louis VII, ce village prit dès sa naissance un accroissement rapide à cause des nombreux priviléges dont le fondateur gratifia les habitants. L'église fut d'abord dédiée à saint Denis; une autre église, bâtie au siècle dernier sur les ruines de la première, eut pour patrons saint Leu et saint Gilles.

Vaucresson resta longtemps la possession des abbés de Saint Denis. Dans le siècle dernier, les dames de Saint-Cyr succédèrent au droit qu'ils avaient eu jusques-là de nommer les curés de cette paroisse. La population de cette commune est d'environ 400 habitants, y compris les hameaux qui en dépendent.

MARNES.

Eudes de Sully, évêque de Paris, fit bâtir ce village qui se trouve dans une situation charmante, au milieu des bois, et à l'extrémité du parc de Saint-Cloud. En 1702. Marnes s'accrut par la réunion des châteaux de l'Etang et de Villeneuve; mais en 1790, lors de l'établissement des communes, ces châteaux furent rendus au village de Garches, dont ils avaient été démembrés.

ST. CLOUD.

La majeure partie du terroir de cette commune est en bois et en étangs. Sa population est d'environ 200 habitants

---

VILLE D'AVRAY.

Rien de plus pittoresque que ce village situé sur une colline escarpée. Jusqu'au xve siècle ce n'était qu'un hameau dépendant de Sèvres ou de Saint-Cloud. Milon de Dangeau, doyen de Chartres, à qui cette terre appartenait alors, la légua en mourant aux Célestins de Paris qui y firent bâtir une église.

En 1815, deux régiments Prussiens, poussés par le général Excelmans, se replièrent sur Ville-d'Avray où ils furent vaincus par le général Piré.

On remarque à Ville-d'Avray une source appelée la Fontaine-du-Roi, dont l'eau a toujours été réputée si bonne, que tous les rois qui ont habité Versailles, et après eux Napoléon, s'en sont réservé l'usage particulier.

Plusieurs maisons de campage contribuent à embellir encore ce lieu. On cite entre autres celle bâtie par Thierry, valet de chambre de Louis XV et de Louis XVI. C'est aussi à Thierry qu'on doit la construction de l'église actuelle.

La population de Ville-d'Avray est d'environ 600 habitants.

GARCHES.

Entouré de bois, Garches offre un séjour des plus agréables. Sa population est d'environ 700 habitants.

SAINT-CLOUD.

Ce bourg doit son nom à Clodoalde, fils de Clodomir, échappé au poignard de ses oncles, Childebert et Clotaire. C'est dans cette retraite que ce jeune prince se consola de la perte d'une couronne temporelle. Ce lieu, appelé autrefois Nogent, prit dans la suite le nom du Saint qui l'avait illustré. Ses reliques et plusieurs autres qui y furent exposées à la vénération des fidèles, contribuèrent beaucoup à l'accroissement du village. Dès 1218, il y avait là un pont sur la Seine. L'histoire ne dit néanmoins presque rien de Saint-Cloud jusqu'en 1358. A cette époque, les Anglais réunis à Charles-le-Mauvais, roi de Navarre, le réduisirent en cendres et passèrent au fil de l'épée un grand nombre de ses habitants.

Les Armagnacs et les Bourguignons y signalèrent aussi leurs fureurs.

Le pont de Saint-Cloud existait dès lors. Sa position importante y avait fait bâtir une forteresse. Il fut plusieurs fois pris et repris par les divers partis qui se le disputaient. Lors des guerres de religion, Coligny et le prince de Condé assiégèrent Saint-Cloud, le prirent, et, y ayant mis une forte garnison, arrêtèrent de là les provisions envoyées à Paris. Bientôt les catholiques le reprirent, et Charles IX le fit fortifier.

On sait que c'est à Saint-Cloud que Henri III fut assassiné dans la maison de Gondi, une de celles dont on a formé le château d'aujourd'hui. Ce bourg eut encore à souffrir tant que dura la faction de la ligue, et plus encore dans les guerres de la fronde.

Louis XIV acheta le château de Saint-Cloud pour en faire don au duc d'Orléans, son frère. Girard, Lepautre, Mansard, concoururent à faire cet édifice, composé de quatre maisons de plaisance, ce qu'il est aujourd'hui. Le Nôtre tira le parti le plus ingénieux de ce sol montueux et pittoresque. Aucun parc royal ne surpasse en agrément celui de Saint-Cloud ; son exposition sur le penchant d'une colline qui borde la rive gauche de la Seine, ses vues admirables, ses cascades, tout concourt à en faire un des plus délicieux séjours des environs de Paris.

En 1782, Marie-Antoinette acheta le château de Saint-Cloud, et y fit faire par Migne, premier architecte du roi, de grands changements dans l'intérieur. Afin de ne pas priver le public de la jouissance du parc, elle fit enclore la partie décorée de statues et attenante au château, pour en faire son jardin particulier.

La célébrité du château de St.-Cloud s'accrut encore de la révolution du 18 brumaire. Dans cette journée fameuse, Bonaparte s'y empara, tant par ruse que par force, d'un pouvoir qu'il partageait auparavant avec le directoire, et qu'il voulut s'arroger seul. Devenu empereur, le séjour de Saint-Cloud parut lui être particulièrement cher ; il y fit exécuter d'immenses travaux et y tint souvent sa cour. Mais, en 1814, l'Etat-Major de l'armée Autrichienne s'installa dans les mêmes lieux. A la seconde invasion des alliés en 1815, le feld-maréchal prussien Blücher y établit son quartier général.

Enfin ce fut à Saint-Cloud que Charles X signa les ordonnances qui ont fait éclater la révolution de 1830.

Le château de Saint-Cloud est situé à l'extrémité d'une avenue qui commence sur la grande place, à gauche du pont en entrant dans le bourg, et sur le penchant méridional de la colline. L'édifice formé dans l'origine de quatre maisons de plaisance raccordées entre elles, offre un ensemble irrégulier mais agréable et riant. L'orangerie, qui est adjacente au palais, avait été bâtie par le duc d'Orléans, pour un jeu de paume. C'est là que se tint, le 18 brumaire, l'orageuse séance du conseil des cinq cents. Au bout de l'orangerie est la salle de spectacle. Les écuries, le manége et autres bâtiments accessoires, bordent l'avant-cour, ou sont construits irrégulièrement au bas des terrasses qui sont des deux côtés de l'avenue du château.

Le haut du parc est formé par un bois percé de belles allées. La variété du sol a permis d'y ménager quelques pelouses. C'est sur l'endroit le plus élevé qu'on a reproduit ce charmant monument de la Grèce appelé *Lanterne de Démosthène*, qui offre le plus agréable point de vue. La partie du parc qui est au pied du coteau est resserrée et sinueuse; elle forme, grace à la nature du site et au talent de Le Nôtre, une des plus belles promenades qu'on puisse voir. C'est dans cette partie du parc que se tient, au mois de septembre, la célèbre foire de Saint-Cloud qui y attire une foule considérable.

A part le château, ses dépendances et quelques jolies maisons de plaisance, le bourg de Saint-Cloud n'offre d'intéressant que son hospice, dont Marie-Antoinette fit construire la jolie chapelle.

La population de Saint Cloud est de 1800 ames.

MONTREUIL.

Montreuil qui se confond aujourd'hui avec Versailles était autrefois un village séparé qui se forma autour d'un couvent dédié à saint Symphorien, et d'abord appelé *Monasteriolum, le petit monastère*, d'où est venu au village son nom actuel.

Les seigneurs de Montreuil ne sont connus qu'à dater de la fin du xiie siècle. Cette seigneurie passa depuis des mains du duc d'Orléans, frère de Charles VI, dans celles des Célestins de Paris, à qui il en fit don. Porche-Fontaine en était alors le château seigneurial. Dans la suite il fut donné par Louis XIV à Madame de Montespan. Le duc d'Orléans, régent sous Louis XV, fit dresser un camp à Porche-Fontaine et un fort à Montreuil, pour exercer son royal pupile à l'art de la guerre.

Madame Elisabeth, dont le nom rappelle les graces unies aux plus hautes vertus, avait à Montreuil, une maison dont elle faisait ses délices, mais dont il ne reste plus rien. L'église de Saint-Symphorien, reconstruite en 1764, est fort belle.

On distingue le grand et le petit Montreuil; ce dernier a vu naître le général Hoche.

VIROFLAY.

L'origine du joli village de Viroflay remonte au XIII° siècle. Parmi les seigneurs qui l'ont possédé, un seul, le chancellier Letellier, eut un nom illustre ; il vendit cette terre à Louis XIV. Viroflay, situé près de Versailles, en face de Montreuil, est dans une position charmante; 900 habitants environ forment sa population, y compris le hameau du petit Viroflay.

CHAVILLE.

Ce village, connu dès le XIIIe siècle, est bâti sur la pente d'un coteau entouré de bois, un peu au-dessus de Sèvres, sur la route de Versailles. Le chancelier Letellier en fut aussi seigneur. Son fils Louvois remplaça par un château magnifique l'antique habitation de ses pères. Sa veuve le céda à Louis XIV, qui en fit don au Dauphin. Ce château a été démoli à la révolution.

On trouve à Chaville d'immenses carrières abandonnées. La population de ce village est d'environ 800 habitants.

SEVRES.

Sèvres est un des bourgs les plus anciens et les plus considérables des environs de Paris. Il en est fait mention dès le VIe siècle, époque à laquelle saint Germain y fit bâtir une église; cette église fut restaurée au XIIIe. D'anciens titres indiquent aussi les noms de quelques seigneurs de Sèvres. L'un d'eux, Henry de Livres, qui vivait au commencement du XVIe siècle, prêtait son château au gouvernement pour y incarcérer les prisonniers à qui on ne voulait pas faire la grace d'usage lors de l'entrée des reines dans Paris. Une tannerie remplace aujourd'hui ce château. Au milieu du XVIIe siècle, le duc d'Orléans acheta de la famille de Longueil la seigneurie de Sèvres, qu'il réunit à celle de Saint-Cloud.

Jusqu'en 1808, il n'y avait à Sèvres qu'un pont de bois qui, depuis longtemps, menaçait ruine ; Napoléon fit alors commencer le beau pont de pierre que l'on voit aujourd'hui. En 1815 les habitants de Sèvres en défendaient le passage aux Anglais et aux Prussiens. Les Français firent alors sauter une de ses arches.

D'immenses caves, qui ont été autrefois des carrières, existent à Sèvres ; elles ont la propriété de bonifier les vins. On y remarque entr'autres *la cave du roi*, divisée en trente parties par d'immenses

MEUDON.

galeries dont sept aboutissent à un point central ; elle peut contenir quinze mille pièces de vin.

Sèvres est surtout remarquable par sa célèbre manufacture royale de porcelaine, dont la réputation est européenne. Les artistes les plus distingués sont attachés à cet établissement. On y voit une espèce de musée ou collection des principaux vases, ornements, services de table, figures, statues, etc, fabriqués dans la manufacture depuis sa création. La verrerie de Sèvres est aussi particulièrement renommée. La population de ce bourg est d'environ 4000 habitants.

BELLEVUE.

Le village de Bellevue s'est établi sur les débris d'une maison de plaisance que Louis XV fit bâtir pour madame de Pompadour. Cette favorite passant un jour sur ce plateau, pour se rendre à Meudon, s'arrêta frappée du magnifique tableau qui se développait à ses yeux de toutes parts, et conçut à l'instant l'envie d'y faire construire une habitation. Les plus habiles artistes de cette époque y concoururent. La maison s'éleva comme par enchantement.

Célèbre par sa magnifique situation bien plus encore que par son architecture qui se ressentait du style maniéré de ce temps-là, le château de Bellevue devint, sous Louis XVI, la propriété de Mesdames, filles de Louis XV et tantes du nouveau roi. Ces princesses se plurent à agrandir et perfectionner encore le parc auquel l'agréable disposition du lieu ajoutait tant de charmes.

Devenu propriété nationale après la révolution, ce château fut vendu, puis démoli. Plusieurs maisons de campagne se sont élevées sur ses ruines. On a conservé le jardin anglais qui se trouvait dans le parc, ainsi que plusieurs fabriques pittoresques. C'est de la place publique, nommée place Guillaume, du nom du nouveau propriétaire qui a fait bâtir le village, que l'on jouit surtout du beau point de vue qui lui a valu son nom.

MEUDON.

Parmi les diverses opinions des savants sur l'étymologie de ce nom, la plus probable est celle qui le fait dériver de deux mots celtiques *mol* poussière et *dun* hauteur. Des chartes du XIIe et XIIIe siècle, l'appellent *Meodum, Modunium, Meudum*. L'antiquité de ce lieu est certaine, puisque des titres du temps de Childebert, témoignent que ce prince en donna la propriété à l'abbaye de St.-Vincent, qui fut depuis St.-Germain-des-Prés. Parmi les divers seigneurs de Meudon que l'histoire mentionne, il se trouva un Robert de Meudon, pannetier du roi en 1303, et un Henri de Meudon, grand-veneur, en 1344. Les autres sont fort obscurs, jusqu'à Antoine Sanguin, qui fut évêque d'Orléans et cardinal. Sa nièce, la duchesse d'Etampes, maîtresse de François Ier, hérita de lui ce domaine et obtint du roi la permission de former un parc autour de l'antique manoir de Meudon. Inconstante apparemment dans ses goûts, elle céda bientôt cette terre à Charles, cardinal de Lorraine, qui convertit le vieux château en une habitation magnifique dont Philibert de Lorme fut l'architecte. Le cardinal de Lorraine, mort en 1574, laissa cette propriété à son neveu le duc de Guise, qui fut assassiné au château de Blois. En 1654, le surintendant des finances, Abel Servien, ayant acquis cette terre, la fit ériger en baronnie. Enfin, Louvois acheta, en 1680, le château de Meudon que sa veuve vendit, onze ans après, à Louis XIV, qui le céda au Dauphin, son fils, en échange de Choisy.

Ce prince se plut à faire subir des changements considérables à son nouveau domaine : sur l'emplacement d'un grotte merveilleuse, que le duc de Guise avait fait construire, il fit élever un nouveau château qui était loin d'avoir la magnificence de l'ancien. On rapporte que Louis XIV, qui aimait le grandiose, n'en fut pas content, et reprocha à son fils de s'être bâti une maison plus semblable à celle d'un riche financier qu'à celle d'un grand prince. A cette époque aussi, s'agrandirent les jardins, d'après les dessins de Le Nôtre, qui sut tirer parti des défectuosités même du terrain pour les convertir en beautés. La révolution a détruit plusieurs de ces belles plantations, entre autres une superbe avenue de hêtres qui bordait la grande terrasse, et qu'on regardait comme unique en France pour la beauté de ses arbres. A cette époque de dévastation, l'ancien château qui subsistait encore, devint une espèce d'arsenal où l'on s'étudiait à perfectionner et à inventer des machines de guerre. C'est là que furent fabriqués ces aérostats à l'aide desquels on pouvait observer les forces et les dispositions de l'ennemi. C'est en partie à cette manœuvre qu'on doit la victoire de Fleurus remportée par Jourdan, en 1794. Le vieux château de Meudon avait subi tant d'altérations par suite des expériences qui y avaient été faites, qu'on jugea à propos de le démolir en 1803.

Le château neuf, construit par le Dauphin, subsiste encore. C'est là que ce prince vécut aussi obscurément que son rang le pouvait permettre. C'est là que mademoiselle Choin, sa seconde épouse, fut ce que madame de Maintenon était à Versailles. L'intérêt ni l'ambition n'avaient aucune part dans son affection pour le Dauphin qu'elle fixa sans doute par ses qualités morales, n'ayant, selon le témoignage de Saint-Simon, ni beauté, ni grâces, ni jeunesse, lorsqu'il l'épousa. Elle avait l'art de se faire aimer de tout le monde. Le roi, qui avait d'abord été mécontent de cette liaison, finit par offrir à cette dame un appartement à Versailles ; mais elle refusa et continua de vivre loin de la cour. Le Dauphin ayant fait un testament en sa faveur, elle le força de le déchirer en lui disant : *Tant que je vous conserverai, je ne puis manquer de rien, et si j'avais le malheur de vous perdre, mille écus de rente me suffiraient.* Le Dauphin mourut à Meudon de la petite vérole, en 1711. Mademoiselle Choin se retira alors dans son ancien appartement de Paris, où elle vécut encore une vingtaine d'années dans l'exercice de toutes sortes de bonnes œuvres.

L'aîné des fils de Louis XVI, enfant valétudinaire et rachitique, mourut aussi à Meudon, en 1789, à l'âge de neuf ans, heureux d'échapper ainsi aux mauvais traitements dont son jeune frère fut bientôt la victime.

Napoléon ayant fait réparer la résidence royale de Meudon, Marie-Louise l'habita de prédilection pendant les campagnes de son époux. Dans ces derniers temps, le château de Meudon fut habité par Don Pedro, père de Dona Maria, reine actuelle du Portugal.

Il nous reste à dire de Meudon, que le fameux Rabelais fut, pendant deux ans, curé honoraire de cette paroisse, sans jamais remplir les fonctions pastorales ; il est même douteux qu'il ait été prêtre.

L'ancien couvent des capucins de Meudon, fondé par le cardinal de Lorraine, et le premier que ces religieux eurent en France, forme aujourd'hui une maison de plaisance.

Le territoire de Meudon contient des carrières de craie, soutenues par des piliers de même matière. Vues à la lueur des flambeaux, ces carrières offrent un effet fantastique. L'entrée en est de plain pied avec le sol, près de Moulineaux.

La population de Meudon est de 3,026 habitants. Les rues de ce bourg sont escarpées et sinueuses ; son église, bâtie en 1570, mérite d'être visitée. Les promenades charmantes du bois de Meudon attirent dans la belle saison un grand nombre de Parisiens.

VÉLIZY.

A peu de distance de Viroflay et de Chaville, se trouve le petit village de Velizy. Il faisait anciennement partie du village d'Ursines ; mais quand Louvois fit bâtir son château de Chaville, ayant trouvé la position d'Ursines convenable pour y placer des étangs, il fit détruire ce village ainsi que son église paroissiale, et en fit reconstruire une nouvelle dans le hameau de Vélizy.

Ce village fut, en 1815, le théâtre d'un combat assez vif entre des Prussiens et des Français commandés par le général Excelmans.

Bien qu'inférieurs en nombre, ces derniers furent vainqueurs; mais deux jours après, la fortune changea, les Prussiens prirent Vélizy et le pillèrent.

La population de ce village est aujourd'hui de 200 habitants, y compris *Villacoublay*, hameau qui en dépend.

TRAPPES.

Village situé dans une plaine et qui touche le parc de Versailles. C'est près de Trappes que se trouve une des issues de ce parc, sur la grande route de Chartres, à l'embranchement de celle de Brest. Ce lieu est remarquable par ses établissements industriels. C'est aussi dans ses plaines que se trouvent les étangs qui fournissent les eaux jaillissantes les plus élevées des jardins de Versailles. Sa population est d'environ 700 habitants, y compris une ferme nommée *la Boissière*, qui est dans ses dépendances.

JOUY-EN-JOSAS.

Ce village est dans une jolie vallée sur la petite rivière de Bièvre. Il s'appelait *Gaugiacum* au ixe siècle, et dépendait alors de l'abbaye de St.-Germain. Le connétable Olivier de Clisson était, au temps de Charles VI, seigneur de Jouy. Mais ce qui rend surtout ce village célèbre, c'est la manufacture de toiles peintes fondée par le chevalier Oberkampf, suisse d'origine, mort en 1814, âgé de quatre-vingts ans. Cet établissement, dont tout le monde connaît la supériorité, a répandu l'aisance parmi les habitants de Jouy, dont la population a triplé depuis la fondation de la célèbre manufacture. On y compte aujourd'hui plus de 1,500 habitants.

BUC.

Situé dans la vallée de Bièvre, sur la petite rivière du même nom, ce village, dont l'histoire n'offre rien d'intéressant, est remarquable par l'agrément de sa situation, qu'embellit encore le superbe aqueduc que Louis XIV y fit construire pour transporter à Versailles l'eau des étangs de Saclé, du Trou-Salé et de Saint-Hubert. Les coteaux qui entourent cette vallée sont couronnés de bois. Ses sites peuvent rivaliser avec ceux de Montmorency. La population de Buc est de 5 à 600 habitants.

GUYENCOURT.

A peu de distance de Buc, Guyencourt, placé aussi sur les bords de la Bièvre, mais dans une plaine, est loin d'être aussi pittoresque. Au XIIIe siècle, ce village était déjà connu sous le nom qu'il porte. La famille des Pied-de-Fer le posséda durant cent ans. Sous Louis XIV, le château de Guyencourt appartenait à un M. de Boucle, qui le vendit à ce monarque pour être incorporé à Versailles. Aujourd'hui la commune de Guyencourt compte au moins 600 habitants, y compris les hameaux de Bouviers, de la Chimère, du Trou, et les maisons isolées de Villeroy.

CHATEAUFORT.

Une forteresse bâtie au Xe siècle a donné son nom à ce village. On voit encore aujourd'hui les ruines de l'ancien château, autour duquel s'étaient groupées des habitations qui trouvaient leur sûreté à s'en rapprocher. Cette forteresse était une des plus imposantes de la contrée. Châteaufort eut aussi une léproserie richement dotée et deux paroisses. Les seigneurs en étaient très puissants. Parmi eux, l'on voit figurer les sires de Montlhéry, si redoutables aux rois de France par leur insubordination, et aux peuples par leurs brigandages. Louis-le-Gros étant parvenu à s'emparer de tous les châteaux occupés par eux, donna celui-ci à Guy de Rochefort, surnommé le Rouge, et à son fils Hugues de Crécy, que son extrême maigreur avait fait surnommer le Cadavre. Ce cruel baron s'étant emparé par trahison de son cousin Milon de Montlhéry, après l'avoir chargé de fers, l'étrangla de ses propres mains, et le jeta par la fenêtre d'une tour pour faire croire qu'il s'était tué en voulant se sauver.

Les parents du mort ayant demandé justice, et Louis-le-Gros étant parvenu à se saisir de la personne du coupable, celui-ci s'offrit d'abord à prouver son innocence en subissant *le jugement de Dieu*. Mais le remords et la frayeur s'emparèrent de lui, et il n'osa risquer le combat. Se jetant aux pieds du roi pour demander grâce, il lui fit abandon de tout ce qu'il possédait, et courut s'ensevelir dans un cloître. Châteaufort fut ainsi réuni au domaine de la couronne. Il en sortit et y rentra plusieurs fois. Au XVIIe siècle, il appartenait au duc de Chevreuse, et plus tard au marquis de Sourdis.

Des deux anciennes églises de Châteaufort, la moins considérable subsiste encore. La population de ce village, qui a été beaucoup plus nombreuse, n'est plus aujourd'hui que d'environ 500 habitants.

HISTOIRE

SAINT-GERMAIN EN LAYE.

I. LE CHATEAU.

Dès le temps de Louis-le-Gros, il existait à Saint-Germain un château que l'on croit être plus ancien que le règne de ce prince, sans que l'on connaisse le nom de son fondateur. Plusieurs rois de France l'habitèrent successivement. En 1247, saint Louis y donna l'hospitalité à Baudouin, empereur de Constantinople. Selon quelques auteurs, Philippe-le-Bel le rebâtit en 1300. Il n'est pas fait mention du parc avant 1331. En 1346, le château de St.-Germain fut brûlé par les Anglais en même temps que la ville. Le roi Jean, qui entreprit de le rebâtir, ne put l'achever, Charles V continua son ouvrage.

L'histoire rapporte qu'en 1390, le roi Charles VI et la reine Isabelle de Bavière « étant allés prendre l'air au château en Laye,
» à l'heure que l'on chantait la messe devant eux, et que le con-
» seil était assemblé d'un autre côté pour aviser à mettre de nou-
» veaux impôts, et à établir une taille générale, le ciel qui était
» serein, s'obscurcit en peu de temps, l'espace d'une lieue seule-
» ment, qui faisait le tour du château; et il survint une infinité
» d'éclairs et de coups de tonnerre. Le vent brisa toutes les fenê-
» tres et mit en morceaux tout le vitrage de la chapelle de la reine,
» qu'il porta jusqu'au pied de l'autel. On fut obligé de cesser le
» chant pour finir plus tôt la messe, de crainte que le vent n'em-
» portât la sainte hostie. Tout le monde se jeta par terre; le con-
» seil même cessa. Les plus grands arbres de la forêt furent arra-
» chés, et on rapporta à la cour que le tonnerre était tombé
» entre St.-Germain et Poissy, sur quatre officiers du roi, dont il
» avait consumé les os et le dedans du corps, en sorte qu'il ne leur
» était resté que la peau, qui était noire comme du charbon. Ce
» mal inopiné, arrivé dans ce canton, fit grand bien au peuple du
» royaume. La reine remontra que le ciel s'était opposé à l'éta-
» blissement de l'impôt; et cette princesse, qui était près d'ac-
» coucher, obtint qu'il n'y en aurait point » (1).

Quelques années plus tard, les Anglais, appuyés par cette même Isabelle de Bavière, s'emparèrent de nouveau du château de St.-Germain et le ravagèrent comme la première fois. Le dauphin Charles le reconquit et les Anglais le reprirent encore.

En 1482, Louis XI fit don à Coytier, son médecin, de cette royale demeure et de toute la seigneurie de St.-Germain en Laye. Mais après la mort de ce roi, le parlement révoqua la donation, et restitua ce domaine à la couronne.

François Ier, dont les noces furent célébrées à St.-Germain, aimait beaucoup cette retraite, qu'il fit rebâtir et orner avec une

---
(1) *Histoire de Charles VI*, an 1390.

ST. GERMAIN-EN-LAYE.

grande recherche ; plus tard il fit enclore de murs 416 arpents de la forêt, qu'on peupla de toutes espèces de bêtes fauves amenées de Fontainebleau.

Trois rois de France naquirent à St.-Germain : Henri II, Charles IX et Louis XIV. C'est pendant un séjour qu'y fit Henri II, qu'eut lieu ce fameux duel de Jarnac et la Châtaigneraie, des suites duquel ce dernier mourut à l'âge de 28 ans. On sait que sa mort affligea tellement le roi qui l'aimait, qu'il jura de ne plus permettre de tels combats à l'avenir.

En 1574, lors des troubles de la ligue, Charles IX ne se croyant plus en sûreté à Paris, se réfugia, avec toute sa cour, à St.-Germain. L'esprit superstitieux de sa mère, à qui un astrologue avait prédit qu'elle mourrait à St.-Germain, ne lui permit pas d'y rester longtemps.

Henri IV et Marie de Médicis se plaisaient beaucoup à St.-Germain. C'est pour la belle Gabrielle que ce roi fit bâtir, à quelque distance de l'ancien château, une maison qu'on appela le château neuf, et dont une des ailes s'appelle encore aujourd'hui *Pavillon de Gabrielle*.

C'est dans la construction de cet édifice, qu'eut lieu, pour la première fois l'application de principes hydrauliques propres à élever les eaux plus haut que leur source.

Peu à peu l'ancien château fut abandonné pour le château neuf. Parmi les ornements dont ce dernier fut décoré, se trouvaient des bustes dont un ressemblait beaucoup au président Fauchet, auteur des antiquités françaises et gauloises. Il sollicitait depuis longtemps une récompense pour ses travaux littéraires, et Henri IV, pour s'en débarrasser, lui dit : *M. le président, j'ai fait mettre là votre effigie pour perpétuelle mémoire*. Fauchet répliqua par une pièce de vers que j'ai déjà eu l'occasion de citer, et qui commence ainsi :

> J'ai trouvé dedans Saint-Germain
> De mes longs travaux le salaire :
> Le Roi de pierre m'a fait faire :
> Tant il est courtois et humain.
> S'il pouvait aussi bien de faim
> Me garantir que mon image,
> Ah ! que j'aurais fait bon voyage !

Ces vers valurent à Fauchet le titre d'historiographe de France, avec une pension de 600 écus (1).

C'est à St.-Germain que Louis XIII fut attaqué de la maladie dont il mourut. Dans les intervalles de repos que lui laissaient ses douleurs, il se faisait porter sur le balcon du château pour admirer encore les beaux paysages qu'on aperçoit de ses fenêtres, il y contemplait sans trouble sa dernière demeure, dont on découvrait au loin la flèche élancée, et parlait avec calme de sa fin prochaine. « Sé-

(1) Voy. tome III, p. 508.

guin, disait-il à son médecin, tâtez mon pouls et dites-moi, je vous prie, combien d'heures j'ai encore à vivre, mais tâtez bien, car je serais bien aise de le savoir au vrai. » Ayant appris qu'il ne devait plus compter que sur deux ou trois heures au plus, le prince, joignant les mains, dit avec calme : « Eh bien ! mon Dieu, j'y consens et de bon cœur. » Il mourut à l'âge de 42 ans, dans les bras de saint Vincent de Paul.

Au temps de la Fronde, Anne d'Autriche régente, et son fils, encore mineur, furent contraints de se réfugier à St.-Germain. Plus tard ce roi y fixa son séjour, mais le voisinage de St.-Denis, dont il apercevait de là les clochers, importunait ce prince, en lui rappelant trop souvent sa dernière demeure, lui qui devait cependant s'écrier, à l'heure de sa mort : *Je n'aurais jamais cru qu'il fût si doux de mourir!*

On suppose que c'est ce motif qui lui fit abandonner cette demeure toute faite, toute délicieuse, toute commode, pour en établir une à grands frais sur le terrain alors sauvage de Versailles.

Mademoiselle de La Vallière habita ensuite le château de St.-Germain qui fut témoin de ses larmes et du commencement de ses expiations. On rapporte qu'ayant appris l'incendie d'un village voisin, elle en fit appeler le curé afin de s'entendre avec lui sur les secours qu'elle voulait envoyer aux habitants ; mais quelle fut sa surprise de rencontrer dans cet ecclésiastique, celui qui avait instruit et guidé son enfance ! Ce fut pour elle une grande consolation de pouvoir déposer dans le sein de cet homme vénérable la confidence de ses chagrins et de ses remords. Mais son active sensibilité ne fut satisfaite que lorsqu'elle eut donné tout entier à Dieu un cœur trop aimant pour que l'amour d'une créature inconstante pût lui suffire.

Le château, devint plus tard le dernier asile de Jacques II, roi d'Angleterre, et de sa famille, à qui Louis XIV donna si noblement l'hospitalité. Les vertus et le courage de la reine, sa femme, fille de Henri IV, et la mort tragique de sa fille Henriette d'Angleterre, duchesse d'Orléans, ont inspiré les plus belles oraisons funèbres de Bossuet.

Ce château n'ayant plus été habité depuis lors, n'offrait qu'un amas de ruines vers la fin du dernier siècle. Le comte d'Artois, depuis Charles X, à qui il appartenait, résolut de faire élever à Saint-Germain un palais magnifique. Mais la révolution vint interrompre les travaux à peine commencés. Le château neuf n'existe plus. L'ancien, qui était plus solidement construit, sert aujourd'hui de caserne.

« Ce château présente un pentagone irrégulier flanqué à ses
» angles de cinq gros pavillons élevés sur les dessins de Jules Har-
» douin Mansard ; un large fossé l'entoure et ajoute beaucoup à
» la hauteur déjà considérable de l'édifice. Le sommet, décoré
» d'une balustrade, est voûté : sa couverture en dalles a été rem-
» placée par une autre couverture en plomb. Les cheminées, en

» forme de grands pilastres, disposées assez régulièrement, sont
» enrichies de sculptures. Dans plusieurs parties du pourtour
» extérieur, un grand balcon de communication réunit les appar-
» tements.

» Du côté de la cour, les cinq façades qui sont divisées par de
» grands pieds droits, présentent trois étages en portique, dont le
» caractère sévère, romantique et pittoresque, produit un effet
» piquant.

» Le Nôtre, qui fut le créateur de ce grand nombre de jardins
» qui font encore l'admiration et l'orgueil de la France, présida
» aux embellissements du parc de St.-Germain. Il avait dessiné le
» vaste et beau parterre qui a été depuis transformé en cabinet
» de verdure ; ce fut aussi lui qui acheva cette magnifique terrasse
» commencée par Henri IV, et qui sûrement n'a point sa pareille
» en Europe. Elle a 1200 toises de long, sur 15 de large, et ce
» qui surtout la rend admirable, c'est l'immense horizon qui se
» développe devant elle. »

II. LA VILLE. — LA FORÊT. — LE CHEMIN DE FER.

La ville de St.-Germain doit son origine à un couvent fondé au XIe siècle par le roi Robert, dans la forêt appelée en latin *Ledia*, et par corruption *Leia* ou *Laia*, en français *Laye*. Elle fut, en 1346, brûlée avec son château par les Anglais, qui lui firent encore éprouver le même sort en 1449.

C'est dans cette ville que fut établie, en 1561, la première manufacture de glaces qu'il y ait eu en France. Le procédé en fut apporté par Theseo Matia, vénitien expatrié, accueilli par Charles IX, qui le naturalisa Français, l'anoblit et lui donna, pour établir sa merveilleuse industrie, une verrerie qui existait déjà en cette ville.

Henri IV, en bâtissant le nouveau château de St.-Germain, exempta les habitants de la ville de toute espèce de charges et d'impôts. Ils jouirent pendant près de deux siècles, c'est-à-dire jusqu'à la révolution de 1789, de ce privilége, qui a beaucoup contribué à l'accroissement de leur cité. Le chemin de fer qui y conduit aujourd'hui imprime une grande activité aux communications de Paris avec St.-Germain et ses environs, et donne une physionomie nouvelle à cette petite ville, naguère un peu triste. St.-Germain a 10,671 habitants. L'air y est sain et pur. Le voisinage de la forêt y contribue sans doute.

La forêt de St.-Germain est une des plus belles et des mieux percées de toute la France. Le sol y produit des arbres d'une grosseur extraordinaire.

Dans cette forêt se trouve la maison des *Loges*, fondée par

Anne d'Autriche pour un couvent d'Augustins déchaussés. Madame Dubarry y fut exilée pendant la dernière maladie de Louis XV. Cette maison est aujourd'hui une annexe de maison royale de St.-Denis. Près de là se tient la foire ou fête des *Loges*, l'une des plus suivies des environs de Paris.

On remarque encore dans la forêt de St.-Germain, le pavillon de la *Muette*, rendez-vous de chasse situé au centre de huit routes.

Le chemin de fer de Paris à Saint-Germain a un développement de 19,100 mètres environ. Il traverse dans Paris l'espace compris entre l'embarcadère rue Saint-Lazare et la commune des Batignolles. Là se trouve un pont qui passe au-dessus du chemin de fer pour ne pas interrompre le chemin de Mouceaux à Clichy. Immédiatement après le pont est établie une gare de 250 mètres, destinée à recevoir en stationnement les marchandises qui viennent près de Paris attendre les besoins de la consommation.

Le chemin de fer continue en remblais et en ligne droite jusqu'à la traversée de la Seine à Asnières, à cent vingt mètres en amont du pont déjà construit dans ce lieu. Dans la traversée de la commune de Clichy, une gare est établie pour les voyageurs et les marchandises. Il en est de même de la commune d'Asnières.

Le grand alignement qui vient des Batignolles se prolonge dans la commune d'Asnières, sur cinq cents mètres environ; une courbe de 2,000 mètres de rayon et d'un développement de 2,265 mètres commence ensuite et s'étend jusqu'au milieu de la gare de Colombes sur la commune de ce nom.

Là commence un alignement qui s'étend jusqu'à la commune de Rueil, en traversant toute celle de Nanterre, où est établie près de la porte aux Vaches, une gare pour les voyageurs.

Une courbe de même rayon que la précédente raccorde le grand alignement avec celui du bois du Vésinet, et dans son développement rencontre deux bras de la Seine, séparés par l'île du Chiard. Deux ponts sont établis pour cette double traversée. Celui du bras de Marly a trois arches de 28 mètres chacune; celui du bras de Croissy a trois arches de 30 mètres chacune.

A l'entrée du bois du Vésinet, la courbe se raccorde à l'alignement qui va jusqu'au Pec, faubourg de Saint Germain, à côté du pont qui vient d'être construit sur la Seine, et qui, par une route neuve tracée dans la situation la plus pittoresque, met en communication la ville de Saint-Germain avec son port.

Sur la gauche du pont est établie une vaste gare pour le départ et l'arrivée des voyageurs, et sur la droite une autre pour les marchandises venant de l'Oise et de la Seine.

Les trois grandes courbes du chemin de fer, celle des Batignolles, celle de Colombes et celle de Nanterre, sont de niveau et ont 2,000 mètres de rayon. Les trois grands alignements des Batignolles à Asnières, de Colombes à Rueil et de Chatou au Pecq, ont leurs pentes et contre-pentes réglées à un millimètre par mètre. Les ingénieurs ont calculé que l'effort de traction nécessaire pour gravir ces pentes, est égal à celui qui est nécessaire pour parcourir des courbes de 200 mètres de rayon et de niveau. Ainsi les machines locomotives auront partout à faire le même effort de traction. A l'entrée dans Paris, le rayon des courbes est diminué à 900 et à 800 mètres; cette disposition, commandée par la localité, a l'avantage d'amortir la rapidité du mouvement des machines à leur arrivée.

On comprend sans peine les avantages, immenses de l'établissede ce chemin de fer. Les communications entre Saint-Germain et Paris sont très actives : les marchés de Saint-Germain et de Poissy entretiennent un mouvement régulier de voyageurs; les transports, par terre et par eau, des marchandises qui remontent de Rouen et de toute la Normandie sont importants.

Le trajet qui s'effectuait autrefois de Paris à Saint-Germain en deux heures et un quart, s'effectue aujourd'hui en une demi-heure.

Les marchandises qui remontaient la Seine étaient obligées, pour arriver à Paris, de décrire un circuit de 14 lieues, de traverser douze ponts et plusieurs pertuis très dangereux; cette navigation difficile en toute saison, et impossible pendant les basses eaux, s'opérait plus ou moins lentement, selon l'état du fleuve, et était assez couteuse; le trajet des marchandises par terre l'était plus encore.

La durée du trajet par le chemin de fer de Saint-Germain ne peut à aucune époque durer plus de trois quarts d'heure, les marchandises sont à l'abri des avaries et le prix du transport est réduit de moitié.

Le trajet s'effectue à raison de 10 lieues à l'heure; mais la vitesse des machines locomotives peut même être portée à 12 lieues à l'heure. Chaque machine locomotive peut traîner 10 voitures portant ensemble 400 voyageurs.

LE PECQ.

Ce bourg, qui s'étend sur la pente du coteau au sommet duquel s'est élevé St.-Germain-en-Laye, semble être le faubourg de cette ville. Il s'appelait anciennement *Aupec*, dérivé du nom latin *Alpicum* ou *Alpecum* qu'il portait à une époque très reculée, c'est-à-dire dès le commencement du viie siècle. En 704, le roi Childebert donna Aupec à l'abbaye de Fontenelle ou de St.-Wandrille, en Normandie.

Henri IV, en compensation de ce que les habitants du Pecq lui avaient cédé une portion de terrain destinée à faire partie des jardins du château qu'il faisait élever à St.-Germain, les affranchit pour toujours de toutes espèces d'impositions, à la réserve du taillon. Ce privilége leur fut confirmé par les successeurs de ce roi; en 1688, ils y renoncèrent eux-mêmes par zèle pour la guerre qui commençait alors. Mais les charges auxquelles ils s'étaient soumis volontairement, faillirent entraîner leur ruine; et ils se virent obligés, en 1722, de supplier qu'on leur rendît la faveur dont ils avaient joui précédemment ; ce qui leur fut accordé.

M. Martainville, homme de lettres, avait en ce lieu une maison de campagne.

La population du Pecq est d'environ 1,500 habitants.

C'est dans ce village que se trouve le débarcadère du chemin de fer de Paris à St.-Germain.

BOUGIVAL.

Village situé à une lieue de Marly. Il n'est mentionné pour la première fois que dans quelques titres du xiiie siècle. Il appartenait aux seigneurs de Marly. Le comte d'Assy le céda à Louis XIV en 1683. Les hameaux de la Jonchère et de la Chaussée dépendent actuellement de cette commune. Ce dernier est remarquable par un ancien château qu'on dit avoir appartenu à Gabrielle d'Estrées. L'église de Bougival est fort jolie. La construction du clocher et celle du sanctuaire paraissent remonter au xiiie siècle. On y voit l'épitaphe suivante :

» Cy gisent honorables personnes RENNEQUIN SUALEM, seul inventeur de la machine de Marly, décédé le 29 juillet 1708, âgé de 64 ans; et dame MARIE NOUELLE, son épouse, décédée le 4 mai 1714, âgée de 84 ans. »

Quoique le sieur Sualem soit qualifié *seul inventeur* de cette machine, le chevalier Deville, ingénieur distingué, passe pour n'avoir pas été étranger à sa construction. Le charpentier liégeois ne savait pas même lire, et il est au moins probable qu'il eut besoin d'être aidé de quelque homme de talent dans l'exécution du projet que son génie naturel lui avait fait concevoir. Les habitants de Bougival, au nombre de plus de 1,000, ont pour principale industrie l'exploitation de la craie.

CHATOU.

On ne connaît ni l'origine de ce village, ni son nom latin. Au XIIIe siècle, époque avant laquelle il n'en est pas fait mention, on l'appelait *Chato*. Son église paraît avoir été bâtie à la même époque. Il est étonnant, d'après cela, qu'en 1470, Chatou n'eût encore que 30 habitants. La seigneurie en était partagée par l'abbaye de St.-Denis, celle de Malnoüe et quelques seigneurs séculiers.

Le pont de Chatou, sur la Seine, fut construit en bois en 1700, aux frais de M. Portail, premier président au parlement. Ce pont fut détruit en 1815, pour rompre la marche des troupes alliées. On en a construit un autre depuis quelques années.

On voit encore dans les jardins de l'ancien château de Chatou une terrasse et une grotte, ouvrages de Soufflot, et une belle pièce d'eau. Plusieurs charmantes maisons de campagne ornent encore ce village, dont la population est de 1100 âmes.

MAISONS-SUR-SEINE.

Ce village, quoique ancien, est peu important, mais sa charmante situation et le château que René de Longueil, surintendant des finances, y fit bâtir par Mansard, méritent d'attirer l'attention. Ce château, chef-d'œuvre du fameux architecte, fut possédé plus tard par le président de Maisons. Il règne dans toutes ses parties, ses ornements, son parc, une admirable harmonie. On croit que c'est cette délicieuse habitation, où Voltaire se plaisait beaucoup, que ce poète eut en vue lorsqu'il écrivit ces vers sur le Temple du Goût :

> Simple en était la noble architecture :
> Chaque ornement à sa place arrêté
> Y semblait mis par la nécessité ;
> L'art s'y cachait sous l'air de la nature ;
> L'œil satisfait embrassait sa structure,
> Jamais surpris et toujours enchanté.

Le château de Maisons appartint plus tard au comte d'Artois. Devenu propriété nationale à la révolution, il fut acheté par le duc de Montebello. M. Laffitte en a fait depuis l'acquisition, et le possède encore.

Ce château a été restauré, il y a quelques années, par M. Peyre, à qui l'on doit la construction d'une riche galerie ornée de tableaux remarquables.

Le village de Maisons a de 8 à 900 habitants.

BEZONS.

L'origine de Bezons remonte à une haute antiquité, car on trouve des monnaies de la première race datées de ce lieu. Mais il paraît que l'accroissement de ce village ne fut pas rapide, car on n'y comptait encore que douze maisons au xve siècle. Cela n'est pas surprenant quand on voit à combien de charges ses habitants étaient sujets : il leur fallait faire le guet pour le château de St.-Germain, et subir le *droit de prises*, en vertu duquel les officiers du roi pouvaient enlever aux habitants, pour le service de la cour, tout ce qu'ils avaient chez eux, sans le payer. Charles IV les exempta de cet usage ruineux, mais en échange ils furent soumis à amener chaque année quatre charretées de feurre ou de paille à Paris.

Les plus anciens seigneurs de Bezons étaient de la famille Chanterel, à laquelle succéda la famille des Bazins.

L'ancien château, bâti par le maréchal de Bezons, mérite d'être cité pour son parc dessiné par Le Nôtre ; une machine hydraulique mue par le vent distribue les eaux dans les jardins et dans l'intérieur de la maison.

Un pont en bois sur piles de pierres, bâti en 1800, existe à Bezons.

La population de ce village est d'environ 600 habitants.

ARGENTEUIL.

Ce bourg, que d'anciens titres désignent sous le nom d'*Argentolium*, fut d'abord célèbre par une abbaye de Bénédictines fondée dès le viie siècle et qui eut pour abbesses Théodrate, fille de Charlemagne, et plus tard la fameuse Héloïse. Ce monastère, qui avait eu beaucoup à souffrir des excursions des Normands, avait fini par tomber dans les plus grands désordres. Ce fut alors que Suger, abbé de St.-Denis, faisant valoir les droits qu'il avait sur cette maison, obtint, après quelques difficultés, l'expulsion des religieuses pour les remplacer par une communauté d'hommes. Héloïse, qui en était supérieure à cette époque, se retira avec quelques-unes de ses compagnes au Paraclet, qu'Abeilard leur céda. C'est dans l'église de ce couvent que leurs cendres furent réunies. Le monument qu'on leur avait élevé se voit aujourd'hui dans le cimetière du Père-Lachaise.

Au reste, les nouveaux moines qui vinrent habiter le prieuré d'Argenteuil, se relâchèrent aussi bientôt de la sévérité de leur règle, s'il faut en croire l'abbé Lebeuf. « Ce qui regardait la nourriture » des religieux, ajoute-t-il, faisait une des plus importantes affaires » de ce monastère. On voit, par une charte de l'an 1200, que la

» fonction de chef de cuisine était, dans ce couvent, un titre hé-
» réditaire, dont Hugues, abbé de St.-Denis, régla alors les droits
» conjointement avec Hugues, prieur du lieu. Le queux ou cuisi-
» nier, était tenu de cuire dans sa maison tous les oiseaux que les
» moines achetaient, de quelque espèce qu'ils fussent; et moyen-
» nant le droit de pain et de vin conventuel que le couvent lui ac-
» corda et à ses héritiers, il fit la remise des queues de tous les
» poissons qui lui étaient dues, et de quelques rentes assises sur
» des vignes à Orgemont. »

Argenteuil eut tant à souffrir des guerres entre les Armagnacs et les Bourguignons, qu'après avoir eu près de 600 habitants, il n'en comptait plus que 100 en 1470. L'église fut pillée et dévastée. François Ier permit aux habitants de ce bourg de le fortifier, ce qu'ils firent; les protestants s'en emparèrent néanmoins, en 1567.

Le château du Marais, situé près d'Argenteuil, après avoir appartenu à l'abbaye de St.-Denis, devint la propriété du comte de Mirabeau, et plus tard il appartint au comte Decrès, ministre de la marine, qui, par différents travaux, a rendu ce domaine l'un des plus remarquables de cette contrée.

Il reste encore une partie des murailles qui formaient jadis l'enceinte d'Argenteuil. Ce bourg, dans une situation très agréable, est assez mal bâti, et mal pavé. Son église, qui fut souvent ravagée et reconstruite à différentes époques, est irrégulière. Il se fait à Argenteuil un commerce très actif, particulièrement de plâtre qu'on tire de ses carrières, et qui est très propre au moulage; ses vignes, ses figues, ses asperges sont très renommées; 5000 habitants environ forment sa population.

POISSY.

La petite ville de Poissy est située à l'extrémité de la forêt de St.-Germain, et sur la grande route de Normandie. Son nom latin est *Pisciacum*. Tout porte à croire qu'elle doit son origine à quelques établissements de pêcheurs situés au bord de la Seine.

Cette ville est fort ancienne, et devait avoir déjà quelque importance en 868, puisque c'est là que Charles-le-Chauve tint une assemblée générale de tous les notables du royaume. Au commencement du xie siècle, le roi Robert et Constance, sa femme, y avaient deux maisons de plaisance contiguës l'une à l'autre.

Mais ce qui rend surtout cette ville illustre, c'est qu'elle a vu naître saint Louis, qui y reçut le baptême. On sait que ce prince affectionnait tellement le lieu où il avait pris naissance, qu'il prit souvent le nom de Louis de Poissy.

Philippe-le-Hardi fit élever, sur l'emplacement du château, un superbe monastère et une église à la mémoire de son père. S'il faut en croire la tradition, l'autel principal aurait été élevé au lieu même où saint Louis reçut le jour. Cette église ne fut terminée qu'en 1330 par Philippe de Valois. Sous ce même prince, en 1346, les Anglais, secondés par Charles-le-Mauvais, roi de Navarre, s'emparèrent de Poissy, mais ils firent grâce à cette ville des cruautés dont ils accablèrent les villages environnants. Sous le roi Jean, Poissy fut rendu à la France par le traité de 1359. En 1419, il retomba au pouvoir des Anglais pendant la démence de Charles VI.

C'est dans l'abbaye de Poissy que se tinrent, en 1561, ces fameuses conférences entre les Catholiques et les Protestants, connues sous le nom de *Colloque de Poissy*. Charles IX et sa cour assistaient à ces assemblées.

Huit princesses du sang royal ont été religieuses dans l'abbaye des Dominicaines de Poissy, où vécut aussi une fille d'Arthus II, duc de Bretagne. De ce couvent, qui fut celui fondé par Philippe-le-Hardi, ni de deux autres maisons religieuses détruites à la révolution, il ne reste aujourd'hui aucun vestige; mais dans l'église paroissiale de Poissy, on conserve les fonts qui ont servi au baptême de saint Louis.

C'est à Poissy que se tient le marché des bestiaux pour l'approvisionnement de Paris. Les droits sur la vente produisent à la ville un revenu de 1,400,000 francs. La population de Poissy est de 2,850 habitants. Il y a dans cette ville une maison centrale de détention où l'on fait travailler les prisonniers.

Le hameau de *Grignon* est situé dans le canton de Poissy, sur le territoire de la commune de Thiverval. Le château, remarquable par l'étendue de son parc et les belles eaux qui l'arrosent, a été converti, en 1827, en une *ferme-modèle*, dans le but de propager l'instruction agricole, par l'exemple d'une pratique raisonnée et par l'enseignement des sciences applicables à l'agriculture. On y trouve des troupeaux de diverses races, des vaches remarquables par leur beauté, une fabrique de fromage, une féculerie, une fabrique d'instruments aratoires. Outre le cours d'agriculture raisonnée, on y fait des cours d'économie rurale, d'art vétérinaire, de botanique et d'art forestier, de chimie, de physique, de comptabilité rurale, etc. L'Institution de Grignon, créée au moyen d'actions, est administrée par un conseil choisi par les actionnaires. Ce conseil d'administration publie chaque année les annales de l'établissement, où sont consignés les résultats des diverses expériences qui y ont été faites.

La falunière de Grignon est intéressante et célèbre parmi les collecteurs de fossiles; on y trouve une grande quantité de coquillages entiers. Les espèces en sont singulièrement variées. Cette riche falunière n'est qu'à trois mètres de la superficie du sol; on l'a fouillée jusqu'à la profondeur de huit mètres.

LES ALLUETS-LE-ROI.

Ce village, peu considérable aujourd'hui, avait beaucoup d'importance autrefois. Il tire sans doute son nom latin, *Allodia Regis*, des nombreux priviléges dont les rois de France l'avaient favorisé. Une charte de Louis VII exempte ses habitants « de » corvées et de toutes autres taxes et impôts, excepté ce qu'on » nomme *Plena lex*, etc. » On croit que le motif de ces faveurs était d'attirer en ce lieu une nombreuse population, pour en faire une espèce de rempart avancé qui protégeât Paris contre les entreprises des seigneurs voisins. La position des Alluets, sur un plateau élevé, était tout à fait convenable pour ce projet. L'exploitation des pierres meulières que l'on tirait de cet endroit était aussi d'une grande utilité, à cause des difficultés que les fréquentes guerres avec la Champagne et la Normandie apportaient à les faire venir de ces provinces. Les paysans des Alluets étant libres étaient qualifiés seigneurs et dames, et avaient le droit de moyenne et basse justice, mais la nécessité les obligea d'engager souvent ce droit et ils finirent par le vendre pour 1200 livres. La population de ce bourg ou village est, aujourd'hui, d'environ 500 habitants.

TRIEL.

Ce grand village, dont l'histoire n'offre rien de bien intéressant, a été remarquable par un beau château appartenant à Madame la princesse de Conti et qui aujourd'hui n'existe plus. Quelques maisons de campagne l'embellissent encore, et on y voit un hospice desservi par des sœurs de la Charité. Les habitants, au nombre d'environ 1800, s'occupent beaucoup de l'exploitation de leurs carrières à plâtre.

ANDRESIS.

Ce village est situé au confluent de la Seine et de l'Oise, endroit qui servait autrefois de port à la flotte romaine marchande qui naviguait sur ces deux rivières, et dont le préfet résidait à Lutèce. La seigneurie d'Andresis a été autrefois une baronnie qui appartenait au chapitre de Notre-Dame de Paris. L'ancien château est remplacé par une très belle maison de plaisance.

La population de ce village est d'environ mille habitants.

CONFLANS-SAINTE-HONORINE.

Bourg ou grand village situé près du confluent de la Seine et de l'Oise, d'où lui est venu son nom de *Conflans*. Dès le IXe siècle, ce lieu avait deux châteaux dont les tours subsistent encore. Les évêques de Paris étaient seigneurs de Conflans, excepté pendant quarante-huit heures, tous les ans, depuis la veille de l'Ascension jusqu'au lendemain de cette fête, époque à laquelle la châsse de Sainte-Honorine était exposée dans l'église du monastère qui portait son nom, et dont le prieur avait le privilége de jouir pendant ce temps de l'autorité seigneuriale. Encore de nos jours on porte processionnellement le corps de la sainte à la fête de l'Ascension.

D'autres seigneurs se partagèrent dans la suite ou réunirent les deux châteaux de Conflans; parmi eux on voit des Montmorency, un Charles d'Albret, des la Trémoille, etc. Mais ils relevaient toujours des évêques de Paris.

La position de ce bourg, peuplé d'environ 2,000 ames, est très favorable au commerce et à l'industrie. On y passe la Seine sur un bac ainsi que l'Oise, ce qui formait autrefois un revenu très productif pour les seigneurs du lieu.

HERBLAY.

Ce village, connu dès le commencement du XIIIe siècle pour une des cures les plus considérables des environs de Paris, n'avait cependant encore que cinquante habitants en 1470; et néanmoins il avait alors *trois seigneurs principaux* : le chapitre de Paris, l'abbaye de Saint-Denis et un seigneur laïque. On y compte aujourd'hui 1400 habitants.

Les deux frères Étienne et Michel Fourmont, membres de l'Académie des Inscriptions et Belles-lettres, étaient nés dans ce village.

VAUX.

Ce village est remarquable par l'agrément de sa situation au pied de montagnes qui bordent la rive de la Seine, et à trois quarts de lieue de Meulan. On y voit de jolies maisons de campagne et un château fort ancien. Les légumes et les fruits sont très précoces à Vaux. Des carrières de plâtre y attirent les curieux par la manière dont elles sont percées et par leur étendue. Un millier d'habitants forment la population de Vaux, y compris le hameau de Fervaches, où une maison de campagne, dite de Beauregard, mérite d'être citée.

MEULAN.

A une distance égale de Poissy et de Mantes, se trouve la ville de Meulan, bâtie sur la rive droite de la Seine et dans une île formée par ce fleuve. Connue dès le IXe siècle, cette ville était appelée alors *Municipium Mellenti*, dont on a fait Mellant, puis Meulan. Son importance a diminué depuis cette époque; et les seigneurs de cette ville qui l'étaient secondairement de Mantes, intervertirent dans la suite l'ordre de ces deux qualifications.

Au milieu du XIe siècle, Galleran, comte de Meulan, s'étant révolté contre Henri Ier, son domaine fut confisqué et réuni à la couronne. Autrefois très fortifiée, cette ville eut néanmoins cruellement à souffrir des guerres du moyen-âge, tant avec les Anglais, qui la prirent en 1346, qu'avec le roi de Navarre, qui la saccagea en 1359. Du Guesclin la reprit quatre ans après; puis étant occupée, en 1417, par les troupes du duc de Bourgogne, elle tomba, en 1422, au pouvoir des Armagnacs, qui la maltraitèrent horriblement. Enfin ces deux partis se la disputèrent encore et la reprirent successivement. Cette malheureuse ville ne goûta de repos que lorsqu'elle fut définitivement réduite sous l'obéissance de Charles VII. Plusieurs reines de France l'eurent pour apanage, entre autres Catherine de Médicis.

Dans l'île que forme la Seine, vis-à-vis de la ville, il y avait en outre une église paroissiale, un couvent de bénédictins, et une forteresse, qui fut assiégée par Mayenne au temps de la ligue; au bout de cinq semaines il fut obligé d'en lever le siége.

La reine Anne d'Autriche fit bâtir, sur le coteau où repose Meulan, un couvent d'Annonciades, en action de grâces de la naissance de Louis XIV : Une religieuse de cet ordre étant venue avec une petite communauté, dont elle était supérieure, se réfugier à Paris, pour se mettre à l'abri des guerres qui désolaient la Picardie la reine, qui avait entendu vanter sa haute piété, désira la voir et l'engagea à joindre ses prières aux siennes pour qu'il plût à Dieu de donner un dauphin à la France. Etant demeurée longtemps en oraison, la sœur Charlotte adressa ensuite à la reine la prédiction suivante, dont voici textuellement les termes : (1) « Madame, parce que vous avez pleuré devant Dieu, les semai-
» nes d'affliction et les années de larmes seront abrégées; vos
» soupirs ont avancé le temps; il est arrêté dans le ciel que le
» prince qui doit vous rendre la plus heureuse des mères, et faire de
» la France la plus glorieuse des nations, paraîtra bientôt. Dieu
» vous donnera un fils avant la fin de cette année; et votre joie
» surpassera vos vœux et votre espérance. » Peu de temps après, cette reine, digne d'une meilleure réputation que celle que des

---

(1) Dictionnaire des Gaules et de France.

détracteurs suspects ont voulu lui faire, devint enceinte ; et quatre mois avant la naissance de son fils, accorda des lettres-patentes pour l'établissement des Annonciades de Meulan. Louis XIV, parvenu au trône, confirma cette fondation. Il est dit dans l'acte, qu'en action de grâces pour son heureuse et désirée naissance, il accorde au monastère de Meulan les priviléges, franchises, et prérogatives accordés au premier monastère des Annonciades, établi dans la ville de Bourges. Les guerres civiles qui troublèrent le royaume durant la minorité de ce roi, firent suspendre l'exécution du bâtiment de ce monastère, jusqu'en 1670 ; il ne fut achevé qu'en 1683, par les soins de Colbert. L'inscription suivante fut gravée au-dessus du grand portail de l'église :

D. O. M.
ob spem divinitus
factam optatæ per
viginti et tres annos
prolis, votum
à Matre susceptum
Ludovicus Magnus
Solvit.

Outre ce couvent et le prieuré de Bénédictins, la ville de Meulan avait deux paroisses, celle de Saint-Nicolas et celle de Notre-Dame, un couvent de *Pénitents* et un *Hôtel-Dieu*.

Aujourd'hui, rien de tout cela n'existe que l'église Saint-Nicolas. Celle de Notre-Dame a été convertie en une halle aux grains. L'Hôtel-Dieu a été conservé. Deux ponts sont établis à Meulan ; l'un d'eux est remarquable par les travaux qu'y a fait exécuter le marquis de Roys, ingénieur des ponts et chaussées.

La population de Meulan et ses dépendances est d'environ 2,000 ames.

NOTICES BIOGRAPHIQUES

SUR LES HOMMES CÉLÈBRES DE L'ARRONDISSEMENT DE VERSAILLES.

Berthier (Pierre-Alexandre), né à Versailles le 10 novembre 1753, et mort à Bamberg, en juin 1815, fut destiné dès l'enfance à l'état militaire. Il devint major-général de la garde nationale de Versailles, puis adjudant-général ; il se rendit à Metz, et servit avec distinction en qualité de chef d'état-major. Compagnon des exploits de Napoléon, il fut créé par lui maréchal de l'Empire, prince de Wagram, prince souverain de Neufchatel et de Valengin, et vice-connétable. En 1814, le maréchal Berthier fut créé pair et capitaine d'une des compagnies des gardes du corps.

Blois (François de), né à Poissy, le 9 mars 1604. Il fut l'historien de la ville et des comtes de Meulan : il ne faut pas le confondre avec son fils, nommé, comme lui, François de Blois, né à Meulan, le 22 octobre 1645, mort en 1716. On doit à ce dernier une histoire de Mantes et de Meulan, et une vie de Gaucher natif de Meulan.

Boinvilliers (J.-Etienne-Judith Forestier Desjardins), né à Versailles le 3 juillet 1764, mort à Ourscamp (Oise), en mai 1830. On a de lui des grammaires, des dictionnaires, des ouvrages classiques, des poésies.

Boucher de la Richarderie, avocat, naquit à Saint-Germain-en-Laye en 1733. On a de lui les ouvrages suivants : *Analyse de la coutume générale d'Artois; De l'influence de la révolution française sur le caractère national; la Régénération de la république d'Athènes:* etc.

Bouillard (Jacques), savant bénédictin, né à Meulan en 1669, mort à Paris le 11 décembre 1726, a laissé entre autres ouvrages, une édition du martyrologe d'Usuard, et une *Histoire de l'abbaye de Saint-Germain-des-Prés.*

Brezin (Michel), mort à Garches, fondeur fameux, qui commença par être ouvrier et a laissé une fortune colossale. La maison qu'il habitait à Garches fut destinée par son testament, ainsi que plusieurs millions, à l'érection d'un hospice de 300 lits pour les ouvriers pauvres et infirmes. M. Gauthier, professeur d'architecture de l'école polytechnique a été chargé des constructions qu'exigeait cet établissement.

Chambert (Pierre), avocat, né à Versailles en 1745, et mort à Paris en 1805, a laissé un ouvrage assez goûté de son temps : *Démétrius, ou l'éducation d'un prince.*

Charost (Armand-Joseph de Béthune, duc de), né à Versailles le 1ᵉʳ juillet 1738, mourut de la petite vérole, le 27 octobre 1800. On a de lui des *Mémoires sur la mendicité; sur les moyens d'améliorer le sort des journaliers; sur les caisses de secours,* etc.

Cléry (Jean-Baptiste Antoine Hanet), valet de chambre de Louis XVI, naquit à Jardy-lez-Vaucresson, le 11 mai 1759, et mourut à Itzing, près Vienne en Autriche, le 27 mai 1809. Sa belle conduite au Temple, et le souvenir dont Louis XVI l'honora dans son testament, sont connus de tout le monde.

Ducis (Jean-François), né à Versailles le 22 août 1733, mort le 31 mars 1816. Une inscription désigne la maison où est né ce poète, aussi recommandable par son beau caractère, ses vertus et sa piété, que par son admirable talent. Tout a été dit sur Ducis, l'heureux imitateur de Shakespeare, qui a su introduire sur la scène française, en les appropriant à nos mœurs, Hamlet, Abufar, Macbeth, Othello, le roi Léar, Roméo et Juliette, etc. Ducis remplaça Voltaire à l'Académie Française. Content d'une fortune très médiocre qui suffisait à la simplicité de ses goûts, il refusa les faveurs de Napoléon pour mieux conserver son indépendance. M. Onésime Leroy, dans ses excellentes *études sur Ducis*, a si bien dépeint ce noble caractère, qu'il a laissé peu de chose à faire, sur ce point, aux futurs biographes de Ducis. Nous ne pouvons, cependant, résister au désir de transcrire une lettre de cet excellent homme, qui fait ressortir particulièrement sa bonté et la simplicité de sa vie.

« à Versailles, le ...... 1804.

» Je vous remercie, mon cher ami, de la complaisance que
» vous avez eüe de recevoir pour moi le dernier mois de l'Institut.
» J'espérais avoir le plaisir de vous voir et de vous embrasser à
» Versailles, ainsi que M. Balk; mais.....
» Ma pauvre bonne voit assés pour se promener dans ma cham-
« bre et dans mon logement. Elle regarde tout avec attention
» pour interroger ses yeux sur l'état de sa pauvre vüe. Elle con-
» serve toujours quelque espérance de la recouvrer; mais les ré-
» ponses de M. Texier, très habile chirurgien, ne m'en laissent
» aucune pour elle; et je lui tairai son malheur jusqu'à ce que la
» triste vérité vienne la détromper. Ce qui dépend de moi c'est
» d'avoir soin d'elle, c'est de la garder près de moi dans sa pau-
» vreté, dans la vieillesse et dans sa cécité; mais ce sera le plus
» doux charme de ma solitude de voir cette respectable et pieuse
» fille, aller, venir, tourner autour de la table de mon travail,
» son bâton à la main, bénissant Dieu des secours que je lui
» donne et essuyant quelques larmes de ses yeux qui ne verront plus.
» J'ai, mon cher ami, arrangé la chambre qui vous est desti-
» née dans mon hermitage. Il y a un bon lit, celui où couchait ma
» mère, dans la grande pièce. Il y en a un autre, aussi très bon,
» dans un petite pièce, à côté. J'espère que vous vous y trou-
» verés bien. Cette addition à mon logement que vous connaissés,
» est au premier étage et n'est pas privée de vüe.
» Bonjour, mon cher ami; il me semble, en sortant de causer
» avec vous, que je quitte un bon hermite de ma croyance et de
» mon âge, et que je retourne plus content auprès de ma bible et
» de mon sablier. Vale et redama.
» Ducis. »

Sa mère, dont il fait mention dans cette lettre, fut l'objet constant des regrets du bon poète. C'était une femme du plus grand mérite, qui avait pris soin de former son cœur et de diriger ses inclinations vertueuses. Ducis eut encore le chagrin de survivre à ses enfants et à sa femme; sa vieillesse n'en fut pas moins résignée.

Dans le cimetière Saint-Louis de Versailles, on lit l'inscription suivante sur une modeste pierre, qui recouvre les cendres de Ducis et d'une partie de sa famille.

Jean-François Ducis
à la mémoire de sa femme.
Dans cette enceinte sacrée, où reposent
les corps de sa mère et de sa fille aînée,
Marie-Madeleine Moreau,
sa femme, a été déposée sous cette tombe,
le 23 avril 1813.
Elle était décédée le 25 précédent
dans sa 73ᵉ année.
Elle fut mariée en première nôces
à
Marie-Joseph Peyre
contrôleur des bâtiments du Roi :
femme bonne, mère tendre, épouse précieuse,
elle sut réunir les plus douces affections de la nature.
Elle attend ici son mari âgé de 82 ans,
lequel n'a d'autre désir que de se joindre à elle,
pour jouir dans le sein de la Divinité,
du bonheur immuable
que leur a mérité le sang précieux
de Jésus-Christ.
Ci-gît le bon Ducis
(Jean-François),
l'un des quarante de l'Académie Française,
né à Versailles, le 22 août 1733,
rue de la Paroisse, n° 135 nouveau;
décédé le 31 mars 1816.

Saint-Erambert, né à Fillancourt, hameau situé près Saint-Germain-en-Laye, dans le vıɪᵉ siècle. Il fut élevé à l'évêché de Toulouse et s'illustra par son savoir aussi bien que par ses vertus ; il mourut vers 671.

Epée (Charles-Michel de l'), né à Versailles, le 25 novembre 1712 et mort le 23 décembre 1789. On sait que l'abbé de l'Epée fut l'inventeur de la méthode d'instruction des sourds-muets, et doit être considéré comme le fondateur de l'établissement célèbre dirigé depuis avec tant de succès par l'abbé Sicard. De l'Epée consacra aux sourds-muets sa vie et sa fortune, et se condamna même aux plus dures privations pour satisfaire à leurs besoins. Il a publié plusieurs ouvrages relatifs à l'établissement qu'il a fondé, et où il développe son mode d'instruction.

Feuillet (Nicolas), né à Herblay en 1622, mourut à Paris le 7 septembre 1693. Son corps fut porté à Saint-Cloud, dont il avait été chanoine. Il fut célèbre par ses prédications. On a de lui des lettres et une oraison funèbre d'Henriette d'Angleterre.

Fourmont (Etienne), né à Herblay en 1683, mort à Paris le 18 décembre 1745. Célèbre orientaliste, membre de l'Académie des Inscriptions et Belles-lettres, professeur de langue arabe au collége de France. Il publia une grammaire chinoise, et fit connaître le premier en Europe les deux cent quatorze caractères élémentaires de cette langue; il donna aussi des *Réflexions critiques sur les Histoires des anciens peuples* 2 vol. in-4°, ouvrage d'une érudition immense, mais dépourvu de critique. Ce savant a encore laissé une foule de mémoires imprimés et manuscrits, des dictionnaires, des grammaires, etc.

Gagné (Pierre), né à Saint-Germain, vers l'an 1566 et mort le 4 mars 1619. Il fut recteur de l'université de Paris et l'un des professeurs les plus illustres du collége de Navarre, qu'il tira en quelque sorte de ses ruines. Son corps fut inhumé dans la chapelle de ce collége.

Gamaches (Jérome de), lieutenant, en 1585, des eaux et forêts du bailliage de Meulan. On lui doit le *Journal* du siége de Meulan sous Henri IV, ouvrage qui est resté manuscrit à la bibliothèque royale.

Gamaches (Simon-Etienne), né à Meulan en 1672, mort en 1756, fut membre de l'Académie des Sciences. On a de lui les ouvrages suivants : *Astronomie physique, Système du cœur* sous le nom de Clarigny ; *Système du philosophe chrétien ; Dissertations littéraires et philosophiques ; Les agréments du langage réduit à ses principes*, appelé par un homme d'esprit le dictionnaire des pensées fines.

Hérouval (Vion d'), né au Fort de Meulan, le 15 septembre 1606, et mort dans le courant du xviie siècle, était un des écrivains les plus érudits de son temps

Hoche (Louis-Lazare), né à Versailles le 24 juin 1768, mort général de la république, à Wetzlar, le 19 septembre 1797. La ville de Versailles lui a érigé, le 10 juillet 1856, une statue en bronze avec une inscription qui rappelle que soldat à seize ans, il fut général en chef à vingt-quatre et mérita le titre de pacificateur de la Vendée. On sait quelles actions éclatantes recommandent ce général qui était fils d'un aubergiste et ne dut son élévation qu'à son mérite. Les services qu'il avait rendus à la république, ne l'empêchèrent pas d'être emprisonné et condamné à mort par le tribunal révolutionnaire. Le 9 thermidor le sauva. Hoche mourut à 29 ans sur la terre étrangère; quelques-uns croient qu'il fut empoisonné. L'estime générale qu'il s'était acquise, lui fit rendre les mêmes honneurs par les Autrichiens qu'il avait combattus, que par l'armée française.

Houdon (Jean-Antoine), né à Versailles, le 20 mars 1741, mort le 15 juillet 1828. Ce célèbre statuaire, après avoir appris la sculpture à Paris, dans l'atelier de Michel-Ange Sloodtz, ayant remporté le grand prix au concours académique, alla passer quelque temps à Rome, où il perfectionna son talent par l'étude des grands modèles de l'antiquité. De retour en France, il parvint bientôt à une grande réputation. Les premières productions qui le firent connaître furent une statue de Morphée et un buste de Diderot, exposés au salon de 1771. En 1773, il fit paraître ceux de Catherine II et du prince de Galitzin. En 1775, ceux de Turgot, de Gluck, de Sophie Arnould dans Iphigénie, et un petit bas-relief représentant une grive morte, cité avec éloges dans la correspondance de Grimm et qui produisit une illusion complète. En 1777, il exposa les bustes de Monsieur, comte de Provence, et de mesdames Adélaïde et Victoire, ainsi qu'un médaillon en marbre représentant Minerve et une Vestale servant de lampe de nuit; en 1779, les bustes de Voltaire, de J.-J. Rousseau et de Franklin. L'artiste avait été modeler le premier à Fernay, et il se rendit à Ermenonville aussitôt qu'il eut appris la mort du second. En 1781, il produisit la statue de Voltaire assis; elle décore aujourd'hui le péristyle du théâtre Français. Houdon en a encore coulé une autre en bronze que l'on voit à la bibliothèque du roi, dans une des salles des livres imprimés. Ayant multiplié à l'infini les bustes de Voltaire, Houdon en envoya à tous les membres de l'Académie Française qui, à leur tour, lui donnèrent des exemplaires de leurs ouvrages, et le droit d'assiter à toutes les séances de cette académie, avec deux billets d'entrée à perpétuité.

Ce fut encore en 1781, que parut la statue de Tourville, la première dont le gouvernement ait chargé cet artiste, et une Diane en bronze que La Harpe trouvait très belle mais trop nue; elle se voit encore dans la grande cour de la bibliothèque du roi.

Houdon exposa au salon de 1783 le buste de Buffon, commandé par l'impératrice de Russie; celui de Larive, et celui en bronze de la princesse d'Aschkoff, directrice de l'Académie des sciences de Saint-Pétersbourg.

En 1785, Gustave III, le prince Henri de Prusse, le lieutenant de police Lenoir; en 1787, Louis XVI, Suffren, Bouillé, Lafayette, Washington.

Pendant les orages de la révolution, le ciseau de Houdon resta presque entièrement inactif. Il ne mit au salon en 1795, que le buste de l'abbé Barthélemy, qui y reparut en 1803 avec celui de D'Alembert. Il y mit aussi les bustes de Mentelle, de madame Rode, de la margrave d'Auspach, du maréchal Ney, de Barlow, et de Fulton, ainsi que la statue de Cicéron, commandée par le gouvernement pour le Sénat-conservateur. On remarqua à l'exposition de 1808 les bustes de Napoléon et de Joséphine; et en 1812, la statue du général Joubert, celle de Voltaire, et le buste de Boissy-d'Anglas.

Houdon avait une facilité de travail prodigieuse, et une telle fécondité, que plus d'une fois ses ouvrages exposés égalaient presque le nombre de tous ceux de ses confrères. C'était moins un homme de génie qu'un artiste plein de goût et d'esprit; aussi a-t-il moins réussi dans les sujets d'imagination qu'en travaillant d'après des modèles. Il avait un talent supérieur d'imitation, un tact sûr pour la ressemblance parfaite. Il exprimait avec autant de grace et d'élégance que de vérité les divers caractères, les nuances, les contrastes des différentes physionomies, et portait le même art jusque dans les détails les plus minutieux de la coiffure et de l'habillement.

Agréé à l'Académie royale de Peinture et de Sculpture dès 1774, Houdon en fut reçu membre en 1778, et nommé professeur à la même époque. En 1816, il fut maintenu par ordonnance royale à l'Académie des Beaux-arts. Il était professeur-recteur à l'école des Beaux-arts, et sur la fin de sa vie émérite à la même école. Il était chevalier de la Légion-d'Honneur avant 1808. Dans les dernières années de sa vie il avait entièrement perdu la mémoire. Il finit par tomber en enfance et mourut à l'âge de 87 ans.

Hue (Jean-François), né à Versailles le 28 mai 1789, et mort avant 1824. Paysagiste distingué, qui peut rivaliser avec nos premiers peintres. « On remarque, dit M. Eckard, parmi ses autres » ouvrages exposés au Salon, l'entrée d'une forêt, avec des figu- » res en habit de chasse, OEdipe et Antigone traversant un tor- » rent, et une vue prise du bois de Satory. » Il faut encore citer de lui une composition très heureusement inspirée. C'est un port de mer, pris à l'effet d'un soleil couchant : plusieurs personnages ornent la grève; le fond est enrichi de fabriques, etc.

Joly (Marie-Elisabeth), actrice, naquit à Versailles le 3 avril 1761, et mourut à Paris, le 5 mai 1798, à l'âge de 37 ans. Elle excella dans les soubrettes, dans les servantes de Molière, dans les rôles de Dorine, *du Tartuffe;* de Martine, d'Orphise, de la *Coquette corrigée,* etc.

Kreutzer (Rodolphe), né à Versailles le 15 novembre 1767, mort à Genève en janvier 1831. Il a mis en musique plusieurs opéra, tels qu'*Astyanax, Aristippe, la mort d'Abel,* la princesse de Babylone, Jeanne d'Arc, Lodoïska, Paul et Virginie, Charlotte et Werther.

La Bruyère (Jean de), né à Dourdan, ou près de Dourdan, mort à Versailles le 10 mai 1696, à l'âge de 57 ans. Il fut membre de l'Académie française. On n'a que peu de détails sur sa vie. Ses *Ca-*

ractères, supérieurs à ceux de Théophraste, seront vrais dans tous les temps, et lui ont acquis une réputation immortelle.

Le Cointre (Laurent), né à Versailles le 1.er février 1744, mort à Guignes le 4 août 1805. Il fut membre de l'Assemblée Législative et de la Convention nationale. Il vota la mort de Louis XVI.

Leroux (Jean-Jacques), né à Sèvres le 17 avril 1749, mort du choléra, à Paris, en avril 1832, professeur de la faculté de médecine de Paris. Il a laissé des *Rapports*, des *Mémoires*, des *Discours*, des *Cours sur les généralités de la médecine pratique et sur la philosophie de la médecine*, et des *Essais de littérature*.

Letort (Louis-Michel, le baron) né à Saint-Germain, mort vaillamment à Fleurus, le 17 juin 1815. Ce général fit avec distinction les premières campagnes de la révolution; se signala en Espagne, à Burgos, en Russie au combat de Malsëaroslavestz. Il se couvrit de gloire à Wachau, à la tête de la cavalerie polonaise et des dragons de la garde, et fit des prodiges contre la cavalerie de Montmirail. Napoléon légua par son testament cent mille francs aux enfants de ce général.

Levrier (Antoine-Joseph), né à Meulan le 5 avril 1756, mort à la Morflanc, près de Belley, le 30 avril 1823. Ce savant, dont l'érudition était très étendue, fut correspondant de l'Académie des Inscriptions et Belles Lettres. Une collection de manuscrits a été donnée par lui à la bibliothèque du roi.

Luynes (Paul d'Albert de), archevêque de Sens, cardinal, membre de l'Académie française et de l'Académie des Sciences, naquit à Versailles en 1703, et mourut à Paris le 21 janvier 1788.

Maurepas (Jean-Frédéric-Phelipeaux, comte de) né à Versailles le 7 juillet 1701, mourut en 1781. Pourvu de la charge de secrétaire d'état à quatorze ans, il ne commença à en exercer les fonctions qu'en 1725. Son caractère était léger, superficiel, incapable d'une application soutenue, mais doué d'une grande facilité de perception, et surtout d'une dextérité qui se déployait dautant plus que les affaires approchaient davantage de l'intrigue : ses goûts, du reste étaient frivoles. Il avait l'art de se jouer de tout, et possédait celui de dégager et de simplifier le travail de cabinet, ce qui en faisait le plus séduisant des ministres. Maurepas joignait le ministère de la ville et de la cour à celui de la marine. Paris lui dut des embellissements, et il rendit quelques services à la marine et aux sciences. Une épigramme contre Madame de Pampadour fut la cause de sa disgrâce. Lorsque Louis XVI monta sur le trône, il voulut se choisir un guide capable de diriger son inexpérience, et il crut le trouver en Maurepas, qui rentra au ministère en 1771. Ce ministre avait acquis des années, mais non de la sagesse. Il commença par persuader à Louis XVI de rappeler les parlements que Maupou avait fait exiler : il fit intervenir la France dans la guerre d'Amérique, fit entrer Turgot et Necker au ministère, et prépara ainsi, sans s'en douter les voies, de la révolution.

Miot (André-François, comte de Mélito), né à Versailles le 9 février 1762, mort le 5 janvier 1841. Avant 1780 il fut admis dans l'administration militaire, d'où il passa plus tard au département des affaires étrangères, et fut nommé, après le 9 thermidor, commissaire des relations extérieures, titre qui remplaça un moment celui de ministre. Peu de temps après, ministre plénipotentiaire près le grand duc de Toscane, et investi, en Italie, d'un pouvoir sans autres limites que son intégrité et sa justice, il contribua au traité de 1796 avec Rome et Naples. Comme ministre extraordinaire, il reçut des mains du pape le traité d'armistice, et accrédita auprès du saint siége les commissaires Français auxquels il donna l'exemple du respect pour les vaincus. A peine de retour à Florence, il fut envoyé dans l'île de Corse, agitée alors par la présence d'une escadre anglaise, et dont il fut le pacificateur. Une place de la ville d'Ajaccio porte encore son nom. Ensuite il alla résider comme ambassadeur à la cour de Sardaigne. Au 18 brumaire, le premier consul, qui, dans ses campagnes d'Italie, l'avait connu à Brescia, l'appela auprès de lui, et le fit successivement commissaire ordonnateur des guerres, tribun, conseiller d'état, et administrateur général de la Corse. Il suivit à Naples le frère de l'empereur, et lui adressa, en 1808, un rapport administratif qui passa pour un des plus beaux titres de sa carrière publique. Toujours attaché à ce prince devenu son ami, il l'accompagna encore à Madrid et resta à ses côtés jusqu'à la dernière catastrophe. Rentré alors dans la vie privée, pleurant un fils frappé à Waterloo de la mort des braves, il n'appartint plus qu'aux lettres qu'il n'avait jamais cessé d'aimer, et publia en 1822 sa traduction d'Hérodote. En 1825 il alla visiter en Amérique l'exilé qu'il avait vu sur le trône de Naples. Puis il se rendit auprès de sa fille unique, mariée en Allemagne. C'est là qu'il entreprit, vers 1827, sa traduction de Diodore de Sicile, achevée seulement en 1838. C'est la seule complète du grand ouvrage de cet historien. M. Miot avait été nommé, en 1835, membre de l'Académie des Inscriptions et Belles Lettres.

Noël (François-Joseph), né à St.-Germain-en-Laye, en 1755, et mort récemment. Tout le monde connaît les compilations classiques de M. Noël, qui, attaché à l'Université, lui en a tant fait adopter. Né pauvre, il s'est élevé par son travail. Dès son enfance, son goût pour l'étude lui valut la protection d'un homme riche qui lui fit obtenir une bourse au collége des Grassins, à Paris; de là, il passa au collége de Louis-le-Grand, où il connut Robespierre.

Après avoir emporté tous les premiers prix à l'Université de

Paris, le jeune Noël embrassa l'état ecclésiastique, et se vouant à l'instruction publique, il fut professeur de sixième au collége Louis-le-Grand, après avoir été maître de quartier.

Lorsque la révolution éclata, l'abbé Noël en embrassa les principes avec chaleur; aussi lui conféra-t-elle plusieurs emplois importants. Ayant blâmé toutefois les actes de Robespierre, il fut incarcéré en 1793 et ne sortit de prison qu'après sa chute. La convention nationale le nomma ministre plénipotentiaire, d'abord à Venise, puis en Hollande. Pendant son séjour dans les provinces Bataves, il demanda l'expulsion des émigrés qui s'y trouvaient, et s'opposa à ce que les prêtres déportés rentrassent en France. Ses persécutions s'étendirent jusqu'à Louis XVIII, dont il épiait les démarches et la correspondance. Cet ex-abbé épousa la fille d'un riche banquier de Rotterdam. Ayant été rappelé de ses fonctions en Hollande, en 1797, il fut appelé au tribunat après le 18 brumaire et nommé, en 1800, commissaire-général de la police de Lyon. Préfet du Haut-Rhin quelques mois après, il en remplit les fonctions jusqu'au mois de juin 1802, qu'il devint inspecteur-général de l'instruction publique. Les principaux ouvrages auxquels a travaillé M. Noël, sont au nombre de 31; ils sont trop connus pour que nous ayons besoin de les citer.

Nogaret (Félix), surnommé l'Aristénète français, né à Versailles, le 4 novembre 1740, mort à Paris, le 2 juin 1831. Ce fécond littérateur a publié un grand nombre d'ouvrages en vers et en prose.

Paillet (François-Hippolite), né à Versailles le 1er juin 1759. Il fut bibliothécaire de la ville de Versailles, et a beaucoup contribué à former la bibliothèque. Il a publié, en 1784, une traduction de plusieurs idylles de Gessner. On a aussi de lui des études sur Virgile.

Perrier (Jacques), né à St.-Cloud, en 1669. Il a écrit la vie du saint de ce nom.

Pezai (Alexandre Masson, marquis de), né à Versailles, en 1741, mort près de Blois, en décembre 1777. Il fut l'auteur d'un recueil de poésies intitulé *Suite de bagatelles anonymes*. Il a aussi publié *les Nuits parisiennes*; *les Tableaux adressés à M. Greuse*; une traduction de Catulle, Tibulle et Gallus; *les campagnes de Maillebois en Italie*, en 1745 et 1746, avec des notes; *la Closière*, opéra-comique en un acte; *la Rosière de Salency*, pastorale.

Poinsinet de Sivry (Louis), né à Versailles le 20 février 1733, mort à Paris le 11 mars 1704. Frère de l'auteur du *Cercle*, après avoir fait de brillantes études au collége de la Marche, il fit paraître à peu d'intervalle, *les Égléides*, une traduction en vers d'Anacréon, *Moschus, Sapho, Bion, Tyrthée*, les tragédies de *Briséis* et d'*Ajax*, etc. Après s'être distingué comme poète, il donna une traduction de l'histoire naturelle de Pline, qui a été longtemps la seule estimée. Après cet immense ouvrage, fruit de onze années de travail, Poinsinet de Sivry ne se délassa qu'en publiant une traduction d'Aristophane, et une édition d'Horace où il venge ce poète des imputations d'immoralité imaginées contre lui. Poinsinet a encore publié d'autres ouvrages dont les principaux sont : des Recherches curieuses sur les causes physiques et morales du rire ; un Traité de la politique privée (devenu rare) ; une Dissertation sur les hiéroglyphes trouvés à Turin ; des Recherches sur l'origine des sociétés ; une foule d'articles dans la bibliothèque des romans, et une tragédie de Caton d'Utique, que les circonstances ne lui ont pas permis de faire représenter.

Richard (Antoine), fondateur du jardin botanique de Versailles, naquit en cette ville, en 1734, et mourut le 28 janvier 1807. Il a fait divers voyages en Europe, autour de la Méditerranée, et a enrichi Trianon d'arbres et de plantes du midi. On lui doit les principes de la culture en terre de bruyère, et quelques ouvrages de botanique.

Richard (Louis-Claude-Marie), né à Versailles le 20 septembre 1754, mort en 1821. Il fut membre de l'Institut, professeur de botanique à la faculté de Médecine de Paris. Il fit plusieurs voyages dans l'intérêt de cette science, et explora diverses contrées de l'Amérique. Son but était de ramener la botanique, et particulièrement l'organisation des végétaux, à un petit nombre de principes fixes, et de créer une nouvelle philosophie botanique, qui pût remplacer celle de Linnée.

Santerre (Jean-Baptiste), né à Magny, en 1657, mort à Paris le 21 novembre 1717 ; peintre justement célèbre ; ses tableaux d'Adam et Ève, sa Suzanne, sa sainte Thérèse, lui ont assigné un rang distingué parmi les peintres de l'école française.

Sourches (Louis de Bouchet de Montsoreau, marquis de), né à Versailles le 24 novembre 1711, mort en 1788. Ses *Mémoires* ont été récemment publiés en 2 volumes, par A. Bernier.

Thierry (Marc-Antoine), baron de Ville-d'Avray, naquit à Versailles en 1733. Il fut d'abord l'un des quatre premiers valets de chambre de Louis XVI, et s'acquit l'affection de ce prince, qui le nomma chevalier de St.-Louis, mestre-de-camp au régiment Dauphin-Dragon, lui accorda des lettres de noblesse, et érigea en sa faveur la terre de Ville-d'Avray en baronnie. Appelé par la confiance du roi à diriger des fonctions importantes, Thierry amassa rapidement des sommes considérables, et fit bâtir un château à Ville-d'Avray, l'entoura de vastes jardins, y fonda une église, et parvint même à faire l'acquisition du marquisat de Mauregard, situé près de Louvres-en-Parisis. Il n'en fallait pas tant pour exciter l'envie : Thierry la désarma par les services qu'il aimait à rendre à tous ceux qui s'adressaient à lui. Commissaire-général de la maison du roi au département des meubles de la couronne, Thierry présenta, au mois de février 1790, un *Rapport sur la recette du garde-meuble, etc.*, à dater des 5 août 1784 et 1788, comparée à celle des années 1774 et 1778, de l'ancienne administration. Ce rapport, qui atteste la bonne gestion de Thierry pendant qu'il tint les rênes de l'administration, a été imprimé en 1790. Dans l'année 1793, Thierry fut désigné comme ayant servi d'intermédiaire dans une négociation entre le roi, Vergniaud, Guadet, Brissot et Gensonné. Il y eut à ce sujet des explications et des débats dans l'assemblée nationale. Au milieu de la défection des courtisans, toujours les premiers à abandonner le malheur, Thierry resta fidèle à Louis XVI, et ce fut son attachement bien connu pour son maître, qui le fit conduire dans les prisons de l'abbaye, où il fut massacré dans les journées des 2 et 3 septembre 1792.

Selon quelques journaux, Thierry, interrogé par Louis XVI sur ce qu'il pensait des travaux de serrurerie dont ce prince faisait son délassement, se serait permis de lui répondre. « Sire, quand les » rois s'occupent des ouvrages du peuple, le peuple s'empare des » fonctions des rois. » Mais l'authenticité de cette anecdote est contestée.

Tanevot (Alexandre), contrôleur général des finances, est né à Versailles en 1692, et mort en 1773. On a publié de lui divers écrits parmi lesquels se trouvent les tragédies d'*Adam et d'Ève*, et de *Sethos*.

Vauxcelles (Simon-Jérôme Bourlet, abbé de), né à Versailles, le 11 août 1733, mort à Paris le 18 mars 1802. Il a fait une foule d'articles piquants et variés, insérés dans le *journal de Paris*; la préface d'une nouvelle édition du *Dictionnaire de l'Académie Française*; un discours en tête des lettres de madame de Sévigné, etc.

Wafflard (Alexis-Jacques-Marie), né à Versailles le 29 juin 1787, mort le 12 janvier 1824; auteur dramatique agréable. Parmi ses ouvrages les plus applaudis, on peut citer : *le Voyage à Dieppe, les deux Ménages, le Célibataire et l'Homme marié, l'Écolier d'Oxford*, etc.

MANTES.

Surnommée à juste titre la Jolie, cette ville, s'annonce de loin par les deux tours symétriques de son église gothique, mais ce qui contribue le plus à son embellissement c'est un pont situé sur l'un des bras de la Seine, formant en cet endroit plusieurs îles et qu'on regarde comme un des plus beaux de France.

Au XIe siècle, Mantes n'était qu'un château appelé *Medunta*. On ne sait rien de plus ancien sur l'origine de cette ville que quelques-uns ont voulu faire remonter au temps des Druides, parce que ses armoiries sont un gui de chêne. En 1096, Guillaume-le-Conquérant, duc de Normandie et roi d'Angleterre, s'empara de Mantes qu'il brûla, ainsi que l'église dédiée à la Vierge. Tombé malade à Rouen peu de temps après, et pressé par le remords, il fit, avant d'expirer, un legs pour reconstruire l'église qu'il avait incendiée.

Avant ce désastre, Mantes était plus étendu qu'il ne le fût depuis.

Galeran, qui était seigneur de Mantes ainsi que de Meulan, s'étant révolté, au XIe siècle, comme nous l'avons vu, contre Henri Ier, ses possessions furent confisquées et Mantes fut, ainsi que Meulan, réuni au domaine royal.

Louis VI, avant d'être roi, eut le comté de Mantes, puis son père le donna, de son consentement, à Philippe, fils naturel qu'il avait eu de Bertrade. Mais ce prince se fit tellement détester dans cette ville par ses excès de tous genres, que le roi son frère fut obligé de l'en chasser, et Mantes fut réuni à la couronne pour la seconde fois. Deux ans plus tard, cette ville, érigée en commune, fut gouvernée par un maire et douze pairs; en 1537, ces douze pairs furent remplacés par quatre échevins.

Les reines Blanche de Castille et Marguerite de Provence concoururent, ainsi que Thibaud, comte de Champagne et roi de Navarre, à l'ornement de la belle église de Mantes, qui était alors collégiale. Charles-le-Mauvais, roi de Navarre, ayant eu de Charles V le comté de Mantes, y établit sa résidence, et on croit qu'il ne fut pas étranger aux travaux exécutés dans cette église.

Deux fois prise par les Anglais, cette ville leur fut définitivement enlevée en 1449.

Il y avait alors à Mantes un château royal. Henri IV l'habita et y tint sa cour, bien pauvre au temps de la ligue, car on rapporte que ses valets lui rapiéçaient ses vêtements. Ce monarque y tint aussi plusieurs fois le chapitre de l'ordre du St.-Esprit. Il y reçut, en 1594, Louise de Lorraine, veuve de Henri III.

Louis XIII, Louis XIV logèrent aussi dans ce château.

On remarque, dans la ville de Mantes, deux belles fontaines que le seigneur d'O, surintendant des finances, y fit construire, par ordre de Henri IV.

Le pont, le cimetière, l'avenue des Cordeliers et l'île Campion ont autant de promenades qui contribuent au charme de cette ville. Le couvent des Cordeliers, fondé par saint Louis et Blanche, et où l'on voyait une cellule qui passe pour avoir été habitée par saint Bonaventure, n'existe plus. La seule église qui reste est Notre-Dame, surmontée de deux tours élevées et dont le chœur est entouré de six piliers d'une exquise délicatesse. Plusieurs autres églises et couvents sont détruits ainsi que le château, démoli au XVIIIe siècle. La tour de St.-Maclou subsiste encore; elle mérite d'être remarquée pour son élévation, sa beauté et son antiquité. La population de Mantes est de 4,148 habitants.

LIMAY.

Ce bourg, n'étant séparé de Mantes que par la Seine, peut être considéré comme un des faubourgs de cette ville, et s'est apparemment formé à mesure que Mantes a pris de l'accroissement. Il faut qu'il soit assez ancien, puisque Charles V y fonda une abbaye de Célestins dédiée à la Sainte-Trinité, et qui était située entre des rochers et des carrières de pierre. Un couvent de Capucins vint aussi s'établir près de Limay, mais il n'en reste plus rien. Aujourd'hui on ne trouve de remarquable en ce village que l'hermitage de Saint-Sauveur, taillé dans le roc, et qui attire encore un concours de monde en pélerinage, le deuxième dimanche de carême et le 6 août, jours auxquels on fête la Transfiguration. Une source abondante, découlant d'un roc aux environs de cet hermitage, vient alimenter la ville de Mantes par le moyen de tuyaux de fonte, qui traversent deux ponts et une île formée par la Seine. Environ 1,400 habitants forment la population de Limay.

ROSNY.

Rosny était autrefois une seigneurie très considérable. En 1529 Anne de Melun l'apporta par mariage dans la famille de Béthune. Son fils, François de Béthune fut père de Maximilien, si connu sous le nom de Sully. En faveur de ce digne ministre, son ami, Henry IV érigea la baronnie de Rosny en marquisat, en 1601. Le célèbre agronome, Olivier de Serre, ayant introduit en France la culture du mûrier blanc, Sully en fit planter dans sa terre pour démontrer par expérience que cet arbre peut s'acclimater dans cette partie du royaume.

Plus tard cette seigneurie fut acquise par Olivier de Senozan, receveur général du clergé; sa famille la posséda quelque temps.

Nous avons vu de nos jours Madame la duchesse de Berri propriétaire du château de Rosny. Ce château, bâti dans une des îles que forme en cet endroit la Seine, est remarquable par son étendue et son ancienneté; il est construit en briques, flanqué de quatre pavillons carrés, et entouré d'un parc magnifique. Cette princesse s'y plaisait et y passait chaque année une partie de la belle saison. Après son expulsion de France, elle s'est décidée à se défaire de ce domaine ainsi que de toutes les choses précieuses qui s'y trouvaient, et qui ont été vendues à vil prix. Le château de Rosny est aujourd'hui en démolition.

Ce joli bourg est à 2 lieues de Mantes; 584 habitants composent sa population.

Il faut remarquer près de Rosny le village de *Rolleboise*, sur la rive gauche de la Seine dans une situation des plus agréables. On y voit encore les fondations d'une tour que fit sauter Duguesclin, à la tête des bourgeois de Rouen.

MAGNY-EN-VEXIN.

Située dans une vallée sur la grande route de Paris à Rouen, cette petite ville n'était, au xvie siècle, qu'un village dont l'origine n'est pas connue. Sous Louis XIII, le seigneur de Magny obtint la permission de le faire entourer de murailles et de fortifications, qui lui donnèrent l'apparence d'une ville.

Outre la paroisse dédiée à Notre-Dame, autrefois chapelle d'un prieuré, et un Hôtel-Dieu qui existaient dès lors à Magny et qui subsistent encore, trois couvents y furent fondés, au xviiie siècle. Ce furent une maison de Cordeliers, une de Bénédictines et une d'Ursulines. Les Bénédictines richement dotées devinrent en peu de temps une communauté très considérable, mais la division s'étant mise entre elles, plusieurs quittèrent leur couvent pour en aller fonder un autre à Issy, ce qui appauvrit beaucoup la communauté.

Les Ursulines au contraire, établies précisément à la même époque (1639), eurent un sort tout différent. Au commencement de leur institution elles souffrirent plus de misère qu'on n'en peut imaginer. Leur fondatrice n'ayant pu leur procurer qu'une maison dont il fallait payer le loyer, elles s'établirent sans aucune ressource. Cependant la supérieure n'exigeait point de dot des postulantes, se contentant de ce qu'elles pouvaient donner. En moins de dix ans, le nombre montait à plus de cinquante religieuses qui toutes ensemble ne possédaient rien et devaient 45,000 livres. Beaucoup d'entre elles furent obligées de sortir du couvent pour rétablir leur santé délabrée par la mauvaise nourriture, plusieurs même devinrent folles. Cependant dès l'an 1653, c'est-à-dire quatorze ans après leur fondation, leur position commença à s'améliorer, et à la fin du xviie siècle leur monastère était un des plus riches de la province.

L'église de Magny a de remarquable un baptistère curieux qui date du temps de la renaissance.

La population de cette ville est de 14 à 1,500 habitants, y compris le hameau de Boves qui fait partie de sa commune.

On remarque aux environs de Magny, les villages et les châteaux de Guiry et de Mondétour, le village de Cléry, les hameaux des Tavernes et du Tillet, le château et le parc d'Ambleville, celui de Saint-Gervais ; Mont-Javoult d'où l'on découvre une grande étendue de pays, et le village de Neucourt; dans la chapelle du château de ce dernier village se trouve le corps de *Marie de l'Incarnation*, qui a fondé en France l'ordre des Carmélites. Non loin de là est un ancien camp romain appelé camp de César. On y voit aussi des traces de voies romaines.

LA ROCHE-GUYON.

L'origine de ce bourg remonte à une époque très ancienne. Son château, de l'aspect le plus irrégulier à cause des additions qu'on y a faites à diverses époques, n'était d'abord qu'une forte tour élevée sur un roc dans le sein duquel se trouve creusée une chapelle depuis un temps immémorial. Cette chapelle a le privilége de conserver toujours le saint sacrement. On croit que saint Nicaise (non pas celui qui fut archevêque de Reims) et sainte Pience, furent, au IIIe siècle, martyrisés près de cet endroit. Un seigneur nommé Guyon donna, au XIe siècle, son nom à cette seigneurie.

La forteresse de La Roche-Guyon, où les seigneurs du lieu entretenaient une nombreuse garnison, était redoutable aux Normands et aux Anglais, et garantissait Paris de leurs attaques. Mais les seigneurs ne se piquaient pas toujours de loyauté, et l'un d'eux, Guyon, suivit l'exemple de Robert de Meulan, qui se rangea du côté de Guillaume Leroux, régent de Normandie qui parcourait le Vexin en 1097, et reçut dans son château les ennemis qui, de là, faisaient des excursions jusqu'aux portes de Paris.

Dans le siècle suivant, un jeune seigneur de La Roche-Guyon, nommé Guy, fut tué traîtreusement par son beau-père au moment où il se rendait à l'église. Sa femme le couvrit de son corps et reçut les coups qui lui étaient destinés, jusqu'à ce que les assassins, l'ayant renversée à demi-morte, achevassent son mari et tuassent tous ceux de ses enfants qu'ils purent trouver. Ce fait est raconté avec détail, de la manière la plus touchante, dans un manuscrit de l'époque.

Le meurtrier avait espéré se rendre ainsi maître de la seigneurie, mais les vassaux indignés refusèrent de se soumettre. Les barons voisins s'assemblèrent, assiégèrent le château, et Louis-le-Gros, consulté sur ce qu'il fallait faire subir à l'usurpateur et à sa horde, commanda qu'ils fussent *occis de laide mort et vilainie.*

Sous Charles VI, les Anglais vinrent assiéger et prirent la Roche-Guyon; la dame du lieu, veuve de Guy VI, ayant refusé de prêter serment au vainqueur, fut dépouillée de sa seigneurie. Charles VII pour la dédommager, la nomma dame d'honneur de la reine. Dans la suite, Guy VII rentra dans la possession du domaine de ses pères. La fille unique de ce seigneur ayant épousé Bertin de Silly, la seigneurie de la Roche-Guyon passa dans cette maison. Louis de Silly reçut François Ier et toute sa cour à la Roche-Guyon. C'est là que le premier des Condé, François de Bourbon, le vainqueur de Cérisoles, fut tué par la chute d'un coffre qui, d'une fenêtre, lui tomba sur la tête.

Antoinette de Pons, marquise de Guercheville, ayant épousé Henri de Silly, fils du précédent, se trouva veuve de bonne heure et vint habiter le château de la Roche-Guyon. Durant les guerres de la Ligue, elle donna l'hospitalité à Henri IV, qui en devint passionnément amoureux. Après d'inutiles efforts pour la séduire, voyant qu'il ne pouvait triompher de sa résistance, il lui dit : « Puisque vous êtes véritablement dame d'honneur, vous le serez de la reine. » Il tint parole plus tard. Cette dame avait eu la prudence, chaque fois que le monarque venait loger chez elle, de se retirer après l'avoir reçu publiquement, et d'aller passer la nuit dans un lieu situé de l'autre côté de la rivière, et dépendant du château.

Ayant épousé en secondes noces Charles du Plessis, seigneur de Liancourt, madame de Silly transmit cette terre, déjà érigée en duché-pairie, à sa nouvelle famille. Son fils Roger, issu de ce mariage, combla le pays de bienfaits, ainsi que les ducs de la Rochefoucauld, dans la maison desquels cette terre passa encore par mariage. Le petit-fils de l'auteur des Maximes, exilé à la Roche-Guyon par Louis XV pour avoir donné à ce prince, malade à Metz, le conseil de renvoyer Mme de Châteauroux, y séjourna dix ans et fit exécuter pendant ce temps les travaux les plus utiles dans le château et dans tout le pays. Sa fille, la duchesse d'Anville, se fit aussi chérir dans ces lieux, où elle continua les bienfaits de son père. Cette malheureuse femme, après avoir vu périr son fils et son petit-fils, lors des massacres de la révolution, vint se réfugier à la Roche-Guyon avec sa petite-fille; elles ne tardèrent pas à y être arrêtées et conduites en prison à Paris. Mais toutes les communes dont elle avait été la bienfaitrice se réunirent pour adresser, en sa faveur, à la Convention Nationale, une pétition dont l'effet suspendit l'arrêt qui les menaçait, et les événements subséquents leur rendirent la liberté.

Nous avons déjà dit que le château de la Roche-Guyon offrait un aspect singulier. Son antique tour, enceinte de doubles murailles, communique aux autres bâtiments par un escalier pratiqué dans le roc. De grandes difficultés ont été vaincues pour établir une promenade sur ce roc autrefois sec et aride.

Le bourg de la Roche-Guyon est sur le penchant d'une colline en amphithéâtre qui descend jusqu'au bord de la Seine, qu'on y passe par un bac. 844 habitants forment la population de ce bourg.

Haute-Ile, célébrée par Boileau, et *Vétheuil*, où est mort le poète Vigée, sont dans les environs de la Roche-Guyon.

HOUDAN.

Près des limites qui séparent le département de Seine-et-Oise de celui d'Eure-et-Loir, entre Montfort-l'Amaury et Dreux, est la petite ville de Houdan, qui n'a guère de remarquable que son église, dont on attribue la fondation au roi Robert; l'architecture de cet édifice est du meilleur style et d'une véritable élégance.

Une ancienne tour et quelques débris de fortifications annoncent que Houdan fut autrefois une place de guerre. On y trouve aussi des souterrains dont les embranchements se dirigent vers les anciennes murailles de la ville.

On a découvert, il y a quelques années, dans la vallée de Houdan, des tombeaux en plâtre et des ossements humains. On conjecture dans le pays que ces sépultures sont celles de je ne sais quels sectaires. La Vesgre et l'Opton, petites rivières du département de Seine-et-Oise, se joignent à Houdan. Il se fait un grand commerce de bestiaux et laines dans cette petite ville, qui est un des chefs-lieux de canton de l'arrondissement de Mantes, quoique sa population ne soit que de 1,900 habitants.

NOTICES BIOGRAPHIQUES

SUR LES HOMMES CÉLÈBRES DE L'ARRONDISSEMENT DE MANTES.

Bernier (Nicolas), musicien et compositeur, né à Mantes en 1664, mort à Paris en 1734.

Brebiette (Pierre), graveur, né à Mantes dans le XVIIe siècle. On a de lui des sujets religieux, des frises, des jeux d'enfant, des bacchanales, et des gravures de plusieurs tableaux de Paul Véronèse, de Raphaël et d'André del Sarto.

Carsilier (Jean-Baptiste), né à Mantes en ......, mort en 1760, s'est distingué comme avocat et homme de lettres : on a de lui un livre de poésie, intitulé *Étrenne aux auteurs*, imprimé en 1744.

Damesme (Louis-Emmanuel-Aimé), né à Magny en 1757, mort à Paris en avril 1802. Il fut architecte du gouvernement. On lui doit le théâtre de la société olympique, rue Chantereine; le théâtre royal et les prisons civiles de Bruxelles, et le plan d'un arc de triomphe qui obtint le prix.

Du Moulin (Pierre), né au château de Bussy, en 1568, et mort à Sedan en 1658. Fameux théologien protestant. Il fut employé dans les affaires les plus importantes de son parti. Il enseigna la philosophie à Leyde et fut ministre à Charenton. On a de lui un grand nombre d'ouvrages sur les matières religieuses, où il y a beaucoup d'esprit, de feu et d'érudition, mais trop de satyres, d'injures et quelquefois d'emportement. Il eut un fils qui fut chapelain de Charles II roi d'Angleterre, et chanoine de Cantorbery, où il mourut en 1684.

Faroul (Simon), né à Mantes dans le XVIIe siècle. Entr'autres écrits il a publié un traité sur la dignité des rois de France en 1633.

Guyot (Antoine-Germain), né à Mantes en 1694, mort en 1750. Célèbre jurisconsulte. Il a publié un *Traité des fiefs*, avec des *Observations sur le droit des patrons et seigneurs des églises.*

Huvé (Jean-Jacques), né à Boinvilliers près Mantes, en juin 1742, mort à Versailles le 24 mai 1808. Architecte distingué qui remporta le grand prix de l'Académie royale. Il fut maire de la ville de Versailles et l'un des administrateurs du musée de l'école française établi dans le palais de cette ville; il a élevé divers monuments en France et à l'étranger.

Mornay (Philippe Duplessis), né à Buhy en 1549, mort en 1623. Il fut l'un des plus célèbres protestants et des meilleurs capitaines de son temps. Il voyagea en Italie, en Allemagne, dans les Pays-Bas et en Angleterre; il était à Paris en 1572, au massacre de la saint Barthélemi, et se réfugia à Sedan jusqu'à la mort de Charles IX. Il fut très attaché à Henri IV qui l'employa à diverses négociations qui furent toujours couronnées de succès. Cependant ce prince ne lui donnait jamais d'autres instructions qu'un blanc seing. Calviniste extrêmement zélé, Mornay était comme le chef et l'âme de son parti, et avait toute la confiance de ses co-religionnaires; ce qui le fit appeler le pape des Huguenots. Il s'opposa tant qu'il put à la conversion du roi; et lorsque Henri IV eut abjuré le calvinisme, en 1592, Mornay se retira peu à peu de la cour, et travailla à son fameux ouvrage sur *l'Institution de l'Eucharistie*, qui occasionna une célèbre conférence entre cet auteur et Duperron, évêque d'Evreux. Du Plessis défendit mal sa cause et en ressentit un chagrin qui influa sur sa santé. On a encore de lui d'autres écrits, principalement des mémoires très-curieux, depuis 1572 jusqu'en 1629. 4 vol : in-4°.

Pitron (Robert), ingénieur, né à Mantes en 1684, mort en 1750. Il fut inspecteur général des ponts-et-chaussées.

Sully (Maximilien de Béthune, baron de Rosny, duc de) né à Rosny en 1559, mort le 21 décembre 1641, dans son château de Villebon, au pays chartrain. Entré au service de Henri roi de Navarre, Sully se signala par diverses actions de bravoure, particulièrement à la bataille d'Arques, à celle d'Ivry, à la prise de Dreux, de Laon, etc. Aux talents de la guerre, il joignait ceux de la politique et de l'administration. Nommé, en 1598, intendant des finances qui étaient dans l'état le plus déplorable, il les administra avec tant d'ordre que sur vingt-cinq millions de revenu, il parvint à acquitter vingt-cinq millons de dettes en dix ans, et à mettre en réserve trente millions. Avant lui on levait cent cinquante millions sur le peuple pour en faire entrer à peu près trente dans les coffres du roi. Il fit cesser tous ces impôts arbitraires et poursuivit sans relâche les sangsues publiques. Il fut envoyé, en 1603, en Angleterre, revêtu de la qualité d'ambassadeur extraordinaire, et fixa dans le parti de Henri IV le successeur d'Elisabeth. A son retour il fut fait gouverneur du Poitou, grand-maître des ports et navires de France; la terre de Sully sur Loire fut érigée en sa faveur en duché pairie l'an 1606. Henri IV étant mort, Sully, obligé de se retirer de la cour, se fixa à Villebon. C'est dans cette retraite qu'il s'occupa à composer ses mémoires, qu'il intitula ses *Économies*. Ils sont écrits d'une manière très négligée, sans ordre sans liaison dans les récits; mais il y règne une naïveté qui leur donne beaucoup de prix.

RAMBOUILLET.

Situé dans une vallée agréable et au bord d'une forêt très étendue, ce lieu n'était, au xive siècle, qu'une simple seigneurie appartenant à la famille d'Angennes. Cette famille a fourni à l'Église deux illustres prélats nés à Rambouillet; l'un, Charles d'Angennes, évêque du Mans, ambassadeur. Pie V, qui l'estimait fort, le fit cardinal et lui confia le gouvernement de Corneto. Il mourut dans les états du Pape, en 1587. Claude d'Angennes, son frère et son successeur à l'évêché du Mans, fut l'ami de saint Charles Borromée. Louis XIII érigea la terre de Rambouillet en marquisat, en faveur d'un Charles d'Angennes, envoyé en ambassade au Piémont, en 1627, et qui mourut à Paris, en 1652, à l'âge de 75 ans. Catherine de Vivonne son épouse, et ses filles, dont l'esprit était très orné, rendirent fameux l'hôtel de Rambouillet à la fin du règne de Louis XIII et au commencement de celui de Louis XIV. Cet hôtel, fréquenté par les gens de lettres, devint une petite académie dont les jugements n'étaient pas toujours dictés par le meilleur goût. La marquise de Rambouillet mourut en 1665. De ses quatre filles, les trois aînées furent abbesses, et la plus jeune, Julie-

Lucie, épousa le duc de Montansier, qui hérita ainsi du marquisat de Rambouillet; leur fille unique, Marie-Lucie, le transmit à son époux, Joseph-Jean-Baptiste Fleurian, seigneur d'Armenonville, qui fut garde-des-sceaux. Louis-Alexandre de Bourbon, comte de Toulouse, fils légitimé de Louis XIV, acheta de ce seigneur le marquisat de Rambouillet en 1706, et pour lui cette terre fut érigée en duché-pairie, en 1711, et transmise ensuite à son fils le duc de Penthièvre.

Le château royal de Rambouillet est d'une architecture ancienne, surtout la grosse tour crénelée qu'habita François Ier. On y montre l'appartement où mourut ce prince à l'âge de 52 ans. Son portrait, son casque, sa cotte d'armes qu'on voyait autrefois, n'y sont plus. Ce château est irrégulier et peu orné malgré les améliorations qu'on y a faites à diverses époques. Le Nôtre a dessiné le parc, et quoique ce ne soit pas son chef-d'œuvre, encore offre-t-il beaucoup d'agréments. On y remarque surtout une belle pièce d'eau, en forme de trapèze, dont la surface est de 26 hectares et que des îles riantes divisent en plusieurs canaux. Au pied de la terrasse du château, un embarcadère, à la manière de ceux de Venise, invite à explorer ces lieux pittoresques. Le reste du parc est très varié; son étendue comprend 1,200 hectares; le petit parc, renfermé dans le grand, en a 160. Il s'y trouve un jardin anglais et une laiterie qu'affectionnait Marie-Antoinette. Parmi les diverses fabriques qui le décorent, il faut distinguer l'oratoire, recommandable par ses peintures à fresque.

Louis XVI ayant acheté, en 1783, le château de Rambouillet, n'exécuta aucun des projets de restauration qui lui furent soumis par l'architecte Renard. Ce prince fit cependant créer dans le parc une belle ferme destinée à l'établissement d'un troupeau de mérinos, le premier et le plus beau que l'on ait vu en France. En 1805, une des ailes du château a été abattue; un mur l'a remplacée; ce mur se prolonge jusqu'à la loge du portier, d'où part une grille de fer décrivant un demi-cercle qui va rejoindre la tour principale, outre laquelle on compte encore trois tourelles. Les appartements répondent au peu de somptuosité de l'édifice; néanmoins, de l'ensemble de ce château, et de sa situation, résulte un effet assez romantique. On y arrive par une belle avenue; à peu de distance, et à gauche de l'entrée, se trouve un vaste bâtiment appelé *le commun*, destiné aux officiers et domestiques; il contient aussi les cuisines, et communique avec le château par une galerie souterraine. On doit cette construction au duc de Penthièvre. Un autre commun, destiné au service de la chambre, fût bâti plus tard. Sans être aussi imposant que le premier, il est remarquable par la bonne entente de ses distributions. Quarante officiers, onze cents domestiques et six cents chevaux peuvent loger dans ces deux bâtiments.

Les dernières constructions faites à ce château, avaient pour objet d'y loger le roi de Rome, mais ces travaux sont restés imparfaits. Marie-Louise et son fils arrivèrent en ces lieux, lors de la déchéance de l'empereur, escortés du prince d'Esterhazy et d'un piquet de cosaques. Ils y reçurent la visite des princes alliés, et y restèrent dans une position qui avait toute l'apparence d'une honorable captivité, depuis le 12 avril jusqu'au 21 du même mois, jour auquel ils partirent pour l'Autriche.

Charles X, réfugié à Rambouillet à la suite des désastres de juillet 1830, y fit camper ses troupes dans le parc. Le lendemain, 1er août, Mme la Dauphine, qui était aux eaux de Vichy depuis le commencement du mois, vint le rejoindre; elle arriva sans suite. Les enfants de la duchesse de Berry étaient sur le perron du château pour la recevoir. « A sa vue, dit un témoin oculaire, les troupes
» de la garde et de la maison du roi firent éclater le plus vif en-
» thousiasme. Les gardes-du-corps, quittant leur bivouac, accou-
» rurent à sa rencontre; en un instant, sa voiture fut entourée. Ils
» s'écrient : *Vive notre Dauphine! Vive notre bonne mère!* La
» plupart ne prirent pas le temps de passer leur habit; plusieurs
» vinrent la barbe à moitié faite ou les bras nus, occupés qu'ils
» étaient à faire la cuisine ou à panser leurs chevaux. Mme la Dau-
» phine donnait ses mains à tous. »

Mais la révolution qui se préparait depuis longtemps dans l'ombre, avait marché rapidement durant trois jours. A toutes les propositions, à tous les sacrifices que voulut faire le roi, il fut répondu *qu'il était trop tard*. Les troupes commencèrent bientôt à se démoraliser; des besoins de tout genre se faisaient sentir. La famille royale, que ses nombreux bienfaits ne mettaient pas à même de thésauriser, possédait à peine cent mille francs, et encore en billets. « Toutes les bourses se fermaient; tous les dévoûments se
» taisaient, dit le même auteur. Enfin, on mit de l'argenterie en
» gage, et on put avoir de la farine. Des boulangers pris dans des
» régiments, faisaient du pain, mais il était enlevé à demi-cuit par
» des malheureux qui n'en avaient pas eu depuis trois jours. La
» viande, le vin, le fourrage étaient aussi rares, et l'on mourait de
» faim aux portes de la capitale et dans la province la plus fertile
» de France. »

Comme des envoyés du roi, ainsi que du gouvernement provisoire étaient sans cesse sur la route, on prit toutes les précautions possibles pour prévenir de nouveaux actes d'hostilités. Néanmoins le 3 août, le colonel Laîné, autrefois lieutenant-colonel de la gendarmerie de Paris, fut tué en sortant de Rambouillet, par des paysans armés, et un officier supérieur, attaché au général Lafayette, reçut une blessure. Ce jour même, le roi refusa de recevoir une députation envoyée par le nouveau gouvernement. « Mais
» le soir, à 7 heures, une estafette apporta des dépêches qui an-
» nonçaient les nouvelles les plus sinistres, et l'arrivée de trois com-
» missaires, MM. le maréchal Maison, pour la chambre des Pairs,

» de Schonen, pour celle des députés, et Odillon-Barrot, représen-
» sentant la garde nationale.

» Cette députation arriva aux avant-postes à huit heures du
» soir, demandant si elle serait reçue avec les couleurs qu'elle por-
» tait ; sur l'assurance qui lui en fut donnée, elle entra dans Ram-
» bouillet.

» Introduits chez le roi, ces messieurs lui peignirent la gravité
» du péril, en lui annonçant qu'environ quinze mille hommes ar-
» més, montés dans les fiacres et les voitures de Paris, s'achemi-
» naient vers Rambouillet pour le forcer à quitter le royaume ;
» qu'ils avaient peu d'heures devant eux, et qu'il n'y avait pas de
» temps à perdre. Le roi avait déjà vu que tout espoir était dé-
» truit et qu'il fallait se soumettre (1). » Ainsi cette famille, vouée
au malheur, partit une seconde fois pour la terre étrangère.

Disons un mot de la ville de Rambouillet. Cette ville est bien bâtie ; les rues en sont larges, bien percées. Sa situation sur la grande
route de Paris à Chartres, lui donne beaucoup d'activité. Il faut
citer son hôtel-de-ville, bâti sous Louis XVI. 3147 habitants composent sa population. Elle est le chef-lieu d'une sous-préfecture,
d'un tribunal civil de première instance, etc. La forêt de Rambouillet couvre 1500 hectares, et s'étend jusqu'à Montfort-l'A-
maury et la vallée de Houdan.

CHEVREUSE.

Autrefois *Caprosia*, cette ville, située sur le penchant d'un coteau,
a sans doute pris son nom de la quantité de chevreuils et de chèvres
sauvages qui paissaient dans les bois d'alentour. Un ancien château-
fort la domine. Le plus ancien seigneur de Chevreuse dont l'histoire
fasse mention, vivait au temps du roi Robert et se nommait Milon.
Le seigneur de Chevreuse était l'un des quatre barons tenus de
porter sur leurs épaules l'évêque de Paris au jour de son installation.

On voit dans l'histoire de saint Louis que deux frères, Gui et
Hervé de Chevreuse, furent délégués par la reine Blanche pour
prendre possession du comté de Toulouse au nom d'Alphonse,
comte d'Anjou, frère de saint Louis, qui l'était allé rejoindre en
Egypte. Un comte Anselme de Chevreuse eut, en 1304, l'honneur
de porter l'oriflamme, et fut tué à la bataille de Mons-en-Puelle
Un seigneur de Chevreuse était maître-d'hôtel de Charles V, et
fut nommé, sous Charles VI, gouverneur du Languedoc.

La ville de Chevreuse eut aussi fort à souffrir des guerres de ce
temps-là : prise d'abord par le duc de Bourgogne, reprise en 1417
par Tanneguy-du-Châtel, prévôt de Paris ; mais le duc resta

(1) *Biographie de Seine et-Oise.*

maître du château qui tomba bientôt au pouvoir du roi d'Angleterre, ainsi que la ville, et il les posséda jusqu'en 1448. Charles VII fut obligé de donner une somme d'or pour racheter le château dont la prise n'était pas facile, à ce qu'il paraît. Louis XI confisqua la baronnie de Chevreuse, et démantela le château parce que le seigneur avait pris part à la guerre du bien public.

Cette terre fut donnée à la duchesse d'Etampes et érigée en duché en sa faveur, par François Ier. Après la mort de ce monarque, la duchesse fut dépouillée de ses libéralités, et la terre de Chevreuse fut donnée au cardinal de Lorraine.

Louis XIV ayant acquis, en 1692, le duché de Chevreuse en échange de plusieurs autres terres, le créa de nouveau baronnie, et le donna aux dames de Saint-Cyr.

1,508 habitants composent aujourd'hui la population de cette ville.

DAMPIERRE.

Au-dessus de Chevreuse, se trouve ce bourg, l'un des plus pittoresques des environs de Paris. On y voit un château-fort construit par le cardinal de Lorraine au XVIe siècle, et restauré, embelli plus tard par le duc de Luynes et de Chevreuse, d'après les plans de Mansard. Situé au fond d'un vallon, ce château, d'un aspect assez sévère, se recommande néanmoins par l'élégance de son parc, digne, par son étendue, ainsi que par la beauté et la variété de ses ornements, d'appartenir à une maison royale. Il est traversé par l'Yvette; on y trouve des pièces d'eau fort belles, des cascades, des îles ombragées, etc.; enfin, le bois, percé de larges allées, est peuplé de bêtes fauves. La population de Dampierre et de ses dépendances réunies peut s'élever à 600 individus.

PORT-ROYAL-DES-CHAMPS.

A peu de distance de Chevreuse, on trouve, au fond d'une vallée pittoresque, les ruines de la célèbre abbaye de Port-Royal. Le nom primitif de ce monastère était Porrois ou Porrais, et c'est ainsi qu'il est désigné dans les actes du XIIIe siècle. Plus tard on traduisit ce nom par les mots latins *Portus Regis*, *Portus Regius*, et bientôt on finit par écrire en français *Port-Royal*.

Cette communauté fut fondée, en 1204, sur l'emplacement d'une ancienne chapelle de saint Laurent. Douze religieuses la composaient en 1214; c'est alors qu'elle fut érigée en abbaye et soumise à la règle de Cîteaux. Marie Angélique Arnaud y porta la réforme en 1609. L'insalubrité de cette vallée, humide et souvent submergée, engagea cette abbesse à transférer son monastère à Paris en 1625 (1). La maison d'Arnaud d'Andilly, qui vint s'établir dans ce lieu, et autour duquel s'étaient groupés tant d'hommes illustres, tels que Nicole, Pascal, etc., subsiste encore.

MONTFORT-L'AMAURY.

Petite ville qui tire son nom d'un château dont on voit encore les ruines au sommet d'une montagne, sur le penchant de laquelle elle est bâtie. Amaury ou Amalric de Monfort construisit ce château au temps du roi Robert. Son architecture gothique prouve qu'il fut rebâti au XIIIe siècle. Ses ruines décèlent son ancienne magnificence. Les seigneurs de Montfort sont fort célèbres dans l'histoire. Simon II se défendit avec courage et succès contre le roi d'Angleterre et le comte de Poitiers, qui assiégèrent sa forteresse à la fin du XIe siècle. Ce Simon fut père de Bertrade que Philippe Ier, roi de France, enleva à Foulques, comte d'Anjou, son mari. Ce Foulques passait pour l'un des hommes les plus vicieux de son temps et avait déjà répudié deux épouses.

En 1159, un de ces ducs de Montfort déshonora son nom en prenant contre son roi parti pour celui d'Angleterre à qui il livra toutes les terres qu'il possédait en France. Mais le plus illustre de ces seigneurs fut Simon IV, que l'on surnomma le Machabée à cause de la valeur qu'il déploya dans les guerres de religion. Dans ces temps où l'on ne connaissait d'autres moyens de persuasion que la force, en 1205, il fut nommé chef de la croisade dirigée contre les Albigeois que protégeaient Pierre, roi d'Aragon, Raimond, comte de Toulouse et d'autres seigneurs, et remporta sur eux une grande victoire, en 1213. Il fut tué d'une pierre que lui lança une femme au siége de Toulouse en 1218. Amaury, fils de Simon, succèda à Matthieu de Montmorency dans la charge de connétable, et fit la guerre en Palestine. D'autres seigneurs de Montfort ont joué un rôle dans les diverses guerres qui ont agité le royaume.

Sur les flancs du mamelon où sont les ruines du château de Montfort, on a établi une promenade d'où l'on jouit d'une vue magnifique et variée. La ville qu'elle domine est propre et bien bâtie. L'église paroissiale est remarquable par son ancienneté, sa grandeur, et ses vitraux. On compte dans cette ville une population de 1817 habitants.

(1) Voy. t. I, p. 74-77.

JOUARS. — PONTCHARTRAIN.

Plusieurs hameaux situés sur la route de Paris à Dreux, à trois lieues et demie de Chevreuse, composent la commune de Jouars. Le château de Pontchartrain en fait aussi partie, et c'est de toutes ces dépendances la seule qui rappelle quelques souvenirs historiques. Il fut bâti par le chancelier de ce nom, qui fut ministre à la fin du règne de Henri IV, et sous la régence de Marie de Médicis. Le comte de Maurepas, son petit-fils, et ministre sous Louis XV et Louis XVI, le posséda ensuite. Ce seigneur n'ayant point laissé de postérité, son château fut acquis par le duc de Brissac, gouverneur de Paris, et après lui une famille des Filliers en devint propriétaire.

Outre ce château, des moulins à eau et plusieurs habitations isolées, font encore partie de la paroisse de Jouars, dont la population s'élève à 13 ou 14,000 ames.

LIMOURS.

Petite ville d'environ 750 habitants, dont aucun titre ne fait mention avant le XIe siècle, époque à laquelle un évêque de Paris en fit don à Baudry, abbé de Bourgueil. La terre de Limours, possédée, sous Philippe-Auguste, par un seigneur nommé Gauthier de Limours, le fut au XVe siècle par Jean de Chastillon, et en 1516 par Jean Poncher, puis réunie à la couronne en 1538. François Ier l'ayant donnée à la duchesse d'Etampes, elle y fit bâtir un superbe château dont le séjour plaisait beaucoup au monarque. Henri II le donna ensuite à Diane de Poitiers ; puis il appartint à Henri III qui en fit don au duc de Joyeuse. En 1607, la seigneurie de Limours fut érigée en comté en faveur du chancelier Hurault de Cheverny qui la vendit, en 1623, au cardinal de Richelieu.

Ce cardinal y fit de grandes dépenses, et par ses soins le château devint l'un des plus magnifiques du royaume, mais il ne le garda pas longtemps, et Gaston d'Orléans, frère de Louis XIII, en devint propriétaire. Rentré dans le domaine des rois de France, ce château fut donné, en 1766, par Louis XV, au comte d'Eu, en échange des terres de Clagny et de Glatigny, près de Versailles. Enfin en 1775, il acheta le comté de Limours, et fit restaurer ce château avec magnificence ; mais il a été détruit par suite de la révolution. Un ancien couvent de saint François, dit de Picpus, a aussi été détruit, et sur son emplacement et avec les mêmes matériaux, on a élevé une maison de campagne.

L'église de Limours, bâtie sous François Ier, est assez belle. Gaston d'Orléans a voulu y joindre une tour que la mort l'a empêché d'achever.

ROCHEFORT.

Petite ville dont le nom vient d'une ancienne forteresse, bâtie sur une montagne de roches. Plusieurs des seigneurs de Rochefort furent redoutables aux rois de France et aux seigneurs, leurs voisins. L'un d'eux, Guy, surnommé le Rouge, après avoir été comblé des faveurs du roi Philippe Ier, jusqu'à faire épouser sa fille Lucienne par le prince Louis, qui fut depuis Louis-le-Gros, devint plus tard l'ennemi irréconciliable de ce prince, parceque le pape avait fait casser le mariage pour cause de parenté. Tel fut le prétexte des luttes de ce seigneur, et de ceux qui embrassèrent son parti contre le Roi Louis-le-Gros. Guy II, fils de Guy-le-Rouge, et Hugues de Crécy, se signalèrent aussi par plusieurs actes de violence et d'insubordination, qui obligèrent le roi à les combattre. Nous avons vu, en parlant de ce château-fort, de quelles cruautés ce Hugues était capable, et comment, sur le point d'être convaincu de son crime, il aima mieux se punir lui-même.

L'ancien château de Rochefort a été démoli, mais il en reste encore aujourd'hui un pavillon appartenant aux descendants des seigneurs de Rochefort.

La ville, qui n'offre rien de remarquable, est peuplée d'environ 700 habitants, avec le hameau du *Bourg neuf* et quelques établissements isolés qui se trouvent dans ses dépendances.

Non loin de Rochefort est le hameau de *la Celle-les-Bordes*, où se trouvent deux châteaux, dont l'un est sur l'emplacement d'une cellule qu'habita saint Germain, d'où ce lieu tire son nom.

SAINT-ARNOULT.

Petite ville sur la Remarde, près des bois de Rochefort et de la forêt de Dourdan. On voit encore des restes de ses anciennes fortifications. L'église paroissiale se fait remarquer par de beaux vitraux. 1,400 habitants environ composent la population de cette ville et de ses dépendances. On y trouve beaucoup d'établissements industriels, filatures de coton, fours à chaux, blanchisseries de toiles, etc. La route qui mène de Saint-Arnoult à Rochefort est plantée de peupliers de la plus belle végétation.

Dans le canton de Dourdan se trouve encore le bourg d'*Ablis*, dont on ne peut rien citer que son commerce de bestiaux. Sa population est d'un millier d'habitants.

DOURDAN.

Près de la forêt de ce nom, dans une riante vallée, et sur la rivière de l'Orge, s'élève la ville de Dourdan, dont l'origine est fort antique; on y voit encore les débris d'un château-fort qui paraît dater du ve ou vi^e siècle, et restauré au xve siècle. On dit qu'il fut bâti par Gontran, roi d'Orléans et de Bourgogne. Ce château est composé de neuf tours, dont la plus grosse a servi de maison de force pour le département jusqu'en 1791 où l'on transféra cet établissement à Poissy. Dourdan est situé dans l'ancien territoire des *Carnutes*. Cette ville appartenait à Hugues Capet lors de son avénement au trône, et fit ainsi partie du domaine royal. Nous voyons que Louis VIII fit construire les halles de Dourdan, et que saint Louis donna, en 1240, cette ville pour assignation de dot et de douaire à Blanche, sa mère, et en 1260, à Marguerite, sa femme. En 1307, Philippe-le-Bel donna entre autres terres cette seigneurie en apanage à son frère, le comte d'Evreux. Elle passa, après lui, à son fils, nommé Charles, puis à son petit-fils, Louis, qui, n'ayant point d'enfants, en fit don, en 1381, au duc d'Anjou.

Le duc de Berry, oncle du roi Charles VI, l'ayant acquise par transaction, la donna avec tous ses biens à son neveu; et Dourdan rentra ainsi dans le domaine de la couronne.

Pendant la démence de Charles VI et les troubles qui s'en suivirent, Dourdan fut sujet à bien des vicissitudes. Le duc de Bourgogne l'assiégea et le prit de force. Plus tard étant passé dans les mains d'un Jean de Nevers, ce domaine fut revendiqué et saisi au nom du roi, qui bientôt l'engagea à un particulier nommé Gobache, puis le retira en 1484. Sous Charles VII, cette seigneurie, étant un objet de contestation entre le duc de Bourgogne et le roi, fut mise en séquestre jusqu'à ce que le duc eut justifié de ses titres à sa possession. Il paraît qu'il ne put le faire; en 1513, Dourdan faisait partie du domaine royal, et Louis XII le vendit avec d'autres terres à l'amiral de France, Louis Mallet, seigneur de Graville, parce qu'il avait besoin d'argent pour la guerre d'Italie. L'amiral rendit, par testament, au roi, tous les biens qu'il en avait acquis. Plus tard, Dourdan fut encore engagé par Henri II au duc de Guise. Cette ville fut pillée et saccagée deux fois par les Huguenots. Enfin, après avoir été, en 1596, réunie pour la cinquième fois au domaine du roi, elle fut vendue et rachetée en 1610 par Louis XIII; par la suite elle fit partie des apanages de la maison d'Orléans à qui elle appartenait lors de la révolution.

De deux paroisses qui existaient à Dourdan, il n'en reste qu'une dédiée à Saint-Germain; la population de cette ville, qui a été plus nombreuse, compte aujourd'hui 2,555 ames. Cette ville est la patrie de La Bruyère.

NOTICES BIOGRAPHIQUES

SUR LES HOMMES CÉLÈBRES DE L'ARRONDISSEMENT DE RAMBOUILLET.

Angennes (Charles d'), cardinal de Rambouillet, naquit au château de Rambouillet le 13 octobre 1530. Ce prélat, d'abord évêque du Mans, se trouva à la conclusion du concile de Trente, et fut envoyé en ambassade vers le pape Pie V, qui le fit cardinal en 1570. Il mourut dans les États de l'église en 1587, âgé de cinquante-six ans.

Angennes (Claude d'), évêque du Mans, né au château de Rambouillet le 26 août 1538, et mort le 15 mai 1601.

Barbier (Louis, abbé de la Rivière), né à Montfort-l'Amaury, y mourut en 1670. Il fut évêque de Langres.

Bruneau (Antoine), né à Chevreuse, avocat, vivait en 1600; il est auteur d'un *Traité des criées*.

Bruyère (La), voy. ci-dessus, p. 273.

Chamorin (Vital-Joachim, baron), né à Bonnelles, le 16 août 1773, mort général sur le champ de bataille en 1811, en Espagne, après s'être distingué dans les diverses campagnes de la république et de l'empire.

Gomberville (Marin Le Roi de), né à Chevreuse en 1600, et mort en 1674, fut l'un des premiers membres de l'Académie Française, et a laissé un grand nombre d'ouvrages. Outre trois romans dont les titres sont : *Polexandre; la Cythérée, et la jeune Alcidiane*, on a de lui des *poésies chrétiennes et spirituelles*; *Discours sur les vertus et les vices de l'Histoire, et la manière de bien écrire*; *Traité de l'Origine des Français*; *de la Doctrine des mœurs*; l'édition des *Mémoires du duc de Nevers*; l'édition des *Poésies latines de Loménie de Brienne*.

Hubert (Jean-Joseph), né à Saint-Arnoult; mort glorieusement, lui et les siens, en 1805, à Trafalgar, sur le vaisseau l'*Indomptable*, qu'il commandait.

Lévis (Guy de) né près de Chevreuse, d'une des plus illustres maisons de France, fut le chef de toutes les branches de ce nom que l'on connaît aujourd'hui. Il se croisa contre les Albigeois, et fut élu maréchal des Croisés : c'est en mémoire de cette charge que sa postérité a toujours conservé le titre de *maréchal de la foi* : il se signala dans cette guerre et mourut en 1230.

Pierre, des Vaux-de-Cernay près de Chevreuse, historien du XIIIe siècle. On a de lui l'Histoire des Albigeois.

Prudhomme (Pierre), médecin, né à Chevreuse dans le XVIIe siècle.

Quesnay (François), né à Méré, près Montfort-l'Amaury, le 13 janvier 1694, mort à Paris le 18 décembre 1774. Chef des économistes du xviii⁰ siècle; membre de l'Académie Royale des Sciences; premier médecin ordinaire du roi. Il a beaucoup écrit; ses principaux ouvrages sont : des *Observations sur les effets de la saignée; Recherches critiques et historiques sur l'origine et les divers états de la Chirurgie en France; Traité de la Suppuration; Traité de la Gangrène; Traité des Fièvres continues; La Physiocratie, ou constitution naturelle des gouvernements; Recherches philosophiques sur l'évidence des vérités géométriques, suivies d'un projet de nouveaux éléments de géométrie*; Observations sur la conservation de la vue, sur la *Psychologie*, ou science de l'ame; Extrait des Economies royales de Sully. Ces trois derniers ouvrages, devenus rares, furent imprimés à Versailles par ordre exprès de Louis XV qui en tira lui-même quelques épreuves.

Thomas Cordier, né à Limours en 1154, mourut abbé de Pontigny.

CHAPITRE DEUXIÈME.

DÉPARTEMENT D'EURE-ET-LOIR.

§ Ier

ARRONDISSEMENT DE CHARTRES.

I. CHARTRES.

Chartres est une ville si ancienne qu'il faut diviser son histoire en plusieurs époques. Cette ville, antérieure à la domination romaine dans les Gaules, s'appelait alors *Autricum* : elle était bâtie sur le territoire d'un peuple nommé *Carnutes*, dont une portion, suivant Tite-Live, émigra avec d'autres peuplades gauloises qui toutes ensemble s'établirent dans cette partie de l'Italie appelée Gaule Cisalpine.

Une foule de monuments druidiques que l'on trouve dans les environs de Chartres attestent l'antiquité de cette nation regardée comme le point central de la vieille Gaule. César rapporte que dans un certain temps de l'année, les druides y siégeaient dans un lieu consacré et y rendaient la justice. (1)

Ces peuples courageux et indépendants opposèrent une vigoureuse résistance aux Romains, et furent les derniers à se soumettre lorsqu'ils eurent été réduits enfin à faire partie des provinces romaines. Autricum fut choisi pour leur chef-lieu, et prit ainsi le nom de *Carnutes*, dont, par corruption, on a fait Chartres.

(1) Le pays des Carnutes était couvert d'une forêt sacrée dont il ne reste plus qu'une partie C'est au centre de cette forêt, au lieu nommé aujourd'hui la *Garenne de Poivilliers*, que se trouvait, suivant les antiquaires du pays, le principal collége des Druides. c'est à dire le lieu où les Druides recevaient les jeunes Gaulois qui voulaient s'instruire et se préparer à l'initiation. On remarque en effet, sur un point assez élevé, l'emplacement d'un ancien édifice de forme carrée entouré de fossés larges et profonds, et qu'on nomme dans le pays *le vieux château* ; à côté et hors de l'enceinte des fossés, étaient d'autres bâtiments accessoires. Il y a environ 45 ans que le bois sacré entourant ces divers édifices a été détruit. La commune de Lèves, à une lieue de Chartres, renferme la *montagne des lieues*, dont elle tire son nom ; c'est une éminence de forme circulaire, entourée de fossés, et qui paraît avoir été une forteresse gauloise. Près de Lèves, du côté de l'Eure, une caverne vaste et profonde s'ouvre dans le flanc de la montagne qui regarde le levant ; on suppose que ce souterrain a servi de retraite aux druides, et était un lieu d'initiation. Au pied du monastère de Josaphat, situé près de là, coule une fontaine que les druides regardaient comme sacrée. D'autres monuments druidiques sont épars dans le département. On cite parmi les *tumuli*, ceux de Goindreville (près de Tivas) et de Morancez. On remarque plusieurs *galgals*, monceaux de pierres que recouvrent des dalles colossales ; plusieurs *pierres levées* ou *menhirs* : divers *cromlechs* dont le plus curieux se trouve entre les hameaux de Changé et de la Folie ; c'est un autel presque circulaire de 15 pieds de diamètre, formé de deux grosses pierres, et présentant intérieurement deux plans inclinés en regard. On remarque aussi à Changé et au hameau de Cocherelles des *demi-dolmens*. Celui de Cocherelles passe pour le plus considérable de tous les monuments celtiques du département : « Quatre pierres brutes, mais toutes à

Si les autels et pierres druidiques sont nombreux dans le territoire de Chartres, on y voit aussi beaucoup de constructions romaines, entre autres des aqueducs et des chemins souterrains fort curieux. On y a découvert des médailles des empereurs Antonin, Commode et Maxime.

Le culte mythologique des Romains avait succédé aux rustiques et barbares cérémonies des druides; mais le christianisme fut établi de bonne heure dans cette contrée. En 201, saint Martin de Marc en fut évêque. Saint Aignan lui succéda en 245. Il paraît qu'il fallut presque user de violence pour faire consentir ce dernier à accepter l'épiscopat, et que plusieurs seigneurs, accompagnés du clergé, l'étant venus chercher pendant qu'il était en prières au tombeau de saint Martin, le portèrent sur leurs épaules jusqu'à la cathédrale d'où serait venue la coutume, dégénérée en obligation, d'y porter de la même manière ses successeurs. Un évêque nommé Solemnis, qui vivait à la fin du Vme siècle, est celui qui passe pour avoir travaillé avec le plus de succès à établir solidement le christianisme dans ce diocèse.

Chartres, étant passé sous la domination des rois de France, fut compris dans le royaume de Paris lors du partage que Clovis fit de ses états entre ses enfants. Thierry II, roi d'Orléans et de Bourgogne, assiégea cette ville vers l'an 600, et ne pouvant réussir à s'en emparer, il rompit l'aqueduc qui fournissait de l'eau à ses habitants, et les contraignit ainsi de se rendre.

La première cathédrale de Chartres fut brûlée en 858 par les Normands qui saccagèrent aussi la ville. Dans la suite, d'autres hordes normandes s'étant encore emparées du pays Chartrain, leur chef Hasting prit le titre de comte de Chartres; il rendit cependant cette ville moyennant un tribut annuel qui ne fut pas payé, ce qui attira aux Chartrains encore une nouvelle invasion de ces peuples irrités qui, après avoir abattu les murailles de leur ville, les forcèrent à payer la somme convenue. Mais en 911 Chartres résista avec plus de succès au fameux Rollon, le même qui, plus tard, embrassa le christianisme, épousa la fille de Charles-le-simple, et fut le premier duc de Normandie.

Le premier comte de Chartres connu fut Thibaud le Tricheur, qui soutint une longue guerre contre le duc de Normandie, guerre qui se termina par un mariage.

<hr />

peu près de forme carrée, composent ce monument. Les deux moins grandes sont de bout sur un de leurs côtés; les deux autres, appuyées sur le sommet des premières par une de leurs extrémités, reposent sur la terre par l'autre; elles font ainsi une sorte de toit incliné supporté par les deux moindres pierres qui sont droites. Un intervalle de plusieurs pieds, laissé entre celles-ci, forme comme une porte : les deux grandes pierres inclinées se touchent immédiatement dans toute leur longueur. Chacune des deux pierres debout qui forment le devant, et comme les murs de l'édifice, est haute d'environ 7 pieds, et à peu près de la même largeur. celles formant toit ont environ 9 pieds de large sur 4 de long. En fermant par une maçonnerie les deux extrémités de cette espèce de bâtiment, et les intervalles que laissent entre elles les énormes pierres qui le composent; en le partageant par une cloison, et y adaptant deux portes dans l'espace que laissent entre elles les deux moindres pierres, on en a fait d'un côté une petite écurie, et de l'autre une sorte de hangar servant à divers usages ». On cite encore parmi les monuments druidiques du département, quelques dolmens; celui de Quinquempoix, sur la rive gauche du Loir, paraît être le plus grand.

Thibaud IV, l'un de ses successeurs, comte de Chartres et de Champagne, eut l'honneur de donner une reine à la France, dans la personne de sa fille Adèle, qui fut épouse de Louis le jeune et mère de Philippe-Auguste. Ainsi se terminèrent les différends que ce comte soutint successivement avec deux de nos rois. L'un de ses fils, Guillaume de Champagne, dit *aux blanches mains*, fut évêque de Chartres. Il faut aussi citer parmi les hommes illustres qui ont occupé ce siége, l'évêque Yves, qui s'éleva avec tant de force contre le roi Philippe Ier lors de son union illicite avec Bertrade, scandale qui cessa lorsque le roi, ayant été excommunié trois fois, se soumit enfin et laissa la comtesse d'Anjou retourner auprès de son premier mari.

Philippe-le-Bel ayant acheté le comté de Chartres, le donna à son frère Charles de Valois, à la fin du XIIIe siècle. Ce prince accorda aux habitants de Chartres plusieurs franchises en échange d'une somme de 12,000 francs qu'il en reçut pour accompagner le roi son frère à la guerre qu'il faisait à l'Angleterre.

Philippe de Valois, fils de Charles, étant monté sur le trône, réunit au domaine royal le comté de Chartres dont il était possesseur.

En butte aux deux factions des Orléanais et des Bourguignons durant la démence de Charles VI, Chartres finit ensuite par tomber sous la domination anglaise. Charles VII, et plus tard le comte de Foix, ne purent la reprendre, et le comte de Dunois n'y réussit qu'à l'aide d'un stratagème et secondé par un religieux qui, par l'appât d'un sermon, attira le peuple à une extrémité de la ville opposée à celle qu'on devait attaquer. L'évêque Jean de Festigny, porté pour le parti des Anglais, ayant voulu rallier le peuple et se défendre, fut tué en cette occasion.

En 1528, le comté de Chartres fut donné en dot à Renée de France, fille de Louis XII, qui épousa le duc de Ferrare, et érigé en duché; mais le roi en retint toujours la souveraineté. Gaston d'Orléans, frère de Louis XIII, posséda le duché de Chartres qui fit partie de son apanage; et après lui, Philippe d'Orléans, frère de Louis XIV, dont la postérité le conserva jusqu'à la révolution. Louis-Philippe portait dans sa jeunesse le titre de duc de Chartres.

C'est à Chartres que fut sacré Henri VI qui s'en était rendu maître par la voie des armes.

La ville de Chartres a plus qu'aucune autre ville de France un cachet d'antiquité tout particulier, ses fortifications, ses portes, ses tours sont d'une construction fort ancienne, puisque les plus récentes sont du XIe et du XIIe siècle. Ses édifices, ses rues étroites et jusques à ses environs, tout en ces lieux reporte l'esprit vers les époques reculées dont ils conservent le caractère; à peine y voit-on quelques maisons un peu modernes; et quoique les ravages de la révolution y aient détruit, avec les abbayes et la plupart des églises, une grande quantité de monuments curieux, il en reste encore un assez grand nombre qui sont dignes de fixer l'attention des archéologues.

Mais d'abord, il faut s'arrêter devant la célèbre cathédrale qui a subi tant de vicissitudes. Incendiée par les Normands en 858, elle le fut encore au xe siècle par un accident dont on ignore la cause. En 1041 elle se trouva détruite par la foudre qui, selon les chroniqueurs, consuma en même temps presque toute la ville. Fulbert, évêque de Chartres, fit pour rétablir cette église tous les sacrifices imaginables, et sut tellement échauffer le zèle de ses diocésains que tous, depuis les seigneurs jusqu'aux moindres artisans, y concoururent de tout leur pouvoir. La princesse Malthilde, veuve de Guillaume le bâtard, duc de Normandie, contribua aussi à cette restauration ainsi que deux successeurs de Fulbert qui ne la virent pas encore terminée, car elle ne le fut qu'au bout de cent trente ans.

Le 25 juillet 1506, la flèche d'un des clochers, qui était en charpente et recouverte de plomb, fut de nouveau incendiée par le tonnerre qui fondit le plomb et six cloches qui étaient suspendues dans cette pyramide. Cet accident détermina le chapitre à la faire reconstruire en pierre. Le roi Louis XII coopéra pour 2,000 livres à cette réparation. L'évêque René d'Illiers et les habitants donnèrent aussi, en cette occasion, de grandes preuves de zèle. Jean Texier fut l'architecte qui dirigea les travaux.

Une inscription gravée en lettres gothiques sur une pierre blanche dans la chambre de la sonnerie, rappelle d'une manière assez grotesque la mémoire de l'incendie et de la réparation de ce clocher. C'est lui-même qui raconte son aventure.

Un autre incendie le menaça encore en 1674. En 1691, ce même clocher fut ébranlé par un vent impétueux qui le fit décliner de douze pieds. Cet accident fut encore réparé l'année suivante par Claude Auger, qui éleva cette pyramide de quatre pieds plus haut qu'elle n'était déjà. Ce clocher, communément appelé le Clocher neuf, est haut de 378 pieds, le clocher vieux en a 342. On les aperçoit de très loin, la cathédrale étant bâtie sur le sommet de la colline qui supporte la ville de Chartres.

Cette cathédrale, chef-d'œuvre d'architecture, est justement admirée dans son ensemble et dans ses détails. Les proportions en sont vastes et dans une harmonie parfaite; toutes les sculptures ont une délicatesse infinie. L'extérieur est décoré d'un grand nombre de statues et de bas reliefs très intéressants pour l'histoire de l'art dans les xie et xiie siècles, et exécutés avec une grande perfection pour le temps.

Le portail méridional est précédé d'un vaste porche d'une structure et d'un style admirables. On y trouve encore des traces de peinture et de dorures, suivant le goût du temps. Le portail de la façade septentrionale est d'un style plus sévère. « C'est ce portail, dit M. Jolimont, qui est le plus riche de détails. Le porche ou péristyle est élevé sur un perron de sept marches, et présente trois grandes arcades surmontées de pignons, correspondant aux trois entrées du fond, et soutenues sur des massifs, des pieds droits et des colonnes qui, ainsi que les voussures, sont décorées d'une quantité considérable de statues, de groupes, de bas-reliefs, etc.

» Les grandes statues adossées aux colonnes représentent des patriarches et des prophètes de l'ancienne loi, dont on a eu soin d'écrire les noms en caractères gothiques sur les consoles qui les supportent; plusieurs autres de ces statues représentent des princes et des seigneurs parmi lesquels on croit reconnaître Pierre Mauclerc, duc de Bretagne, et Alix son épouse. Les voûtes de ce péristyle sont aussi richement surchargées de plusieurs rangs de groupes et d'ornements qui se rattachent aux voussures des trois portes, dont les sculptures représentent des scènes et des figures de l'ancien testament.

» Au-dessus du porche, s'élève en retraite la partie supérieure du portail, flanquée de deux petites tourelles octogones, ainsi que des deux grosses tours carrées à plate-forme, et terminée en pignon triangulaire, orné d'une figure de vierge, dont la base est appuyée sur une jolie galerie. Au-dessus, la partie centrale du portail est entièrement remplie par un vitrail divisé en cinq panneaux, surmonté d'une très belle rose à compartiments composés de figures régulières.

» Il faut aussi parler de deux figures grotesques, bizarres conceptions du moyen âge, sculptées sur deux des contreforts du vieux clocher du côté du midi. Ces deux figures sont une truie qui file et un âne qui *vielle*, suivant l'expression populaire, mais qui semble plutôt jouer de la harpe. C'est sans doute une allusion à la fête de l'âne. Si l'on pénètre dans l'intérieur, on est encore plus que dans aucun autre édifice gothique, étonné et ravi de ce demi-jour mystérieux, de ces teintes que projettent les vitraux coloriés, et qui se communiquent aux arceaux et aux sculptures qu'elles embellissent encore. « Lorsqu'on entre dans cette vaste métropole, dit un auteur, on laisse six cents ans à la porte. » Mais c'est surtout au fond de la cathédrale que l'art du moyen âge et spécialement le bel art du XIIe siècle, se retrace d'une manière plus particulière.

La clôture du chœur est fort admirée des connaisseurs; les principaux faits de la vie de Jésus-Christ et de la Sainte-Vierge y sont représentés en bas reliefs; et le tout est encadré et surmonté par des ornements de la plus grande élégance.

L'église de Notre-Dame de Chartres a toujours été en grande vénération chez nos aïeux, et les chroniqueurs parlent souvent des miracles qui s'y sont opérés. L'un d'eux rapporte que la reine Isabelle de Hainaut, épouse de Philippe-Auguste, qui n'avait pas eu d'enfant pendant les sept premières années de son mariage, étant devenue grosse, recommanda son premier né à la Sainte Vierge dans la basilique de Chartres, et l'y sentit remuer pour la première fois; « en même temps, ajoute-t-il, quatre lampes qui » étaient devant l'autel, s'allumèrent d'elles-mêmes à la vue de » tout le monde. » Cet enfant fut le roi Louis VIII, père de Saint Louis.

C'est dans cette église que Philippe-le-Bel vint faire hommage à la Vierge de l'armure qu'il portait lors de sa victoire sur les Flamands à Mons-en-Puelle. Philippe de Valois vint aussi à Chartres, rendre grâce Notre-Dame de la victoire qu'il avait remportée à Cassel. Ce fut encore là que le vainqueur de la ligue vint courber son front victorieux.

On lit dans les mémoires de saint Denis, et dans la Vie du Dauphin, fils de Louis XV, que la reine Marie Leczinska alla rendre de solennelles actions de grâce à Notre-Dame-de-Chartres pour la naissance du fils qu'elle avait tant désiré.

En 1413, une chapelle fut construite dans cette église pour accomplir un vœu fait à la Vierge, par Louis, comte de Vendôme, seigneur d'Épernon et de Mondoubleau. Voici comment on raconte l'événement qui a donné lieu à cette fondation « Jacques de Bourbon, comte de la Marche, frère de Louis, comte de Vendôme, jaloux de l'apanage de son frère, chercha les moyens de l'en dépouiller. Pour exécuter ce projet, il fondit tout à coup sur le Vendômois avec des troupes levées à la hâte, et surprit Louis, son frère, qu'il fit prisonnier. On vit alors les deux factions d'Orléans et de Bourgogne, qui disputaient à l'envi de forfaits, se réunir pour délivrer Louis, qui s'était concilié l'estime générale; huit mois entiers s'écoulèrent sans que la jalousie de Jacques de Bourbon pût se calmer; enfin, les remords firent plus que les menaces sur l'esprit de cet ambitieux. Il se présente un jour aux portes de la prison de son frère, et, l'âme navrée de regrets et d'amertume, court l'embrasser, et détache ses fers en les mouillant de pleurs. — Soyez libre, lui dit-il, mon frère; vous réunissez, par l'estime que vous inspirez, les intérêts les plus opposés. Il est juste que je me livre aux sentiments qui vous sont dus. Je me suis fait violence en y résistant pour céder au plus vil sentiment qui m'arma contre vous : Reconnaissez un frère qui vous délivre, oubliez celui qui vous enchaîna. Les fers du prisonnier tombèrent à ces mots; il se retrouva dans les bras de son frère, qui l'entraîna avec lui hors du cachot. Louis, rendu au bonheur et à la tendresse fraternelle, crut devoir ce bienfait au vœu qu'il avait fait à la Vierge pour recouvrer la liberté, et qu'il se hâta d'accomplir. En conséquence, il fit un pélerinage à Saint Denis en France et à Notre-Dame de Chartres, pieds nus et en chemise, portant un cierge du poids de 50 livres, et suivi de cent domestiques dans le même accoutrement; il fit ensuite ériger la chapelle dont il est ici question. »

Au milieu du XVIIIe siècle, cette belle cathédrale menaçait ruine;

en 1770, l'architecte Louis et le statuaire Bridan, furent chargés par l'évêque de Chartres de faire la restauration de cette basilique; mais tous leurs changements n'ont pas été également heureux; il faut cependant admirer la descente de croix, l'un des bas-reliefs exécutés par Bridan, ainsi qu'un groupe placé derrière le maître-autel, et représentant l'Assomption de la Vierge Marie, qui s'élève soutenue par les anges. Cette Vierge est d'une exécution admirable, sa pose est pleine de noblesse, de vérité et de grâce. Elle n'en fut pas moins sur le point d'être brisée par le vandalisme révolutionnaire qui ne respectait pas plus les monuments des arts que ceux de la religion. La présence d'esprit d'un citoyen sauva ce chef-d'œuvre; il arrêta les furieux qui voulaient le détruire, en leur proposant de faire de cette madone une effigie de la déesse de la liberté, et, pour opérer cette transformation, il la coiffa à l'instant d'un bonnet rouge, aux applaudissements de la foule.

Une crypte ou église souterraine, pratiquée sous celle dont nous parlons, contient plusieurs chapelles dont une est celle de l'ancienne *Notre-Dame de Chartres*, où les pèlerins vont prier et suspendre leurs ex-voto. On voit près de cet autel un ancien puits appelé dans le pays *le puits des Saints forts*, parce que plusieurs corps de martyrs y furent jetés par ordre du gouverneur romain, sous l'empereur Claude.

Pendant la nuit des 4 et 5 juin 1836, un terrible incendie éclata encore une fois sur cet édifice. On croit que l'imprudence de quelques ouvriers qui travaillaient à la toiture en fut cause. Du sommet de cette cathédrale, tombait sur la ville de Chartres une pluie de feu, qui en menaçait toutes les habitations. Heureusement le zèle des habitants parvint à arrêter le désastre qui se borna à la perte de la couverture de plomb du grand comble, et de la charpente en châtaignier, vulgairement appelée *la forêt*, qui la supportait; la charpente des deux clochers et les cloches furent aussi détruites. Aucune de ces pertes n'est irréparable, et M. Baron, architecte de la ville de Chartres, a été chargé de la restauration de l'édifice.

On comptait autrefois à Chartres sept paroisses et plusieurs abbayes : maintenant il ne reste plus que deux paroisses. On ne retrouve plus de traces de l'ancien château. On voit sur l'une des places de Chartres un obélisque élevé à la mémoire du général Marceau, natif de cette ville. Soldat à seize ans, il fut général à vingt-trois, et mourut à vingt-sept.

La bibliothèque de Chartres mérite d'être mentionnée; on y trouve plusieurs ouvrages rares et importants, et beaucoup de manuscrits

Il se fait un commerce considérable en cette ville, surtout en bestiaux et en grains. C'est là que les cultivateurs de la Beauce viennent exposer leurs denrées; aussi ses marchés et ses foires sont fort renommés. On cite aussi les pâtés de Chartres.

La population de cette ville est d'environ 14 à 15,000 ames.

L'ancienne *abbaye de Josaphat*, près de Chartres, a été très considérable et célèbre. Entre autres personnages illustres dont elle renfermait les cendres, on doit citer Jacques du Terrail, parent de Bayard, qui en fut abbé en 1523, et plus tard évêque de Chartres. Jean de Salisbury, évêque savant et vertueux, du même diocèse, y fut aussi enterré. C'était dans ce lieu que le clergé de Chartres portait processionellement le voile de la Vierge, dans les calamités publiques. Cette abbaye a été détruite presqu'entièrement à la révolution. Ce qui en reste a été depuis converti en hôpital pour les incurables et les enfants. Cet hôpital est desservi par des religieuses.

II. ENVIRONS DE CHARTRES.

MAINTENON.

Avant le xviiie siècle il n'est guère question de cette petite ville dans l'histoire. En 1473, ce n'était encore qu'une terre noble; l'intendant des finances, Jean Cottereau, en devint possesseur dans le xvie siècle, et y fit bâtir un château, dont une partie a été conservée dans la construction moderne érigée en marquisat en faveur de Françoise d'Aubigné, veuve du poète Scarron. Cette terre, en donnant son nom à cette femme dont les destinées furent si extraordinaires, emprunta d'elle tout son lustre. Le château subit alors des changements qui devaient le rendre digne de servir d'habitation à l'épouse de Louis XIV; l'aqueduc date de cette époque. C'était une conception gigantesque; il s'agissait de faire communiquer ensemble deux collines très élevées, pour conduire les eaux de l'Eure dans toutes les dépendances du château et jusqu'à Versailles. Quarante huit piles avaient été déjà élevées. Cet ouvrage immense, qui ne put jamais être achevé, fut détruit en grande partie par Louis XV, pour la reconstruction du château de Crécy. A la mort de Mme de Maintenon, cette terre appartint à sa nièce qui avait épousé le duc de Noailles.

La ville de Maintenon est située dans une charmante et verdoyante vallée, sur les rivières de l'Eure et de la Voise qui s'y réunissent. Le château s'élève à l'extrémité de la ville; les deux rivières baignent ses murs, parcourent le parc et les jardins en de nombreux canaux et y entretiennent une délicieuse fraîcheur. Ce château, entièrement entouré d'eau, forme une double potence dont les bras sont tournés vers le parc. L'un des bras est terminé par une jolie tour ronde, l'autre par une tour carrée dont le haut dôme domine le reste de l'édifice; les bâtiments sont d'ailleurs peu élevés et le style plus élégant que magnifique; ils sont propres et bien distribués, l'intérieur a été décoré à la moderne par le propriétaire actuel; le corps de logis principal était l'appartement de la marquise; on y voit encore dans sa chambre à coucher son portrait peint par Mignard. L'appartement du roi y existe aussi; la chapelle est conservée soigneusement, elle est fort simple. On croit généralement, dans le pays, mais à tort, que c'est dans cette chapelle que Louis XIV épousa la veuve de Scarron. Cette cérémonie a eu lieu à Versailles.

ÉPERNON.

Sparnomus ou *Sparnomum* était l'ancien nom d'un château qu'Amaury de Montfort fit fortifier en cet endroit, sous le règne de Robert. Au XIVe siècle, Jean de Bourbon, comte de la Marche et de Vendôme, en était seigneur; la famille de Nogaret de la Valette le possédait au XVIe siècle. C'est en faveur d'un des membres de cette maison, le fameux duc d'Epernon, favori du roi Henri III, que cette terre fut érigée en duché pairie. Il usa si despotiquement de son autorité qu'on lui avait donné le nom de *roi d'Epernon*. Lors de l'assassinat de Henri IV, il fut soupçonné d'avoir eu part à ce forfait.

Epernon est aujourd'hui une petite ville qui ne renferme pas plus de 1600 habitants. Il ne reste plus que des débris de son château et de ses fortifications. D'autres ruines provenant de monastères, d'églises, etc., sont semées dans la ville et contribuent à lui donner un aspect assez triste. Elle s'élève sur le penchant d'une haute colline; elle est en général mal bâtie et mal pavée, surtout la partie haute qui est plus ancienne que l'autre. Epernon conserve encore deux paroisses. La petite rivière de Guesle coule au pied de la colline et va arroser une charmante vallée où l'on voit plusieurs châteaux remarquables.

AUNEAU.

A quatre lieues en deçà de Chartres, sur la petite rivière d'Aunoy, on trouve le bourg d'Auneau, dont le premier seigneur connu dans l'histoire fut un nommé Gauthier, qui, à la fin du XIe siècle, se fit religieux dans l'abbaye de Saint-Père, à Chartres. Jean Bureau de la Rivière, l'un de ses successeurs, passe pour avoir bâti le château d'Auneau. Ce seigneur fut premier chambellan de Charles V; il mourut en 1,400. Henri, duc de Joyeuse, seigneur d'Auneau, qui vivait au xvie siècle, renonça aux grandeurs à l'âge de vingt ans, pour se consacrer à la vie religieuse, et se fit capucin sous le nom de père Ange. A cette époque, les guerres de la religion commencèrent à donner de la célébrité à Auneau, qui fut le théâtre d'une lutte sanglante entre les troupes de Henri III, commandées par le duc de Guise, et les troupes protestantes. L'action fut vive et meurtrière, et le Balafré resta maître du château et du bourg.

Des seigneurs de la famille d'Escoubleau, puis le duc de Noailles, possédèrent successivement la terre d'Auneau; quelques autres, plus obscurs, l'ont gardée jusqu'à la révolution. Aujourd'hui le château est détruit, une haute tour subsiste seule debout au milieu de ses débris.

Aujourd'hui ce bourg, quoique chef-lieu de canton, est peu important. Sa population est d'environ 1,400 ames, y compris quelques hameaux qui en dépendent. Les habitants d'Auneau ont un quart de lieue de chemin à faire pour se rendre à leur église paroissiale, dédiée à saint Remi. Près de là se trouve la fontaine de Saint-Maur, à laquelle une tradition très ancienne attribue la vertu de guérir la goutte, et qui attire encore aujourd'hui des pèlerins.

GALLARDON.

A quatre lieues à l'est de Chartres, sur le penchant d'une colline et au bord de la rivière de Voise, se trouve située la petite ville de Gallardon, qui porte le cachet d'une assez haute antiquité. Son église est très belle, surtout le chœur; ses clochers se font remarquer par leur élévation.

On ne sait rien de Gallardon avant le règne de Robert. Ce roi, ayant eu sans doute gravement à se plaindre de Guillaume, qui en était seigneur, rasa le château et l'expulsa de sa terre, qui fut donnée au vicomte de Chateaudun. Celui-ci, après avoir rebâti le manoir, vint s'y établir.

Il paraît cependant que les descendants de Guillaume rentrèrent en possession de ce fief, puisqu'on les voit, en 1348, en faire la cession à Jeanne d'Evreux, troisième femme de Charles-le-Bel.

Sous Charles VI et Charles VII, Gallardon, qui appartenait alors à la famille d'Alençon, eut beaucoup à souffrir des guerres de cette époque désastreuse. Le comte de Dunois prit cette place aux Anglais, en 1443, et en détruisit le château à l'exception d'une vieille tour appelée l'*Epaule de mouton*. Le prince de Condé s'en empara en 1562, lors des guerres religieuses.

L'ancienne baronnie de Gallardon fut érigée en marquisat, en 1658, en faveur de Noël Bullion. Le duc de Laval-Montmorency, ayant épousé l'héritière de cette maison, devint ainsi possesseur de cette terre.

1,300 habitants composent la population de cette ville, en y comprenant quelques hameaux adjacents.

NOTICES BIOGRAPHIQUES

SUR LES HOMMES CÉLÈBRES DE L'ARRONDISSEMENT DE CHARTRES.

Adelman, évêque de Brescia en Lombardie, né dans les environs de Chartres. Une lettre qu'il a publiée sur l'hérésie de Béranger est regardée comme un chef-d'œuvre de logique et d'éloquence, pour le temps où elle a été écrite.

Aligre (Etienne d'), né à Chartres le 13 mars 1592, fut conseiller au grand conseil, à l'âge de 23 ans. Il fut garde des sceaux en 1624, et eut le titre de chancelier la même année. Son fils se distingua dans les mêmes fonctions.

Allainval (Léonor-Jean-Christine Soulas d'), né à Chartres, mort en 1763. Auteur de l'*Ecole des Bourgeois*, du *Mari curieux*, du *Temple du Goût*, et de plusieurs autres comédies ou opéras.

Amauri de Chartres, hérétique du XIII° siècle, condamné par le pape Innocent II. Ses disciples, enchérissant encore sur ses erreurs, soutenaient qu'il n'y avait ni paradis ni enfer, et que les sacrements étaient inutiles. Plusieurs d'entre eux furent brûlés.

Brissot de Warville (Jean-Pierre), né à Chartres, député à la convention nationale, fut proscrit par Robespierre, ainsi que tous les chefs du parti de la Gironde, et décapité en 1793, à l'âge de 39 ans: on a de lui plusieurs ouvrages, entre autres, un *Voyage dans les Etats-Unis d'Amérique*, fait en 1788; un autre ouvrage ayant pour titre : *Bibliothèque philosophique du Législateur, du Politique et du Jurisconsulte*; des *Voyages en Europe, en Asie et en Afrique*, traduits de l'Anglais; un journal intitulé *Le Patriote Français*, etc.

Collin d'Harleville (Jean-François), né à Maintenon, ou, selon d'autres, à Mévoisin, près Chartres, en 1755, étudia d'abord la jurisprudence, qu'il abandonna pour la culture des lettres. En 1786, il donna la comédie de l'*Intrigant*, puis l'*Optimiste* et les *Châteaux en Espagne*; mais dans le *Vieux Célibataire*, qui les suivit, il s'éleva plus haut. Cette pièce, qui est son chef d'œuvre, est un des bons ouvrages de la scène française. Parmi ses autres productions, on peut encore citer *Les Vieillards et les Jeunes Gens*, et la *Querelle des deux frères*, ouvrages posthumes. Collin d'Harleville mourut en 1806, regretté de tous ceux qui l'avaient connu.

Desfreux (André), né à Chartres, Jésuite en 1541, et secrétaire de saint Ignace.

Dussaulx (Jean), né à Chartres en 1728, fut membre de l'ancienne académie des Inscriptions, puis de l'Institut. Il fut député de la Convention Nationale, et se montra modéré. On lui doit une traduction estimée des *Satyres de Juvénal*, des *Mémoires sur les Satyriques latins*, trois ouvrages sur la passion du jeu, etc.

Félibien (André), né à Chartres en 1619, et mort à Paris en 1695, fut historiographe des bâtiments du roi, et membre de l'Académie Royale des Inscriptions. Il a laissé plusieurs ouvrages ; les plus estimés sont : 1° *Entretiens sur la vie et les ouvrages des peintres*; 2° *Principes de l'architecture, peinture et sculpture*. Son fils, Michel Félibien, entra dans la congrégation de Saint-Maur, et mourut en 1719. Il a donné l'histoire de l'abbaye de Saint-Denis et celle de la ville de Paris ; mais la mort l'ayant surpris avant que ce dernier ouvrage fût terminé, Dom Lobineau l'acheva.

Foulques ou *Foucher* de Chartres, chroniqueur du xii° siècle. Il se croisa, et fut chapelain de Baudouin, roi de Jérusalem. Il a écrit une relation des événements qui se sont passés depuis 1095 jusqu'à 1127. Son livre est d'une grande exactitude pour les dates et les détails militaires ; mais il y a mêlé beaucoup de fables.

Joyeuse (Henri de), seigneur d'Auneau, duc, pair, et maréchal de France, naquit en 1567. Il se signala d'abord dans le métier des armes, et se fit capucin après la mort de sa femme, en 1587 ; il demeura dans cet ordre jusqu'en 1592, que son frère Antoine Scipion, qui commandait dans le Languedoc pour la ligue, s'étant noyé dans le Tarn, il obtint du pape les dispenses nécessaires, par le crédit du cardinal de Joyeuse, son frère, et maintint le parti de la ligue en Languedoc, jusqu'en 1596. Il fit alors son accommodement avec le roi Henri IV, et eut le bâton de maréchal de France quatre ans après ; il rentra chez les capucins à Paris, et passa le reste de sa vie dans les exercices de la piété : il mourut à Rivoli, près de Turin, en 1608, à l'âge de 41 ans.

Marceau (François Séverin Desgraviers), général français, né à Chartres en 1769, entra comme soldat dans le régiment de Savoie Carignan, et parvint promptement au grade de sous-officier. Il se distingua dans la guerre de la Vendée, et fut nommé pour commander l'armée de l'Ouest ; il remporta de grands avantages sur les Vendéens, mais, ayant essayé d'arrêter les sanguinaires fureurs de ses soldats, et ayant même préservé de la mort une jeune Vendéenne, il aurait péri sur l'échafaud révolutionnaire, si le conventionnel Bourbotte, auquel il avait sauvé la vie, n'eut anéanti la procédure : toutefois Marceau perdit le commandement en chef. Après cette époque, il commanda sur différents points, et partout laissa des souvenirs honorables, par ses talents, sa valeur et son humanité : il fut blessé mortellement à l'âge de vingt-sept ans, le 20 septembre 1796, dans la forêt d'Hochteinbach, lors de la retraite du général Jourdan.

Nicole (Pierre), né à Chartres en 1625, mort à Paris en 1695; il vécut longtemps à Port-Royal, et s'acquit par ses ouvrages une réputation aussi grande que méritée; les principaux sont : 1° ses essais de morale, en 14 vol. in-12; il règne dans cet ouvrage un ordre qui plaît et une solidité de réflexion propre à convaincre, mais l'auteur ne parle qu'à l'esprit, il est sec et froid ; 2°. La perpétuité de la foi de l'église catholique touchant l'Eucharistie, 3 vol. in-4°.

Nicole se montra l'un des défenseurs les plus ardents du jansénisme, et sa vie fut empoisonnée par le trouble et l'inquiétude que lui causèrent ses démarches imprudentes et factieuses. Sur la fin de ses jours il entra dans deux querelles célèbres, celle des études monastiques, et celle du quiétisme; il défendit les sentiments de Massillon dans la première, et ceux de Bossuet dans la seconde. On raconte sur Nicole un grand nombre d'anecdotes qui prouvent la singularité de son caractère.

Pétion de Villeneuve (Jérôme), né à Chartres en janvier 1756, avocat, fit partie de l'assemblée constituante et fut nommé maire de Paris. Devenu l'idole du peuple, si souvent aveugle dans ses affections, il fut l'un des moteurs de la révolution, et une partie de l'horreur qu'inspirent les massacres de septembre rejaillit sur lui, puisque au mépris des devoirs de sa place, il ne fit rien pour les arrêter. Proscrit avec les girondins par Robespierre, il prit la fuite et périt de faim et de misère près de Saint-Émilion, en 1794.

Portes (Philippe des), célèbre poète français, né à Chartres, en 1546; abbé de Tiron, de Josaphat, de Vaux-de-Cernay, de Lonpont, d'Aurillac, et chanoine de la sainte chapelle. Il fut en grande faveur à la cour de Henri III qui le fit son lecteur, et l'appela souvent dans son conseil; il avait le génie de la poésie; il contribua beaucoup à épurer la langue française et l'enrichit d'un style fleuri et enjoué, de belles figures, de traits brillants et de descriptions animées qu'il emprunta à la poésie italienne. Son genre de talent le fit comparer à Tibulle. Après la mort de Henri III, il se retira dans la Normandie où il se joignit aux ligueurs; mais il travailla dans la suite à faire rentrer cette province sous l'obéissance de Henri IV, et ce prince lui accorda son amitié. Des Portes mourut en 1606. Il fut enterré dans l'abbaye de Josaphat.

Régnier (Mathurin), fameux poète satyrique, né à Chartres en 1573, fut quelque temps chanoine de cette ville; il est un des premiers qui aient fait des satyres en vers français. Il nous en a laissé dix-sept et d'autres poésies. Dans ses satyres, Régnier verse son fiel sur tous ceux qui lui déplaisent, et quelquefois avec une licence brutale; son style est souvent incorrect, ses plaisanteries basses, et la pudeur y est blessée en plus d'un endroit. Il a cependant des vers heureux et originaux, des saillies fines, des mots piquants et des expressions naïves. Regnier mourut à quarante ans, usé par la débauche. Voici son épitaphe, qu'il avait composée lui-même.

> J'ai vécu sans nul pensement,
> Me laissant aller doucement
> A la bonne loi naturelle,
> Et je m'étonne fort pourquoi
> La mort daigna songer à moi
> Qui ne songeai jamais à elle.

Il est bon de savoir que la vie de ce poète cynique ne fut pas aussi constamment agréable qu'il veut bien le dire dans cette épitaphe; voici en quels termes il déplorait, dès l'âge de trente ans, sa décrépitude prématurée :

> La douleur aux traits vénéneux,
> Comme d'un habit épineux,
> Me ceint d'une horrible torture;
> Mes beaux jours sont changés en nuits,
> Et mon cœur tout flétri d'ennuis
> N'attend plus que la sépulture.

> La mémoire du temps passé,
> Que j'ai follement dépensé,
> Espand du fiel en mes ulcères.
> . . . .

Sainctes (Guillaume de), né à Chartres en 1525. Il fut abbé de Saint-Chéron-les-Chartres. Il assista au colloque de Poissy et au concile de Trente. Nommé évêque d'Evreux en 1575, il assista l'année suivante aux Etats de Blois. Il devint par la suite un des plus ardents ligueurs, et fut fait prisonnier par le maréchal de Biron, qui le fit transférer à Caen, où on le condamna à une détention perpétuelle.

§ II.

ARRONDISSEMENT DE DREUX.

DREUX.

A huit lieues nord-ouest de Chartres, dans une riante et fertile contrée, s'élève la ville de Dreux, dont l'antiquité est fort reculée. Il paraît certain qu'elle tire son nom de la petite nation des *Durocasses*, dont elle était autrefois le chef-lieu, et dont on fit en latin *Drocæ, Drocis;* en français, Dreux.

L'histoire des premières vicissitudes de cette ville est peu connue. On sait seulement qu'au commencement du xie siècle, il y avait un comte de Dreux, et qu'il avait le droit de battre monnaie. En 1020, cette ville fut le sujet d'une querelle entre Richard, duc de Normandie, et Eudes, comte de Chartres, veuf de Mathilde, sœur du duc, qui lui avait apporté le château de Dreux en dot. Cette princesse étant morte sans enfants, Richard prétendit rentrer en possession de ce domaine, et Eudes refusait de le rendre. Des hostilités très vives eurent lieu. Le comte de Chartres, d'abord battu, ne se rebute point et attire tant de seigneurs dans son parti, que le duc de Normandie, craignant d'être accablé par le nombre, appelle à son secours les puissances du Nord. Alors on vit un roi de Suède et un roi de Norwège venir apporter la guerre en France, et y mettre tout à feu et à sang. La terreur fut d'autant plus grande, qu'on se souvenait encore de l'invasion des Normands. Le bon roi Robert mit tout en œuvre pour délivrer son royaume d'un tel fléau, et interposa son autorité avec tant de sagesse, qu'il parvint à accorder le différend, dont l'issue s'annonçait devoir être si funeste, en adjugeant au duc de Normandie le comté, et au comte de Chartres, la ville de Dreux; et il se fit même deux amis des monarques étrangers qui étaient venus menacer son royaume. L'un d'eux, Olave, roi de Norwége, se fit baptiser à Rouen et prit le nom de Robert, et tous deux se rembarquèrent après avoir été comblés de présents du roi de France.

En 1137 le comté de Dreux fut donné en apanage à Robert, fils de Louis-le-Gros. En 1188, les Anglais prirent la ville de Dreux et la brûlèrent. Charles V fit plus tard l'acquisition de ce comté. Charles VII le donna au connétable Stuart, et il finit par passer dans la maison d'Albret. Il fut plus tard le sujet d'un procès entre les seigneurs d'Albret et les comtes de Nevers. Le procureur-général mit les parties d'accord, en adjugeant l'objet de leurs contestations au domaine de la couronne. En 1559, Catherine de Médicis l'obtint pour douaire, et dix ans après elle le fit ériger en duché-pairie, en faveur de François, comte d'Alençon, son quatrième fils. Pendant les guerres civiles entre les catholiques et les protestants, Dreux fut le théâtre de luttes sanglantes. Une fameuse bataille eut lieu dans les plaines qui l'environnent. Les protestants eurent d'abord tout l'avantage. Jacques d'Albon, dit le maréchal de Saint-André, Gabriel de Montmorency, seigneur de Montbron, âgé de 20 ans, et le duc de Nevers, y furent tués. Une partie considérable de l'armée catholique prit la fuite. On rapporte que Catherine de Médicis, apprenant ces désastres, répondit tranquillement : *Eh! bien, nous prierons Dieu en français.* Ce qui prouve qu'au fond la religion l'intéressait fort peu, quoiqu'elle en fît le prétexte des troubles qu'elle fomentait.

Cependant les succès des Huguenots n'eurent point de suite; leur chef, le prince de Condé, fut pris par le duc de Guise. Obligés la nuit suivante de partager le même lit, ces deux héros dormirent tranquillement à côté l'un de l'autre.

En 1593, Henri IV prit Dreux d'assaut après quinze jours d'une vive résistance. Les habitants repoussés par les ligueurs qui s'étaient enfermés dans le château, étaient réduits au désespoir. Ecrasés sous les décombres de leur ville, mourant de besoin, se traînant dans les fossés, où ils séjournèrent plusieurs jours, ils étaient encore impitoyablement massacrés par les soldats qui les rencontraient; ils émurent le cœur d'Henri IV, qui, non seulement défendit à ses troupes de leur faire aucun mal, mais les fit aider par ses gens à sortir des décombres, et leur donna à chacun un écu avec la permission de se retirer où bon leur semblerait.

Dreux est une ville agréable, propre, bien bâtie. La Blaize l'entoure en partie, et les différents bras de cette rivière la partagent en plusieurs quartiers. De deux églises, deux couvents, et plusieurs autres établissements qu'elle avait avant la révolution, il ne reste plus qu'une paroisse et un hôpital.

Sur les débris de l'ancienne église collégiale, la duchesse douairière d'Orléans, mère du roi Louis-Philippe, a fait construire une chapelle au lieu même où furent enterrés les princes et les princesses des maisons de Toulouse et du Maine, dont elle descendait. Le monument sépulcral est très remarquable. La princesse Marie d'Orléans y a aussi été enterrée.

La population de Dreux est de 6,249 habitants.

II. ENVIRONS DE DREUX.

ANET.

Ce joli bourg, situé entre l'Eure et la Vesgre, à 3 lieues au nord de Dreux, contient 1,416 habitants. C'est une ancienne châtellenie devenue célèbre par le séjour qu'y fit Diane de Poitiers, maîtresse de Henri II, qu'il fit duchesse de Valentinois, et pour qui ce prince fit construire un délicieux château, où tout portait l'emblème de sa passion. Tous les historiens s'accordent à peindre Diane douée de tous les dons de l'esprit et de la beauté. Sa grandeur d'ame, sa bienfaisance, son utile influence sur les affaires de l'état, la font véritablement distinguer des maîtresses ordinaires. Le règne de Henri II fut celui de Diane de Poitiers, dit un auteur Elle avait effectivement toutes les qualités d'une grande reine, et l'on se sent porté à voir avec quelque indulgence les infidélités de l'époux de Catherine de Médicis en faveur d'une femme aussi remarquable, qui se dévoua au roi par amour plutôt que par ambition. Henri II ayant voulu faire légitimer une fille qu'il en avait eue, elle s'y opposa en lui disant : « J'étais d'un rang à avoir de vous des enfants légitimes. J'étais votre maîtresse parce que je vous aimais, je ne souffrirai pas qu'un arrêt du parlement me déclare votre concubine. »

Diane encouragea les lettres et les arts qui commençaient à naître. Elle préféra toujours le bien de l'état au bien de ses créatures, ou même de sa famille. Une seule fois, elle suivit son inclination dans la distribution des faveurs, elle reconnut et répara cette faute. Le même zèle l'animait pour la gloire du roi. On avait donné au cardinal de Ferrare la direction politique et militaire de Sienne; Strozzi, parent de la reine, demanda cette commission. La duchesse se déclara pour la maison de Ferrare, dévouée depuis longtemps aux intérêts de la France, et représenta au roi qu'il trahirait son honneur en manquant à sa parole.

Le roi étant à l'extrémité, Catherine de Médicis envoya dire à Diane de Poitiers de lui rendre les pierreries qu'il lui avait données, avec l'ordre de se retirer dans un de ses châteaux. « *Le roi est-il mort?* demanda-t-elle. — Non, lui répondit-on, mais il ne passera pas la journée. — Eh bien, je n'ai donc pas encore de maître, répliqua-t-elle ; et je veux que mes ennemis sachent que quand ce prince ne sera plus, je ne les craindrai point. Si j'ai le malheur de lui survivre longtemps, mon cœur sera trop occupé de la douleur de sa perte pour que je puisse être sensible aux chagrins que l'on voudra me donner. »

Philibert Delorme, le plus habile architecte de son temps, fut chargé de la construction du château d'Anet, à l'embellissement duquel concoururent les principaux artistes de l'époque. Il était formé de trois corps de logis entourant une cour. Au centre du quatrième côté était la porte d'entrée, espèce d'arc triomphal, décoré de quatre colonnes ioniques. Dans l'attique de cette porte, on voyait une horloge très curieuse : un cerf de bronze frappait les heures de son pied droit, pendant que des chiens de même métal aboyaient autour de lui. Partout, dans les décorations du château, se présentaient les chiffres de Diane. Ils sont reproduits sur tous les monuments que Henri II fit élever, et les courtisans, le peuple même, à l'invitation du roi, les traçaient sur leurs maisons, leurs armures, leurs meubles. Des médailles ont été aussi frappées en l'honneur de Diane, avec son effigie d'un côté, et de l'autre, cette devise : *j'ai vaincu le vainqueur de tous.* La chapelle du château avait été décorée avec un goût exquis. Le tombeau de Diane de Poitiers se trouvait dans une chapelle succursale. Quatre sphinx en marbre blanc soutenaient un sarcophage sur lequel cette duchesse était représentée à genoux, les mains jointes devant un prie-dieu supportant un livre ouvert. Elle avait vécu soixante-six ans, et avait conservé jusqu'à la fin une beauté surprenante. Jamais elle ne s'était servie d'aucune pommade ni d'aucune eau factice.

Le château d'Anet, après avoir successivement appartenu à plusieurs princes et seigneurs, au nombre desquels furent des Vendôme, des Condé, le duc et la duchesse du Maine, etc., fut donné par Louis XV au duc de Penthièvre, qui en était propriétaire à l'époque de la révolution. Il n'existe plus maintenant qu'une partie de cette magnifique habitation. Le portail a été transporté au musée des monuments français, ainsi que le tombeau de la duchesse de Valentinois.

La population d'Anet est de 1,416 habitants.

Non loin d'Anet, est le bourg d'*Ivry*, au pied d'un coteau. La rivière de l'Eure le traverse. La plaine d'Ivry est célèbre par la bataille qu'Henri IV y gagna sur les ligueurs et le duc de Mayence, le 14 mars 1590. Une pyramide entourée de grilles de fer, et haute de cinquante pieds, a été élevée en ce lieu, pour perpétuer la mémoire de cet événement ; la révolution l'avait détruite, mais Napoléon la fit rééditifier en 1809.

NOGENT-LE-ROI.

Petite ville à quatre lieues sud-ouest de Dreux, qui après avoir appartenu à différents seigneurs, fut réunie au domaine de la couronne, sous Philippe de Valois, qui y mourut le 22 août 1350. On croit que c'est depuis cette époque que ce bourg prit le nom de Nogent le Roi. La maison royale le posséda jusqu'en 1444, que Charles VII, en lui conférant le titre de ville, le donna à Pierre de Brézé, comte de Maulévrier, grand sénéchal de Normandie. Nogent appartint ensuite à Jacques de Brézé, marié à Charlotte de France, fille naturelle du roi et d'Agnès Sorel. Son fils fut l'époux de Diane de Poitiers. Richelieu érigea la baronnie de Nogent en comté et en fit don à Bautru, son bouffon. Pendant les guerres étrangères et civiles, Nogent, regardé comme un point important à cause de son château fort, fut exposé à de fréquents désastres. Les Anglais s'en emparèrent, Charles VII les en chassa ; mais ils y rentrèrent sous la conduite de Salisbury, qui fit passer la garnison au fil de l'épée. Les mêmes circonstances se renouvelèrent au temps de la ligue. Une garnison de troupes royales, établie dans la ville, faisait des courses jusqu'à Chartres, inquiétant et imposant tout le pays des environs; si bien que tous les habitants de ces bourgs se rassemblèrent pour venir assiéger le château de Nogent. Un chanoine de Chartres dirigeait l'artillerie. La garnison se rendit à composition, mais les Chartrains la massacrèrent tout entière. Quelques temps après, les troupes royales reprirent le château, pendirent le gouverneur et pillèrent la ville. Rien de mémorable ne s'est passé depuis à Nogent. Cette ville, agréablement située, n'offre d'ailleurs rien de remarquable; elle a environ 1,300 habitants.

NOTICES BIOGRAPHIQUES

SUR LES HOMMES CÉLÈBRES DE L'ARRONDISSEMENT DE DREUX.

Godeau (Antoine), né à Dreux en 1605, mort en 1672; il contribua à l'établissement de l'Académie française, et s'acquit une grande réputation par sa piété, par ses prédications et par ses ouvrages. Le cardinal de Richelieu le fit nommer à l'évêché de Grasse, auquel il renonça pour celui de Vence. Il y fit fleurir la piété et la discipline ecclésiastique. On a de lui un grand nombre d'ouvrages dont les principaux sont : 1º Une *histoire ecclésiastique*, 3 vol. in-fol. et 6 vol. in-12. 2º *Vie de saint Paul*, in-4º. 3 *Vie de saint Charles Borronnée*, 2 vol in-12. 4º *Discours sur les ordres sacrés*, in-12. 5º *Morale chrétienne*; 6º *Traduction en vers des psaumes de David*; 7º des *Eglogues chrétiennes* et plusieurs autres poésies.

Philidor, compositeur savant et fécond qui a opéré une révolution favorable dans la musique française et nous a laissé plusieurs opéras estimés. Il était en outre le premier joueur d'échecs de l'époque, et a écrit une *analyse* de ce jeu. Philidor était né à Dreux; il mourut en 1795.

Rotrou (Jean de), célèbre poète français, né à Dreux en 1609 et mort en 1650. Il se distingua par ses comédies et ses tragédies, et s'acquit l'estime du cardinal de Richelieu, qui lui donna une pension. Pierre Corneille l'appelait son père dans la tragédie. On a de lui trente-sept pièces de théâtre, dont les meilleures sont *l'Antigone* et le *Wenceslas*. Tous les poètes s'étaient ligués contre le *Cid*. Rotrou fut le seul qui refusa de se prêter à seconder la jalousie du cardinal de Richelieu, et fut toujours l'admirateur et le zélé partisan de Corneille.

CHAPITRE TROISIÈME.

DÉPARTEMENT DE LA SEINE.

ARRONDISSEMENT DE SAINT-DENIS.

Dans la description de la partie du département de la Seine qui dépend de la région de l'Ouest, nous nous occuperons d'abord des villages qui appartiennent à l'arrondissement de St.-Denis.

NEUILLY.

Sur la rive droite de la Seine et à une petite lieue de la barrière de l'Étoile, sur l'ancienne route de St.-Germain, on trouve le beau village de Neuilly, qui, après avoir été seulement une dépendance de Villiers-la-Garenne, est devenu si important que Villiers n'est plus maintenant lui-même qu'une dépendance de Neuilly.

Ce qu'on remarque à Neuilly, c'est d'abord son beau pont, aussi solide qu'élégant et hardi. En 1606, il n'y avait encore là qu'un bac pour traverser la Seine, mais un accident arrivé alors à Henri IV détermina la construction d'un pont. « Ce prince ayant failli périr en cet endroit, avec la reine et quelques personnes de sa cour, par la précipitation des chevaux; il ne dut son salut qu'au dévouement de MM. de l'Isle-Rohan et de la Chastaigneraye, qui se jetèrent dans l'eau tout habillés. Etant hors de danger, le roi aida à tirer de l'eau Marie de Médicis, qui avait déjà avalé quelques gorgées. » Henriette d'Entragues, marquise de Verneuil, qui n'était pas aussi bonne que belle, ayant appris le lendemain ce qui était arrivé, s'écria : *Si j'avais été là, je me serais mise à crier* : *la reine boit, la reine boit*. Ce qu'il y a de singulier, c'est que cette chute guérit le roi d'un grand mal de dents ; malgré l'efficacité du remède, n'étant pas tenté d'en user davantage, il fit construire cette année même un pont en bois, qui fut nommé le *Pont-Henri*, et où l'on passa moyennant un péage. Ce pont ne fut guère solide ; en 1638, il était déjà croulé ; on y replaça des bateaux pour le réparer ; et Louis XIII fit don du péage durant trente ans à mademoiselle de Hautefort, sa confidente, car ce prince n'avait point de maîtresse, mais seulement il voulait une amie. Celle-ci répondit mal à la confiance du monarque, et trahissant ses secrets elle en faisait le sujet de ses plaisanteries. Bien différente, mademoiselle de Lafayette, plus digne de la distinction que fit d'elle Louis XIII, n'usa jamais de son ascendant sur lui que pour le consoler, lui donner d'utiles conseils, et le rapprocher de la reine. Effrayée cependant des conséquences que pourrait avoir une amitié qui commençait à prendre le caractère d'un sentiment plus vif, et craignant sans doute la faiblesse de son propre cœur, cette vertueuse personne eut le courage de s'arracher aux plaisirs et aux faveurs dont elle était entourée pour se retirer dans un couvent où elle se fit religieuse.

Revenons au pont de Neuilly. En 1772, il fut reconstruit en pierre, tel qu'on le voit aujourd'hui, et ne fut achevé que sous Louis XV. Ce pont n'a que cinq arches extrêmement surbaissées, ce qui en a rendu la construction très difficile. Elle est due à l'ingénieur Perronet. Les pierres de Saillencourt que l'on y a employées, sont d'une longueur extraordinaire; il y en a une qui a trente-quatre pieds. Ce pont est parfaitement aligné avec la grande allée des Tuileries.

Non loin du pont est, sur la droite, le château de Neuilly, délicieuse retraite, que l'art et la nature se sont plus à embellir et où le roi des Français vient quelquefois se distraire des soucis de la couronne, et redemander à ses ombrages un peu de cette paix, dont jouissait le duc d'Orléans.

Ce château fut bâti par le comte d'Argenson en 1755. Il est élevé sur plusieurs terrasses qui descendent vers les bords de la Seine. L'édifice, d'un goût romain, est couronné d'une balustrade interrompue par des piédestaux, surmontés alternativement de de vases et de groupes d'enfants. Louis-Philippe a encore agrandi et embelli cette maison de plaisance, ainsi que le magnifique parc dont dépendent des îles délicieuses. Saint-Foix, puis la princesse Borghèse, ont possédé ce beau domaine.

Le château de Saint-James, qui a aussi appartenu à la princesse Borghèse, n'est pas moins remarquable. Son nom lui vient du propriétaire qui le possédait avant la révolution. C'est une des plus élégantes demeures des environs de Paris. Sa construction était déjà ancienne lorsque Bellanger l'a restaurée et décorée. Les jardins sont distribués avec beaucoup de goût. Parmi les diverses fabriques qu'on y a élevées se trouve un rocher de grande dimension. Une salle de bains y est pratiquée. Cette délicieuse habitation a été pendant quelques jours la demeure de Lord Wellington, en 1815. Après son départ, les Anglais, cantonnés à Neuilly, dévastèrent cette habitation.

Depuis peu de temps, un village tout neuf, qui a pris le nom de *St.-James*, s'est formé en cet endroit; il est déjà considérable, et fait partie de la commune de Neuilly. Il en est de même de *Sablonville*, qui s'étend jusqu'à la barrière de l'Etoile, et des *Ternes* qui touchent au faubourg du Roule, nouveaux et superbes villages, entièrement composés de maisons de plaisance et qui prennent un accroissement rapide depuis peu d'années. Il faut encore parler du château de *Villiers*, orné avec luxe, et dont les vastes jardins, baignés par la Seine, comprennent aussi plusieurs îles du plus riant aspect.

La population de Neuilly est d'environ 3,000 habitants, non compris ses dépendances.

COURBEVOIE.

A droite, après le pont de Neuilly, se trouve le village de Courbevoie, ainsi nommé du latin *curva viá*, parce qu'en effet la route qui y conduit est tortueuse. Au xiiie siècle, ce n'était qu'un hameau dépendant de la paroisse de Colombes. L'accroissement qu'il prit, ainsi que son éloignement de Colombes, y nécessitèrent d'abord l'érection d'une chapelle, qui, reconstruite en 1789, devint une église paroissiale assez remarquable.

En entrant dans ce village, une superbe caserne, bâtie sous Louis XV, attire d'abord les yeux. Un hôpital militaire, destiné aux soldats alliés blessés, y fut établi en 1814.

Un château, et plusieurs autres maisons de plaisance, dont l'une a appartenu à M. de Fontanes, contribuèrent à orner ce village. dont l'exposition est des plus agréables, 1,300 habitants, environ, forment sa population, avec celle des hameaux qui en dépendent,

---

PUTEAUX.

Quoique le nom de ce village semble venir de *puteoli*, (les petits puits), il paraît cependant que telle n'est pas son étymologie. Son nom primitif était *Aqua-Putta*. Putta, en langue Celtique, signifie *bonne*. Plus tard, on substitua à ce nom celui d'Aigues-painte, c'est ainsi qu'il est désigné dans les chroniques de Saint-Denis.

C'est en sortant de Neuilly, et laissant à droite Courbevoie, qu'on arrive à ce village, situé sur la rive gauche de la Seine. Longtemps il dépendit de la paroisse de Suresne, même après qu'on y eut élevé une chapelle, et ce ne fut qu'en 1717 que cette chapelle fut érigée en église paroissiale.

Puteaux appartenait à l'abbaye de Saint-Denis, L'abbé Guillaume en affranchit les habitants en 1248, en même temps que ceux de Colombes et de Courbevoie. Mais les abbés de Saint-Denis possédèrent toujours la seigneurie de Puteaux jusqu'à ce qu'elle passât aux dames de Saint-Cyr.

La duchesse de Guiche et le duc de Grammont, eurent des maisons de campagne dans ce village. L'habitation de ce dernier appartint plus tard au duc de Penthièvre. Le duc de Feltre l'acquit à son tour. Elle est connue sous le nom de *Faventine*, qui fut aussi celui d'un de ses prédécesseurs.

L'île de Puteaux, en face du village, est aussi à remarquer. Chaulieu, Bachaumont, Lafare, s'y donnèrent souvent de joyeux rendez-vous.

Les habitants de Puteaux cultivent beaucoup de roses pour les parfumeurs. La butte, dite Champ-de-Coq, en est entièrement couverte. Le hameau de ce nom fait partie de Puteaux, dont la population est ainsi de 1,000 à 1,200 habitants.

SURESNE.

En côtoyant la rive gauche de la Seine, on rencontre bientôt Suresne, qui se trouve à 2 lieues de Paris. On prétend que ce village doit son nom à sa situation sur les bords de ce fleuve, et vient par corruption de *sur Seine*, mais cette situation lui est commune avec tant d'autres que ce n'est pas là une raison bien convaincante. *Surisnas, Sorenæ*, sont les noms qu'on lui donne dans les anciennes chartes, mais c'est sans doute encore par corruption, puisqu'on latinisait, à cette époque, des noms déjà dénaturés.

En 918, la terre de Suresne appartenait à Charles-le-Simple, qui en fit don à Robert, abbé laïque de St.-Germain-des-Prés, qui fut grand-père de Hugues-Capet.

L'abbé Lebeuf raconte ainsi les circonstances qui accompagnèrent la fondation d'une paroisse à Suresne : « (1) Saint Leufroy,
» abbé du diocèse d'Evreux, dans le VIIIe siècle, y mourut en 738.
» Les moines de son abbaye s'étant réfugiés à Paris, avec le corps
» de leur saint abbé, à cause de la crainte des Normands, s'en re-
» tournèrent lorsque la paix fut faite avec eux, mais les religieux
» de St.-Germain, chez qui ils avaient caché ces reliques, ne vou-
» lurent point les rendre, et se contentèrent de leur en laisser
» emporter un bras. La terre de Suresne ayant été donnée alors
» à la même abbaye de St.-Germain, on songea à y bâtir une
» église, et à y ériger une cure. Ainsi ce fut alors, c'est-à-dire
» depuis 918, que les hameaux de Suresne et de Puteaux furent
» démembrés de Nanterre, chef-lieu de la péninsule. L'église fut
» dédiée sous le titre de saint Leufroy, dont l'abbaye possédait le
» corps, et dont on détacha sans doute quelques particules pour
» la cérémonie. Il n'y a pas d'apparence qu'il y ait eu une église
» en ce lieu, avant le transport de ce saint corps à Paris, et avant la
» donation de Suresne au monastère qui possédait cette relique.
» L'église de saint Leufroy de Suresne, reçut encore, par la suite,

---

(1) *Hist. du diocèse de Paris*, t. VII, art. Suresne.

» deux fois des reliques de son saint patron. En 1222, lorsque le
» corps fut transféré de la vieille châsse dans une nouvelle, l'abbé
» de St. Germain en fit tirer une côte, qu'il donna à la même pa-
» roisse; et de rechef, en 1508, les anciennes reliques ayant été
» perdues ou brûlées dans le temps des guerres de la religion, le
» clergé du lieu vint recevoir à Paris un petit os de la jambe du
» même saint, que les habitants promirent de rapporter à l'abbaye
» en temps de guerre ou autres dangers. »

François Vatable, professeur d'hébreu au collége royal, connu principalement par une bible qui porte son nom, fut curé de St.-Leufroy de Suresne, en 1524.

En 1577, cette église, où s'étaient réfugiées des troupes catholiques, fut brûlée par les huguenots; elle fut restaurée par la suite.

C'est dans ce lieu que se tinrent, en 1593, les conférences qui eurent pour effet de déterminer Henri IV à embrasser le catholicisme.

M. Héliot, secrétaire de la feuille des bénéfices, ayant fondé à Suresne, à la fin du dernier siècle, une fête de la Rosière à l'instar de celle de Salency, ce prix se décerne encore tous les ans, en vertu de cette fondation, au jour de l'Assomption. Il consiste en une somme de trois cents francs, et en une couronne de roses posée sur le front de la jeune fille la plus vertueuse, par un prélat qui officie ordinairement ce jour-là. C'est le curé qui nomme les prétendantes. Le maire et les marguilliers élisent parmi elles la rosière par la voie du scrutin.

Ce village compte environ 1,400 habitants. Parmi ses maisons de campagne, il faut citer celles qui ont appartenu à Colbert, à M. de Lionne, et celle que posséda le duc de Chaulnes.

NANTERRE. — LE MONT VALÉRIEN.

Le village de Nanterre est, sans contredit, un des plus anciens des environs de Paris. Son nom, en latin *Nemptodorum*, a la plus noble étymologie : Nem, en celtique, signifiait temple, et Tor était la principale divinité des Gaulois; aussi Nanterre eut-il un temple payen qui fut détruit dans le courant du ve siècle. Une église catholique y fut établie sur ses débris, et bientôt, dit la légende, le Dieu véritable eut en ce lieu le plus digne de tous les temples, dans le cœur d'une jeune fille pure et sainte, qui, tout en gardant ses troupeaux, méditait la loi divine, et offrait au ciel ses prières.

Saint Germain, évêque d'Auxerre, et saint Loup, évêque de Troyes, partant pour aller évangéliser la Grande-Bretagne, passè-

rent par Nanterre, et parmi la multitude de personnes assemblées pour les voir, saint Germain distingua la pieuse et modeste Geneviève, fille de Sévère et de Géronce. « Il la fit approcher, dit
» l'abbé Lebeuf (1), la mena à l'église, où il récita les prières de
» None et de Vêpres; et le lendemain, il lui fit déclarer, ainsi
» qu'elle le lui avait promis la veille, qu'elle désirait embrasser
» l'institut des vierges chrétiennes. Il l'affermit dans cette réso-
» lution, et lui donna une pièce de cuivre où était gravée la fi-
» gure de la croix, lui disant de la porter à son cou, au lieu de
» ces colliers que portaient les filles mondaines. »

Après la mort de ses parents, Geneviève s'étant retirée dans Paris, rendit d'immenses services à cette cité, qui depuis si longtemps l'honore pour sa patronne. Dès ce moment, son histoire s'unit à celle de la ville de Paris, et pour ne point nous répéter, nous renvoyons nos lecteurs à ce que nous en avons dit dans le tome I de cet ouvrage (2).

Clotaire II fut baptisé à Nanterre en l'an 591. Gontran, qui le tint sur les fonts, lui adressa ces paroles : *Croissez, mon enfant, rendez-vous digne du grand nom que vous portez, et devenez aussi puissant que Clotaire.*

En 1163, Nanterre appartenait à léglise de Ste.-Geneviève de Paris, qui eut, en 1223, une contestation avec l'abbaye de St.-Germain-des-Prés, sur la dîme d'un canton de ce village.

En 1346, les Anglais firent éprouver à Nanterre le même sort qu'à la ville de St.-Germain, qu'ils venaient de prendre et de brûler. Les mêmes Anglais, unis aux Armagnacs, en 1411, commirent encore d'horribles cruautés dans ce village.

Outre l'église paroissiale de Nanterre, dédiée à saint Maurice, se trouvait autrefois, dans ce village, une chapelle plus ancienne bâtie à l'endroit même de la maison de la sainte; au milieu était un puits qui avait servi au ménage de sa famille, et dont l'eau passait pour miraculeuse. Louis XIII et la reine, son épouse, y ont fait de pieux pélerinages, ainsi que beaucoup d'autres personnes distinguées. La chapelle a été détruite, mais le puits subsiste toujours.

Une autre petite chapelle, au centre d'un bosquet sur la route de Chatou, marquait l'endroit où sainte Geneviève gardait ses troupeaux. Ce monument religieux ayant été détruit, il ne reste plus en cet endroit qu'une simple croix pour en perpétuer le souvenir.

On voit encore des débris des fortifications qu'eut autrefois Nanterre. La population de ce bourg, chef-lieu de canton, est aujourd'hui d'environ 3,000 ames.

Nanterre eut sa part des engagements qui eurent lieu entre les Français et les troupes alliées, en 1815; un bataillon prussien y fut taillé en pièces.

---

(1) *Hist. du diocèse de Paris.*
(2) Voy. *Histoire de Paris*, t. I, p. 21 et suiv.

Sur le territoire de la commune de Nanterre, est le *Mont Valérien* ou *Calvaire*, la plus élevée de toutes les collines qui entourent Paris. Cette montagne doit son nom, suivant la plupart des auteurs, à Valérien, père de l'empereur Galien. Elle est célèbre dans les annales religieuses. Un pieux solitaire y vivait en 1400; d'autres lui succédèrent. Par leurs soins, trois croix se trouvaient établies sur le point le plus élevé de la montagne, ce qui donna l'idée au prêtre Hubert Charpentier, qui vivait sous le règne de Louis XIII, d'établir, au mont Valérien, un couvent avec des ecclésiastiques destinés à propager le culte de la croix, que les Calvinistes attaquaient vivement à cette époque. Charpentier n'avait aucun moyen d'exécution, mais il avait l'ardeur de la foi, qui fait tout entreprendre. Il s'adressa au cardinal de Richelieu, et sut si bien plaider en faveur de son projet, qu'il le lui fit goûter, et obtint de ce ministre de puissants secours. Le prince de Conti, le cardinal de la Rochefoucauld, M. de Gondi, archevêque de Paris, l'aidèrent aussi de tout leur pouvoir. Louis XIII, en 1640, accorda des lettres-patentes pour l'érection de cette maison, et l'archevêque dressa lui-même les statuts de la nouvelle congrégation. Louis XIV y ajouta de nouveaux priviléges.

Outre l'église et le couvent bâtis au sommet du Calvaire, plusieurs chapelles rappelant les différentes circonstances de la passion, étaient érigées sur des terrasses. On avait pratiqué des escaliers dans la montagne pour en rendre l'accès plus facile aux pélerins. Beaucoup de personnes y allaient faire leurs dévotions, surtout pendant le carême et la semaine sainte; on y faisait des pélerinages dans la nuit du jeudi au vendredi saint. Mais des abus s'étant glissés parmi ces actes de dévotion, l'archevêque jugea nécessaire de les défendre en 1787, et quatre ans plus tard, l'Assemblée Constituante ayant décrété la suppression des communautés religieuses, les prêtres et les hermites établis au mont Valérien furent expulsés.

Leurs maisons subsistaient encore, et l'une d'elles fut rachetée plus tard par un ecclésiastique; mais, en 1800, Napoléon, soupçonnant qu'un conseil, contraire à ses vues, s'y réunissait secrètement, fit, pendant la nuit, arrêter ceux qui lui faisaient ombrage et raser l'église et le couvent. Il ordonna plus tard qu'on y rebâtit une maison destinée à servir de succursale à celle d'Ecouen; mais il changea ensuite d'avis et voulut en faire une caserne.

A la chute de l'empire, ce bâtiment n'était pas achevé. Les pères de la foi y furent installés sous la restauration. Ces religieux firent de cet édifice un immense monastère avec une église dont l'archevêque de Paris fit solennellement la dédicace. Le mont Valérien, rendu à sa destination primitive, attira de nouveau un grand concours de fidèles, jusqu'à ce que la révolution de 1830 vint forcer les missionnaires à l'abandonner.

BOULOGNE.

LE VILLAGE. — LE BOIS.

Une épaisse forêt remplissait autrefois l'espace qui se trouve entre Paris et St.-Cloud. Une partie de cette forêt ayant été abattue vers le bord de l'eau, un village s'y éleva sous les rois de la première race, et fut longtemps appelé *Menus lez St.-Cloud*, dont il n'était, comme aujourd'hui, séparé que par un pont.

Un pélerinage célèbre, établi à Boulogne-sur-mer, dès le VIIe siècle, attirait un grand nombre d'habitants de Paris et des villages environnants. Quelques-uns de ces pélerins sollicitèrent de Philippe-le-Long la permission d'ériger, dans le village des Menus, une confrérie de la Vierge et une chapelle semblable à celle de Boulogne. Ce monument, d'une architecture gothique, fut terminé et béni par l'évêque de Paris, en 1343. Le pape l'enrichit des mêmes indulgences qu'on allait autrefois chercher si loin à Notre-Dame de Boulogne-sur-Mer ; et les Parisiens s'habituant à aller faire leurs dévotions en cet endroit, donnèrent, dans la suite, au village des Menus le nom de Boulogne. Cette chapelle fut bientôt agrandie et érigée en paroisse ; Boulogne fut alors démembré de la cure d'Auteuil.

Le *Journal de Paris, sous Charles VII*, rapporte qu'un fameux cordelier nommé frère Richard, prêchant le 25 avril 1429 dans l'église érigée par la confrérie des pélerins, toucha tellement les Parisiens accourus pour l'entendre, qu'à l'issue du sermon, on ne voyait de tous côtés que des feux allumés où les hommes s'empressaient de jeter cartes, dés, billes, billards, tables de jeu, et tout ce qui pouvait exciter l'avidité du gain et les querelles.

Boulogne est aujourd'hui devenu très considérable ; près de 4,000 habitants forment sa population ; la plupart sont blanchisseurs. On y trouve, entre autres établissements industriels, une fabrique d'eau de javelle. On y remarque aussi de très belles maisons de campagne, surtout celle du célèbre banquier Rotschild, située à droite, à l'entrée du village, en sortant du bois ; elle est précédée d'une longue avenue et entourée d'un parc délicieux. L'archi-chancelier de l'empire, Cambacérès, eut aussi à Boulogne une maison de plaisance. Ce village, très bien bâti, est un des plus beaux de la région occidentale des environs de Paris.

Le bois adjacent s'appelait d'abord forêt de *Rouvray*, nom dérivé de *Robur*, sorte de chêne qui abondait en cet endroit. Olivier le Daim, ce farouche favori de Louis XI, occupa le poste de capitaine du pont de St.-Cloud, et de garde de la forêt de Rouvray. Cette forêt, qu'il fallait traverser pour se rendre au pélerinage de Boulogne, en prit insensiblement le nom. Des motifs beaucoup moins innocents, y attirèrent plus tard des réunions d'un autre genre.

Le bois de Boulogne avait été replanté en 1801, mais les Anglais, qui y campèrent en 1815, le dévastèrent tellement, qu'il fallut le replanter encore. Aujourd'hui, l'enceinte des fortifications de Paris, qui le traverse, vient l'attrister de nouveau.

Ce bois, ou plutôt ce parc, percé de routes magnifiques, est enclos de murs. La principale porte, appelée *porte Maillot*, s'ouvre sur l'avenue de Neuilly.

CHATEAU DE MADRID.

Ce château, situé au centre du bois de Boulogne, avait été élevé par François Ier, pour servir de rendez-vous de chasse. Ce séjour plut tellement à ce prince, qu'il l'habita souvent et avant même qu'il fût terminé. C'était là qu'il se retirait volontiers pour se livrer à l'étude des arts et des lettres avec les hommes de génie qu'il savait distinguer et encourager. De moins dignes passetemps l'occupèrent aussi dans cette retraite, que la duchesse d'Etampes et la belle Féronnière vinrent quelquefois partager avec lui.

Le mystère dont s'environnait alors le roi; la difficulté que trouvaient les courtisans pour parvenir jusqu'à lui, fit donner à ce château le surnom de Madrid, parce que François Ier y était aussi inaccessible pour eux, que lorsqu'il était retenu prisonnier dans la capitale de l'Espagne. Ce nom resta depuis au rendez-vous de chasse du bois de Boulogne.

Après la mort de François Ier, le château n'était pas encore entièrement achevé; Henri II y fit mettre la dernière main. On y trouve son chiffre fréquemment répété, ainsi que celui de Catherine de Médicis et de Diane de Poitiers, de même que la Salamandre, devise de François Ier.

On croit que le Primatice fut l'architecte à qui on doit le plan de ce château. Ce qui donne quelque poids à cette conjecture, c'est que les ornements extérieurs et intérieurs furent exécutés par des artistes que le Primatice avait amenés d'Italie. Les trois façades, terminées sous François Ier, furent enrichies d'ornements en terre cuite vernissée, ouvrage du célèbre Bernard Palissi.

« L'édifice, de quarante toises de long sur seize de large, était
» élevé sur un soubassement contenant des offices voûtées, remar-
» quables par leur grandeur, ainsi que par leur appareil, et dont
» il reste encore trois berceaux.

» Il avait quatre étages, dont les deux premiers, avec porti-
» ques en arcades, étaient ornés d'ordre d'architecture. Trois de
» ces façades, et même les tuyaux extérieurs des cheminées, bril-
» laient des plus beaux ornements, imités de l'antique, exécutés
» en terre cuite, coloriée et émaillée. Ces émaux étaient distri-
» bués avec goût dans toutes les parties du château.

» Les intérieurs du château de Madrid présentaient beaucoup
» d'intérêt. Les cheminées, les plafonds, les parquets, les lam-
» bris, étaient d'une grande beauté; les dessins, conservés et publiés
» par Ducerceau, témoignent de leur richesse.

» L'ameublement était somptueux et recherché; on y remar-
» quait particulièrement deux superbes tapisseries tissues d'or et
» de soie, qui avaient coûté 120,000 francs; elles représentaient,
» l'une la vie de saint Paul, l'autre le triomphe de Scipion. »

Philibert Delorme, chargé par Henri II de terminer la façade du nord du château, blâma la terre émaillée qui décorait les façades exécutées sous François Ier, et se garda bien d'en faire usage dans la quatrième façade. Il poussa même l'antipathie pour ces ouvrages d'art, aujourd'hui justement appréciés, jusqu'à donner au château de Madrid le sobriquet de château de fayence, épithète que d'autres ont répété après lui.

Henri II habita ce séjour avec la duchesse de Valentinois; Charles IX avec Marie Touchet. Henri III fit aussi de fréquents séjours dans ce château; il y avait formé une ménagerie d'animaux féroces, et prenait plaisir à leurs sanglants combats; mais ce prince superstitieux, ayant rêvé que ces animaux voulaient le dévorer, les fit tous tuer à son réveil, et dès ce moment, quitta ce château pour n'y plus revenir.

Henri IV fit don du château de Madrid à la reine Marguerite, sa première femme, mais elle en trouva le séjour trop triste et ne l'habita pas longtemps. Louis XIII vint parfois s'y reposer pendant ses parties de chasse, et y entretint à grands frais une meute de chiens considérable.

Louis XIV et son successeur, tout occupés des pompes de Versailles, ne le visitèrent que rarement. Sous Louis XVI, il servit à loger des personnes de distinction. Lors de la révolution, ce château, devenu domaine national, fut mis en vente. L'acquéreur le détruisit, après en avoir détaché et vendu les boiseries, les plombs, les fers, les marbres.

Quant aux précieux ornements en terre émaillée, ils furent pulvérisés et vendus à un paveur qui les réduisit en ciment.

Le dernier des gardiens de Madrid, qui fut marié dans la chapelle de ce château, et qui ne l'avait jamais quitté, habite encore une partie de ses dépendances, dont il s'est rendu adjudicataire; cet honnête vieillard a recueilli, avec une religieuse sollicitude, quelques ornements précieux échappés aux décombres, et se plaît à les faire voir aux amateurs, ainsi qu'une vue fidèle de l'édifice, tel qu'il était au temps de son ancienne splendeur.

BAGATELLE.

Non loin des ruines du château de Madrid, se trouve le pavillon de Bagatelle, qui fut d'abord une maison de campagne appartenant à mademoiselle de Charolais, princesse de Condé, qui y donnait des fêtes brillantes. A sa mort, le comte d'Artois, depuis Charles X, acheta cet agréable séjour, et reconstruisit les bâtiments en soixante-quatre jours, sur les dessins de Bellanger, qui y réunit tout ce qui pouvait le rendre agréable et commode. « Le pavillon de Bagatelle
» est situé, dit M. Donnet (1), dans un parc agréablement dessiné
» partie en jardin naturel, partie en jardin régulier. Un chemin
» qui serpente dans le bocage conduit à l'habitation, qui se com-
» pose d'une première cour, dans laquelle s'élève, sur un dessin
» assez beau, le bâtiment des cuisines, les écuries, les remises et le
» commun. Au-dessus de la grande arcade, sous laquelle on traverse
» ce bâtiment pour passer dans la cour d'honneur, on lit sur un
» marbre noir, cette inscription en lettres d'or : *Parva sed apta.*
» A l'extrémité de cette cour, sur un soubassement en terrasse,
» décoré de deux fontaines, et auquel on arrive par un perron
» qu'accompagnent des sphinx, s'élève le pavillon principal. Son
» plan, carré dans sa masse, présente un avant-corps circulaire
» du côté du jardin. Le rez-de-chaussée est distribué en vestibule,
» salle à manger, salle de billard, salon, cabinet de bains et
» boudoir ; au centre est l'escalier principal. Le salon, décoré dans
» le goût qu'on a long-temps appelé Italien, offre l'intérieur d'une
» rotonde, ornée de glaces et de bas-reliefs, formant des ara-
» besques. L'étage supérieur contient les petits appartements,
» qui sont, de même, décorés avec beaucoup de goût.
» L'agencement de toutes ces pièces, des dégagements aussi
» multipliés qu'habilement ménagés, et une distribution simple
» et commode, décèlent le talent qui distinguait particulièrement
» Bellanger.
» La façade antérieure de ce pavillon est d'une proportion
» élégante ; ses détails sont riches et gracieux. Les deux statues
» en marbre, de Flore et de Vénus Callipyge, qui ornent les
» niches, sont exécutées d'après l'antique. La façade sur le jardin
» est beaucoup moins ornée, mais sa simplicité n'est dépourvue ni
» de goût, ni de grâce, et l'avant-corps circulaire produit un effet
» assez piquant. »
Pour donner une idée du goût inventif qui présida aux décorations de cette charmante Bagatelle, qu'on a long-temps appelée folie d'Artois, nous citerons la chambre à coucher du prince, qui figurait une tente ; des faisceaux d'armes diverses en formaient les piliers, les chambranles de la cheminée imitaient deux canons,

---

(1) *Description des environs de Paris*, p. 579 et suiv.

les chenets offraient la forme de petites pyramides de boulets ; enfin, le lit présentait un affût de canon, au-dessus duquel des étendards étaient disposés en manière de rideaux. Les jardins étaient remplis d'ingénieuses fabriques de tous genres, un peu trop multipliées, peut-être, pour un espace si peu étendu.

Sous la restauration, cette maison appartint au duc de Berry, et après la catastrophe qui termina les jours de ce prince, sa famille continua de l'habiter. Depuis 1830, Bagatelle, dont l'entretien, apparemment, était trop coûteux, a été distrait des apanages de la liste civile.

LONGCHAMPS.

A l'une des portes du bois de Boulogne, et non loin de Bagatelle, était jadis la fameuse abbaye de Longchamps, fondée au xiii° siècle, par la princesse Isabelle, sœur de saint Louis. Cette princesse y installa des sœurs mineures de l'ordre de saint François, qui prirent le titre de sœurs récluses de l'humilité de Notre-Dame. Sans faire de vœux, leur fondatrice alla se fixer parmi elles, et y termina sa pieuse vie, le 22 février 1269, dans les bras d'Agnès d'Harcourt, seconde abbesse de Longchamps, qui a écrit son histoire.

Après elle, d'autres princesses de France habitèrent encore cette abbaye, entre autres, Blanche, fille de Philippe-le-Long, et Jeanne de Navarre.

Philippe-le Long, qui aimait beaucoup sa fille, venait souvent la visiter à Longchamps. Dans une de ces visites il tomba gravement malade, et l'on attribua son rétablissement à de pieuses reliques qu'on lui fit baiser, « mais la maladie étant revenue par » sa faute, ajoute l'historien (1), il fit ses dernières dispositions, » et mourut le 3 janvier 1421. »

Une lettre de saint Vincent de Paul au cardinal Mazarin, rapportée par Delort, dans ses voyages aux environs de Paris, et après lui par M. Dulaure, atteste que, du temps de ce vénérable personnage les religieuses de Longchamps s'étaient singulièrement relâchées de leur primitive vertu. Cette lettre paraît tellement forte qu'on serait tenté de l'accuser d'exagération, et de l'attribuer à la malveillance, si elle était le témoignage d'une personne moins digne de foi.

Plus tard, Longchamps s'acquit une célébrité nouvelle pour le bon goût et la parfaite exécution des chants religieux qui y attiraient beaucoup de monde pendant les trois jours de la semaine sainte, où l'on chante l'office des ténèbres. Mais les promenades qu'on y faisait avaient bien moins pour but un attrait religieux que l'envie de profiter des premiers beaux jours pour étaler des modes nouvelles. Aussi les chants ayant été défendus par l'archevêque de Paris, les allées du bois de Boulogne n'en furent pas moins fréquentées ces jours-là par le monde élégant de Paris ; mais l'église de Longchamps cessa de l'être. Ces épreuves de la mode se sont continuées depuis même que l'abbaye, détruite à la révolution, n'existe plus ; cependant, on peut remarquer qu'elles perdent tous les ans de leur faveur.

LE POINT DU JOUR.

Le hameau du Point du Jour, situé au bord de la Seine, sur la route de Paris, à Versailles, n'a rien d'important que le souvenir d'un combat célèbre soutenu par les Gaulois contre les Romains. La victoire resta à ces derniers malgré les valeureux efforts de l'armée gauloise commandée par Camolugène qui avait fait camper ses troupes en ce lieu, où elles furent battues par le général romain Labienus.

BILLANCOURT.

Hameau situé à l'extrémité de la presqu'île formée par la Seine, vis-à-vis de Sèvres, entre l'ancienne route de Sèvres et la nouvelle route de Saint-Cloud. Outre sa charmante situation, on y remarque de jolies habitations et des ateliers de teinture.

AUTEUIL.

Sous le même coteau que Passy, se trouve Auteuil, dont le nom latin était *Altolium*. Le portail et le clocher de l'église annoncent qu'elle fut bâtie au XIIe siècle, sans doute par le chapitre de Sainte Geneviève, dont les abbés étaient seigneurs d'Auteuil. Ils tiraient un grand produit des vignes que possédait alors ce village dont on envoyait du vin jusqu'en Danemarck. C'était, avec le vin de Surène, tant vanté par un poëte du XVIIe siècle, le vin des gourmets de l'époque. Les vins ou les goûts ont bien changé. Les chanoines de Notre-Dame avaient aussi une part de ce vignoble. Saint-Foix rapporte qu'ils en abandonnaient le revenu à leur église, à condition que le jour anniversaire de leur mort serait célébré par un repas à quatre services.

Plusieurs célébrités ont illustré ce village ; Boileau et Molière y avaient chacun leur maison de campagne. Chez le premier se réunissaient des littérateurs sérieux dont le goût s'épurait encore à l'école du législateur de Parnasse. Les soupers de Molière admettaient plus de laisser aller. Ses convives, le joyeux Chapelle à leur tête, voulurent un soir, à la suite d'une orgie, s'aller tous noyer dans la Seine, ce que des paysans du village eurent grand peine à empêcher ; des rixes s'ensuivirent, et Molière, qui avait conservé son sang froid, ne pût arrêter cet acte de folie qu'en représentant à ses amis qu'il y aurait beaucoup plus d'honneur à faire une aussi belle action en plein jour que pendant les ténèbres de la nuit. Ce conseil fut goûté, et avec le jour la raison étant revenue, le projet de noyade fut oublié.

Il faut encore citer, parmi les personnes marquantes qui habitèrent Auteuil, madame Helvetius, et l'épouse du général Bernadotte, roi actuel de Suède. Il faut aussi signaler l'oculiste Gendron, médecin du duc d'Orléans, qui, dans sa vieillesse, vint occuper à Auteuil l'ancienne maison de Boileau, s'y dévouant à soigner les pauvres et à les soulager. C'est là que cet homme vénérable mourut, en 1750, âgé de quatre-vingt-sept ans.

Le chancelier d'Aguesseau, l'un des plus grands magistrats dont s'honorent la France, et Anne d'Ormesson, sa femme, furent inhumés à Auteuil, ainsi qu'Antoine Nicolas de Nicolaï, premier président de la chambre des comptes, mort à Auteuil en 1751, et dont on voit la tombe dans l'église.

On compte à Auteuil 2,760 habitants, le village prend de plus en plus d'accroissement et s'embellit chaque année de nouvelles maisons de campagne. On remarque entre toutes les autres celle du prince de Beauffremont, avec un très beau parc.

PASSY.

Ce grand village, qui est presque une ville, n'était encore, en 1250, qu'un hameau peu important, appelé *Paciacum*, nom que l'on croit dérivé du celtique. Ce hameau dépendait de la paroisse d'Auteuil. Ce ne fut que vers la fin du xvi° siècle qu'on y éleva une petite chapelle dédiée à la vierge, qui fut érigée en cure en 1672, après avoir été agrandie. Passy était alors en voie d'un accroissement rapide, dû particulièrement à la découverte de ses eaux thermales, qui date de 1658 ; on en découvrit encore d'autres depuis. L'admirable situation de ce village, assis sur le penchant d'un coteau, sur la rive droite de la Seine, et touchant au bois de Boulogne, réunit d'ailleurs toutes les conditions possibles de salubrité et d'agrément ; sa proximité de Paris permet à ses habitants de réunir le double avantage de résider à la campagne, sans cesser pour cela de suivre les affaires qui pourraient les empêcher de s'éloigner de la capitale. Passy n'est séparé de Paris que par le mur d'enceinte de la barrière des *Bons hommes*; barrière qui prend son nom d'un ancien couvent de Minimes, transformé depuis en filature de coton, et qui domine la côte. C'est sur les dépendances de cet ancien couvent que M. Delessert a une magnifique maison de campagne.

Le célèbre Piccini mourut à Passy en 1800. La propriété de M. Delessert renferme son tombeau. Piccini fut le chef d'une école fameuse. Tout Paris fut longtemps divisé d'opinion sur le talent de ce grand maître et celui de Gluck, ce qui occasionna une lutte longue et célèbre.

Le fameux abbé Raynal mourut aussi à Passy en 1796. L'abbé Gérard, auteur du comte de Valmont et de plusieurs autres ouvrages estimables, vécut à Passy, après la révolution, rue Basse, n° 26, chez une sœur qui lui donnait l'hospitalité, et qui n'avait elle-même que 400 francs de rente viagère. Leurs anciens domestiques les soutenaient dans leur détresse, les servant par attachement et travaillant pour les faire subsister.

Francklin résida à Passy pendant le temps que dura son ambassade en France. L'une des rues de ce village porte son nom. C'est dans cette même rue que mourut, le 30 septembre 1839, M. Michaud, auteur du *Printemps d'un proscrit*, de l'*Histoire des Croisades*, de la *Correspondance d'Orient*, et de plusieurs autres ouvrages remarquables, et fondateur du journal la Quotidienne. Il fut en butte aux plus honorables persécutions, lors de la révolution française, et fit paraître en toute occasion le caractère le plus noble, le plus courageux et le plus désintéressé.

Le château de Passy, qui a appartenu à M. le marquis de Boulainvilliers, était la première habitation considérable que l'on voyait sur la route de Versailles. Le beau parc de ce château ajoutait à ses autres agréments celui d'une vue enchanteresse. Aujourd'hui le château est détruit, le parc morcelé; un quartier neuf a été construit sur cet emplacement. On l'appelle quartier Singer, du nom de son propriétaire. C'est une réunion d'habitations charmantes ayant chacune pour jardin une partie de cet ancien parc; et d'où l'on jouit du même coup d'œil.

La population de Passy, toujours croissante, s'élève aujourd'hui à plus de 3,000 habitants.

A l'extrémité de Passy, à l'entrée du bois de Boulogne, une maison, appelée *le Ranelagh*, située au milieu d'une esplanade, réunissait autrefois, tous les soirs, la meilleure société de Paris, par l'attrait des danses, des comédiens ambulants, et de tous les plaisirs d'une fête champêtre. Mais la faveur dont jouissait le Ranelagh a bien baissé avec celle de tous les jardins publics.

En face du Ranelagh se trouvait le château de *la Muette*, nom qui veut dire *meute*, que l'on écrivait souvent ainsi, avant que l'orthographe fut formée. C'était effectivement un rendez-vous de chasse, qui fut peu connu avant Louis XV. On a cependant une ordonnance de Charles IX, datée de Passy-lez-Paris ; on croit qu'il habitait alors la Muette. Marguerite de Valois, première femme de Henri IV, posséda ce château et en fit don, en 1616, au dauphin, depuis Louis XIII; cette maison sortit plus tard du domaine royal, et la duchesse de Berri, fille du régent, l'acheta en 1716, pour en faire sa maison de campagne. Un journal du temps rapporte qu'elle y passait avec sa nombreuse cour toutes les après-dîner, et ne revenait au Luxembourg que tard dans la nuit. La conduite peu régulière de cette princesse la conduisit prématurément au tombeau, quoiqu'elle fût d'une constitution très robuste; elle mourut dans ce même château de la Muette, en 1719, âgée seulement de vingt-quatre ans.

Après sa mort, ce château revint au domaine de la couronne, il fut agrandi par Louis XV, qui le fit presque entièrement rebâtir et en étendit aussi le parc. Ce monarque y séjourna souvent quelques jours ; Marie Antoinette y descendit à son arrivée d'Autriche, avant d'avoir reçu la bénédiction nuptiale. Louis XVI y passa les premiers mois de son règne. Marie-Antoinette affectionnait beaucoup cette résidence, et entre autres séjours qu'elle y fit, elle y passa tout le temps que durèrent les couches de Madame de Polignac, qui habitait alors le château de Passy.

C'est encore en ce même lieu que se fit, le 21 novembre 1783, la première expérience aérostatique, où Pilatre du Rosier et le marquis d'Arlandes s'abandonnèrent dans les airs à ballon perdu. Après un voyage de 25 minutes, ils descendirent derrière le jardin des plantes.

Lors de la fête de la fédération, qui eut lieu au Champ-de-Mars, le 14 juillet 1790, il y eut à la Muette un banquet offert par la ville de Paris à plus de vingt-cinq mille fédérés. Ce château a été en partie détruit à la révolution.

Plusieurs objets d'art ornaient autrefois les appartements de la Muette, entre autres, deux tableaux de Vander-Meulen placés dans le vestibule; ils représentaient les siéges d'Orsoy et de Rées. Une sainte famille de Raphaël décorait l'autel de la chapelle.

Les jardins renfermaient plusieurs statues remarquables, voici la description que donne de ces jardins, tels qu'ils étaient alors, un auteur du dernier siècle :

« Un parterre de broderie se présente d'abord, suivi de bou-
» lingrins, ornés de plates-bandes et de fleurs. Plus loin sont deux
» étoiles de gazon, dans le centre desquelles on voit deux figures
» de marbre, l'une d'une chasseresse, et l'autre d'une nymphe
» qui revient de la pêche, par Flamen. Ces deux pièces sont sé-
» parées par une allée d'arbres taillés en boule, sortant de caisses
» de charmille, et sont terminés par un tapis vert, orné d'un grand
» groupe en pierre, représentant Hercule qui enlève Déjanire.
» Une terrasse de forme circulaire, qui donne sur la campagne,
» fait la clôture de ce jardin.

» La gauche est occupée par la faisanderie, le potager et l'oran-
» gerie, du côté de laquelle on a fait, il y a quelques années, un
» bâtiment assez considérable. Sur la droite, on voit la serre d'été
» qui est renfoncée. Au-dessus est un petit bois avec des treillages
» et des compartiments de fleurs, etc. »

Aujourd'hui ces jardins et deux pavillons, qui restent de l'ancien château, ont été affectés à un établissement d'orthopédie. La situation de cette retraite, encore si belle, doit sans doute aider les jeunes recluses à supporter avec plus de patience le triste traitement qu'elles sont obligées de suivre. Les promeneurs du bois de Boulogne ont pu souvent entendre leurs chants doux et mélancoliques s'élever en chœur, inspirés sans doute par le charme de ces beaux lieux.

II. ARRONDISSEMENT DE SCEAUX.

Les villages de l'arrondissement de Sceaux, qui dépendent de la région occidentale des environs de Paris, sont au nombre de cinq seulement, savoir : Grenelle, Vaugirard, Issy, Vanvres et Clamart-sous-Meudon.

GRENELLE.

Ce village est entièrement neuf. Il ne se composait, avant 1825, que de quelques maisons et d'un vieux château, situés dans une vaste plaine entre la rive gauche de la Seine, Issy et Vaugirard. Cette plaine est célèbre par l'explosion d'une poudrière, qui eut lieu le 31 août 1794. Les villages voisins en souffrirent beaucoup et furent en partie détruits. Paris en reçut une commotion épouvantable, et plusieurs de ses bâtiments en furent ébranlés. Quelques centaines de personnes y périrent, la consternation fut générale. Beaucoup de parisiens se rappellent encore ce funeste événement, mais on n'a jamais pu faire que des conjectures sur les causes qui l'ont amené.

Deux ans après, cette même plaine de Grenelle fut occupée par un camp que le Directoire y établit pour sa garde. Une conjuration dirigée contre ce camp éclata dans la nuit du 9 au 10 septembre 1796. Les conspirateurs, rassemblés à Vaugirard, surprirent le camp de Grenelle et y jetèrent d'abord la confusion ; mais les soldats se rallièrent bientôt, et les assaillants furent taillés en pièces ou faits prisonniers ; quelques-uns purent s'évader à la faveur des ténèbres. Le lendemain, des armes de toutes espèces furent découvertes dans l'auberge du Soleil d'Or, à Vaugirard. Tous les conjurés que l'on avait pu saisir furent condamnés à mort ou à la déportation.

En 1830, une partie de la commune de Vaugirard, en fut séparée et forma le nouveau village de Grenelle, remarquable par de jolies constructions et par des rues tirées au cordeau. Les jardins en sont aussi neufs que les maisons, ce qui fait qu'on n'y trouve pas encore tout le charme qu'on cherche à la campagne. Une jolie église y a été bâtie. Le pont de Grenelle, construit aussi depuis quelques années, traverse la Seine et joint le territoire de Grenelle à la commune d'Auteuil.

La population de ce village est de 1,800 habitants. Le puits artésien qu'on vient d'y établir donnera sans doute une activité nouvelle à ce grand village.

VAUGIRARD.

Les gras pâturages dont abondait ce lieu y avaient sans doute attiré beaucoup de nourrisseurs de bestiaux, car on l'appelait d'abord *Vallis battaroniæ*, c'est à dire vallée aux étables, à ce que croit l'abbé Lebeuf. De ce nom on fit *Vauboitron*, c'est ainsi qu'on appelait ce village au XIIe siècle. Gérard ou Girard de Moret, abbé de St.-Germain-des-Prés, qui en était seigneur en 1300, ayant comblé ce village de bienfaits, les habitants, par reconnaissance, changèrent le nom de Vauboitron en celui de Vaugirard.

Jusqu'en 1342, Vaugirard dépendait de la cure d'Issy, mais l'accroissement de la population obligea alors d'y ériger une paroisse qui fut d'abord sous l'invocation de la vierge; dans la suite, les reliques de saint Lambert, évêque de Maëstricht, et tué à Liége, y ayant été apportées, ce saint devint aussi le patron de Vaugirard, et y attira un grand concours de pélerins.

Au XVIIe siècle, une communauté de femmes fut fondée à Vaugirard ainsi qu'une maison de noviciat pour les frères des écoles chrétiennes. En 1790, M. Lenoir, lieutenant-général de police, depuis conseiller d'état, fonda à Vaugirard un hospice pour les enfants trouvés atteints de la maladie vénérienne. On y faisait traiter ces innocentes victimes par le moyen de leur nourrice. Ses essais furent couronnés du plus heureux succès, mais cet établissement ne resta pas longtemps à Vaugirard, la révolution le fit bientôt transporter dans l'intérieur de Paris.

Dans le cimetière de Vaugirard, ouvert en 1781, et fermé aujourd'hui à cause de son peu d'étendue, ont été enterrés La Harpe, mademoiselle Clairon, le fameux chirurgien Baudelocque, le statuaire Chaudet etc.

La population de Vaugirard, qui n'était en 1812 que de 3,000 habitants, est aujourd'hui, de 6,695, dont un grand nombre sont nourrisseurs. On y trouve aussi des établissements industriels, tels que fabrique de carton pâte, raffinerie de sucre, etc, mais les cabarets y abondent plus que tout le reste.

ISSY.

Les étymologistes ont beaucoup discuté sur l'origine du nom de cet antique village. Ils ont voulu voir dans *Isiacum*, ainsi qu'on l'appelait primitivement, quelque analogie avec le nom de la déesse Isis, et en ont conclu qu'elle avait eu un temple en ce lieu, mais aucune preuve ne vient à l'appui de cette assertion, et il paraît, au contraire, douteux que le culte de cet divinité égyptienne se soit introduit dans la Gaule. Ce qu'il y a de certain, c'est qu'Issy existait au temps de la domination romaine dans cette contrée. Les rois de la première race y possédèrent des maisons de campagne. Childebert Ier donna une partie de ce village à l'abbaye de Saint-Vincent, depuis Saint-Germain-des-Prés; Hugues Capet gratifia d'une autre portion l'abbaye de Sainte-Geneviève, et l'abbaye de Saint-Magloire fut mise en possession du reste par le roi Robert.

Charles-le-Simple séjournait souvent à Issy. Plusieurs personnes de distinction, notamment des évêques, y avaient, à son exemple, fait bâtir des maisons de plaisance : aussi, l'époque du règne de ce prince fut celle où Issy reçut le plus d'accroissement.

C'est à Issy que fut représenté, en 1659, le premier opéra français ; l'auteur était Pierre Perrier, lyonnais.

Les conférences d'Issy, tenues en 1695, contribuèrent beaucoup à la célébrité de ce village. La ferme orthodoxie qu'y déploya Bossuet mériterait encore plus d'éloge s'il avait joint à son zèle un peu plus de cette douce charité, tant recommandée par François de Sales. La candeur avec laquelle on vit Fénélon rétracter une erreur involontaire n'en fut que plus méritoire, et le grandit bien plus que s'il n'avait point erré. On sait qu'il brûla lui-même son livre des *maximes des saints*, condamné dans ces conférences, aussitôt que le jugement de Rome eut sanctionné cette condamnation.

Parmi les maisons remarquables d'Issy, il faut distinguer celle où se réfugia la reine Marguerite de Valois, lorsque la peste ravageait Paris, en 1605. Maintenant cette maison appartient au séminaire de Saint-Sulpice ; c'est une annexe où l'on envoie les séminaristes dont la santé réclame l'air de la campagne. Une autre maison de ce village fut habitée par le cardinal de Fleury, qui y mourut en 1743.

Issy a environ 1,600 habitants : la situation de ce village sur le penchant d'un coteau, près de la rive gauche de la Seine, et à une lieue seulement de Paris, est très attrayante; l'air y est fort pur.

VANVRES.

A peu de distance d'Issy se trouve le village de Vanves ou Vanvres, qu'une charte de 998 nomme *Vanna*, ce qui, en latin du moyen âge, signifie *pêche* ou *pêcherie*. Il est donc probable que ce lieu doit son origine à des pêcheurs qui s'établirent sur le bord de la Seine.

Vanvres fut aussi renommé par ses vignes, qui appartenaient à la couronne dans le Xe siècle, et furent données, en 1163, à l'abbaye de Sainte-Geneviève, ainsi que la cure et la principale seigneurie; mais cette abbaye affranchit les habitants du village en 1247, et ne se conserva qu'un droit assez singulier, qui procurait sans doute un grand divertissement à ces bons chanoines, celui de décerner, le jour de la Trinité, une épée pour prix de la course à celui qui, de la porte Saint-Michel de Paris, atteindrait le premier la porte de Vanvres. Mais comme ce prix occasionnait souvent des querelles entre les concurrents, on finit par trouver plus sage de l'abolir.

Le château de Vanvres fut bâti en 1698, sur les dessins de Jules Hardouin Mansard, pour M. de Montargis. Vingt ans après, le duc de Bourbon, alors ministre, l'acheta, ses occupations ne lui permettant pas d'aller à Chantilly fréquemment. Ce château est situé sur une éminence assez élevée d'où l'on jouit du magnifique coup d'œil de la vallée qu'arrose la Seine; la masse imposante et la belle situation de ce château en font le principal mérite. On y arrive par une belle avenue formée de quatre rangées d'ormes. Le parc qui s'étend au pied du coteau est très remarquable par la distribution de ses eaux alimentées par les fontaines de Vanvres. Une partie du village est située dans un vallon : plusieurs sources d'une eau pure et abondante forment un vaste lavoir au centre de ce village, aussi, ses habitants, au nombre d'environ 2,400, sont-ils presque tous blanchisseurs.

Le château de Vanvres, devenu domaine national lors de la révolution, fut acheté plus tard par le lycée impérial, pour la promenade des élèves. Ce lycée, aujourd'hui collège Louis-le-Grand, le possède encore, et lui conserve la même destination.

CLAMART-SOUS-MEUDON.

Ce village, situé au bas des hauteurs de Meudon, est plus remarquable par les charmes de sa situation, dans une plaine couverte de bocages, et les belles maisons de campagne qui l'entourent, que par ses souvenirs historiques. Son autel appartint à Saint-Martin-des-Champs, le reste de l'église était tenu en fief par plusieurs individus.

Parmi les seigneurs laïques de Clamart, se trouve un nommé Adam, grand queux, ou cuisinier de saint Louis. En 1657, Servien, surintendant des finances et membre de l'Académie française, acheta la seigneurie de Clamart : Louis XIV l'acquit plus tard avec ses différents fiefs, pour les joindre au parc de Meudon. La paroisse de Clamart s'en trouva fort diminuée.

En 1815, le général Vandamme, campé à Clamart, soutint, contre les Anglais, postés sur les hauteurs voisines, un combat où malgré tout le désavantage de sa position, ce général eut l'avantage, et fit plusieurs prisonniers.

La population de Clamart-sous-Meudon est aujourd'hui d'environ 900 habitants.

L'ancien cimetière de Clamart, situé au faubourg Saint-Victor, n'a rien de commun avec ce village.

TROISIÈME PARTIE.

RÉGION DU SUD.

La région méridionale des environs de Paris, limitée au rayon de 8 myriamètres (un peu plus de 20 lieues), comprend (1), dans le département de Seine-et-Marne, les arrondissements de Melun et de Fontainebleau; dans le département de Seine-et-Oise, les arrondissements d'Etampes et de Corbeil, avec quelques parties de l'arrondissement de Versailles; enfin, dans le département de la Seine, la contrée comprise entre la Haute Seine, à l'est, et les villages de Montrouge, Châtillon, Fontenay-aux-Roses et Plessis-Piquet, à l'ouest.

CHAPITRE PREMIER.

DÉPARTEMENT DE SEINE-ET-MARNE.

§ Ier

ARRONDISSEMENT DE MELUN.

I. MELUN.

Cette ville, aujourd'hui chef-lieu du département de Seine-et-Marne, date d'une antiquité si haute, qu'on fait remonter son origine à une époque bien antérieure à l'invasion des Romains dans les Gaules. Les Commentaires de César en font mention sous le nom de *Melodunum*. C'était une forteresse construite dans une île de la Seine, et qui appartenait à la peuplade des Senones. Labienus, lieutenant de César, s'en rendit maître en marchant sur Lutèce. Les Romains y firent un établissement militaire, indiqué dans l'itinéraire d'Antonin, sur la grande route de Lillebonne à Troyes, entre Paris et Montereau, sous le nom de *Medetum*, *Methetum*. Grégoire de Tours l'appelle *Miglidunum*. Clovis s'en empara en 494. La ville s'étendait alors déjà sur les deux rives voisines de l'île où primitivement elle était resserrée.

On ne sait pas précisément à quelle époque le christianisme a été introduit à Melun. On croit qu'une chapelle dédiée à saint

---

(1) Quelques bourgs ou villages, appartenant aux départements d'Eure-et-Loire ou du Loiret pourraient être considérés comme compris dans ce rayon; mais ces localités n'ont pas assez d'importance pour que nous en faissions l'objet d'une description particulière.

Laurent fut le premier édifice chrétien qu'on y construisit. Réunie dans la suite à la chapelle de Notre-Dame, et établie dans l'enceinte de l'ancienne forteresse, elle fut affectée à une petite abbaye de religieuses. Les Normands ayant dévasté ce monastère, le roi Robert le fit reconstruire ainsi qu'une autre église située dans la même enceinte. St.-Etienne, qui se trouvait aussi dans l'île, et St.-Aspais, situé sur la rive droite, furent également ravagés par les Normands; il en fut de même de l'abbaye de St.-Pierre ou St.-Père, qui, après être restée cent soixante ans en ruines, fut rétablie en 999.

Le château de Melun, à l'extrémité occidentale de l'île, ayant partagé le sort de ces églises, fut aussi rétabli au xe siècle. Le roi Robert, qui l'avait souvent habité, y mourut en 1030, et deux ans après lui, sa femme, Constance de Toulouse.

Sous le règne de Robert, Eudes, comte de Troyes, s'était emparé de ce château; le roi l'assiégea vainement pendant sept mois sans pouvoir le reprendre. Les Angevins, accourus à son aide sous la conduite de Geoffroy, leur comte, ne trouvant aucun lieu pour se loger, la nécessité les obligea à tenter, au moment même de leur arrivée, l'assaut de cette place, qui tomba aussitôt en leur pouvoir.

Le roi Philippe Ier mourut aussi à Melun, dans les bras de Louis le Gros, son fils. En 1110, ce dernier y reçut les plaintes de plusieurs prélats, et autres ecclésiastiques rassemblés en concile, qui demandaient justice des brigandages exercés sur eux et sur les peuples, par un puissant baron, Hugues du Puiset. Le roi fut obligé de lever une armée pour marcher contre le rebelle, et ce n'est pas sans peine qu'il se rendit maître du château du Puiset, qu'il fit raser. Le seigneur, fait prisonnier, fut enfermé à Château-Landon.

C'est encore au château de Melun qu'en 1246, le roi saint Louis, en présence d'un grand nombre de barons et de chevaliers, conféra à son frère Charles l'ordre de la chevalerie, en lui donnant les comtés d'Anjou et du Maine. En 1255, ce même roi y célébra avec grande pompe le mariage de sa fille Isabelle avec Thibaud, roi de Navarre.

En 1353, le roi Jean donna le château et la châtellenie de Melun à la reine Blanche de Navarre, veuve de Philippe de Valois. Mais cette princesse, favorisant les entreprises de Charles le Mauvais, son frère, le laissa s'établir dans cette forteresse, d'où il arrêtait tous les vivres que transportaient les bateaux pour l'approvisionnement de Paris. Charles, dauphin et régent, crut remédier à cet inconvénient en chargeant d'un impôt toutes les marchandises qui arriveraient à Paris par la Seine.

La possession de Melun par le roi de Navarre donnait cependant beaucoup d'inquiétude au prince Charles. Il tenta d'abord les voies d'accommodement, et fit offrir à la reine Blanche d'autres domaines en échange de Melun, mais ses propositions furent rejetées avec dédain. Il se décida à attaquer le château que gardait le baron de Mareuil. Deux assauts très meurtriers furent donnés. Le brave Duguesclin se trouvait parmi les assaillants, et voyant les efforts des Français inutiles, il jura *qu'il irait aux créneaux parler à la barette du baron de Mareuil*. Il saisit une échelle, et y monta en apostrophant ce gouverneur. Un baril de pierres lui fut lancé comme il atteignait les plus hauts échelons, et le précipita dans le fossé la tête la première. Secouru par les soins du régent, et ayant à peine repris connaissance, il voulut remonter à l'assaut sans écouter aucune représentation. Son courage effraya les assiégés, qui, redoutant le sort ordinaire des habitants des places prises d'assaut, demandèrent enfin à capituler. Melun fut rendu au régent, qui donna en échange à Blanche le château de Nanteau, situé dans le Gatinais, à neuf lieues de Melun, dont le château, redevenu résidence royale, fut reconstruit alors par ce prince qui l'affectionnait beaucoup.

En 1420, Melun soutint un siége de 4 mois contre le duc de Bourgogne et le roi d'Angleterre. Défendue par une faible mais courageuse garnison commandée par le seigneur de Barbazan, cette ville ne se rendit qu'à la dernière extrémité, après avoir subi une famine qui réduisit les habitants à manger la chair de leurs chevaux, des chiens, des chats et jusqu'à des rats. Les vainqueurs les traitèrent plus durement encore, et Monstrelet rapporte que cinq à six cents personnes nobles, tant hommes que femmes, ainsi que les bourgeois les plus considérables de la ville, jetés dans les prisons de Paris, traités avec la dernière barbarie, y moururent de faim pour la plupart. D'autres furent décapités, ainsi qu'un favori du roi d'Angleterre, Bertrand de Caumont, qui avait favorisé l'évasion de quelques-uns ; ce fut en vain que le duc de Clarence et le duc de Bourgogne sollicitaient sa grâce. Les Anglais possédèrent cette ville pendant dix ans. Une violente émeute des habitants en facilita la reprise au roi Charles VII, et cette possession lui fut très avantageuse pour l'aider à réduire Paris.

C'est dans le château de Melun que l'amiral Chabot de Brion, accusé de malversation, fut emprisonné, en 1539, par ordre de François Ier, sous l'instigation du maréchal de Montmorency, et, dit-on, aussi parce que la duchesse d'Etampes, maîtresse du roi, témoignait à l'amiral une affection un peu trop tendre. Charles IX aimait le séjour de Melun, où fut exilé, sous Henri III, en 1578, le fameux ligueur Poncet, curé de St.-Pierre des Arcis à Paris, pour ses sermons contre le roi et la confrérie des Pénitents-Blancs ou Blancs Battus, fondée par Henri III, et dans laquelle étaient entrés tous les vauriens de la cour.

En 1588, les ligueurs tentèrent de s'emparer de Melun. Tristan de Rostaing, qui en était gouverneur, sommé par le duc de Guise de se rendre, répondit aux menaces qui lui étaient adressées qu'il était trop vieux pour trembler, et qu'il se croirait heureux de sacrifier à sa patrie et à son roi le peu de jours qui lui restaient. Secouru à propos par les troupes de Henri III, ce gouverneur força les ligueurs à lever le siége; mais ceux-ci, étant revenus à la charge l'année suivante, l'obligèrent à abandonner la place faute de secours du dehors et d'aide au dedans.

En 1590, Henri IV enleva cette ville aux ligueurs, après un siége où périt le plus jeune des fils d'Etienne Pasquier, le célèbre jurisconsulte.

Louis XIV et sa cour se retirèrent plusieurs fois à Melun au temps de la minorité de ce roi; et cette ville fut une de celles qui souffrirent le plus des troubles de la Fronde. « La
» misère du peuple était épouvantable, dit un historien contem-
» porain (1); et, dans tous les lieux où la cour passait, les pauvres
» paysans s'y jetaient pour être en sûreté, parce que l'armée
» désolait la campagne. Ils y amenaient leurs bestiaux, qui mou-
» raient de faim aussitôt, n'osant sortir pour les mener paître.
» Quand leurs bestiaux étaient morts, ils mouraient eux-mêmes
» incontinent après, car ils n'avaient rien que les charités de la
» cour qui étaient fort médiocres.... Quand les mères étaient
» mortes, les enfants mouraient bientôt après; et j'ai vu sur le
» pont de Melun trois enfants sur leur mère morte, l'un desquels
» la tétait encore. Toutes ces misères touchaient fort la reine; et
» même comme on s'en entretenait à St.-Germain, elle en soupi-
» rait, et disait que ceux qui en étaient cause auraient un grand
» compte à rendre à Dieu, sans songer qu'elle-même en était la
» principale cause. »

Tant de désastres s'opposèrent à l'accroissement de Melun, mais sa position avantageuse lui fournit toujours des ressources qui empêchèrent sa ruine.

Sous le rapport littéraire, Melun n'est pas sans célébrité. Abeilard y vécut au commencement du XIIe siècle, et y établit, comme je l'ai dit ailleurs, sa célèbre école; il l'appelait *son camp* parce qu'il donnait souvent ses leçons en plein air. Les persécutions qu'il éprouva à Paris le ramenèrent une seconde fois à Melun; mais, n'y étant pas plus tranquille, il prit encore le parti de retourner dans la capitale.

Melun fut la patrie du célèbre Amyot (2). C'est encore dans cette ville que l'écossais Law fit abjuration du protestantisme.

Melun est divisé par la Seine en trois parties. Le quartier de la rive gauche est peu considérable; celui de l'île est plus ancien et contient une église de Notre-Dame dont les tours figurent à peu près celles de Notre-Dame de Paris. Cette église n'a, du reste, rien de remarquable. C'était, avant la révolution, un chapitre de chanoines. On attribue la fondation de cette église au roi Robert,

---

(1) Mém. de Laporte, p. 228-229.
(2) Voir ci-après, *notices biographiques*.

mais l'architecture de l'édifice actuel n'est pas antérieure au XIIe siècle. A l'église de Notre-Dame touchent les vastes bâtiments de la maison de détention, située à la pointe orientale de l'île. Le troisième quartier, sur la rive droite, nommé le quartier de St.-Aspais, est le plus grand des trois; il s'élève en amphithéâtre sur une colline. L'église paroissiale dont ce quartier a pris le nom, est un vieil édifice de style gothique, d'un aspect sombre et solennel; la construction en est bizarre et irrégulière; mais les vitraux sont de la plus grande beauté. On voit encore dans ce quartier un clocher, reste de l'antique abbaye de St.-Pierre. La préfecture occupe un autre débris de cette abbaye. L'ancien château a été démoli entièrement en 1740. Des casernes sont tout ce qu'on peut remarquer sur la rive gauche; deux ponts font communiquer les quartiers entre eux. Un seul bras de la rivière est navigable.

Cette ville est mal percée, mais agréablement située, ses environs sont charmants; elle possède de jolies promenades, un petit théâtre, un collége, une bibliothèque de 10,000 volumes et quelques établissements industriels et scientifiques; sa population n'excède pas 7,000 ames. Elle était, sous Louis XV, de 5,792 habitants.

Tout le monde connaît le proverbe *des anguilles* de Melun qui crient avant qu'on les écorche. Si l'on s'en rapporte à une tradition du pays, voici quelle serait l'origine de ce proverbe. « On » représentait à Melun le martyre de saint Barthélemi, qui, sui- » vant la tradition de l'église, fut écorché vif. Un nommé Lan- » guille, qui faisait le rôle du saint, fut attaché à une croix pour » être en apparence écorché. A l'aspect de l'exécuteur, qui, le » couteau à la main, semblait se disposer à l'opérer, il ne put » s'empêcher de jeter des cris, ce qui égaya beaucoup les specta- teurs, et fit dire : *L'anguille crie avant qu'on l'écorche.* ». (1)

II. ENVIRONS DE MELUN.

LE JARD.

A une lieue de Melun, près de la route de Meaux, se trouvent le château et le village du Jard. Ce château était, avant la révolution, une abbaye fondée par Louis le Jeune et la reine Alix ou Adèle de Champagne, sa troisième femme, en actions de grâce de la naissance de leur fils, depuis Philippe-Auguste. Selon quelques historiens, ce prince naquit au Jard; mais l'opinion la plus probable le fait naître à Gonesse, comme nous l'avons vu ailleurs.

(1) Voysse de Villiers. *Itinéraire de la France.*

En 1365, les troupes du roi de Navarre dévastèrent et pillèrent cette abbaye, et les moines furent obligés de se disperser. Dufour de Longuerue, savant du xviie siècle, fut nommé abbé du Jard en 1684, et mourut en 1733, à l'âge de quatre-vingt deux ans; c'était l'un des hommes les plus érudits de son temps.

A l'époque de la révolution, cette abbaye fut vendue comme bien national. M. Rouillé d'Orfeuil, qui en fut le second acquéreur, se plut à l'embellir : un parc percé de routes de chasse et rempli de rochers pittoresques; un grand canal, alimenté par des sources d'eaux vives et traversant un parterre planté avec goût, font de cette propriété une des habitations les plus agréables de la contrée. Le village a 400 habitants et dépend de la commune de *Voisenon*, qui en a 300. Le littérateur Claude Fuzée de Voisenon, seigneur du château de ce nom et abbé du Jard, fut membre de l'Académie Française. On lui doit des romans et quelques ouvrages dramatiques.

L'ABBAYE DU LYS.

Fondé en 1240 par Blanche de Castille, le monastère *du Lys*, abbaye de femmes, de l'ordre de Citeaux, devint très riche par les libéralités de saint Louis et de ses successeurs. Cette communauté paraît s'être, dans la suite, singulièrement éloignée des intentions de sa fondatrice. On voit encore quelques vestiges de son église, dans laquelle on conservait, entre autres reliques, le cilice et la discipline de saint Louis. Le cœur de Blanche, sa mère, y fut apporté solennellement de Maubuisson, en 1253, par Alix, autrefois comtesse de Mâcon, et alors abbesse du Lys, pour être enterré dans l'église de cette abbaye. Renaud, évêque de Paris, fit lui-même cette funèbre cérémonie (1). On y remarquait aussi le tombeau d'Eudes, duc de Bourgogne, mort en 1303. Aujourd'hui cette abbaye, convertie en maison de campagne, appartient, ainsi que le hameau de *Farcy*, qui en est voisin, à la commune de *Dammarie*, charmant village de 800 habitants, bien situé et embelli par des eaux vives très-abondantes.

BOISSISE-LA-BERTRAND. BOISSISE-LE-ROI. SEINE-ASSISE.

Non loin de Melun, et au bas d'une colline qui s'élève sur la rive droite de la Seine, est le joli village de Boissise-la-Bertrand, peuplé de 300 ames, qui, avec les hameaux de Larrey et de Beaulieu, as-

---

(1) Tillemont, *Histoire manuscrite de saint Louis.*

sis également au bas de cette colline, offre, sur la rive une suite de maisons de campagne formant un coup-d'œil enchanteur. L'une de ces habitations appartint au célèbre danseur Vestris; elle est entourée d'un vaste enclos, planté de bosquets et de vignes formant amphithéâtre sur le bord du fleuve, et au centre desquels s'élève un élégant pavillon.

Près de là, *Boissise-le-Roi*, sur la rive gauche et *Seine-Assise*, sur la rive droite, méritent aussi d'attirer l'attention. Ce dernier village est souvent appelé, par corruption, *Sainte-Assise*. Il était autrefois compris dans les domaines du duc d'Orléans. Il appartint depuis au comte de Portalis.

BOISSETTE.

C'est encore un de ces charmants villages qui bordent la Seine à peu de distance de Melun; celui-ci se recommande par le gracieux coup-d'œil que présente sa situation au pied de charmantes collines. Son ancien château a été démoli; mais on y a construit plusieurs maisons de campagne. Un vaste parc, avec un pavillon à l'extrémité orientale du village, forme un admirable point de vue. Boissette compte 245 habitants.

CHARTRETTES.

Autrefois *Charmoy*; à une lieue un quart de Melun. De ce village la vue s'étend, du sommet d'un coteau où il est situé, sur le cours de la Seine et sur une partie de la forêt de Fontainebleau. Il possédait un château qui était l'une des seigneuries de la famille de la Rochefoucauld, et dont il ne reste plus que des parties de bâtiments détachées. Ce village fut le berceau du poëte Guichard, et vit mourir, en 1824, le général du génie Léry, gendre de Kellermann. Le vin de Chartrettes est assez estimé. On y remarque le château du Pré, charmante habitation dans le style du xvie siècle, que Henri IV fit bâtir pour Gabrielle d'Estrées; on y a découvert, il y a quelques années, un buste de ce monarque, et le propriétaire actuel l'a fait placer sur le fronton du château. Chartrettes a environ 500 habitants, sans compter ceux de plusieurs hameaux voisins qui dépendent de cette commune. Tels sont *Massoury*, les *Grandes* et *Petites Vallées*, le port de *Rouillon*, le hameau du *Buisson*, etc.

VAUX-LE-PRASLIN.

Ce château, célèbre par la fortune et la disgrâce du surintendant Fouquet, qui le fit bâtir en 1653, était auparavant une demeure seigneuriale appelée *Vaux-le Vicomte*. Le Vau en fut l'architecte ; les jardins firent connaître pour la première fois les talents de Le Nôtre. Les jets d'eau, antérieurs à ceux de Versailles, étaient alors une merveille. Le château, quoiqu'on puisse lui reprocher quelques défauts, offre un remarquable caractère de grandeur et d'élégance.

Le corps-de-logis principal est situé au milieu d'une vaste cour entourée de fossés larges et profonds, remplis d'eaux vives, et bordés d'une balustrade en pierre. L'avant-corps du milieu, qui s'élève sur un large perron, est décoré, au rez-de-chaussée, d'une ordonnance ionique avec fronton. Les quatre pavillons placés aux angles du château offrent la bizarrerie d'un ajustement de trois pilastres ioniques de toute la hauteur du bâtiment, et couronnés par un fronton. Quoique ce château ait deux étages carrés, élevés sur un soubassement, la hauteur des combles, qui rappellent ceux des Tuileries, en fait paraître les proportions trop courtes. Le milieu est couronné par une espèce de dôme. L'intérieur est richement décoré: un superbe vestibule communique à un grand salon ovale, dont l'architecture se compose d'arcades et de pilastres d'ordre composite. Les appartements sont ornés de figures en stuc et de peintures magnifiques. La chambre à coucher, dite du Roi, et qui reçut en effet quelquefois les monarques, est enrichie d'un plafond où Lebrun a représenté Morphée accompagné des songes agréables et funestes. La frise est ornée d'arabesques très délicats ; l'avant-cour, entourée elle-même de fossés, répond parfaitement, par son étendue, à la magnificence du château. Les bâtiments qui en forment les deux côtés offrent des portiques d'ordre toscan d'un très bon effet. L'entrée est fermée par une grille soutenue de cariatides. Deux bassins, enrichis de groupes, contribuent à orner cette cour. Dans ses jardins se trouvent de magnifiques pièces d'eau, dont une d'un arpent carré, au centre de laquelle est une figure en marbre représentant Neptune sur une conque marine tirée par trois chevaux. On voit encore, dans l'immense parc de Vaux, un canal d'un quart de lieue de longueur. Trois villages entiers avaient été achetés pour agrandir ce parc. Ces jardins, ces bâtiments avaient coûté dix-huit millions à Fouquet. Une fête trop brillante qu'il y donna détermina sa perte. Arrêté en 1661, ce surintendant des finances, jugé coupable, fut condamné à un bannissement perpétuel. Mais le roi commua sa peine et le fit enfermer au château de Pignerol, en 1664 ; il y mourut en 1680. Ami et protecteur des gens de mérite, Fouquet trouva dans sa disgrâce d'honorables sympathies ; Pélisson, La Fontaine, Mlle de Scudéry, Mme de Sévigné, lui restèrent ouvertement attachés. On connaît la noble et touchante élégie de La Fontaine sur la disgrâce de Fouquet. On sait aussi que Pélisson fut enfermé quatre ans à la Bastille, à cause de sa fidélité à son ancien protecteur.

Le maréchal de Villars devint ensuite possesseur de ce château, qui s'appela dès lors *Vaux-Villars*. Le duc de Villars, fils du maréchal, changea toute la disposition des jardins pour les arranger à l'anglaise. Le duc de Praslin, ayant acquis de lui cette propriété, lui donna définitivement son nom. La famille de Praslin la possède encore.

Vaux le Praslin dépend de la commune de Maincy, village à une lieue de Melun, et qui contient environ 1,000 habitants.

LE MÉE — LES FOURNEAUX

Le Mée ou *le May*, village de 400 ames, n'est séparé de la ville de Melun que par le hameau *des Fourneaux* qui dépend de la même commune. Tous deux sont remarquables par de charmantes propriétés et de jolis jardins qui bordent la rive droite de la Seine. On voit aux Fourneaux une tuilerie, remarquable pour avoir appartenu à trois de nos grandes célébrités dramatiques, Talma, Mademoiselle Duchesnois et Mademoiselle Mars. Sur la rive opposée, on aperçoit le château de *Bel-Ombre*, séjour délicieux par sa situation; des eaux abondantes embellissent son parc.

VAUX-LE-PENY.

Dans un autre rayon, à un quart de lieue de Melun, sur la rive droite de la Seine, se présente, sur une éminence, le château de Vaux-le-Peny, ancienne seigneurie du village de ce nom, dont on voit l'église à côté du château. C'est là qu'en 1814, l'empereur de Russie s'arrêta, et reçut les clefs de Melun. Le parc de Vaux-le-Peny, qui s'étend jusqu'aux limites de la ville, a quatre-vingts arpents d'étendue. La largeur des allées dont il est percé, permet de les parcourir en voiture dans tous les sens, au milieu de jolis bosquets et de riants tapis de verdure.

Le village est assez considérable; sa population est de 710 habitants.

VILLIERS-EN-BIERE. — FORTOISEAU.

Villers n'est qu'un petit village de 80 habitants, mais il a dans ses dépendances le château de Fortoiseau, célèbre pour avoir été la retraite de Destouches, auteur du *Glorieux*, du *Philosophe marié*, du *Dissipateur*, pièces qui comptent parmi les chefs-d'œuvre de la scène française. Voltaire témoigna à ce poète l'estime qu'il faisait de son talent, par le quatrain suivant :

> Auteur solide, ingénieux,
> Qui du théâtre êtes le maître,
> Vous qui fîtes *le Glorieux*,
> Il ne tiendrait qu'à vous de l'être.

Destouches s'était retiré à Fortoiseau, au retour d'une mission diplomatique dont il avait été chargé à Londres. Les charmes qu'il trouva dans cette solitude et dans la culture des lettres lui firent refuser l'ambassade de Russie. Destouches mourut en 1754, âgé de 74 ans.

LE CHATELET.

Bourg situé à 2 lieues et demie de Melun, et dont l'importance ne consiste que dans les travaux agricoles de ses habitants, qui cultivent beaucoup de vignes et de grains. Le domaine de *Bois-Louis* qui en est voisin paraît avoir été le siége d'une seigneurie, car le château est entouré d'un fossé. Le Châtelet a 1,100 habitants.

FONTAINE-LE-PORT. — ABBAYE DE BARBEAUX.

Situé dans un fond étroit, brumeux et malsain, le village de Fontaine-le-Port est peu considérable ; sa population n'est que de 313 habitants, occupés principalement au lavage des laines. Mais ce qui mérite d'attirer notre attention, c'est l'ancienne abbaye de *Barbeaux*, qui est dans ses dépendances. Louis-le-Jeune la fonda, en 1147, pour des religieux de l'ordre de Citeaux. Si l'on en croit une tradition populaire, les frais de construction de cette abbaye auraient été faits avec le produit d'un diamant trouvé dans le corps d'un barbeau, pêché dans la Seine ; de là viendrait le nom de ce monastère.

Louis VII fut inhumé à l'abbaye de Barbeaux ; son corps fut déposé dans une tombe de pierre, placée au milieu du chœur, et revêtue d'un marbre qui supportait la statue couchée de ce roi, enveloppée dans un manteau qui descendait jusqu'aux pieds, portant une couronne à *feuilles de trèfle*, et tenant un sceptre surmonté d'une *pomme de pin*. « Ces circonstances ne sont pas indifférentes, dit Dulaure, puisque quelques écrivains, entre autres Sainte Marthe, ont prétendu que Louis-le-Jeune fut le premier roi qui adopta la fleur de lys ; s'il en était ainsi, on en eut trouvé quelques traces dans sa sépulture. » En 1685, le cardinal Egon de Furstemberg, alors abbé de Barbeaux, remplaça ce mausolée par un plus riche, qui ne put échapper au vandalisme de la révolution de 1793; mais M. Lejeune, alors procureur de l'abbaye, avait eu soin de recueillir les restes de Louis VII, qu'il trouva enveloppés dans un linceul de soie. Il les garda chez lui pendant vingt ans, et les fit replacer, le 26 octobre 1813, dans la maison de Barbeaux, d'où on les transféra à Saint-Denis, le 1er juillet 1817. L'église de l'antique monastère n'existe plus. Les bâtiments sont convertis en habitation particulière.

BLANDY.

Il ne faut pas confondre ce village, situé à deux lieues trois quarts à l'est de Melun, avec un autre Blandy qui se trouve dans l'Orléanais.

Un ancien château fort, dont on voit encore les restes, donna autrefois beaucoup d'importance à Blandy : des murs de neuf à dix pieds d'épaisseur en forment la clôture ; aux angles s'élèvent cinq tours dont la principale a trente-six pieds de diamètre et environ cent de hauteur. Cette tour contenait les appartements ; l'entrée en était défendue par une forte herse que l'on voit encore suspendue dans ses rainures ; au pied de cette tour est l'entrée d'un souterrain dont l'issue est à une demi-lieue dans le flanc d'un coteau. Un fossé d'environ soixante pieds de largeur circule autour de cet antique manoir dont on ignore l'origine. On sait seulement qu'il appartenait aux vicomtes de Melun, comtes de Tancarville, et qu'en 1417 la seigneurie de Blandy fut donnée par Guillaume IV, l'un de ces comtes, à sa fille Marguerite, en la mariant à Jacques de Harcourt, comte de Montgommery. En 1439, Marie de Harcourt ayant épousé en secondes noces le fameux Dunois, bâtard d'Orléans, porta cette terre dans la maison d'Orléans-Longueville. Le mariage de Françoise d'Orléans avec Louis de Bourbon, prince de Condé, fit passer, en 1565, cette seigneurie dans la maison de Bourbon-Condé.

Pendant les guerres de religion, la cour, mécontente du prince de Condé, chef du parti protestant, fit arrêter au château de Blandy la belle-mère de ce prince, Jacqueline de Rothelin, veuve de François d'Orléans, avec ses trois enfants et les fit transférer au Louvre où ils restèrent quelque temps prisonniers. Ils y arrivèrent le 13 novembre 1567. Rendue à la liberté, la marquise de Rothelin vécut et mourut à Blandy où elle fut enterrée sous la lampe du chœur de la chapelle. Les profanateurs de 1793 trouvèrent dans son tombeau sa chevelure encore presque entière.

Ce fut dans le château de Blandy que Henri de Bourbon, depuis prince de Condé, épousa Marie de Clèves; le prince de Navarre, depuis Henri IV, se trouvait à ces noces ainsi que plusieurs autres seigneurs protestants qui de là se rendirent à Paris pour assister au mariage de ce prince avec Marguerite de Valois, funeste prélude du massacre de la saint Barthélemi.

Le 13 mai 1610, Charles de Bourbon, comte de Soissons, se retira au château de Blandy pour ne point assister au sacre de la reine Marie de Médicis, à cause de quelques différends qu'il avait avec elle au sujet de l'étiquette. Le lendemain de son arrivée, il apprit dans cette retraite l'assassinat de Henri IV, qui avait eu lieu ce même jour, 14 mai.

Le maréchal de Villars, devenu propriétaire du château de Blandy, fit démolir les principaux bâtiments et découvrir les tours. Le duc, son fils, vendit ce domaine au duc de Praslin. Une des plus belles fermes de la contrée occupe aujourd'hui les ruines de cet antique château. L'église de Blandy est une des plus grandes et des plus belles des environs. Il existe encore dans ce village un hospice très ancien, desservi par deux religieuses qui s'occupent en outre de l'éducation des jeunes filles du pays. Les habitants sont au nombre de 800.

CHAMPEAUX.

C'est à trois lieues de Melun, entre Blandy et Mormant, que se trouve le bourg de Champeaux qui était autrefois une petite ville fermée de murs; cette ville renfermait une collégiale qui fut d'abord un couvent de filles doté par sainte Fare qui vivait au VIIe siècle et possédait une partie de la terre de Champeaux. Au IXe siècle, des chanoines remplacèrent ces religieuses, sans qu'on sache aujourd'hui la raison de ce changement.

Un fait qui mérite d'être cité, c'est que, vers l'an 1200, ces chanoines se reconnurent eux-mêmes trop riches. Le revenu de chacun étant de cinquante livres par an, ils déclarèrent que ce revenu pouvait suffire à deux chanoines, et demandèrent que de douze qu'ils étaient on en portât le nombre à vingt-quatre. Les guerres du XVIe siècle ayant appauvri le chapitre, et la valeur de l'argent étant bien diminuée aussi, ces ecclésiastiques mirent la même simplicité à demander que l'ancien ordre de choses fût rétabli, et le chapitre se réduisit de nouveau à douze chanoines.

L'église, qui paraît dater du XIIe siècle, est remarquable par la délicatesse de son architecture. Disposée en forme de croix, elle présente une masse imposante et pittoresque. Une belle tour carrée la domine. Elle est terminée en terrasse et s'aperçoit de fort loin.

La population de Champeaux est de 500 habitants.

Le nom de Champeaux a été rendu célèbre par un des plus savants hommes du XIIe siècle, Guillaume de Champeaux, le maître et le rival d'Abeilard, le fondateur de la fameuse école de Saint-Victor (1).

Le château d'*Aunoy*, à un quart de lieue de Champeaux et qui en dépend, appartint au célèbre jurisconsulte Gerbier, avocat au parlement de Paris, qui fut le meilleur orateur de son temps. Il excellait surtout dans la discussion. On ne peut aujourd'hui apprécier son talent que d'après le témoignage de ses contemporains, car ses plaidoyers étaient presque toujours improvisés sur de simples notes. Gerbier mourut en 1788, âgé de soixante-trois ans.

MORMANT.

A six lieues de Melun, sur la grande route de Paris à Troyes est le gros bourg de Mormant. C'était le siége d'un marquisat, dont le titulaire habitait le château de *Bressoy*, qui en est voisin. Ce château, entouré de fossés remplis d'eau-vive, est précédé d'une belle avenue pavée et plantée de quatre rangs d'arbres. Mormant n'offre point de souvenirs historiques, si ce n'est la résistance valeureuse, mais inutile, opposée par les Français aux armées alliées, dans la plaine d'Yères, où quelques avantages momentanés furent remportés par nos compatriotes. L'église paroissiale de Mormant est dominée par une belle tour carrée, surmontée d'une flèche élégante, qu'on aperçoit de loin. Mormant est peuplé d'un millier d'habitants.

GUIGNES.

En continuant de suivre la route de Troyes à Paris, on trouve, après Mormant, le joli bourg de Guignes, bien bâti, et peuplé de 850 habitants. On y fabrique des tuiles, briques et carreaux. Un ruisseau y fait tourner plusieurs moulins. Le mécanisme d'un de ces moulins est cité comme remarquable.

CHAUME.

Petite ville située sur un coteau, près de l'Yères, à quatre lieues trois quarts de Melun ; elle a 1,800 habitants. On voit dans son église un très beau tableau de Philippe de Champagne.

(1) Voir t. 1, p. 397-398 et 433.

C'est entre Chaume et Fontenay-Trésigny, sur la limite des arrondissemeents d Melun et de Coulommiers qu'est situé le hameau de *Notre-Dame-du-Vivier*, où se voient les ruines d'un célèbre château, auquel nous allons consacrer une notice de quelque étendue.

CHATEAU DU VIVIER

A peu de distance de Chaume, près de la route qui conduit de Meaux à Melun, et sur le bord d'un étang, autrefois très vaste, le voyageur admire les débris imposants de l'ancien château royal du Vivier, si célèbre dans l'histoire du moyen-âge.

Le voisinage de la voie romaine qui traverse la plaine de Champeaux, et la découverte de nombreuses médailles, attestent qu'il existait en ce lieu une station romaine ; mais on ne sait rien de certain sur l'origine de ce château, ni sur ses premiers possesseurs.

Au XIIIe siècle, le Vivier en Brie (*Vivarium in Briâ*) appartenait aux comtes de Champagne. Il passa dans le domaine des rois de France, en 1284, par le mariage de Jeanne, fille de Henri, roi de Navarre, dernier comte de Champagne, avec le roi Philippe-le-Bel.

Philippe-le-Long a daté, du château du Vivier, trois ordonnances des années 1319 et 1320 ; la dernière mérite d'être citée à cause de son importance. Elle décide : 1° qu'il n'y aura *aucuns prélats* députés au parlement de Paris, *car le roi fait conscience de eux empêcher au gouvernement de leurs chrétientez*; 2° que le parlement, rendu sédentaire à Paris par Philippe IV, sera désormais *continuel* (1).

Jusqu'en 1343, on ne rencontre plus de pièces relatives au Vivier; mais une charte de cette année 1343, nous apprend que Philippe de Valois transmit le château et ses appartenances à Jean, son fils et successeur.

On a dit que ce roi avait fondé la chapelle du Vivier en 1352, c'est une erreur. Des pièces déposées à l'ancienne chambre des comptes, à l'appui d'un inventaire spécial, prouvent que l'érection de cette chapelle remonte plus haut, puisqu'on trouve parmi ces documents, les bulles d'autorisation du pape Innocent VI, en date du 17 janvier 1352. D'ailleurs on lit dans l'histoire de la chambre des comptes : « En octobre 1352, Charles, fils aîné de France, dauphin de Viennois, seigneur de Tournan, fonda, en *l'ancienne chapelle* de son château de Vivier en Brie, en l'honneur de la Sainte-Trinité et et de la très sainte Vierge Marie, etc.... un chapitre collégial de six chanoines, quatre vicaires et quatre clercs, chargés, sous la

---

(1) Piganiol de la Force, *Description de la France*, édit. de 1752, t. II, p. 136.

direction d'un trésorier dignitaire dudit chapitre, du service divin de la paroisse, avec dotation d'un revenu annuel de 750 livres parisis à prendre sur les recettes royales des terres de la seigneurie de Tournan (1). »

Nous ajouterons que le dauphin Charles rendit ce chapitre indépendant des seigneurs séculiers et des évêques.

Il existe d'autres pièces émanées de Charles V, dauphin, puis roi, qui sont relatives au Vivier.

Selon Millin (*Antiquités nationales*, t. II, n° 8, p. 41), Charles V faisait sa résidence ordinaire au Vivier. — Le recueil des *ordonnances des rois de France* (t. I, p. 703; t. III, p. 320 et 465; t. IV, p. 185) renferme trois ordonnances de ce roi, terminées par ces mots : *Datum de Vivario in Briâ*.

Mais de tous les rois de France, celui qui paraît y avoir séjourné le plus longtemps est Charles VI. On assure qu'il y fut relégué pendant toute la durée de sa démence. Qu'on nous permette de consigner ici un passage de l'*Histoire de Melun*, par Sébastien Rouillard (édition de 1628, p. 497 et 499); on y puisera une idée de ce que Charles VI et quelques autres rois firent pour le Vivier.

« Le roi estant reuenu en quelque conualescence, pour prendre l'air, tira droict à Melvn : et à l'exemple de Charles V son père, qui fonda la chapelle du bois de Vincennes, il se mit à beaucoup accroistre, orner et enrichir la chapelle du Vivier en Brie, à quatre lieues de Melvn. Ie dis accroistre et non pas bastir de nouueau, encores que ce soit l'erreur vulgaire. Car j'ay leu dans vn extrait du thrésor des Chartres, que le pape Iehan XXII, qui siégeoit durant le règne de nostre Philippe de Valois, iusqu'à l'an 1334, ce pape encores vn coup, donna priuilege, que le patronage de la chapelle dv Viuier, appartiendroit au seigneur du lieu ; donc il y en auoit desjà vne dès ce temps là, et plusieurs années auant nostre roy Charles VI. Et ce qui donne à conjecturer que nos rois y alloient quelquefois s'esbattre et faire séjour, c'est qu'il se void vn edict fait au Viuier-en-Brie, par le roy Philippe le long, portant création de quatre maistres des comptes.

» Or ie croy que le seigneur d'iceluy lieu du Viuier, du depuis en fit vente au roy Philippes de Valois : puisque ie trouve, que l'an 1343, le roi en fit don à Iean son fils, qui par après fut roy et ayeul de nostre Charles VI : lequel ayant choisi ce lieu pour sa demeure et récréation, y fit beaucoup de belles fondations. I'ay ouy dire qu'à l'endroit des deux viuiers, ou estangs, qui sont là, on auoit interposé vn grand mur au deuant, auec force treillis et balustres ; afin qu'il ne se peust faire du mal, si par aduenture estant

---

(1) « De ces quatorze ecclésiastiques, six portaient le titre de chanoines, et receuaient 15 livres de rente par an ; quatre étaient vicaires et receuaient 6 livres ; les quatre autres n'étaient que servans ; leur traitement annuel était de 60 sols. Charles V, strict obseruateur de la discipline, statua qu'aucun de ces chanoines, vicaires et clercs, n'entretiendraient de femmes dans la maison collégiale, pas même des alliées ou parentes. »

là, lui fust suruenu quelque symptôme d'insanie, quelque trouble d'esprit, ou esvanouissement. »

On a prétendu que les cartes à jouer avaient été imaginées par le médecin de Charles VI, pour distraire ce prince pendant sa longue maladie, et que le Vivier avait été le lieu de cette invention. Mais rien n'est moins fondé que cette supposition, car on a aujourd'hui la preuve que les cartes étaient connues en France avant le règne de Charles VI.

Après la mort de Charles VI, le Vivier, quoiqu'il restât séjour royal, mais de nom seulement, n'eut plus pour habitants que les chanoines qui célébraient la messe dans la chapelle.

Les archives du royaume possèdent une charte de Louis XI, du 16 mai 1471, par laquelle ce prince fait don des étangs et du grand moulin qui en dépend, aux religieux desservant la chapelle, à la charge par eux de dire, toutes les semaines, une messe à la sainte Vierge. — Il y a en outre, aux mêmes archives, un bail de la même époque qui fait connaître que les étangs et le moulin étaient loués 100 francs par an.

Les lettres patentes de Charles IX de 1573, et celles de Henri III, de 1584, confirmatives des actes de Charles V, étaient et sont peut-être encore à la chambre des comptes.

Vers la fin du XVIIe siècle, on songea à réunir la sainte chapelle du Vivier à celle du bois de Vincennes. L'ordonnance de réunion, signée de Louis XIV, et datée du mois de mars 1694, porte dans son préambule les motifs de cette mesure. « Le roi Charles V, y est dit, faisant son séjour ordinaire dans le château du Vivier en Brie, pendant qu'il était dauphin, fonda, sous l'invocation de Notre-Dame, une sainte chapelle... Étant parvenu à la couronne, et ayant abandonné l'habitation de ce château, aucuns des rois, ses successeurs, n'ayant jugé à propos de le faire réparer et entretenir, il est tombé en ruine (1), et les bénéficiers de la sainte chapelle du Vivier *n'ayant plus été honorés de la présence des rois*, la discipline s'est relâchée dans leur collége; plusieurs se sont dispensés de se faire promouvoir à l'ordre de prêtrise, ainsi qu'ils y étaient obligés par leur fondation; d'autres ont manqué à la résidence : et paraissant difficile de remédier à ces désordres, si cette sainte-chapelle restait *dans un désert écarté du monde, hors les bourgs et villages*, on nous a proposé de la transférer dans celle du bois de Vincennes, et de l'y unir.... »

L'archevêque de Paris et le P. La Chaise, confesseur du roi, furent chargés d'informer sur l'utilité de cette translation; ils reconnurent « que la chapelle du Vivier ne *répondait aucunement à la dignité d'une sainte chapelle royale, qu'elle était dans un état indécent, située dans un château ruiné, au milieu des bois, et dans un lieu où il n'y avait aucun habitant pour profiter des beaux exemples d'une communauté ecclésiastique*; et que, comme suc-

---

(1) Au temps des guerres civiles, ce château avait été pillé et dévasté de fond en comble.

cesseur du zèle du roi Charles V, le roi ne pouvait rien faire de plus avantageux pour conserver la mémoire de sa piété, que d'ordonner la translation de cette sainte chapelle en celle du bois de Vincennes, dont Charles V était aussi fondateur.... »

C'est sur ce rapport que la réunion de la chapelle du Vivier eut lieu définitivement le 2 juillet 1694.

Etienne Fauvelot ou Fauvelat, trésorier du Vivier, transporta à Vincennes les reliques de sa chapelle, notamment un reliquaire enrichi de lames d'or et de pierres précieuses, qui contenait du bois de la vraie croix, extrait de celui de la Sainte Chapelle du Palais de Paris. Suivant une inscription gravée au bas de ce reliquaire, c'était un présent que le roi Charles V avait fait, en 1368, à la chapelle du Vivier, qu'il se plaisait à embellir, et pour laquelle il ne cessa, dans tout le cours de son règne, de montrer une grande prédilection.

Il résulte de l'inventaire des ornements de la chapelle du Vivier, fait en 1681, à l'occasion de la réception d'un chapelain, inventaire déposé aux archives du royaume (liasse c. 863, carton 759), que cette chapelle possédait de grandes richesses.

Selon l'historien de la chambre des comptes, les revenus du Vivier s'élevaient, d'après un état dressé en 1698, à 13,001 liv. 17 s., non compris les maisons et jardins que faisaient valoir les chanoines par eux-mêmes et celles qu'ils habitaient.

Les religieux du Vivier avaient joui d'un droit assez singulier, si l'on doit ajouter foi à ce qu'en dit Poncet de la Grave (1). « Le Chapitre de Vincennes a, en vertu de cette union, le droit de conférer et confère des places d'hommes ou gentilshommes de corps, charges qui ont toujours été et sont encore possédées par des personnes de la plus haute naissance, lesquelles prêtent serment au chapitre en ces termes : « Vous promettez et jurez à Dieu et au roi de soutenir et de défendre cette sainte chapelle dans ses droits, biens et priviléges, et que, si vous apprenez à l'avenir quelque chose qui concerne le corps en général et les membres en particulier, vous serez tenu de les en avertir ou faire avertir. Le récipiendaire répond : Je le jure et promets en mon honneur et conscience. »

On voit par l'ordonnance de réunion de Louis XIV, qu'en supprimant la sainte chapelle du Vivier, il y avait laissé un prêtre pour célébrer à perpétuité, les dimanches et les fêtes doubles, une messe basse pour le repos des ames des rois et des reines de France trépassés.

En octobre 1733, des lettres patentes attribuèrent une somme annuelle de 150 livres au vicaire de Fontenay résidant au Vivier. Enfin, en 1734 et 1736, Louis XV signa des lettres-patentes portant extinction définitive de cette sainte chapelle (2).

(1) *Maisons royales.* — *Vincennes.* 1788, t. 2, d. 175-176. année 1694.
(2) *Hist. de la Chambre des Comptes.*

Dès lors les chanoines de Vincennes n'eurent plus à s'occuper que des revenus de la propriété. Le 13 mai 1774, ils consentirent à Hubant, entrepreneur de maçonnerie, qui avait offert de se charger de diverses constructions à faire dans l'enceinte du château, un bail de vingt-sept ans, de toutes les dépendances, moyennant une rente annuelle de 450 livres.

Le 16 septembre 1779, Hubant transporta son bail au nommé Lemaitre de Courtigny, qui, le 30 mai 1791, se rendit adjudicataire du domaine du Vivier pour le prix de 25,200 livres.

« Vendus comme biens religieux, le château du Vivier et ses dépendances reçurent une déplorable destination. L'antique habitation de nos rois fut convertie en un corps de ferme. On plaça une étable, un colombier, une écurie, dans les hautes tours qui en défendaient l'approche; et de cette élégante chapelle, dont l'œil admire encore aujourd'hui les nobles restes, on fit une grange rustique, recouverte d'un toit grossier. »

Plus tard tous les bâtiments construits en grès taillés, furent même condamnés à être démolis entièrement. Quelques parties en avaient été détruites, et un charpentier avait acquis, moyennant 1,200 francs, le droit de faire jouer la mine pour s'approprier et enlever le surplus, quand un avocat célèbre dont le barreau regrette la perte récente, M. Parquin, déjà possesseur des deux étangs dont parle Sébastien Rouillard, en acquérant le domaine du Vivier, préserva le château d'une complète destruction. Il dégagea ces belles ruines et les restaura. Elles étaient sur la voie publique, exposées à de fréquentes mutilations. Pour les soustraire plus sûrement aux atteintes du vandalisme, il les renferma dans l'intérieur du parc, en supprimant deux chemins vicinaux, qui furent remplacés au dehors par une longue et dispendieuse chaussée. Les étangs, garnis de joncs et de roseaux, n'étaient plus que de tristes marécages; il les creusa, les resserra, et en même temps qu'il reconquit sur les eaux un terrain précieux, propre à former de verdoyantes prairies, il rendit à ces eaux, qui sont courantes, toute la limpidité, toute la fraîcheur qu'elles avaient auparavant.

Deux des épitaphes de la chapelle ont échappé aux fouilles et aux démolitions. La première, sur un marbre noir scellé dans le mur, à gauche du maître autel, est celle de Médéric de Donon, conseiller et contrôleur général des bâtiments de Henri II, Charles IX, Henri III et Henri IV, lequel Donon *courut risque de la vie* sous ce dernier roi, et *échappa* d'une longue prison à la Bastille, où les fureurs de la ligue l'avaient confiné. Il est mort au Vivier à l'âge de LXIX ans, le 18 mars 1590, laissant dix enfants vivants. Ce tombeau lui avait été élevé par Jean, son fils aîné, héritier de sa charge sous Henri IV, lequel laissa le soin des prières pour l'ame de son père à deux de ses frères, l'un trésorier, l'autre chantre de la chapelle.

La seconde inscription, en langue latine, gravée sur la pierre qui couronne le maître-autel, a plus de concision. C'est celle de Léon de Donon : DICTUS *le gentilhomme parisien*, trésorier et chanoine de la chapelle.

Une autre pierre tumulaire, en partie brisée, atteste la sépulture dans ce château d'un des membres de la famille d'Orléans. Découverte, il y a peu de temps, près du corps de ferme, elle a été placée également dans la chapelle.

Des fouilles opérées au Vivier par M. Parquin, ont produit la découverte d'un grand nombre de médailles du Haut et du Bas-Empire. La description de ces médailles et des belles ruines du château du Vivier, a été l'objet d'un rapport étendu qui a été inséré dans le *Journal de l'Institut historique*. (t. IV. 1836. p. 1-24) et dont j'ai beaucoup profité pour la rédaction de cette notice.

Nous emprunterons encore à ce savant travail, quelques détails descriptifs qui donneront une idée de la disposition primitive et de l'état actuel du château du Vivier.

« Les ruines du Vivier, disent les rapporteurs, présentent deux parties bien distinctes. La plus complète, comme la plus intéressante, est le château formant la citadelle de la place, l'habitation du prince et du gouverneur, et la dernière retraite d'une garnison en cas de siége.

» La seconde division des ruines compose une partie de l'enceinte générale du fort; elle était flanquée de tours nombreuses, liées par de fortes murailles, et, par son étendue, enveloppait non seulement le château, mais encore une vaste surface sur laquelle étaient disposées toutes les dépendances nécessaires à un séjour royal et à une station militaire.

» Irrégulier dans sa forme, le château était protégé, à l'orient, par l'étang de Vizi, presque entièrement desséché maintenant et réduit aux dimensions d'un large fossé, mais qui alimentait alors les autres étangs, dont les détours, enveloppant les constructions, en défendaient l'approche de toutes parts.

Une chaussée ou jetée, séparant l'étang de Vizi de celui du grand moulin, qui réunit toutes les eaux, permettait seule l'accès du château vers le midi. A l'occident, un pont levis s'abattait d'un donjon quadrangulaire, faisant bastion d'angle, et servant d'entrée au château; on l'appelait la *Tour du gouverneur* (1). Une longue voûte, sur les pieds droits de laquelle sont creusées les coulisses de la herse, formait l'arrivée ou vestibule; elle était protégée par des archières ou meurtrières verticales, dirigées en tous sens vers les courtines; un corps-de-garde voûté avait été pratiqué à droite dans l'épaisseur des constructions.

Toute la partie inférieure, au rez-de-chaussée de ce donjon, est bien conservée; mais les trois étages qui la surmontaient n'exis-

---

(1) « Les tours ou donjons des vieux châteaux se composaient ordinairement de deux tours accouplées, l'une plus forte que l'autre ; la plus déliée et la plus élevée contenait l'escalier et souvent était engagée dans le mur de la plus grosse tour. »

tent plus; l'escalier seul a survécu dans un beffroi hardi, qui, construit entièrement en grès, selon l'usage de la Brie, s'élève à plus de cent pieds, bien que coupé dans la moitié de son diamètre et désuni de la tour principale à laquelle il était indispensable. Dans ce donjon, défendant l'entrée de la citadelle, étaient l'appartement du gouverneur et les prisons d'état. Un mur, dont on voit encore les arrachements, formait la clôture méridionale du château et supportait une galerie de communication entre l'habitation du chef militaire et le premier étage d'un édifice religieux consacré à la Vierge par Charles V. Divisé en chapelle basse et en chapelle haute, comme la Sainte-Chapelle de Paris, ce temple était situé à l'angle du château que les eaux des étangs protégeaient contre les attaques.

La chapelle a cinquante-sept pieds de longueur sur vingt-cinq de largeur; l'abside, formée de trois pans coupés, est percée de grandes fenêtres en ogive dont quelques morceaux ont survécu sans conserver trace des verrières. Sur le mur du fond les fenêtres sont géminées. L'autel, aujourd'hui en place sur le sol inférieur, est une sépulture selon l'antique usage : elle renferme, comme on vient de le voir, les restes de Léon de Donon, chanoine, trésorier de cette sainte et royale chapelle. L'autel de la Vierge était dans la partie haute dont le plancher avait été établi de plain-pied avec les appartements royaux, privilége qui ne pouvait appartenir qu'à une fondation royale, et pour l'usage particulier du prince. Entièrement dépourvu de voûte et de couverture, ce temple, exposé à toutes les injures de l'air, a cependant conservé quelques traces de sa décoration peinte. Elle consistait en feuillages légers, accompagnés de fleurs, selon l'usage adopté depuis le XIIIe siècle.

Vers la cour, latéralement à la chapelle et sur le même alignement que sa façade, un corps de logis, divisé en appartements, offre par bas cinq grandes pièces éclairées sur l'étang de Vizi ; on y entrait de la cour par une porte surmontée d'un écusson. Cette partie du château a plus souffert que tout le reste.

Entre les eaux et cette façade est une terrasse bornée, au midi, par l'extrémité orientale de la chapelle, et au nord, par une tour ronde, ou tour de garde qui fait l'angle du logis. C'est sur cette terrasse que, lors du séjour de Charles VI au Vivier, pendant sa folie, on avait *interposé un grand mur d'appui.*

Auprès de la tour en est une autre de forme carrée, percée de quatre meurtrières, et faisant bastion d'angle sur l'étang de Vizi.

Le corps-de-logis est évidemment la partie la plus ancienne du château; les détails d'architecture qui se trouvent vers la cour, la rudesse de travail de l'écusson placé au-dessus de la porte, indiquent une époque antérieure au règne de Charles V.

La disposition générale de la chapelle, la place qu'y occupe la tribune royale, tout semble s'accorder pour indiquer que l'habitation était déjà ancienne, lorsque cette chapelle fut fondée ; et si l'examen s'étend jusqu'à la façade de ce temple, il est facile d'y reconnaître que le mur, qui la rattache à la tour du gouverneur, ne fut établi que postérieurement à cette façade.

On serait tenté de supposer que le château n'était point clos dans la partie méridionale, quand Charles V fondait la chapelle, et que l'ensemble, sans cette clôture, ne constituait point un château fort ; s'appuyant sur ce fait important aussi bien que sur les formes des moulures qui décorent le beffroi et la tour isolée au nord, on pourrait dire que le donjon et les autres tours ou bastions qui font du château une forteresse, n'existaient pas avant la chapelle, et peuvent être attribués à Charles V ou à Charles VI. C'est alors que l'habitation, entourée de fossés, serait devenue château-fort complet.

Au centre de la cour du château, une piscine ou bassin carré était destinée à recueillir les eaux nécessaires au service ; de nombreux aqueducs, reconnus à diverses époques, lors des travaux de terrassement, tendaient vers cette piscine ; ils avaient pour but d'y réunir les sources du coteau occidental. Dans ce bassin était sans doute une fontaine jaillissante. Un ornement en plomb, déposé dans le cabinet d'antiquités du Vivier, paraît avoir appartenu à la décoration de cette fontaine. De ce bassin, les eaux étaient dirigées par une pompe dans la salle de bain ; différents robinets distribuaient les eaux dans quatre baignoires de pierre.

La seconde partie des ruines, plus étendue que la première, puisqu'elle formait l'enceinte générale du fort, est cependant la moins complète aujourd'hui ; elle est dépourvue d'une partie des tours qui, espacées à la portée du trait, étaient réunies entre elles par une forte muraille dont il ne reste qu'une courtine. Le peu de constructions encore debout ne donnent pas une idée bien complète de l'étendue générale du fort. Aidé cependant d'un petit plan général conservé aux archives du royaume, on peut reconstruire sur le papier la portion qui regarde le midi, travail dans lequel on est guidé par les inductions qu'on peut tirer de la disposition du sol et des faibles arrachements de murs qui ont survécu aux ravages du temps.

La grande enceinte extérieure se rattachait au château par un mur appuyé contre un des pans coupés qui constituent l'abside de la chapelle ; ce mur, d'une grande épaisseur, forme un angle droit avec la chaussée qui, divisant les deux étangs, donnait accès au fort de ce côté. Au point de contact de ce mur et de cette jetée, était, sans doute, une poterne servant d'issue ; et la communication qui existait sur ce point, entre l'étang de Vizi et le fossé méridional, dut faire établir un batardeau pour retenir les eaux et les faire arriver à volonté. D'épaisses constructions bien cimentées, découvertes en ce lieu sous le sol, semblent indiquer en même temps le batardeau et les substructions d'un corps-de-garde défendant la poterne.

En descendant de ce point important vers l'étang du grand moulin, on arrive à une tour isolée, d'un petit diamètre, et sur la surface extérieure de laquelle on reconnaît deux arrachements de mur qui la reliaient à l'ensemble ; démantelée jusqu'à la hauteur du premier étage, son intérieur offre, au centre et au niveau du sol, une ouverture circulaire régulièrement taillée dans la pierre comme une margelle de puits. Ce trou permet de descendre dans un caveau voûté à six arêtes, et dont le diamètre égale celui de la tour.

Ce caveau, lorsqu'il fut découvert, était comblé de terre dans toute sa hauteur. Un squelette humain fut trouvé dans le fond, sur le pavé qui forme le sol. Cette rencontre inattendue donna naissance à plus d'une conjecture sur les attributions de la tour, et celle qui s'accrédita fit considérer le souterrain comme une oubliette.

Le mur de clôture remontait de ce point jusqu'à une grosse tour d'angle qui existe encore; dans ce long intervalle de soixante-dix mètres, on avait multiplié les points de défense par deux tours, abattues aujourd'hui ; la seule courtine encore debout se dirige de cet angle saillant du fort jusqu'à une construction carrée enclavée dans des dépendances modernes. Près de là, et aux deux côtés de la chaussée ancienne, qui, des étangs, conduisait au coteau occidental, les fouilles ont fait reconnaître les traces circulaires de deux tours qui étaient assez rapprochées entre elles pour qu'une porte ait pu être placée sous leur protection. Des dépendances voûtées qui s'y reliaient, durent s'appuyer contre le mur dont le fort devait être clos de ce côté.

Entre le donjon du gouverneur et la tour d'angle, une construction bien cimentée formait un bassin dont le fond était dallé en pierre; les eaux se dégageaient vers l'étang par l'aqueduc.

À l'extrémité la plus occidentale de l'enceinte, au point qui se rapprochait de la route antique, une tour ronde, remplacée par une salle de verdure, couvrait l'escalier d'un souterrain considérable dans lequel on entre à droite. Cette cave est formée d'une longue galerie voûtée en berceau, dans laquelle pénètrent vingt-huit petits caveaux latéraux. Au fond de la galerie, une ouverture étroite et basse donne entrée à un corridor, où un homme peut à peine monter tant le passage est resserré et peu élevé. Il est probable que ces cavités étaient consacrées à renfermer les corps des hauts personnages qui mouraient au Vivier. »

TOURNAN.

Tournan, que les plus anciens titres nomment *Turnuacum, Turnomium*, est une jolie petite ville à 7 lieues de Melun, sur la route de Paris à Rosay. Au IXe siècle, une communauté de filles donna naissance à cette ville; forcées par les Normands de chercher un autre asile, ces religieuses rentrèrent plus tard dans leur maison, restaurée par les soins des évêques de Paris. Dans l'enceinte du château, se trouvait une église sous l'invocation de St.-Denis, et desservie par un prieur et quelques moines de St.-Maur. L'église paroissiale était dédiée à la Madeleine.

Avant le XIe siècle, on ne connaît rien des seigneurs de Tournan, si ce n'est qu'ils étaient du nombre de ceux qui étaient obligés de porter l'évêque de Paris sur leurs épaules le jour de son intronisation. Les familles de Vitry, de Garlande et de Chambly le possédèrent successivement depuis le règne de Henri Ier. Charles, fils de Philippe-le-Hardi, eut en partage la ville de Tournan, et la laissa après lui à son fils, le roi Philippe-de-Valois, qui la donna, en 1343, à Jean son fils aîné, duc de Normandie. Les autres seigneurs de Tournan sont fort obscurs.

1,827 habitants composent la population de Tournan.

Le château d'*Armainvilliers*, à une demi-lieue de Tournan, était, il y a cinquante ans, l'un des plus magnifiques des environs de Paris. Un étang de 290 arpents est enfermé dans son immense parc, qui fait, en quelque sorte, partie de la forêt d'Armainvilliers.

Ce domaine, qui appartenait au duc de Penthièvre, a été fort négligé depuis la révolution.

COUBERT.

Il n'y aurait rien à dire de ce village dénué de tout souvenir intéressant, si nous n'avions pas à parler de son château, bâti par Samuel Bernard, fameux banquier juif, qui y prodigua toutes sortes de magnificences. Il a été démoli récemment, mais on admire encore les rares plantations que renferme le parc, qui, dans une étendue de 600 arpents, offre de grandes beautés; le gibier y abonde. Cette propriété, l'une des plus remarquables des environs de Paris, appartenait, il y a quelques années, à M. Joseph de Forestier.

BRIE-COMTE-ROBERT.

C'est, après Melun, la ville la plus importante de cet arrondissement. Elle est traversée par la grande route de Paris à Troyes, sur l'Yères, et à 4 lieues 1/2 de Melun. Cette ville fut donnée par Louis VII à Robert, comte de Dreux, son frère, dont le fils, nommé aussi Robert, bâtit le château de Brie. Ce même Robert passe aussi pour avoir fait élever l'église paroissiale, dont la construction est assez élégante; elle n'a qu'une seule nef, accompagnée de deux bas-côtés qui ne tournent point autour du chœur; cette nef est percée dans toute sa longueur par huit arcades ogivales surmontées de galeries délicates et de grandes croisées. Le portail paraît avoir été restauré au XVIe ou XVIIe siècle. Cette église, sous le titre de St.-Étienne, offrait une singularité sans exemple; elle était desservie par deux curés; l'un officiait à droite et l'autre à gauche, et on les distinguait sous les titres de curé *à dextre,* et de curé *à sénestre*.

L'Hôtel-Dieu de Brie est d'une époque à peu près aussi ancienne que l'église, et l'on attribue encore cette fondation au même comte Robert II; du moins est-il certain qu'il en éleva la chapelle dite de St.-Éloi.

De la maison de Dreux, la terre de Brie passa successivement aux maisons de Bretagne, de France et d'Évreux. Jeanne d'Évreux l'apporta en dot à Charles-le-Bel, qu'elle épousa en 1326. Cette reine mourut au château de Brie le 4 mars 1370. C'est dans ce même château, qu'avaient été célébrées, en 1349, les noces de Philippe de Valois, âgé alors de cinquante-six ans, avec Blanche de Navarre, qui n'en avait que dix-huit. Ce mariage disproportionné ne fut heureux ni pour ce roi, ni pour la France. Philippe mourut l'année suivante, et sa veuve, par ses intelligences avec le roi de Navarre son frère, fit le plus grand mal à l'état, et donna de grands embarras au dauphin Charles, régent, pendant la captivité de son père en Angleterre.

Brie-Comte-Robert eut sa part des calamités qu'enfantèrent les guerres civiles des XIVe et XVe siècles. Cette ville fut prise d'assaut, le 5 septembre 1430, par le connétable de France de Stafford, pour le roi d'Angleterre, après un siége de deux jours seulement. Le château résista plus longtemps, mais il fut enfin forcé de se rendre. Jacques de Milly et Jean de la Haye, qui la défendaient, furent faits prisonniers par les Anglais et ne purent obtenir leur liberté par la suite qu'au prix d'une somme considérable.

En 1454, le duc de Bourbon corrompit, à prix d'argent, le capitaine Ferrières qui gardait cette place pour les Anglais, et s'en rendit ainsi le maître.

Le dauphin, depuis Louis XI, et les seigneurs qu'il avait entraînés dans sa révolte, s'emparèrent à leur tour de Brie-Comte-Robert, Mais le roi le fit reprendre.

Au XVI⁰ siècle, le protestantisme fit de grands progrès à Brie. Ce qui a dû y contribuer, c'est sans doute l'exemple d'un évêque de Troyes, Antoine Caraccioli, prince de Melphe, qui, séjournant dans cette ville, dont le château appartenait alors à une de ses parentes, y fit une abjuration solennelle de la religion catholique.

Brie fut encore pris d'assaut et saccagé par les troupes au temps de la Fronde, le 24 février 1649.

Il ne reste plus aujourd'hui que des ruines du fameux château de Brie-Comte-Robert. Ce château, situé à l'extrémité de la ville, près de la route de Paris, se composait d'une enceinte carrée, dont les angles étaient flanqués de tours rondes et de trois autres tours placées au milieu de trois côtés de cette enceinte. Une de ces tours a subsisté jusqu'en 1830, époque à laquelle on a jugé nécessaire de la démolir. C'est dans cette tour que fut incarcéré le baron de Bazenval, au commencement de la révolution.

2,762 habitants composent la population de cette ville, très commerçante, surtout en grains et en fromages.

COMBS-LA-VILLE.

Combs vient d'un mot latin qui signifie profondeur entre deux coteaux. Combs-la-Ville est situé sur le penchant d'une colline, au pied de laquelle coule l'Yères, à une lieue de Brie-Comte-Robert. Désigné sous le nom de *Combis* dans le testament de Dagobert, ce village fut donné par ce monarque à l'abbaye de St.-Vincent, depuis St.-Germain. Ces religieux y transportèrent le corps de leur patron pour le cacher aux Normands lorsqu'ils approchèrent de Paris.

La possession de cette seigneurie, après avoir appartenu dans le Xe siècle aux rois de France, rentra plus tard dans les domaines de St.-Germain-des-Prés. A peu de distance de ce village, se trouve *Vaux-la-Reine*, autrefois château royal qu'Isabelle de Bavière acquit du duc d'Orléans en échange d'un hôtel à Paris. Elle fit dans ce château divers embellissements. Aujourd'hui Vaux-la-Reine n'est plus qu'un hameau; Combs-la-Ville est peuplé de 500 habitants.

EVRY-LES-CHATEAUX.

Ce village, à une lieue de Brie et à trois lieues de Melun, a environ 600 habitants. Un très ancien château, qui s'y trouve, mérite quelque attention. Il est flanqué de quatre tours; le parc en est très beau; de superbes maronniers l'ombragent. Les jardins potagers sont aussi fort remarquables.

Les hameaux de *Mardilly* et de *Tremblesseau* font partie de la commune d'Evry.

LIEUSAINT.

C'est à tort qu'on appelle quelquefois ce bourg *Lieursaint*. *Locus sanctus* était son ancien nom; on a trouvé sur ce territoire des pièces de monnaie où ce nom était gravé. L'abbé Lebeuf pense qu'un prêtre nommé Quentin fut le fondateur et le patron de l'église de Lieusaint. Cette église fut donnée, au xiie siècle, par l'évêque de Paris à l'abbaye d'Hières dont l'abbesse eut ainsi le droit de présentation à cette cure. Au xve siècle, les possesseurs de la seigneurie de Lieusaint y établirent trois chartreux. Ce commencement de communauté devint tellement considérable avec le temps, que ces chartreux occupèrent bientôt tout le village où l'abbaye d'Hières ne conserva plus que peu de chose.

Lieusaint est surtout connu par l'aventure de Henri IV et du meunier Michau; Collé l'a rendue célèbre par sa comédie intitulée *Partie de chasse de Henri IV*. Mais quelques auteurs ont douté de cette anecdote, dont Sully ni l'Etoile ne font aucune mention. L'auteur des *promenades de Paris à l'ancien château du Jard* prétend avoir visité des bornes en grès provenant de la ferme Michau, et portant en relief d'anciens écussons où il n'a remarqué aucune trace des fleurs de lys qui, selon la tradition, devaient s'y trouver.

Situé à trois lieues et demie de Melun, ce village, traversé par la route de Paris à Lyon, offre une population de 500 habitants. L'ancien château de *Villepesque*, maison de plaisance de Charles V et de Charles VI, était près de Lieusaint. Ce château n'est plus aujourd'hui qu'une ferme.

NOTICES BIOGRAPHIQUES

SUR LES HOMMES CÉLÈBRES DE L'ARRONDISSEMENT DE MELUN.

Amyot (Jacques) né à Melun en 1513, mort en 1695. Il était fils d'un coutelier. Son père ayant voulu lui infliger une correction un peu trop sévère, le jeune Amyot se sauva de la maison paternelle, et fut rencontré malade, couché dans un champ de la Beauce. Recueilli par un cavalier, il fut porté en croupe à l'hôpital d'Orléans. Lorsqu'il fut rétabli, il vint à Paris et se mit au service de quelques écoliers qui ne le rétribuaient pas largement. Sa mère lui envoyait toutes les semaines un pain, par le bateau de Melun. Son heureuse physionomie attira l'attention d'une dame qui s'intéressa à lui et le prit pour tenir compagnie à ses fils. Il partagea leurs études et fit de tels progrès qu'il fut bientôt en état d'enseigner lui-même, et devint le précepteur des enfants de Guillaume de Sacy Boucherel, qui, parvenu au poste de secrétaire d'Etat, fit connaître Amyot à Marguerite, sœur de François Ier. Protégé par cette princesse qui aimait les lettres, il obtint une chaire importante dans l'université de Bourges. Pendant les douze ans qu'il passa dans cette ville, Amyot traduisit le roman grec de *Théagène et Chariclée*, et la pastorale de Longus, *Daphnis et Chloé*; on lui doit aussi une traduction de Plutarque. Amyot quitta sa chaire pour prendre possession de l'abbaye de Bellozane. Henri II l'employa à diverses négociations, et lui confia l'éducation de ses fils. Charles IX le combla de faveurs, le fit grand aumônier de France et évêque d'Auxerre. Il n'y a point de doute qu'il n'ait blâmé la conduite de ses royaux élèves, puisqu'il protesta qu'il leur était trop attaché pour jamais entreprendre d'écrire l'histoire de France. Les traductions d'Amyot passent pour des chefs-d'œuvre; non seulement elles sont fidèles, mais son vieux langage plaît encore, non pas précisément par sa prétendue naïveté qui n'est qu'apparente, mais par une grace inimitable que les changements survenus dans notre langue n'ont pu effacer.

Guichard, né à Chartrettes le 5 mai 1731, mort à Paris en 1811. On a de ce poète des odes, des fables, des contes, des épigrammes, et quelques drames lyriques, tels que l'*Amant et le Bucheron ou les trois Souhaits*, dont Philidor fit la musique. Les œuvres de Guichard ont été recueillies et imprimées en 1805.

Martin IV, pape, naquit dans la commune d'Andrezel, arrondissement de Melun, au commencement du XIIIe siècle. Connu d'abord sous le nom de *Simon de Brie*, il fut garde des sceaux de saint Louis, puis cardinal. Elu pape en 1281, il prit le nom de Martin, d'une église de Tours connue sous ce vocable, et dont il avait été chanoine trésorier. Il résista à son élection jusqu'à déchirer le manteau papal lorsqu'on l'en revêtit. Forcé de céder, il signala son pontificat par des actes de fermeté en excommuniant Michel Paléologue comme auteur du schisme des Grecs, et Pierre III, roi d'Aragon, pour avoir été l'instigateur des *vêpres siciliennes*, en 1282. Le pape donna les royaumes de ce prince à Philippe-le-Hardi, pour l'un de ses fils. Cette démarche de Martin IV ne fut pas heureuse, et la croisade entreprise en conséquence n'eut aucun succès. Il mourut à Pérouse en 1285.

Rouillard (Sébastien), né à Melun à la fin du seizième siècle, et mort à Paris en 1639. Il y exerça la profession d'avocat; mais il est plus connu par son *Histoire de Melun*, et par celle de l'*Eglise de Chartres*, ouvrages utiles à consulter, mais dont le style est fort diffus.

Voisenon (Claude-Henri Fuzée de), né au château de Voisenon, le 8 janvier 1708, et mort dans le même château, en novembre 1775. Nous avons dit qu'il fut abbé du Jard, et membre de l'Académie française. Plus homme du monde qu'ecclésiastique, il composa plusieurs romans et pièces de théâtre; tels sont : l'*Histoire de la fidélité*, les comédies intitulées *la Coquette fixée* et *les Mariages assortis*. Son opéra des *Israélites à la montagne d'Horeb*, fut applaudi en 1758.

§ 11.

ARRONDISSEMENT DE FONTAINEBLEAU.

I. FONTAINEBLEAU.

LE CHATEAU.

La jolie ville de Fontainebleau, située au centre d'une forêt qui passe à juste titre pour la plus belle de France, doit sa formation à un château royal fort célèbre, mais dont l'origine n'est pas bien connue.

On a essayé, sans preuves, de faire remonter jusqu'au règne de Robert la fondation de la résidence royale de Fontainebleau. Ce qu'il y a de certain, c'est qu'elle existait sous Louis le Jeune, comme l'attestent deux chartes de ce prince des années 1147 et 1160. (1)

Rien ne paraît plus naturel que d'attribuer l'étymologie du nom de Fontainebleau aux sources limpides et abondantes qui y coulent; cependant son nom latin *Fons Blaudi* ou *Bleaudi* donnerait de la vraisemblance à une autre opinion, suivant laquelle ce lieu tirerait son nom de celui d'un seigneur appelé *Blaud* ou *Bleaud*, qui y aurait fait, le premier, construire une habitation près d'une fontaine.

En 1169, Louis-le-Jeune fit élever près de sa maison royale une chapelle que Thomas Becket, le saint archevêque de Cantorbéry, dédia à la Vierge et à saint Saturnin.

Philippe-Auguste séjourna très souvent à Fontainebleau. Une

---

(1) Le second diplôme porte textuellement : *Actum publicè apud Fontene Bleaudi, in palatio nostro.* Voy. Guilbert, *Description historique de Fontainebleau*, t. I., p. 205.

charte de ce prince donne à l'Hôtel-Dieu de Nemours tout le pain qui restera sur sa table pendant son séjour à Fontainebleau.

Saint Louis aima beaucoup cette solitude qu'il appelait ses *chers déserts.* (1) Il y fit faire d'importantes constructions, dont les plus remarquables sont une chapelle dédiée à la sainte Trinité, et un pavillon qui a conservé son nom quoiqu'il ait été rebâti sous le règne de François Ier. « C'est dans ce pavillon, dans la chambre nommée encore aujourd'hui *chambre de saint Louis*, qu'en 1259, ce monarque, se croyant à la veille de mourir, fit au prince Louis son fils aîné, une de ces exhortations que Bossuet appelle le plus bel héritage des enfans de saint Louis. « Biau fils, fit-il, je te prie que tu te faces aimer au peuple de ton royaume; car vraiement je aimerais mieux que un Escot venist d'Escosse et gouvernast le peuple du royaume bien et loialment, que tu le gouvernasses mal à poinct et à reprouche. (Joinville) »

Le pieux roi fonda aussi à Fontainebleau un hôpital pour les pauvres malades qu'on y amènerait des environs, *lieux sauvages et arides, (de circum adjacentibus locis desertis et aridis)*, dit-il dans l'acte de fondation. Il fallut pour l'établissement de cet hospice le consentement du curé d'Avon, ce qui prouve que Fontainebleau n'était alors qu'un hameau dépendant de la paroisse d'Avon. Sept religieux de la sainte Trinité et des Captifs ou Mathurins furent chargés de desservir le nouvel hôpital.

« Quand le pieux monarque séjournait à Fontainebleau, il donnait aux Mathurins des marques d'une considération particulière, en reconnaissance des services que ces religieux rendaient aux armées chrétiennes dans la Palestine. Souvent il suivit en chape leurs processions, souvent il assista à l'office divin dans le chœur de la chapelle de la sainte Trinité, psalmodiant et remplissant le devoir d'un simple frère. Ces pratiques de dévotion excitaient quelquefois les moqueries du peuple et les épigrammes de la cour; on appelait Louis IX le roi des frères prêcheurs, le roi des clercs. Lorsque ces railleries parvinrent à ses oreilles, il répondit avec douceur : Si j'employais mon temps à la chasse, au jeu, aux tournois, on ne dirait rien. Je leur pardonne, parce qu'ils n'offensent que moi. » (2)

En 1262, Philippe-le-Bel naquit à Fontainebleau; il y mourut en 1324.

C'est à Fontainebleau qu'en 1326, Isabelle de France, femme d'Edouard II, roi d'Angleterre, vint trouver son frère, le roi de France, Charles-le-Bel, et lui dit : « Sire frère, je me viens plaindre à vous du roi mon baron, qui, par le conseil d'un traître, m'a

---

(1) Le 22 janvier 1264, jour de saint Vincent, Louis IX, poursuivant un cerf dans la forêt de Bière (de Fontainebleau), perdit sa suite et tomba au milieu d'une bande de voleurs. Sans se déconcerter, il sonna d'un petit cor qu'il portait suspendu à son cou. Aussitôt ses gens accoururent et le délivrèrent. En mémoire de cet événement, on éleva, à la place où le roi avait été arrêté, une chapelle qui d'abord reçut le nom de saint Vincent de Mont-Oui, et ensuite le nom de saint Louis, lorsque Louis IX eut été canonisé. « Cette chapelle, dit M. Vatout, fut détruite en 1701, parce que plusieurs ermites y avaient été tués. »

(2) *Palais de Fontainebleau,* par M. Vatout, p. 32.

chassée mauvaisement hors de sa terre. » Charles retint sa sœur au château et l'y traita magnifiquement.

Charles V, forma dans le château de Fontainebleau une librairie ou bibliothèque, (1) qui, après avoir été augmentée par Louis XI, fut transportée à Blois par Louis XII. Les livres qui la composaient retournèrent à Fontainebleau, comme nous le verrons bientôt, sous le règne de François I*er*.

Isabelle de Bavière fit faire d'importants travaux au château de Fontainebleau, qu'elle habita longtemps et où furent élevés plusieurs de ses enfans. C'est ce que prouvent des lettres de Charles VII, publiées dans le recueil des ordonnances des eaux et forêts, par Saint-Yon. « Sa très chère dame et mère avait, dit-il, employé les deniers du domaine et des aides de Melun, à la réédification d'un très bel et très notable hôtel assis en la forêt de Bière, au lieu dit Fontainebleau, auquel ses prédécesseurs, rois de France, avaient souvent coutume de courre la chasse, lequel ladite dame et mère avait proposé de faire réédifier tout de neuf.... en considération de ce qu'il lui avait été rapporté que le feu roi Charles, son aïeul, et ses oncles d'Anjou, de Berry et de Bourgogne y avaient été préservés de la mortalité qui, au temps de leur jeunesse, avait été très grande partout ce royaume, hors audit Fontainebleau. » (2) Charles VII après avoir chassé les Anglais du royaume, fit, dit-on, représenter ses victoires sur les murs du palais de Fontainebleau.

Le projet qu'avait eu Isabelle de Bavière de faire *réédifier tout de neuf* le château de Fontainebleau, fut à peu près réalisé par François I*er*., qui fit plus pour cette résidence qu'aucun de ses prédécesseurs. « Sous son règne, dit M. Vatout, le manoir féodal de Louis VII subit une métamorphose presque complète; les bâtiments du vieux château furent reconstruits ou transformés; la cour du donjon prit une forme nouvelle et devint la cour ovale; on répara la chapelle de saint Saturnin; le pavillon de saint Louis fut restauré; la grande galerie, dite plus tard galerie d'Ulysse, s'éleva; le château, sortant de ses anciennes limites, grandit et s'élargit de toutes parts; une colonie d'ouvriers, d'artistes, encombrait les cours, envahissait ses abords. Italiens, Flamands, Français, mêlés, confondus, obéissaient à Sébastien Serlio, peintre et architecte de Bologne, que François I*er* venait d'enlever à l'Italie. »

Pour exécuter ses vastes plans, François I*er*. acheta le couvent des Mathurins, enclavé dans les murs du château, et plusieurs maisons contigües. Ses lettres du mois de décembre 1529, par

---

(1) « Pour rendre cette bibliothèque digne de lui, Charles V envoya des hommes de lettres par toute la France et dans les pays étrangers afin de rechercher les meilleurs livres, et voulant qu'elle fût utile à toutes sortes de personnes, il l'enrichit de quantité de traductions qui furent faites par son ordre. » (*Discours au Roi sur le rétabl. de la Bibl. roy. de Fontainebleau*, par Abel de Ste-Marthe). Parmi les ouvrages qui prirent place dans la bibliothèque de Fontainebleau, on remarquait la Cité de Dieu, de saint Augustin, traduite par Raoul de Presle ; la Bible; la Politique d'Aristote ; les Dialogues de Pétrarque, traduits par Nicolas Oresme, grand-maître du collège de Navarre, autrefois précepteur du roi, et depuis évêque de Bayeux.
(2) *Ordon. des eaux et forêts*, par St.-Yon, Liv. I, titre XXI, art. 117.

lesquelles il ordonna cette acquisition, témoignent de l'importance qu'il attachait aux travaux qu'il avait entrepris à Fontainebleau : « Pour accroître, agrandir et aiser le bâtiment que présentement nous faisons construire et édifier en notre châtel et maison de Fontainebleau, en la forêt de Bière, icelui embellir et décorer de place, jardin et pampres convenables, *attendu qu'avons intention et sommes délibéré y faire ci-après la plupart du temps, notre résidence, pour le plaisir que prenons audit lieu, et au déduit de la chasse des bêtes rousses et noires qui sont en ladite forêt de Bière et aux environs;* nous est convenu prendre et recouvrer de nos chers et amés les ministres et religieux de l'ordre de la sainte Trinité, étant audit lieu de Fontainebleau, la moitié du lieu où est de présent située la grande galerie faite pour aller dudit hôtel en leur église... La maison du chapelain qui souloit être dans ledit châtel, et dix-sept maisons d'aucuns habitans dudit lieu qui étaient contiguës et joignant notre dit châtel, etc. »

Les nouveaux bâtiments que François Ier fit élever entourèrent la cour de la Fontaine et la grande cour, dite plus tard cour du Cheval-Blanc. L'église de la sainte Trinité fut rebâtie. Une chapelle haute s'éleva sur celle de saint Saturnin. Des jardins vastes et bien dessinés contribuèrent aussi à l'embellissement de cette résidence. *La grotte du jardin des Pins* fut construite (1); on planta le *jardin des Buis*, et le *parterre du Tibre;* on creusa des bassins; on éleva des fontaines; enfin le château prit en quelques années un accroissement considérable.

C'est aussi au règne de François Ier que se rattache l'origine des beaux raisins de Fontainebleau. On raconte qu'un jour ce prince étant à la chasse dans la forêt de Bière, sur les bords de la Seine, du côté de la Brie, le cerf qu'il poursuivait passa la rivière en cet endroit. Le roi la traversa après lui; mais retenu par une soif ardente, il envoya chercher du vin dans une habitation voisine, et le trouva si bon, qu'il acheta 50 arpents de terre dans ce canton, où le vin qu'il venait de boire avait été récolté. Dans la suite, il y

---

(1) Cette grotte, qui n'existe plus, est célèbre par une anecdote que M. Vatout a reproduite ainsi, d'après le *Journal de Mad. de Villedieu.* « Jacques V, roi d'Écosse, étant venu en France, en 1536, pour demander la main de Madeleine de France, fille de François Ier, son impatience le rendit coupable d'une grande indiscrétion, s'il faut en croire sa conversation avec Henri II. « Madame Madeleine se baigna au commencement de cet été, comme vous pouvez vous en souvenir, dit le roi d'Écosse à Henri II (c'était en 1536), et choisit pour le lieu de son bain cette magnifique grotte que le roi votre père a fait faire à l'appartement de la duchesse d'Étampes. Je sais le secret de cette fausse niche, d'où, par le moyen d'un miroir à réflexion qui est enchâssé dans la rocaille, on peut voir les dames dans le bain. Le roi, votre père, m'avait confié cet essai de sa galante curiosité. Je fis gagner l'officier qui a soin de cette grotte; il me plaça dans la niche, un moment avant que Madame se mît dans l'eau. Pardonnez-moi cette témérité, mon cher prince; la pureté de mes intentions l'excusa et elle fut assez rigoureusement punie pour mériter plus de compassion que de colère. La seule mademoiselle de Vendôme eut le privilège d'entretenir Madame dans son bain, et d'abord elle me donna mille petits plaisirs qu'elle ne pensait pas me donner.... » Jusque-là, tout allait à merveille pour Jacques; mais sa situation dans la niche devint beaucoup moins agréable lorsqu'il entendit la princesse, dont il était très amoureux, et qu'il allait épouser, avouer à mademoiselle de Vendôme qu'elle n'avait pu voir avec indifférence don Juan, fils de l'empereur Charles-Quint, et que si on la mariait au roi d'Écosse elle se regarderait comme une victime immolée à la raison d'état. » Cependant ce mariage eut lieu le 1er janvier 1537, et six mois après, le 7 juillet 1537, Madeleine mourut en Écosse, de regrets et d'ennui. » Le miroir indiscret, ajoute M. Vatout, a disparu avec la grotte du jardin des Pins; on entrevoit seulement sur les murailles quelques fresques non entièrement effacées.»

fit apporter et cultiver des plants des meilleurs vignobles de France, et particulièrement de Cahors. Au mois de juin 1531, François Ier fit demander au sénéchal de Cahors un vigneron pour diriger l'établissement d'un enclos de vignes à Fontainebleau, (probablement celui dont je viens de parler). Jean Rival, dit Prince, fut choisi pour cette mission, et amena au roi trente mulets chargés de plants de vignes des meilleurs crûs (1). Le roi fit en même temps construire près de là des bâtiments et des caves qui reçurent le nom de *pressoirs du roi*. Ces bâtiments, où l'on montrait, au dernier siècle, le lit de Gabrielle d'Estrées, n'existent plus aujourd'hui.

J'ai eu l'occasion de parler ailleurs de la célèbre bibliothèque que François Ier fonda au château de Fontainebleau, en y réunissant celle de Blois, et qui fut transférée à Paris, par ordre de Henri IV, au mois de mai 1595 (2). Cette bibliothèque, dont Mellin de St.-Gelais, Guillaume Budé et ensuite Pierre Duchâtel, évêque de Tulle, furent les premiers conservateurs (3), était placée au dessus de la galerie de François Ier. « L'amas de tant de livres et de tant de manuscrits, dit Ste.-Marthe, tous magnifiquement reliez, fut regardé comme l'ouvrage, non pas d'un seul roy, mais de plusieurs roys et de plusieurs siècles. Il attira les plus savants hommes du royaume et des états voisins, et même quelques princes étrangers, qui demeurèrent tous d'accord que cette bibliothèque estoit la plus superbe pièce de Fontainebleau. »

Les embellissements du château se poursuivirent activement. Le roi en confia d'abord la direction au Rosso, ou maître Roux, excellent peintre de Florence, puis au célèbre Primatice de Bologne, qui fut puissamment secondé dans ses travaux par Nicolo dell'Abate, de Modène (4). Benvenuto Cellini enrichissait en même temps le palais de nombreux chefs-d'œuvre de sculpture et d'orfévrerie. « Tous ces grands artistes, tous les hommes éminents de l'époque entouraient François Ier à Fontainebleau ; c'est de là que partirent les vives clartés qui signalèrent le réveil des arts, des sciences et des lettres ; et Fontainebleau fut à la gloire de François Ier ce que Versailles devait être à la gloire de Louis XIV. (5) »

En 1539, lorsque Charles-Quint traversa la France pour aller châtier la révolte des Gantois, François Ier, qui avait gracieusement consenti à lui donner libre passage, lui fit à Fontainebleau une courtoise et magnifique réception dont les détails sont ainsi racontés dans les Mémoires de Martin du Bellay : « François Ier envoya au devant de Charles-Quint, hors de la forest, un nombre de princes, de seigneurs et de noblesse, tous avec le plus grand éclat

---

(1) Voy. dans l'ouvrage de M. Vatout un extrait des archives de la commune de Cahors, p. 68.
(2) Voy, *Bibliothèque du Roi*, t. III, p. 217-222.
(3) *Ibid.*
(4) On a calculé que le Primatice, aidé de Nicolo et de quelques autres peintres italiens, composa pour Fontainebleau 98 grands tableaux et 130 moins importants.
(5) M. Vatout, p. 104.

d'habits qu'il se peut voir. En entrant dans la forest, il fut accueilly par une troupe de personnes déguisées en forme de dieux et de déesses boccagères, qui, au son des hautbois, s'estant assemblez et accourus, composèrent une danse rustique qui ne fut pas moins agréable en la bizarre façon dont ils étaient revestus, qu'en l'ordre et aux passages qu'ils tenoient; lesquels ayant ainsi dansé quelque temps, s'écartèrent promptement de part et d'autre dans la forest, et l'empereur poursuivant son chemin, arriva au château.

» Son entrée fut par la grande allée de la chaussée. A la porte il y avait un arc triomphal orné de trophées et enrichy de peintures qui représentaient le roy et l'empereur revestus à l'antique, accompagnez de la Paix et de la Concorde, pour faire voir à l'empereur avec quelle bienveillance et franchise le roy le recevoit; là estait encore un concert de musique, et après avoir entendu quelques airs, il fut conduit dans le chasteau au son des trompettes et des tambours; et entrant dans la petite galerie, il y rencontra le roy, où se firent les compliments entre leurs majestez; et de là fut conduit au *pavillon des Poesles*, qui lui avoit été ordonné pour son logement. Le soupé étant préparé en la salle du bal, le roy, qui avait laissé quelque temps l'empereur pour se reposer à loisir, l'alla prendre en sa chambre, et ils vindrent ensemble souper avec un témoignage, de part et d'autre, d'une grande réjouissance.

» Le lendemain, et pendant plusieurs jours que Charles-Quint séjourna à Fontainebleau, le roy le festoya et lui donna tous les plaisirs qui se peuvent inventer, comme de chasses royales, tournois, escarmouches, combats à pied et à cheval, et sommairement toutes autres sortes d'esbattement. »

D'autres fêtes non moins splendides furent célébrées à Fontainebleau en 1543 et en 1545, à l'occasion de la naissance des deux premiers enfans du dauphin (depuis Henri II) et de Catherine de Médicis, François (François II) et Elizabeth, dont le mariage avec Philippe II, roi d'Espagne fut, en 1559, un des gages de la paix conclue au Cateau-Cambrésis.

Les grands travaux entrepris à Fontainebleau par François Ier furent continués sous le règne de son successeur Henri II, et sous la direction de Diane de Poitiers, qui y fit exécuter par le Primatice des fresques et des peintures nouvelles.

En 1547, à l'occasion de la naissance de la seconde fille du roi, Claude de France, qui épousa dans la suite Charles III, duc de Lorraine, un tournoi fut donné à Fontainebleau. On avait préparé dans la cour du Cheval-Blanc, un amphithéâtre où Diane de Poitiers occupait la première place au milieu des plus grandes dames de la cour.

Pendant le règne si court de François II, une solemnité d'un caractère plus grave eut lieu à Fontainebleau. C'est dans ce palais que fut tenue, le 21 août 1560, *l'assemblée des notables*, convoquée par le jeune prince et sa mère, après la conjuration d'Amboise.

Charles IX avait été forcé, pendant les troubles, de quitter cette résidence avec Catherine de Médicis pour venir habiter Paris. Ils retournèrent à Fontainebleau en 1564, et la reine-mère y donna des fêtes qui surpassèrent tout ce qu'on avait vu de plus brillant depuis François Ier « Lorsque cette princesse séjournait à Fontainebleau, elle habitait le pavillon des Poesles, qui prit depuis le nom d'appartement des Reines-mères. D'autres souvenirs ont perpétué sa mémoire dans ce palais : elle l'enrichit de tableaux, de bronzes, de statues, fit construire l'escalier auquel a succédé l'escalier du fer à cheval ; revêtit de pierres de taille les cinq pavillons de la cour du Cheval-Blanc et les bâtimens de la cour de la Fontaine. Ces travaux sont constatés par une inscription en lettres d'or, gravée sur une table de marbre noir au frontispice du pavillon du milieu. On appela ce pavillon le *pavillon des Peintres*, parce que François Ier, Henri II et Catherine de Médicis y avaient rassemblé des ouvrages originaux de Raphaël, du Titien, de Michel-Ange et autres excellents maîtres. Tous ces chefs-d'œuvre ont été dispersés. (1) Ce fut aussi par ordre de Catherine de Médicis que le Primatice fit mouler par Vignole le cheval de Marc-Aurèle, que l'on voit à Rome devant la porte du Capitole. Cette figure en plâtre fut placée sous un dôme au milieu de la grande cour, qui prit depuis lors le nom de cour du Cheval-Blanc, qu'elle a toujours conservé, quoique le cheval ait été détruit en 1626. (2)

On ne voit pas que Henri III ait beaucoup fait pour Fontainebleau, quoiqu'il y fût né le 19 septembre 1551 ; il l'affectionnait cependant, s'il faut s'en rapporter au poète Desportes, qui a fait dire à ce prince, en s'adressant aux nymphes de Fontainebleau :

> Nymphes de ces forêts, mes fidèles nourrices,
> Tout ainsi qu'en naissant vous me fûtes propices,
> Ne m'abandonnez pas
> Quand j'achève le cours de ma triste aventure ;
> Vous fîtes mon berceau, faites ma sépulture,
> Et pleurez mon trépas.

Henri IV préférait Fontainebleau aux autres résidences royales, et, comme saint Louis, (3) il l'appelait ses *chers déserts*, ses *délicieux déserts*. Les fréquents séjours qu'il y fit attestent cette prédilection, aussi bien que les nombreux embellissements que lui

---
(1) Toy. M. Vatout, *Souvenirs de Fontainebleau*, p. 169.
(2) *Ibid*.
(3) Témoin le billet suivant qu'il écrivit à Gabrielle d'Estrées au commencement de l'automne de 1599. « *De nos délicieux déserts de Fontaine-belle-eau*. Mes chères amours, ce courrier est arrivé ce soir ; je vous l'ai soudain dépêché, parce qu'il m'a dit que vous lui aviez commandé d'être demain de retour auprès de vous, et qu'il vous rapportât de mes nouvelles. Je me porte bien, Dieu merci ; je ne suis malade que d'un violent désir de vous voir. » (*Manuscrits de la Bibliothèque du Roi*).

doit le château, et pour lesquels il dépensa, dit-on, la somme énorme de 2,440,850 livres.

La chasse tenait un des premiers rangs parmi les divertissements du roi. Les historiens du temps prétendent qu'il lui arriva, dans la forêt de Fontainebleau, une aventure merveilleuse, dont la tradition s'est conservée sous le nom *du grand veneur* : « Le roy, accompagné de plusieurs seigneurs, étant à la chasse dans la forêt, entendit un grand bruit de plusieurs personnes qui donnaient du cor assez loin de lui, les jappements des chiens, et les cris des chasseurs bien différents des siens, et éloignés d'une demi-lieue, et en un instant tout ce bruit se fit entendre près de lui. Sa majesté, surprise et étonnée, envoya le comte de Soissons et quelques autres pour découvrir ce que c'étoit, et aussitôt ils entendirent ce bruit près d'eux sans voir d'où il venoit, ni qui c'étoit, sinon qu'ils aperçurent, dans l'épaisseur de quelques broussailles, un grand homme noir et fort hideux, qui leva la tête et leur dit : *m'entendez-vous?* ou *qu'attendez-vous?* ou, selon d'autres, *amendez-vous;* ce qu'ils ne purent distinguer, étant saisis de frayeur, et qu'aussitôt ce spectre étoit disparu ; ce qui ayant été rapporté au roy, sa majesté s'informa des charbonniers, bergers, bûcherons et autres, qui sont ordinairement dans cette forêt, s'ils avoient déjà vu de tels fantômes et entendu de tels bruits, et ils répondirent qu'assez souvent il leur apparoissoit un grand homme noir avec l'équipage d'un chasseur, et qu'on l'appeloit *le grand veneur* (1). » On cherche encore, dit Sully en racontant la même aventure, de quelle nature pouvoit être ce prestige vu si souvent et par tant d'yeux.

En 1599, Henri IV reçut à Fontainebleau Emmanuel duc de Savoie, qui venait traiter directement avec le roi de la restitution du marquisat de Saluces, que la France exigeait de lui. On sait que le duc entretint secrètement pendant ce voyage les mécontents de la cour, et s'appliqua surtout à exalter l'ambition coupable du malheureux Biron.

Le 4 mai 1600, eut lieu à Fontainebleau, dans la salle du conseil, une conférence célèbre entre Du Plessis Mornay, *le pape des huguenots*, qui avait composé contre la messe un livre intitulé : *Introduction de la Sainte-Eucharistie*, et l'évêque d'Evreux, Duperron, qui s'était fait fort de prouver la fausseté de cinq cents citations faites dans ce livre des ouvrages des saints Pères. Le prélat, qui était un des hommes les plus doctes de ce temps-là, n'eut pas de peine à l'emporter sur l'homme de guerre; et, après la conférence, le roi dit à Sully : « Que vous semble de votre pape? — Il me semble, sire, qu'il est plus pape que vous ne pensez, puisque, dans ce moment, il donne le chapeau rouge à M. d'Evreux. » Le lendemain, Mornay quitta Fontaine-

---

(1) P. Cayet, *Chronologie septennaire;* Matthieu ; mémoires de Sully.

bleau et alla cacher à Saumur son dépit et sa défaite. Duperron eut, comme l'avait prédit Rosny, le chapeau de cardinal.

La joie que causa au roi la naissance du dauphin (depuis Louis XIII), qui vint au monde à Fontainebleau le 27 septembre 1601, (1) fut bientôt troublée par un événement bien triste pour le cœur de ce bon prince, la découverte de la trahison du maréchal de Biron. Les *Mémoires de Sully* ont fourni à M. Vatout, sur ce funeste épisode de l'histoire de Fontainebleau, des détails dont nous reproduirons, d'après lui, les plus intéressants.

« Lafin (le confident et l'agent du maréchal) arriva à Fontainebleau au mois de mars 1602, se jeta aux genoux du roi et lui déroula tout le plan de la conspiration : il ne s'agissait de rien moins que de livrer la France à l'Espagne et de substituer le le fils de la marquise de Verneuil aux droits du dauphin. Pour preuves, Lafin remit entre les mains de Henri les lettres de Biron et son traité avec le duc de Savoie. Le roi, trop convaincu, écrivit à Sully : « Mon ami, venez me trouver en diligence pour chose qui importe à mon service, à votre honneur et au commun contentement de tous deux; » Sully accourt à Fontainebleau. Il trouve le roi à cheval, partant pour la chasse où il allait chercher une distraction à ses chagrins. Henri se pencha vers Sully, et, lui serrant la tête contre son cœur, lui dit en soupirant, « mon ami, il y a bien des nouvelles : toutes les conspirations contre moi et mon Etat sont découvertes. Le principal négociateur est venu me demander pardon et confesser tout; mais il enveloppe dans sa déposition beaucoup de gens, même des plus grands; or, devinez. — Jésus; sire, répondit Sully, deviner un homme qui soit traître! c'est ce que je ne ferai jamais! » Henri presse de nouveau Sully, qui résiste toujours; enfin, il lui dit en souriant : « M. de Rosny en est, le connaissez-vous? — Les autres n'en sont-ils pas plus que moi? répondit Sully en riant. Si cela est, votre majesté ne doit pas s'en mettre beaucoup en peine. — Aussi n'en ai-je rien cru, reprit le monarque; car j'ai commandé à Bellièvre et à Villeroy d'aller entendre avec vous ces accusations. Lafin est caché à la Mi-Voie; il ira vous trouver sur le chemin de Moret; je désire qu'il vous parle librement. »

La lecture des papiers remis par Lafin décida l'arrestation de Biron. Le roi le manda à Fontainebleau. « Je ne voudrais pas, disait-il les larmes aux yeux, que le maréchal de Biron fût le premier exemple de la sévérité de ma justice, et que mon règne, jusqu'ici calme et serein, se chargeât tout soudain de foudre et d'éclairs. »

(1) Henri IV prit en affection la *grande chambre ovale*, où Marie de Médicis avait donné le jour au Dauphin : il la fit orner de paysages par Paul Bril, et de quinze grands tableaux par Ambroise Dubois, représentant les amours de Théagène et Chariclée. On peut remarquer, comme une chose très singulière, que, dans les emblèmes qui décorent cette chambre, le souvenir de Gabrielle d'Estrées se trouve mêlé au chiffre de Médicis.

Après beaucoup d'hésitation, Biron se décida à partir pour Fontainebleau où il arriva le 13 juin 1602, à six heures du matin.

« Le roi entroit dans le grand jardin et disoit : *Non il ne viendra point* ; mais à l'instant le maréchal parut avec six ou sept qui étaient avec lui ; et d'assez loin qu'il vit sa Majesté, il fit trois révérences ; puis le roi s'avançant, l'embrassa et lui dit : « Vous « avez bien fait de venir, car autrement je vous allais quérir. » Le maréchal lui dit plusieurs excuses sur son retardement ; puis le roi le print par la main en se pourmenant, lui monstrant le dessin de ses bâtiments, et passèrent ainsi d'un jardin en l'autre, où sa Majesté lui parla des avis qu'il avait eus de quelques mauvaises intentions qu'il avait contre son état, ce qui ne lui apporteroit qu'un repentir s'il ne lui en disoit la vérité. Le mareschal lui répondit quelques paroles hautaines, entr'autres *qu'il n'était venu pour se justifier, mais pour sçavoir qui estoient ses accusateurs ; qu'il n'avoit point besoin de pardon, puisqu'il n'avoit offencé.* »

« En ces devis, l'heure du disner s'approcha : au lieu d'aller disner à la table du grand maistre, il alla disner avec le duc d'Epernon, pource que son train n'estoit pas encore venu.

Après le dîner, le roi se promenait dans la salle dite de la *Grande Cheminée*. Biron vint l'y trouver. Henri s'arrêta devant sa statue de marbre blanc sculptée en relief sur la cheminée, et entourée de trophées, et dit à Biron : « Eh bien cousin, si le roi « d'Espagne me voyait comme cela, que dirait-il ? — Il ne vous « craindrait guère, » répondit Biron, avec une sorte de dédain. Le roi lui lança un regard qui fit rentrer le maréchal en lui-même. » J'entends, sire, reprit-il aussitôt, en cette statue mais non pas » en votre personne. — Bien, M. le maréchal, » répliqua le roi avec un sourire amer, et il rentra dans son cabinet avec Rosny. » Mon ami lui dit tristement le monarque, voilà un malheureux » homme ! J'ai envie de lui pardonner, d'oublier tout ce qui s'est » passé, et de lui faire autant de bien que jamais. Il me fait pitié ; » mon cœur ne se peut porter à faire du mal à un homme qui a » du courage, duquel je me suis longtemps servi, et qui m'a été » si familier. Mais toute mon appréhension est que, quand je lui » aurai pardonné, il ne pardonne ni à moi, ni à mon enfant, ni à » mon État. »

Rosny engagea Henri à ne point désespérer encore de cette âme superbe et inflexible ; et voulant lui-même tenter un dernier effort, il vint chercher Biron qui était resté dans la chambre du roi. Le maréchal le salua très froidement : « Qu'est ceci, lui dit Sully » en l'embrassant, vous me saluez en sénateur ; embrassez-moi » encore une fois, et allons causer. »

Lorsqu'ils furent assis au chevet du lit du roi, loin de tous ceux qui auraient pu les entendre : « Ca, reprit Sully, vous connaissez » la bonté du cœur du roi ; ouvrez-lui le vôtre et lui dites tout, ou

» à moi si vous l'aimez mieux, et je vous réponds qu'avant qu'il
» soit nuit, vous demeurerez contents l'un de l'autre. — Je n'ai
» rien à dire au roi ni à vous de plus que je n'ai fait; je n'ai à con-
» fesser ni péché ni peccadille; je sens ma conscience fort nette
» depuis ce que j'ai avoué au roi à Lyon. » Ces réponses furent
les seules que Rosny put arracher au maréchal. Il le quitta pour
aller redire au roi et cette conversation et ses regrets. « Vous avez
» été un peu bien avant, lui dit Henri IV, et même assez pour
» le mettre en soupçon qu'il s'en aille. »

Cependant le roi s'adresse encore au cœur de Biron, il l'appelle,
prend avec lui ce ton paternel qui aurait désarmé une ame moins
orgueilleuse, moins endurcie dans la haine; mais trompé par Lafin, qui lui avait dit à son arrivée à Fontainebleau : *bon courage
et bon bec mon maître, ils ne savent rien!* Biron persiste dans un
système de dénégations. « Je sais tout, lui disait le roi en l'em-
» brassant : parle, Biron, c'est ton ami qui t'en prie; personne
» autre que moi ne le saura. » Biron reste impassible ou repousse
comme autant de calomnies les bruits répandus contre lui; il fait
plus, il demande audacieusement le nom de ses accusateurs. Fatigué de tant d'exhortations inutiles, Henri sort de son cabinet pour
se rendre au jeu de paume, et là il invite le duc d'Epernon et le
maréchal à jouer contre lui et le comte de Soissons. Tous les regards étaient fixés sur Biron; toutes les oreilles étaient attentives à
recueillir et ses propres paroles et celles qui lui étaient adressées;
aussi ne laissa-t-on pas tomber ce mot de d'Epernon, où l'on crut
voir une allusion : « Vous jouez bien, maréchal, mais vous faites
mal vos parties. »

Le roi pour s'épargner la douleur qu'il redoutait, espéra que
d'autres auraient peut-être plus d'empire sur Biron; il chargea le
comte de Soissons de le voir. Cette mission n'eut pas plus de succès que la tentative de Sully; le comte de Soissons ne trouva dans
Biron qu'un homme offensé des soupçons dont le roi payait ses
services et sa fidélité....

« Le lendemain, le roi se lève de bon matin et s'en va promener
au petit jardin près la volière; il fait appeler le mareschal et lui
parle assez longtemps. L'on voyoit le mareschal teste nue, frappant
sa poitrine en parlant au roi; l'on tient que ce n'estaient que menaces contre ceux qui l'avoient accusé. »

Tant d'opiniâtreté triomphe enfin de la clémence du roi; il
mande la reine et Sully, les enferme avec lui dans la galerie, et
leur déclare que, comme père et comme roi, ses devoirs lui commandent de faire arrêter le maréchal de Biron et le comte d'Auvergne. Marie de Médicis qui tremblait pour son fils, propose de
les faire arrêter la nuit même dans leurs appartements; Sully pense
qu'il serait mieux de *les amuser fort tard dans le cabinet du roi,*
et de les saisir à l'instant où ils se retireraient.

« Je ne vois point d'apparence à ce que vous dites, reprit Henri, si je ne veux voir ma chambre et mon cabinet remplis de sang ; car ils ne manqueront pas de mettre l'épée à la main et de se défendre ; je ne veux point, si cela doit arriver, que ce soit en ma présence, ni dans mon appartement, mais dans le leur. Allez-vous-en souper chez vous, mon cher Rosny ; bottez-vous et faites botter tous vos gens sur les neuf heures. »

En même temps le roi fait mander Vitry et Praslin, capitaines des gardes, et leur dit de se tenir prêts à exécuter ses ordres.

Le maréchal avait soupé chez M. de Montigny, où, dans une intention malveillante pour Henri IV, il avait fait un pompeux éloge de Philippe II, roi d'Espagne. « Mais vous ne dites pas, Monsieur « le maréchal, répondit M. de Montigny, que ce monarque ne « pardonne jamais une offense, pas même à son propre fils. » Après le souper, tous les convives se rendirent chez le roi. Un domestique de la comtesse de Roussi remit au maréchal une petite lettre renfermant cet avis : *si vous ne vous retirez, dans deux heures vous serez arrêté.* Il montra le billet à l'un de ses familiers, le sieur de Varennes, qui, justement effrayé, lui dit : « Monsieur, je voudrais » avoir un coup de poignard dedans le sein et que vous fussiez en » Bourgogne. — Si j'y étais, répondit le maréchal, et que je » dusse en avoir quatre, le roi m'ayant mandé j'y viendrais. » Et il entra dans la chambre du roi et joua à la prime avec la reine.

Pendant qu'il jouait, M. de Margé, gentilhomme bourguignon, se pencha à son oreille et lui dit à la dérobée quelques paroles qu'il n'entendait pas ; mais le comte d'Auvergne lui frappant sur l'épaule ajouta tout bas : *Il ne fait pas bon ici pour nous.*

Minuit allait sonner ; le roi va tenter sa dernière épreuve. « Il veut du moins que Biron sache bien que s'il se laisse mener en justice, il ne s'attende pas à grâce quelconque de lui. » Il l'attire dans l'embrasure d'une croisée, et là : « Maréchal, lui dit-il, c'est de » votre bouche que je veux enfin savoir ce dont, à mon grand re» gret, je suis trop éclairci. Je vous assure votre grâce, quoi que » vous ayez commis contre moi. Le confessant librement, je vous » couvrirai du manteau de ma protection, et l'oublierai pour ja» mais. — Oh ! c'est trop presser un homme de bien, répondit Bi» ron avec arrogance ; c'est moi qui vous demande justice de mes » ennemis, sinon je me la ferai moi-même. — Bien, maréchal, je » vois que je n'apprendrai rien de vous ; je m'en vais voir le comte » d'Auvergne, pour essayer d'en apprendre davantage. »

Le roi passe dans son cabinet, où Vitry et Praslin l'attendaient ; il leur commande d'arrêter Biron et le comte d'Auvergne, en ajoutant : « N'y faillez pas sur vos têtes. » Et il rentre dans sa chambre, congédie tout le monde, et dit au maréchal : « Adieu, *baron* » *de Biron*, vous savez ce que je vous ai dit. »

A peine Biron était dans l'antichambre, que Vitry lui demanda son épée au nom du roi. « Tu te railles, répondit le maréchal. — » Le roi m'a commandé, répliqua Vitry, de lui rendre compte de

» votre personne. — Fais, je te prie, que je parle au roi. — Non,
» Monsieur, le roi est retiré; votre épée? — Mon épée! mon épée!
» qui a fait tant de bons services! — Oui, Monsieur; baillez votre
» épée. » Toute résistance était inutile; le maréchal remit son épée
au capitaine des gardes, en s'écriant, devant quelques courtisans
témoins de cette scène : « Vous voyez, messieurs, comme on traite
» les bons catholiques! »

Après l'arrestation du maréchal, le roi avait envoyé la Varenne
à Sully, pour l'inviter à se rendre dans son cabinet. « Nos gens
» sont pris, lui dit-il; montez à cheval, allez leur préparer leur
» logis à la Bastille. Je les enverrai par bateau à la porte de l'ar-
» senal, qui est du côté de l'eau; faites-les-y descendre; qu'il
» ne s'y trouve personne, et les menez où il faut, sans bruit, au
» travers de vos cours et de vos jardins. Lorsque vous aurez tout
» disposé de cette manière à l'arsenal, avant qu'ils arrivent, ce
» qu'ils feront quelque temps après vous, allez au parlement et
» à l'hôtel de ville; faites-leur entendre ce qui s'est passé; dites-
» leur qu'ils en sauront les raisons à mon arrivée, et qu'ils
» les trouveront justes. »

Les ordres du roi furent ponctuellement remplis; les deux
prisonniers furent transférés de Fontainebleau à la Bastille pendant la nuit du 15 juin; le procès s'instruisit devant le parlement
présidé par Achille de Harlay, et, le 24 juillet 1602, le maréchal duc de Biron fut exécuté, par faveur, dans la cour de la
Bastille, au lieu d'avoir la tête tranchée en place de Grève.

La fin du règne de Henri IV fut marquée, à Fontainebleau,
par des événements moins tristes. Les historiens contemporains
parlent avec enthousiasme des plaisirs qu'offrait cette résidence
royale, pendant les fêtes que le roi y donna, en 1608 et en
1609. » Le mariage de César de Vendôme, fils de Henri IV
et de Gabrielle d'Estrées, avec Françoise de Lorraine, fille du
duc de Mercœur, fut célébré à Fontainebleau, par l'évêque de
Paris, le sept juillet 1609, dans la chapelle haute. « Les noces,
disent les mémoires du temps, furent triomphantes et magnifiques. Le roy, la reine, toute la cour, ne parurent jamais avoir
un plus grand éclat. Le roy avoit au cordon de son chapeau et
sur son condon bleu tant de diamants et pierreries, qu'on les
estimoit à plus de six cent mille écus. C'étoit une merveille de
voir tant de pompe et de splendeur, »

Rien de remarquable ne se passa dans le château de Fontainebleau, durant les premières années du règne de Louis XIII. Ce
fut là qu'au printemps de 1625, le maréchal d'Ornano, accusé
de servir les intérêts de Gaston d'Orléans, son élève, contre
ceux du roi, fut arrêté par l'ordre de Richelieu.

Après la prise de la Rochelle, le roi d'Angleterre, pressé de
conclure la paix, envoya, pour ambassadeur auprès du roi de
France, lord Edmond, qui arriva à Fontainebleau le 15 septem-

bre 1629, avec une suite de trente gentilshommes des premières familles d'Angleterre. La cérémonie où le roi et l'ambassadeur jurèrent la paix, eut lieu le lendemain, dans la nouvelle église du bourg de Fontainebleau, récemment construite par Louis XIII.

Le 14 mai 1633, une promotion de quarante-neuf chevaliers de l'ordre du Saint Esprit eut lieu à Fontainebleau, où cette pompeuse solennité avait attiré un concours immense de spectateurs. Les fêtes durèrent trois jours. (1) « Le jour de la Fête-Dieu de cette même année 1633, le roi toucha, dans l'allée royale, le long de l'étang, près le jardin des Pins, les malades des écrouelles, au nombre de 1269 (2). »

En 1642, Richelieu, malade, arriva à Fontainebleau; il s'y reposa quelques jours, et repartit ensuite pour se rendre à Paris, où il mourut, le 16 décembre. Il se faisait porter dans une machine, espèce de chambre en bois, tapissée et ornée d'or et de fleurs. « Pour ne pas l'incommoder, dit Tallemant, on rompoit les murailles où il logeoit, et si c'étoit par haut, on faisoit une rampe dès la cour où il entroit et descendoit par une fenêtre dont on avoit ôté la croisée. »

« Le palais de Fontainebleau reçut plus d'une marque de la sollicitude de Louis XIII. Ce prince continua les embellissements que Henri IV avait ordonnés pour la chapelle de la Sainte-Trinité, fit repeindre la chambre du roi, dont il orna tous les lambris de ses emblêmes et de sa devise, et fit construire, en 1634, par Jacques Lemercier, le fameux escalier du fer à cheval, dans la cour du Cheval-Blanc. Telle était à cette époque la splendeur de Fontainebleau, que tous les poètes, latins ou français, célébraient ses louanges. » (3)

La cour ne vint que fort rarement à Fontainebleau dans les premières années du règne de Louis XIV; mais, en 1644 et en 1646, ce palais reçut une illustre exilée, la reine d'Angleterre, Henriette-Marie, fille de Henri IV, et femme de l'infortuné

(1) On peut en voir la description curieuse dans l'ouvrage de M. Vatout.
(2) *Description de Fontainebleau*, par l'abbé Guilbert, t. 1.
(3) *Souvenirs de Fontainebleau*, par M. Vatout, p. 321. Guillaume Colletet, père de François Colletet, si maltraité par Boileau, chanta les merveilles de Fontainebleau dans une pièce de vers qui n'est pas dénuée de tout mérite. Elle commence ainsi :

Père sacré du jour, beau soleil, sors de l'onde,
Et viens voir avec moi le plus beau lieu du monde;
C'est du plus grand des rois le superbe séjour,
Fontainebleau, nommé les délices d'amour!
Parterres enrichis d'éternelle peinture
Où les graces de l'art ont forcé la nature,
Que votre abord me plaît! que vos diversités
Me montrent à l'envi de naissantes beautés!
Vieux chênes, et vous pins dont les pointes chenues
S'éloignent de la terre et s'approchent des nues,
Bois où l'astre du jour, confondant ses rayons:
Fait naître cent soleils pour un que nous voyons,
Beaux lieux dont la tranquille et plaisante demeure
Ne reçoit point d'ennui qu'aussitôt il n'y meure,
Vous voir, vous posséder est le bien le plus doux ;
N'est-ce pas vivre heureux que de vivre chez vous?

Charles Ier. Au mois de septembre 1645, le contrat de mariage de Marie de Gonzague, fille du duc de Nevers, avec Ladislas, roi de Pologne, fut signé dans cette résidence, en présence du roi, de la reine Anne d'Autriche, des princes, et du cardinal Mazarin. C'était la première fois que Louis XIV, encore enfant, voyait Fontainebleau.

Quelques années après, la fille de Gustave-Adolphe, la célèbre Christine, qui, après avoir abandonné le trône de Suède par une abdication toute volontaire, était venue visiter la France, en 1656, voulut faire un second voyage à Paris, en 1657; mais le roi, à qui la bizarrerie de ses manières et la hardiesse de ses propos déplaisaient fort, lui fit donner l'ordre de s'arrêter à Fontainebleau, où il se contenta d'aller la complimenter, mais sans lui permettre de se rendre à Paris.

Le séjour de Christine à Fontainebleau fut marqué par un meurtre horrible et mystérieux qui flétrit à jamais la mémoire de cette princesse. Le récit fort circonstancié de ce drame sanglant a été fait par un témoin oculaire, le P. Lebel, supérieur des Mathurins du couvent de Fontainebleau. Ce récit a trop d'intérêt pour que nous puissions nous dispenser de le mettre sous les yeux de nos lecteurs.

« Le 6 novembre 1657, à neuf heures et un quart du matin, la reine de Suède étant à Fontainebleau, logée à la conciergerie du château, m'envoya quérir par un de ses valets de pied. Il me dit qu'il avoit ordre de Sa Majesté de me mener parler à elle, en cas que je fusse le supérieur du couvent. Je lui répondis que je l'étais, et que j'allois partir avec lui pour savoir la volonté de sa Majesté suédoise.

» Ainsi, sans chercher de compagnon, de crainte de faire attendre cette reine, je suivis ce valet de pied jusqu'à l'antichambre; on m'y fit attendre quelques moments. A la fin, le valet de pied étant revenu, il me fit entrer dans la chambre de la reine. Je la trouvai seule, et lui ayant rendu mes respects et mes soumissions très humbles, je lui demandai ce que Sa Majesté désirait de moi, son très humble serviteur. Elle me dit que pour parler avec plus de liberté, j'eusse à la suivre; et, étant entrée dans la galerie des *Cerfs*, elle me demanda si elle ne m'avoit jamais parlé. Je lui dis que j'avois eu l'honneur de faire la révérence à Sa Majesté, de l'assurer de ma très humble obéissance, qu'elle avait eu la bonté de m'en remercier, et non autre chose; sur quoi cette reine me dit que je portois un habit qui l'obligeoit à se fier à moi, et me fit promettre sous le sceau de la confession de gardien, de tenir le secret qu'elle m'alloit dévoiler.

» Je fis réponse à Sa Majesté qu'en matière de secrets j'étois naturellement aveugle et muet, et que l'étant à l'égard de toutes sortes de personnes, à plus forte raison je devois l'être pour une personne comme elle; et j'ajoutai que l'Ecriture sainte dit que : *Sacramentum regis abscondere bonum est.*

» Après cette requête, elle me chargea d'un paquet de papiers cacheté en trois endroits, sans aucune suscription, et me commanda de le lui rendre en présence de qui elle me le demanderoit, ce que je promis à Sa Majesté suédoise. Elle me recommanda ensuite de bien observer le temps, le jour, l'heure et le lieu qu'elle me donnoit ce paquet, et je laissai cette reine dans la galerie.

» Le samedi, dixième jour du même mois de novembre, à une heure après midi, la reine de Suède m'envoya quérir par un de ses valets de chambre, lequel m'ayant dit que Sa Majesté me demandoit, j'entrai dans un cabinet pour prendre ce dont elle m'avait chargé, dans la pensée que j'eus qu'elle m'envoyoit quérir pour le lui rendre. Je suivis ce valet de chambre, lequel m'ayant mené par la porte du donjon, me fit entrer dans la galerie des *Cerfs*; et aussitôt que nous fûmes entrés, il ferma la porte avec tant d'empressement que j'en fus un peu étonné. Ayant aperçu vers le milieu de la galerie, la reine qui parlait à un de sa suite, qu'on appelait le marquis (j'ai su depuis que c'étoit le marquis de Monaldeschi), je m'approchai de cette princesse après lui avoir fait ma révérence.

» Elle me demanda d'un ton de voix assez haut, en la présence du marquis et de trois autres qui y étaient, le paquet qu'elle m'avait confié. Deux des trois étaient éloignés de la reine de quatre pas, et le troisième assez près de Sa Majesté. Elle me parla en ces termes : « Mon père, rendez-moi le paquet que je vous ai » donné. » Je m'approchai et le lui présentai. Sa Majesté l'ayant pris et considéré quelque temps, l'ouvrit et prit les lettres et écrits qui étaient dedans. Elle les fit voir et lire à ce marquis, lui demandant d'une voix grave et d'un port assuré, s'il les connaissait bien. Ce marquis les dénia, mais en pâlissant. « Ne voulez-vous » pas reconnaître ces lettres et ces écrits? » lui dit-elle.

» N'étant à la vérité que des copies que cette reine elle-même avait transcrites, sa Majesté ayant laissé songer quelque temps le marquis sur ces copies, tira de dessus elle les originaux, et les lui montrant, l'appela *traître*, et lui fit avouer son écriture et son seing. Elle l'interrogea plusieurs fois; à quoi le marquis, s'excusant, répondoit du mieux qu'il pouvoit, rejetant la faute sur diverses personnes. Enfin, il se jeta aux pieds de cette reine en lui demandant pardon ; et en même temps les trois hommes qui étaient là présens tirèrent leurs épées hors du fourreau. Alors il se leva, tira la reine tantôt dans un coin de la galerie et tantôt à un autre, la suppliant toujours de l'entendre et de le recevoir dans ses excuses. Sa Majesté ne lui dénia jamais rien, mais l'écouta avec une grande patience, sans que jamais elle témoignât la moindre importunité, ni aucun signe de colère. Aussi se tournant vers moi lorsqu'il la pressait le plus de l'écouter et de l'entendre patiem-

ment : « Mon père, me dit-elle, voyez et soyez témoin (appro-
» chant du marquis et appuyée sur un petit bâton d'ébène à poi-
» gnée ronde) que je ne projette rien contre cet homme, et que
» je donne à ce traître, à ce perfide, tout le temps qu'il veut, et
» plus qu'il n'en sauroit désirer d'une personne offensée, pour se
» justifier s'il le peut. »

» Le marquis enfin, pressé par cette reine, lui donna des papiers et deux ou trois petites clefs liées ensemble, qu'il tira de sa
poche, de laquelle il tomba deux ou trois petites pièces d'argent,
et après une heure au plus de conférence, ne contentant pas cette
reine par ses réponses, Sa Majesté s'approcha un peu de moi, et
me dit d'une voix assez élevée, mais grave et modérée : « Mon
» père, je me retire, et vous laisse cet homme; disposez-le à la
» mort, et prenez soin de son âme. »

» Quand cet arrêt eût été prononcé contre moi, je n'aurais pas
eu plus de frayeur. Et à ces terribles mots, le marquis se jetant à
ses pieds, et moi de même, en lui demandant pardon pour ce pauvre homme, elle me dit « qu'elle ne le pouvoit pas; que ce traître
» étoit plus coupable que ceux qui sont condamnés à la *roue;* qu'il
» savoit bien qu'elle lui avoit communiqué, comme à un fidèle su-
» jet, ses affaires les plus importantes et ses plus secrettes pensées.
» Outre qu'elle ne lui vouloit point reprocher tous les biens qu'elle
» lui avoit faits, qui excédoient ceux qu'elle eût pu faire à un
» frère, l'ayant toujours regardé comme tel, et que sa conscience
» seule lui devoit servir de bourreau. »

» Après ces mots, Sa Majesté se retirant, me laissa avec ces
trois hommes, qui avoient toujours l'épée nue, dans le dessein d'a-
chever cette exécution.

» Après que Sa Majesté fut sortie, le marquis se jeta à mes
pieds, me conjura avec instance d'aller auprès de la Reine pour
tâcher d'obtenir son pardon. Cependant ces trois hommes le pres-
soient vivement de se confesser avec l'épée contre les reins, sans
pourtant le toucher; et moi, avec les larmes à l'œil, je l'exhortois
à demander pardon à Dieu. Alors le chef des trois partit vers Sa
Majesté lui demander pardon et implorer sa miséricorde pour le
pauvre marquis; lequel revenant triste de ce que sa maîtresse lui
avoit commandé de le *dépêcher*, lui dit en pleurant : « Marquis,
» songez à Dieu et à votre âme! il faut mourir! »

» A ces paroles, comme hors de lui-même, le marquis se jette
une seconde fois à mes pieds, me conjurant de retourner encore une
fois vers la reine, pour tenter la voie du pardon et de la grâce; ce
que je fis.

» Et ayant trouvé seule Sa Majesté, dans sa chambre, avec un
visage serein et sans aucune émotion, je m'approchai d'elle, me
laissant tomber à ses pieds, les larmes aux yeux et les sanglots au
cœur. Je la suppliai, par les douleurs et les plaies de Jésus-Christ,
de faire miséricorde à ce pauvre marquis.

» Elle me témoigna être fâchée de ne me pouvoir accorder ma demande après la perfidie et la cruauté que ce malheureux lui avoit voulu faire endurer en sa personne; après quoi il ne devoit jamais espérer ni rémission, ni grâce, et me dit que l'on en avoit envoyé plusieurs sur la roue, qui ne l'avoient pas tant mérité que ce traître.

» Voyant que je ne pouvois rien gagner par mes prières sur l'esprit de cette reine, je pris la liberté de lui représenter qu'elle étoit dans la maison du roi de France; qu'elle prît bien garde à ce qu'elle alloit faire exécuter, et si le roi le trouveroit bon. Sur quoi Sa Majesté me répondit « qu'elle avoit cette justice auprès de
» l'autel, et qu'elle prenoit Dieu à témoin si elle en vouloit à la
» personne de ce marquis, et si elle n'avoit pas déposé toute haine,
» ne s'en prenant qu'à son crime et à sa trahison, qui n'auroient
» jamais de pareils et qui touchoient tout le monde; outre que le
» roi de France ne la logeoit pas dans sa maison comme captive
» réfugiée; qu'elle étoit maîtresse de ses volontés pour rendre et
» faire justice à ses domestiques, en tous lieux et en tout temps,
» et qu'elle ne devoit répondre de ses actions qu'à Dieu seul;
» ajoutant que ce qu'elle faisoit n'étoit pas sans exemple. »

» Et quoique je repartisse à cette reine qu'il y avoit quelque différence; que si les rois avoient fait des choses semblables, ç'avoit été chez eux et non ailleurs.

» Mais je n'eus pas sitôt dit ces paroles, que je m'en repentis, craignant de l'avoir trop pressée, sur quoi je lui dis encore : Madame, par l'honneur et l'estime que vous vous êtes acquis en France, et par l'espérance qu'ont tous les bons François de votre négociation, je supplie très humblement Votre Majesté d'éviter que cette action (quoique à l'égard de Votre Majesté, Madame, elle soit justice), ne passe néanmoins dans l'esprit des hommes pour violente et précipitée. Faites plutôt un acte généreux de miséricorde envers ce pauvre marquis, ou du moins, mettez-le entre les mains de la justice du roi, et lui faites faire son procès dans les formes requises. Vous en aurez toute la satisfaction, et conserverez, Madame, par ce moyen, le titre d'admirable, que vous portez en toutes vos actions parmi les hommes. »

« Quoi! mon père! me dit cette reine, moi, en qui doit résider la justice absolue et souveraine sur mes sujets, me voir réduite à solliciter contre un traître domestique, dont les preuves de son crime et de sa perfidie sont en ma puissance, écrites et signées de sa propre main!....

» Non, non, mon père! je le ferai savoir au roi. Retournez, et ayez soin de son ame; je ne puis, en conscience, accorder ce que vous me demandez. »

« Et ainsi me renvoya. Je compris pourtant au changement de sa voix en ces dernières paroles, que si cette reine eût pu différer l'action et changer de lieu, qu'elle l'eût fait indubitablement, mais que l'affaire était trop avancée pour prendre une autre résolution sans se mettre en danger de laisser échapper ce marquis, et peut-être mettre sa propre vie en hasard.

» Dans ces extrémités, je ne savois que faire, ni à quoi me résoudre. De sortir, je ne pouvois; et quand j'aurois pu, je me voyois engagé par un désir de charité et de conscience à secourir ce marquis pour le disposer à bien mourir.

» Je rentrai donc enfin dans la galerie en embrassant ce pauvre malheureux qui se baignoit en ses larmes. Je l'exhortai dans les meilleurs termes et les plus pressants qu'il me fut possible, et qu'il plut à Dieu de m'inspirer, de se résoudre à la mort et de songer à sa conscience, puisqu'il n'y avait plus dans ce monde d'espérance de vie pour lui, et qu'offrant et souffrant sa mort pour la justice, il devoit en Dieu seul jeter ses espérances pour l'éternité où il trouvoit ses consolations.

» A cette triste nouvelle, après avoir jeté deux ou trois grands cris, il se mit à genoux à mes pieds, m'étant assis sur un des bancs de la galerie, et commença sa confession. Mais l'ayant fort avancée, il se releva tout à coup en poussant des cris douloureux. Je parvins à le remettre, et lui fis faire des actes de foi en renonçant à toutes pensées contraires. Alors il acheva sa confession en latin, françois et italien, ainsi qu'il pouvoit mieux s'expliquer dans le trouble où il étoit. L'aumônier de la reine arriva comme je l'interrogeois sur un doute. Dès que le marquis l'aperçut, il courut à lui sans attendre l'absolution, espérant encore grâce de sa faveur.

» Ils parlèrent bas longtemps ensemble, se tenant les mains et retirés en un coin de la galerie. Leur conférence finie, l'aumônier sortit et emmena avec lui le chef des trois, commis pour l'exécution. Peu de moments après, l'aumônier étant demeuré dehors, l'autre revint seul et lui dit : « Marquis, demande pardon à Dieu, il faut mourir; es-tu confessé? » Et, lui disant ces mots, le pressa contre la muraille du bout de la galerie où est la peinture de saint Germain; et je ne me pus si bien détourner que je ne visse qu'il lui porta un coup dans l'estomac, du côté droit, et que le marquis, le voulant parer, prit l'épée de la main droite, dont l'autre, en la retirant, lui coupa trois doigts, et l'épée demeura faussée; pour lors, il dit à un autre « qu'il étoit armé en dessous, » comme, en effet, il avait une cotte de mailles qui pesait neuf à dix livres. Et le même, à l'instant, redoubla le coup dans le visage, après lequel le marquis cria : « Mon père! mon père!... »

» Je m'approchai de lui, et les autres se retirèrent un peu à quartier. Le marquis, un genou en terre, demanda pardon à Dieu et me dit encore quelque chose, où je lui donnai l'absolution avec la pénitence de souffrir la mort patiemment pour ses péchés et de pardonner à tous ceux qui le faisoient mourir; laquelle reçue, il se jeta sur le carreau, et en tombant, un autre lui donna sur le haut de la tête un coup qui lui emporta des os.

» Le marquis, étant sur le ventre, faisait signe et marquoit qu'on lui coupât le col, et le même lui donna deux ou trois coups sur le col, sans lui faire grand mal, parce que la cotte de mailles, qui était montée avec le col du pourpoint, para et empêcha la force des coups. Cependant je l'exhortois de se souvenir de Dieu, et d'endurer avec patience la rémission de ses péchés. Sur quoi le chef m'ayant demandé s'il ne le feroit pas achever, je le rembarrai rudement, en lui disant que je n'avois pas de conseils à donner là dessus, que je demandois sa vie et non pas sa mort. Sur quoi il me demanda pardon, en confessant d'avoir eu tort de m'avoir fait une telle demande.

» Sur ce discours, le pauvre marquis, qui n'attendoit qu'un dernier coup, entendant ouvrir la porte, reprit courage, se retourna, et, voyant que c'étoit l'aumônier qui entrait, il se traîna du mieux qu'il put, s'appuyant contre le lambris de la galerie, et demanda à lui parler. L'aumônier passa à la gauche de ce marquis, moi étant à la droite, et le marquis, se tournant vers l'aumônier en joignant les mains, lui dit tout bas quelque chose comme se confessant. Après quoi l'aumônier lui dit : « Demandez pardon à Dieu. » Et, après m'en avoir demandé permission, il lui donna l'absolution. Il me dit ensuite de demeurer auprès du marquis, et qu'il s'en retournoit auprès de la reine.

» Au même instant, celui qui avait frappé le col dudit marquis, et qui étoit près de l'aumônier, à sa gauche, lui perça la gorge d'une épée longue et étroite, duquel coup le marquis tomba sur le côté et ne parla plus, mais demeura plus d'un quart d'heure à respirer, durant lequel je lui criois et l'exhortois de mon mieux. Et ainsi, ayant perdu son sang, il finit sa vie à trois heures et trois quarts après midi.

» Je lui dis *de profundis* avec l'oraison, et après, le chef des trois lui remua un bras et une jambe, déboutonna son haut-de-chausse et son caleçon, fouilla dans son gousset, et ne trouva rien, sinon en sa poche un petit livre d'*Heures de la Vierge* et un petit couteau. Après quoi ils partirent tous les trois, et moi après pour recevoir les ordres de sa majesté.

» Cette reine, assurée de la mort dudit marquis, témoigna du regret d'avoir été obligée de faire faire cette exécution, mais qu'il étoit de justice de le faire pour son crime et sa trahison, et qu'elle prioit Dieu de lui pardonner.

» Elle me commanda d'avoir soin de le faire enlever de là, de l'enterrer, et me dit qu'elle vouloit faire dire plusieurs messes pour son âme.

» Je fis faire une bière et la fis mettre dans un tombereau, à cause de la pesanteur du corps, de la brume, du mauvais chemin, puis la fis conduire à la paroisse par mon vicaire et chapelain, assistés de trois hommes, avec ordre de l'enterrer dans l'église près du bénitier. Ce qui fut fait et exécuté à cinq heures trois quarts du soir, le lundi 12 novembre.

» Cette reine envoya cent livres par deux de ses valets de chambre au couvent pour prier Dieu pour le repos de l'âme dudit marquis, duquel le mardi, treizième dudit mois, on publia le service par le son des cloches, qui fut célébré le mercredi, 14, avec toute solennité et dévotion, dans l'église paroissiale d'Avon, où ce marquis est enterré, et continuâmes un *credo* et les messes que cette reine avait ordonnées pour supplier la bonté divine qu'il lui plaise mettre l'âme de ce pauvre défunt dans son paradis (1). »

Les motifs d'une si atroce vengeance sont demeurés inconnus. Comme Christine avait abdiqué depuis trois ans, on a droit de penser que la raison d'état n'avait pas assez de puissance pour lui commander cet acte de barbarie, et que la jalousie seule a pu la porter à ce crime odieux. « De quelque faute que Monaldeschi fût coupable envers elle, dit Voltaire, Christine, ayant renoncé à la royauté, devait demander justice et non se la faire. Ce n'était pas une reine qui punissait un sujet, c'était une femme qui terminait une galanterie par un meurtre (2). »

La nouvelle de l'assassinat de Monaldeschi causa une indignation générale. On dit que le cardinal Mazarin écrivit à Christine, de la part du roi, « qu'une action si horrible, qui avait révolté sa majesté et tous les gens de bien, devait l'éloigner du royaume pour toujours. » L'attentat commis à Fontainebleau contre l'autorité du roi, contre le droit des nations et contre l'humanité, aurait dû la faire exiler au moins de la cour de Louis XIV. « Cependant, dit M. Vatout, au mois de février 1658, importuné de ses supplications, Mazarin permit à Christine de venir à Paris voir danser le ballet du carnaval où figurait Louis XIV, alors âgé de vingt ans (3). »

La naissance du dauphin, le 1er novembre 1661; la réception du cardinal de Chigi, légat du pape, qui vint, en 1664, faire réparation à Louis XIV de l'insulte faite à Rome à l'ambassadeur de France; le mariage de Marie-Louise d'Orléans, fille aînée de Monsieur, frère de Louis XIV, avec Charles II, roi d'Espagne, le 31 août 1679; la signature de la révocation de l'édit de Nantes en 1684; la mort du grand Condé le 11 décembre 1686; le mariage d'Elisabeth-Charlotte d'Orléans, seconde fille de Monsieur, avec Léopold, duc de Lorraine, en 1698; l'acceptation du testa-

---

(1) Ce récit est inséré textuellement dans le tome 1 de l *Histoire et description de Fontainebleau*, par l'abbé Guilbert, p. 194 et suivantes.
(2) *Siècle de Louis XIV*.
(3) Dulaure a cité, d'après Delaplace (*Recueil de pièces intéressantes*, etc., Bruxelles, 1785) une prétendue réponse de Christine à Mazarin, où elle exprime en termes insolents son étonnement du ressentiment que lui avait témoigné le cardinal et son *jeune maître orgueilleux*. L'authenticité de cette lettre est révoquée en doute par M. Vatout. J'ajouterai qu'un examen un peu attentif y fait reconnaître, quant au fond et quant à la forme, les caractères de la plus évidente falsification. Cette pièce apocryphe, qui est l'œuvre d'un bel esprit du XVIIIe siècle, ne méritait pas l'attention des historiens.

ment de Charles II, qui donnait la couronne d'Espagne au duc d'Anjou (novembre 1700) : tels sont les seuls événements dignes de mémoire qui marquèrent à Fontainebleau le reste du long règne de Louis XIV.

Sous Louis XV, la cour, depuis longtemps fixée à Versailles, visitait peu Fontainebleau. Le jeune roi connaissait à peine cette résidence, lorsqu'au mois de septembre 1725, il épousa en grande pompe, dans la chapelle de ce palais, Marie Leczinska, fille du roi de Pologne Stanislas.

Louis de France, dauphin, fils de Louis XV, mourut à Fontainebleau le 20 décembre 1765; en 1771 et 1773, des fêtes brillantes y furent données à l'occasion du mariage de deux fils de prince, le comte de Provence (depuis Louis XVIII) et le comte d'Artois (Charles X), avec les deux filles de Victor-Amédée, roi de Sardaigne.

Sous Louis XVI et pendant la révolution, Fontainebleau, suivant l'expression de M. Vatout, disparaît dans les nuages politiques : « c'est à Versailles, aux Tuileries, au Temple, que se dénoue le drame le plus imposant et le plus terrible. »

Transformé, sous la république, en école spéciale militaire, le château de Fontainebleau fut rendu, après la translation de cette école à St.-Cyr, au domaine de la couronne. Cette habitation royale occupe une place importante dans l'histoire de l'empire. Ce fut là que Napoléon reçut, le 25 novembre 1804, le pape Pie VII, lorsque ce pontife vint en France, à la demande de l'empereur, pour le couronner. M. Vatout raconte ainsi les circonstances de cette réception :

« Napoléon, par un caprice difficile à expliquer, était allé à cheval, *en habit de chasse*, au-devant de sa sainteté, dans la forêt, à la croix de Saint-Herem. Là, il monta en voiture, fit placer le pape à sa droite, et arriva au château au milieu d'une haie de troupes et au bruit des salves d'artillerie.

» Son Éminence monseigneur le cardinal Caprara, et les grands officiers de l'empereur les reçurent au bas du perron.

» L'empereur et le pape allèrent ensemble, par l'escalier doré, jusqu'à la pièce qui sépare leurs appartements.

» Là, sa sainteté ayant quitté l'empereur, fut conduite par le grand chambellan, le grand maréchal du palais et le grand maître des cérémonies, dans l'appartement qui était préparé pour elle.

» Après s'être reposée quelque temps, sa sainteté vint faire visite à l'empereur; elle fut conduite dans son cabinet par les grands officiers de sa majesté. L'empereur reconduisit le pape jusque dans la salle des grands officiers. Sa sainteté l'introduisit dans le cabinet de l'impératrice. Sa majesté reconduisit le pape jusqu'à la seconde pièce de son appartement. Le pape étant rentré dans le sien, les ministres et les grands officiers de l'empire eurent l'honneur d'être présentés à sa sainteté.

» A quatre heures sa majesté l'empereur fit prévenir le pape qu'elle allait lui rendre visite, et se rendit dans le cabinet de sa sainteté, précédée par les grands officiers et les officiers de sa maison. Les choses se passèrent de la même manière que pour la visite du pape à l'empereur. A chacune de ces visites, le pape et l'empereur restèrent seuls ensemble pendant plus d'une demi-heure.

» Le prince Louis, qui se trouvait à Fontainebleau, fit également une visite à sa sainteté.

» Après s'être reposé trois jours à Fontainebleau, Pie VII vint à Paris, où la cérémonie du sacre eut lieu, le 2 décembre, dans l'église de Notre-Dame. »

En 1808, pendant cette guerre d'Espagne si impolitique et si funeste, quoique féconde en glorieux faits d'armes, le roi Charles IV, injustement captif, séjourna pendant quelque temps au château de Fontainebleau avant de se rendre à Compiègne, qui lui avait été assigné pour résidence.

En 1812, le vénérable Pie VII, qui avait reçu, huit années auparavant, tant de marques de déférence de la part de Napoléon, revit une seconde fois Fontainebleau, mais cette fois prisonnier à son tour. Ce pontife désarmé avait offert, suivant l'expression de M. Bignon, le beau spectacle d'une ferme résistance aux volontés du dominateur de l'Allemagne et de l'Italie, défiant sa colère et bravant sa vengeance. Arrêté dans son palais dans la nuit du 5 au 6 juillet 1809, après la confiscation des états romains, Pie VII, accompagné de son ministre, le cardinal Pacca, fut conduit à la chartreuse de Florence, puis à Savone, où il resta captif jusqu'au 16 juin 1812, jour où le gouvernement français lui intima l'ordre de se rendre à Fontainebleau. Il y arriva le 20 juin.

« Les cardinaux qui étaient à Paris allèrent à Fontainebleau présenter leurs pieux hommages au souverain pontife; ils gémirent avec lui sur l'état déplorable des affaires de l'Église; mais Pie VII se contentait de leur répondre : *Courage et prière !* Il dit ses premières messes dans le salon de madame de Maintenon, où il avait fait transporter l'autel de la chapelle Saint-Saturnin. Sa maison se composait d'un service complet tiré des différents services de la maison de l'empereur; il ne voulait pas sortir, ou si parfois il se promenait dans les jardins, il était surveillé par la police impériale. Il avait auprès de sa personne les cardinaux de Bayanne, Fabrice Ruffo, Rovereda, Dugnani, Doria, l'archevêque d'Édesse, son aumônier, et le docteur Porta, son chirurgien. Il couchait dans un lit sans ciel et sans rideaux, et avait les mœurs d'un anachorète. Chacune de ses journées était distribuée d'une manière uniforme et constante. Il se levait avant le jour, et demeurait en prières et en méditations jusqu'à dix heures.

« L'empereur, de retour de sa fatale campagne de Russie, envoya complimenter sa sainteté le 1er janvier 1813, chargea l'évêque de Nantes de reprendre avec elle les négociations, et promit le pardon aux cardinaux qui n'avaient point voulu assister à son mariage avec Marie-Louise. Plusieurs autres prélats se rendirent également à Fontainebleau : c'étaient M. de Baral, archevêque de Tours; le cardinal Maury, M. Bourlier, évêque d'Évreux, et les évêques de Feltre et de Plaisance. Attaquée tous les jours par ces diverses influences, la résistance du pape sembla enfin fléchir; on en instruisit l'empereur pour lui ménager les honneurs de la conclusion du traité. Le 19 janvier 1813, Napoléon, après une partie de chasse à Gros-Bois, se rend à l'improviste à Fontainebleau, entre brusquement dans l'appartement de Pie VII, et l'embrasse. Le pape, surpris de cette visite et touché de ces caresses, l'accueille avec affection. Le lendemain, dans une nouvelle entrevue, Napoléon épuise toutes les séductions de l'esprit et de la puissance pour gagner le pape qui, de son côté, l'écoute et lui parle avec une bienveillance paternelle; enfin, l'agneau qui se débat vainement sous les serres et sous le regard magique de l'aigle, cède, et le concordat du 25 janvier 1813 est signé dans les appartements et en présence de l'impératrice Marie-Louise.

« J'avais arraché au pape, dit Napoléon, par la seule force de ma conversation privée, ce fameux concordat de Fontainebleau, dans lequel il a renoncé à la puissance temporelle; il n'eut pas plutôt signé qu'il s'en repentit. Il devait, le lendemain, dîner en public avec moi; mais, dans la nuit, il fut ou feignit d'être malade : c'est que, immédiatement après que je l'eus quitté, il retomba dans les mains de ses conseillers habituels. » En effet, les cardinaux di Pietro et Pacca, rappelés d'exil, s'étaient hâtés de se rendre à Fontainebleau auprès du pape; ils lui avaient reproché sa faiblesse, et leur vieille haine contre Napoléon avait ressuscité les hostilités religieuses. Le saint Père, tombé d'abord dans une profonde mélancolie, se ranima tout à coup, et, d'accord avec les cardinaux, dressa une protestation énergique contre le concordat. Le colonel Lagorsse fut prié de la porter lui-même à l'empereur. A cette lecture, Napoléon, furieux, exila le cardinal di Pietro à Auxonne, et fit dire aux cardinaux Consalvi et Pacca que le même sort les attendait s'ils ne mettaient pas plus de circonspection dans leurs rapports avec le pape. En même temps, deux décrets impériaux déclaraient le concordat de 1813 loi de l'État et obligatoire pour l'empire et pour le royaume d'Italie.

« Cependant, plus les embarras de la guerre devenaient pressants, plus on sentait la nécessité d'un accommodement avec le pape, dont la longue captivité avait mal disposé l'opinion publique; mais on ne voulait pas traiter trop ouvertement par ambassadeurs officiels. Une femme d'esprit, dame de la cour de l'impératrice Marie-Louise, fut choisie pour faire un voyage à Fontainebleau auprès du cardinal Consalvi, qu'elle connaissait depuis longtemps; mais cette mission extraordinaire n'eut pas plus

de succès que les tentatives du colonel Lagorsse auprès des cardinaux Consalvi et Pacca. Ces prélats suivaient de l'œil l'étoile impériale, et, la voyant pâlir, se montrèrent plus hardis et plus inflexibles. Le ciel fut le plus fort : Napoléon céda, et, le 23 janvier 1814, après avoir entendu la messe, le pape se retira dans sa chambre à coucher, où il reçut tous les cardinaux qui se trouvaient à Fontainebleau. Là, avec une figure sereine : « Je vais partir, » dit-il, je vais me séparer de vous ; je vous ai réunis pour vous
» manifester mes sentiments et mes intentions. Nous sommes in-
» timement persuadé que vous, messieurs les cardinaux, vous
» tiendrez partout la conduite qui convient à votre dignité et à
» votre caractère. Néanmoins, nous vous recommandons, en
» quelque lieu que vous soyez transférés, de faire connaître par
» vos démarches la douleur que vous devez justement éprouver de
» voir l'Église livrée à de si terribles et à de si déplorables cala-
» mités et de contempler son chef comme un prisonnier. Nous
» ne doutons pas que vous vous montriez fidèles à vos serments et
» défenseurs zélés des droits du Saint-Siége. »

« Les cardinaux furent vivement émus, et promirent fidélité et obéissance aux paroles du souverain. Alors, accompagné de ce saint cortége, le pontife alla faire une courte prière dans la chapelle du château ; il bénit le peuple rassemblé, descendit dans la cour, et, au milieu des sanglots, il monta dans la voiture préparée pour lui avec monsignor Bertazzoli (1). »

Une dernière scène imposante, et dont le souvenir vivra longtemps parmi nous, eut pour théâtre ce palais témoin de tant de faits mémérables.

C'est à Fontainebleau que vint expirer la puissance impériale, c'est là que Napoléon, après une lutte héroïque, se vit contraint de déposer cette épée qui avait tant pesé dans la balance du monde, et tenta, dit-on, de terminer par un suicide sa glorieuse vie. Lorsque Paris eut capitulé dans la nuit du 30 au 31 mars 1814, Napoléon se rendit à Fontainebleau, et déjà il avait pris quelques dispositions pour arracher la capitale à l'ennemi, lorsqu'il reçut par un exprès du duc de Raguse le sénatus-consulte qui proclamait sa déchéance. « Le 4 avril, dit M. Fain, les ordres étaient donnés pour transférer le quartier impérial entre Ponthierry et Essonne. Après la parade, qui avait lieu tous les jours à midi dans la cour du Cheval-Blanc, les principaux de l'armée avaient reconduit Napoléon dans son appartement. Il occupait le petit appartement du premier étage, parallèle à la galerie de François Ier. Le prince de Neufchâtel, le prince de la Moskowa, le duc de Dantzick, le duc de Reggio, le duc de Tarente, le duc de Bassano, le duc de Vicence, le grand maréchal Bertrand, et quelques autres, se trouvaient réunis dans le salon ; on semblait

(1) *Vie et pontificat du pape Pie VII*, par M. Artaud. *Souvenirs historiques de Fontainebleau*, par M. Vatout, p. 508-513.

n'attendre que la fin de cette audience pour monter à cheval et quitter Fontainebleau. Mais une conférence s'était ouverte sur la situation des affaires, elle se prolonge dans l'après-midi, et, lorsqu'elle est finie, on apprend que Napoléon a abdiqué. Une seule chose a frappé Napoléon, c'est le découragement de ses vieux compagnons d'armes, et il a cédé à ce qu'on lui dit être le vœu de l'armée.

« Mais s'il abdique, ce n'est qu'en faveur de son fils et de sa femme, régente. Il en rédige l'acte de sa main et en ces termes :

« Les puissances alliées ayant proclamé que l'empereur Napo-
» léon était le seul obstacle au rétablissement de la paix en Eu-
» rope, l'empereur Napoléon, fidèle à son serment, déclare qu'il
» est prêt à descendre du trône, à quitter la France et même la
» vie pour le bien de la patrie, inséparable des droits de son fils,
» de ceux de la régence de l'impératrice, et du maintien des lois
» de l'empire.

» Fait en notre palais de Fontainebleau, le 4 avril 1814.

» NAPOLÉON. »

« Un secrétaire transcrit cet acte, et le duc de Vicence se dispose aussitôt à le porter à Paris. Napoléon lui adjoint le prince de la Moskowa et le duc de Tarente.

» Les trois plénipotentiaires de Napoléon, arrivés à Paris dans la soirée du 4, se présentent aussitôt chez les souverains alliés.

» Jusqu'ici les souverains avaient cru devoir user de ménagements envers Napoléon, qui s'appuyait sur les vœux et les affections de l'armée. Tant qu'on l'avait vu à la tête de cinquante mille hommes d'élite postés à une marche de Paris, les considérations militaires l'avaient emporté sur bien des intrigues. Maintenant que Fontainebleau a cessé d'être une position militaire, et que l'armée semble abandonner la cause de Napoléon, la question a changé de face ; le temps des ménagements est passé : l'abdication en faveur de la régente et de son fils ne suffit plus à un ennemi rassuré ; on déclare aux plénipotentiaires qu'il faut que Napoléon et sa dynastie renoncent entièrement au trône.

» Il faut donc aller chercher de nouveaux pouvoirs à Fontainebleau, et c'est le duc de Vicence qui remplit encore cette pénible mission.

» Le premier mouvement de Napoléon, en le voyant, est de rompre une négociation qui devient si humiliante. La guerre n'offre plus rien de pire que la paix.

» A ce cri de rupture, l'alarme se répand dans les quartiers généraux de Fontainebleau et dans les galeries du palais. On s'unit pour rejeter toute détermination qui aurait pour résultat de prolonger la guerre. La lutte a été trop longue, l'énergie est épuisée; on le dit ouvertement : on en a assez! On ne pense plus qu'à mettre à l'abri des hasards ce qui reste de tant de naufrages; les plus braves finissent par attacher quelque prix à la conservation de la vie qu'ils ont réchappée de tant de dangers! Peut-être aussi se sent-on entraîné par une vieille aversion contre la guerre civile. Tout enfin devient contraire à ce qui ne serait pas un accommodement.

» De leur côté, les alliés, depuis qu'ils sont les maîtres de la capitale, ont toujours eu les yeux fixés sur Napoléon. Ils n'ont cessé de se tenir en garde contre un de ces coups hardis auxquels il a accoutumé l'Europe.... Des troupes sont accumulées sur toutes les avenues. Une armée russe est entre Essonne et Paris; une autre est portée sur la rive droite de la Seine, depuis Melun jusqu'à Montereau; d'autres corps ont marché par les routes de Chartres et d'Orléans; d'autres encore, accourus sur nos pas par les routes de la Champagne et de la Bourgogne, se sont répandus entre l'Yonne et la Loire. Sans cesse on resserre Fontainebleau dans un blocus plus étroit. »

Ces mouvements de troupes de la part de l'ennemi secondent admirablement les conseillers qui veulent que Napoléon n'ait plus d'autre parti à prendre que de briser son épée. Ils lui représentent la difficulté de se défendre avec des débris de troupes dispersés de toutes parts, la nécessité où il va se trouver de faire la guerre en chef de partisans; il faut se résoudre à courir les aventures, passant de province en province, guerroyant sans cesse, portant le ravage partout, et ne pouvant en finir nulle part !.... Les horreurs de la guerre civile viennent encore rembrunir le tableau, et on ne lui en épargne pas les peintures. Mais abrégeons ces heures d'hésitation et d'angoisse.

« Enfin Napoléon prend la plume, et, se reconnaissant vaincu, moins par ses ennemis que par la grande défection qui l'entoure, il rédige lui-même en ces termes la seconde formule de l'abdication qu'on attend :

« Les puissances alliées ayant proclamé que l'empereur était le
» seul obstacle au rétablissement de la paix en Europe, l'empe-
» reur, fidèle à son serment, déclare qu'il renonce pour lui et
» ses enfans aux trônes de France et d'Italie, et qu'il n'est aucun
» sacrifice, même celui de la vie, qu'il ne soit prêt à faire aux
» intérêts de la France. »

» Les alliés osaient à peine se flatter qu'on pût amener Napoléon à un sacrifice aussi absolu. Le duc de Vicence leur présente l'acte que Napoléon vient de signer, et les hostilités sont aussitôt suspendues. Rien ne doit plus interrompre la négociation entamée.

» Tandis qu'on prépare à Paris le traité qui doit contenir les arrangements définitifs, Napoléon envoie courrier sur courrier pour redemander au duc de Vicence le papier sur lequel il a donné son abdication.

» Depuis qu'il a souscrit à cet acte, il est resté mécontent de lui-même ; cette négociation diplomatique lui déplaît, elle lui paraît humiliante, il la croit inutile. Survivant à tant de grandeurs, il lui suffit de vivre désormais en simple particulier, et il a honte qu'un si grand sacrifice offert à la paix du monde soit mêlé à des arrangements pécuniaires. « A quoi bon un traité, disait-il, puis-
» qu'on ne veut pas régler avec moi ce qui concerne les intérêts de
» la France ? Du moment qu'il ne s'agit plus que de ma personne,
» il n'y a pas de traité à faire.... Je suis vaincu, je cède au sort
» des armes. Seulement je demande à n'être pas prisonnier de
» guerre ; et, pour me l'accorder, un simple cartel doit suf-
» fire !.... »

» Napoléon ayant réduit sa position à des termes aussi simples, on prévoit les nouvelles difficultés qui attendent la ratification de l'acte que les plénipotentiaires ont mis tant de soin à conclure. Leur traité a été signé à Paris le 11 avril ; le duc de Vicence le porte aussitôt à Fontainebleau ; mais les premières paroles de Napoléon sont pour redemander encore l'abdication qu'il a donnée.

» Il n'était plus au pouvoir du duc de Vicence de rendre ce papier, les affaires étaient trop avancées. L'abdication servant de base à la négociation avait été la première pièce communiquée aux alliés. Elle était devenue publique, on l'avait insérée dans les journaux.

» D'ailleurs les alliés, les plénipotentiaires eux-mêmes et la plupart des serviteurs du gouvernement impérial voyaient dans cette grande transaction autre chose encore que les intérêts personnels de Napoléon. On attachait généralement une haute importance à ce qu'il y eût *abdication*, parce qu'un tel acte devait être la base du nouvel ordre de choses qui se préparait en France ; et les alliés pensaient que les Bourbons ne sauraient payer trop cher la renonciation formelle de la dynastie précédente. Cependant il est remarquable que l'empereur Napoléon et la famille des Bourbons voyaient avec un même mécontentement cette renonciation, et s'accordaient à prétendre n'en avoir pas besoin, celui-là pour descendre du trône, ceux-ci pour y monter.

» En vain Napoléon repousse ce traité.

» Fontainebleau est maintenant une prison, toutes les issues en sont soigneusement gardées par les étrangers ; signer semble être le seul moyen qui lui reste pour sauver sa liberté, peut-être même sa vie ! car les émissaires du gouvernement provisoire sont aussi dans les environs, et l'attendent. Cependant la journée finit et Napoléon a persisté dans son refus ; comment espère-t-il échapper à la nécessité qui le menace ?

» Depuis quelques jours, il semble préoccupé d'un secret dessein. Son esprit ne s'anime qu'en parcourant les galeries funèbres de l'histoire. Le sujet de ses conversations les plus intimes est toujours la mort volontaire que les hommes de l'antiquité n'hésitaient pas à se donner dans une situation pareille à la sienne ; on l'entend avec inquiétude discuter de sang-froid les exemples et les opinions les plus opposés. Une circonstance vient encore ajouter aux craintes que de tels discours sont bien faits pour inspirer. L'impératrice avait quitté Blois; elle voulait se réunir à Napoléon; elle était déjà arrivée à Orléans, on l'attendait à Fontainebleau : mais on apprend de la bouche même de Napoléon que des ordres sont donnés autour d'elle pour qu'on ne la laisse pas suivre son dessein. Napoléon, qui craignait cette entrevue, a voulu rester maître de la résolution qu'il médite.

» Dans la nuit du 12 au 13, le silence des longs corridors du palais est tout à coup troublé par des allées et des venues fréquentes. Les garçons du château montent et descendent: les bougies de l'appartement intérieur s'allument; les valets de chambre sont debout. On vient frapper à la porte du docteur Yvan, on va réveiller le grand maréchal Bertrand, on appelle le duc de Vicence, on court chercher le duc de Bassano qui demeure à la chancellerie; tous arrivent et sont introduits successivement dans la chambre à coucher. En vain la curiosité prête une oreille inquiète; elle ne peut entendre que des gémissements et des sanglots qui s'échappent de l'antichambre et se prolongent sous la galerie voisine. Tout à coup le docteur Yvan sort; il descend précipitamment dans la cour, y trouve un cheval attaché aux grilles, monte dessus et s'éloigne au galop. L'obscurité la plus profonde a couvert de ses voiles le mystère de cette nuit. Voici ce qu'on en raconte :

» A l'époque de la retraite de Moscou, Napoléon s'était procuré, en cas d'accident, le moyen de ne pas tomber vivant dans les mains de l'ennemi. Il s'était fait remettre par son chirurgien Yvan un sachet d'opium qu'il avait porté à son cou pendant tout le temps qu'avait duré le danger. Depuis, il avait conservé avec grand soin ce sachet dans un secret de son nécessaire. Cette nuit, le moment lui avait paru arrivé de recourir à cette dernière ressource. Le valet de chambre qui couchait derrière sa porte entr'ouverte l'avait entendu se lever, l'avait vu délayer quelque chose dans un verre d'eau, boire et se recoucher. Bientôt les douleurs avaient arraché à Napoléon l'aveu de sa fin prochaine. C'était alors qu'il avait fait appeler ses serviteurs les plus intimes. Yvan avait été appelé aussi ; mais apprenant ce qui venait de se passer, et entendant Napoléon se plaindre de ce que l'action du poison n'était pas assez prompte, il avait perdu la tête, et s'était sauvé précipitamment de Fontainebleau. On ajoute qu'un long assoupissement était survenu, qu'après une sueur abondante les douleurs avaient cessé, et que les symptômes effrayants avaient fini par s'effacer, soit que la dose se fût trouvée insuffisante, soit que le temps en eût amorti le venin. On dit enfin que Napoléon, étonné de vivre, avait réfléchi quelques instants : « Dieu ne le veut pas! » s'était-il écrié; et s'abandonnant à la Providence qui venait de conserver sa vie, il s'était résigné à de nouvelles destinées.

» Ce qui vient de se passer est le secret de l'intérieur. Quoiqu'il en soit, dans la matinée du 13, Napoléon se lève et s'habille comme à l'ordinaire. Son refus de ratifier le traité a cessé, il le revêt de sa signature (1).

» Plus calme après ce grand sacrifice, Napoléon s'enferme dans sa bibliothèque particulière; il veut prendre une idée exacte de l'île d'Elbe; il choisit les livres et les cartes qu'il emportera avec lui. Il emmènera des généraux fidèles, désintéressés, que le culte du malheur et de la gloire rendra immortels; et six cents vieux soldats formeront le bataillon sacré qui veillera sur ses jours. Mais ces grenadiers qui sont là, pleurant; mais ses autres compagnons d'armes, frémissant dans la grande cour du palais, ils ne suivront pas leur empereur; ils veulent du moins lui faire leurs adieux! Le général Petit qui les commande a obtenu cette faveur, ou plutôt cette consolation.

» C'était le 20 avril. A midi, Napoléon sort de son appartement, accompagné des généraux Drouot et Bertrand; il trouve sur son passage le duc de Bassano, le général Belliard, le général Ornano, le général Corbineau, le colonel Anatole de Montesquiou, le comte de Turenne, le général Fouler, le baron de Mesgrigny, le colonel Gourgaud, le baron Fain, le colonel Atthalin, le baron de la Place, le baron Le Lorgne d'Ideville, le chevalier Jouanne, le général Kosakowski et le colonel Wonsowitch. Il tend affectueusement la main à chacun, et descend vivement l'escalier du fer à cheval; s'arrête un moment sur les dernières marches, et jette un coup d'œil rapide autour de lui. Le général Petit était venu au bas de l'escalier prendre ses ordres; l'empereur lui donne la main, lui commande de faire former le cercle, et va prendre place au milieu des offciers; il portait son habit de colonel des chasseurs; mais, contre son habitude, un pantalon bleu avec des bottes à l'écuyère; il faisait face à l'aile neuve du palais; à sa gauche étaient les personnes de l'armée et de sa maison, restées à Fontainebleau: plus loin, au bas de l'escalier, les voitures de voyage, avec les commissaires étrangers chargés d'accompagner l'empereur à l'île d'Elbe; d'anciens serviteurs aux portes et aux croisées du château; sur la place publique, toute la population de la ville, et dans la cour, le premier régiment des grenadiers à pied de la vieille garde impériale, et les marins de la jeune garde. Le soleil du printemps éclairait cette scène auguste, où le recueillement d'une douleur solennelle s'unissait à la majesté des souvenirs. L'empereur fait signe qu'il

---

(1) *Manuscrit de* 1814, par le baron Fain, p. 232 et suivantes.

parler; un frémissement respectueux court avec une rapidité électrique dans tous les rangs; et, au milieu du plus profond silence:

« Officiers, sous-officiers et soldats de la vieille garde, dit-il,
» je vous fais mes adieux !

» Depuis vingt ans je suis content de vous; je vous ai toujours
» trouvés sur le chemin de la gloire.

» Les puissances alliées ont armé toute l'Europe contre moi ;
» une partie de l'armée a trahi ses devoirs, et la France elle-
» même....... Mais d'autres destinées lui étaient réservées ; j'ai
» dû lui sacrifier mes plus chers intérêts.

» Avec vous et les braves qui me sont restés fidèles, j'aurais pu
» entretenir la guerre pendant trois ans; mais la France eût été
» malheureuse, ce qui était contraire au but que je me proposais.

» Soyez fidèles au nouveau souverain que la France s'est
» choisi; n'abandonnez point cette chère patrie, trop longtemps
» malheureuse !

» Ne plaignez pas mon sort, je serai toujours heureux lorsque
» je saurai que vous l'êtes.

» J'aurais pu mourir, rien ne m'était plus facile ; mais non,
» je suivrai toujours le chemin de l'honneur. J'écrirai ce que
» nous avons fait. »

A ces mots le général Petit, qui avait fait trop longtemps violence aux élans de son cœur, oublie le premier la consigne qu'il avait donnée : il agite en l'air son épée, et crie *vive l'empereur!* Cette acclamation est répétée avec transport par toute la garde.

L'empereur reprend avec émotion : « Je ne puis vous embrasser
» tous, mais j'embrasserai votre général. Approchez, général
» Petit..... (Il presse le général dans ses bras.)... Qu'on m'ap-
» porte l'aigle. (Il l'embrasse trois fois en disant : Cher aigle)
» que ces baisers retentissent dans le cœur de tous les braves !
» Adieu, mes enfants!!! » (1)

On sait avec quel admirable talent M. Horace Vernet a reproduit cette grande scène.

Un an plus tard, le 20 mars 1815, Napoléon reparut encore une fois à Fontainebleau ; mais il n'y resta que quelques heures pour régler les arrangements relatifs à son départ pour Paris.

De grands travaux d'embellissement et de restauration ont été exécutés à Fontainebleau sous le règne de Napoléon, qui y dépensa, assure-t-on, plus de six millions.

Sous Louis XVIII, l'événement le plus remarquable qui se soit passé à Fontainebleau, est la réception de la princesse Marie-Caroline de Naples, fiancée au duc de Berry. C'est la seule fois que Louis XVIII ait visité ce palais.

Sous Charles X, la cour y vint rarement.

---

(1) *Manuscrit de* 1814, par M. le baron Fain. — *Souvenirs historiques du palais de Fontainebleau*, par M. Vatout.

Depuis la révolution de 1830, le gouvernement a fait entreprendre une restauration générale du palais de Fontainebleau, sous la direction de M. Dubreuil, architecte. La galerie de Henri II, la porte dorée, l'escalier du roi, la salle des gardes, les appartements de madame de Maintenon, ont été réparés. On a fait revivre, dans presque toutes les parties du palais, les beaux ouvrages du Primatice, de Rosso, de Nicolo, d'Ambroise Dubois, que le temps avait à demi rongés. On a fait exécuter des peintures nouvelles, par MM. Abel de Pujol, Alaux, Picot, Munich. Une vaste salle au rez-de-chaussée, sous la galerie de Henri II, a été pratiquée sur l'emplacement de toutes les subdivisions de la conciergerie ; les appartements qui entourent la cour des princes ont été agrandis et distribués sur un plan nouveau ; on a complété l'appartement anciennement habité par Anne d'Autriche. (1)

C'est dans la galerie de François Ier, qu'a été célébré, le 30 mai 1837, le mariage du duc d'Orléans, fils aîné du roi Louis-Philippe, avec la princesse Hélène de Mecklembourg-Schwerin.

Après cette rapide esquisse de l'histoire du palais de Fontainebleau, nous donnerons une description abrégée de ce que cette belle résidence renferme de plus remarquable.

Les bâtiments dont se compose le château royal de Fontainebleau, *ce rendez-vous de châteaux*, comme on l'a appelé, forment un ensemble bizarre, mais qui ne manque ni de grandiose, ni de majesté. Ces bâtiments se développent autour de six cours principales :

La cour du Cheval Blanc, la cour de la Fontaine, la cour Ovale ou du Donjon, la cour ou jardin de l'Orangerie, la cour des Princes et la cour des Cuisines. Trois entrées principales y conduisent : l'entrée d'honneur, par la cour du Cheval Blanc ; la seconde, par la cour des Cuisines ; la troisième, par l'allée de Maintenon, la Chaussée Royale et la Porte Dorée. Chaque cour est entièrement ou à peu près entourée de trois ou quatre corps de bâtiments.

La cour du *Cheval Blanc* s'ouvre sur la place Ferrare ; elle doit son nom, comme je l'ai dit, à un cheval en plâtre, copie du cheval de Marc-Aurèle, moulé à Rome en 1560 ; elle est fermée par une belle grille de 104 mètres de longueur, construite en 1810. L'aîle droite de cette cour fut commencée sous Louis XV et achevée sous Louis XVI. La façade qu'on voit au fond est ornée d'un superbe escalier en fer à cheval placé dans l'extérieur, dont les deux rampes s'élèvent à la hauteur d'une terrasse placée dans les appartements du premier étage. L'aile gauche fut bâtie sous François Ier ; elle servait de logement aux ministres. Par la chaussée qui passe sous l'escalier, on se rend à la chapelle de la Trinité.

La cour de la Fontaine, entourée de bâtiments de trois côtés, s'ouvre du côté du sud sur les jardins ; elle est décorée d'un bassin, dans lequel quatre mascarons versent de l'eau.

---

(1) Voy. *le Château de Fontainebleau*, par M. Fontaine.

La cour Ovale est longue et peu large. Les bâtiments qui l'environnent sont plus anciens que ceux des autres cours; les deux tiers de ces bâtiments offrent un balcon extérieur que supportent quarante-cinq colonnes de grès. Dans l'intérieur sont la salle de de bal, la bibliothèque, les appartements du roi et de la reine, les salles du trône, du conseil, etc. C'est par ces bâtiments qu'on arrive à la galerie de Diane.

Le jardin ou cour de l'*Orangerie*, appelé aussi de *Diane*, est entouré de divers bâtiments, dans l'un desquels (la galerie des Cerfs) la reine Christine de Suède fit assassiner son grand-écuyer Monaldeschi. Le jardin est dessiné en jardin paysager, et doit son nom à une belle statue de Diane, en bronze, placée au milieu d'un bassin. On y voit une magnifique fontaine de marbre blanc, que Napoléon y a fait élever. L'étendue de ce jardin est de trois arpents, en y comprenant l'emplacement du bâtiment dit *de la Chancellerie*, démoli en 1834.

La *cour des Princes* est la plus petite du château. C'est dans les bâtiments qui l'entourent que logeait Christine de Suède.

La *cour des Cuisines* est vaste, régulière et entourée de trois corps de bâtiments construits sous le règne de Henri IV.

INTÉRIEUR DU CHATEAU.

L'*appartement du duc d'Orléans*, situé dans le pavillon de Louis XIV, du côté de la cour de la Fontaine, était autrefois *l'appartement des reines-mères*; il a été décoré par Anne d'Autriche, femme de Louis XIII; plus tard il fut occupé par les frères cadets des rois de France, qui portaient le titre de *Monsieur*, et sous l'empire, il a servi à loger deux illustres prisonniers : Charles IV, roi d'Espagne, et le pape Pie VII.

Les deux premières pièces en entrant tirent leur jour sur le jardin anglais et ont une admirable vue sur l'étang; elles sont ornées de tapisseries des Gobelins fort remarquables.

La chambre à coucher et les deux cabinets qui la suivent ont été décorés à l'occasion du mariage du duc d'Orléans.

Le salon, dont le plafond est l'un des plus riches du château, a été orné par le peintre-décorateur Cotelles, de Meaux, sous Louis XIII.

Dans la pièce suivante, on admire une magnifique tapisserie sortie des ateliers flamands, et dont les dessins sont de Jules Romain.

La salle de billard et l'antichambre, restaurées en 1834, sont dans le style des autres pièces qu'on vient de parcourir.

Sous le titre d'*appartements du Roi*, on comprend tout l'ensemble des diverses salles et galeries dont nous allons faire l'énumération.

Salle d'attente, restaurée en 1833, avec augmentation de trois portes en chêne copiées sur celle qui a été faite sous Louis XIII.

Chapelle de la Sainte-Trinité, construite sous François Ier et décorée sous Louis XIII par le peintre Fréminet; c'est là que Louis XV a été marié en 1725, et le duc d'Orléans, fils aîné du roi, en 1837. Le principal autel est décoré de quatre colonnes de marbre rare, avec des chapiteaux en bronze doré, et les statues en marbre blanc de saint Louis et de Charlemagne.

La *galerie de François Ier*, construite et décorée sous le règne de ce prince par Rosso, comprend 14 tableaux, dont 13 sont peints à fresque et un à l'huile sur toile. Ce sont des allégories ayant rapport aux faits principaux de la vie du vainqueur de Marignan. Ces tableaux sont accompagnés de sculptures, de bas-reliefs et de médaillons d'un goût exquis, que l'on attribue généralement à des artistes italiens. Au fond de cette galerie est exposé un vase sorti des ateliers de Sèvres, modelé d'après Bernard Palissy : il coûte, dit-on, dix mille francs.

Antichambre des appartements du roi, où l'on voit une horloge très compliquée, qui a été acquise par l'empereur Napoléon.

Salon des huissiers, dans le fond duquel est appliquée une tapisserie de Flandre faite sur les dessins de Jules Romain.

Salle de bains et cabinets établis sous l'empire.

Premier cabinet de travail, richement décoré dans le même temps, ainsi que les deux pièces qui suivent; dans ce cabinet on conserve la table sur laquelle Napoléon a signé son abdication, dont le *fac simile* est encadré et posé sur une console.

Cabinet de travail de l'empereur, au plafond duquel est un tableau, ouvrage du peintre Regnault.

Chambre à coucher, conservée telle qu'elle était du temps de Napoléon et remarquable par sa riche simplicité.

Salle du conseil, décorée par le peintre Boucher, qui a fait lui-même les tableaux du plafond. La table qui est dans la partie formant l'ovale a 2 mètres 10 centimètres de diamètre, et est d'un seul morceau de bois de Sainte-Lucie.

Salle du trône. Sa décoration, l'une des plus riches que l'on puisse imaginer, est du temps de Louis XIII et de Louis XIV; le plafond, formé de compartiments qui se démontent pièce par pièce, est couvert de sculptures entièrement dorées, ainsi que le lambris qui est dans le même style. Le baldaquin du trône est du temps de l'empire, cette pièce ayant été jusque-là la chambre à coucher du roi; sur la cheminée est un portrait en pied de Louis XIII : il est de Philippe de Champagne.

Boudoir. Rien de plus gracieux que la décoration de cette pièce, que Louis XVI fit faire pour Marie-Antoinette. Lui-même a fabriqué les espagnolettes des croisées que les gens de l'art regardent comme un chef-d'œuvre de ciselure. Le tableau du plafond est l'ouvrage de Barthélemy.

Chambre à coucher de la reine. Sa décoration est du même temps que celle de la salle du trône, et a beaucoup d'analogie avec elle. Le vaste lit de parade que l'on y voit a été fait pour Marie-Antoinette, mais n'a été posé que sous l'empire.

Salon. Il a été orné sous le règne de Louis XVI; les tentures et les meubles sont du temps de l'empire, ainsi que les beaux vases de la manufacture de Sèvres qui sont posés sur les consoles. Le tableau du plafond est de Barthélemy.

Galerie de Diane. C'est Henri IV qui l'a fait construire et décorer, mais l'abandon dans lequel est resté le château, de 1792 à 1804, lui a été si nuisible, que force fut de détruire ce qui en restait. Napoléon en a commencé la restauration, que Louis XVIII a terminée. La longueur de cette galerie est de 120 pieds et sa largeur de 30.

Le plafond est divisé en 8 compartiments ou travées, sur le fond desquels MM. Abel de Pujol et Blondel ont peint à l'huile sur plâtre l'histoire fabuleuse de Diane.

Le salon, qui est l'œuvre de M. Blondel seul, est entièrement consacré à cette déesse; les tableaux, ceux des côtés comme ceux du plafond, représentent divers traits de sa vie, ainsi que des emblèmes de sa passion pour la chasse. La galerie de Diane est une des belles choses modernes que nous possédons en France; la richesse de ces décorations ne le cède en rien à tout ce qui a été fait de plus somptueux sous le règne de Louis XIV.

Au-dessous était la *galerie des Cerfs*, où a été assassiné Monaldeschi. Elle a été détruite sous Louis XV, et transformée en petites chambres et salons pour le service pendant les voyages.

Escalier de la reine, restauré et embelli tout récemment. On y voit un immense tableau de chasse sous Louis XV; c'est l'ouvrage du peintre Oudry.

Antichambre des appartements de réception. Rien à y voir qu'une tapisserie des Gobelins, représentant les aventures de Don Quichotte de la Manche.

Le *premier salon* est remarquable par son plafond neuf, calqué sur ceux qu'on faisait au xvie siècle. Sur la cheminée est un tableau en tapisserie représentant Charles-Quint conduit à Saint-Denis par François Ier. La tenture est des Gobelins; elle date du règne de Louis XV, et représente divers sujets pastoraux.

Le *deuxième salon* est, avec celui qui le suit, ce qu'il y a de plus intéressant en ce genre à voir dans le palais. La cheminée, du xvie siècle, est du plus précieux travail; le tableau du médaillon, représentant Mars et Vénus, est l'œuvre du Primatice, ainsi que tous les accessoires de peintures; le bas-relief, rapporté d'Italie, est en stuc. Le plafond est du même temps que la décoration des côtés, où l'on vient de poser, dans de vastes cadres, des tapisseries modernes des Gobelins rappelant divers traits de l'histoire des rois de France : l'inscription qui se voit dans la partie inférieure de chaque cadre fait connaître le sujet de ces tapisseries.

Troisième salon, dit de Louis XIII, ainsi nommé parce que c'était la chambre à coucher de Marie de Médicis, qui l'y a mis au monde le 27 septembre 1601 ; de cette époque, cette pièce a cessé d'être une chambre à coucher, parce que Henri IV, pour conserver le souvenir de cet événement, l'a fait décorer par Paul Bril et orner de tableaux par Ambroise Dubois, peintre de l'école française, qui a tiré ses sujets de l'histoire merveilleuse de Théagène et Chariclée. Au fond de cette pièce est un tableau de forme ovale, représentant Louis XIII, enfant, à cheval sur un dauphin : des amours versent sur lui des fleurs, et d'autres tiennent en mains les attributs de la royauté. Ce tableau a été peint aussi par Ambroise Dubois.

Quatrième salon, remarquable par la décoration de son plafond, qui est toute récente, et par la statue équestre de Henri IV qui orne la cheminée : cette statue, en marbre blanc, a été sculptée par le fameux Jacquet.

Cinquième salon, décoré comme le précédent. Les tableaux, supportés par le lambris, sont d'Ambroise Dubois. La pendule, d'un riche et élégant travail, y a été apportée du palais de Versailles.

Salle des gardes. Le plafond, à solives apparentes, et la frise sont du temps de Louis XIII ; ils ont été restaurés en 1835. Toute la décoration du lambris et la tenture, qui est au-dessus, sont l'ouvrage de M. Munich, fils, peintre-décorateur de Napoléon. Cet important travail a été terminé en 1837. Tous les emblèmes qui couvrent les panneaux se rapportent aux souverains français, dont les noms sont inscrits dans les fastes de Fontainebleau. La cheminée, en marbre blanc, est du temps de Henri II ; les deux statues représentant la Force et la Paix, ainsi que le grand encadrement au milieu duquel a été placé le buste de Henri IV, sont, dit-on, l'ouvrage du sculpteur Francaville.

Petit salon de forme ovale, orné et décoré dans le même style que la salle des gardes, à laquelle il fait suite ; c'est encore l'œuvre de M. Munich.

Escalier du roi. C'était, du temps de François Ier, la chambre à coucher de la duchesse d'Étampes, maîtresse de ce prince. Les peintures à fresque, représentant toutes quelques traits principaux de la vie érotique d'Alexandre-le-Grand, sortent du pinceau du Primatice, et viennent d'être restaurées par M. Abel de Pujol. La coupole a été ajoutée en 1837 ; c'est un morceau d'un travail admirablement fini, dont M. Munich est encore l'auteur. Dans le pourtour, il a peint lui-même les portraits des souverains français qui se sont le plus particulièrement occupés du palais de Fontainebleau.

Salle de spectacle. C'est l'œuvre des architectes de Louis XV; elle a été réparée sous l'empire. C'est sur ce théâtre bas, étroit, sans dégagements, que furent représentés devant la cour, pour la première fois, le *Devin du Village*, 1742; *Adélaïde Duguesclin*, 1765; *la Rosière de Salency*, 1769; *le Séducteur*, 1783.

Appartement de Maintenon. Un salon richement décoré, où, assure-t-on, a été signée la révocation de l'édit de Nantes; deux autres petits salons contigus au premier, puis une chambre à coucher magnifique et un joli cabinet, voilà ce qui compose cet appartement, qui est un véritable boudoir de petite maîtresse, et qui vient d'être entièrement remis à neuf.

Salle de bal, construite sous François Ier et décorée sous son successeur Henri II. Cette pièce est une des plus belles choses qui existent en Europe; elle vient d'être restaurée en entier par M. Alaux, peintre d'histoire; huit grands tableaux à fresque, peints par le Primatice et Nicolo del Abbate, représentant diverses fictions poétiques, ornent les murs de côté, depuis le lambris jusqu'au plafond, et cinquante autres du même maître remplissent les voussures des arcades. A droite de la cheminée, François Ier est peint sous la figure d'un Hercule tenant un sanglier, et, à gauche, sous celle d'un jeune homme, plein de feu et de souplesse, se battant à coups d'épée contre un loup-cervier. Au-dessous de ces deux tableaux sont deux portraits de Diane de Poitiers avec des costumes et des emblèmes différents; des croissants placés dans les panneaux du lambris et du plafond attestent que cette magnifique salle de balle a été décorée en l'honneur de la duchesse de Valentinois.

Bibliothèque. C'était autrefois la chapelle Haute ou chapelle du roi; sa construction est du temps de François Ier et sa décoration est de l'époque de Henri II et de Henri IV. Sous l'empire, Napoléon, qui aimait Fontainebleau, voulant y réunir tout ce qui pouvait y être nécessaire pour un long séjour, y fit apporter les livres provenant de la bibliothèque du conseil d'état et du tribunat. La chapelle Haute fut choisie par lui pour leur classement; des dispositions furent faites pour y placer au moins trente mille volumes, nombre qui s'augmente chaque année par les acquisitions que fait la liste civile.

Chapelle Basse ou de Saint-Saturnin. Elle est le point fondamental du château de Fontainebleau. Tombée en ruine et presque anéantie quand François Ier eut l'idée de faire sa principale résidence au milieu de la vaste forêt qui l'environne, cette chapelle fut le premier objet de sa sollicitude: il la fit reconstruire entièrement, mais elle ne fut décorée, comme nous la voyons, que sous Henri IV et Louis XIII. On vient d'y faire une adjonction importante, c'est celle de vitraux de couleur aux trois grandes croisées. Ils ont été fabriqués à Sèvres sur les dessins de la duchesse de Wurtemberg, Marie d'Orléans, enlevée si malheureusement aux arts qu'elle cultivait avec distinction.

Salle d'attente. A la place de logements mal distribués, de bureaux et de magasins, on a fait, en 1835, cette pièce plus remarquable par le caractère de sévérité que lui donnent ses volumineuses colonnes, que par sa décoration, qui est très simple, quoiqu'elle ait beaucoup de ressemblance avec tout ce qui se faisait en ce genre au XVIe siècle. Cette vaste salle, qui est au-dessous de la galerie de Henri II, est moins large que cette galerie, par la raison fort simple qu'il eût fallu des poutres d'une énorme dimension pour supporter la masse des bâtiments qui composent l'étage supérieur. C'est là que le mariage du duc d'Orléans, sous le rit protestant, a été célébré le 30 mai 1837. Tout y est nouveau, tout y est de notre époque, depuis les siéges jusqu'aux candélabres et lustres qui ornent le plafond.

Porte Dorée. C'est un passage qui conduit de la cour Ovale à l'avenue de Maintenon, et de là au Mail de Henri IV, rendez-vous de promenades les plus à proximité et les plus agréables de Fontainebleau. La décoration de ce passage est due au Primatice. Les tableaux du plafond et des côtés sont des allégories ou sujets tirés de la Fable.

JARDINS ET PARC.

Les jardins et le parc répondent à la magnificence du château et se divisent en plusieurs parties.

Le *Jardin Anglais* était jadis une forêt de broussailles, que Napoléon fit transformer comme nous la voyons aujourd'hui. Là était la célèbre fontaine *Bleau* ou *Belle-Eau*, à qui le château et la ville doivent, dit-on, leur nom, et dont malheureusement la source a été en grande partie perdue lors des travaux hydrauliques qui y furent exécutés sous l'empire. Les deux bâtiments que l'on remarque dans ce jardin, sont le *Carrousel*, construit sous Louis XIV et Louis XV pour les chevaux du Roi, et le *Manége* élevé en 1800 pour l'usage de l'École Militaire, alors établie dans les bâtiments de l'aile gauche de la cour du Cheval-Blanc. La superficie du jardin anglais est de trente-trois arpents, distribués et ombragés délicieusement.

Le jardin anglais est borné au levant et au nord par l'*Étang*, pièce d'eau de neuf arpents, au milieu de laquelle un joli pavillon a été construit en 1540. Dans l'intérieur de ce pavillon sont des peintures à l'huile sur plâtre et sur bois, représentant des oiseaux de plusieurs espèces. Cette décoration est de l'empire, mais le tout a été restauré en 1834.

Le contour verdoyant de l'étang, ainsi que les jolis saules pleureurs qui se réfléchissent dans ses eaux, offrent à l'œil un tableau plein de charme et de fraîcheur. On admire les monstrueuses carpes qui peuplent et sillonnent ce vaste bassin.

Le *Parterre* est un carré régulier, borné d'un côté par les bâtiments du château, et de l'autre par la pièce d'eau appelée le Bréau. Depuis son origine, sous François Ier, ce jardin a subi plusieurs transformations; d'abord sous Henri IV, puis sous Louis XIV, époque à laquelle il a été dessiné par Le Nôtre dans la forme que nous lui voyons à présent. La pièce d'eau ronde se nommait le Tibre, à cause d'une figure allégorique en bronze qui était au milieu, avec un groupe représentant Romulus et Rémus allaités par une louve. En 1793, on a enlevé cette figure pour la convertir en canons.

La pièce d'eau du milieu du parterre est carrée et est alimentée par une vasque, dont le jet est fort abondant.

C'est Henri IV qui a acquis le vaste terrain sur lequel *le Parc* a été établi, et dont la contenance totale est d'environ 169 arpens. C'est lui qui a fait creuser et entourer de murs *le Canal*, l'un des plus beaux de France, qui comprend 1,200 mètres de longueur sur 39 de largeur.

Avec le canal, le Parc renferme une autre pièce d'eau appelée *le Miroir*, à cause de sa forme: c'est le réservoir des eaux du Château. Elles y sont amenées par des conduits qui prennent naissance à l'entrée de la ville, sous les hameaux des Pleux et des Provençaux. Sur la gauche de cette pièce d'eau, est la fameuse treille que Louis XV fit planter, et dont la longueur excède 1.400 mètres. Elle produit, dit-on, année commune, de 3 à 4,000 kilogrammes d'excellent chasselas, qui ne le cède en rien pour la délicatesse à celui de Thomery, dont la réputation est presque européenne.

Mais ce qui orne le plus majestueusement le Parc, ce sont les vieilles et hautes avenues qui le coupent dans tous les sens, et parmi lesquelles on admire principalement celle qui conduit vers le hameau de Changy. Les ormes qui la composent, plantés il y a deux cents ans, sont d'une élévation prodigieuse. A côté et sur la gauche de cette gigantesque avenue, on pénètre sous un labyrinthe, dont les routes sinueuses et gracieusement boisées offrent de charmantes solitudes.

LA VILLE.

La ville de Fontainebleau, presque entièrement environnée par la belle forêt de ce nom, est régulièrement bâtie. Les rues en sont larges, propres et bien percées.

On a vu que Fontainebleau, jusqu'au règne de Louis XIII, n'était qu'une dépendance de la paroisse d'Avon. C'est en 1624 que ce prince céda aux vœux des habitants en faisant élever, sur l'emplacement de l'hôtel de Martigues, qui lui avait été donné par la duchesse de Mercœur, une église dédiée à saint Louis. Peu d'années après sa construction, cette église fut témoin d'une cérémonie imposante. Lord Edmond y jura la paix entre la France et l'Angleterre, le 16 septembre 1629. L'église de Saint-Louis est d'une architecture médiocre. Son maître-autel était autrefois décoré d'un tableau de Varin, représentant le paralytique guéri par le Seigneur; mais aujourd'hui elle n'offre plus que des murs nus et délabrés. La chaire est remarquable par son extrême pauvreté.

Quoique Fontainebleau ne fut, avant la révolution, qu'un simple bourg, on y voyait depuis longtemps un grand nombre d'édifices somptueux appartenant à la couronne ou à des seigneurs de la cour. Parmi ceux qui subsistent encore, on peut citer : *la Chancellerie*, vaste et bel hôtel que fit construire le cardinal-chancelier Duprat, et que François Ier acheta de lui pour y loger les chanceliers de France; c'est dans cet hôtel que fut commencé, en 1661, le procès du surintendant Fouquet; *l'hôtel d'Armagnac*, situé rue basse; *l'hôtel des Gardes du Corps*, rue Saint-Honoré, converti aujourd'hui en une caserne d'infanterie; *les Petites Ecuries*, rue d'Avon; *les écuries d'Artois*, rue Saint-Merry; enfin les hôtels *de la Surintendance*, *d'Albert*, de Pompadour, des Gendarmes, de Conti, de Madame, de Villeroi, de Montpensier.

Un autre monument assez remarquable est le *Château-d'Eau*, petit édifice, construit en 1608, et contenant un réservoir alimenté par la source dite la *Mare-aux-Pelleux*, dont les eaux sont distribuées dans les fontaines et bassins du château.

Il existe à Fontainebleau deux hospices : celui de la Charité, fondé par Anne d'Autriche, en 1646, et celui de *Mont-Perreux*, bâti par les soins de Madame de Montespan. Dans la chapelle de ce dernier hospice, un monument en marbre rappelle la mémoire de l'abbé Guénée, auteur des *Lettres de quelques Juifs portugais*.

Nous devons encore mentionner parmi les édifices publics de Fontainebleau, *le Palais* de Justice, assez bien construit, et dont la façade est précédée d'une petite plantation; un théâtre, un collége, et un bel obélisque d'une hauteur considérable, érigé, en 1786, au devant de l'entrée méridionale de la ville, à l'occasion de la naissance des enfants de Louis XVI et de Marie-Antoinette.

Il y a à Fontainebleau quelques manufactures; mais l'industrie et le commerce y sont peu développés. On y exploite les grès extraits des montagnes voisines, et on y vend les célèbres chasselas que produisent ses excellents vignobles. La population de cette ville, qui n'était sous Louis XV que de 4,800 habitants, est aujourd'hui de 8,200 ames.

Fontainebleau dépendait autrefois du Gâtinais français ; il y avait une prévôté royale, une maîtrise particulière des eaux et forêts, un tribunal de capitainerie royale et une subdélégation de l'intendance de Paris. C'est aujourd'hui le chef-lieu d'un arrondissement et d'un canton du département de Seine-et-Marne, et le siége d'un tribunal de première instance.

LA FORÊT.

La forêt de Fontainebleau est peut-être l'une des plus intéressantes de la France par la multitude de sites pittoresques qu'elle renferme; sa surface est évaluée à 32,877 arpents; elle est divisée en 176 triages et percée d'un grand nombre de routes. Tout cet espace présente de vastes plaines interrompues par des gorges dont les pentes offrent, sur une multitude de points, des roches de grès jetées pêle-mêle les unes sur les autres; d'un côté d'arides sables, de l'autre des terrains où croissent des bois plus ou moins touffus, plus ou moins beaux, sur lesquels végètent d'immenses agarics. En sortant d'une vallée fertile, on se trouve dans un désert inhabitable. Partout le naturaliste trouve des plantes et des insectes de quantité d'espèces différentes ; le paysagiste peut venir y étudier la nature : des arbres et des rochers de toutes sortes de formes lui fourniront abondamment de quoi exercer ses pinceaux et ses crayons; c'est là que Lantara, misérable vacher d'Achères, a puisé le goût et fait les premiers essais d'un art où il est parvenu à se faire un nom. Il n'est point de forêt plus agréable pour les promenades à pied, à cheval, en voiture, les routes y étant praticables en tout temps, même après les plus fortes pluies. Sur les bords de la forêt, les *platières* (plaines plus ou moins étendues qui occupent le sommet des rochers) offrent presque de tous côtés les plus beaux points de vue : de la montagne de Bouron, on découvre Nemours, au bout d'une allée charmante où coulent le Loing et le canal de Briare; des platières du calvaire, la vue s'étend au loin du côté de Montereau et de Sens; mais la plus belle de toutes ces vues est l'extrémité des monts de Faës, du côté de Cuvier et de Châtillon. On ne doit pas oublier de visiter le rocher de St.-Germain sur la route de Paris, dont les pierres sont presque toutes cristallisées, et l'*ermitage de Franchard*.(1)

Cet ermitage construit dans la partie la plus agreste de la forêt, au milieu des sables et des rochers, devint bientôt un monastère

---

(1) Philippe-Auguste avait fait don de cet ermitage à un frère Guillaume, chanoine de Saint-Euverte d'Orléans. L'abbé de Sainte-Geneviève de Paris écrivit à cet ermite pour le détourner d'habiter cette demeure déserte, où deux de ses devanciers avaient été tués par des brigands. Deux cénobites furent alors adjoints à l'ermite, et l'abbaye de Saint-Euverte fut chargée de les entretenir, à la condition de prier pour le roi et d'y observer le genre de vie de frère Guillaume, à moins qu'ils n'en préférassent un plus austère.

considérable; mais il tomba plus tard en ruines, et Louis XIV en ordonna l'entière démolition. Ce lieu est le but d'un pélerinage où se rend chaque année, le mardi de la Pentecôte, une partie de la population de Fontainebleau et des villages environnants, pour y recueillir l'eau de la *roche qui pleure*, à laquelle de bonnes gens attribuent la vertu de guérir bien des maux.

Le gibier est très abondant dans la forêt de Fontainebleau; il est même difficile de voir ailleurs un plus grand nombre de cerfs, de biches, de daims et de sangliers. Une chose digne de remarque, c'est que dans toute l'étendue de la forêt, où l'on voit une multitude de gorges et de vallées, on ne trouve que peu de sources : la fontaine des *Acacias*, celles du *Mont Chauvet* et du *Calvaire*, et une très jolie source située dans la partie du bois appelée la Madeleine, sont à peu près les seules que l'on y rencontre. Ces sources sont très fréquentées dans la belle saison, et servent souvent de réunion pour des repas champêtres.

ENVIRONS DE FONTAINEBLEAU.

Nous avons vu qu'avant le xviie siècle, Fontainebleau ne formait pas une paroisse indépendante; les habitants qui pouvaient être établis autour de la résidence royale, n'avaient d'autre église que celle du village d'*Avon*, qui était alors plus considérable que Fontainebleau. C'est à l'extrémité du canal et des allées, et non loin des dernières maisonnettes de la ville que le village d'Avon est enfoui, au pied des terrassements du parc. L'art qui a élevé les jardins royaux du voisinage s'est arrêté aux portes de ces modestes habitations. Là tout est rustique, l'église comme le reste du village. Cette église est petite, élevée par un terrassement au-dessus des rues humides d'Avon. Un auvent abrite la porte d'entrée. Le lierre grimpe le long de ses murailles et des contreforts qui les soutiennent, et s'insinue à travers les pierres disjointes par le temps. A l'entrée, près du bénitier, on voit la tombe du malheureux Monaldeschi, dont nous avons retracé la fin dramatique. Le peintre Ambroise Dubois y est aussi inhumé, et, dans le cimetière, sous le porche de ce temple, sont les sépultures du naturaliste Daubenton et du mathématicien Bezout. Les habitants d'Avon, qui paraissent fort pauvres, sont au nombre d'environ 900.

A deux lieues de Fontainebleau, du côté de la Brie, près des ruines de l'ancienne abbaye de Barbeaux, est la modeste église de *Féricy*, remarquable par ses vitraux. Les registres de cette église attestent la vertu des eaux miraculeuses de la fontaine de sainte Osmane qui en est voisine. Les femmes dont le lait avait tari, celles qui désiraient devenir mères recouraient à la vertu de ces eaux. La reine Anne d'Autriche en fit venir pour en boire et s'y baigner, pendant qu'elle faisait célébrer à Féricy une neuvaine solennelle pour obtenir un fils qu'elle ne se lassait pas de demander au ciel depuis vingt-deux ans de mariage. Mais cette fois les prières furent efficaces. Cette neuvaine fut commencée, ainsi que le constatent les registres de cette paroisse, le 25 novembre 1637, (1) et ce fut au commencement de décembre suivant qu'une réunion fortuite, occasionnée par un orage, ayant eu lieu entre le roi et la reine, cette princesse devint enceinte, et mit au monde neuf mois après, c'est-à-dire le 5 septembre 1638, le dauphin qui fut depuis Louis XIV.

Sur la rive gauche de la Seine, à peu de distance de *Féricy*, se présente le village de *Samois* sur le penchant des collines, et au-delà duquel gît une chaîne de grands rochers de grès. Ce village est considérable, et plus de mille habitants composent sa population.

Le hameau du *Port à l'Anguille*, aussi sur la rive gauche du fleuve, appartient à la commune de Samois. Sur le sommet de la colline qui suit l'autre rive est *Vulaines*, joli village avec un château et plusieurs maisons de plaisance. *Thomery* n'est pas loin de là. Ce sont surtout les habitants de ce village, au nombre de onze cents, qui se livrent à la culture de l'excellent chasselas, connu sous le nom de raisin de Fontainebleau, dont le commerce fait régner parmi eux une aisance générale; on a calculé qu'ils en envoient annuellement à la capitale 72,000 paniers, environ 6,000 par jour, qui, à 3 francs chacun, leur rapporteraient 216,000 francs par an. Rien de plus agréable que l'aspect de Thomery; les rues semblent des vergers, les maisons sont couvertes de treilles. Thomery a dans ses dépendances le hameau *d'Effondré*, qui a un port, et le château de la *Rivière*.

Nous avons déjà parlé de *Franchard*, situé au milieu de la forêt de Fontainebleau. À l'est de cette forêt était encore l'ermitage de la *Madeleine*, situé sur une colline au bord de la Seine. Un gentilhomme breton, nommé Jacques Godemel, s'y était retiré vers l'an 1617, et s'y était voué aux pratiques d'une ardente pénitence. Les histoires de cette époque regardent cet homme comme aliéné par superstition. Vers la fin du même siècle cet ermitage devint un repaire de brigands, qui, à la faveur de la sainteté du lieu, espéraient y trouver une retraite assurée; mais le gouvernement effrayé de leurs excès, se décida à violer l'ermitage sacré et à débarrasser le pays de ces dangereux hôtes, dont plusieurs furent pendus. Après leur expulsion, la Madeleine fut donnée par Louis XIV à un monastère de carmes des Basses-Loges, dont nous allons par-

---

(1) Voici le témoignage authentique extrait des registres de Féricy. « L'an 1637, le 25 novembre, madame l'abbesse de Poissy a fait et accompli le vœu de la reine, suivant l'ordre de Sa Majesté ; et, accompagnée de M. Bouvot, chanoine de Sainte-Osmane, religieux de St-Denis et prieur de Kérial, qui a célébré la messe pendant neuf jours, ils ont fait la neuvaine avec solennité. Après la cérémonie religieuse, les dames ont signé. »

ler. Ils y envoyèrent une petite colonie, et l'ermitage purifié retentit de nouveau des louanges du Seigneur, mais la révolution les ayant fait cesser, l'ermitage a fait place à une élégante maison de campagne. La fête de la Madeleine se célèbre encore tous les ans sur cette colline, par une foire qui attire beaucoup de monde.

Tout près de la Madeleine est *Valvin*, qui n'était avant la révolution qu'une auberge à laquelle s'adjoignirent quelques misérables cabanes ; mais depuis qu'on y a construit un port, où s'embarquent les bois et les pavés de la forêt destinés pour Paris, et un beau pont qui rend faciles les communications entre les deux rives du fleuve, ce hameau s'est accru rapidement et s'embellit tous les jours. C'est là que débarquent les voyageurs qui se rendent par eau à Fontainebleau, dont Valvin n'est distant que d'une lieue. A moitié chemin est situé le hameau des *Basses Loges*, où fut fondé, en 1310, un prieuré dédié à saint Nicolas. Ce prieuré servait d'abord d'hôpital, et était desservi par deux religieux de l'ordre de la Charité en Champagne. Leur ordre s'étant éteint, ils furent remplacés par des Carmes de Touraine, qui vinrent y mener une vie des plus austères. Anne d'Autriche fit rebâtir leur église en 1661.

Enfin, près de la rive opposée au port de Valvin, le village de Samoreau attire l'attention par sa situation pittoresque. On y voit un château bâti sous le règne de François Ier, dont le parc et les jardins distribués en terrasses, sont très remarquables. Samoreau n'est qu'à une lieue de Fontainebleau. Sa population est de 250 habitants.

MORET.

A l'extrémité méridionale de la forêt de Fontainebleau, sur la route d'Italie, on trouve la jolie petite ville de Moret, dont le Loing baigne les murs non loin de sa jonction avec la Seine. Cette ville est fort ancienne; on en ignore l'origine, mais on sait qu'en 850 il se tint un concile dans un lieu appelé *Moritum* que l'on croit être Moret. Vers l'an 1128, cette ville avait un château que Louis-le-Gros acheta de Foulques, vicomte du Gâtinais. Louis VII et Philippe-Auguste y séjournèrent quelquefois.

En 1166, Thomas Becket, archevêque de Cantorbery, consacra l'église paroissiale de Moret, sous l'invocation de Notre-Dame.

Moret touchait aux états du duc de Bourgogne, et la limite en était marquée par une croix, plantée à l'extrémité d'un des faubourgs de la ville. En 1420, déjà assez considérable, elle n'avait pour défense qu'une faible enceinte de murs. Hors d'état de résister aux troupes réunies du roi d'Angleterre et du duc de Bourgogne, qui l'assiégèrent à cette époque, elle leur fut bientôt livrée par Denis de Chailly, gouverneur de la place. Charles VII la reprit d'assaut dix ans après, et l'entoura de fortifications plus considérables, ainsi que de fossés qui s'emplirent des eaux du Loing.

Moret était le siége d'un comté, duquel dépendaient plusieurs vicomtés et baronnies, outre un grand nombre de fiefs, notamment la seigneurie de Fontainebleau. En 1604, Henri IV donna ce comté à Jacqueline de Beuil, sa maîtresse, en la mariant au marquis de Vardes. Il eut d'elle un fils, Antoine de Bourbon, comte de Moret, qui fut abbé de Saint-Etienne, de Pavigny et de Caen, et n'en suivait pas moins la voie des armes. Ayant embrassé le parti des mécontents en s'attachant au duc d'Orléans, il fut tué au combat de Castelnaudari en 1632. Selon d'autres il s'en échappa et passa le reste de ses jours dans l'ermitage des Gardelles, près de Saumur. Du moins est-il certain que ce mystérieux ermite, qui vivait dans la pratique de l'humilité et de toutes les vertus, et ressemblait singulièrement à Henri IV, ne répondit jamais d'une manière positive à ceux qui le questionnaient sur son origine ; il n'avouait et ne niait rien, et la véritable fin d'Antoine de Moret est restée un problème. L'ermite de l'Anjou mourut en 1692.

Un autre personnage mystérieux connu sous le nom de la Mauresse de Moret, a jeté quelque célébrité sur un couvent situé près de cette ville. Ce couvent était autrefois un prieuré nommé *Pont-Louvé*, fondé, en 1640, par le Marquis de Vardes et sa femme, la comtesse de Moret, maîtresse de Henri IV. Marie-Thérèse l'enrichit de ses bienfaits. La duchesse de Bourgogne étant venue faire un voyage à Fontainebleau, Madame de Maintenon la conduisit aussitôt à Moret pour faire une visite dans ce couvent. « On se demandait pourquoi cet empressement, cette course mystérieuse, chacun, pour l'expliquer, répétait un bruit de cour ou invoquait un souvenir. » « C'est singulier ! disait-on, on ne fait pas un voyage à Fontainebleau que Madame de Maintenon n'aille visiter le couvent de Moret! un petit couvent borgne où il n'y a aucune religieuse de distinction ! — Mais monseigneur et ses enfants y vont aussi ; et la feue reine Marie-Thérèse prenait un soin tout particulier de cet asile ; on dit même qu'elle s'informait avec le plus grand intérêt auprès de la supérieure, de la santé, de la conduite, des pensées même d'une des religieuses, pour laquelle sa Majesté payait tous les ans une grosse pension. — Ce n'est pas étonnant : Ne savez-vous donc pas ce qu'on se dit à l'oreille ? C'est que Bontems, le premier valet de chambre du roi, et le confident de toutes ses amours, a déposé dans ce couvent une jeune enfant qu'on ne montre à personne ; on la dit fille du roi. — Vraiment! et de qui? Voilà le mystère. — Est-ce une fille de la baronne de Beauvais? de mademoiselle d'Argencourt? de Laure ou de Marie de Mancini? — Mieux que tout cela, c'est une fille de la reine! — Et comment avoir pu la cacher! et pourquoi l'abandonner? Les reines accouchent publiquement, et Marie-Thérèse a perdu presque à leur naissance les deux filles dont elle était accouchée. — Oui; mais rappelez-vous que plus tard on publia que la reine avait fait une fausse-couche; il n'en était rien : c'est que la reine avait mis au monde une enfant toute noire, parce que, pendant sa grossesse, elle avait été vivement frappée par la vue d'un nègre qui était à son service; on déroba cette petite fille à tous les regards, et Bontems l'apporta au couvent de Moret, où on ne l'appelle que la *Mauresse*. — Le roi va-t-il la voir? — Jamais. — A-t-elle le secret de sa naissance? — On le croit : elle est fière, se prévaut des soins distingués qu'on lui prodigue, des visites illustres qu'elle reçoit; et il lui est arrivé quelquefois de dire, en entendant monseigneur chasser dans la forêt : « C'est mon frère qui chasse. »

« Cette conversation résume l'histoire de cette Mauresse; sans lever les voiles qui en couvrent encore le mystère. Sans doute les indiscrétions de saint Simon, la réserve de mademoiselle de Montpensier dans ses Mémoires, les soins de Marie-Thérèse, les visites assidues des princes et de Madame de Maintenon, les distinctions dont cette religieuse jouissait, l'érection en abbaye royale du petit couvent où elle était enfermée, sont autant d'indices de la haute naissance de cette inconnue; mais le respect dont, à cette époque, on entourait même les faiblesses des rois, n'a laissé aucune trace certaine, et la Mauresse de Moret restera pour toujours une énigme historique comme le Masque de fer. (1) »

Louis XV, en souvenir de la royale Mauresse, érigea, en 1754, ce couvent en abbaye royale, et y réunit la vieille abbaye de Villechasson, fondée dans le diocèse de Sens, par un des fils de Louis-le-Gros.

Les fortifications de Moret sont aujourd'hui très délabrées. Les portes de la ville subsistent encore; l'une d'elles est surtout bien conservée; elle est surmontée d'une haute tour carrée, flanquée de tourelles. Le château ne présente plus que des ruines pittoresques, avec un donjon en terrasse. L'église est une construction du XVe siècle. Les habitants sont au nombre de 1,673.

François Ier avait fait bâtir dans la forêt de Fontainebleau, près de Moret, une maison délicieuse, pour servir de rendez-vous de chasse. Les sculptures de cette maison sont du célèbre Jean Goujon. On l'a démolie en 1826, pierre par pierre, pour la transporter à Paris où on l'a rebâtie aux Champs Elysées, sur le Cours de la Reine. On y remarque principalement les arabes-

---

(1) *Souvenirs du château de Fontainebleau* par M. Vatout.

ques de la grande façade, ornée de pilastres et de croisées à bras de pierre sculptés, la décoration de la porte d'entrée de l'arrière-corps de l'édifice, celle de la galerie, et une magnifique cheminée, dont le travail est un type excellent du style de la renaissance, un modèle d'élégance et de délicatesse. Le quartier où il a été transporté a pris le nom de ville de François Ier.

MONTEREAU-FAUT-YONNE.

Située au confluent de la Seine et de l'Yonne, cette place, appelée *Condate* dans l'itinéraire d'Antonin, était d'abord un poste militaire occupé par les Romains. Un monastère fondé par saint Martin, et autour duquel se groupèrent des maisons, la fit plus tard appeler *Montereau*, dérivé de *Monasteriolum*. Rainard II, dit le Mauvais, comte de Sens, fameux par ses brigandages, y construisit, en 1026, à l'angle formé par la jonction des deux rivières, un château-fort d'où il pillait les bateaux et tout le pays d'alentour. Robert, qui régnait alors, essaya vainement de réduire ce redoutable baron, qui mourut en 1055, à la grande satisfaction de ses malheureux vassaux. En 1145, Louis-le-Jeune eut à Montereau une conférence avec saint Bernard, au sujet des croisades. Sous le règne de Jean, en 1359, le château fut pris par le dauphin, depuis Charles V, sur les troupes du roi de Navarre qui s'en étaient emparées.

Le nom de Montereau retentit surtout dans l'histoire au sujet de l'assassinat de Jean-sans-Peur, commis lâchement, à l'instigation de Tanneguy Du Châtel, en présence du dauphin, depuis Charles VII, qui, après s'être réconcilié avec ce duc de Bourgogne, lui avait fait proposer une entrevue sur le pont de Montereau. Tout porte à croire que Charles, âgé seulement de dix-sept ans, d'un caractère candide et loyal, insouciant même, était complètement étranger au complot. Néanmoins il eut peine à se laver de l'accusation, et cette catastrophe ralluma la guerre civile prête à s'éteindre.

Le jeune prince, frappé de stupeur, avait été écarté par ses gens. Les meurtriers dépouillèrent leur victime et laissèrent son cadavre nu et mutilé sur le pont. Deux curés du voisinage le recueillirent, et l'inhumèrent plus tard dans l'église de Montereau, où l'on voit encore, suspendue à la voûte, l'épée de Jean-sans-Peur.

Cet événement avait eu lieu en 1419. L'année suivante. Philippe-le-Bon, qui voulait venger son père, s'étant uni au roi d'Angleterre pour faire le siége de Montereau, cette ville tomba bientôt en leur pouvoir. Philippe alors fit exhumer le corps de

Jean-sans-Peur, qui fut embaumé, enveloppé dans des cuirs de bœuf et enterré dans l'église des Chartreux à Dijon.

L'inscription suivante fut placée à l'endroit où le meurtre avait été commis :

> L'an mille quatre-cent-dix neuf
> Sur un pont agencé de neuf
> Fut meurtri Jean de Bourgogne
> A Montereau Faut-Yonne.

En 1429, le duc de Bedfort adressa, de Montereau, à Charles VII, un défi que ce prince méprisa.

En 1538, le roi réussit enfin à chasser les Anglais de cette ville, qu'il prit d'assaut. Il déploya beaucoup de courage en cette occasion, montant sur les remparts un des premiers après avoir traversé les fossés dans l'eau jusqu'à la ceinture.

Les guerres civiles du xvi° siècle troublèrent encore la tranquillité de cette ville. Le prince de Condé s'y étant rendu en décembre 1567, pour aller au devant des *reîtres*, troupes auxiliaires allemandes que lui envoyaient les princes protestants d'audelà du Rhin, en fut expulsé par le duc d'Anjou, depuis Henri III. Montereau embrassa, en 1587, le parti de la ligue à laquelle le duc d'Epernon l'enleva, en 1589, pour se voir prendre cette ville bientôt après, par le duc de Mayenne. La journée du 14 avril 1590, suffit à Henri IV pour s'en rendre le maître.

En 1632, après la mort du duc de Montmorency, décapité à Toulouse, Gaston, duc d'Orléans, s'étant déterminé à quitter la France sur-le-champ, d'après le conseil de Puylaurens son favori, s'arrêta à Montereau, d'où il écrivit au roi, son frère, une lettre assez énergique, où il se plaignait d'avoir été trompé par Bullion et par un autre envoyé de Louis XIII, touchant le traitement que l'on réservait à Montmorency.

En 1814, Montereau fut encore le théâtre d'une bataille mémorable. C'est dans la plaine resserrée entre les deux rivières, que les Français, commandés par Napoléon en personne, défirent complétement un corps d'armée Wurtembergeois et Autrichien, qui fut forcé d'évacuer la ville dont il s'était emparé : alors pour assurer leur retraite les ennemis coupèrent les ponts. Pendant l'action, la ville, foudroyée par les batteries de l'empereur placées sur les hauteurs de Surville, essuya de grands désastres; l'arche en bois du pont de l'Yonne, et un boulet qui décore la porte du pavillon d'octroi du côté de la route de Paris, sont des monuments qui rappellent cette journée, où l'on dit que Napoléon voulut pointer lui-même quelques pièces de canon, et répondit à ceux qui voulaient l'empêcher de s'exposer : « Rassurez-vous, mes amis, le boulet qui doit me tuer n'est pas encore fondu. »

En 1815, Montereau fut encore inquiété par cinq ou six mille

Bavarois qui vinrent camper sous ses murs, mais sans avoir dessein de l'assiéger. Ils se bornèrent à piller quelques habitations isolées des environs.

Les 6 et 7 mai 1836, Montereau présenta le plus triste aspect : l'Yonne ayant franchi ses limites, chose inouïe depuis deux cents ans, les rues furent inondées en un instant, et plusieurs maisons remplies d'eau ; un grand nombre d'animaux domestiques ont péri dans ce désastre.

Le fameux pont de Montereau se compose de deux ponts construits à la jonction de la Seine et de l'Yonne. Cette ville se divise naturellement en trois parties, dont la plus considérable, la ville proprement dite, que borne au sud le faubourg du Gâtinais, occupe la rive gauche de l'Yonne et de la Seine ; au nord, sur la rive droite de cette dernière rivière, s'étend le faubourg Saint-Nicolas, qui forme l'avenue de la route de Melun ; un autre faubourg, celui de Saint-Maurice, par lequel on sort pour se rendre à Bray-sur-Seine, est sur la pointe formée par la réunion des deux cours d'eau, traversés par deux ponts en pierre, qui n'en forment, pour ainsi dire, qu'un, comme le pont Neuf à Paris, qu'ils rappellent beaucoup, mais seulement pour la position, car ils ne sont point dans le même axe. Le pont de Seine, composé de trois arches à plein cintre, est fort beau ; celui d'Yonne, de construction ancienne, mal bâti, étroit, rapide, de travers, a sept arches d'inégale grandeur, dont la plus large, celle du milieu, coupée en 1814 par les alliés, a été refaite provisoirement en bois : ce provisoire, fâcheux surtout dans un lieu si fréquenté, dure depuis l'invasion étrangère. A la pointe du faubourg Saint-Maurice, se trouvait, dans ces derniers temps, un bureau où l'on payait cinq centimes chaque fois que l'on passait sur un des deux ponts : cette espèce d'impôt était, dit-on, destinée à couvrir les frais de reconstruction du pont de Seine, qui avait aussi été coupé à la même époque, et ceux que nécessitera le remplacement de l'arche en bois du pont d'Yonne par une travée en pierre : ce bureau est maintenant supprimé.

Montereau, autrefois compris dans la Brie champenoise, petit pays qui dépendait de la province de Champagne, et dans le diocèse de Sens, à peu de distance des limites de la Bourgogne et de l'Ile-de-France, était le siége d'un bailliage, d'une élection et d'une subdélégation de l'intendance de Paris, et avait deux paroisses, une église collégiale, un couvent de Récollets et un grenier à sel ; c'est aujourd'hui un chef-lieu de canton de l'arrondissement de Fontainebleau.

Cette ville est ouverte de toutes parts ; les rues, quoique assez étroites, si l'on en excepte toutefois la Grande rue, qui fait suite au pont d'Yonne, le carrefour du Pont-de-Seine, dans le faubourg Saint-Nicolas, et quelques autres, ne sont pas en général mal percées, et les maisons, presque toutes bien bâties, ont un aspect d'aisance et de propreté qui plaît. Sur la rive gauche de l'Yonne, puis de la Seine, règne le quai d'Yonne, assez beau, formé par un talus en terre et défendu au-dessous du pont par une balustrade en bois; au-dessus du pont, le long du port des Graviers, se trouvent quelques plantations. Le quai de Seine, sur la rive droite de ce fleuve, est construit tout en pierre.

L'ancienne collégiale de Notre-Dame, la seule église qui lui reste, longe la Grande rue et est bâtie dans le style gothique : c'est un des plus beaux édifices du département par les proportions de son vaisseau et pour la hardiesse et la solidité de sa construction; son portail est flanqué de deux tours carrées assez massives, dont le sommet ne dépasse pas le comble du temple, et dont l'une, celle de gauche, est surmontée d'une petite aiguille; dans l'intérieur, garni de bancs en bois, se voit, suspendue d'une manière pour ainsi dire microscopique, au deuxième pilier du chœur à droite, l'épée de Jean-sans-Peur, duc de Bourgogne, dont le corps y a même reposé pendant environ un an, jusqu'à sa translation dans l'église des Chartreux de Dijon. Dans la chapelle qui touche à gauche celle de la Vierge se voit un navire accroché au plafond, sans doute l'expression de quelque *ex-voto*. Cette église, dont on peut remarquer la grande porte, que décoraient jadis de jolies statuettes aujourd'hui mutilées, et que l'on a réparée en 1837, présente en-dedans un vaisseau sans croisée, entouré de bas-côtés, mais le chœur se termine trop brusquement : aussi ce temple, où l'on doit distinguer également les trois fenêtres du fond du chœur, garnies de beaux vitraux, manque-t-il de profondeur, ce qui nuit à l'effet qu'il produirait sans ce défaut; le plafond ne montre qu'une triste nudité; un petit jeu d'orgues se trouve au-dessus de la grande porte. On peut citer encore parmi les établissements qui recommandent cette petite ville à l'attention du voyageur, son hôtel-de-ville, édifice moderne agréable, situé dans la Grande rue et vis-à-vis duquel s'ouvre une assez belle rue, celle des Fossés; la vaste place du Marché au Blé, composée de deux places qui se tiennent par un bout, et dont la plus grande a un puits; un théâtre; l'hospice civil et militaire, que borde la Grande rue du faubourg du Gâtinais; le charmant quinconce qui a remplacé les anciennes promenades et qui offre beaucoup d'agrément par sa situation sur la rive gauche de l'Yonne, entre ce cours d'eau et le faubourg du Gâtinais, que traverse la route de Sens, par sa pelouse verdoyante, et l'ombrage que donnent les ormes qui le couvrent et les peupliers qui l'entourent; et surtout les actives manufactures auxquelles Montereau doit sa prospérité actuelle : telles sont une manufacture de faïence blanche, façon anglaise, et de grès noir, établie dans l'ancien monastère des Récollets et connue pour la qualité et la beauté de ses produits, qui supportent le feu le plus ardent; des fabriques de faïence rouge et blanche et de poterie de terre, des tuileries qui jouissent d'une réputation méritée, et quelques tanneries. Il s'y fait un commerce considérable de grains, principalement pour l'approvisionnement de Paris, et de bestiaux; il s'y tient deux foires par an, l'une le 23 juin et l'autre le 22 novembre, et de plus un marché très important tous les samedis. La population, qui, sous Louis XV, ne s'élevait qu'à 1,590 ames, se monte aujourd'hui à 4,494 habitants (1).

NEMOURS.

Cette jolie petite ville, à quatre lieues de Fontainebleau, sur la route de Montargis, est située au milieu d'un vallon environné de rochers et de collines; plusieurs ruisseaux descendent de ces hauteurs, et vont se perdre dans le Loing. Cette rivière arrose Nemours, ainsi que le canal de Briare. On remarque sur le Loing un beau pont bâti par l'architecte Peyronnet. La ville est agréable et bien bâtie. Son nom semble attester qu'elle est fort ancienne : sa racine *nem* signifiait en langue celtique *lieu sacré*, *temple*. Ce n'est cependant pas avant le XIIe siècle que l'histoire fait mention de cette ville, dont le seigneur, Ursion, maria alors sa fille Aveline ou Hameline avec Gauthier de Villebon, chambellan des rois Louis-le-Jeune et Philippe-Auguste.

Gauthier III, l'un des descendants de ce seigneur, fut maréchal de France.

Philippe de Nemours, fils de ce dernier, vendit cette seigneurie à saint Louis.

Un trait qui fait honneur à ce grand roi, c'est que ce même Philippe, qui l'avait accompagné en Égypte, ayant été chargé de compter aux Sarrazins les deux cent mille livres dont saint Louis était convenu avec eux pour sa rançon, s'étant vanté de les avoir trompés sur le poids de l'or, et de leur avoir ainsi soustrait dix mille livres, le roi se fâcha très fort de cette tromperie et ordonna que sur-le-champ la somme convenue fût payée intégralement.

Devenu la propriété des rois de France, Nemours y resta jusqu'en 1404. Charles VI l'érigea alors en duché-pairie en faveur de Charles-le-Noble, comte d'Évreux et roi de Navarre, qui lui céda en échange le comté d'Évreux.

Par des mariages le duché de Nemours passa à la famille des comtes d'Armagnac. On sait la déplorable histoire de Jacques d'Armagnac, duc de Nemours, qui prit les armes contre Louis XI. Après lui avoir une fois pardonné, ce roi ne lui fit aucun quartier lors d'une seconde révolte. Il fut d'abord enfermé dans une cage

---

(1) *Promenade historique et pittoresque sur la Haute-Seine.* Paris, 1840, in-18.

à la Bastille. De cette cage, il adressa au roi une lettre pleine de soumission, où il avoue en toute humilité ses torts, dont il invoque le pardon : cette lettre, signée *le pauvre Jacques*, est datée du 31 janvier 1477.

Louis XI, n'y ayant aucun égard, ordonna au parlement de Paris de faire le procès du duc de Nemours : il fut condamné à avoir la tête tranchée. Par un raffinement de barbarie, le roi voulut que les enfants de ce malheureux seigneur fussent placés sous l'échafaud, de manière à recevoir sur eux le sang de leur père, ce qui fut exécuté aux halles de Paris, le 4 août 1477. Tous les biens du condamné furent confisqués et distribués à divers seigneurs. Louis de Graville, seigneur de Montagu, eut le duché de Nemours en partage. Charles VIII, étant monté sur le trône, restitua plusieurs terres aux enfants de Jacques d'Armagnac. Le duché de Nemours et toutes ses dépendances furent du nombre.

Réuni au domaine de la couronne par le roi Louis XII, ce duché fut donné par lui à Gaston de Foix, son neveu. François Ier le donna et le reprit successivement à plusieurs membres de la maison de Savoie, notamment à sa mère. Philippe de Savoie le transmit à ses descendants, et en 1672, à la mort de Charles-Amédée, le duché de Nemours fut cédé à Philippe de France, duc d'Orléans.

Après avoir été prise, pillée et brûlée par les troupes du roi de Navarre, en 1358, la ville de Nemours obtint la permission de s'entourer de murailles et de fossés. En creusant le sol, on trouva une grande quantité de médailles antiques qui eussent pu donner quelque éclaircissement sur l'origine de cette ville, mais on n'y fit pas la moindre attention. Les fortifications de Nemours n'empêchèrent pas que cette ville ne fut prise par les Anglais, puis reprise par les troupes de Charles VII. Au XVIe siècle, elle fut en butte à des factions religieuses qui y occasionnèrent beaucoup de troubles; mais, depuis cette époque, elle a joui d'un calme qui ne laisse plus rien à dire à l'histoire.

La ville est bien bâtie, bien pavée; la grande route qui la traverse y entretient beaucoup d'activité. Dans l'ancien château se trouve une bibliothèque publique de dix mille volumes. L'église paroissiale de Saint-Pierre est fort ancienne : elle est située dans le faubourg. Une autre église, fondée par Louis-le-Jeune, sert aujourd'hui de paroisse à la ville; c'était autrefois un prieuré et une collégiale que desservaient des chanoines réguliers supprimés en 1790, de même qu'une abbaye de *Notre-Dame-de-la-Joie* fondée en 1231. Une maison de campagne a remplacé cette dernière. Les jardins de cette habitation renferment une source qui a la propriété d'être tiède en hiver et d'une grande fraîcheur en été.

La population de Nemours est de 3,939 habitants.

ENVIRONS DE NEMOURS.

Le Fay, village à une lieue de Nemours et peuplé de trois cents habitants, se recommande par son château qui a appartenu à Michel Hurault de l'Hôpital, petit-fils du célèbre chancelier Michel de l'Hôpital, dont il fut en même temps le filleul et l'élève. Il se montra digne de son illustre grand-père, et fut chancelier du roi de Navarre, qui le chargea de plusieurs ambassades. Il composa quatre *Discours sur l'état de la France*, depuis 1585 jusqu'en 1591, qui sont regardés comme des chefs-d'œuvre parmi les ouvrages en prose du xvie siècle.

Entre Nemours et Fontainebleau, on voit les ruines remarquables du vieux château de *Grez*, sur les bords du Loing, près du petit château d'Ulay. La reine Blanche de Castille, mère de saint Louis, s'y plaisait beaucoup, et l'habita souvent durant les longues absences de son fils. L'église qui dépendait du château de Grez a un portail et un clocher dignes d'attirer les regards des voyageurs. M. Vatout, dans une excursion qu'il y a faite, dit avoir trouvé chez le maire de la commune plusieurs vieilles chartes revêtues de la signature de nos anciens rois pour droit de pacage et chauffage dans la forêt de Bière. C'est aussi dans ce château que mourut, le 22 septembre 1531, Louise de Savoie, duchesse d'Angoulême, mère de François Ier.

600 habitants composent la population de la commune de Grez.

LARCHANT.

Bourg très ancien, situé à quatre lieues de Fontainebleau, au bas d'une montagne qui le domine au nord; c'était autrefois une petite ville fortifiée : on y voit encore une enceinte de fortes murailles et de fossés avec des tourelles. Ce fut, dit-on, le lieu de naissance de saint Mathurin, qui mourut à Rome et fut enterré dans la ville de Sens. Plus tard, une magnifique église ayant été bâtie à Larchant sous l'invocation de ce saint, on y transporta son corps qui attira en cette ville un grand concours de pèlerins. Cette église de Saint-Mathurin a été en partie détruite par les Calvinistes en 1567; il n'en reste plus que des voûtes légères, soutenues par des piliers élevés, un portail orné d'anciennes sculptures et une fort belle tour, dont l'aspect est on ne peut plus pittoresque.

Nicolas de Grimonville était, au xvie siècle, seigneur de Larchant. Ce capitaine des cent archers de la garde de Henri III, fut chargé par le roi, en 1582, d'arrêter Marguerite de Valois, sa sœur, qui, brouillée avec lui, s'était mise en route pour retourner en Navarre. Larchant joignit cette reine à Palaiseau, l'arracha violemment de son lit et l'emmena, escortée de soixante archers, prisonnière à Montargis, où le roi, après s'être expliqué avec elle, lui rendit bientôt la liberté.

Ce même Larchant passe pour avoir tout disposé à Blois pour l'assassinat du duc de Guise, en 1588, et fut récompensé par le roi du succès de cette criminelle entreprise. Ce seigneur mourut sans postérité en 1592.

De vastes marais s'étendaient autrefois au midi de Larchant et en rendaient l'air fort malsain. Ils furent desséchés au commencement du XVII° siècle et convertis en d'excellentes prairies. Une grande partie de ce bourg fut consumée par un incendie en 1778; il est peuplé de 500 habitants aujourd'hui.

CHATEAU-LANDON.

Située sur une éminence au pied de laquelle coule le Suzain, et à sept lieues et demie de Fontainebleau, cette petite ville est fort ancienne, et tout porte à croire qu'elle existait dès le temps des Romains. Les chroniques du moyen-âge en font très souvent mention. Le moine Aimoin raconte que saint Séverin y mourut en 503. *Castrum-Nantonis* est le nom que cette ville porta jusqu'au XII° siècle, probablement du nom de celui qui y fit élever un château. Ce château était considérable, et les comtes du Gâtinais y établirent leur résidence. Louis-le-Gros y séjourna quelques jours pour y travailler à apaiser des différends qui s'étaient élevés entre des ecclésiastiques du voisinage. C'est encore dans cette forteresse que ce roi fit enfermer Hugues, seigneur du Puiset, après avoir rasé son château, pour le punir de ses brigandages.

On attribue à Childebert la fondation de la célèbre église de Saint-Séverin dans cette ville. Les chanoines réguliers qui y furent d'abord établis ont été longtemps peu aisés. L'archevêque Hugues leur fit don, en 1145, de l'abbaye de *Noereia* (la Noraye), dont les religieux étaient fort misérables. Louis VII donna cette église à l'abbaye de Saint-Victor de Paris, et fit don en même temps à ces chanoines, devenus réguliers, d'un prieuré qui ajoutait à leur revenu 12 sous par an. Mais des dons plus considérables enrichirent bientôt cette collégiale, à laquelle furent réunies celle de Saint-Trugal et l'église de Sainte-Croix.

L'abbaye de Saint-Séverin, ainsi maîtresse des autres églises de Château-Landon, et possédant, outre les reliques de son patron, plusieurs autres richement enchâssées, excita souvent la cupidité des pillards, et fut sujette à plusieurs profanations : elle fut brûlée et pillée en 1436 lors de la prise de Château-Landon par les Anglais, sur qui les troupes de Charles VII reprirent cette ville l'année suivante.

Ce ne fut qu'en 1476 que l'église et l'abbaye de Saint-Séverin furent relevées de leurs ruines par les soins de Jacques d'Aubusson, qui en fut le premier abbé commendataire. Il rétablit aussi la régularité parmi les chanoines que les désastres précédents avaient dispersés.

En 1567, l'abbaye fut encore pillée par des protestants : ils tuèrent deux chanoines et brûlèrent les reliques de saint Fugal. Celles de saint Séverin furent sauvées. Les pillards emportèrent quatre charrettes de butin, et se retirèrent sans avoir fait la moindre tentative contre la ville.

Peu d'années après, un chevalier du Boulay, chef d'une troupe de brigands qui s'étaient rendus la terreur du pays, vint à leur tête faire quelques tentatives contre l'abbaye de Saint-Séverin. La première fois ils enlevèrent un reliquaire d'argent contenant un bras du patron dont ils ne se souciaient guère, et qu'ils jetèrent dans la forêt de Fontainebleau, où il fut retrouvé. Une autre fois, ces brigands s'emparèrent de trois chanoines qu'ils forcèrent, par la torture, à payer pour leur rançon la somme de quinze cents livres. Quelques-uns de ces malfaiteurs, ayant été pris par la suite, furent condamnés par le parlement de Paris à être pendus, comme des voleurs de grands chemins.

En 1587, la ville de Château-Landon fut prise et saccagée par les Reîtres, qui venaient rejoindre Henri IV; deux ans après, elle le fut par les ligueurs. La famine et les maladies contagieuses la désolèrent ensuite si cruellement, qu'une partie de ses habitants étant morts et les autres s'étant enfuis, la ville resta déserte pendant quelque temps, et l'herbe y croissait sur le seuil des maisons.

L'abbaye de Saint-Séverin, ayant été supprimée à la révolution, l'église paroissiale de Notre-Dame est aujourd'hui le seul édifice religieux qu'on remarque dans cette ville; on en attribue la fondation à Jacques Juvenal des Ursins, évêque de Poitiers et patriarche d'Antioche, qui vivait au xve siècle. La construction du clocher, qui est fort curieux, a coûté seulement à ce prélat 555 livres 10 sous, ce qui peut donner une idée de la valeur de l'argent à cette époque.

Château-Landon a 2,200 habitants. Cette ville, entre autres industries, est renommée pour ses carrières de pierres dures, qui prennent un aussi beau poli que le marbre.

EGREVILLE.

Aucun événement intéressant ne signale l'histoire de ce bourg, connu depuis le xiiie siècle, époque où Jean d'Égreville, dont les ancêtres possédaient depuis longtemps cette terre, en fonda l'église paroissiale dédiée à saint Martin. Aymond d'Égreville, l'un des successeurs de ce seigneur, laissa 12 livres de rente à une maladrerie voisine du bourg. Voilà les seuls faits que les annales de cette famille aient fait parvenir jusqu'à nous. Cette terre passa ensuite dans la famille de La Châtre, qui est devenue plus célèbre.

Le château, rebâti sous François Ier, fut fort agrandi et embelli, dans le siècle suivant, par le maréchal de La Châtre.

Autrefois Égreville était une place fermée ; on y entrait par quatre portes. Il paraît qu'on y exploitait beaucoup de mines de fer : il n'en est plus question aujourd'hui. On y trouve plusieurs tuileries. Égreville a 1,480 habitants.

—

VILLECERF.

Ce village, à quatre lieues de Fontainebleau et dans le canton de Moret, aurait trop peu d'importance pour mériter ici une mention, si, dans cette commune, ne se trouvait le château de Saint-Ange, où Voltaire résida et où il composa le dernier chant de la *Henriade* ; M. de Caumartin en était alors propriétaire.

—

SOUPPES.

Ne quittons pas l'arrondissement de Fontainebleau sans jeter un coup d'œil sur ce bourg, remarquable par un pont fort ancien qui traverse, dans toute sa largeur, un vallon où coule le Loing. Ce pont paraît dater du xve siècle : il est composé de plusieurs petites arches bâties en forme d'ogive. Une interruption, qui se trouve au milieu de cette maçonnerie, indique qu'il y avait là autrefois un pont-levis qui fermait la route dans les temps de danger.

L'église de Souppes est fort ancienne, et remonte au règne de Philippe-Auguste. Saint Clair, archevêque de Cologne, en est le patron. Sur le même territoire était l'abbaye de Cercauceau bâtie vers la même époque. L'historien Morin la cite comme une des plus belles de France. Les religieux suivaient la règle de Cîteaux. Cette abbaye fut pillée par les protestants lors des dissensions religieuses. Entièrement démolie à la révolution, elle a été remplacée par une papeterie.

C'est à une lieue de Souppes que se trouve l'ancien château du seigneur du Boulay si fameux par ses brigandages. Il est compris dans la même commune. Ce bourg, à deux lieues et demie de Nemours et sur la grande route de Paris à Lyon, est très fréquenté.

Il s'y trouve beaucoup d'auberges. Il est peuplé de 11 à 1,200 habitants, y compris ses dépendances.

Les autres localités de l'arrondissement de Fontainebleau, dignes de quelque attention sont : la petite ville de *Beaumont*, située sur le Fusin, à 10 lieues de Fontainebleau. C'était jadis une ville fermée de murs et entourée de fossés, chef-lieu du duché de Beaumont, avec un beau et très ancien château qui fut, au XVe siècle; considérablement augmenté par Jacques Cœur. *Braules*, village situé dans une plaine, à huit lieues et demie de Fontainebleau, autrefois ville fermée de murs et entourée de fossés, connue dans l'histoire par une bataille qui s'y donna contre les Anglais, sous Philippe-le-Bel. Enfin, *Paley*, village peu considérable, mais où l'on remarque un château d'une très haute antiquité, qui présente l'aspect véritable d'une forteresse. On voit aussi dans ce village, près d'une belle fontaine, les ruines d'un therme construit par les Romains.

NOTICES BIOGRAPHIQUES

SUR LES HOMMES CÉLÈBRES DE L'ARRONDISSEMENT DE FONTAINEBLEAU.

Bezout (Etienne), né à Nemours en 1730, et mort à Avon en 1785. Dans sa jeunesse, il servit dans la marine avec distinction. Savant mathématicien, il fut le créateur du système décimal. On a de lui un *Cours de Mathématiques* en 6 vol. in-$8°$, ouvrage fort estimé qui est devenu classique; de même que sa *Théorie des équations algébriques*. Il a fait encore un *Cours de mathématiques à l'usage de l'artillerie*.

Dancourt (Florent-Carton) auteur comique et comédien, né à Fontainebleau en 1661, mort en 1726, dans sa terre de Courcelles, dans le Berry, où il s'était retiré depuis 8 ans. Il fit jusqu'à soixante-deux comédies où l'on trouve un dialogue vif, léger, rapide, plein de gaîté et de saillies; mais il n'a pas toujours eu le goût assez délicat et assez sévère, et il a écrit avec trop de précipitation. Ses œuvres forment dans l'édition de 1760, 12 vol. in-12.

Lantara (Simon-Mathurin), célèbre paysagiste, naquit à Fontainebleau, au commencement du XVIIIe siècle, de parents fort pauvres. Dans sa première jeunesse, il gardait les vaches, à Franchard. C'est là que se développèrent ses dispositions. Toujours muni d'un charbon, le jeune pâtre essayait de dessiner les sites enchanteurs qui l'entouraient. Devenu garçon d'écurie dans une auberge de Chailly, il en barbouilla à sa fantaisie toutes les chambres. Un artiste qui passait en ce lieu vit ces essais informes, et découvrit sans doute à travers ce charbonnage le germe d'un grand talent. Il emmena le garçon d'écurie dessinateur et lui fit apprendre à peindre. Lantara se rapproche de Claude Lorrain, par son intelligence dans la perspective aérienne. Malheureusement son insouciance l'empêcha de sortir de la misère : il mourut à l'hôpital de la Charité, à l'âge de trente-trois ans.

Lefèvre (Claude), peintre et graveur, né à Fontainebleau en 1635, se forma lui-même à la peinture dans les galeries du château, puis il se perfectionna sous Lesueur et Lebrun. Ce dernier lui conseilla de se consacrer à peindre le portrait, genre dans lequel il devint supérieur. Personne, peut-être n'égala Lefèvre pour l'heureux don de saisir la ressemblance. Du reste, son coloris était vrai, ses teintes avaient de la fraîcheur, sa touche était légère. Il fut professeur à l'Académie de peinture. Lefèvre passa en Angleterre, sur la fin de sa carrière, et s'y acquit le surnom de second *Van-Dick*. Il mourut à Londres.

Louis, dauphin de France, surnommé le *Grand-Dauphin*, fils de Louis XIV et de Marie-Thérèse d'Autriche, naquit à Fontainebleau en 1661, et eut le duc de Montausier pour gouverneur, et Bossuet pour précepteur. Ce fut en faveur de ce prince que furent faits les commentaires et les belles éditions des bons auteurs latins, dites *Ad usum Delphini*. Il joignait beaucoup de courage à un caractère bon et facile. Son père le mit à la tête des armées en 1688. Il prit Philipsbourg, Heidelberg, Manheim; accompagna ensuite Louis XIV au siége de Mons, à celui de Namur, et commanda l'armée de Flandre en 1694 : ce prince mourut à Meudon en 1711, de la petite vérole, à l'âge de cinquante ans. Il passa les dernières années de sa vie dans la retraite et dans les exercices de piété.

Mirabeau (Honoré-Gabriel-Riquetti, comte de), naquit au château de Bignon, près de Nemours, en 1749 : c'était un de ces hommes extraordinaires que la nature produit de loin en loin pour étonner et influencer leur siècle; on se rappellera toujours avec quelle supériorité Mirabeau domina l'Assemblée constituante de toute la hauteur de l'éloquence et du génie; il réunissait aux mouvements oratoires la puissance du geste et les avantages d'une voix forte et retentissante comme le tonnerre. Personne n'eut plus que lui ce qu'on appelle le tact d'une grande assemblée. Sa vie privée avait été très orageuse, et si immorale, que la noblesse le rejeta de son ordre lors de la nomination des députés aux états-généraux. Cherchant alors un appui dans les passions révolutionnaires qui agitaient la France à cette époque, il parvint à se faire nommer par le tiers état. Nous ne suivrons point ici Mirabeau dans toute sa carrière politique; nous devons nous borner à en citer les principaux traits. Il montra d'abord le désir de se rattacher à la noblesse; mais la conduite mal adroite et hautaine de Necker le rebuta, et, aristocrate par goût, il devint tribun par choix. La première marque qu'il en donna fut sa réponse au marquis de Brézé, qui était venu pour dissoudre l'Assemblée au nom du roi; Mirabeau lui dit : « répondez à votre maître que nous ne sortirons d'ici que par la puissance des baïonnettes. » La suite de la conduite politique de Mirabeau fut d'accord avec ce début. Par ses discours où l'éloquence la plus brillante cachait les desseins les plus perfides, il provoqua le peuple et les soldats à la révolte, et tout en ne paraissant attaquer que les ministres, il sapait les fondements du trône. Pendant quelque temps il fut dévoué au parti du duc d'Orléans; mais convaincu de l'incapacité de ce prince, il abandonna sa cause, et dès lors il sembla vouloir arrêter la marche menaçante de la révolution. On doit moins faire honneur à sa conscience qu'aux espérances qu'il avait conçues de son retour aux bons principes. Quoi qu'il en soit, il le manifesta avec une énergie capable de faire trembler les factieux sur le succès de leurs projets, et l'on ne pouvait douter qu'il n'arrêtât les progrès de la révolution par sa puissante éloquence, lorsqu'il fut subitement atteint par des douleurs aigües qui le conduisirent peu de jours au tombeau. On a accusé les Jacobins de l'avoir empoisonné. Ce fait est possible; mais il n'est point prouvé. Mirabeau supporta avec un courage extraordinaire les tourments affreux qui précédèrent sa mort, et s'éteignit dans les bras de ses amis, le 2 avril 1791. On lui fit des funérailles telles qu'aucun souverain n'en a jamais eu de plus magnifiques. On a de Mirabeau plusieurs ouvrages parmi lesquels on distingue la *Monarchie Prussienne* et plusieurs autres écrits, dont quelques uns sont excessivement licencieux. Ses *OEuvres Oratoires* forment 2 vol. in-8º.

Poinsinet (Antoine-Alexandre-Henri), né à Fontainebleau en 1735, auteur de quelques pièces de théâtre, aujourd'hui oubliées, à l'exception de sa petite comédie du *Cercle*, qui n'est pas sans mérite. Cet auteur est plus célèbre par les mystifications auxquelles sa crédulité et sa vanité ridicule donnèrent lieu, que par ses travaux littéraires. Poinsinet aimait les voyages; il avait visité l'Italie, et c'est en parcourant l'Espagne qu'il se noya dans le Guadalquivir, en 1769.

Severin (Saint), né à Château-Landon, fut abbé d'Agaune. Il s'acquit une si grande réputation de vertu et de sainteté, que Clovis étant tombé malade, le fit venir à Paris, afin qu'il lui procurât sa guérison par ses prières, et l'ayant obtenue, Clovis plein de reconnaissance, lui donna de l'argent pour ses pauvres, et lui accorda la grâce de plusieurs criminels. (1) Il se retira à Château-Landon où il mourut, selon Aimoin, en 505, et fut enterré dans l'oratoire près du château.

(1) Voyez tome I, pag. 103 et 104.

CHAPITRE DEUXIÈME.

DÉPARTEMENT DE SEINE-ET-OISE.

§ Ier

ARRONDISSEMENT D'ETAMPES.

ÉTAMPES.

La vallée où est située cette ville offre un des plus beaux paysages de la France. Les petites rivières de Louette et de Charlouette et la Juine l'arrosent et la fertilisent. Les collines qui bordent ce vallon sont ou boisées ou couvertes de vignes. C'est à la fraîcheur, à la beauté de ce paysage que les anciens historiographes attribuent naïvement l'étymologie du nom d'Etampes, qu'ils font dériver de *Tempé*, par analogie à la célèbre vallée de ce nom en Thessalie. Nous n'avons pas besoin d'insister sur l'extravagance de cette supposition. Quoiqu'il en soit de l'origine de son nom, cette ville, qui existait déjà sous la première race, est désignée sous la dénomination de *Stempæ* dans les monuments historiques de cette époque. Gontran et Childebert y conclurent un traité de paix en 587. En 604 il se livra dans le voisinage d'Etampes une sanglante bataille, où le roi Thierry défit complètement Clotaire son oncle. Environ trois cents ans après, les Normands, conduits par Rollon, vinrent saccager et réduire en cendres le bourg d'Etampes ainsi que tout le pays environnant.

Le roi Robert et Constance sa seconde femme, bâtirent à Etampes un château dont une tour subsiste encore aujourd'hui. Ils y célébrèrent leur installation par un de ces repas auxquels ce bon roi aimait à faire participer les pauvres. Un de ces mendiants étant parvenu à se glisser sous la table que présidait le roi, il parvint à détacher du genou du monarque un ornement de grand prix avec lequel il s'esquiva. Le roi s'étant levé de table, la reine Constance fit de grandes exclamations en s'apercevant alors du vol fait à son époux, mais ce prince débonnaire en prit gaîment son parti en considérant que celui qui avait pris ce bijou en avait plus besoin que lui.

Robert, entr'autres fondations pieuses qu'il fit à Etampes, érigea en collégiale l'oratoire du château, sous le titre de Sainte-Marie. Ce prince, qui avait une belle voix, se plaisait à chanter lui-même au lutrin, c'était là sa récréation. Celles de ce genre ne coûtent point cher aux peuples.

Au commencement du xie siècle, Jean, seigneur d'Etampes, épousa Eustache, fille du roi Philippe Ier et de Bertrade, et fut fait comte en faveur de ce mariage.

Au xiie siècle, Etampes fut agité et scandalisé par les discussions des chanoines de l'abbaye de Saint-Martin avec ceux de l'abbaye de Morigny; la possession de la collégiale de Saint Martin fut pour eux le sujet d'une querelle envenimée, qui dura près de trente ans, et dans laquelle intervinrent des rois et des papes.

En 1147, Louis-le-Jeune, avant de partir pour la terre sainte, assembla en son château d'Etampes, un conseil composé des principaux seigneurs du royaume, pour prendre leur avis sur le choix du ministre le plus propre à gouverner le royaume pendant son absence. Le choix tomba sur Suger, abbé de Saint-Denis, qui sous le règne de Louis-le-Gros, avait déjà rendu tant de services à l'état.

Isemburge ou Ingelburge de Danemarck fut, en 1200, reléguée au château d'Etampes par son époux Philippe-Auguste qui l'avait répudiée pour épouser Agnès de Méranie. Ingelburge qui, dès le commencement de son mariage, avait eu le malheur d'inspirer au roi une invincible aversion, s'était d'abord retirée à Cysoing, dans le diocèse de Tournay; mais le roi lui assigna plus tard le château d'Etampes pour demeure; il paraît qu'elle y fut plus traitée en prisonnière qu'en reine, jusqu'à ce qu'effrayé des anathèmes de l'église, Philippe se vit forcé de la reprendre.

Sous les successeurs de Philippe-Auguste, ce château servit de prison d'état.

Etampes eut beaucoup à souffrir des événements qui, pendant les xive et xve siècles, plongèrent le royaume dans toutes sortes de calamités; la ville, occupée par la faction d'Orléans, fut désolée par le pillage, l'incendie et le meurtre. Le dauphin en prit possession vers la fin de l'année 1411. Bosredon ou Boisbourdon qui commandait alors cette place, voyant que les habitants s'étaient rendus, se retira dans une forteresse où il se défendit encore vigoureusement avec sa suite.

Un habitant d'Etampes, connu sous le nom de *Jean Boutefeu* inventa les fusées d'artifice vers le milieu du xve siècle. Les premiers essais causèrent quelque frayeur, mais elle fut vite dissipée.

Etampes fut érigé en duché en faveur de Jean de Brosses ou plutôt d'Anne de Pisseleu, son épouse, maîtresse de François Ier. Après la mort de ce monarque, cette favorite qui avait été encensée comme une divinité et adulée comme une souveraine, put à peine trouver une retraite paisible. Son mari lui intenta un procès; Henri II la força à restituer plusieurs dons qu'elle avait reçus; elle fut obligée de se retirer dans une campagne où elle vécut dans l'abandon. Durant les guerres dont la religion était le prétexte, Etampes fut pris et repris plusieurs fois, et devint, en 1589, le rendez-vous des troupes de la ligue. Henri IV s'en empara en 1590, et à la prière des habitants, fit raser les fortifications du château qui ne leur avaient occasionné que des malheurs. Cette ville fut encore assiégée par Turenne pendant les guerres de la Fronde.

Après avoir joui d'un siècle de tranquillité, Etampes eut sa part des troubles de la révolution. Le 3 mars 1792, un attroupement d'environ huit cents hommes armés, étrangers à la commune, se porta sur le marché, taxa les grains, et en acheta d'après cette taxe. *Henri Simoneau*, maire de la ville, étant survenu, fit aux séditieux des remontrances qui ne furent point écoutées ; il annonça alors qu'il allait faire publier la loi martiale. A cette menace les séditieux tombèrent sur lui à coups de baïonnettes. Avant d'expirer, il dit à ses assassins : *vous pouvez me tuer; ma vie est à vous ; mais je ne manquerai pas à mon devoir, la loi me le défend.*

Etampes et ses faubourgs forment, sur la grande route de Paris à Orléans, une rue qui a près d'une lieue de longueur. Vers l'un des angles que forment la grande rue et la route de Dourdan, on voit la tour de la Guinette, seul reste de l'ancien château de Robert, démantelé par Henri IV. Cette tour présente le plan extraordinaire de quatre sections de cercle. Dans son élévation elle offre l'aspect de quatre tours rondes ruinées et engagées les unes dans les autres. L'église Notre-Dame est vaste et élevée, sa construction, trop irrégulière, paraît être du XIIIe siècle. C'était autrefois une synagogue, convertie en collége de chanoines sous Philippe-Auguste. Parmi les autres monuments d'Etampes, les plus remarquables sont l'Hôtel de Ville et la maison d'Anne de Pisseleu.

Au bout de la plaine des Sablons, au milieu des prés, on voit les restes d'un vieux bâtiment, qui porte le nom de tour de Brunehaut. Sur les ruines de cet antique édifice, M. Viart en a fait élever un nouveau, qui présente sous des formes pittoresques une forteresse isolée. On trouve aux environs d'Etampes des fossiles en forme de tuyaux de différentes longueurs et de différents diamètres, connus sous le nom de pétrifications d'Etampes. Cette ville a plus de 8,000 habitants. C'est un chef-lieu de Sous-Préfecture.

ÉTRECHY.

A deux lieues d'Étampes, près de la rive gauche de la Seine, est le bourg d'Etrechy, traversé par la route de Paris à Orléans, et remarquable par sa situation pittoresque. Ce bourg, qui ne rappelle aucun souvenir historique, est peuplé de 1,100 habitants.

A peu de distance d'Étrechy, dans un vallon sauvage entouré de bois, on trouve les ruines *du Roussay*, ancien château-fort, dont les fossés profonds et les hautes tours rappellent la tyrannie féodale.

MÉRÉVILLE.

A trois lieues d'Etampes, le château de Méréville et son délicieux parc, semblent comme un oasis au milieu des tristes plaines de la Beauce. Ce n'était qu'un vieux donjon gothique flanqué de quatre tours, lorsque M. Delaborde, ancien banquier, en fit l'acquisition. Il restaura le château et l'agrandit de deux ailes parfaitement en harmonie avec les anciennes constructions. L'intérieur, décoré avec une élégante simplicité, offre plusieurs pièces boisées en acajou massif. Le parc, dessiné par Joseph Vernet, est ce que l'on peut voir de plus beau en ce genre. Il renferme cent arpents qui offrent la plus heureuse variété de sites ménagés avec art. La Seine l'arrose et y forme des îles, des cascades, un lac. Les fabriques les plus ingénieuses le décorent. Une réunion de monuments groupés sur une hauteur a l'apparence d'une ville antique. Dans une île, non loin d'un moulin en forme de châlet suisse, on remarque une colonne rostrale en marbre bleu turquin, élevée à la mémoire des deux frères Delaborde, qui, partis avec l'expédition commandée par Lapeyrouse, périrent victimes d'un acte de courage et de générosité, aux côtes de la Californie. Un sarcophage dédié à Cook, et beaucoup d'autres monuments, font de cette magnifique retraite l'une des plus curieuses des environs de Paris.

Cette belle propriété, habitée longtemps par madame veuve Delaborde, a été acquise ensuite par M. le comte de Saint-Romain.

Le bourg de Méréville, chef-lieu de canton, est considérable; on y compte 1,600 habitants.

MILLY.

A quatre lieues ouest de Fontainebleau, se trouve la petite ville de Milly, dans un vallon, sur la petite rivière d'Ecole. Sans répéter les fables de l'historien du Gâtinais, qui fait remonter son origine à l'an 2895 avant J.-C., on peut dire qu'elle est fort ancienne. Cette terre avait le titre de Baronnie-pairie, et les seigneurs y avaient fondé une collégiale, un Hôtel-Dieu qui sert encore aujourd'hui d'hôpital. L'église de la collégiale dédiée à Notre Dame est devenue la paroisse de Milly, depuis que celle de Saint Pierre a cessé d'exister.

Le château, de construction gothique, était très fort et a soutenu plusieurs siéges.

En 1391, Isabelle de Milan, veuve de Guillaume de Montenay, seigneur de Milly, accorda plusieurs priviléges aux habitants de cette ville qu'elle fit ratifier par le roi Charles VI, et peu de temps après, Milly ayant été pris et brûlé par le roi de Navarre et les Anglais,, cette dame fit de nouvelles concessions à ses vassaux, désolés et ruinés, pour les empêcher *d'abandonner le pays et le labourage.*

Cette ville fut encore deux fois brûlée par les Anglais, au commencement du siècle suivant.

L'historien dont nous venons de parler fait un portrait peu flatteur des habitants de Milly, qu'il accuse d'être fainéants et voleurs, et dépeint les environs de cette ville comme peu sûrs pour les voyageurs, qu'on y trouvait souvent assassinés. Mais il écrivait en 1630, et nous aimons à croire, pour l'honneur des citoyens de cette ville, que depuis cette époque, ils se sont ressentis des progrès de la civilisation ; il ont d'ailleurs une brigade de gendarmerie et une justice de paix. Ces habitants sont au nombre d'environ 2,000.

COURANCE.

A six lieues d'Etampes, le village de Courance se recommande par son château, dont le parc est rempli d'eaux vives. Ce château et ses seigneurs ne sont connus qu'à dater du xvie siècle. Le plus ancien fut Cosme Clausse, qui occupa plusieurs emplois auprès de François Ier et de Henri II, et qui, s'étant distingué au siége de Damovilliers, fut ensuite fait chevalier. Son fils, Pierre Clausse, succéda à son père dans la charge de secrétaire d'Etat, et plusieurs autres. De son temps le château de Courance était fortifié, il y entretenait une garnison de cent cavaliers, commandés par un sieur d'Apchon. Celui-ci fit arrêter le jeune Agrippa d'Aubigné, qui, en 1562, se sauvant de Paris avec son précepteur et quelques autres protestants dont les jours étaient menacés, et passant par Courance, y furent livrés à un inquisiteur qui les fit condamner au feu. D'Aubigné, âgé seulement de douze ans, entendit cet arrêt sans s'émouvoir, et intéressa tellement en sa faveur par sa fermeté jointe aux grâces de son âge, qu'un gentilhomme chargé de la garde des prisons le fit sauver pendant la nuit, lui et ses compagnons, au péril de sa propre vie. Après un difficile et pénible voyage, il arrivèrent enfin à Montargis où la duchesse de Ferrare, Renée de France, fille de Louis XII, qui protégeait les protestants, les accueillit parfaitement et les fit conduire avec sûreté à Orléans, où commandait le père du jeune Agrippa.

Le château de Courance subsiste encore; il est flanqué de deux pavillons, et entouré de fossés alimentés par la petite rivière d'Ecole. Ces eaux, diversement distribuées dans le parc, le rendent délicieux. Le village est charmant et offre plusieurs jolies maisons de campagne. Sa population n'est guère plus que de 300 habitants.

LA FERTÉ ALEPS OU ALAIS.

Située sur l'Essonne, entre Etampes, et Corbeil, cette petite ville, ou plutôt ce bourg, fut jadis un lieu fortifié; on y voit encore les vestiges de l'ancien château. Voici ce qu'on raconte au sujet de cette forteresse. En 1108, Guy Troussel, qui en était seigneur, se disposant à faire la guerre au roi de France, engagea son frère, Odon, comte de Corbeil, à le seconder, ce que ce dernier ayant refusé, Guy, pour s'en venger, aidé d'Hugues de Crécy, son parent, se saisit d'Odon à la chasse, et l'emmena prisonnier à la Ferté-Alais. Le roi, informé de cette violence, vint en personne pour en demander raison au ravisseur; mais ce monarque fut à peine sous les murs du château de Guy, qu'on lança des traits sur lui et les siens. Il voulait tirer vengeance de cette insulte, mais ses barons lui représentèrent que si Hugues de Crécy venait au secours de son complice, ce seigneur déloyal et sanguinaire était capable de faire pendre sans formalité le comte de Corbeil. D'après ce conseil, le roi retarda l'assaut de la forteresse, pour la faire entourer de cinq tours qu'il fit garder par ses sergents, qui empêchèrent le féroce Hugues d'approcher du château; il fut pris et Odon délivré. Dans la suite ce château devint une prison d'état.

Le bourg n'offre aujourd'hui rien de remarquable, c'est le siége d'une justice de paix. On y compte 800 habitants.

Parmi les environs d'Etampes il faut encore citer:

Le château d'Angerville-la-Rivière, qui, après avoir appartenu à la famille l'Huillier et à la maison de Condé, est aujourd'hui la propriété de M. Berryer fils.

Champmoteux, village dans l'église duquel a été inhumé l'illustre chancelier de l'Hôpital, mort au château de Vignay, qui en est à une demi-lieue.

Chamarande, village bâti dans une vallée sauvage bordée de rochers et traversée par la Seine.

Lardy, Pussay, Saclas, remarquables par des établissements industriels, tels que fabrique de lacets, de bonneterie, etc.

NOTICES BIOGRAPHIQUES

SUR LES HOMMES CÉLÈBRES DE L'ARRONDISSEMENT D'ÉTAMPES.

Duverger (Alexis-Jean-Henri), né à Etampes le 14 décembre 1755. Il entra au service, le 3 mai 1770, dans la compagnie anglaise des gens d'armes de la garde du roi, avec rang de sous-lieutenant; il fut fait lieutenant des maréchaux du roi, avec brevet de lieutenant de cavalerie, le 3 avril 1781. Il passa capitaine dans le régiment appelé Royal-des-Vaisseaux, le 15 septembre 1791, et obtint le grade d'adjudant-général, le 6 septembre 1792. Sur la proposition du général Pichegru, il fut nommé général de brigade, le 6 avril 1793. Quoique le général Duverger eût été l'un des coopérateurs de la journée du 18 brumaire (9 novembre 1799), qui contribua à élever Napoléon Bonaparte à la dignité de premier consul de la République française, il tomba bientôt après dans la disgrace du chef du gouvernement, par des motifs qui nous sont inconnus. On pense toutefois que ses liaisons avec Pichegru et Moreau, dont il fut l'ami, contribuèrent à arrêter son avancement. Vers la fin de l'an VII (1799), Bernadotte, ministre de la guerre, présenta à Bonaparte un travail dans lequel le général Duverger était porté pour le grade de général de division. Cette proposition fut écartée; il en fut de même lorsque le ministre Millet de Mureau la reproduisit à une autre époque. Bonaparte écarta aussi la demande faite par le ministre Clarke, en 1810, d'une dotation de 10,000 francs pour le général Duverger. Ce général fut même écarté des postes où il pouvait y avoir de la gloire à acquérir, et de l'avancement à obtenir. On l'employa cependant sans interruption, soit aux armées, soit dans l'intérieur, jusqu'au 27 juillet 1814, époque à laquelle il rentra en France avec la garnison de Magdebourg. A la formation des cours prévôtales, Louis XVIII le nomma prévôt du département du Haut-Rhin, le 10 janvier 1816. Le général Duverger fut promu au grade de lieutenant-général, le 22 septembre 1818; il avait été nommé par Bonaparte commandant de la Légion-d'Honneur, le 14 juin 1804, et créé chevalier de Saint-Louis, le 30 août 1814. Il fut admis à la retraite après cinquante-huit ans de service; il n'en jouit pas longtemps, étant mort le 14 janvier 1830.

Geoffroy-Chateau (Marc-Antoine), né à Etampes le 18 août 1774, frère puîné de M. Geoffroy-Saint-Hilaire, se distingua dans l'expédition d'Egypte. Il a laissé des mémoires sur ce pays, et d'autres ouvrages qui n'ont pas encore été publiés. Napoléon lui confia souvent des commandements importants. Parvenu au grade de major du génie, Geoffroy-Chateau, qui fit en cette qualité la campagne d'Austerlitz, mourut à Augsbourg, le 27 février 1806, à l'âge de 31 ans.

Guenée (Antoine), né à Etampes, le 23 novembre 1717, mort près de Fontainebleau, le 27 novembre 1803. Chanoine, membre de l'Académie des Inscriptions, il devint sous-précepteur des enfants de Monseigneur le comte d'Artois, depuis Charles X. Il est principalement connu par ses *Lettres de quelques juifs portugais et allemands à M. de Voltaire*, 1 vol. in-8., ouvrage écrit avec force et avec art, où l'auteur emploie tour à tour avec succès l'arme de la plaisanterie et celle du raisonnement pour combattre la mauvaise foi, les exagérations, et relever les contradictions et les méprises où Voltaire est tombé en parlant des livres saints et des matières religieuses.

Guettard (Jean-Etienne), médecin, célèbre naturaliste et membre de l'Académie des Sciences, né à Etampes en 1715. On a de lui des mémoires estimés sur la botanique et surtout sur la minéralogie. Il mourut en 1780, généralement regretté pour l'excellence de son cœur.

Legendre (Nicolas), sculpteur, né à Etampes en 1618, et mort à Paris en 1670. Il a décoré de plusieurs beaux ouvrages l'église de Saint-Nicolas-du-Chardonnet de Paris.

Mathieu de Launoy, né à la Ferté-Alais, chanoine et ligueur déterminé; il présida les assemblées des Seize qui condamnèrent à mort le célèbre président Brisson (1). Mathieu de Launoy vivait encore en 1608.

Simonneau (Jacques-Guillaume), né à Etampes, maire de la ville d'Etampes. Il y fut massacré dans une émeute, victime de son devoir, le 3 mars 1792 (2).

(1) Voyez t. II. 360 et 370. — Tome III, p. 505.
(2) Voyez ci-dessus, p. 424.

§ II.

ARRONDISSEMENT DE CORBEIL.

CORBEIL.

On est peu d'accord sur l'origine du nom de cette ville. Quelques historiens ont voulu y voir le nom de *Corbulon*, gouverneur des Gaules sous Néron. D'autres veulent le faire dériver de *Corbeille*, parce que son plan en aurait eu la forme. Enfin les premiers habitants de cette ville prétendirent le faire venir de *Cœur-Bel*, pour faire allusion à leur courage et à leur dévouement à la couronne; aussi chargèrent-ils *l'écusson de leurs armoiries d'un cœur de gueules, rempli d'une fleur de lys d'or en champ d'azur.*

Ce qu'il y a de certain c'est qu'en 863 il y avait là un village de pêcheurs désigné sous le nom de *Corbeliis* dans une charte de Charles-le-Chauve. Les reliques de saint Exupère y furent apportées de Bayeux pour les soustraire aux Normands. Le concours de pélerins qu'elles y retirèrent accrurent vite la population de Corbeil. Aymon ou Haimon en fut le premier comte, sous Charles-le-Gros, et y bâtit une forteresse ainsi qu'une église digne de saint Exupère, et appelée depuis, sans doute par corruption, Saint-Spire. Haimon, mort à Rome où il était allé en pélerinage, fut enterré dans cette église. Sa veuve, Elisabeth, épousa Burchard, fameux par sa piété et auquel Hugues Capet confia le gouvernement des comtés de Corbeil, de Melun et de Montereau. Ce comte mourut en 1012. En 1019, Corbeil, qui n'avait encore que le titre de bourg, fut détruit par un violent incendie, ainsi que le château; il paraît cependant que l'église fut alors épargnée; le désastre fut promptement réparé, mais l'église ayant été brûlée en 1140, ne fut entièrement rétablie qu'en 1437.

En 1108, le comte de Corbeil, nommé Eudes, fut saisi à la chasse et jeté en prison par Guy Troussel, son frère, pour avoir refusé de participer à sa révolte contre le roi, qui le délivra. Cependant ce même Eudes ou Odon, osa lui-même plus tard aspirer à la royauté, et fut tué dans un combat.

Philippe, comte de Meulan, fils naturel de Philippe Ier et de Bertrade, fut mis par son père en possession du comté de Corbeil, mais il en fut dépouillé plus tard par Louis-le-Gros, son frère, pour cause de conspiration, et cette ville fut réunie au domaine de la couronne. En 1119, ce roi reçut dans le château de Corbeil le pape Calixte II, et y séjourna quelque temps avec lui, accompagné de la reine Adélaïde.

Vers la même époque, Abaïlard, persécuté par ses ennemis, vint chercher un refuge à Corbeil et y établit son école; mais il n'y resta pas longtemps, le délabrement de sa santé l'ayant obligé à se retirer dans son pays natal.

La ville de Corbeil reçut un nouveau lustre par la retraite de l'intéressante Ingelburge, fille de Valdemar, roi de Danemarck, et seconde épouse de Philippe-Auguste. Cette vertueuse reine, quoique douée de tous les charmes extérieurs joints à des qualités morales, n'eut point le bonheur d'être aimée de son époux qui la répudia peu de temps après son mariage. L'histoire ne nous apprend rien sur la cause de cette aversion. Philippe, remarié à Agnès de Méranie, fut forcé par le pape Innocent III de reprendre Ingelburge. Agnès en mourut de chagrin. Il est douteux que cette réconciliation forcée ait mis un terme aux chagrins de la reine. Sa piété la consola, et après la mort du roi, s'étant retirée à Corbeil qui lui avait été donné en apanage, elle y fonda l'église et la communauté de Saint-Jean en l'Isle et répandit toutes sortes de bienfaits dans cette ville où elle vécut encore treize ans. Elle mourut en 1236, et fut enterrée dans l'église qu'elle avait fondée; son mausolée fut transporté, lors de la révolution, au musée des monuments français.

Dans les siècles suivants Corbeil eut beaucoup à souffrir : en 1357, un chef de guerre nommé le Bègue de Villaines pilla cette ville ; en 1358 elle fut encore dévastée par les Anglais et les Navarrais, et en 1663 par les routiers français; six ans après, Robert Knolles, capitaine anglais, en brûla les faubourgs. En 1415, le duc de Bourgogne assiégea inutilement Corbeil qu'il voulait prendre dans le dessein d'affamer Paris.

Charles VIII fit enfermer, en 1487, le fameux Georges d'Amboise, alors évêque de Montauban, dans la grosse tour du château de Corbeil, à cause de son attachement au duc d'Orléans, depuis Louis XII, dont il fut plus tard le ministre. C'est encore à Corbeil que Louis XII reçut les excuses de l'Université de Paris, qui lui députa des envoyés pour lui demander pardon des mouvements tumultueux qu'avaient occasionnés certaines ordonnances du roi, tendant à resteindre les trop grands priviléges de cette Université. Le même cardinal d'Amboise leur répondit par un discours très remarquable, rapporté dans Humbert Velloy.

En 1568, le prince de Condé, à la tête des protestants, tenta vainement de prendre Corbeil; Henri IV s'en rendit maître en 1590. Les ligueurs, sous la conduite du duc de Parme, la reprirent la même année après un siége de 24 jours et un assaut meurtrier; furieux d'avoir été si longtemps arrêtés par une aussi petite ville, ils la saccagèrent sans miséricorde; mais moins d'un mois après, M. de Givry, gouverneur de la Brie, s'en empara par escalade dans l'espace d'une heure. Depuis ce temps, Corbeil n'a plus occupé les historiens, ce qui vaut beaucoup mieux pour ses habitants.

Le célèbre La Harpe, exilé à Corbeil, y a laissé de vénérables souvenirs; c'est là qu'il fut atteint de la maladie dont il alla mourir à Paris, le 11 février 1805.

Corbeil est situé au confluent de la Seine et de l'Essonne ou Juine qui s'y divise en plusieurs bras et y fait tourner plus de 40 moulins. Cette ville renferme de grands magasins de grains et de farines, destinés à l'approvisionnement de Paris.

La Seine divise Corbeil en deux parties, le *nouveau Corbeil* ou *la Ville* proprement dite, et le *vieux Corbeil* ou *faubourg*. De cinq églises que cette ville avait avant la révolution, il n'en reste plus que deux : Saint-Léonard, dans *le Faubourg*, et l'antique *Saint-Spire*, situé dans *la Ville*. Cette église renferme, outre le tombeau de son fondateur, celui de Jacques de Bourgoin à qui l'on doit l'établissement du collége de la ville; le peintre Mauzaisse, natif de Corbeil, a décoré cette église de plusieurs bons tableaux.

L'église de Saint-Guénant, fondée aussi par le comte Aymon, sert aujourd'hui de prison, et on y a établi aussi la bibliothèque de la ville, composée de 4,000 vol.

Un hospice très ancien et dont on croit que la reine Adèle, veuve de Louis-le-Jeune, ne fut que la restauratrice, existe encore à Corbeil. Cette ville possède aussi un petit théâtre, une société d'agriculture, une caisse d'épargne, elle est le siége d'un tribunal de première instance, d'une justice de paix, d'une lieutenance de gendarmerie ; 3,690 habitants composent sa population.

La halle au blé de *Corbeil* est, sous le rapport de l'architecture, ce qu'il y a de plus digne d'attention dans cette ville, et c'est, indépendamment de toute comparaison, un très bel édifice ; elle fut bâtie en 1780 par M. Viel, architecte des hôpitaux et hospices de la ville de Paris. Sa forme est un rectangle de cent cinquante deux pieds de long sur quarante quatre de large, terminé par deux pavillons. Elle est ouverte, dans son pourtour, par trente arcades, et sa largeur est partagée, au rez-de-chaussée et dans toute sa longueur, en deux nefs par une file de piliers. Un escalier circulaire, placé au milieu, conduit aux deux étages supérieurs. Des plantations dont on a entouré ce bâtiment ajoutent encore à l'effet qu'il produit.

Le nouveau chemin de fer de Paris à Corbeil donne une grande activité aux communications entre ces deux villes.

Dans les environs de Corbeil, les villages de Lisses, Courcouronne, Grigny, Savigny-sur-Orge, méritent l'attention pour l'agrément de leur situation et l'élégance des maisons de campagne qui s'y trouvent. C'est sur le territoire de la commune de Savigny qu'est située la magnifique propriété de *Grand-Vaux*, appartenant à M. Vigier.

Nous devons aussi mentionner *Viry*, qui offre un château remarquable et une maison de campagne appelée *Pied de Fer*, qui mérite d'être visitée. Les fromages à la crème de Viry sont spécialement estimés.

ESSONNE.

Ce joli bourg, situé au fond d'un vallon, est traversé par la grande route de Paris à Fontainebleau. Il existait déjà en 448. On y battait monnaie sous la première race, et la légende que portaient les pièces étaient : *Exona-Fisci*. Exona fut donné par Clotaire à l'abbaye de Saint-Denis, et cette terre fut une de celles que l'abbé Hilduin affecta, en 832, pour l'entretien de la chaussure et de l'habillement de ses moines. L'église de Saint-Étienne, qui était la paroisse du bourg, existait déjà, lorsque l'abbé Suger fonda à Essonne, en 1121, sous le nom de *Notre-Dame-des-Victoires*, un prieuré dont l'église subsiste encore près de la route. Un comte de Corbeil, qui s'était emparé précédemment du territoire d'Essonne, vint encore troubler, par ses déprédations, la construction de cette nouvelle église; mais, ayant été excommunié et étant tombé malade peu de temps après, il fit alors toutes les restitutions qu'on exigea de lui.

La Juine, qui prend le nom d'Essonne au-dessous de ce bourg, y fait mouvoir plusieurs usines considérables. La manufacture de poudre est surtout digne d'attention, ainsi que la filature de coton appelée Chantemerle, établie par feu M. Oberkampf, à l'instar de celle de Jouy. Le sol de cette commune offre une abondance de tourbe exploitée depuis le règne de Louis XIII.

Parmi les maisons de campagne qui se trouvent aux environs d'Essonne, il faut citer celle qui a été habitée par Bernardin de Saint-Pierre. Ce peintre de la nature décrit lui-même cette habitation dans une lettre à un de ses amis; nous transcrirons ici ce passage :

« Ma maison n'est construite qu'en pierre brute, sans enduit
» au dehors, et n'a d'autre terrain qu'une île de deux arpents
» vingt-cinq perches, au milieu de laquelle elle est située, en-
» tourée d'un verger, d'un potager et d'une lisière de prairie :
» elle est telle, enfin, par sa simplicité, qu'il convenait à l'étude
» de la nature, et que Jean-Jacques, mon ancien ami, eût aimé
» à l'habiter. »

La population d'Essonne est de 2,217 habitants.

JUVISY.

La grande route traversait autrefois ce village situé sur la pente d'une montagne, mais la descente en était si rapide, que cette route, d'ailleurs étroite et sinueuse, présentait beaucoup de dangers. En 1728, on rechercha à remédier à cet inconvénient, et l'on parvint, après un travail de plusieurs années, à faire un nouveau chemin à travers cette montagne escarpée et rocailleuse, en y pratiquant une tranchée profonde et fort large, puis un remblai de plus de sept cents toises de longueur. Ce remblai, qui traverse les deux bras de la rivière d'Orge, a nécessité deux ponts, dont un est particulièrement remarquable : il a soixante pieds de largeur entre les têtes, et se compose d'une seule arche en plein cintre, de quarante pieds d'ouverture, et reposant sur les culées qui lui donnent cinquante pieds de hauteur sous clé. Comme le remblai de la route forme de chaque côté un talus considérable, les culées sont prolongées en évasant par des murs en ailes formant rampes de soixante-douze pieds de longueur. Pour soutenir l'énorme poussée des terres, sept arcs-boutants elliptiques, qui ont depuis quarante jusqu'à quarante-deux pieds d'ouverture, sont disposés parallèlement, et s'appuient sur les deux culées et leurs prolongements : les arcs-boutants ont une hauteur uniforme de vingt-trois pieds au-dessus de l'eau et trois pieds d'épaisseur. La disposition générale de ce pont, dont les parapets s'élèvent de cinquante-neuf pieds au-dessus de l'eau, le fait paraître comme s'il était composé de deux étages d'arcades, et présente un ensemble imposant et pittoresque. Les parapets sont décorés de deux fontaines, dont l'eau, abondante et pure, vient d'une source découverte en faisant la tranchée. Des piédestaux, qui se ressentent du mauvais goût du XVIIIe siècle, supportent, l'un un trophée et l'autre le Temps, tenant le buste en médaillon de Louis XV, et terrassant l'Envie : ces groupes, présentement mutilés, sont de Coustou le fils ; les angles des corniches sont décorés de têtes de boucs et de quatre faces de mascarons. Sur une des fontaines on lit sur le marbre cette inscription :

Lud. XV rex
christianissimus
viam hanc antea difficilem
arduam ac penè inviam
scissis disjectisque rupibus,
explanato colle,
ponte et aggeribus constructis,
planam, rotabilem et amœnam
fieri curavit
anno M. D. CC. XXVIII.

Malgré leur élégance, ces fontaines, longtemps négligées, ont été quarante ans sans fournir d'eau ; elles ont été restaurées en 1813 : c'est ce qu'indique une inscription à demi-effacée qu'on voit sur l'autre piédestal.

Du pont des Belles-Fontaines, on jouit d'un coup-d'œil admirable ; la vue s'y promène sur un vaste bassin que la Seine enrichit de ses brillants contours.

Le village de Juvisy est connu dans l'histoire de nos troubles civils pour être le lieu où Jean-sans-Peur, duc de Bourgogne, arrêta, en 1405, Louis de Bavière, Montaigu et le comte de Dammartin, qui conduisaient le dauphin, fils de Charles VI, à Corbeil, où sa mère s'était retirée.

Le château de Juvisy n'offre rien de remarquable, si ce n'est un pavillon en rocaille contenant une salle de billard, dont l'intérieur, décoré d'un ordre corinthien en pilastres, est orné d'un plafond peint à fresque par des artistes italiens. Devant le château, une petite fontaine est décorée d'un Mercure en bronze, ouvrage de Jean de Bologne. Le parc, dessiné par Le Nôtre, est traversé par la rivière d'Orge; on y voit de belles sources qui alimentent une superbe pièce d'eau à cent pieds au-dessus de la rivière; de la terrasse, et surtout du pavillon neuf élégamment décoré, la vue s'étend de Villeneuve-Saint-Georges à Corbeil.

Le village est peu considérable, et n'a guère plus de 300 habitants.

RIS.

Toujours sur la grande route de Paris à Corbeil, à six lieues et demie de Paris, on rencontre le village de Ris, avec un très beau château où a séjourné Henri IV. Ce village, près de la rive gauche de la Seine, contient encore plusieurs autres maisons de plaisance qui, sans être fort remarquables par leur architecture, le sont en général par leur délicieuse exposition. Dans les dépendances de Ris se trouve le château de *Fromont*. M. Soulange-Bodin, qui en est le propriétaire, y a fondé un jardin botanique et une école d'horticulture dont la célébrité est européenne. On y trouve une collection universelle, sans égale en Europe, de végétaux exotiques, plantes de serre chaude, d'orangerie, de terre de bruyères, des Alpes, d'Amérique et autres, les plus rares et les plus nouvelles de toutes les parties du monde.

PETIT-BOURG.

Le château de Petit-Bourg, qui dépend d'Evry-sur-Seine, est remarquable par son étendue et sa régularité, quoique sans caractère extérieur de décoration; mais l'intérieur en est très orné. Son parc s'étend de Ris à Corbeil. Ce château fut bâti sous Louis XIV par le duc d'Antin, qui y reçut souvent ce monarque et madame de Montespan. Les bâtiments tombaient en ruines lorsque la présidente de Chauvelin en fit l'acquisition, et les fit rebâtir par Chevotel. Le parc, dévasté, fut restauré à cette époque et reçut encore plus tard de nouveaux embellissements. Louis XV, lorsqu'il chassait dans la forêt de Sénart, se reposa souvent à Petit-Bourg. Louis XVI y vint avec toute sa maison, la première année de son mariage. La duchesse de Bourbon en a été propriétaire. M. Perrin, ex-fermier des jeux, le posséda sous l'empire. Il est aujourd'hui la propriété de M. Aguado.

VILLENEUVE-SAINT-GEORGES.

Au ixe siècle, ce bourg n'était composé que d'une soixantaine de maisons de paysans. L'accroissement rapide qu'il prit bientôt lui fit donner le nom de *Villa-Nova* (ville-neuve). Des reliques de saint Georges, diacre et martyr, déposées dans son église, que l'abbaye de Saint-Germain fit rebâtir au xie siècle, firent ajouter au nom de ce village le surnom de Saint-Georges, pour le distinguer de Villeneuve-le-Roi, qui n'en est pas très éloigné.

Villeneuve devait un gîte aux rois de France et à toute la cour une fois par an. Cette redevance paraît avoir existé dès le règne de Charlemagne, et ne fut abolie que par Charles VI.

C'est de Villeneuve-Saint-Georges que les religieux de Saint-Germain-des-Prés tiraient le vin qu'ils buvaient ordinairement, et qui paraît avoir eu de la réputation.

En 1589, les ligueurs enlevèrent d'assaut ce bourg qui était apparemment fortifié, et se livrèrent à tous les excès du pillage. En 1652, Villeneuve-Saint-Georges fut encore pillé par les troupes du duc de Lorraine, lors des guerres de la Fronde. On voit encore près de là, sur une hauteur, les vestiges d'une herse militaire destinée à intercepter les communications; mais on ignore à quelle époque on s'en est servi.

Parmi les nombreuses maisons de campagne de Villeneuve-Saint-Georges, on distingue le château de *Beauregard,* qui fut habité par le cardinal de Furstemberg. Là se trouve un salon voûté et sonore où ce prélat se plaisait à faire exécuter des concerts. On lui doit plusieurs des embellissements de cette maison de plaisance. Elle est bâtie sur un coteau élevé, d'où l'on domine une grande partie du vaste bassin de la Seine. De cette habitation on découvre les édifices les plus élevés de Paris, les montagnes de Montmartre et du Calvaire, et, du côté opposé, l'antique tour de Montlhéry.

Environ 1,000 habitants composent la population de Villeneuve-Saint-Georges. Parmi les établissements industriels qu'on y trouve, il faut citer particulièrement une fort belle raffinerie de sucre. Ce bourg est à quatre lieues et demie de Paris, au confluent de l'Hyères et de la Seine.

CROSNE.

Dans un petit vallon arrosé par l'Hyères, et à un quart de lieue de Villeneuve-Saint-Georges, on trouve le village de Crosne, dont Ducange croit que le nom primitif fut *Gronna,* qui veut dire marais dans le latin du moyen-âge. En admettant cette supposition, on en peut tirer la conséquence que ce sol, aujourd'hui fertile, aurait été marécageux, et qu'on l'aurait desséché pour le convertir en prairies. Les premières chartes qui fassent mention de Crosne sont du treizième siècle. Les quatre piliers du chœur de son église retracent le goût de ce temps ; la construction du château date sans doute à peu près de la même époque. Il appartint successivement à Philippe de Savoisy, favori de Charles VI, à Olivier-le-Daim, barbier et ensuite ministre de Louis XI, au maréchal d'Harcourt, au duc de Brancas. Après le 18 brumaire, ce château fut donné à l'abbé Sieyes comme récompense nationale. Il a été depuis démoli.

En face de l'église de Crosne, on voit la maison où est né le célèbre Boileau, dont nous parlerons plus amplement dans la section biographique.

Environ 400 habitants composent la population de ce village.

VALENTON — LIMEIL. — BREVANNES.

Au Nord-Est de Villeneuve-Saint-Georges, au milieu de l'immense plaine qui s'étend entre la route de Melun et celle de Troyes, sont groupés dans une situation très-heureuse les trois villages de Valenton, Limeil et Brevannes.

Valenton est remarquable par un superbe château et plusieurs belles maisons de campagne. Le village de Limeil est contigu à Valenton, de son territoire dépend le hameau de Brevannes. On y voit un beau château, construit en 1786, dont l'architecture est très élégante, et le parc a été planté par Le Nôtre. Le duc de Chaulnes, gouverneur de Bretagne, en a été propriétaire. Madame de Coulanges possédait à Brevannes une petite maison où madame de Sévigné séjourna souvent, et en parle dans ses lettres. Cette maison a été habitée, il y a quelques années, par un célèbre chansonnier, M. Gouffé. M. de Sèze, défenseur de Louis XVI, a aussi demeuré à Brevannes.

HIÈRES OU YÈRES.

Environ à une lieue de Villeneuve-Saint-Georges, on rencontre Hières, situé dans la vallée et sur la petite rivière du même nom. Lequel des trois a donné le nom aux deux autres ? c'est sur quoi les historiens ne sont pas d'accord ; mais ce qui paraît certain, c'est que ce nom vient d'*hedera*, qui veut dire *lierre*, plante qui abonde effectivement dans ce canton. Après avoir appartenu à la maison de Courtenay, la seigneurie d'Hières passa à celle de Budé. Le célèbre Guillaume Budé, dont le frère aîné occupait le château d'Hières, cultivait paisiblement les lettres, dans une maison de campagne dont l'enclos est arrosé par une source abondante qu'on appelle la fontaine Budé ; on y voit le buste de ce littérateur, et Voltaire a gravé au-dessus de cette fontaine les vers suivants :

> Toujours vive, abondante et pure,
> Un doux penchant règle mon cours.
> Heureux l'ami de la nature
> Qui voit ainsi couler ses jours !

Guillaume Budé fut un des hommes les plus érudits du XVIe siècle. Il joignait au mérite beaucoup de modestie et de bonté ; il employait son crédit sur François Ier à obtenir pour les hommes de lettres des places analogues à leurs goûts. Ce fut à sa sollicitation, ainsi qu'à celle de Du Bellay, que le roi fonda le collége de France. Guillaume Budé mourut à Hières, le 20 août 1540.

L'ancien couvent des Camaldules se trouve à peu de distance d'Hières. Cet ordre, fondé au XIe siècle par Saint-Romuald, en Italie, s'étendit en France au XVIe siècle. C'étaient des religieux ermites qui avaient chacun leur cellule, où ils menaient une vie assez conforme à celle des Chartreux. Ce couvent a été occupé, dans ces dernières années, par des religieux de l'ordre de Cîteaux.

Près d'Hières se trouve encore l'ancien château appelé *la Grange le Roi*, qui appartint au duc de Guise le Balafré. Louis XIII le fit reconstruire pour y établir un rendez-vous de chasse. Plus tard, Le Nôtre en planta le parc. Enfin, ce château a été possédé par le maréchal de Saxe, dont il rappelle une foule de souvenirs.

Hières est peuplé d'environ 1,000 habitants qu'occupent ses filatures de soie, de laine, de cachemire, de lin.

BRUNOY.

On ne peut contester l'ancienneté de Brunoy. Par le testament de Dagobert, de l'an 638, ce prince y lègue à l'abbaye de Saint-Denis *villa Braunate in Briegio*, ce qui veut dire évidemment Brunoy en Brie. Il ne faut donc pas juger de l'antiquité de ce village par la construction de l'église, qui date du XIIIe siècle. Le château était très ancien, et Philippe de Valois y a rendu plusieurs ordonnances. Ce château a été remplacé au XVIIIe siècle par un plus moderne, élevé par le financier Pâris de Montmartel, en faveur de qui Louis XV érigea cette terre en duché pairie. Son fils, le marquis de Brunoy, se rendit fameux par une singulière manie ; il fit de si incroyables dépenses pour satisfaire son goût pour les belles cérémonies religieuses, et surtout pour les processions, qu'il aliéna son immense fortune, et qu'on songea à le faire interdire. On voyait alors tous les jours des hommes se ruiner pour des filles d'opéra, pour la passion du jeu, de la table ou tout autre genre d'ostentation ; mais en ornements d'église et en processions, c'est ce qui n'appartint, je crois, qu'au seul marquis de Brunoy. Par suite de ces dépenses exagérées, sa belle propriété fut mise en vente, et Monsieur, depuis Louis XVIII, l'acheta et l'embellit encore en l'enrichissant de plusieurs chefs-d'œuvre des arts. Mais ce château, situé au fond d'un vallon, manqua toujours d'une vue étendue. Cette belle résidence a été détruite à la révolution. Plusieurs maisons de campagne se sont élevées sur son emplacement ; l'une d'elles a été construite et longtemps habitée par le célèbre tragédien Talma.

La population du village de Brunoy est d'environ 1,900 habitants.

ABLON. — ATHIS.

Ablon, situé sur la rive gauche de la Seine, qu'on y passe sur un bac, était, avant la révolution, une succursale de la paroisse d'Athis. On y avait établi, du temps de Henri IV, un temple protestant, où Sully se rendait tous les dimanches. Ce village est peu considérable, mais il offre quelques jolies maisons de campagne.

Athis, où fut cachée quelque temps la châsse de sainte Geneviève, lors des incursions des Normands, est encore un petit et charmant village arrosé par les rivières de Seine et d'Orge. Hugues d'Athis, qui vivait du temps de saint Louis, en fut le premier seigneur. Il paraît que ce saint roi, ainsi que Philippe-le-Bel, y résidèrent souvent, car ils ont rendu plusieurs ordonnances datées de ce village. Une des belles maisons de campagne qu'on y voit appartint au maréchal de Roquelaure ; mademoiselle de Scudéri en posséda une aussi à Athis.

VILLENEUVE-LE-ROI.

Ce village, peu éloigné de Villeneuve-Saint-Georges, eut pour seigneur Philippe-Auguste. En 1337, les chartreux de Paris en devinrent possesseurs, à la charge de nourrir les chiens du roi ;

cette terre appartint ensuite à Marcel, prévôt des marchands. Le chancelier Guillaume du Vair, garde-des-sceaux et évêque de Lisieux, l'acquit en 1617. Quatre-vingts ans après, le ministre Claude Lepelletier y fit construire un magnifique château, qu'agrandit beaucoup en 1755 le président de Ségur, et qui est aujourd'hui démoli. Le parc, de trois cent cinquante arpents est encore dominé par un pavillon d'où la vue s'étend au loin de tous les côtés, et dont l'architecture est assez remarquable. La Seine baigne le pied de la côte, et y reçoit la petite rivière d'Yères.

4 ou 500 habitants peuplent Villeneuve-le-Roi.

BOISSY-SAINT-LÉGER. — GROS-BOIS.

Boissy-Saint-Léger, dont l'évêque d'Autun fut le patron, est un village fort ancien, nommé dans les chartes *Buxianus vicus*. Les hauteurs de Boissy, d'où l'on jouit d'une très belle vue, sont cultivées en vignes depuis douze siècles. On trouve que Clovis II, en 650, fit don de ses vignes de Boissy aux religieux de Saint-Maur. Sur cette paroisse est le château de Gros-Bois, qui appartient au prince de Wagram. Madame la princesse de Wagram y a fait restaurer, sous l'invocation de sainte Elisabeth, une chapelle pour son usage et celui de sa famille.

Gros-Bois était connu dès l'an 1226. Cette propriété fut acquise en 1616 par Charles de Valois, comte d'Auvergne, duc d'Angoulême, fils naturel de Charles IX. Ce prince, désirant faire abattre une église pour l'agrandissement de son parc, fit cette démolition de la manière la plus bizarre; saisissant le moment où le curé et ses paroissiens étaient allés en procession dans une paroisse voisine, il mit un si grand nombre d'ouvriers et de soldats à la besogne, que l'église n'existait déjà plus avant le retour de ceux qui étaient intéressés à sa conservation.

Après avoir appartenu à différents propriétaires, le château et le parc de Gros-Bois, accrus toujours en embellissements et en étendue, vinrent, comme le château de Brunoy, dans la possession de Monsieur, comte de Provence. Vendu comme propriété nationale, Gros-Bois tomba entre les mains de Barras qui le conserva et l'entretint, et devint ensuite la retraite du général Moreau jusqu'à sa proscription.

Le parc de Gros-Bois a une étendue de mille sept cents arpents. On arrive par une grande et belle avenue au château, qui consiste en trois corps de bâtiments, dont celui du fond s'arrondit en demi-cercle, les deux autres forment les ailes. Les combles élevés, et le style général de la décoration rappellent parfaitement l'époque de sa construction.

Le château du Piple, qu'habita le maréchal de Saxe, est encore dans les dépendances de Boissy-Saint-Léger.

MENNECY.

Mennecy, dont on ne sait rien avant le XIIIe siècle, est désigné dans les titres de cette époque sous le nom de *Manassiacum*, ce qui fait présumer qu'un de ses possesseurs se nommait Manassès.

Mennecy est situé sur la Juine, dans un vallon qui offre les sites les plus agréables. L'histoire de ce joli bourg ne présente rien d'intéressant, mais l'industrie y est très florissante, et sa population, doublée depuis un siècle, est de 1244 habitants, qui se livrent principalement à l'exploitation de la tourbe et des carrières de grès. On y voit aussi un établissement pour la fabrication des produits chimiques, où l'on extrait une grande quantité de gaz hydrogène qui sert à l'éclairage de Paris. On y voit encore des manufactures de papier de paille et de pommes de terre.

Les ducs de Villeroy, qui furent les derniers seigneurs de Mennecy, y ont fait beaucoup de jolies constructions. L'entrée du bourg du côté de Paris est encore décorée d'une porte due au dernier titulaire de cette famille. L'église est entourée d'une plateforme plantée d'arbres et surmontée d'une haute tour à double étage. Cette église est dédiée à saint Pierre et saint Denis. Les coteaux voisins de Mennecy sont couverts de vignes; le vin en est assez estimé. Le hameau de *Villeroy*, qui dépend de ce bourg, avait un château magnifique qui fut la demeure des seigneurs du lieu. Ce château fut possédé par Nicolas de Neufville, qui prit le nom de cette terre. Son fils, Nicolas de Neufville, joua un grand rôle dans l'histoire.

Catherine de Médicis lui confia plusieurs affaires importantes. Il fut nommé secrétaire d'état en 1567, à l'âge de vingt-quatre ans, sous le roi Charles IX, et fit preuve d'une grande prudence et de talents extraordinaires pour les affaires; il continua d'exercer la même charge sous Henri III, Henri IV et Louis XIII, auxquels il rendit de grands services. Il mourut en 1627 à l'âge de soixante-quatorze ans, et a laissé de curieux mémoires. La terre de Villeroy fut, en sa faveur, érigée en marquisat qui relevait directement du Louvre. En 1663, ce marquisat devint duché-pairie. Les ducs de Villeroy embellirent encore leur château et y reçurent souvent les rois de France. Cette résidence, qui passait pour une des plus splendides des environs de Paris, est aujourd'hui détruite; il n'en reste plus que la grille, les murs de l'orangerie et quelques dépendances qui servaient aux domestiques.

ARPAJON.

Dans une belle vallée au confluent de l'Orge et de la Remarde, et sur la route d'Orléans, se trouve située cette jolie petite ville, dont le premier nom était *Châtres*. *Castrinse* est le nom qu'un auteur du viie siècle donne à son territoire ; et dans les capitulaires de Charles-le-Chauve il en est fait mention sous le nom de *pagus Castrisus*.

Le pape Innocent III, dans une bulle de 1136, donne à Châtres le nom de bourg. Ce bourg souffrit cruellement des guerres du xive siècle : il fut d'abord brûlé par le roi de Navarre en 1358, avec plusieurs villages environnants. En 1360, Edouard, roi d'Angleterre, après avoir ravagé le Nivernais, s'étant arrêté près de Châtres, les habitants voulant résister aux Anglais, dit l'abbé Lebeuf, (1) « se réfugièrent dans l'église de Saint-Clément qu'ils
» avaient remplie de provisions et où ils avaient retiré tous leurs
» effets ; s'y étant munis de balistes, de frondes et autres instru-
» ments pour se défendre, ils en avaient muré les portes et les fe-
» nêtres, avaient fait autour un large fossé, et s'y étaient retirés
» avec leur femmes et leurs enfants. Mais tous ces préparatifs
» leurs furent inutiles et même très funestes. Les Anglais qui
» étaient placés au-dessus de la montagne, sur le chemin de Pa-
» ris, avaient l'avantage de la supériorité, et se préparaient à lan-
» cer des pierres sur cette église avec leurs machines. Ce que
» voyant, le capitaine et quelques-uns des riches bourgeois qui
» craignaient d'ailleurs pour eux, par rapport à l'usage des ma-
» chines que le peuple avait apportées dans l'église, et mises dans
» des guérites qui environnaient la tour, ils se placèrent dans une
» autre tour plus forte et de plus grande résistance. Alors les bour-
» geois se croyant en danger et voyant que les autres les quittaient
» pour se mettre en sûreté, commencèrent à les quereller et à les
» menacer d'aller se rendre aux Anglais. Le capitaine et les pre-
» miers qui étaient avec lui, craignant en effet que la bourgeoi-
» sie ne se rendît, ce qui les aurait fait prendre, firent mettre le
» feu à l'église par le dehors : la flamme gagna bien vite le dedans
» et s'étendit jusqu'au lieu où le capitaine était avec les siens, de
» sorte qu'en fort peu de temps, toute l'église fut brûlée avec les
» cloches et la flèche de la tour, couverte de plomb ; et, ce qui
» était plus déplorable, de douze cents personnes qui y étaient re-
» tirées, tant hommes que femmes et enfants, il n'en réchappa
» que trois cents, qui se sauvèrent en sautant ou en se coulant
» par les cordes. Le reste ayant été étouffé ; encore ceux qui
» échappèrent au feu trouvèrent-ils autour de l'église les Anglais
» qui les tuaient inhumainement. »

(1) *Histoire du diocèse de Paris*, t. X, p. 255.

En 1530, les habitants de Châtres demandèrent à François Ier la permission de faire clore leur ville de murs, ce qui leur fut accordé. En 1592, cette ville fut prise par les royalistes sur les ligueurs.

En 1720, Louis de Severac, à qui appartenait Châtres, demanda et obtint la permission de faire ériger ses domaines en marquisat d'Arpajon. Le moyen dont il se servit pour populariser le nouveau nom est bien original, mais il lui réussit. Il se rendait chaque jour sur les grands chemins qui conduisaient à sa seigneurie et demandait à chaque passant le nom de cette ville. Si le passant répondait Arpajon, il était récompensé; mais s'il avait le malheur de répondre Châtres, il recevait des coups de canne. Ce nouveau genre de baptême eut un prompt et entier succès.

Un Hôtel-Dieu très ancien et une église qui date des XIIe et XIIIe siècles, sont les seuls monuments du moyen-âge qu'on trouve à Arpajon.

On y remarque aussi une halle spacieuse, recouverte en charpente. La ville est entourée d'arbres qui forment une promenade très ombragée. 2165 habitants composent sa population. L'ancien château royal de *Chanteloup* a dépendu de Châtres. C'était une maison de campagne de Philippe-le-Bel, que François Ier, en 1518, échangea contre le jardin des Tuileries, dont François de Villeneuve était alors propriétaire. L'ancien bâtiment a fait place à une construction nouvelle et fort élégante; les jardins en sont dessinés avec goût, et le parc, très vaste, renferme des arbres magnifiques. On y a établi, depuis quelques années, un troupeau de mérinos de pure race, provenant de la ferme de Rambouillet.

SAINT-VRAIN.

Le château de Saint Vrain, dans le village de ce nom, au S.-E. d'Arpajon, fut bâti en 1778, par Ledoux, pour la comtesse Dubarry, que la mort de son royal amant avait forcée de quitter la cour.

Ce gracieux et élégant édifice forme un pavillon surmonté d'un dôme, et ayant onze croisées sur les grandes faces et cinq sur les petites; on y arrive par un beau perron élevé sur un soubassement formant terrasse. L'entrée est décorée d'un péristyle de quatre colonnes d'ordre dorique, couronné d'un fronton et orné d'un bas-relief, par Pajou, représentant le dieu Pan. Le côté du jardin est décoré de niches et de six colonnes ioniques, portant un entablement surmonté de statues en marbre à l'aplomb des colonnes. Les deux faces latérales offrent chacune un petit ordre de quatre colonnes doriques, enrichi de statues de marbre. Le rez-de-chaussée contient l'appartement principal. Ce bel édifice, remarquable par son heureuse disposition, ses décorations extérieures et la belle distribution de ses appartements, est entièrement bâti en pierre, dans un pays où l'on n'en trouve point. Le parc, qui a de belles eaux, est agréablement et commodément distribué; il tient à des bois assez vastes, au milieu desquels s'élève un obélisque, où viennent aboutir toutes les routes qui le traversent.

BASVILLE.

A peu de distance d'Arpajon, entre cette ville et Dourdan, se trouve le château de Basville, sur la côte d'une vallée animée par des moulins et traversée par une petite rivière non navigable. Ce château remonte à des temps fort anciens : aux titres de propriété étaient attachés ceux de marquis de Basville, baron de Saint-Yon, baron de Saint-Maurice et autres terres. Ce domaine a longtemps appartenu au célèbre Lamoignon; depuis il a passé en diverses mains. M. de Saulty, préfet de Seine-et-Oise, l'acheta du marquis Rollin d'Yvry. Le château, composé de deux ailes, conserve un air d'antiquité : il est entouré de pelouses riantes et de jardins plantés à l'anglaise. Deux longues allées conduisent au château : elles sont pittoresques et bien dessinées. Une autre allée latérale dite *de Boileau*, était la promenade favorite de ce grand homme lorsqu'il se trouvait chez Lamoignon.

Près du château, on remarque une tour haute de quatre-vingts pieds, large de douze, dans laquelle se trouvent différents salons étagés. On y a réuni les bustes des grands hommes qui ont illustré la robe et la magistrature.

La terre de Basville possède quatre mille arpents en prairies et en terres labourables; le parc est d'une étendue de trois cents arpents bien boisés, dans lesquels se trouvent deux buttes formées de rochers sauvages, sur lesquelles croissent d'énormes sapins. Ces buttes sont nommées Sainte-Catherine et Saint-Nicolas; sur la première se trouve une habitation de garde et un kiosque dans lequel on peut se reposer.

BRUYÈRES-LE-CHATEL.

Ce village, situé à une lieue d'Arpajon et près de la forêt de Linas, est ainsi nommé des bruyères qui croissent aux environs en grande abondance. Il est remarquable par son antique château.

Suivant une charte de l'an 674, une dame nommée Chrotilde institua un monastère dans ce lieu appelé *Brocaria*. Sa nièce Mummola en fut la première abbesse. Ce monastère n'existait plus quatre cents ans après sa fondation, mais une portion de son église, dédiée à Notre-Dame, subsiste encore et a été annexée au château dont elle forme la chapelle.

Une autre église, sous l'invocation de Saint-Didier, fut élevée au XIe siècle pour servir de paroisse au village. On remarque dans cette église un cerceau de construction légère, qui soutient les combles du côté du clocher, on y voit aussi plusieurs inscriptions du XIIIe siècle, quelques tombeaux et le sommaire de la dédicace.

Le château de Bruyères, construit sur les ruines du monastère, est un monument de la féodalité. Bâti sur un tertre, il domine toutes les maisons du village. Ses fortifications ont été élevées au XIVe siècle. Un pont-levis, une herse en fermaient l'entrée; un donjon, des tours, des créneaux, des machicoulis le rendaient formidable pour la défense; ses prisons, ses cachots encore existants, attestent les trois degrés de justice que le seigneur exerçait autrefois. Ces fortifications ont été démolies en 1793, à l'exception des tours qui joignent l'habitation principale. On ne peut faire de fouille dans la cour du château sans découvrir beaucoup d'ossements humains, mais aucun renseignement n'indique comment ils s'y trouvent rassemblés.

Saint Louis se réfugia dans ce château pendant sa minorité, lorsque Philippe, comte de Bourgogne, et d'autres conjurés cherchaient à se saisir de sa personne, mais les habitants de Paris vinrent délivrer leur roi à Montlhéry où il s'était ensuite retiré. Jusqu'en 1786, la chambre qu'habita ce prince au château de Bruyères fut religieusement conservée dans le même état et avec les mêmes meubles gothiques qu'elle avait de son temps. On y voyait, entre autres choses curieuses, une porte d'un travail remarquable, et dont les nombreux panneaux offraient le chiffre du roi souvent répété.

En 1260, Jean de Bruyères, appelé aussi quelquefois Jean de Poissy, obtint de saint Louis l'érection en baronnie de la terre de Bruyères. Guillaume, fils de ce seigneur, fonda en ce village un collège qu'on appela *Collége Mignon*.

En 1360, pendant la captivité du roi Jean en Angleterre, Edouard III, qui ravageait l'intérieur de la France, vint assiéger Bruyères. Son armée était campée sur une hauteur voisine; une croix appelée la *Croix du Siége* en indique encore la place.

Louis XII, en faveur de Louis de la Rochette, accorda à Bruyères le titre de bourg au lieu de celui de village, et y établit un marché par semaine et deux foires par an, comme le témoignent ses lettres patentes du mois d'octobre 1512. Les barons de la Rochette possédèrent la terre de Bruyères jusqu'en 1641. A cette époque elle passa à Jean-Louis de l'Epinette-le-Mairot, et elle fut érigée en marquisat le 11 août 1676; elle a été possédée par cette famille de magistrats jusqu'en 1786. Cette terre fut vendue à M. le maréchal de Castries, ministre de la marine; il la réunit à celle d'Ollainville qui y est contiguë. Dès lors, le domaine de Bruyères n'a plus été habité par son propriétaire. Le célèbre Monge, fondateur de l'école polytechnique, et Pache, qui fut depuis maire de Paris et ministre de la guerre, habitèrent aussi le château du maréchal avec leur famille. Avant son émigration, M. de Castries vendit le château de Bruyères au duc de Brancas Cereste.

Le château et les terres de Bruyères appartinrent sous la restauration à M. le baron Charlet, secrétaire des commandements de madame la Dauphine, et qui répand encore en son nom de nombreux bienfaits.

La position de ce village en fait un séjour des plus agréables; son aspect est riant; ses belles promenades sont très-fréquentées. Il est traversé par la route qui conduit de Paris à Dourdan et à Chartres. Cette route sépare le village en deux parties qui forment entre elles un contraste frappant. Celle du nord est dominée par des escarpements couverts de rochers énormes et de bois qui donnent à ce paysage une teinte sévère. L'autre partie, au contraire, offre à la vue la culture la plus soignée, des prairies vastes et belles au milieu desquelles serpentent les petites rivières d'Orge et de Remarde. L'industrie y répand la fécondité et l'aisance. Le chanvre est la production la plus lucrative du pays; on y trouve aussi une vaste pépinière d'arbres et arbustes de toute espèce. On voit dans ces environs deux pierres de grès d'une grande dimension; elles sont inclinées et forment avec le sol un angle de quarante-cinq degrés. On suppose qu'elles ont servi au culte des druides.

Bruyères est peuplé d'environ 900 habitants.

MONTLHÉRY.

Montlhéry, autrefois *Mons-Lethericus*, *Mons-le-Hericus* ou *Monsel-Hericus*, petite ville à laquelle les ruines imposantes de son ancien château féodal donnent encore de l'importance par tous les souvenirs qu'elles rappellent, a une origine assez ancienne. Thibaud, surnommé *File-Étoupe* à cause de la couleur de ses cheveux, fils de Bouchard ou Burchard Ier seigneur de Montmorency, obtint de Hugues Capet, en 999, la seigneurie de Montlhéry et de Bray-sur-Seine. Ce fut lui qui, sous Robert, bâtit cette fameuse forteresse, si redoutable depuis aux seigneurs voisins et même aux rois de France. Guy Troussel, arrière petit-fils de ce Thibaud, donna de grands embarras à Philippe Ier par sa turbulence et ses séditions continuelles. Il partit pour la croisade, et quoiqu'il en revînt malade et accablé de fatigue, son retour n'en fut pas moins un sujet d'inquiétudes pour le monarque, qui le regardait comme son plus mortel ennemi, et qui ne vit pas de meilleur moyen de le désarmer que de l'allier à sa famille, en mariant son fils naturel Philippe, qu'il avait eu de Bertrade, femme du comte d'Anjou, avec Élisabeth, fille de Guy Trousselle. A l'occasion de ce mariage, Philippe fut créé seigneur de Mantes, et Montlhéry fut cédé au roi en échange de Mehun-sur-Loire. En cette circirconstance le roi dit à son fils Louis, depuis Louis-le-Gros, en lui confiant la garde de Montlhéry : *Mon fils, garde bien ce château qui m'a causé tant de peines et de tourments; car, par la perfidie et la méchanceté de son seigneur, j'ai passé ma vie entière à me défendre contre lui, et je suis arrivé à un état de vieillesse sans en avoir pu obtenir ni paix ni repos.* Ces paroles sont rapportées par Suger, qui dit les avoir entendues de la bouche même du roi.

Milon II tenta de reprendre le château de Montlhéry. Ce fief fut encore le sujet de longues dissensions et de nombreux combats, jusqu'à ce que Hugues de Crécy eut étranglé Milon de ses propres mains, et que, pour obtenir sa grâce, il eut renoncé à toute prétention sur Montlhéry et embrassé la vie religieuse.

Plusieurs monarques résidèrent dans le château de Montlhéry. Louis-le-Jeune fonda dans le bourg une léproserie et une chapelle. Saint Louis et sa mère furent obligés de se réfugier dans la forteresse de Montlhéry pour résister aux efforts des seigneurs réunis à Corbeil, qui voulaient enlever la régence à Blanche. Thibaud, comte de Champagne, à la tête de trois cents chevaliers et d'un grand nombre de Parisiens armés, vint délivrer la reine et le roi, et les ramena dans la capitale.

Les murs de cette forteresse servirent de prison au comte de Hainaut en 1292, et à Louis de Flandre en 1311. Les Armagnacs et les Bourguignons se la disputèrent en 1417 et 1418. Mais l'époque la plus mémorable de cette histoire est celle de la sanglante bataille livrée sous ses murs, le 16 juillet 1465, dans le temps de cette *ligue du bien public* qui ne servit qu'à rendre le peuple plus malheureux. Les Bourguignons, quoique restés maîtres du champ de bataille, furent tellement maltraités par les troupes, que la plaine au nord de Montlhéry, où cette action eut lieu, fut appelée depuis ce temps le *Cimetière des Bourguignons*. Le traité de Conflans mit fin à cette guerre du bien public et aux fastes historiques du château de Montlhéry.

Trois cents paroisses dépendaient de la châtellenie de Montlhéry, et plus de cent trente-trois fiefs. Les seigneurs fieffés étaient qualifiés de chevaliers de Montlhéry, et avaient la charge de garder le château pendant deux mois chaque année.

Ce château était situé sur un mamelon; pour y arriver il fallait ouvrir cinq portes, monter sur trois terrasses élevées au-dessus des autres et franchir cinq enceintes successives. Neuf tours réunies par des courtines composaient l'édifice. Le principal débris qui en

reste est la tour du donjon, qui, malgré son élévation, n'est point entière; des parties considérables ont été détachées du sommet par le temps; toutes ses voûtes sont détruites. Sa hauteur, qui est encore de quatre-vingt-seize pieds, paraît plus considérable, à cause de sa position élevée de plus de deux cents pieds au-dessus du bourg de Linas. Quelques pans d'autres tours subsistent encore. Au milieu de cette enceinte, dont on voit encore une partie, est l'entrée d'un souterrain dont l'ouverture est bouchée. Ce souterrain était sans doute un moyen d'évasion en cas de défaite, et l'histoire rapporte que le jeune roi Louis IX y chercha un asile avec sa mère. Toutes ces constructions, d'une grande solidité, étaient faites en pierres meulières et en grès. Voici ce qu'on trouve à ce sujet dans un procès-verbal dressé en 1547 : « Au bout de la-
« dite cour est le donjon du château, de pierres de gressières, de
« seize pieds en carré. Par dedans œuvre, les murs ont neuf pieds
« par bas, six, cinq, quatre par haut, d'épaisseur. Les premier et
« deuxième étages de ladite tour ou donjon sont voûtés en dedans,
« et dans le pemier étage est un moulin à bras, trois enrayures
« de charpente par le haut; le comble de charpenterie couvert en
« ardoises et en plomb, et garni de mardelles et allées au pour-
« tour. »

A cette tour en est adossée une autre de moindre dimension, elle contient l'escalier qui n'est plus abordable, l'accès en a été défendu depuis un déplorable accident qui y est arrivé. Le gigantesque donjon, malgré la vue étendue dont on jouirait à son sommet, n'est plus fréquenté que par des corbeaux et des oiseaux nocturnes. On sait ce que Boileau, dans son lutrin, dit de cette tour.

> Ses murs dont le sommet se dérobe à la vue,
> Sur la cime d'un roc s'allongent dans la nue,
> Et, présentant de loin leur objet ennuyeux,
> Du passant qui les fuit semblent suivre les yeux.

Mais, au temps de Boileau, on n'avait pas, comme de nos jours, la passion des reliques du moyen âge, et aujourd'hui on trouve cette ruine très romantique.

Au nord-est se trouve un monticule appelé Mothe de Montlhéry, et que l'on croit être une de ces tombelles où les chefs de la Gaule étaient ensevelis.

La ville de Montlhéry est située sur la montagne, un peu au-dessous du château; elle compte 1,566 habitants; elle a perdu, à la révolution, toutes les juridictions dont elle était le chef-lieu; mais il lui reste un marché à blé très important. La place où il se tient est vaste, les rues sont larges et bien percées. L'église paroissiale, assez grande, a été reconstruite à diverses époques: Les constructions les plus anciennes semblent appartenir au XIIIe siècle. Les murailles de la ville datent du XVe ou XVIe siècle, ainsi que ses portes : l'une d'elles, qui sépare Montlhéry du bourg de Linas, porte l'inscription suivante :

CETTE PORTE, BATIE DÈS L'AN 1015, PAR THIBAUD-FILE-ETOUPE, FUT RÉTABLIE EN 1589, SOUS HENRI III, ET RESTAURÉE SOUS LE CONSULAT DE BONAPARTE, L'AN VIII DE LA RÉPUBLIQUE, PAR GOUDRON DU TILLOY, MAIRE.

La population de Montlhéry est de 1,600 habitants.

Linas, autrefois *Linois*, contigu à Montlhéry, et situé au pied de la montagne, est traversé par la route d'Orléans. Ce bourg, plus peuplé que Montlhéry, n'a rien de remarquable sous le rapport historique, mais son ancienneté est attestée par des documents qui remontent aux premiers temps de la monarchie. Il est cité dans une charte de Louis d'Outremer, de l'an 936.

LONGPONT.

Au milieu d'une belle vallée, à un quart de lieue N.-E. de Montlhéry et sur la rive gauche de l'Orge, est le village de Longpont, autrefois célèbre par un riche prieuré de l'ordre de Cluny, dont on voit encore quelques ruines fort remarquables.

Suivant l'opinion de l'abbé Lebeuf, ce village doit son nom à une longue chaussée et à un pont sur lequel on y traversait autrefois la rivière d'Orge. Quoiqu'il en soit, il ne reste plus aucun vestige de cette construction.

Dès le neuvième siècle, il existait à Longpont une église dédiée à la Vierge.

Guy, fils de Thibaut File-Etoupe, fondateur du château de Montlhéry, obtint, en 1061, de Geoffroy, évêque de Paris, la concession de l'église de Longpont, pour y fonder un monastère. Ce fut la femme de Guy, la pieuse Hodierne, qui voulut elle-même aller à Cluny pour obtenir de l'abbé vingt-deux moines, qu'elle établit dans le nouveau prieuré. La légende rapporte qu'elle travaillait de ses mains à la construction de l'église, et qu'elle allait chercher l'eau à une fontaine assez éloignée, qui jouit encore aujourd'hui de la réputation de guérir les fiévreux. On raconte aussi qu'un jour Hodierne ayant demandé au forgeron de Longpont la manière de porter ses seaux avec le moins de fatigue, le brutal forgeron lui jeta dans les jambes une barre de fer rouge. Hodierne fut miraculeusement préservée de toute brûlure; mais elle se vengea en maudissant toute la gent *à marteau*, et prédit que tout homme de cette profession qui viendrait s'établir à Longpont mourrait dans l'année. Cette prédiction, dit-on, s'accomplit sur le coupable, et jamais, ajoute-t-on, ce qui n'est pas moins difficile à croire, on n'a vu depuis ni maréchaux, ni serruriers, ni taillandiers s'établir dans le pays.

Vers le milieu du XIIe siècle, les revenus et l'importance de cette communauté s'accrurent considérablement par la réunion des chanoines de Saint-Pierre de Montlhéry aux religieux de Longpont. Dans l'évêché de Paris seulement, le prieuré de Longpont possédait la dîme de douze villages et la moitié de celle de onze autres villages ou hameaux. Dans le village de Longpont, le monastère jouissait du droit de pressoir banal, indépendamment de la dîme et de la censive.

En 1142, le roi Louis-le-Jeune établit une foire à Longpont, et y transféra le marché qui se tenait à Montlhéry, pendant l'octave de la Nativité de la Vierge.

On voit dans les *tablettes* de cire où sont tracés les itinéraires de Philippe-le-Bel (1), que ce prince séjourna, en 1304 et en 1308, au prieuré de Longpont. Plusieurs autres souverains le visitèrent également. Louis, fils puiné de Philippe-le-Hardi, y mourut en 1319.

En 1562, pendant les guerres des protestants, les moines de Longpont vinrent chercher momentanément un refuge à Paris, dans le prieuré de Saint-Julien le Pauvre.

Ces religieux possédaient à Paris, près de Saint-Gervais, un hospice qui a laissé son nom à la rue où il était situé. Cette rue, qui conduit du portail Saint-Gervais à la Seine, s'est appelée jusqu'à ces derniers temps rue de Longpont. Elle vient de changer de nom pour prendre celui de Jacques de Brosses, l'architecte de Saint-Gervais.

L'église du prieuré de Longpont était grande et magnifiquement ornée. Elle renfermait, entre autres tombeaux remarquables, ceux de sa fondatrice, Hodierne (2); de Guy de Montlhéry, époux d'Hodierne, qui se fit religieux à Longpont, après la mort de sa femme (3); et de Milon de Montlhéry, petit-fils de Guy, qui fut transporté et *honorablement enseveli* au monastère de Longpont, après que son cousin Hugues de Crécy l'eut fait étrangler en prison et jeter par la fenêtre. (4)

« En 1791, dit Dulaure, l'abbaye de Longpont et les biens dépendant du prieuré furent, à l'exception de l'église, vendus par le district de Corbeil, moyennant la somme de 649,500 francs. M. d'Hogguer, qui en devint propriétaire, fit abattre d'abord la porte occidentale du cloître et ensuite les deux ailes au nord et au midi du couvent; le bâtiment conventuel a été transformé en une belle maison de plaisance. En 1819, l'église menaçant

---

(1) Ces curieuses tablettes sont conservées à la Bibliothèque royale.
(2) Elle fut inhumée devant le maître-autel, sous une tombe sur laquelle on lisait : Hodiernæ, inclitæ comitissæ Hericy-Montis, sacrarum harum ædium fundatricis, ossa, sub dio jacentia ab anno millesimo, pro Michaelis Le Masle, domini Desroches, hujusce domûs prioris, studio hic translata fuêre, anno 1651, die ultima mensis Augusti.
(3) Son tombeau était placé dans l'aile droite de la nef.
(4) *Chronique de l'abbaye de Morigny*, écrite au XIIe siècle.

ruine, on se décida à en abattre une partie pour aider à réparer le surplus ; lors de sa restauration faite en 1820, on en a supprimé le chœur et le chevet, et placé le grand autel au centre de la croisée. Elle est, malgré ces démolitions, une des églises les plus remarquables des environs de Paris.

« La façade de cette église est d'un ensemble lourd et irrégulier ; mais les détails ne manquent pas de grace et de légèreté. La grande porte en ogive est divisée en deux parties par un pilier contre lequel est adossée une statue de la Vierge; de chaque côté de l'arcade on remarque quatre figures, dont l'une représente saint Barthélemi, un des patrons titulaires de l'église. Dans le double cordon de l'ogive, on a sculpté des anges, portant les uns des coupes, les autres des encensoirs ; et, à son extrémité supérieure, on a représenté le père éternel bénissant les vierges sages, dont les figures sont placées à sa droite; à sa gauche sont les vierges folles ayant leurs lampes renversées : aux pieds de la dernière est un arbre desséché avec une cognée déjà dans la racine, tandis que sous les vierges sages est un arbre chargé de fruits.

» A gauche du portail est une tour carrée très massive, qui paraît n'avoir pas été terminée. Une petite porte pratiquée au bas de cette tour donne entrée à l'un des bas côtés de l'église, dans laquelle on descend par un escalier de douze marches. On prétend qu'autrefois il y en avait autant pour y monter, et que ce sont les alluvions qui ont exhaussé le terrain. En effet, le portail est enterré jusqu'au pied des statues. A l'entrée de l'église est un bénitier formé d'un clocheton gothique, qui jadis couronnait la statue de la Vierge placée sous le portail. La sculpture de ce bénitier improvisé n'est pas sans délicatesse. (1) »

Le village de Longpont, où l'on arrive par une chaussée joignant la route d'Orléans, est peuplé d'environ 700 habitants, et renferme de jolies maisons de campagne. Les hameaux du *Mesnil*, de *Guyperreux*, de *Villebouzin* et de *La Grange aux Cercles*, sont dans ses dépendances.

Sur le territoire de la commune de Longpont, et fort près de ce village, se voyait encore, il y a trois ans, le château de *Lormois*, appartenant à M. le duc de Maillé, et qui avait été construit avec les matériaux provenant de la démolition de l'ancien château féodal de Saint-Clair. Le château de Lormois, qui n'avait rien de remarquable, vient d'être abattu, et sur son emplacement, le propriétaire qui a succédé à M. le duc de Maillé, a fait élever un nouvel édifice plus vaste et plus élégant. Le parc de Lormois est un des plus beaux de l'arrondissement de Corbeil.

Le château de *Villebouzin*, d'une construction simple, mais régulière, est entouré de fossés. On y parvient par une belle avenue pavée, qui joint la route d'Orléans. Ce château avait été bâti pour M. de Montgommery.

(1 Dulaure, *Histoire des environs de Paris*, t. VII, p. 221.

LONGJUMEAU.

Gros bourg situé sur l'Yvette, et consistant en une rue fort longue bordée de maisons bien bâties. On y remarque le portail de l'église paroissiale, d'une belle construction gothique. Cette église, dédiée à saint Martin, est un vaisseau presque carré, avec une aile de chaque côté. Les piliers qui sont du XIIIe siècle, supportent des voûtes reconstruites au XVIIe.

On ne sait rien de positif sur l'origine de Longjumeau, mais il est certain que ce bourg est fort ancien, puisque les monuments historiques attestent que la convocation des plaids publics de nos rois y fut quelquefois fixée. Il est nommé dans les titres *Nongemellum, Noiemellum, Longo Jumello*.

La seigneurie de Longjumeau avait autrefois moins d'importance que celle de Chilly, dont elle dépendait, et elle appartint presque toujours aux seigneurs de Chilly, dont nous donnerons la liste en parlant de ce village.

Longjumeau est traversé par la route de Paris à Orléans. Ce bourg fait un commerce considérable; son active population est de plus de 2,000 habitants. C'est un des chefs-lieux de canton de l'arrondissement.

Sur le territoire de Longjumeau se trouve le hameau de *Balizy*, ancienne commanderie de l'ordre de Malte, dont les seigneurs sont connus dans l'histoire depuis le XII$_e$ siècle.

CHILLY.

Le village de Chilly, quelquefois nommé *Chailly*, est situé à quatre lieues et demie de Paris, à une demi-lieue de Longjumeau, un peu à l'est de la route de Paris à Orléans.

Le plus ancien possesseur connu de la terre de Chilly est Robert de Dreux, quatrième fils de Louis-le-Gros, qui eut pour successeurs, dans la propriété de cette seigneurie et de celle de Longjumeau, son fils Robert II et son petit-fils Pierre de Dreux. Celui-ci les donna à sa fille Yolande, en 1238, en la mariant à Hugues-le-Brun, seigneur de Lusignan, comte de La Marche. Les seigneuries de Chilly et de Longjumeau restèrent dans la maison des comtes de La Marche, jusqu'en 1293, époque où elles furent données à Anastasie de Montfort, épouse de Raimond des Ursins. Philippe-le-Long en fit l'acquisition en 1320, par un échange avec Pierre de Vic, chevalier, et les donna à Jeanne de Bourgogne sa femme. Cette princesse étant morte en 1331, Philippe de Valois céda Chilly et Longjumeau à Jean III, duc de Bretagne. Par le traité qui suivit la bataille d'Auray, en 1364, ces terres furent au nombre des domaines cédés à Jeanne, femme du comte de Blois, et nièce de Pierre III, en compensation de sa renonciation au duché de Bretagne. Elles passèrent dans la maison d'Anjou par le mariage de Marie, fille de Jeanne, avec Louis Ier, duc d'Anjou, roi de Sicile. Charles d'Anjou, duc de Calabre, en disposa en faveur de Louis XI. Cette donation fut attaquée par la maison de Lorraine, et en 1595, un arrêt du parlement adjugea les terres de Chilly et de Longjumeau, à Michel Gaillard, à qui le duc de Lorraine les avait vendues. Un des descendants de ce Michel Gaillard vendit ces seigneuries, en 1596, à Martin Ruzé, seigneur de Beaulieu, qui les légua, en 1609, à Antoine Coiffier, seigneur d'Effiat, son petit-neveu.

Antoine Coiffier, élevé successivement par la faveur du cardinal de Richelieu aux charges de grand-maître des mines, capitaine des chevau-légers, ambassadeur en Angleterre, surintendant des finances et maréchal de France, est célèbre, dans l'histoire du règne de Louis XIII, sous le nom de maréchal d'Effiat. Il obtint, en 1624, des lettres-patentes qui érigèrent les terres de Chilly et de Longjumeau en un seul marquisat, et ce fut lui qui fit reconstruire le château de Chilly avec une grande magnificence.

Il existait alors à Chilly un ancien château où plusieurs rois avaient demeuré ; mais le maréchal d'Effiat le fit démolir pour en élever un autre dans une position plus avantageuse : Metezeau en fut l'architecte.

Trois cours précédaient ce nouveau château, qui se composait d'un vaste corps de bâtiment et de deux ailes ; quatre gros pavillons unissaient ces ailes au corps principal et les terminaient. Leurs combles avaient la forme du pavillon central du château des Tuileries, il y avait des fossés remplis d'eaux vives. Les deux principales portes étaient ornées de colonnes et de statues. On avait donné à ce château le surnom de *Petit Versailles*.

Le sculpteur Sarrasin et le peintre Vouet avaient décoré l'intérieur de cet édifice. Il y avait aussi un boudoir dont le plafond et les parois, entièrement revêtus de glaces, produisaient d'étranges effets.

La postérité d'Antoine, maréchal d'Effiat, conserva la propriété des terres de Chilly et de Longjumeau. Par son testament, il légua la somme de 30,000 livres pour la fondation d'un hôpital, destiné à nourrir et entretenir six pauvres invalides pris dans le village de Chilly. Ses grands biens passèrent dans la maison de Mazarin, par La Meilleraie, époux de sa fille. En 1727, le duc de Mazarin était seigneur de Chilly et de Longjumeau. La dernière propriétaire du château de Chilly fut la duchesse d'Aumont-Mazarin, dont la mère donna de brillantes fêtes au roi de Danemarck, dans son château de Chilly.

Le parc magnifique et vaste était enrichi d'un beau canal ; on y admirait deux tilleuls étonnants par leur hauteur et l'étendue de leurs rameaux : ils étaient la curiosité du pays.

Le château de Chilly a été démoli sous l'empire. Des champs cultivés ont remplacé son beau parc.

C'est au village de Chilly, que le poète Chapelle passa les dernières années de sa vie, dans une maison qu'il y avait fait bâtir.

L'église de Chilly, dédiée à saint Etienne, située près de l'emplacement du château, offre, dans plusieurs de ses parties, les caractères de l'architecture du XIIIe siècle. Le pain qui se fabriquait dans ce village avait beaucoup de réputation au moyen âge.

MASSY.

A une lieue au nord de Longjumeau est situé Massy, village dont il est difficile de déterminer l'origine. On sait seulement que le nom d'Aymond de Massy se trouve conjointement, avec celui de Guy Troussel, comme témoin dans plusieurs actes du XIIe siècle.

En 1152, Etienne, seigneur de Massy, eut une querelle avec le monastère de Saint-Germain-des-Prés ; un champion fut délégué de part et d'autre pour la vider par un duel, selon l'usage de ce temps. Le champion du seigneur de Massy fut vaincu et eut l'œil arraché par son adversaire.

Sous Louis VII, Bouchard, seigneur de Massy, fut accusé de trahison, et ses biens furent confisqués.

En 1432, Massy eut pour seigneur un nommé Aymond ou Haymond qui se joignit aux Anglais pour ravager le royaume. Ce seigneur passait pour un des plus cruels tyrans de la contrée. Un de ses amusements était de faire jeter des gens dans un puits pour les accabler ensuite de pierres. On croit que c'est le même Haymond de Massy qui déposa dans le procès de la pucelle d'Orléans.

Le château de Massy, reconstruit au XVIIe siècle, appartenait alors aux seigneurs de Chilly ; il n'offre rien de bien remarquable. L'église paroissiale, dédiée à la Madeleine, paraît avoir été rebâtie à la même époque que le château, sauf le portail, qui paraît dater du XIIIe siècle.

Ce village comprend plus de 1,000 habitants, avec le hameau de *Villaines* et le château de *Villegenis*, qui en dépendent. Ce château, autrefois seigneurial, a appartenu au prince de Condé ; il était divisé en deux parties, dont l'une a été démolie. Le parc, d'environ cent-vingt arpents, renferme de belles eaux. On admirait, avant la révolution, cette charmante propriété, qui est aujourd'hui le domaine d'un particulier.

Les productions de la commune de Massy sont en grains, en vignes et en prairies. On y voit des fabriques de tuiles, de briques et de carreaux.

PARAY — LA COUR DE FRANCE.

Le petit village de Paray, qui, avec ses dépendances, n'a qu'une centaine d'habitants, il est situé dans une plaine, à une lieue et demie de Longjumeau et près de la grande route de Paris à Fontainebleau. A peu de distance, est un obélisque funèbre isolé dans un champet portant l'inscription suivante :

Noël Jourda-Devaux,
maréchal de France, mort à
Grenoble
le 12 septembre 1788.

D'autres inscriptions indiquent que c'est par les soins de sa fille que le cœur de ce maréchal a été déposé sous ce monument.

Ce village, qui appartenait à l'abbaye de Saint-Germain, fut affranchi en 1248 par l'abbé Thomas de Mauléon, qui eut la même générosité à l'égard de presque tous les villages qui appartenaient à son abbaye.

Le hameau de *la Cour-de-France* ou *la Vieille-Poste*, composé seulement d'une ferme et d'une auberge, fait partie de la commune de Paray. C'est là que Napoléon apprit, le 30 mars 1814, l'entrée des armées étrangères dans Paris. Devançant son armée, accompagné seulement de quelques maréchaux et généraux qui le suivaient, il marchait en toute hâte vers Paris, et s'arrêta le soir dans l'auberge de la Cour-de-France, d'où il envoya quelques officiers à l'armée que commandaient, sous les murs de Paris, les généraux Mortier et Marmont. Il était trop tard ; cette armée venait de capituler.

Impatient de connaître le résultat de ses ordres, Napoléon se promenait à grands pas, tantôt dans l'auberge et tantôt sur la route de Villejuif. Enfin, harassé de fatigue, il se met à table, soupe d'un grand appétit, malgré toute l'imminence des dangers qui l'entourent, et, faisant étendre son lit d'ambulance, il s'y jette et dort d'un sommeil tranquille. A minuit il s'éveille, et, n'écoutant que son impatience, il s'élance dans une voiture et court au-devant de ses officiers d'ordonnance. Trois voitures remplies de généraux le suivaient avec peine. A quelque distance de la Cour-de-France, ils sont rencontrés par un général qui accourait en poste auprès de l'empereur. Aussitôt Napoléon, le prince de Wagram et Caulincourt descendent de leurs voitures; ils rebroussent à pied vers la Cour-de-France, et c'est en marchant dans la boue, à travers les ténèbres d'une nuit profonde, que l'empereur apprend l'occupation de Paris par les troupes coalisées, et la capitulation du duc de Raguse. Frappé comme d'un coup de foudre, il s'écrie : *J'aurais préféré qu'on m'eût percé le cœur d'un coup de poignard.* Rentré à l'auberge de la Cour-de-France, Napoléon tint conseil avec le peu d'officiers qui étaient avec lui. L'armée était encore éloignée; la proximité des troupes ennemies était inquiétante, et il était à craindre d'être à tout instant surpris par la cavalerie russe ou prussienne. Alors, il fut décidé, dans ce conseil nocturne, qu'on se retirerait à Fontainebleau.

NOTICES BIOGRAPHIQUES

DES HOMMES CÉLÈBRES DE L'ARRONDISSEMENT DE CORBEIL.

Boileau (Nicolas), surnommé Despréaux, fameux satirique français, né en 1636 à Crosne, où son père, greffier de la grand'chambre du parlement, avait une maison de campagne. Le père se trompait étrangement dans le jugement qu'il portait sur le caractère de son fils, en disant : *Colas est un imbécille, un bon garçon qui ne dira de mal de personne.* Ne comprenant pas mieux la vocation de son fils que son caractère, il le força d'étudier le droit pour lequel il n'avait aucune inclination. Dès qu'il put suivre son goût pour la poésie et les belles lettres, Boileau s'acquit un nom immortel : son art poétique l'a fait surnommer à juste titre le législateur du Parnasse. Louis XIV l'écoutait volontiers, et il le chargea d'écrire son histoire avec Racine; il garda à la cour une franchise qui semblait n'être permise qu'à lui seul : au reste, son penchant à la satire ne diminuait rien de la bonté de son cœur. Patru se voyant obligé de vendre sa bibliothèque, Boileau la lui acheta un tiers de plus que sa valeur, et lui en laissa l'usage sa vie durant. La pension de Corneille ayant été supprimée, Despréaux courut chez le roi pour le supplier de la rétablir, en offrant le sacrifice de celle dont il jouissait. Boileau fut reçu membre de l'Académie française en 1684, et mourut à Paris en 1711. Sa mort fut chrétienne comme avait été sa vie. Ses ouvrages sont trop connus pour qu'il soit nécessaire d'en donner ici l'aperçu; nourri de la lecture des anciens, Boileau semblait moins les imiter que créer de nouveau leurs pensées.

Lemaistre (Gilles), né à Montlhéry, en 1499, avocat-général au parlement en 1540; premier président au parlement en 1551. On a de lui plusieurs ouvrages.

Pierre de Corbeil, habile théologien, né en cette ville vers la fin du XIIe siècle et mort à Sens en 1222. Il fut successivement chanoine de Paris, évêque de Cambrai et archevêque de Sens. Il fut le maître du pape Innocent III, et composa plusieurs ouvrages qui ne sont pas parvenus jusqu'à nous.

Villoison (J.-B. Gaspard Danse de), né à Corbeil, le 5 mars 1750, et mort le 26 avril 1805, l'un des plus savants hellénistes du XVIIIe siècle. Il a laissé plusieurs ouvrages traduits du grec et du latin. Il fut membre de l'Institut et de plusieurs académies étrangères.

§ III.

ARRONDISSEMENT DE VERSAILLES.

PALAISEAU.

Bourg situé dans une belle vallée arrosée par l'Yvette, et dont le nom vient du latin *Palatiolum*, diminutif de *Palatium*, que la langue vulgaire a transformé en Palaisol, Paloisel, Palaiseau. Il y avait effectivement là un palais dont parlent plusieurs actes de la première race. Childebert l'habita et y reçut saint Rigomer et sainte Tenestine qui vinrent de la province du Maine pour parler à ce prince. Saint Wandrille, abbé de Fontenelles, y vint trouver le roi Clotaire III pour avoir la confirmation de la terre de Fontenelles. La reine Bathilde l'habita souvent pendant la minorité du roi son fils.

Le roi Pepin fit présent de la terre de Palaiseau à l'église Saint-Vincent à l'occasion de la translation qu'on y fit des reliques de saint Germain, dont elle prit alors le nom. Les abbés de Saint-Germain la possédèrent jusqu'en 950, époque à laquelle Hugues le Grand en disposa en faveur de seigneurs laïcs. Parmi ces seigneurs on distingue Adam le Brun, tué en 1415 à la bataille d'Azincourt; Jean le Baveux, capitaine de Montlhéry, à qui cette terre fut donnée par l'usurpateur anglais; Thomas Burgho premier écuyer anglais lui succéda. La famille de Harville en jouit ensuite, et au XVIIe siècle elle fut érigée en marquisat en faveur d'Antoine de Harville, gouverneur de Calais.

L'abbé Lebeuf, qui écrivait en 1757, parle du château de Palaiseau comme existant encore de son temps. Il dit qu'on y jouissait d'une vue très étendue, et que l'on y voyait plusieurs tours antiques avec des créneaux et des pointes en dessous en culs-de-lampe. L'église, dédiée à saint Martin, date du XIIe et du XIIIe siècle. C'est à Palaiseau que la tradition place la fameuse histoire de la *pie voleuse*, mais les habitants du pays n'en conservent aucune preuve. La population de ce bourg est de 1,633 habitants.

ORSAY.

Le village d'Orsay est situé en amphithéâtre sur le penchant d'une colline, à l'endroit où se croisent les routes de Paris à Dourdan, et de Versailles à Montlhéry, et à une lieue trois quarts au Sud-Ouest de Palaiseau. Simon d'Orsay, qui vivait en 1150, est le plus ancien seigneur connu de ce village, dont il habitait le château. Cette forteresse, reconstruite sous le règne de Charles VI, devint bientôt la terreur de toutes les campagnes voisines par les brigandages de ceux qui l'occupaient. Les Anglais étant venus l'assiéger en 1423, ce fut de bon cœur que tout le peuple environnant accourut prêter main forte aux assaillants. Les assiégés leur résistèrent pendant huit jours, mais enfin la place fut prise, et ceux qui la gardaient faits prisonniers et conduits à Paris, les soldats, deux à deux, le cou serré d'une corde, et les gentilshommes et chevaliers du château, l'épée nue avec la pointe appuyée contre leurs poitrines, en signe de gens rendus à la volonté du prince.

Cet antique château, restauré en 1807 par Damême, est bâti sur une terrasse entourée d'eau. Dans le parc, planté régulièrement et bordé par l'Yvette, on voit un canal qui a plus de six cents toises de longueur sur treize de largeur. A l'extrémité s'élève un joli pavillon décoré d'un portique de six colonnes ioniques d'un très bon style. La chapelle du château est une élégante rotonde enrichie à l'intérieur d'un péristyle dorique.

Orsay est bâti sur le penchant d'une colline, au pied de laquelle coule l'Yvette; il est peuplé d'environ 1,000 habitants. Les châteaux de *Corbeville* et de *Launay* sont à peu de distance. Les jardins de ce dernier contiennent des rochers très pittoresques, et l'art avec lequel ces jardins sont disposés ajoute un nouveau charme à ces heureux accidents de la nature.

BIÈVRE.

La petite rivière, ou plutôt le ruisseau de Bièvre, qui passe à Paris sous le nom de rivière des Gobelins, a donné son nom au vallon qu'elle arrose, vallon dont les agrestes paysages peuvent donner une idée de la Suisse, et rivalisent avec la vallée de Montmorency. Parmi les villages qui s'y trouvent situés, on distingue celui qui porte le même nom, et qui fut érigé en seigneurie par le roi Charles V, en 1377, en faveur de Pierre de Chevreuse. Louis XV érigea cette terre en un marquisat, dont le premier possesseur fut le célèbre marquis de Bièvre, dont les calembourgs ont fait la réputation plutôt que ses pièces de théâtre.

L'église dédiée à saint Martin est petite et n'a point d'ailes; on ne sait pas l'époque de sa construction. L'abbaye de Valprofond faisait autrefois partie du territoire de Bièvre; sa fondation remonte au XIIe siècle; elle était occupée par des religieuses de l'ordre ancien de Saint-Benoit. Cette abbaye eut beaucoup à souffrir des guerres sous Louis XI; elle fut, en 1562, à demi ruinée par l'armée du prince de Condé; et les religieuses furent obligées de chercher un asile à Beauvais. Ce couvent, situé, ainsi que son nom l'indique, dans une gorge profonde, était sujet à de fréquentes inondations qui le firent enfin transférer à Paris, au faubourg Saint-Jacques. Cette translation eut lieu en 1621 ; et en 1636 les religieuses obtinrent la permission de démolir leur ancienne demeure.

Ce village est situé à 116 pieds au-dessus du sol de Notre-Dame de Paris. On y trouve une source d'eau minérale saline. Sa population est d'environ 1,000 habitants, y compris celle de plusieurs hameaux qui en dépendent. Celui des *Roches* est remarquable par une habitation antique, construite en pierres grises.

VERRIÈRES.

Situé sur le penchant d'un coteau, au-dessous du bois du même nom, ce village domine toute la vallée. Il est fort ancien; une charte du temps de Charlemagne le désigne sous le nom de *Verdrariæ*. Il appartenait à l'abbaye de Saint-Germain-des-Prés. En 1027, un vicomte, nommé Garin, commis par l'abbaye au gouvernement de cette seigneurie, abusa de son pouvoir, au point que le roi Robert fut obligé de le destituer de son emploi.

En 1247, Thomas de Mauléon, abbé de Saint-Germain-des-Prés, affranchit les habitants de Verrières, moyennant une redevance annuelle de cent livres, et quelques autres petites servitudes.

Le savant André Duchesne, célèbre historien, possédait une maison à Verrières. Un jour qu'il s'y rendait à pied, il fut renversé et écrasé par une charrette pesamment chargée, et expira sur-le-champ, à l'âge de cinquante-quatre ans, le 30 mai 1640. Cet homme remarquable, l'un des plus érudits de son siècle, a fait une *Histoire des Papes*, in-folio; une *Histoire d'Angleterre*; les recueils intitulés *Historiæ francorum et normanorum scriptores*, en 6 vol. in-folio; et plusieurs autres ouvrages.

L'église de Verrières, dédiée à la Sainte Vierge, fut brûlée par les protestants, en 1562, à l'exception cependant du portail et d'une partie de la tour, qui retracent encore le XIIIe siècle.

En 1815, le bois de Verrières fut le théâtre d'un engagement entre les Français et les troupes alliées, qui y furent mises momentanément en déroute par le général Excelmans.

Verrières possède plusieurs maisons de campagne fort élégantes. Ce village, joint au hameau d'*Amblainvillier*s, a plus de 1,000 habitants (1).

(1) Pour les *notices biographiques*. Voy. *arrondissement de Versailles*, dans la *seconde partie* de l'histoire des Environs de Paris.

CHAPITRE TROISIÈME.

DÉPARTEMENT DE LA SEINE.

ARRONDISSEMENT DE SCEAUX.

SCEAUX.

L'origine de cette petite ville est incertaine comme l'étymologie de son nom. Elle s'appelait en latin *Cellæ*, et l'abbé Lebeuf veut en conséquence que l'on écrive *Ceaux;* mais l'usage ayant prévalu, il faut s'y conformer.

Les reliques de saint Mammès, martyr, apportées de Palestine en 1214, commencèrent à faire connaître ce bourg, dans l'église duquel elles furent déposées. Le premier château de Sceaux fut bâti par Louis Potier de Gesvres, et cette seigneurie, qui devint ensuite baronnie, resta dans sa famille jusqu'en 1670, époque à laquelle elle fut acquise par Colbert, qui remplaça l'ancien château par un autre plus magnifique. Le Nôtre, chargé de la distribution de l'immense parc, en fit un lieu de délices, que Girardon et Pujet embellirent encore des merveilles de leur art. Colbert y donna des fêtes à Louis XIV, et le marquis de Seignelay, son fils, y reçut aussi ce monarque.

En 1700, le duc du Maine, fils légitimé de Louis XIV, acquit ce château et y fit encore des augmentations considérables, auxquelles il consacra des sommes immenses. Il ajouta aux bâtiments une salle de spectacle. Le château de Sceaux, résidence habituelle de ce prince et de son épouse après leur détention, devint le rendez-vous des hommes de lettres et des savants les plus distingués de cette époque. Voltaire, Fontenelle, Lamotte, Saint-Aulaire, Chaulieu, Genest, Malézieux, étaient les habitués de cette cour de l'esprit et du bon goût.

Après la mort du duc du Maine, le comte d'Eu, son fils, eut la propriété de Sceaux, et la transmit au duc de Penthièvre, dont la vie ne fut qu'une suite d'actes de bienfaisance. Parmi les littérateurs dont il aimait aussi à s'entourer, il s'attacha Florian, qui composa à Sceaux ses plus gracieux ouvrages, et qui y mourut en 1794, à l'âge de 39 ans; il fut enterré dans le cimetière de cette ville. Un autre homme de lettres, Cailhava, auteur de plusieurs pièces de théâtre, y est aussi inhumé.

Le baron René Potier de Tresmes et Colbert, ont concouru à la restauration de l'église de Sceaux. Au milieu du chœur furent inhumés le duc et la duchesse du Maine, le premier en 1726, et la seconde en 1753.

Dans la tourmente révolutionnaire, le château de Sceaux fut vendu et démoli, le parc détruit et rendu à l'agriculture. On transporta au Luxembourg et aux Petits-Augustins tous les chefs-d'œuvre qui pouvaient se déplacer.

Au moment de la vente du château et de ses dépendances, M. Desgranges, maire de Sceaux, aidé de quelques riches particuliers du pays, fit l'acquisition de la partie du parc où se trouvait l'orangerie, qu'ils destinèrent à l'amusement des habitants. C'est là que se tiennent des bals champêtres, qu'on peut citer parmi les plus renommés des environs de Paris.

En 1700, Colbert avait fait transférer à Sceaux le marché aux bestiaux qui se tenait à Poissy. L'année suivante, le marché de Poissy fut rétabli, mais celui de Sceaux ne fut point supprimé. Il se tient au pied de la colline où le bourg est bâti, à gauche de la grande route. L'enceinte des bâtiments destinés à cet usage forme un carré parfait de cent soixante huit toises en tous sens. La façade d'entrée contient les logements; les étables sont sur le côté de la cour, et au fond est une chapelle, dont la décoration, d'un style simple et correct, est bien en harmonie avec les autres parties de l'édifice. L'abreuvoir, sur le bord de la grande route, est très-vaste.

Sceaux est la seconde sous-préfecture du département de la Seine. Sa distance de Paris est de deux lieues et demie. Ce bourg est bien bâti, et peuplé d'environ 1,500 habitants.

BOURG-LA-REINE.

Les avis sont bien partagés sur l'origine du nom actuel de ce bourg, appelé autrefois le *Briquet*. Suivant l'opinion la plus accréditée, il prit le nom de Bourg-la-Reine à l'époque où la reine Blanche étant venue occuper le château de Laï, situé aux environs, logea toute sa suite dans ce village; mais comment accorder cette conjecture avec une charte du xie siècle qui désigne cette localité sous le nom de *Burgus Reginæ*?

L'abbé Lebeuf croit que cette dénomination est due au passage de la reine Rigonthe, fille de Chilpéric et de Frédégonde, qui, se rendant dans les états de son futur époux Recarède, roi des Visigoths, passa la nuit dans ce bourg avec son pompeux cortége. Mais comme elle dut s'arrêter ainsi dans beaucoup d'autres lieux, il n'y a pas eu là de raison suffisante pour changer le nom de ce bourg plutôt que de tout autre.

Il y a encore une autre version, mais si romanesque que nous nous dispenserons d'en parler, tant elle paraît peu digne de foi.

Durant la captivité du roi Jean, Edouard III, roi d'Angleterre, venant porter la guerre en France, s'avança jusqu'à Bourg-la-Reine où il demeura plusieurs jours. Un combat très meurtrier, où les Anglais demeurèrent maîtres du champ de bataille, eut lieu près de là.

Les guerres civiles du xve et du xvie siècle furent aussi très funestes aux habitants de Bourg-la-Reine, qui, étant sur la grande route de Paris à Orléans et au centre de plusieurs châteaux, subissaient le passage fréquent des gens de guerre, charge fort onéreuse pour les lieux où ils s'arrêtaient.

Bourg-la-Reine, que peuplent 1,000 habitants, consiste principalement en une longue rue, qui s'embellit tous les jours mais qui n'offre aucun monument intéressant pour l'histoire, si ce n'est un enclos et une maison donnés par Henri IV à Gabrielle d'Estrées. C'est dans la même maison qu'eut lieu, en 1722, une entrevue entre le roi Louis XV, âgé alors de douze ans, et l'épouse qui lui était d'abord destinée, Marie-Anne-Victoire, infante d'Espagne, âgée seulement de quatre ans. Une inscription gravée sur une pierre y consacre le souvenir de cette circonstance. Aujourd'hui cette maison est occupée par un pensionnat de demoiselles.

L'église de Bourg-la-Reine, dont saint Gilles est le patron, a été fondée en 1152 par les religieuses de Montmartre. Sans doute elle n'était d'abord qu'en bois, comme on les faisait alors pour la plupart, car elle paraît avoir été reconstruite au siècle suivant, probablement lors du séjour de la reine Blanche dans les environs. Cette église possède un tableau représentant saint Gilles, son patron, et qui passe pour l'un des meilleurs ouvrages de Restoud.

Le presbytère de cette église et le jardin qui en dépend, ont été, pendant la révolution, la propriété d'un homme bien différent de ceux qui s'étaient jusqu'alors succédé dans cette modeste habitation. Ce fut Dupuis, auteur de l'*Origine des Cultes*, ouvrage anti-religieux et digne à tous égards de l'oubli où il est tombé aujourd'hui. Ce philosophe était membre de l'Institut et professeur au collège de France.

C'est à Bourg-la-Reine que mourut Condorcet, victime d'une révolution dont il avait embrassé les principes avec ardeur sans en calculer les suites. Proscrit par Robespierre, il erra et se cacha longtemps. Découvert dans une auberge de Clamart, il fut arrêté et conduit au cachot de Bourg-la-Reine pour être ensuite transféré à Paris. Mais le lendemain on le trouva mort : on présume qu'il s'empoisonna avec une *pilule philosophale*, qu'il portait toujours sur lui dans un petit œuf d'ivoire qui avait l'apparence d'une breloque de montre. Enterré dans le cimetière de Bourg-la-Reine, le corps de ce secrétaire perpétuel de l'Académie des Sciences n'est pas même recouvert d'une simple pierre qui indique le lieu de sa sépulture.

N'oublions pas, dans les fastes de Bourg-la-Reine, de mentionner la naissance d'Anseau, dont ce bourg fut la patrie, au XIIIe siècle. Cet intrépide guerrier, qui accompagna saint Louis dans ses croisades, le défendit vaillamment lorsqu'il fut fait prisonnier par les Sarrazins, et leur fit acheter chèrement la liberté du monarque. Lui-même ne se rendit que par capitulation, et à condition qu'il aurait la vie sauve. Joinville cite encore de lui plusieurs autres traits de valeur.

FONTENAY-AUX-ROSES.

A un quart de lieue de Sceaux et sur la pente du même coteau, se trouve le délicieux village de Fontenay, entouré d'une ceinture de champs de roses, dont il fournit tout Paris. Les rues, les maisons en sont tapissées, et cette gracieuse industrie, en embellissant ce village, procure aussi l'aisance à tous ses habitants.

Colbert acquit la seigneurie de Fontenay avec celle de Sceaux, à laquelle elle était annexée, et elle passa également au duc du Maine, fils de Louis XIV et de madame de Montespan.

Parmi les maisons de campagne de ce village, on en montre une qui a appartenu à Scarron. La gaîté de ce poète y attirait beaucoup de personnages distingués. On y voit encore, outre le portrait de Scarron, celui de Mignard peint par lui-même; et, dans une autre pièce, deux cartes géographiques, fort curieuses, faites par Scarron.

BAGNEUX.

Ce village, voisin de Fontenay-aux-Roses, appelé autrefois *Fontenay-sous-Bagneux*, était connu avant le règne de Charlemagne. Son nom a fait croire qu'il pouvait y avoir existé des bains romains; cependant, les eaux y sont trop rares pour que cette conjecture ait beaucoup de vraisemblance. Dans des chartes des IXe et Xe siècles, ce village est appelé *Baniolum*, parce qu'il terminait la banlieue, à ce que croient quelques historiens. De Baniolum, on a fait *Bannieux*, dont Bagneux serait une altération.

Au XIVe siècle, fut fondée l'église du village dédiée à saint Horbland. C'est certainement une des églises de campagne les plus remarquables des environs de Paris. L'intérieur a quelques points de ressemblance avec celui de Notre-Dame de Paris; on y voit des galeries qui retracent en petit celles de Notre-Dame. Sur le couronnement des bas côtés s'élèvent des arcs-boutants qui soutiennent la construction supérieure de la principale nef. Le portail paraît beaucoup plus ancien que le corps de l'église; on y voyait, dans un bas-relief, le père éternel accompagné de quatre anges portant des candélabres. Sur les restes d'un ancien clocher, qui est à côté de l'église, on en a élevé un nouveau.

Au retour de deux excursions dans le pays de Caux et le Vexin, Henri IV, après avoir passé la Seine à Meulan, s'arrêta à Bagneux le 31 octobre 1589; ce fut de là, suivant Dulaure, qu'il écrivit à Gabrielle d'Estrées : « Sy votre amour est de l'échantyllon que vous m'avés anvoyé, mes afayres iront bien. Mays despuys quelques ans, vous me l'avés fait treuver de la taille du vidame du Mans, long et mègre. Je suis arrivé ayant eu tout le pleysir qu'il se peut. Je vous suplye, ocmantés mon contentement au lieu de le troubler : vous le pouvés, vous le devés, il faut que vous le vouliés. Sur ce salutère conseil, je fynyré an vous besant un mylion de foys.

Henri. » (1)

Bénicourt, favori du cardinal de Richelieu, avait fait construire à Bagneux une habitation très élégante dont le cardinal fit les frais, qu'on dit s'être élevés à plus de 300,000 livres. L'abbé Lebeuf rapporte que l'on voyait dans le jardin de cette maison les statues de Mars et de Vulcain. Mars avait les traits du cardinal, et Vulcain ceux de Bénicourt. Cette maison a été vendue et démolie dans la révolution. On y a trouvé un puits de cent pieds de profondeur, dont l'ouverture était bouchée, et au fond duquel on a découvert des ossements. M. Dulaure a prétendu, sans aucune preuve, que ce puits avait servi d'oubliettes pour satisfaire les vengeances du cardinal.

François Chabanne de Rhodes, docteur en Sorbonne et curé de Bagneux, en a fait construire le presbytère. La mémoire de cet ecclésiastique, mort en 1782, est encore en vénération dans ce village, dont il fut le bienfaiteur, ainsi que des villages environnants. Un marbre noir, placé au milieu du chœur de l'église, marque l'endroit où reposent ses cendres.

L'air qu'on respire à Bagneux est très pur ; aussi, les Parisiens y ont-ils fait construire plusieurs jolies maisons de campagne, qui, jointes à la situation pittoresque de Bagneux, sur une éminence, en font un village charmant. 600 habitants au moins composent sa population.

CHATILLON.

Sur le même coteau que Bagneux et Fontenay-aux-Roses, dont il n'est distant que de dix minutes, Châtillon est dans la plus heureuse situation qu'on puisse voir. Plusieurs historiens pensent que

---

(1) Cette lettre qui a été publiée pour la première fois par M. Delort, n'a point de date, et rien n'indique qu'elle ait été écrite de Bagneux. En la publiant une seconde fois, Dulaure a modifié cette phrase : *Je suis arrivé ayant eu tout le plesyr qu'il se peut,* pour y ajouter : *Je suis arrivé à Baygneux.* M. Delort affirme que cette lettre est adressée, non pas à Gabrielle d'Estrées mais à la marquise de Verneuil.

ce village a pris son nom latin, *Castellio*, d'une forteresse qui y existait avant le XIIe siècle. Il est certain qu'en 1192 Châtillon existait déjà, ainsi que le prouve un cartulaire de Notre-Dame-des-Champs, où il en est fait mention.

L'église, sous le titre de Saint-Philippe et de Saint-Jacques, est très petite, mais assez jolie. Elle paraît avoir été construite sous le règne de Charles VII; du moins le chœur rappelle cette époque. Le reste de l'édifice paraît être d'une date moins ancienne. Sous la chapelle de la Vierge étaient les sépultures du magistrat Jacques Tardieu et de sa femme Marie Térier, aussi fameux par leur avarice que par leur mort funeste arrivée en 1665. Boileau dépeint ces personnages dans sa sixième satire.

La famille Tardieu était en possession de la terre de Châtillon depuis la fin du XVIe siècle.

Châtillon est remarquable par ses carrières. On parvient dans l'une d'elles, qui est à quatre-vingt-cinq pieds de profondeur, par une rampe souterraine qui permet aux voitures d'arriver jusqu'au fond. Près de Châtillon est une maison de plaisance située dans le fond d'un vallon agreste; on ne l'aperçoit qu'en y abordant. L'édifice est orné d'un portique formé de deux colonnes et de deux caryatides, dont l'aspect est très pittoresque. Cette décoration reçoit un aspect très romantique des mouvements du terrain et des bois qui l'entourent. Cette retraite appartenait au vicomte de Châteaubriand.

Châtillon a environ 800 habitants.

CHATENAY-AUNAY.

Châtenay, appelé en latin *Castanetum*, tire apparemment ce nom des châtaigners qui croissent en abondance sur son territoire. Il est situé sur la pente orientale d'un coteau couronné de bois, et planté de vignes et d'arbres fruitiers. Il n'est pas douteux que ce village ne soit fort ancien, puisqu'Irminon, abbé de Saint-Germain-des-Prés sous Charlemagne, en fait mention. L'église paraît être du Xe siècle, et d'ailleurs, les chiffres romains DCCCCXIX, qu'on peut lire sous la clef de voûte de la chapelle dédiée à sainte Geneviève, ne laissent aucun doute à cet égard.

Les Templiers possédaient, au commencement du XIIIe siècle, la seigneurie de Châtenay; Jean de Bercencourt, l'ayant achetée, en fit présent au chapitre de Notre-Dame de Paris, dont les chanoines abusèrent étrangement de leur pouvoir sur ces malheureux serfs, qui durent leur délivrance à la reine Blanche, mère de saint Louis. Un fait aussi avéré appartient à l'histoire; nous en avons raconté toutes les circonstances dans l'histoire de Paris, sous le règne de saint Louis (1).

Voltaire est né à Châtenay le 20 juin 1694. Le savant Malézieux a été enterré dans l'église de ce village; cet habile mathématicien, ami de l'illustre Bossuet et du vertueux Montausier, fut chargé de l'éducation du duc du Maine, et enseigna les mathématiques au duc de Bourgogne; il mourut en 1727. L'abbé de Malézieux, l'un de ses fils, avait été sacré, dans cette même église de Châtenay, évêque de Lavaur.

Aunay-lez-Châtenay est un joli hameau dépendant de la commune de Châtenay, et situé à peu de distance de ce village, au pied d'un coteau boisé. On y voit peu d'habitations; mais l'une d'elles, appelée la *Vallée-au-Loup*, est remarquable pour avoir appartenu à M. de Châteaubriand, qui lui a donné l'aspect d'un manoir gothique. Lui-même en a dessiné le parc, où il a, dit-on, essayé de reproduire quelques sites de la Palestine. C'est là que l'illustre écrivain composa le poème des *Martyrs*. Cette belle retraite devint ensuite la propriété du vicomte Mathieu de Montmorency, puis celle de M. Sosthène de La Rochefoucauld. Châtenay, avec Aunay et plusieurs autres hameaux qui en dépendent, n'a pas plus de 600 habitants.

PLESSIS-PIQUET.

Charmant village, près d'Aunay, sur la pente d'une montagne environnée de bocages et d'un étang. Son château, qui a appartenu à Colbert, est remarquable par une superbe terrasse, dont les points de vue, très variés, s'étendent sur une grande partie de Paris et de ses environs; les jardins en sont très agréables.

Il y avait, avant la révolution, un couvent de *Feuillants* au Plessis-Piquet. Ce village possède, outre son château, plusieurs jolies maisons de campagne, et a environ 500 habitants.

ANTONY.

Antony, désigné dans quelques titres anciens sous le nom d'*Antoniacum*, existait dès une époque très reculée; des chartes du IXe siècle en font mention. Cette seigneurie appartint longtemps à Saint-Germain-des-Prés, et était du nombre de celles qui devaient un gîte aux rois de France.

Le chœur de l'église paroissiale est très remarquable. Cette église paraît être du XIVe siècle : elle a une fort belle tour sur-

(1) Voy. t. II. p. 16 et 17.

montée d'une pyramide, et offre un point de vue très pittoresque.

Aujourd'hui, Antony, dont beaucoup d'établissements industriels font la prospérité, est un gros village de 1,200 ames. Il est divisé en deux parties, dont une, appelée le Pont-d'Antony, est traversée par la grande route de Paris à Orléans.

LAI.

Le petit village de Lai, appelé aussi Laï, l'Hay ou Lahi, et situé sur une montagne, au pied de laquelle coule la Bièvre en face de Bourg-la-Reine, n'est remarquable que par son ancienneté. Il est cité dans une charte du IXe siècle, et, au Xe, il faisait partie des biens du chapitre de Paris. Le plus ancien seigneur connu de Lai est Mathurin de Marly, qui vivait en 1225.

Un établissement agricole très important a remplacé l'ancien château des seigneurs de ce village. Près de l'emplacement de ce château, on voit encore une haute tour, dont la construction paraît remonter à une époque très ancienne.

La situation de ce village est très agréable; la vue, du côté de l'ouest surtout, est belle et fort étendue. La population de Lai est d'environ 400 habitants.

CHOISY-LE-ROI.

Choisy-le-Roi, appelé aussi Choisy-sur-Seine, tirerait son nom, suivant Valois, d'un certain Sosius. Ce n'est qu'à dater du règne de Philippe-Auguste qu'on trouve des documents certains de son existence. Ce n'était alors qu'un hameau dépendant de la paroisse de Thiais; car on voit qu'en 1207, Jean, abbé de Saint-Germain-des-Prés et seigneur de Thiais, donna aux habitants de Choisy une petite portion de terre pour y bâtir une chapelle sous l'invocation de saint Nicolas. Cette chapelle fut érigée en paroisse en 1224; mademoiselle de Montpensier, fille de Gaston d'Orléans, et cousine germaine de Louis XIV, fit rebâtir cette église en 1696. Elle avait, dès 1682, fait construire le château sur les dessins de François Mansart; il a été continué depuis par Jacques Gabriel. Il était flanqué, du côté de la cour, de deux ailes décorées de frontons; sur la gauche étaient de vastes bâtiments, servant de communs et d'écuries. Ce château était précédé de magnifiques avenues à doubles rangs d'arbres.

Mademoiselle laissa en mourant Choisy au grand dauphin, qui le céda à madame de Louvois en échange de Meudon. A la mort de cette dame, il passa à la princesse de Conti, fille légitimée de

Louis XIV, qui le laissa à son tour au duc de la Vallière, son héritier. Louis XV l'acquit en 1739. Devenu alors maison royale, Choisy, qu'on appellait auparavant Choisy-Mademoiselle, prit et conserva le nom de Choisy-le-Roi.

Louis XV, qui avait une grande prédilection pour ce séjour, appela les plus grands maîtres en architecture, en peinture et en sculpture pour l'embellir. Parmi les tableaux qui décoraient le château de Choisy, on remarquait plusieurs ouvrages de Joseph Vernet, de Vanloo, de Pierre et de Lagrenée. Les jardins étaient d'un goût admirable et baignés par la Seine. Il y avait dans les dépendances de ce château un édifice séparé, nommé le *petit château*, qui recevait le roi lorsqu'il n'avait pas une suite nombreuse. On remarquait à côté du Petit-Château une belle orangerie.

Tout cela à été détruit à la révolution par des spéculateurs. Il ne reste plus rien du château de Choisy, ni de sa magnificence, ni des chefs-d'œuvre de l'art qui le décoraient, ni du luxe de son ameublement ; le soc de la charrue a sillonné son parc, et des manufactures se sont élevées sur les ruines de l'habitation royale.

Parmi les établissements modernes de Choisy, on doit surtout distinguer sa manufacture de faïence fine, qui a beaucoup de réputation.

Ce bourg est un des plus riants des environs de Paris ; ses rues sont larges et tirées au cordeau, ses maisons sont élégantes. L'église paroissiale actuelle est d'une construction solide, et sa décoration est fort simple ; la première pierre en fut posée le 4 juillet 1748, par Christophe de Beaumont, archevêque de Paris. Le pont, construit en 1802, par M. Navier, est à la fois solide et élégant. Il établit la communication entre Provins et Versailles ; une très belle route conduit de Choisy à cette dernière ville. Près du pont de Choisy est établie une station du chemin de fer de Paris à Corbeil.

Le poète Gentil-Bernard était bibliothécaire du château de Choisy, où il mourut en 1776, âgé de soixante-huit ans.

Choisy a plus de 2,000 habitants.

THIAIS

A côté de Choisy-le-Roi est le village de Thiais, assis dans une plaine des plus riches, au bas de la longue chaîne de collines qui s'étend de Villejuif à Juvisy.

Son ancienneté est d'autant plus incontestable qu'Irminon, comtemporain de Charlemagne, assure que le monastère de Saint-Germain y possédait, au VIIIe siècle, huit arpents de vignes nouvelles et cent trente-cinq de vignes anciennes ; ajoutant de plus que ce village, fort considérable, était connu sous le nom de *Theodoxium*, mot celtique, qui, selon Valois, devait s'écrire *Teodoxium*.

Il est assez probable que ce village reçut son nom d'un ancien possesseur du territoire, appelé *Theudas* ou *Théodas*.

Quoique l'église, assez vaste, située sur la pente du coteau, et dédiée à saint Loup et saint Gilles, ne paraisse guère remonter qu'à la fin du xive siècle, on doit croire qu'elle a été seulement reconstruite dans ce temps, puisque l'abbaye de Saint-Germain la possédait sous le règne de Pépin.

La population de Thiais est de 650 habitants.

ORLY.

A deux lieues un quart de Sceaux, et à peu de distance de Thiais, est Orly, sur la pente du plateau de Long-Boyau. Ce village est fort ancien, il est désigné dans les chartes de l'évêché de Paris, dès le ixe siècle, sous le nom d'*Aureliacum*.

L'église est remarquable par une tour écrasée qui a dû être formidable autrefois. En 1360, cette tour soutint un siége opiniâtre contre les Anglais : deux cents des habitants d'Orly s'y étaient retranchés ; ils avaient rempli l'église de provisions, et dressé des machines de guerre avec lesquelles ils portaient le ravage dans l'armée anglaise. Ils résistèrent pendant plus de trois mois dans cette forteresse, mais enfin, n'espérant plus de secours, ayant épuisé toutes leurs provisions et pressés par la famine, ils capitulèrent. Les Anglais, au lieu d'admirer une aussi glorieuse défense, assassinèrent la moitié de ces malheureux, firent les autres prisonniers, brûlèrent le village, abattirent en partie la tour, et tout fiers de ces beaux faits d'armes contre de misérables paysans, se retirèrent en triomphe au camp qu'ils avaient près de Montlhéry. Depuis ce temps la tour de l'église d'Orly est restée mutilée ; mais les descendants des braves Français qui s'y défendirent avec tant de courage, se glorifient avec raison de cette ruine plus qu'ils ne feraient d'un chef-d'œuvre d'architecture.

Orly est peuplé de 500 habitants.

VILLEJUIF.

Ce bourg, situé sur la route de Fontainebleau, à deux lieues et demie de Paris, était connu, du temps de Louis VII, sous le nom de *Villa-Judæa* ; il porta aussi ceux de *Villa-Jude*, *Villa-Julitæ* (1),

---

(1) Un manuscrit de la bibliothèque royale intitulé *Memoriale historiarum*, (collection Dupuy, vol. 690.) donne encore une autre étymologie du nom de Villejuif. Selon cet ouvrage, Villejuif devrait être appelé *Julive* à cause du corps de cette sainte qui y repose. Je n'ai pas besoin d'insister sur l'invraisemblance de cette interprétation.

Ville-Juive, et enfin Villejuif. Il est sale et mal bâti; son château, d'un aspect assez triste, a cependant un parc dessiné par Le Nôtre. L'église, très vaste, a été rebâtie plusieurs fois; les dernières constructions sont de 1509. Sauval rapporte un singulier phénomène arrivé en 1492 dans la plaine de Villejuif : « on vit, le 4 mai de cette année, quatre cents corbeaux, croassant avec un grand bruit, s'entrebattre avec tant de furie, que la terre fut rougie de leur sang. Après quoi, sur les neuf heures du soir, il commença à pleuvoir si fort et si longtemps, que l'eau entrait dans les maisons et jusque dans l'église de Villejuif. »

Sur un tertre en avant de Villejuif, se trouve un obélisque destiné autrefois à marquer l'extrémité septentrionale de la base d'un triangle qui a eu pour objet la mesure d'un arc du méridien, base dont l'extrémité opposée est indiquée par un autre obélisque semblable auprès de Juvisy. Au pied de cet obélisque, on est plus élevé d'environ quarante pieds que les tours de Notre-Dame, et l'on jouit d'une vue magnifique qui s'étend sur une grande partie de Paris et de son vaste bassin.

La population de Villejuif est de 1,656 habitants.

IVRY.

Des chartes du xe siècle font mention d'Ivry, sous le nom d'*Yvriacum* et d'*Ibriacum*, mot dérivé du celtique, et dont la signification nous est inconnue.

La terre d'Ivry, possédée longtemps par des seigneurs obscurs, appartenait, au commencement du xviie siècle, à Claude Bosc Dubois, conseiller d'état, prévôt des marchands et procureur-général de la Cour des Aides. Il y fit construire un superbe château que possédèrent après lui le maréchal d'Uxelles et le marquis de Beringhen. Cette propriété a été détruite il y a peu d'années, et convertie en champs productifs. Henri IV avait un rendez-vous de chasse à Ivry. Mme Deshoulières y avait une habitation où sans doute elle composa ses charmantes idylles. Un bois pittoresque est planté sur la terrasse qui domine cette maison : c'est sous ce bois que le propriétaire actuel a fait creuser dans le roc les célèbres caves d'Ivry, pour les vins de Bourgogne. Mademoiselle Contat habita quelque temps ce village. La duchesse douairière d'Orléans résidait aussi à Ivry et y mourut le 25 juin 1820; la reconnaissance a conservé dans cette commune le souvenir des vertus de cette princesse, mais son habitation a été, comme le château, livrée aux calculs de la spéculation. M. le docteur Esquirol a fondé dans Ivry un établissement pour les aliénés. Près d'Ivry est le hameau de *Saint-Frambourg*, qui doit son nom à une chapelle dont il ne reste plus que quelques vestiges. Le saint qui lui a donné son nom est peu connu ; une ancienne chronique dit qu'il vivait du temps de Clovis et de Childebert, et que, las de la cour dont il était l'un des plus brillants seigneurs, il se retira dans ce lieu solitaire. Les hameaux de la *Gare* et *d'Austerlitz* joignent Ivry aux portes de Paris.

Près de 4,000 habitants peuplent cette commune. Leur principale industrie est la vente du lait qu'ils apportent dans Paris, commerce qui leur est très lucratif. Il y a une fameuse verrerie à la Gare. Le hameau d'Austerlitz n'est guère composé que de guinguettes.

VITRY.

Le nom du village de Vitry a beaucoup occupé les étymologistes. Comme ce village est appelé dans les anciens titres *Victoriacum*, *Victoricium* et *Victriacum*, on a cherché à rattacher son origine soit à une légion romaine dite *Victrix*, qui aurait campé sur ce territoire, soit à des *victoires* gagnées, soit enfin à une *verrerie* très anciennement établie dans le voisinage. Si cette dernière étymologie n'est pas la plus brillante, elle est du moins la plus vraisemblable.

Les chartes qui font mention de Vitry remontent au ixe siècle. Une épitaphe qu'on voyait encore avant la révolution, dans l'église, à côté de la porte d'entrée, ne laissait aucun doute que l'édifice n'appartint au moins au xiiie siècle.

Vitry a donné naissance à deux prélats célèbres : Jacques de Vitry, d'abord curé d'Argenteuil, et qui fut fait évêque, puis cardinal en 1230, et dans le siècle suivant Etienne de Vitry, élu évêque de Paris en 1363, et cardinal en 1368.

Le château de Vitry, dont les jardins ont été dessinés par Le Nôtre, était la propriété de M. le comte Dubois, qui fut préfet de police sous l'empire. Une autre célébrité du même nom, M. le baron Dubois, fameux chirurgien, possédait dans ce bourg une maison non moins remarquable.

Le *Port-à-l'Anglais* fait partie de cette commune. Ce hameau est renommé parmi les Parisiens pour les excellentes matelotes qu'on y mange. Plusieurs écrivains ont attribué l'origine de son nom au débarquement d'un capitaine anglais sur cette rive. Mais il est plus raisonnable de croire que ce nom vient de celui de Thomas Langlois, riche propriétaire d'Ivry, qui avait des biens dans ce canton. Vitry compte près de trois mille habitants. Les pépinières sont la principale industrie du pays ; on y cultive aussi des légumes et on y exploite des carrières à plâtre.

ARCUEIL.

Nous avons déjà eu occasion, dans notre histoire de Paris (1), de parler de l'aqueduc romain dont les arcades (*arculi*) ont été l'origine du nom de ce village. Nous avons aussi décrit l'aqueduc moderne construit par Marie de Médicis. Il nous reste à parler du village d'Arcueil, situé à une lieue de Paris et non loin de Sceaux; il est fort ancien, quoiqu'on ne trouve point de titres qui en fassent mention avant le xiie siècle. A cette époque un évêque de Paris, nommé Girbert, fit don à l'abbé et aux moines de Saint-Denis de l'*autel d'Arcueil*. L'église, reconstruite au xiiie siècle, est sous l'invocation de saint Denis. Elle est vaste, et comme nous l'avons dit, mérite quelque attention, malgré les baraques dont on a surchargé son côté méridional. (2) Rien ne justifie d'ailleurs ce que l'abbé Lebeuf dit de cette église, qu'elle est *au dessus d'une église de campagne*.

Jodelle, regardé longtemps comme un des premiers poètes du xvie siècle, eut une maison à Arcueil. Il y donnait des fêtes à ses amis, au nombre desquels se trouvait Ronsard. C'est là que furent jouées les premières tragédies composées en français, à l'imitation de celles des Grecs. Jodelle a composé la *Cléopâtre captive* et *Didon se sacrifiant*. Ces pièces ont eu alors du succès, on ne les supporterait plus aujourd'hui, mais les poésies latines de cet auteur sont toujours estimées. Jodelle mourut en 1573, dans un état de pauvreté, quoiqu'il fût de famille noble et qu'il eût joui de la faveur de Henri II et de Charles IX : sa vie excessivement licencieuse lui avait fait perdre les bonnes grâces de la cour.

Au centre d'Arcueil est une maison assez vaste appelée l'*Aumonerie*, qui fut habitée au xviiie siècle par l'infâme marquis de Sade. Une autre maison de ce village a appartenu à l'illustre Laplace. Un savant non moins célèbre, Berthollet, en possédait aussi une où se réunirent pendant longtemps plusieurs habiles chimistes pour y faire des expériences qui ont été publiées sous le titre de *Mémoires de la société d'Arcueil*.

Le hameau de *Cachant* dépend de cette commune. Valois croit que son nom latin *Catti-Cantus*, veut dire chant du chat. Il est désigné sous ce nom par une charte de Charles-le-Chauve de l'an 872; au xiiie siècle, Philippe-le-Bel y possédait une maison et y rendit plusieurs ordonnances, de même que Philippe-le-Long, Charles-le-Bel et le roi Jean. Ce dernier le donna au duc de Berry, qui le céda au connétable du Guesclin. Ce manoir existait encore sous le nom d'*Hôtel du Roi*, en 1424; mais comme il n'en est plus fait mention depuis cette époque, il y a lieu de croire qu'il

---

(1) t. 1. p. 48 et 49.
(2) *ibid.* 49.

fut ruiné durant les troubles et les guerres civiles qui désolèrent alors la France. Les religieux de Saint-Germain-des-Prés y firent bâtir dans le siècle suivant, une fort belle maison de plaisance située dans le vallon dont leur abbé était seigneur. Cette demeure a été récemment démolie par le dernier acquéreur, qui occupe un charmant pavillon construit à la romaine, de la forme la plus élégante, et surmonté d'une balustrade.

Arcueil, avec le hameau de Cachant, forme une commune d'environ 1200 habitants. Les carrières d'Arcueil fournissent une pierre dure, d'un grès fin, et susceptible d'un beau poli, qu'on emploie sous le nom de pierre de liais, à faire des statues, des tombeaux et des chambranles de cheminées.

RUNGIS.

A un quart de lieue d'Arcueil est Rungis, petit village qui n'a rien de remarquable, si ce n'est que ses sources d'eaux alimentent le fameux aqueduc d'Arcueil. Ces eaux tiennent en dissolution les principes d'une concrétion pierreuse qui s'attache aux parois des tuyaux de l'aqueduc en assez grande abondance pour les obstruer en peu d'années; on a soin de les dégager de temps en temps, et on en retire une espèce d'albâtre agréablement veiné et susceptible d'un beau poli.

Au XIIe siècle Rungis était déjà un village, et avait une église ainsi que le témoigne une bulle du pape Alexandre III.

Le cardinal de Richelieu eut à Rungis des propriétés, et en donna une au poète Guillaume Colletet, avocat au conseil, et l'un des premiers membres de l'académie Française. Il n'en mourut pas moins dans la misère en 1659.

Rungis a tout au plus 200 habitants.

FRESNES-LES-RUNGIS.

Près de Rungis est le petit village de Fresnes, sur le penchant d'une colline ; il est peu considérable. Le hameau de Berny en dépend ; ce hameau est situé sur l'emplacement d'un magnifique château, qui existait avant la révolution, et passait alors pour un des plus beaux des environs de Paris. Ses jardins, ses fontaines, ses canaux étaient également admirables. Le château de Berny fut construit pour la maison de Puisieux, et passa ensuite au chancelier de Bellièvre qui y fit plusieurs embellissements. Hugues de Lionne, ministre d'État, le posséda en 1663. Louis XIV y fit loger les ambassadeurs de Siam, en 1676, en attendant leur entrée solennelle à Paris. En 1686, l'abbaye de Saint-Germain-des-Prés l'acheta avec la seigneurie de Fresnes, et ce fut en qualité d'abbé de Saint-Germain que le comte de Clermont l'occupa pendant très longtemps.

La commune de Fresnes a 300 habitants.

GENTILLY.

Gentilly est un village à une demi-lieue seulement de Paris, dans un vallon resserré qu'arrose la rivière de Bièvre. Il est probable qu'il tire son nom d'une de ces peuplades que les Romains appelaient Lètes ou *Gentils*, et auxquels ils donnèrent à diverses époques, dans les Gaules, des terres pour les cultiver. De *Gentils* on a fait aisément Gentilly.

Ce village, comme on voit, est très ancien. Saint Eloi y avait une propriété dont il se servit pour fonder un monastère qu'il allait souvent visiter.

Pépin-le-Bref avait à Gentilly une maison royale, et y convoqua, en 766, un fameux concile relativement au culte des images.

Louis-le-Bègue fit don de cette maison à l'évêque de Paris, ainsi que de toute la seigneurie qui demeura à ses successeurs.

Sous Philippe-Auguste, on voyait dans ce village une tour ronde, ainsi que le témoigne un cartulaire de l'église de Paris. Cette tour était sans doute un reste de l'ancien palais de Pépin.

La paroisse de Gentilly était alors considérable ; elle comprenait celle d'Arcueil qui n'en fut séparée que sous le règne de Philippe-le-Hardi.

Sous Charles IX, Catherine de Médicis eut à Gentilly une entrevue avec le prince de Condé qui y était campé avec ses troupes ; cette conférence n'eut point de résultat, et le prince de Condé continua la guerre.

Gentilly a vu naître un homme célèbre, Simon Colinet, l'un des premiers et des plus distingués graveurs en caractères typographiques, qui exécuta principalement avec succès vers 1480, des caractères romains, tels à peu près qu'ils le sont aujourd'hui.

Benserade, dégoûté de la cour, se retira vers la fin de sa vie dans une maison de campagne qu'il possédait à Gentilly. Cette demeure lui inspira des stances dont voici la première :

> Possesseur d'un terrain de petite étendue,
> Je partage un ruisseau qui laisse aller ma vue
> En des lieux où pour moi l'on a quelques égards,
> Et si tout n'est à moi, tout est à mes regards.

C'est dans cette habitation champêtre que ce poète termina ses jours le 19 octobre 1691, âgé de 78 ans.

Le petit Gentilly, hameau plus près de Paris, dépend de cette commune, qui a environ 2,600 habitants, non compris *Bicêtre*, auquel nous allons consacrer un article séparé.

BICÊTRE.

En sortant de Paris par la barrière de Fontainebleau, on aperçoit sur une hauteur à droite et à peu de distance de la route, sur le territoire de la commune de Gentilly, un immense château, bien tristement célèbre, c'est *Bicêtre*.

Saint-Louis ayant le dessein d'établir les Chartreux près de la capitale, leur donna un terrain qu'il avait acheté des enfants d'un nommé Pierre Le Queux; ce terrain, connu sous le nom de *la Grange-aux-Queux*, dès les premières années du XIIIe siècle, est celui où est Bicêtre.

Quelques auteurs croient, mais sans donner les motifs de leur opinion, que là s'élevait le palais du père de Charlemagne.

Les chartreux s'étant rapprochés de Paris, leur couvent, abandonné, tombait en ruines, lorsque Jean, évêque de Winchester, acheta une partie de ce terrain au commencement du règne de Philippe IV, dit le Bel; il y fit construire ou augmenter une maison destinée à lui servir de demeure; mais il la conserva peu de temps: en 1294, Philippe prononça la confiscation de cette maison, de plusieurs autres, des terres, rentes et vignes que le prélat possédait à Arcueil et à Vitry, et en fit don à Hugues de Bouille, son chambellan, par lettres datées de Crèvecœur. Il paraît que Philippe ne garda pas rancune à l'évêque puisqu'il lui fit donner main-levée de sa confiscation en 1301.

Cette maison ou château, que le peuple nomma *Winchestre*, et par corruption *Bichestre*, puis *Bissestre* et enfin *Bicêtre*, nom sous lequel on le trouve dans les comptes de la prévôté de Paris de l'an 1425, et qui fut appelée *maison de Saint-Jean-Baptiste* après sa réunion à l'hôpital général, était si peu de défense que, sous le règne du roi Jean, mort en 1364, Robert Canolle, chef d'un parti anglais, venant de la Champagne, s'y logea *faisant semblant de vouloir donner bataille*.

Ce lieu n'offrait plus, encore une fois, que des ruines, lorsque le duc de Berri, Jean de France, frère de Charles V, l'acquit d'Amédée VIII, comte de Savoie, et y fit bâtir un château. Comme ce territoire dépendait de la seigneurie de Gentilly, l'évêque de Paris, en sa qualité de seigneur, s'opposa à ce que le duc y fît des fossés et des ponts-levis, *disant que ce terrain était roturier et dans la juridiction épiscopale*.

L'intérieur de ce château, embelli par le duc de Berri, avait beaucoup de magnificence. Un historien contemporain, Le Laboureur, met à portée d'en juger. Après avoir dit que la faction bourguignonne, dirigée par *Legois*, *Thibert* et *Saint-Yon*, bouchers, assiégea, en 1411, ce château, il ajoute que les factieux s'en emparèrent, brûlèrent, pillèrent, détruisirent de fond en comble ce bel édifice, dont il ne resta d'entier que deux petites chambres enrichies d'un *parfaitement bel ouvrage à la mosaïque*. « Les gens d'honneur furent d'autant plus offensés de cette insolence que la perte en fut irréparable, surtout celle des peintures exquises de la grande salle..... On y voyait les portraits originaux de Clément VII et des cardinaux de son collége, les tableaux des rois et princes de France, ceux des empereurs d'Orient et d'Occident. »

Quelque temps auparavant, les ducs d'Orléans et de Berri, ligués contre le duc de Bourgogne, s'étaient renfermés dans le château de Bicêtre avec trois ou quatre mille gentilshommes et six mille chevaux, pour s'opposer à la marche des Bourguignons sur Paris; mais le duc de Bourgogne s'étant présenté avec des forces supérieures, il s'ensuivit un traité dit de *Winchester*, que l'on appela *la trahison de Winchester* parce que ce traité ne dura qu'un moment. Ce traité porte la date du 2 novembre 1400.

On trouve dans le recueil des ordonnances des rois de France (tome VIII et IX) que Charles VI signa des lettres datées de Bicêtre en 1381 en 1409.

Au mois de juin 1416, le duc de Berri donna ce château, dans l'état où l'avaient laissé les bouchers alliés du duc de Bourgogne, au chapitre de Notre Dame avec quelques dépendances, en échange d'une promesse de quelques obits et de deux processions estimées *huit vingt livres parisis de rente*. Il y mit en outre cette condition positive « que les chanoines continueraient à porter le chef de Saint-Philippe, qu'il leur avait donné, comme ils avaient fait jusqu'à présent, en procession, le premier jour de mai, tous en chapes de soie, tenant en main un rameau de bois vert, et l'église semée d'herbe verte; et de même le jour de la *Toussaint*, le saint tableau des reliques, sans rameaux cependant et sans herbe. » Cette donation fut confirmée par Charles VII en 1441, et par Louis XI en 1464, à condition que le roi en pourrait faire reprise quand il lui plairait.

Le chapitre de Notre-Dame ne fit faire aucune réparation au château de Bicêtre. Quarante-cinq ans plus tard, ce qui restait des bâtiments était devenu un repaire de voleurs, sur lesquels on le prit en 1519.

Dans un dialogue satirique, où le successeur de Saint-Germain fait parler Vincennes et Bicêtre, ce dernier château est qualifié de *masure* où l'on a, dit-il, établi un hôpital rempli d'hôtes languissants et de courtisans estropiés. (*Catholicom françois*, page IX.)

En 1632, Louis XIII, ou plutôt Richelieu, acquit cette propriété, fit raser jusqu'aux fondements les bâtiments encore debout, et les remplaça par des constructions destinées à servir de refuge aux soldats invalides. Il y eut à cette occasion, en 1633, un édit portant établissement d'une communauté en forme d'ordre de chevalerie, du titre de Saint-Louis, pour l'entretien de ces soldats, avec réglement d'une levée pour les frais du nouvel édifice. Il était déjà assez avancé en 1634, pour que Jean-François de Gondi, archevêque de Paris, permît, le 24 août, d'y célébrer l'office. Une chapelle y fut élevée sur l'invocation de saint Jean-Baptiste; elle a été remplacée, vers 1670, par une église sous le même nom.

Saint Vincent de Paul obtint de la reine Anne d'Autriche, en 1648, une partie de Bicêtre pour servir d'asile aux enfants trouvés. Ces enfants y restèrent peu de temps, l'air vif qu'on y respire étant nuisible à leur santé. Ayant le projet de faire bâtir un hôtel pour les soldats invalides (les travaux commencèrent en 1672), Louis XIV réunit Bicêtre à l'hôpital général, et l'on y plaça, dès le 14 mai 1657, les mendiants de la ville et des faubourgs de Paris.

On lit le passage suivant dans une histoire de Paris, publiée par un anonyme en 1735 :

« Les pauvres de Paris demeurent en quatre maisons différentes, savoir : Notre-Dame de la Pitié, Saint-Louis de la Salpêtrière, Saint-Jean de Bicêtre et Sainte-Marthe de Scipion. La Salpêtrière, comme la plus grande, est destinée aux enfants au-dessous de quatre ans et aux femmes, de quelque âge qu'elles soient et quelque infirmité qu'elles aient, insensées, paralytiques, aveugles, estropiées, caduques, écrouellées, etc. A Bicêtre sont envoyés les pauvres hommes et garçons, valides ou invalides; les valides y sont exercés en différents métiers, et les invalides traités de leurs maladies, quelque incurables qu'elles soient.... »

On y enfermait aussi les jeunes gens qui mécontentaient leurs familles.

Cassaigne dit dans la parodie du *Cid* :

> Réduit au triste choix de trahir mon maître,
> Ou d'aller à Bicêtre,
> Des deux côtés mon mal est infini !

Quand la mendicité, qui désolait la capitale à cette époque, eut cessé de s'accroître, Bicêtre fut destiné à recevoir des pauvres, veufs et garçons, valides ou invalides, ainsi que les hommes et les filles publiques atteints de la syphilis.

Avant et après le traitement de ces vénériens, les chirurgiens étaient dans l'usage, pour se conformer aux arrêtés de l'administration, de les faire *châtier* et *fustiger*, ainsi qu'on en trouve la preuve dans une délibération de l'année 1700 attestée par le rapport du conseil général des hospices publié en 1816. Deux salles étaient spécialement consacrées au traitement de ces malades : l'une, nommée *Saint-Eustache*, recevait les hommes, et l'autre les femmes : celle-ci portait le nom de *la Miséricorde*.

« Les malades couchaient jusqu'à huit dans le même lit, ou plutôt les uns restaient étendus par terre, depuis huit heures du soir jusqu'à une heure du matin, et faisaient alors lever ceux qui occupaient le lit pour les remplacer. Vingt ou vingt-cinq lits servaient ordinairement à deux cents personnes, dont les deux tiers mouraient. »

Il y avait aussi dans la maison un endroit appelé la *Petite correction*, où l'on renfermait les jeunes gens pour cause d'inconduite, de fainéantise ou de mauvais traitements envers leurs parents. On les y employait aux ouvrages les plus rudes ; on ne leur donnait que du pain, du potage et de l'eau pour toute nourriture ; mais lorsque leur conduite s'améliorait, on y ajoutait un peu de viande et quelques rafraîchissements.

Ceux que les parents y faisaient mettre payaient pension, et ceux que l'on y conduisait par ordre supérieur ne la payaient pas. Le ministre de Vergennes écrivait au lieutenant de police de Crosne, le 4 janvier 1786 : « Les parents de Jean-Claude Fini, demandent que ce scélérat soit renfermé à perpétuité dans une maison de force. Je ne puis que m'en rapporter à vous sur ce que les circonstances peuvent permettre pour éviter à une famille nombreuse, et que l'on dit honnête, le déshonneur qu'elle n'a que trop lieu de redouter. » Fini fut arrêté et enfermé à Bicêtre. On l'accusait d'un vol fait en Angleterre, et de soustraction de onze manuscrits recherchés par la police. Cet homme avait formé le projet d'aller, à la tête de quelques aventuriers, élever, dans une des îles de la mer du Sud, un empire qui se serait appelé l'*empire de Circassie*. Chaque enfant mis à la *Petite correction* était attaché à cinq crampons de fer, deux aux poignets, deux aux pieds, et un au milieu du corps quand on voulait lui administrer le fouet, et il avait la face sur le mur.

Lors de la disette des années 1692, 1693 et 1694, on commença, dit Félibien, par occuper les mendiants valides à des ateliers publics afin de leur donner moyen de subsister et de les empêcher en même temps de se répandre dans la ville ; et par arrêt du parlement, du 29 mai 1693, il fut ordonné que les hommes trouvés mendiant, seraient enfermés pendant quinze jours à Bicêtre ou à la Salpêtrière, et, pour la seconde fois, condamnés aux galères pour cinq ans.

Les aliénés, hommes et femmes, y étaient aussi particulièrement traités. Voici ce qu'un rimeur du temps de Louis XIV écrivait sur cette maison :

> Auguste château de Bicêtre,
> Les lutins et les loups-garoux
> Reviennent-ils toujours chez vous
> Faire la nuit leurs diableries?
> Et les sorciers, de suif graissés,
> N'y trainent-ils plus leurs voieries
> Des pendus et des trépassés?
> Ils n'ont garde, les pauvres diables,
> D'y revenir mettre leur nez.
> Depuis que vous emprisonnez
> Les quaïmans et les misérables;
> Depuis qu'on vous nomme hôpital,
> Il n'en est pas d'assez brutal
> Pour aller y choisir un gîte, etc.

Dans la croyance populaire, toute cette partie méridionale du dehors de Paris, depuis et compris l'emplacement de l'antique cimetière des Romains jusqu'à Bicêtre, était le théâtre des revenants, des loups-garoux, du sabbat. C'était dans les carrières des environs de Gentilly, du plateau de Mont-Souris, que des fourbes, qui trouvaient des gens assez crédules pour les payer, leur faisaient voir le diable.

Lorsque cette maison fut transformée en hôpital, le mot *Bicêtre* devint synonyme de malheur. Molière a dit (*l'Etourdi*) :

> Il va nous faire encore quelque nouveau Bicêtre.

Le puits de Bicêtre, un des plus curieux qu'on ait vus, fut construit, sur les dessins du célèbre architecte de Boffrand, par Vrac du Buisson, entrepreneur de bâtiments en 1733, 1734 et 1735. Voici la description qu'en ont laissée Hurtaut et Magny : « Sa profondeur est de vingt-huit toises et demie, qui font cent soixante-onze pieds, quinze pieds de diamètre en œuvre et neuf pieds de hauteur d'eau intarissable, parce que tout le fond a été creusé dans le roc où sont les sources. On a pratiqué dans le mur, à deux toises au-dessus du niveau de l'eau, une retraite d'une toise, avec un appui de fer, au niveau du mur, dans toute sa circonférence, pour les ouvriers et les matériaux nécessaires à son entretien et à des réparations. Il faut faire à présent le développement de la machine très simple qui fournit l'eau abondamment à cette grande maison (qui renferme aujourd'hui près de 6,000 personnes). A un gros arbre debout est attachée horizontalement, à huit pieds de hauteur, une charpente tournante de trente-six pieds de diamètre, composée de huit principales pièces entretenues par des traverses, et où bout desquelles sont huit queux, d'où pendent huit palonniers, où sont attachés les chevaux, dont quatre servent continuellement et donnent le mouvement à toute la machine. On en peut mettre huit en cas de besoin (1). Au haut de l'arbre posé dans le centre est un tambour de six pieds de hauteur et d'autant de diamètre, sur lequel se divisent deux câbles de trente-huit toises de longueur, séparés sur ledit tambour, et qui filent en sens contraire. Ces deux câbles ont trente pieds d'étendue pour arriver à deux grosses poulies posées au dessus de l'ouverture. A ces deux câbles sont attachés deux seaux qui contiennent chacun un muid d'eau; ils sont armés de fer dans leur hauteur et leur contour, et pèsent environ douze cents livres. Au fond de chaque seau sont quatre soupapes qui puisent l'eau perpendiculairement par le poids des seaux, pour obvier aux vibrations contre les parois du puits, qui causeraient bientôt leur ruine. De ces deux seaux, l'un monte et l'autre descend en même temps, par le moyen de câbles posés sur le tambour en sens contraire. Mais voici un défaut auquel l'auteur de la machine aurait dû remédier : c'est que, dès que le seau montant est arrivé à sa hauteur et renversé, il faut détacher les chevaux de leurs palonniers et les attacher au palonnier de réserve entre chacun, pour les faire marcher d'un autre sens, ce qui fait une perte de temps et demande un service de plus à chaque cinquième minute, que le seau met de temps à monter. Dès qu'il est arrivé à sa hauteur, il est renversé dans la bâche par deux crochets mobiles qui saisissent un cercle de fer ajusté sur le bord du seau. Ils tirent environ cinq cents muids d'eau par jour. Cette eau, versée dans la bâche, va se rendre dans le réservoir. Ce réservoir est un bâtiment construit derrière celui du puits, de soixante pieds en carré sur huit pieds huit pouces de profondeur, et contient quatre mille muids d'eau. Il est couvert par plusieurs voûtes faites avec beaucoup d'art. Autour des murs règne un trottoir ou banquette d'une toise, avec un léger appui de fer. On le met à sec, tous les trois ans, pour le curer exactement. » Avant la construction de ce puits, il y avait plusieurs voitures employées à aller chercher de l'eau dans des tonneaux au port de l'Hôpital pour la consommation de cette maison.

Le plan de Bicêtre, si l'on en excepte quelques additions, offre un carré d'environ cent cinquante toises de côté. L'ensemble des parallélogrammes offre trois principales cours : la première sert d'entrée par une avenue aboutissant à la grande route de Fontainebleau; dans la deuxième sont : au sud, l'église, en forme de croix, d'une disposition et d'une décoration fort simples, puis l'ancienne prison; et au nord, le principal corps de bâtiment, où l'on avait placé l'infirmerie générale. La face opposée de ce bâtiment donne sur un jardin qu'entourent des bâtiments moins élevés, occupés par des vieillards infirmes. La troisième cour renferme un grand

---

(1) Sous le lieutenant de police Lenoir, et longtemps encore après lui, on employa des prisonniers à faire mouvoir cette machine; ces prisonniers ont été remplacés, depuis quelque temps, par des aliénés et aussi par des aveugles.

nombre de constructions disposées sans beaucoup de symétrie : là sont la porte d'entrée de la division des aliénés et le logement de l'agent de surveillance.

Il convient d'établir ici une division dans la partie historique de cette maison, parce qu'elle formait naguère à la fois prison et hospice.

Prison. La prison de Bicêtre est ainsi décrite dans un ouvrage publié fort peu de temps avant sa suppression :

« Auprès de l'église est un vaste édifice composé de deux corps de bâtiments à trois étages : l'un au sud-est, l'autre au nord-ouest; celui-ci a deux angles de retour sur la cour.

» On pénètre dans ce dernier par un guichet, séparant le greffe de l'unique parloir qui existe dans cette maison : le greffe est à droite, le parloir à gauche et la porte d'intérieur au fond.

» Les trois étages et les combles de ce bâtiment servent au logement des prisonniers, *pistole* et *paille*: la pistole est pour les travailleurs, la paille pour les oisifs. On compte en ce moment cent-dix lits à chaque étage, mais on en pourrait placer un plus grand nombre.

» La cour qui sépare ces deux bâtiments sert de promenade aux prisonniers; elle a quarante-cinq à cinquante pieds en carré.

» Au fond et au centre de cette cour est la porte qui conduit au chemin de ronde. Dans l'angle S.-S.-O. de ce chemin sont la chapelle de la prison et la sacristie, qui en dépend.

» Toutes les fenêtres sont garnies d'énormes barreaux de fer.

» C'est dans cette espèce de Capharnaüm qu'étaient mêlés naguère et confondus des prisonniers d'état, que l'on n'aurait pas dû y renfermer; des hommes suspects à la police; des détenus par voie correctionnelle, que réclamait Sainte-Pélagie; des réclusionnaires, que la loi soumet à des travaux utiles, et des condamnés aux fers, qui attendent le départ de la chaîne.

> Dans ce sombre Tartare, aux ennuis consacré,
> L'espoir consolateur n'a jamais pénétré.

» Ce séjour du crime avait encore, en 1814, des cachots dans lesquels on descendait par un sombre escalier qui conduisait à deux longs et ténébreux corridors, où l'on trouvait à droite et à gauche dix-sept portes épaisses et formidables roulant sur d'énormes gonds. Ces cachots, construits en pierres de taille, étaient étroits, humides, malsains, chauds en été, froids en hiver; le soleil ne les éclairait jamais, et à peine un faible rayon du jour y pouvait-il pénétrer. Quelques-unes de ces fosses, où la douleur et le désespoir dévoraient l'homme à la place des lions de Daniel, avaient encore une chaîne rouillée suspendue à la muraille par de forts crampons (1) : elle avait servi le despotisme de plus d'un ministre sous plusieurs de nos rois. Le malheureux qu'on précipitait dans ces antres funèbres, souvent fermés à l'espérance, n'avait d'autre nourriture que du pain noirâtre et de l'eau d'un grand puits, d'autre société que celle des insectes et des animaux immondes; et s'il était englouti dans le dernier de ces abîmes, trente-trois portes se trouvaient fermées sur lui, en comptant celle de la liberté. Plusieurs de ces cachots renfermèrent George Cadoudal et ses aides-de-camp après leur condamnation.

» En 1814 ou en 1815, le bâtiment sous lequel s'étendaient ces fosses mortelles ayant été abandonné à l'hospice, il fallut construire de nouveaux cachots.

» On en ouvrit six au bas et à gauche du grand escalier du bâtiment O. au-dessous et au prolongement du greffe. — Ils sont au niveau du sol, et ont sept pieds carrés environ. Le jour y pénètre au moyen d'une ouverture grillée, large et haute d'un pied et demi, pratiquée au mur de la porte, mais sur le corridor; ce corridor prend lui-même sa clarté sur la cour de l'église de l'hospice, à environ huit pieds du sol, par trois grandes fenêtres grillées. Chaque cachot est fermé par une porte à plusieurs serrures, et le corridor est coupé, après chaque cachot, par une porte de la même espèce.

» Une compagnie de vétérans, logée dans les bâtiments dépendant de la prison, sert à y maintenir l'ordre. »

Cette prison avait été instituée pour contenir quatre cents prisonniers; sa population moyenne était, en 1817, d'environ huit cents, et au-dessus de mille en 1818. Elle est revenue au chiffre flottant de cinq à six cents.

On a établi, dans l'intérieur, un appareil pour le traitement des maladies de la peau par les fumigations sulfureuses. Le nombre des prisonniers malades traités dans les infirmeries forme le dixième de la population.

Il y avait autrefois un lieu particulier pour les mouchards dits *observateurs* : dans une révolte qui eut lieu en 1774, un de ces *observateurs* fut crucifié.

C'est de cette maison de force que partait la chaîne des individus condamnés aux galères, avant que cette affreuse coutume eût été abolie. On rapportera ici ce que M. Saint-Edme a dit de cette chaîne dans le *Dictionnaire de la Pénalité :*

« Le jour de ce départ, après un premier appel, les gardiens *s'endimanchent*, les travaux sont suspendus, la garde est doublée,

---

(1) Duchâtelet, celui des complices de Cartouche qui dénonça ce voleur fameux, vécut pendant quarante trois ans dans un de ces cachots. — Avant la révolution, chaque cachot avait quatre chaînes auxquelles étaient attachés ceux qu'on renfermait dans ces espèces de tombeaux. Vers 1789, un nommé Isidore, menuisier, fut trouvé dans un de ces cachots. Il y vivait depuis quatorze ans, et jouissait d'une santé parfaite. C'était un voleur de profession, que Sartine, alors lieutenant de police, avait ainsi fait enterrer vivant, parce qu'Isidore l'avait menacé de le tuer.

tous les prisonniers sont renfermés dans leurs *cabanons*, les cours sont désertes et le silence règne dans toute la prison.

» Vers onze heures, il est interrompu par l'ouverture de la grille qui donne sur la grande cour et par l'arrivée de lourdes charrettes où sont les fers.

» Viennent ensuite le capitaine de la chaîne, ses trois lieutenants, une douzaine de sbires armés de bâtons et de sabres, des officiers de paix et un grand nombre d'agents de police.

» Aussitôt, et tandis que les gardes traînent et préparent les longues chaînes sur le pavé retentissant, la cloche sinistre se fait entendre, les condamnés arrivent à la file, et sont remis à leurs nouveaux gardiens, qui, d'abord, les font asseoir à terre, alignés vingt-six par vingt-six.

» Midi sonne : des sbires, la tête et les bras nus, rangent une chaîne derrière chaque cordon futur, et le ferrage commence. Un énorme collier de fer, attaché aux branches de la chaîne pesante, est posé sur le front du forçat comme la couronne du malheur; et lorsqu'on est assuré que sa tête ne peut passer à travers, le carcan s'ouvre, embrasse étroitement son cou, s'arrête sur une enclume que les cyclopes appuient contre le dos du patient immobile,

» Et leurs énormes bras lèvent de lourds marteaux,
» Qui rompent à grand bruit et rivent les anneaux.

» Les condamnés *ferrés* se lèvent à un signe de leurs chefs, sont alignés sur plusieurs rangs, et le concierge, l'*état-major*, les agents de police, procèdent à l'appel ainsi qu'à la revue. Ces derniers jettent sur chaque galérien un regard scrutateur, afin de le reconnaître un jour si, s'échappant du bagne, il revenait à Paris, comme cela arrive assez souvent.

» Quand la revue est terminée, on ordonne à ces malheureux de se déshabiller jusques et y compris la chemise, pour revêtir les habits du voyage. Les voici nus... leur chaîne est leur seul vêtement.

» Enfin, les condamnés sont couverts de leurs habits de toile à la serpillière, placée seule entre leur corps et cette chaîne, qui pèse vingt-cinq livres sur chacun d'eux; alors le ciseau du barbier coupe leurs cheveux de façon que leur tête paraisse sillonnée.

» On leur sert sur le pavé leur maigre repas, tandis que les gardes vont prendre le leur; et ensuite chaque cordon se promène dans la cour, ou va s'asseoir sur les bancs qui l'environnent, ou se presse autour des barreaux de l'avide cantinier. Ceux qui ont quelque argent boivent, avec un vin frelaté, l'oubli passager de leurs maux. La plupart gardent un profond silence; quelques-uns pleurent, d'autres s'enivrent, chantent, dansent, se querellent ensuite, et finissent par se battre.

> » Oui, l'on voit des forçats, l'un sur l'autre acharnés,
> » Se battre avec les fers dont ils sont enchaînés.

» Mais bientôt les sbires paraissent, et une grêle de coups de cannes tombe au hasard sur les épaules du tapageur et de l'homme paisible ; tel est le prélude des orages qu'ils essuieront pendant la route.

» Le lendemain, dès le lever du jour, et après une nuit passée sur la pierre que recouvre un peu de paille, ces malheureux sont placés, les jambes pendantes, sur de longs chariots découverts. La grille s'ouvre, et, sous l'escorte de leurs gardes et de la gendarmerie, ils partent ainsi pour Toulon, Rochefort, Lorient ou Brest. »

La dernière chaîne qui est partie de Bicêtre s'est mise en route, le 3 octobre 1835, par le temps le plus affreux. Elle se formait de cent soixante-douze condamnés. Aucun étranger n'avait été admis à l'opération du ferrage.

» On assure que cette fois les patients n'ont fait entendre ni chants indécents ni même un seul cri de douleur. Un morne repentir était empreint sur toutes les figures ; on a vu les yeux de plusieurs d'entre eux remplis de larmes.... La plupart de ces malheureux n'ont point dépassé l'âge de vingt à trente ans... Les forçats accouplés deux à deux, le long de chaque chaîne, ont été conduits à la chapelle. Le vénérable abbé Montès leur a fait une allocution... Vingt-cinq gendarmes à cheval les escortaient, et une trentaine de gardes à pied, armés de leur fusil et baïonnette, suivaient les voitures. »

C'est à Bicêtre que mourut, au mois de juin 1812, Hervagot, fils d'un tailleur de Saint-Lô, qui, pendant plusieurs années, voulut se faire passer pour le fils de Louis XVI.

Depuis 1801 jusqu'en 1815, et particulièrement en 1806, plusieurs tentatives d'évasion eurent lieu. A la dernière, quelques prisonniers montèrent sur les toits de la maison ; d'autres parvinrent jusqu'à gagner les champs ; l'un d'eux se sauva, un autre fut tué, et tout le reste, poursuivi par la garde, les porte-clés, les paysans, fut ressaisi en moins d'une heure. Un prisonnier d'état, D***, était encore assis sur le toit d'un bâtiment à cinq étages, et criait qu'il se rendait à des soldats qui le couchaient en joue du côté de l'église ; le curé de Bicêtre, se trouvant auprès d'eux, s'écriait aussi : Ne tirez pas, il se rend ! Les soldats baissent leurs armes ; mais aussitôt un féroce guichetier se glisse derrière le malheureux, et, d'un coup de pied dans les reins, le précipite du haut du toit en bas, où son sang et sa cervelle rejaillirent sur le pavé. Tous les coupables furent enchaînés et jetés dans les cachots.

Un autre prisonnier d'état, B.., était malade dans son cabanon, et n'avait aucunement participé à cette vaine tentative. On l'accusa d'avoir trempé dans la précédente; il fut arraché de son lit, frappé dans l'estomac, et à plusieurs reprises, avec la pointe d'une barre de fer qui sert à sonder les barreaux : il en mourut le troisième jour.

Dans une semblable circonstance, lorsque d'autres prévenus d'évasion étaient plongés dans les cachots, les fers aux mains, et tellement serrés que la chair rebroussait sur les menottes, des gardiens descendirent pendant la nuit dans ces sombres abîmes, munis de torches, armés de sondes, de nerfs de bœuf et de leurs paquets de clés; ils tombèrent à grands coups sur ces hommes sans défense, avec ces instruments de torture, et se relayèrent tour à tour durant cinq heures.

Quand les détenus se promenaient dans la première cour, quelquefois, par un temps de pluie, ils cherchaient un abri sous l'auvent des guichets, et ces mêmes gardiens les en chassaient avec des fouets de poste pour les forcer à faire le *manége* (1).

Tous ces faits se rapportent à des temps antérieurs à 1814. La puissance directoriale est toujours la même; mais elle s'exerce avec plus d'humanité. Les gardiens sont polis et quelquefois empressés et complaisants.

« Le 3 juillet 1815, on transféra de Bicêtre à Paris les détenus, à cause de l'approche de l'ennemi.

» En 1818 et 1819, beaucoup d'abus ont été réformés dans la prison de Bicêtre. Le docteur Pariset s'exprime ainsi dans le rapport qu'il fit en 1819 au conseil général des prisons : « J'ai vu Bicêtre à deux époques différentes : dans l'une, Bicêtre rivalisait l'enfer des poètes; dans l'autre, qui est l'époque actuelle, il s'administre comme un couvent. »

» C'est à Bicêtre, le 17 avril 1792, que furent faites les premières expériences de la guillotine, et ce fut là encore que, peu de temps avant le 9 thermidor, on fit l'essai d'une machine à neuf tranchants, destinée à moissonner autant de têtes, la guillotine n'ayant pas, à cette époque de sang et au gré des gouvernants d'alors, un mouvement assez accéléré. »

La prison était, dans ces derniers temps, employée à renfermer les condamnés à une peine infamante : ils y restent jusqu'à leur départ pour le bagne, ou à leur envoi dans une maison centrale, si cette peine est la réclusion. Les condamnés à mort y étaient transférés de la Conciergerie aussitôt après leur pourvoi en cassation, et n'en sortaient que pour être conduits devant une autre cour si l'arrêt était cassé, ou pour subir la peine capitale si l'arrêt était confirmé.

(1) Comme cette cour n'était point assez vaste pour que les prisonniers pussent aller et venir en droite ligne, ils étaient obligés de décrire un cercle, en faisant ce qu'ils appelaient le manége.

En 1775, on y avait établi des ateliers de polisseurs de glaces et de boutons, de cordonniers et une fabrique de bas, qui n'existent plus.

Le produit des travailleurs était ainsi réparti : un tiers pour le gouvernement, un tiers aux travailleurs; l'autre tiers, mis en réserve, leur était compté lors de leur mise en liberté.

La nourriture des travailleurs consistait en une livre et demie de pain, un demi-litre de bouillon, un demi-litre de lentilles ou de haricots, et deux fois par semaine quatre onces de viande désossée.

Depuis l'année 1837, la prison de Bicêtre est supprimée, et les bâtiments qu'elle occupait ont été mis à la disposition de l'*hospice* dont nous allons parler.

Hospice. Cet hospice est destiné aux infirmes de tous les âges, mais pauvres; aux vieillards qui n'ont pas de moyens d'existence, et aux aliénés dont les parents ne sont pas assez aisés pour payer une pension de 660 francs (*minimum*) à Charenton.

On trouve dans les *Rapports au conseil général des hospices* et dans les *Comptes rendus par la commission administrative* une partie des détails qu'on va lire.

En 1801, au moment où l'on a institué l'administration générale des hospices, Bicêtre contenait des valides, des aveugles, des paralytiques, des épileptiques, des gâteux, des vénériens, des scrofuleux, des incurables et des fous, hommes, femmes, enfants; les sexes, les âges, les infirmités y étaient confondus.

Il y avait alors quinze cent cinq lits, dans lesquels les malades couchaient seuls, deux cent soixante-deux où ils couchaient deux, cent quarante-quatre à double cloison, qui séparait les pauvres couchés ensemble; cent soixante-douze lits à seul, scellés dans le mur; cent vingt-six lits appelés *auges*, pour les gâteux, et trente-huit lits de sangle placés au besoin dans les dortoirs. On avait donc obtenu déjà une amélioration des lits à quatre. Les lits à huit n'existaient plus depuis la révolution.

Depuis 1803, de nombreux et utiles changements ont été opérés dans ce vaste établissement; des constructions, des réparations, des agrandissements, des plantations d'arbres y ont été exécutés, des mesures de propreté relatives aux salles et aux individus, un accroissement et une amélioration de nourriture ont beaucoup tempéré le malaise des malades.

Dans cette maison, il n'y a que la caducité et l'infirmité qui soient oisives. En 1813, le nombre des travailleurs s'élevait à six cent quatre-vingts; cinq cent cinquante-six étaient pris parmi les indigents ordinaires, et cent vingt-quatre parmi les fous et les épileptiques. Quatre-vingt-neuf de ces travailleurs servent dans les salles, au chantier, au cimetière, à la pharmacie, au balayage des cours, etc., et cinquante-cinq sont journellement et successivement occupés au grand puits.

En 1801, la population de l'hospice était de trois mille individus, et en 1814, de deux mille cinq cents. Chaque infirmité a ses salles, et chaque malade a son lit.

Cet hospice n'a plus de femmes depuis 1801, bien que Dulaure ait cru qu'il y en existait encore en 1822, qu'il ait cité leur nombre et indiqué le genre de travail de quelques-unes *des aliénées*. Les vieillards et les enfants au-dessus de seize ans y sont seuls admis.

On l'a partagé en cinq divisions. La première division comprend les vieillards valides, au nombre d'environ cinq cents, dont cent vingt au dessous de soixante-dix ans, et les trois cent quatre vingts autres au dessus. Dans cette division comme dans les autres, les servants sont dans le rapport de un pour quinze vieillards valides ou malades.

La deuxième est occupée par *l'infirmerie générale*, où l'on reçoit annuellement environ deux cents malades.

La troisième renferme à peu près cinq cents vieillards valides, dans les mêmes proportions que ceux de la première.

La quatrième, dite la *grande infirmerie*, est formée de sept cents vieillards en proie à des infirmités de toute espèce.

La cinquième est consacrée aux aliénés; leur nombre s'élève annuellement à huit cents. On reviendra sur ce qui concerne cette division après avoir dit un mot de la population de cet hospice et de l'état des vieillards qui l'habitent.

La nourriture y est suffisamment abondante et saine; le coucher y est bon, blanc et chaud; la propreté y est parfaitement entretenue; enfin les vieillards y sont traités avec bienveillance et avec des égards et des soins multipliés. Quelques uns de ces vieillards sont là en attendant que leur tour soit arrivé d'entrer à l'hospice de Mont-Rouge, dit de Larochefoucauld; ceux-là paient la pension qu'on exigerait d'eux à Mont-Rouge.

On a vu que la population des cinq divisions donnait un total d'environ deux mille sept cents; mais si l'on faisait rentrer les hommes en *congé* et ceux en *pension*, cette population s'élèverait à trois mille cent.

Par *hommes en congé*, on entend les individus qui rentrent momentanément dans leur famille, et par *hommes en pension*, ceux qui vivent également dans leur famille, à laquelle on accorde, à cause de son peu d'aisance, un secours ou pension de 120 francs.

Pendant onze ans, du 1er janvier 1804 au 31 décembre 1814, il est entré, dans les cinq divisions, environ vingt-deux mille individus, dont deux mille deux cents aux aliénés.

Il faut remarquer qu'il a existé, parmi les vieillards, beaucoup d'octogénaires, et que dans chacune de ces onze années on en a compté au moins cent soixante-trois et au plus cent quatre-vingt treize.

Il faut revenir aux observations relatives à la cinquième division.

Objet d'une pitié toute spéciale, d'une curiosité difficile à satisfaire, les aliénés se trouvent maintenant dans une condition incontestablement meilleure que celle dans laquelle on les a vus jusqu'à ce jour. Soumis à un traitement moral qui exclut la rigueur, il en est très peu, sur les huit cents, qui commandent la sévérité dont il faut quelquefois user envers eux : quelques-uns seulement sont *maintenus*, c'est-à-dire dans un état de gêne qui les empêche, soit de voler, soit de frapper.

La population constante de cette division, on l'a dit, est d'environ huit cents; le nombre des entrants, chaque année, est de trois cents : on est donc parvenu à obtenir d'heureux résultats puisque la majorité y est à peu près, année commune, d'un sur huit. On croit qu'ils sont dus, partie au traitement adopté, partie aux modifications qu'on a fait subir aux localités.

Il ne reste plus rien des anciens bâtiments. On a construit, il y a quelques années, plusieurs bâtiments; un, entr'autres, à double corps de cellules, sur le plan de celui qui a été bâti en 1821, dans la troisième cour, à gauche.

Cette dernière cour a sur ses deux ailes un bâtiment à un étage, supporté par vingt-deux colonnes en pierre, offrant, devant les onze cellules du rez-de-chaussée, un corridor à jour, couvert, de la largeur de cinq pieds et demi : cet étage, de chaque côté, avec ses deux pavillons, forme un dortoir contenant vingt lits en fer. Quant aux cellules, elles ont dix pieds carrés, ce qui donne le double des anciennes. Ce bâtiment a coûté 108,000 francs et non 400,000, comme quelques auteurs l'ont avancé. Les anciennes loges, ces trous humides et étroits, ont disparu : leur nombre était de trois cent quarante-neuf.

Sur le devant de cette même cour, et avant d'y pénétrer, est un bâtiment à deux étages, divisé en six salles. Le rez-de-chaussée est occupé, à gauche, par les entrants de la division, et à droite par les bains et les douches, employées maintenant comme moyen de correction. L'infirmerie de la division est placée au premier étage ; cette infirmerie reçoit annuellement deux cent cinquante malades.

La cour, qui fait face à l'entrée de ce bâtiment, est vaste et bien disposée; on la nomme *cour des traitements*. A gauche de cette cour, près de la porte d'entrée, est la salle des convalescents.

En sortant, à gauche de cette dernière porte, est l'entrée de la *cour des incurables*. A l'est est un bâtiment de nouvelle construction où sont, au rez-de-chaussée, la salle des *gâteux*, parfaitement entendue ; au premier et au second, des dortoirs et une infirmerie.

A l'extrémité et dans l'angle S. de cette cour sont le promenoir et le bâtiment neuf des fous furieux et incurables.

Entre cette cour et la *nouvelle cour des colonnes* sont le chauffoir et la promenade des *gâteux* : ces malades, qui ne laissent aucun espoir à l'art, forment un huitième de la population de la division. Un des malheureux habitants de ce chauffoir épouvantable frappe surtout le visiteur. Vêtu d'une veste et d'un jupon de grosse toile écrue, la veste à manches fermées du bas; ayant pour chaussure des chaussettes de laine et des sabots; la tête nue et quasi rasée; accroupi sur un petit banc de bois de huit pouces de hauteur, dans l'angle que forme le mur et le poêle en fonte de la salle; les yeux grands, les traits réguliers, il jette autour de lui des regards doux, mais sans autre expression; il ne répond aux questions qu'on lui adresse que par un mouvement de lèvres qui ne saurait formuler une pensée, et que n'accompagne aucun son. On ne lui donne pas plus de trente-trois ans. D'abord placé à Charenton, puis à Bicêtre, il fut conduit à Rouen, ensuite ramené à Bicêtre. Une circonstance fort extraordinaire se rattache à ce dernier transfert. Pendant ce voyage, qui eut lieu depuis la révolution de 1830, ses yeux se portèrent sur les drapeaux tricolores : la vue de ces couleurs patriotiques lui causa une émotion si vive qu'il reprit sur-le-champ l'usage de sa raison, et que pendant quinze jours on le crut rendu à la santé. Ces quinze jours écoulés, il retomba dans son anéantissement, à ce point, que la vue de sa femme ne lui fit pas éprouver la plus légère émotion, qu'il ne la reconnut point, et qu'il ne proféra pas une seule parole devant elle. Cet infortuné se nomme Bauthier, avocat de grande espérance, celui qui, le premier, défendit le célèbre Maubreuil.

Dans cette division des aliénés, toutes les cures possibles doivent s'opérer, grâce aux soins nombreux, aux attentions calculées dont on entoure les malades, et surtout à l'action d'un traitement que l'humanité et la science doivent se hâter d'avouer.

Cette divison renferme-t-elle quelque individu dans le cas où s'est trouvé l'abbé Fournier? On ne le croit pas. Voici ce qu'on lit dans la *Biographie des hommes vivants*, de Michaud : « Arrêté en 1801, par ordre du préfet de police Dubois, il fut enfermé à Bicêtre, tondu et confiné dans un cabanon parmi les fous les plus maniaques. Ses amis ayant découvert le lieu de sa détention et commençant à solliciter pour lui, le préfet de police le fit, au bout de dix jours, transférer à la citadelle de Turin. Le cardinal Fesch obtint son élargissement en 1804, et l'emmena à Lyon, où l'abbé Fournier recommença ses prédications. Peu de temps après, son protecteur le fit nommer chapelain de l'empereur Napoléon.....; en 1806, il fut nommé évêque de Montpellier..... » Il paraît que le délit de cet évêque était d'avoir, dans un de ses sermons, fait une allusion à la mort de Louis XVI. M. de Beausset dit à ce sujet dans un de ses mémoires : « J'ai souvent entendu Napoléon regretter de s'être trop laissé aller aux impressions de la police, et d'avoir maltraité un prélat aussi recommandable. »

On lit dans le *Compte rendu*, publié par M. Desportes, en 1826 : « Le conseil général (des hospices) est parvenu à se concerter avec M. le conseiller d'état, préfet de la Seine, pour la cession à l'hospice des bâtiments composant la prison de Bicêtre, et il a pris, le 30 juin 1824, une délibération dont toutes les parties ont été consenties par le conseil municipal de la ville de Paris.

En 1825, le *conseil des prisons*, présidé par le duc d'Angoulême, dauphin, décida que Bicêtre cesserait d'être un lieu de détention, et ne servirait plus que d'hospice. On plaça dès lors cette inscription sur l'entrée principale de Bicêtre : *Hospice de la vieillesse (Hommes)*.

Cette utile réforme a pu enfin s'accomplir. Après l'achèvement de la prison de la rue de la Roquette, les prisonniers de Bicêtre y ont été transférés, et Bicêtre n'est plus aujourd'hui qu'un hospice.

Le 3 septembre 1792, et à cause de sa prison, Bicêtre a été compris dans les massacres de cette époque sanglante : la mort y plana pendant trois jours et trois nuits. Une troupe d'assassins, armés de sabres, de piques, de massues, de coutelas, de fusils, traînant de l'artillerie à leur suite, se présentèrent devant cette maison. Le concierge voulut résister : il avait fait braquer contre eux deux pièces de canon; au moment d'y mettre le feu il reçut le coup mortel (1). « Les prisonniers, conduits par leurs gardiens, défendirent leur vie, leurs cachots et leurs chaînes, comme de généreux citoyens défendraient leur patrie et leur liberté. On vit des insensés recouvrer à ce terrible moment la raison et le sentiment de l'existence, vendre chèrement leur sang et redevenir des hommes. Plusieurs traînaient encore les fers qu'on n'avait pas eu le temps de détacher de leurs pieds et de leurs mains, et en frappaient leurs ennemis : ils démolissaient leurs repaires pour s'armer de pierres et de barreaux. Dans cette lutte hideuse, les assaillants eussent été peut-être vaincus sans le secours de leur artillerie. Ils pointèrent leurs canons sur une cour où les prisonniers avaient établi leur principale défense, et tirèrent à mitraille. Ils poursuivaient les fuyards à coups de fusils, et achevaient les blessés à coups de sabres et de piques. Ceux qui purent échapper à cette boucherie se réfugièrent dans les cachots souterrains dont l'obscurité pouvait les soustraire aux yeux des meurtriers : on imagina d'inonder avec des pompes ce dernier asile. Pétion arriva au moment où le sang

---

(1) Prud'homme, dans ses *Révolutions de Paris* (pages 429-430), rend compte de cet événement de la manière suivante :

« Lundi, vers les trois heures, on se transporta d'abord à Bicêtre avec sept pièces de canon parce que le bruit courait qu'il y avait des armes ; ce qui ne se vérifia point. À la présence du peuple, les gardes du château commencèrent par coucher en joue l'économe, chargé depuis long-temps des malédictions de la partie saine des habitans ; puis on procéda à l'apurement de cette maison de force, avec le même ordre qu'on avait observé dans celles de Paris; on y trouva une fabrique de faux assignats; on en tua sans rémission tous les complices. Les prisonniers pour dettes, ou par jugement de la police correctionnelle, furent élargis, et s'en allèrent sains et saufs. Le fameux Lamothe, mari de la comtesse de Valois, et retiré volontairement à Bicêtre, se nomma; le peuple le prit sous sa sauve-garde. Beaucoup de citoyens que la misère avait relégués là ne coururent aucun danger ; mais tout le reste tomba sous les coups de sabres, de piques, de massues du peuple Hercule nettoyant les étables du roi Angias. Il y eut beaucoup de monde de tué. »

avait cessé de couler dans les cours, et où l'on poursuivait dans les caves et dans les cabanons quelques fugitifs échappés à la mitraille et à la fusillade. Il fit d'inutiles efforts pour mettre fin au carnage; son autorité fut méconnue.... Il a été impossible de compter les morts de Bicêtre : quelques rapports en ont porté le nombre à six mille. Cette évaluation est sans doute exagérée; mais ce que l'on ne peut révoquer en doute, c'est que les meurtriers n'épargnèrent personne : prisonniers, malades, gardiens, tout périt, excepté deux cents, qui n'avaient point été flétris et qui furent enfermés dans l'église. »

Lors de la conspiration, dite des prisons, Bicêtre ne fut pas épargné. « Saladin cite un arrêté du 25 prairial.... par lequel il est enjoint au tribunal révolutionnaire de juger, en vingt-quatre heures, une foule de détenus dans la maison d'arrêt de Bicêtre. Le lendemain un grand nombre fut livré à la mort sur un simple arrêté de police : on compte trois cent onze victimes de cette espèce (1). »

Bicêtre est situé à une demi-lieue au sud des barrières de Paris, et comme Gentilly dont il est une dépendance, fait partie du département de la Seine, de l'arrondissement de Sceaux et du canton de Villejuif (2).

MONTROUGE.

Guy-le-Rouge, sire de Montlhéry, ainsi nommé de la couleur de ses cheveux, a donné le nom de Montrouge à ce village dont il était seigneur.

Montrouge est situé à une demi-lieue sud de la barrière, à droite de la route et sur une élévation presque insensible.

L'église de ce village, très petite dans l'origine, tombait en ruines au XVIe siècle et fut restaurée sous le règne de François Ier, en 1553. Ces réparations consolidèrent mal l'édifice; il fallut le reconstruire entièrement en 1700; l'église reçut alors le nom de Saint-Jacques le majeur et de Saint-Christophe. Cette seconde église est elle-même détruite aujourd'hui, on en a construit une autre il y a peu d'années sur les dessins de M. Vallot architecte.

Vers la fin du XIIe siècle les Guillemins, ou Guillemites, qu'on appelait aussi les frères ermites de Saint-Guillaume, vinrent d'Italie s'établir à Montrouge. Ces moines s'enrichirent successivement des libéralités de Philippe-le-Hardi, et de Philippe-le-Bel. Ce dernier prince leur ayant donné, en 1298, la maison des

---

(1) *Histoire des Prisons*, tome IV, page 523.
(2) La plupart des renseignements que nous donnons, sur Bicêtre, sont empruntés à un travail plus étendu, et fort recommandable, publié dans le *Paris pittoresque*, t. 1, p. 89—114.

Blancs-Manteaux, qui venaient d'être abolis à Paris, une grande partie des religieux de Montrouge allèrent s'y établir. Il n'en resta à Montrouge qu'un très petit nombre. Le dernier mourut en 1680.

Les Jésuites avaient autrefois à Montrouge un noviciat fondé en 1668. Sous la restauration ils reprirent possession de cette maison sous le titre de *Pères de la Foi*, et l'occupèrent pendant quelques années.

Montrouge eut beaucoup à souffrir des guerres civiles du XIV° siècle et des guerres religieuses du XVI°, particulièrement lorsque, en 1590, Henri IV vint mettre le siége devant Paris.

Le village de Montrouge, aujourd'hui bien négligé, avait autrefois de fort belles maisons de campagne dont plusieurs furent habitées par des personnages célèbres, entre autres par le duc de Lavallière, Charles de Laubépine, garde des sceaux, Philippe de Béthune, ancien ambassadeur, l'abbé de Voisenon, que Voltaire appelait l'*Évêque de Montrouge*, le critique Fréron, et Mercier, l'auteur du tableau de Paris. La maison du duc de Lavallière, devenue la propriété de M. Amaury-Duval, a été longtemps habitée par cet académicien.

On remarque dans la plaine de Montrouge la célèbre pépinière de M. Cels.

Deux rangs de maisons qui bordent la grande route d'Orléans depuis la barrière d'Enfer jusqu'à Montrouge, forment ce qu'on appelle le *Petit-Montrouge*.

C'est au Petit-Montrouge qu'est situé l'hospice de La Rochefoucauld, l'un des hopitaux les plus salubres et les mieux tenus de Paris. Cet utile établissement fut fondé, en 1781, par Louis XVI, sous le titre de *Maison royale de Santé*, pour des militaires et des ecclésiastiques pauvres et malades. Pendant la révolution, cette maison fut appelée *Hospice national*, et destinée à recevoir les malades de Bourg-la-Reine et lieux voisins. En 1802, elle reçut la dénomination de *Maison de retraite* : on y admit alors, moyennant 200 fr. par an, les veillards des deux sexes. Cette destination a été maintenue, mais l'établissement a changé de nom, pour prendre celui de l'un de ses plus illustres bienfaiteurs, M. de La Rochefoucauld Liancourt.

L'architecture de l'hospice de La Rochefoucauld, ouvrage d'*Antoine*, est fort estimée. « L'édifice principal, dit M. Donnet, se compose d'un grand corps de bâtiment avec des ailes en retour, précédé d'une esplanade circulaire, et d'une large avenue qui sépare le jardin en deux parties. Celle-ci a son entrée sur la route par une porte assez bien ajustée. La façade terminée par deux pavillons en avant-corps, est d'un caractère de décoration sévère et sage ; elle a quelque chose de celle de l'hôpital Cochin, et se fait particulièrement remarquer par une simplicité agreste, très convenable à un édifice bâti hors de la ville. La porte est décorée de deux colonnes doriques isolées, portant un fronton de forme circulaire. Les autres parties de la façade, dont les baies du rez-de-chaussée sont cintrées, n'offrent d'ailleurs que des traits d'appareil horizontaux; une corniche ornée de médaillons, couronne cette élévation. Derrière le principal corps-de-logis, et entre les ailes, se trouve une cour régulière. Quoiqu'il semble à l'inspection du plan, que l'architecte ait été obligé d'employer utilement d'anciennes constructions, la distribution intérieure est fort bien appropriée à la destination de l'édifice; les bâtiments accessoires sont adroitement rejetés dans les irrégularités du terrain, et loin de nuire à l'harmonie générale de cette composition, ils la rendent plus parfaite.

Un immense vestibule conduit à gauche, à la chapelle, dont il forme au besoin la nef; à droite, il communique à l'escalier principal, et, par un corridor, avec les cuisines placées à l'extrémité de l'aile droite. Les étages supérieurs sont distribués en logements. Les combles des pavillons sont terminés par des lanternes qui facilitent le renouvellement de l'air dans l'intérieur. » (1)

C'est au petit Montrouge que se trouvaient les trois portes par lesquelles on descendait dans les immenses *Catacombes* qui s'étendent sous Paris; mais la circulation dans ces souterrains ayant cessé d'être sûre, le gouvernement en a fait interdire l'entrée. On ne lira pas sans intérêt la description suivante des Catacombes, que nous empruntons à l'ouvrage de M. Donnet, publié en 1824.

« Sous le sol qui porte le petit *Montrouge*, *Mont-Souris*, etc., s'étendent à plus de mille toises hors de Paris, d'immenses excavations, qui se prolongent dans l'enceinte des murs de cette ville, sous les faubourgs Saint-Jacques et Saint-Germain; elles sont le fruit de l'exploitation des carrières qui ont fourni à la construction de Paris et des lieux environnants. A une époque où cette ville était moins grande, ses habitants employèrent, pour construire, les matériaux qui se trouvaient pour ainsi dire sous leurs mains ; plus tard, la ville s'agrandissant, on bâtit sur ces cavitées; mais plusieurs écroulements de leurs voûtes, qui entraînèrent dans leur chûte les maisons qui les couvraient, avertirent les parisiens de leur imprudence ; la police fit visiter ce labyrinthe souterrain, dont la partie supérieure menaçait ruine de toute part, et pouvait, par un événement spontané, engloutir un cinquième de Paris. On entreprit alors d'immenses travaux pour étayer ces voûtes délabrées. Des murs et des contre murs furent élevés pour répondre aux rues situées sur la surface; dans leurs intervalles, de nombreux piliers soutiennent les plafonds; enfin la vigilance active et les talents qu'apportent à ces travaux les hommes habiles qui en sont chargés, doivent bannir la terreur que quelques écrivains ont cherché à porter dans l'esprit des Parisiens.

(1) Description des Environs de Paris, page 244.

» Lorsque le cimetière des Innocents fut supprimé en 1785, pour arrêter les ravages toujours croissants que causait la putréfaction d'un aussi grand nombre de cadavres, les carrières dont nous venons de parler furent destinées à recevoir les débris de vingt générations. Ces nouvelles catacombes disposées par les soins de M. Charles Alexandre Guillaumot, architecte et inspecteur-général des carrières, furent consacrées au mois de mars 1786. En quinze mois de travaux interrompus seulement par les grandes chaleurs, on enleva tous les ossements du charnier des Innocents, et l'on continua successivement jusqu'en 1813, l'évacuation de tous les cimetières et caveaux des nombreuses églises de Paris.

Dans une maison connue depuis longtemps sous le nom d'*Isoire* ou la Tombe Isoard, dont le gouvernement avait fait l'acquisition, et qui était située dans la campagne, près d'une entrée des Catacombes, on avait recueilli une grande quantité de monuments, de cercueils de métal et d'inscriptions : cette collection religieuse a été dévastée à la révolution, et la maison, vendue, est aujourd'hui transformée en un cabaret.

» On descend ordinairement dans les catacombes par l'escalier pratiqué à la barrière d'Enfer. Parvenu à une profondeur de cinquante-huit pieds, on trouve deux galeries : l'une parcourt la route d'Orléans; l'autre, suivant le boulevart Saint-Jacques, est rencontrée par l'aqueduc souterrain des eaux d'Arcueil. Cet aqueduc s'étant trouvé, en quelques endroits, établi sur des carrières dont alors on ignorait l'existence, il a fallu faire d'immenses travaux pour sa conservation. Plusieurs autres galeries mènent de là aux catacombes; l'une d'elles surnommée du *Port-Mahon*, à cause d'un plan en relief de ce fort qu'on y voit sculpté sur la pierre, qui est d'un grain fort tendre. Cet ouvrage curieux a été exécuté, de 1777 à 1782, par un carrier nommé Décure, dit *Beau-Séjour*, militaire vétéran, qui avait été longtemps captif dans les casemates du port Mahon. Il employa à faire ce relief les heures de ses repas qu'il prenait dans cette solitude. Il y ajouta un grand vestibule orné d'une mosaïque en silex.

» Le vestibule des catacombes, construit en 1811, offre, sur les deux piliers d'entrée, cette inscription du cimetière Saint-Sulpice :

Has ultrà metas requiescunt,
Beatam spem spectantes.

» La disposition des catacombes en longues galeries a permis d'apporter un certain ordre dans cette accumulation de débris humains. Les têtes et les membres, rangés symétriquement, composent de droite et de gauche deux longues murailles qui forment la galerie. Cet ordre et les monuments qui se rencontrent dans ces galeries funéraires sont, en partie, dus aux soins de M. Héricart de Thury, inspecteur général des travaux souterrains du département de la Seine.

» Parmi les objets les plus remarquables de ces catacombes, nous citerons : le cabinet minéralogique, contenant la collection de tous les *bancs* de la tombe Isoire. Cette collection est due à M. Gambier La Pierre, chef d'atelier, conservateur des catacombes. Dans un carrefour, on voit une collection pathologique de toutes les pièces trouvées dans l'arrangement de chaque ossuaire. Sur une autre table, est une réunion des têtes les plus curieuses par leur structure ou les accidents qu'elles ont éprouvés. La crypte de Saint-Laurent, où sont déposés les ossements exhumés, en 1804, de l'ancien cimetière de cette paroisse, mérite aussi de fixer l'attention ; l'entrée en est décorée de deux pilastres doriques de Pœstum ; on y voit un piédestal construit en ossements, dont les moulures sont faites de tibias de la plus grande dimension. Sur ce monument est une tête d'une belle conservation.

» Le grand autel des *Obélisques* et le *Sarcophage du Lacrymatoire* sont de grandes consolidations exécutées en 1810, pour soutenir les éboulements, et auxquels on donna cette forme monumentale. Sur le sarcophage, on lit ces vers de Gilbert :

> Au banquet de la vie, infortuné convive,
> J'apparus un jour, et je meurs ;
> Je meurs, et sur ma tombe où lentement j'arrive,
> Nul ne viendra verser des pleurs.

» Lors des premiers travaux, et pour faciliter la circulation de l'air, on avait placé sur un bloc de pierre une grande terrine de feu. On lui a substitué une lampe sépulcrale, antique, élevée sur un piédestal.

» Le pilier cruciforme du *Memento* et celui de l'*Imitation*, prennent leur nom, le premier de cette inscription : *Memento quia pulvis es*, qu'il offre sur ses trois faces, et le second de ses inscriptions tirées de l'*Imitation de Jésus-Christ*. Il en est de même de celui des *Nuits clémentines*.

» La *Fontaine de la Samaritaine* prend son nom des paroles de Jésus à la Samaritaine, qui y sont gravées ; elle est alimentée par une source découverte, par les ouvriers, dans le sol des catacombes ; on l'a ingénieusement décorée, ainsi que les piliers qui soutiennent la voûte.

» Ce n'est pas seulement aux anciennes générations que les catacombes servent de demeure ; on y a aussi précipité les restes de ceux qui, à diverses époques, périrent victimes de nos discordes civiles ; les tombeaux de la *Révolution* et celui des *Victimes* renferment les cendres de ceux qui furent tués aux divers combats livrés dans Paris et dans les massacres des 2 et 3 septembre.

» En sortant des catacombes par la porte de l'est, on trouve un vestibule et une rampe dont la pente douce ramène dans les carrières supérieures; de là, deux chemins conduisent à l'escalier construit, en 1784, sur le bord de la voie Creuse, ou ancienne route d'Orléans. En remontant par cet escalier, on se trouve dans une cour fermée par une grande porte, dont les piliers, en forme de tombeaux antiques, sont d'un style simple et sévère. »

QUATRIÈME PARTIE.

RÉGION DE L'EST.

La région qui s'étend à l'orient de Paris, dans la limite de vingt lieues, comprend, dans le département de l'Aisne, une partie des arrondissements de Soissons et de Château-Thierry ; dans le département de Seine-et-Marne, les arrondissements de Provins, de Coulommiers et de Meaux ; dans le département de Seine-et-Oise, une petite portion des arrondissements de Pontoise et de Versailles ; enfin, dans les deux arrondissements du département de la Seine, toutes les localités situées entre la rive droite de la haute Seine et la limite formée vers le nord par la route de Flandre.

CHAPITRE PREMIER.

DÉPARTEMENT DE L'AISNE.

La partie occidentale seulement du département de l'Aisne se trouve comprise dans le rayon où nous nous sommes renfermé pour cette histoire des environs de Paris. Les localités dont nous avons à parler appartiennent aux arrondissements de Soissons et de Château-Thierry.

§ Ier

ARRONDISSEMENT DE SOISSONS.

VILLERS-COTTERETS.

Cette petite ville, traversée par la grande route de Paris à Soissons, est presque entourée par la forêt de *Rest*. Son nom, qu'elle doit au voisinage de cette forêt, a varié à l'infini : *Villare ad Cotiam, Villare ad Restum, ad Collum, ad Caudam Resti, Villare*

Juxta Restum. Dans les ordonnances des rois de France, on lit *Villiers-col-de-Retz* et *Villiers-Costeretz.* Le hameau qui lui donna naissance fut aussi longtemps appelé Villers-Saint-Georges, du nom d'une chapelle, dédiée à ce saint, qu'y avait fait bâtir Chagneric, son premier possesseur.

Au VIIe siècle, saint Valbert, petit-fils de Chagneric, établit à Villers une communauté dépendante de l'Abbaye de Luxeuil, qu'il avait aussi fondée. Les religieux de Villers étaient chargés de la culture des terres : telle fut l'origine du prieuré de Saint-Georges, qui s'appela plus tard abbaye de Saint-Remi.

Après la mort de saint Valbert, cette communauté de frères servants, étant devenue la propriété immédiate des rois de France, n'eut plus de rapports avec l'abbaye de Luxeuil. Charles-le-Chauve en fit présent à l'abbaye de Notre-Dame de Soissons, dont le supérieur utilisa ces frères en les chargeant de soins agricoles et commerciaux, sans qu'ils cessassent pour cela d'assister aux offices et de suivre la règle de saint Benoît. Ils rendaient leurs comptes tous les trois mois, et le peuple les appelait : *Li rendus Notre-Dame.* Un chef dirigeait les travaux de ces *rendus*, et chacun d'eux avait à ses ordres une famille de serfs qui faisaient les ouvrages les plus pénibles.

Le village de Saint-Georges se composait alors de plusieurs hameaux. Le plus considérable, placé entre le prieuré et l'emplacement du château actuel, était spécialement ce que l'on appelait *Villers (Villare),* c'est-à-dire village.

Sous Louis VIII, saint Louis et Philippe-le-Hardi, les fiefs qui divisaient cette seigneurie furent successivement réunis, et composèrent le domaine du château, qui était alors une maison de plaisance de ces rois.

Une légende bizarre, que nous reproduirons d'après Carlier, se rattache à l'histoire de Villers-Cotterets à cette époque :

« Un ecclésiastique, nommé Baudouin, ancien recteur de l'Université de Paris, devait aller de Saint-Quentin à Dijon ; il prit sa route par Verberie : il était suivi d'un valet. Le lendemain de son arrivée, il partit et s'engagea sur le soir dans la forêt de Villers-Cotterêts, où il s'égara : la nuit, qui le surprit, était fort obscure. Comme il ne lui restait aucun moyen de se reconnaître, il ordonna à son valet de monter sur un arbre, afin d'examiner s'il ne découvrirait pas dans le lointain quelque lumière qui fût la marque d'un lieu habité.

» Le valet obéit. Arrivé au haut de l'arbre, il aperçut dans l'éloignement une lumière ; il s'orienta avec beaucoup de soin et descendit. Il était à pied et son maître à cheval. S'étant formé une ligne de direction, il fendit avec beaucoup de résolution les broussailles et le bois mort pour se faire une route jusqu'au terme où il espérait arriver. Après des fatigues inouies, nos voyageurs aperçurent, à travers les ténèbres, un vaste corps de logis qui avait l'air d'un château; ils heurtèrent à la porte : un moine parut en habit blanc; ils lui demandèrent l'hospitalité avec la soumission et les ménagements de gens excédés de lassitude, qui craignent les suites d'un refus. Le religieux leur dit qu'il allait prendre à ce sujet les ordres du père abbé, et referma sa porte. Un instant après, l'abbé parut en personne. Il reçut Baudouin avec beaucoup de politesse, lui prit la main et le conduisit dans une vaste salle à manger. La salle était remplie de moines blancs, qui allaient commencer leur repas. L'abbé plaça Baudouin à l'endroit le plus honorable, et lui fit servir des rafraîchissements abondants; on lui présenta pour boire une coupe de vermeil enrichie de diamants. Le voyageur remplit de vin le cratère; mais avant de commencer son repas, il jeta les yeux sur l'assemblée, et s'aperçut que les moines commençaient à manger sans s'acquitter des devoirs de religion dont il est rare que les laïcs se dispensent. Baudouin ne les imita point : il prit sa coupe d'une main, et de l'autre il fit le signe de la croix. Cette pieuse précaution termina la scène. La salle, avec tout ce qu'elle contenait, l'abbé, les moines, les tables, les services et même le vaste corps de logis du couvent, tout disparut. Baudouin se trouva dans les ronces, tenant sa coupe à la main; on ne marque pas si le vin fut répandu. Le valet et le cheval se retrouvèrent heureusement. Baudouin se retira des ronces et des buissons, et attendit, dans un lieu moins incommode, le retour du jour pour continuer sa route. Il conserva le vase avec un grand soin; et, comme il était d'un travail exquis et enrichi de pierreries, il le vendit une grande somme d'argent, qu'il partagea entre deux communautés religieuses : l'une de Saint-Quentin, l'autre de Dijon. »

Charles de Valois, père du roi Philippe de Valois, et ce dernier prince, surtout, avant son avènement au trône, habitèrent préférablement Villers-Cotterêts. On croit que ce fut Charles de Valois qui fit de ce village une ville, et y bâtit pour sa résidence la *Male-Maison*, qui n'était auparavant qu'une métairie, et dont il fit une demeure délicieuse; mais elle n'était pas fortifiée, et lors des guerres civiles, ce château fut facilement pris d'assaut par le comte de Saint-Pol. Plus tard, les Anglais le ruinèrent entièrement avec toutes ses dépendances. Ce château fut reconstruit par François Ier; c'est de là que ce prince rendit, le 10 août 1539, la célèbre ordonnance par laquelle il prescrivit que tous les actes seraient rédigés en français.

Charles-Quint logea dans le même château, avant la conclusion de la paix de Crécy, pendant que son armée était campée dans les environs.

Henri II, François II et Catherine de Médicis, et plus tard Henri IV, résidèrent souvent à Villers-Cotterêts.

Ce château devint, sous Louis XIV, la propriété de la famille d'Orléans. C'est là que le duc d'Orléans, grand-père du roi Louis-

Philippe, célébra son mariage, *de la main gauche*, avec madame de Montesson.

L'ancien château de Villers-Cotterêts est aujourd'hui un dépôt de mendicité. La ville a peu d'importance; 2,500 habitants environ forment sa population.

Villers-Cotterêts est la patrie d'un des écrivains les plus agréables du XVIIIe siècle : Demoustiers (Charles-Albert), né à Villers-Cotterêts, en 1760, était issu d'une famille qui remontait, par son père, au grand Racine, et à La Fontaine par sa mère. Ses *Lettres à Emilie sur la Mythologie* eurent une vogue extraordinaire; cet ouvrage, où règne le faux brillant, l'afféterie et la prétention, ne s'est pas soutenu dans l'opinion publique; cependant, il renferme des traits ingénieux, des détails agréables et infiniment d'esprit. Demoustiers a fait quelques pièces de théâtre, entre autres le *Conciliateur;* on ne les joue plus : il mourut en 1801; son caractère aimable et bienveillant le fit généralement regretter.

Dans le canton de Villers-Cotterêts, à l'une des extrémités de la forêt, au milieu d'une belle vallée à trois lieues de Soissons, on trouve le village de *Longpont*, célèbre par une riche abbaye de l'ordre de Citeaux, dont on voit encore les ruines. A l'époque où fut fondée l'abbaye, ce devait être un site sauvage, isolé au milieu de *longs* marais qui avaient nécessité la construction de plusieurs *ponts*. Un comte de Crépy avait divorcé, au grand scandale de ses vassaux; excommunié, chassé du sein de l'église et des fidèles, il cherchait à rentrer en grâce auprès du pape. Saint Bernard sut faire tourner la piété et le remords de ce seigneur à l'extension et à la gloire de son ordre; par ses conseils, un nouveau monastère s'éleva, et rien ne fut épargné pour le placer au premier rang.

C'était vers 1130, époque féconde en fondations religieuses. Peu d'années suffirent pour enrichir l'abbaye de Longpont; les seigneurs du Valois s'empressaient à l'envi à lui léguer leurs terres; plusieurs même y prirent l'habit de moine, et se soumirent aux austérités de la règle, de sorte qu'on y compta bientôt près de deux cents moines.

Un chroniqueur dépeint l'église comme un des plus beaux vaisseaux du royaume de France. « Elle est bâtie dans un grand
» goût avec autant de solidité que de délicatesse. Elle a trois cent
» vingt-huit pieds de long et quatre-vingt-huit de large, sur
» quatre-vingt-quatre pieds d'élévation en dedans œuvre. La
» croisée est longue de cent cinquante pieds, n'ayant été bâtie
» que pour l'usage des religieux consacrés à la solitude; le chœur
» en occupe la plus grande partie. Au-dessus des arcades, par
» lesquelles la nef et le chœur communiquent avec les bas-côtés,
» règne une galerie fermée dans tout le contour de l'église;
» cette galerie est un ornement d'architecture commun aux
» grandes églises bâties sur la fin du XIIe siècle. La croisée est

» terminée par deux roses d'un beau travail ; une troisième rose
» qui sert d'ornement au grand portail, donne beaucoup de jour
» à l'entrée de la nef. » Les lieux réguliers de l'abbaye de Longpont, selon le même écrivain, étaient spacieux, dégagés, bien voûtés ; ils passaient pour les plus beaux de l'ordre.

Le fondateur, Raoul de Crépy, ne vit point terminer cet édifice ; il ne fut achevé qu'en 1226, et dédié le 24 octobre de l'année suivante.

La cérémonie se passa avec une grande pompe ; elle fut beaucoup relevée par la présence du roi Saint-Louis, qui y parut avec la reine Blanche, sa mère, et avec les principaux seigneurs de sa cour.

Après la consécration, saint Louis fut conduit avec la reine sa mère à un repas somptueux, dont Raoul, comte de Soissons, avait été nommé l'ordonnateur. Raoul fit en cette occasion les fonctions de sénéchal et de grand-maître ; il servit le roi ; il dépeça et coupa les viandes avec deux couteaux d'une figure extraordinaire, dont les manches étaient couverts de lames d'or ciselées, et les lames surchargées en plusieurs endroits.

L'histoire et les chroniques mentionnent souvent l'abbaye de Longpont pour sa célébrité religieuse et pour la magnificence de son édifice ; elle brilla pendant deux siècles d'un éclat non interrompu, jusqu'à ce que les guerres civiles de la France, sous Charles VI et son successeur, vinrent troubler ses pieux exercices, et mettre en danger ses immenses richesses. Les différents partis la pillèrent tour-à-tour ; en vain les religieux payaient des soldats, entretenaient de petits forts sur leur territoire, ces mercenaires eux-mêmes ou leurs amis arboraient l'étendard ennemi pour dévaster, sans scrupule de conscience, les terres de leurs patrons.

Ils étaient de compagnie dans une ferme, ou dans la maison d'un paysan qui leur paraissait aisé. — Pour qui tiens-tu ? lui demandaient-ils ; et selon sa réponse, ils étaient Bourguignons ou Armagnacs. Alors le malheureux paysan, torturé, supplicié, jurait en vain que , la veille, il avait été dépouillé de tout. Une fois les Bourguignons entrèrent dans l'église de Longpont pendant le service du matin ; l'immobilité de l'officiant, le sang-froid des religieux, ne les émurent aucunement, tout fut pillé et saccagé.

Ces pertes énormes ne purent être réparées avant le règne de François Ier. Vers cette époque, l'abbaye de Longpont fut attribuée à des abbés commendataires, et devint, entre les mains du roi de France, une de ses plus riches faveurs. Ce nouveau régime fit baisser la ferveur religieuse ; d'un autre côté les moines se livrèrent d'avantage à l'étude.

Peu avant la révolution, l'église et les bâtiments du monastère avaient été complètement restaurés ; mais en 1793 on fondit les cloches, les caves se transformèrent en ateliers, et l'on vendit les bâtiments de l'abbaye comme propriété nationale; on enleva la toiture de plomb de l'église qui resta abandonnée à la discrétion publique; chacun en tira des pierres pour construire ou augmenter sa demeure: les alentours de Longpont et le village lui-même ont été en grande partie construits avec des matériaux enlevés à l'ancienne église.

Les restes de cet édifice ont été acquis récemment par le propriétaire des bâtiments de l'abbaye, qui s'attache à les défendre d'une ruine totale. Ce sont des souvenirs encore intéressants, et peu d'artistes ou de voyageurs manquent à les visiter. (1)

§ II.

ARRONDISSEMENT DE CHATEAU-THIERRY.

CHATEAU-THIERRY.

Située en amphithéâtre sur la rive droite de la Marne, la petite ville de Château-Thierry est à vingt lieues de Paris; la route qui mène de cette capitale à Troyes la traverse; elle est remarquable par les ruines d'un antique château qui remonte au temps de Charles Martel. Ce puissant maire du Palais, qui jouissait de toute l'autorité royale et ne laissait aux faibles descendants de Clovis qu'un vain titre, fit bâtir ce château pour Thierry IV, enfant de 8 à 9 ans à qui il voulait procurer une prison agréable, dans le voisinage du domaine des Chesneaux, qu'il habitait lui-même. C'est de là que vient le nom de Château-Thierry. Ce château donna naissance à d'autres habitations qui finirent par former une ville.

Château-Thierry resta au domaine de la couronne jusqu'en 877, que Louis-le-Bègue en fit don au comte Herbert de Vermandois dont les descendants le conservèrent près de deux cents ans. Il devint ensuite la propriété des comtes de Champagne, qui en firent leur résidence favorite.

Henri II séjourna souvent dans ce château. Le duc d'Alençon, le dernier de ses fils, y mourut d'une maladie de langueur. L'Estoile rapporte que Catherine de Médicis n'attendit pas qu'il fût mort pour faire démeubler le château et en faire transporter tous les meubles à Paris; ce malheureux prince mourut ainsi dans l'abandon de sa famille et d'une partie de ses domestiques.

Au temps de la ligue, le duc de Mayenne prit Château-Thierry, et la ville fut pillée par les Espagnols. C'est dans un combat près de cette ville, souvent exposée aux horreurs de cette guerre funeste, que Henri de Guise reçut à la joue la blessure qui le fit surnommer le *Balafré*.

(1) Un intéressant article sur l'abbaye de Longpont est inséré dans le *Magasin Pittoresque* de 1837. Nous y avons puisé les détails que nous venons de donner.

Louis XIII et Anne d'Autriche habitèrent Château-Thierry en 1632 et en 1636. Cette terre fut donnée par Louis XIV à la maison de Bouillon en échange du duché de ce nom. La duchesse de Bouillon y fit sa résidence habituelle. C'est là qu'elle connut le célèbre Lafontaine, dont elle encouragea les premiers essais.

Château-Thierry fut le théâtre de plusieurs événements de la guerre d'invasion. Le 12 février 1814, un combat sanglant eut lieu sous ses murs, près du village d'Essises.

La petite ville de Château-Thierry, industrieuse et commerçante, est peuplée d'environ 5,000 habitants. On n'y trouve aucun monument remarquable, mais elle est bien bâtie et ornée d'une jolie promenade sur le bord de la Marne.

On montre avec respect à Château-Thierry, la maison où naquit, le 8 juillet 1521, l'inimitable Lafontaine. A dix-neuf ans il entra chez les pères de l'Oratoire qu'il quitta 18 mois après. A vingt-deux ans ce grand homme ignorait encore son talent pour la poésie. Une ode de Malherbe sur l'assassinat de Henri IV, qu'on lut devant lui, enflamma son génie et décida sa vocation : On lui fit épouser Marie Héricard, qui joignait aux avantages extérieurs un caractère aimable. Lafontaine, soit insensibilité, soit vanité, la quitta pour habiter Paris. Il allait tous les ans, néanmoins, au mois de septembre, rendre visite à sa femme ; à chaque voyage, il vendait une portion de son bien, sans s'embarrasser de veiller sur ce qui restait ; jamais il ne passa un bail de maison, ni ne renouvela celui d'une ferme. Cette philosophie insoucieuse qui coûta tant d'orgueilleux efforts aux sages de l'antiquité, il la possédait comme naturellement.

Il s'inquiétait si peu de sa famille, qu'à la fin de sa vie il connaissait à peine son fils ; il rencontra un jour dans la société un jeune homme dont les manières et l'instruction lui plurent, on lui dit avec empressement que c'était son fils : *Ah ! j'en suis bien aise*, répondit-il froidement. Lafontaine avait toujours vécu dans une grande indolence sur la religion comme sur tout le reste, cependant, il se convertit sur la fin de ses jours et mourut à Paris, en 1695, à l'âge de soixante-quatorze ans, dans les plus vifs sentiments de piété. Parmi les ouvrages qui nous restent de Lafontaine, il faut placer au premier rang ses *Contes* et ses *Fables* : Les premiers sont un modèle parfait du style narratif, dans le genre familier, mais en même temps un recueil de tableaux licencieux qu'il est impossible de mettre entre les mains de la jeunesse ; ses Fables font sa véritable gloire. On y reconnaît le poète de la nature ; une molle négligence y décèle le grand maître et l'écrivain original : on dirait, suivant l'expression d'un critique judicieux, qu'elles sont tombées de sa plume. Il a surpassé Esope et Phèdre. Racine a dit de Lafontaine qu'il était assez *bête* pour ne pas sentir cette supériorité. Le *bon homme*, dit le poète Vigée, *n'avait que du génie*.

Depuis peu d'années, Château-Thierry a érigé une statue à Lafontaine ; cette figure, en marbre blanc, est due au ciseau de M. Laitié, statuaire qui a remporté l'un des grands prix du concours de sculpture.

LA FERTÉ-MILON.

On donnait, au XIe siècle, à toutes les forteresses, le nom de *firmitas*, d'où est dérivé le mot *ferté*, qui s'applique à tant de lieux où se trouvaient autrefois un château-fort. Milon est probablement le nom du fondateur ou de l'un des premiers possesseurs de la *ferté* ou *forteresse*, située près de l'Ourcq, entre Villers-Cotterêts et Château-Thierry ; mais on n'a pas de renseignements sur ce Milon, ni sur l'époque de la construction de cette forteresse. Voici la description qu'en donne Carlier, et que reproduit Dulaure :

« Au milieu d'une première enceinte de fortes murailles, flan-
» quées de grosses tours, on fit construire un donjon, espèce de
» citadelle, où résidaient quatre officiers principaux, qui formaient
» l'état-major de la Ferté ; savoir : le garde, *custos* ; le veilleur ou
» chevalier du guet, *vigil* ; l'asinaire ou pourvoyeur, *asinarius* ; le
» portier, *portarius*. On bâtit aussi dans cette première enceinte
» une chapelle, sous l'invocation de saint Sébastien, patron des mi-
» litaires, honoré d'un culte particulier dans le canton, depuis la
» translation de ses reliques à Saint-Médard de Soissons, en 826.
» Les titres nomment cette première enceinte *cingulum mimus* et
» *breve cingulum* (1). »

Une seconde enceinte, plus étendue, appelée *cingulum majus*, renfermait, outre la demeure du châtelain, celles de plusieurs familles qui s'étaient réfugiées à l'ombre de sa protection, en lui payant un droit de sauvement *(salvamentum)*. Cette seconde enceinte fut l'origine de la ville de La Ferté-Milon, placée, dans une situation très pittoresque, sur le penchant d'une côte peu élevée, arrosée par la rivière d'Ourcq, qui embellit de ses sinuosités les paysages environnants.

L'histoire féodale de La Ferté-Milon est fort obscure à ses commencements.

Suivant une tradition, qui n'est appuyée sur aucun document historique, les religieux de Sainte-Geneviève de Paris firent transporter à La Ferté, en 884, les reliques de leur patrone, pour les préserver des invasions des Normands.

Les chroniques et les chartes ne contiennent sur cette ville et son château que des renseignements peu nombreux, et difficiles à concilier entre eux.

(1) Hist. du duché de Valois, t. I. liv. II, p. 229.

On voit par un diplôme de Henri Ier, de l'an 1055, que Theudon, seigneur de *La Ferté-Urc*, ou La Ferté-sur-Ourcq, fut obligé de restituer à l'abbé de Sainte-Geneviève certains droits qu'il avait perçus, au préjudice de l'abbaye, sur le territoire de Marisi.

D'un autre côté, des monuments anciens, et l'autorité des historiens les plus exacts, attestent qu'Herbert II, comte d'Amiens, au xe siècle, possédait La Ferté-sur Ourcq, et en transmit la propriété à Hildegarde, sa fille, dame de Crépy, lorsqu'elle épousa Valeran, comte de Vexin. « Depuis cette donation, dit M. Dulaure, jusqu'en 1214, que le Valois a été réuni à la couronne, les seigneurs de La Ferté Milon ont été les mêmes que les seigneurs de Crépy, sans interruption. » Mais si les seigneurs de Crépy possédèrent La Ferté-sur-Ourcq ou La Ferté-Milon depuis le xe jusqu'au xiiie siècle, comment expliquer, au xie, l'existence d'un Theudon, seigneur de La Ferté-sur-Ourcq ; comment, surtout, voit-on, au xiie, Philippe, comte de Flandre, acquérir par héritage le château de La Ferté-Milon ?

Quoiqu'il en soit, il est certain que la seigneurie de La Ferté-Milon fut réunie à la couronne, au xiie siècle, et donnée au prince, Charles de Valois, qui l'habita pendant quelque temps, et fit réparer l'ancienne forteresse, où Philippe-le-Bel vint quelquefois loger.

Lorsque La Ferté-Milon échut, en 1395, à Louis de France, duc d'Orléans, frère de Charles VI, les bâtiments du château, malgré les réparations qu'y avait fait faire Charles de Valois, tombaient en ruines. Le duc d'Orléans, frappé des avantages qu'offrait la position de cette forteresse, résolut de la reconstruire entièrement, sur un plan plus vaste. Il fit raser tous les anciens bâtiments, et éleva sur leur emplacement l'immense château dont on voit encore aujourd'hui des restes si imposants.

« L'édifice que Louis de France, duc d'Orléans, fonda à La
» Ferté-Milon consistait en des souterrains voûtés, des murs fort
» épais, flanqués de hautes tours, plusieurs corps de logis, des
» fossés profonds et revêtus, et quelques ouvrages avancés. Des
» mines et des contre-mines environnaient le fort ; deux étages de
» caves, de galeries et de salles souterraines régnaient sous cette
» partie des corps de logis et des cours. Les voûtes de ces retraites
» étaient d'une grande solidité par leur épaisseur.

» Au niveau du rez-de-chaussée et du plain-pied de ces bâti-
» timents, régnait extérieurement une magnifique plate-forme,
» soutenue par des murs d'un massif étonnant ; ces murs assuraient
» de plus en plus la solidité du château. Les voûtes des souter-
» rains recevaient une nouvelle force de cette espèce de terrasse,
» à laquelle leurs reins étaient comme appuyés.

» Le corps de l'édifice présentait quatre faces qui n'étaient pas
» toutes également régulières ; le frontispice, et surtout les gros
» murs de ces faces, avaient quatre vingt-quatre pieds de hauteur
» sur dix, quinze et dix-huit d'épaisseur ; selon les endroits, ils

» étaient garnis de créneaux et de meurtrières, et soutenus de
» grosses tours par intervalles.

» Le frontispice qu'on voit encore n'a rien de régulier, que
» deux tours saillantes qui accompagnent la principale porte d'en-
» trée. Trois rangs de fenêtres, les unes au-dessus des autres,
» éclairaient les appartements. La tour saillante du côté gauche
» tenait à un grand corps de logis de trois étages, qui, lui-même,
» était contigu à une grosse tour carrée, dont les restes conservent
» le nom de *Tour du Roi.* On pense que c'est là que les rois et les
» comtes de Valois prenaient leurs logements lorsqu'ils venaient
» à La Ferté-Milon. Les murs paraissaient plus anciens que ceux
» des autres bâtiments ; il y a apparence qu'ils faisaient partie du
» premier château.

» Un grand donjon et un corps de logis, flanqués de tourelles,
» dominaient les autres parties du château, qui, quoique incapa-
» ble de résister aux coups de l'artillerie moderne, a cependant,
» avec succès, soutenu plusieurs siéges contre des traits formida-
» bles. »

Néanmoins, sous le règne de Charles VII, ce château fut pris par les Bourguignons, repris par les troupes royales, puis occupé encore une fois par les Bourguignons réunis aux Anglais. Il fut restauré, ainsi que plusieurs maisons du bourg, sous Louis XII. François Ier acheva de réparer les désastres que les guerres civiles avaient causés à La Ferté-Milon ; mais bientôt les guerres de religion y causèrent de nouveaux malheurs. Cette ville fut alors plusieurs fois investie par les huguenots, et sous Henri III elle fut prise par les ligueurs. Durant quatre ans elle repoussa les efforts de l'armée de Henri IV. Le duc d'Épernon, d'abord, et ensuite le duc de Biron en firent inutilement le siége ; Henri IV fut obligé de venir en personne diriger l'attaque, et fit pratiquer dans le mur de la ville une large brèche, malgré laquelle il fut repoussé par Saint-Chamans, commandant des assiégés ; mais enfin ce capitaine fut réduit à abandonner la ville et à se réfugier dans le château, dont le roi ne se rendit maître que par voie de conciliation, et en s'attachant le gouverneur de la Ferté-Milon. Il fit alors démanteler le château de manière à ce que l'on ne pût le rétablir sur l'ancien plan ; on n'en conserva que le frontispice qui regarde le couchant. Les habitants de vingt-une paroisses furent employés pendant quarante-huit jours à cette démolition.

Les habitants de la Ferté-Milon s'étant déclarés pour la reine lors de la guerre de la Fronde, leur ville fut vivement attaquée par le duc de Lorraine et le prince de Condé, qui, désespérant de s'en rendre maîtres, se vengèrent sur les faubourgs et les villages voisins qu'ils pillèrent et brûlèrent, livrant les malheureux habitants à toutes les insultes de leurs soldats.

La Ferté-Milon, dont les murailles subsistent encore, est peuplée d'environ 2,000 âmes.

Cette ville se glorifie d'avoir vu naître Jean Racine, dont la statue, en marbre blanc, ouvrage du sculpteur David, décore la place de l'Hôtel-de-Ville.

Racine naquit en 1639, et fut élevé à Port-Royal; il fit paraître dès son enfance un génie et des talents extraordinaires pour les belles-lettres. L'étude des anciens auteurs eut surtout pour lui un attrait particulier. Ce fut en 1660 qu'il commença à se faire connaître par deux odes sur le mariage du roi, dont l'une est intitulée : *la Renommée aux Muses*, et l'autre, *la Nymphe de la Seine*. Racine se jeta ensuite dans la carrière du théâtre; il n'avait que vingt-un ans lorsqu'il donna ses *Frères ennemis*. Quoique cette tragédie ne fut pas comparable aux belles pièces de Corneille, elle reçut cependant des applaudissements; Racine donna successivement dix autres tragédies. Ce fut vers ce temps que ce grand poète lia une étroite amitié avec Boileau, qu'il consulta toujours depuis, et qu'il regardait comme son maître. Il fut reçu membre de l'Académie française en 1673, et Louis XIV le choisit pour travailler à son histoire, conjointement avec Boileau, en 1677. Sa *Phèdre*, qui parut cette année, fut la dernière de ses pièces profanes. Les grands sentiments de religion dont il avait été pénétré dès son enfance, se réveillèrent alors, et il prit le parti de renoncer pour toujours au théâtre quoiqu'il n'eût qu'environ trente-huit ans. Cependant madame de Maintenon l'ayant engagé à travailler pour les demoiselles de Saint-Cyr, il fit sa tragédie d'*Esther*, et bientôt après celle d'*Athalie*, qui est peut-être la plus belle tragédie française que nous ayons. Cette pièce admirable eut néanmoins peu de succès, et le poète craignit d'avoir manqué son sujet; mais Boileau lui soutint, au contraire, qu'elle était son chef-d'œuvre : « Je m'y connais, lui disait-il, et le public y reviendra. » Il y revint enfin, mais ce ne fut qu'après la mort de l'auteur.

Témoin de la misère du peuple, Racine composa un mémoire solide et bien raisonné sur les moyens de le soulager. Madame de Maintenon, à qui il l'avait communiqué, le lisait, lorsque le roi entra chez elle, le prit, et en voulut savoir l'auteur. Ce prince loua le zèle de Racine, mais il trouva mauvais qu'il se mêlât d'administration, et ajouta : « Parce qu'il est poète veut-il être ministre ? » Ces paroles furent un coup de foudre pour Racine, il ne s'occupa plus que d'idées tristes, et mourut peu de temps après à Paris, en 1699, à l'âge de soixante ans. Quelque sentiment que l'on suive, on ne peut contester à Racine le génie, l'expression et les autres qualités qui caractérisent les plus grands poètes ; sous le rapport de l'élégance, de l'harmonie des vers, il n'a point été égalé. Corneille s'éleva quelquefois plus haut, mais Racine est plus égal dans sa marche. Corneille étonne l'esprit, et Racine touche le cœur.

Outre la statue que la Ferté-Milon a élevée à ce poète immortel, on voit aussi son buste, dû au ciseau de M. Stabiniski, dans la bibliothèque publique de la ville; cette bibliothèque se compose d'environ 17,000 volumes.

NEUILLY-SAINT-FRONT.

Neuilly-Saint-Front, à quatre lieues Nord de Château-Thierry, est une petite ville de 17 à 1,800 habitants. Elle était connue, dès le règne de Charlemagne, sous le nom de *Neuilly-en-Orxois*, ce n'était alors qu'une réunion de métairies, appartenant à Carloman, frère du roi, qui en fit don aux clercs de Saint-Remi de Reims. Le culte de saint Front y ayant été établi fit modifier son nom. Vers le treizième siècle, les comtes de Champagne qui possédaient alors cette seigneurie, y firent bâtir un château-fort, dont les ruines subsistent encore. Les troupes de Charles-Quint ayant attaqué Neuilly-Saint-Front, en 1540, ce château fut si courageusement défendu par les habitants, que François Ier, en reconnaissance, leur accorda le droit de franc-aleu de chasse et de pêche.

C'est encore là que, le 3 mars 1814, les ducs de Raguse et de Trévise firent éprouver une grande perte aux troupes étrangères, dont l'arrière garde avait pris position à Neuilly-Saint-Front. Ces généraux les forcèrent à se retirer en abandonnant une partie de leur bagage, et 600 d'entre eux restèrent sur la place.

CHARLY. — CHEZY. — NOGENT-L'ARTAUD.

A trois lieues de Château-Thierry on trouve *Charly-sur-Marne*, gros bourg de 1,774 habitants. Sa situation, sur la rive gauche de la Marne, est très agréable; les promenades qui l'environnent sont charmantes; son commerce est assez important. On y voit des manufactures de bonneterie, de draps, de serges, de boutons, et une fonderie de cuivre.

Ainsi que Charly, le bourg de *Chezy*, également sur la rive gauche de la Marne, n'a d'autre importance que son commerce, qui consiste principalement en bestiaux. On y voit aussi une fabrique de moulins à cribler le grain. Chezy est situé à une lieue trois quarts de Château-Thierry, et contient environ 1,400 habitants.

Entre Charly et Chezy, en suivant la rive gauche de la Marne, et à deux lieues et demie de Château-Thierry, se trouve *Nogent-l'Artaud*, village considérable, mais sans aucune célébrité historique.

Les deux grands noms de Racine et de La Fontaine, résumant, avec celui de Demoustiers, l'illustration de cette partie du département de l'Aisne, dont nous avons dû nous occuper, nous n'avons point à donner de notices biographiques à la fin du présent chapitre.

CHAPITRE DEUXIÈME.

DÉPARTEMENT DE SEINE-ET-MARNE.

§ Ier.

ARRONDISSEMENT DE PROVINS.

PROVINS.

Nous dépasserons de quelques lieues la limite que nous nous sommes imposée, pour décrire avec quelques détails la jolie et intéressante ville de Provins, située sur les petites rivières de la Vouzie et du Durteint, à douze lieues de Melun et à vingt-deux lieues de Paris.

Une longue controverse a eu lieu entre les érudits sur la question de savoir si Provins est l'*Agendicum* des Commentaires de César. L'affirmative a été soutenue par un assez grand nombre d'écrivains, et, en dernier lieu, par M. Opoix de Provins; mais l'opinion contraire, qui a eu pour partisans des autorités fort compétentes, comme dom Vaissète, Scaliger, Adrien de Valois, Baudrand et les auteurs du *Gallia Christiana*, auxquels s'est venu joindre tout récemment le nouvel historien de Provins, M. Bourquelot, paraît avoir décidément triomphé, et il est bien démontré aujourd'hui qu'*Agendicum* n'est pas Provins, mais Sens.

Aucune des constructions anciennes qui couvrent le sol de Provins, et dont nous parlerons tout-à-l'heure, ne remonte à l'époque romaine. Cependant, la découverte qu'on a faite dans cette ville et aux environs d'un grand nombre de haches celtiques et de statuettes gauloises, et l'obscurité même qui environne l'origine de son château-fort, peuvent faire présumer avec vraisemblance qu'il existait sur ce point, dès les temps les plus anciens, un lieu habité, un établissement militaire considérable.

Des historiens modernes prétendent que Probus, venu dans les Gaules vers 271, s'arrêta à Provins, en répara les murailles, y plaça plusieurs cohortes pour tenir contre l'ennemi, et laissa son nom à la ville. Des monuments du moyen-âge, mais d'une date comparativement récente, affirment qu'au IIIe siècle saint Savinien, ou saint Potentien et saint Serotin, prêchèrent à Provins la parole de Dieu, et après y avoir fondé et consacré un oratoire à la place d'un temple d'Isis, qu'ils renversèrent, firent de la cité convertie le siége d'un des archidiaconés de l'archevêché de Sens. Enfin, si l'on s'en rapporte à Mézeray et à d'autres historiens du même temps, Clovis, après la défaite de Siagrius à Soissons, s'empara de Provins par ruse. Mais tous ces faits ne sont établis par aucun témoignage contemporain.

L'histoire vraiment authentique de Provins ne commence qu'au IXe siècle. On voit par les Capitulaires de Charlemagne, que ce puissant empereur, travaillant à la réforme de son royaume, envoya, en 802, l'abbé de Saint-Denis, Tardulfe, et le comte de Paris, Etienne, dans les pays *(pagi)* de Paris, de Provins *(Provinensi)* et de Chartres, en qualité de commissaires *(missi dominici)*, ce qui prouve qu'au temps de Charlemagne, Provins était déjà une ville importante puisqu'on la désigne comme le chef-lieu d'un *pays*.

Une enceinte fortifiée entourait probablement la ville dès cette époque, car elle est désignée sous le nom de *Castrum* dans les documents du temps. Un hôtel des monnaies s'éleva dans cette enceinte ou sous la protection du château fort : on peut voir encore à la Bibiothèque royale un denier d'argent de Charles le Chauve, frappé au château de Provins, *Castis (Castris) Pruvinis*.

Le même prince, à l'exemple de Charlemagne, envoya à Provins, en 864, trois *missi dominici*, Wenilon, Odon et Donat.

C'est à Provins que, trente ans auparavant, les fils de Louis-le-Débonnaire, révoltés contre leur jeune frère Charles (depuis Charles-le-Chauve), dont ils enviaient la part dans l'héritage paternel, emprisonnèrent ce prince, encore enfant, qui sortit de captivité l'année suivante, lorsque Pepin et Louis eurent replacé sur le trône Louis-le-Débonnaire.

En 857, Louis-le-Germanique ayant envahi, à la tête d'une armée, le royaume de Charles-le-Chauve, pénétra dans la Bourgogne, la Champagne et la Brie, et s'empara de Provins; mais la faiblesse du conquérant, qui ne sut pas poursuivre ses succès, permit bientôt à Charles de reprendre ses villes et ses terres.

« Ainsi, dit M. Bourquelot, Provins se présente, au IXe siècle, comme une puissante ville militaire; on n'y aperçoit pas encore le germe de la célébrité industrielle et commerciale qu'elle doit acquérir un peu plus tard. Toute sa vie paraît concentrée dans une sévère enceinte de fortifications, sur la montagne, défendue par une forêt et des marécages. Cependant, déjà, peut-être, quelques chapelles : Saint-Laurent-des-Ponts, Saint Médard, secrètes comme les autels gaulois, attiraient les fidèles et les pèlerins au milieu des châtaigners qui les ombrageaient; mais le château était toujours le lieu de refuge, l'asile où l'on préférait s'établir. Derrière ses murailles, on pouvait braver la fureur des Normands et des Sarrasins, qui faisaient des courses dans la Champagne et la Brie, et s'avançaient jusque dans la vallée de Provins (1). »

Hist. de Provins, par M. Félix Bourquelot. Paris. 1839-1840. 2 vol. in-8° ; t. I, p. 72.

C'est au fond de cette vallée, près d'une chapelle dédiée à saint Médard, que des moines de Saint-Benoît-sur Loire, fuyant, en 845, les redoutables Normands, vinrent déposer en secret les reliques de saint Ayoul, *Aygulf, Aygulfus*, abbé de Lérins, martyrisé au VIIe siècle. Ces reliques, découvertes en 996, donnèrent lieu à la fondation de l'un des principaux établissements ecclésiastiques de Provins, l'église, depuis abbaye de Saint-Ayoul, dont nous parlerons ci-après.

A la fin du IXe siècle, les puissants comtes de Vermandois possédèrent la Champagne; mais Provins ne resta que fort peu de temps en leur pouvoir. Leutgarde, fille d'Herbert de Vermandois et veuve de Guillaume-Longue-Epée, apporta en dot les comtés de Beauvais, de Troyes et de Provins à son second mari, *Thibaut,* dit *le Vieux* et *le Tricheur*, comte de Blois et de Chartres, qui, plusieurs années après, en 945, tint pendant un an le roi Louis d'Outremer captif, non pas au château de Provins, comme on l'a cru, mais dans la forteresse de Laon (1).

Eudes II, petit-fils de Thibaut-le-Tricheur, s'était emparé des comtés de Champagne et de Brie, à la mort d'Etienne de Vermandois, et portait le titre de comte de Troyes et de Meaux. Pendant les démêlés qu'il eût avec le roi Robert, un compétiteur le remplaça quelque temps dans la possession de Provins. La reine Berthe, répudiée, selon l'ordre du pape, par Robert, promit le château de Provins à Landry, fils de Bodon, comte de Nevers, s'il le réconciliait avec son mari. Ce Landry, *homme inique, rempli de ruse et de méchanceté*, comptait, s'il faut en croire une satire de l'époque, cacher, derrière les murailles de Provins, ses *infâmes amours* avec l'épouse infidèle du roi Robert. Mais les Provinois ne le trouvèrent pas de leur goût; ils s'indignèrent des *énormes dépenses de sa table*, auxquelles ils étaient obligés de fournir, et Landry, trompé par Berthe qui, réunie au roi, ne voulut ou ne put pas tenir sa promesse, fut obligé de quitter Provins.

Le comte Eudes, resté en possession de Provins, y signala sa domination par des fondations pieuses. Thibaut III, l'un de ses fils, seul possesseur de la Champagne et de la Brie, en 1048, surpassa encore son père en saintes libéralités.

Ce fut de son temps que naquit, à Provins, un homme extraordinaire, et qui laissa un nom vénéré: saint Thibaut, annoncé d'avance à la Gaule, *qui oubliait*, suivant un chroniqueur, *d'enfanter des hommes religieux.* « Fils de parents nobles et riches, descendant des comtes de Champagne, cousin de l'évêque de Vienne, *il sortit*, dit la chronique de Pierre de Vangadice, *comme une fleur*

---

(1) « On montre dans la grosse tour de Provins, une petite cellule pratiquée au premier étage dans une des tourelles de cette forteresse comme ayant recélé le malheureux roi, et quelques dessins, grossièrement gravés sur l'étroite fenêtre, comme étant son ouvrage. Mais, outre que la tour dont il s'agit n'était pas construite au temps de Louis d'Outremer, il résulte des textes contemporains que c'est à Laon que ce prince fut emprisonné par Thibaut-le-Tricheur. » (Hist. de Provins, p. 81-82.)

au milieu des épines. D'abord on l'avait destiné au métier des armes; à dix-sept ans il était chevalier, et il avait suivi, au siége d'Epernay, son parrain, Thibaut III, lorsqu'une vocation plus sainte se révéla à lui, et il quitta tout pour s'y livrer. Suivi seulement de Gauthier, son fidèle écuyer, se condamnant à une austère pénitence, il gagne à pied l'Allemagne, s'enfonce dans les forêts, et *se met à porter des pierres, à faucher les prés, à soigner les étables et à fabriquer du charbon*. Plus tard, les charbonniers le choisirent pour patron; et quand, dans l'Italie éveillée au cri de liberté, des hommes se dévouèrent au martyre pour la cause de la patrie; ces hommes se rallièrent encore, au nom du seigneur devenu artisan, au nom de San Tibaldo.

» Cependant, au milieu de ses travaux grossiers, Thibaut reconquérait, par ses propres vertus, la gloire dont il s'était dépouillé en quittant le palais de son père; il voulut y échapper encore. Il abandonne l'Allemagne, et va visiter le tombeau de saint Jacques, en Galice, ceux des apôtres Pierre et Paul à Rome; il fait plus de trois cents lieues, marchant pieds nus à travers les ronces et les épines, couchant sur la terre, tantôt brûlé par le soleil, tantôt engourdi par le froid; et sa misère devient si grande, son visage s'altère tellement par la fatigue et la souffrance, qu'à Trèves son père passe près de lui sans le reconnaître. Enfin, il s'apprêtait à un dernier pélerinage vers les lieux où le Christ avait versé son sang, lorsque la guerre entre l'Europe et l'Orient l'arrêta aux environs de Vicence. Ce fut là qu'enseveli dans une misérable cabane de la forêt Salaniga, couvert d'un rude cilice, prenant pour toute nourriture des fruits et des herbes, il reçut l'habit d'ermite de l'abbé de Vangadice et les ordres sacrés de l'évêque de Vicence, suivant une chronique manuscrite de la Bibliothèque royale; ce fut là aussi qu'il mourut le dernier jour de juin 1066. D'autres affirment qu'il revint à Provins, y passa neuf ans dans une étroite résidence, composée d'une cellule et d'un oratoire, au faubourg de l'Orme (aujourd'hui le Haut-Pavé de Culoison), et y finit ses jours. Son corps fut transféré dans une petite chapelle, appelée encore *Saint-Thibaut-des-Bois*, près d'Auxerre.

En 1381, plusieurs notables du clergé et du peuple de Provins furent députés vers l'abbé de saint Germain d'Auxerre, pour lui demander quelques reliques de saint Thibaut, dans l'opinion qu'elles étaient dans une chapelle dépendante de son abbaye près d'Auxerre. L'abbé donna deux os du bras et une partie du chef; on les enferma dans un buste de vermeil et une châsse de bois peint, et on les déposa dans l'église bâtie par le comte Thibaut, sous l'invocation du saint son parent.

Le règne de Thibaut III est signalé, dans l'histoire de Provins, par la fondation du monastère de saint Ayoul. L'établissement de cette abbaye donna naissance à la ville basse, qui s'étendit peu à peu dans la vallée, au pied de la colline où était placée la ville haute, ayant pour point central la forteresse.

Sur le versant de la colline était un château déjà ancien, qui avait été occupé par les comtesses de Champagne. Le comte Thibaut le remplaça par un Hôtel-Dieu, et en même temps, « voulant offrir un asile convenable aux nombreux pèlerins qu'attiraient à Provins les reliques de saint Ayoul et la réputation de saint Thibaut, il établissait pour eux, au midi de la ville haute, un hôpital auquel il donna le nom de saint Jacques, patron des pèlerins ; puis il faisait bâtir, hors des fortifications, l'église de saint Pierre, et, au-dessous, la chapelle de saint Firmin, dont il avait obtenu les reliques de Foulques, évêque d'Amiens, cousin-germain de sa femme Alix ; enfin il se déclarait le zélé protecteur de l'église canoniale de saint Quiriace. »

Cette collégiale de Saint-Quiriace, qu'on appelait par excellence *l'église de Provins*, était, et devint surtout depuis, le plus célèbre des établissements religieux de cette ville. J'aurai occasion d'en reparler tout à l'heure.

Le second fils de Thibaut III, Etienne, dit Henri, eut en partage les comtés de Blois, de Chartres, de Meaux et de Provins, tandis que son frère aîné, Hugues, succéda au comté de Champagne. Mais Henri ne garda qu'un instant sa puissance. Saisi de ce besoin qui entraînait irrésistiblement l'Occident vers l'Orient, et manquant d'argent pour faire le voyage en Palestine, il commença par engager, pour une somme considérable, sa vicomté de Provins, puis il partit pour la Terre sainte, où il mourut en 1101. Hugues étant mort aussi en Palestine, l'an 1126, Thibaut IV, dit le Grand, fils de Henri, se trouva maître de toute la succession de son père et de son oncle.

Thibaut IV était assez puissant pour tenir tête au roi de France. Louis VII avait fait refuser l'entrée de la ville de Bourges à Pierre de la Châtre, neveu du pape Innocent II, qui en avait été élu archevêque. Thibaut, dont la sœur venait d'être répudiée par un cousin du roi, reçut le prélat avec honneur. « Louis, irrité, s'avance en Champagne, à la tête d'une armée, ravage le pays, met le siége devant Provins, qui n'échappe à sa fureur que par une vigoureuse résistance, et brûle le bourg de Vitry, où treize cents personnes périrent par les flammes, dans une église qui leur avait servi de refuge. Ce fut un cri d'horreur dans toute la France : le roi en fut effrayé ; il se réconcilia avec le comte de Champagne, par l'influence de saint Bernard, ami de Thibaut, et courut racheter le sang chrétien qu'il venait de répandre, en versant celui des Infidèles.

Le comte Thibaut s'appliqua à réparer les maux de la guerre et à rendre son comté de plus en plus florissant. Provins surtout paraît s'être agrandi sous son gouvernement.

« Il est curieux, dit M. Bourquelot, de pouvoir suivre, presque par année, l'accroissement de cette ville nouvelle, qui s'élève dans la plaine, autour des monuments religieux, et se joint à l'ancienne

ville forte de la colline. Tandis qu'on trouve, dans le château, un asile, un lieu sûr (*locus tutus*, ainsi que l'exprime un chroniqueur), la ville basse devient le rendez-vous des pèlerins, des marchands et des artisans. Déjà les foires de Provins sont célèbres ; fondées suivant les uns, par le roi Pepin, père de Charlemagne, selon d'autres par Thibaut III, l'aïeul de celui dont nous nous occupons, elles furent, l'une, celle de Saint-Martin (1137), rendue par le comte de Champagne aux hommes de l'ancien marché de Provins; l'autre, celle de mai (1145), seulement confirmée par lui. Thibaut, augmenta leur importance en protégeant efficacement les marchands contre toute agression. Un jour, des changeurs de Vezelay, venant aux foires de Provins, furent pris et dévalisés, sur le *chemin du roi, entre Sens et Bray*, par Garin, fils de Salo, vicomte de Sens; aussitôt le comte écrit à l'abbé de Saint-Denis, Suger, à qui Louis VII a remis le gouvernement de son royaume, pour lui faire connaître le dommage et l'affront qu'il a reçu, et lui demander justice. Il faut, dit-il, que vous ordonniez à Salo, qui est sous votre main, « de rendre sans délai tout ce qui a été enlevé aux chan-
« geurs..... car je ne laisserai pas sans vengeance une injure qui ne
« tend à rien moins qu'à la destruction de mes foires. »

Deux papes, Innocent III en 1131, et Eugène III en 1147, visitèrent Provins, sous le règne de Thibaut IV; mais l'événement le plus important qui s'y soit accompli à cette époque, c'est la fuite d'Abailard dans cette ville, où il va chercher un asile contre ses ennemis, un auditoire à qui il puisse faire entendre sa parole. D'abord, s'il faut en croire la tradition, il était venu à Provins en 1120, avec la permission des moines de Saint-Denis, et y avait établi une école de dialectique et de philosophie ; *son camp*, comme il l'appelle lui-même, souvent tenu en plein air, avait attiré une multitude d'étudiants dans la prairie, depuis nommée le *Pré aux Clercs*, où ils s'étaient bâtis des cabanes. Mais des ordres le forcèrent à retourner à son abbaye; et ce ne fut qu'en 1222, que menacé d'une punition cruelle, par l'abbé de Saint-Denis, pour avoir prétendu que le patron du monastère n'était pas Denis l'aréopagite, il s'enfuit, la nuit, sur les terres du comte de Champagne, qui le connaissait et compatissait à ses malheurs. « Je gagnai,
» dit-il, en racontant cet événement à un de ses amis, le château
» de Provins, et je m'arrêtai dans un monastère de moines de
» Troyes, dont le prieur avait eu auparavant avec moi des rela-
» tions intimes, et m'aimait beaucoup. Ravi de mon arrivée, il
» prit de moi les plus grands soins. Mais il advint qu'un jour, notre
» abbé se rendit, à Provins même, auprès du comte pour quel-
» ques affaires ; l'ayant appris, j'allai, avec le prieur, trouver le
» comte, et je le priai d'intercéder pour moi auprès de notre
» abbé, d'en obtenir mon absolution et la permission de mener,
» où il me conviendrait, la vie monastique. Suger et ceux qui
« l'accompagnaient mirent en délibération l'objet de ma demande,

» pour rendre réponse le même jour à Thibaut avant de partir.
» Mais le conseil s'imagina que je voulais passer dans une autre
» abbaye, et qu'il en résulterait une grande honte pour celle de
» Saint-Denis ; car, fiers qu'ils étaient de m'avoir vu, dans ma
» conversion, choisir leur monastère au mépris de tous, ils regar-
» daient mon départ pour un autre couvent comme un sanglant
» affront ; aussi refusèrent-ils de nous entendre là-dessus, le comte
» et moi ; ils me menacèrent même d'excommunication, si je ne
» retournais pas au plus tôt à Saint-Denis, et interdirent, par
» toutes sortes de moyens, au prieur qui m'avait accueilli, de me
» recevoir de nouveau, sous peine de partager avec moi la peine
» de l'excommunication. » Abailard revint donc au milieu de ses
persécuteurs ; il fallut, pour leur échapper, que Suger fût mort,
que le roi se mêlât de l'affaire, et, enfin, après de longues ins-
tances, de nombreuses délibérations, il fut permis à l'amant d'Héloïse de quitter Saint-Denis, et de choisir telle retraite qu'il voudrait, pourvu que ce ne fût pas une abbaye. Abailard choisit encore
les terres du comte de Champagne, et ce fut dans une solitude près
de Nogent sur-Seine, qu'incapable de travailler à la terre et rou-
gissant de mendier, il attira encore la foule autour de lui par le
pouvoir de son éloquence ; ce fut là qu'il fonda, pour Héloïse,
cette fameuse abbaye du Paraclet, où leurs corps ont reposé si
longtemps dans un même tombeau.

Après la mort de Thibaut-le-Grand, en 1152, Provins, avec
toute la Brie et le comté de Champagne, échut à l'aîné de ses fils,
Henri dit *le Large* et *le Libéral*. Henri fut, comme son père,
protecteur de cette ville, qui lui fournissait une partie de ses revenus, et d'ailleurs fort zélé pour la religion. « Quoiqu'il semblât
assuré de l'amour et du dévouement de ses sujets, une terrible
conspiration se forma contre sa vie. Un jour, à Provins, sous une
sombre allée du palais des comtes, une femme, Anne Meusnier,
entendit à demi les paroles sinistres qu'échangeaient trois gentilshommes attendant avec impatience le lever du prince voué à la
mort ; les poignards sont dans leurs mains, ils partent, mais Anne
les appelle, et, lorsque l'un d'eux s'est approché à sa voix, elle
s'élance sur lui armée d'un couteau, et le terrasse avant qu'il ait
pu même prévoir le danger ; puis elle attaque les deux autres, et,
couverte de blessures, elle lutte sans relâche, étonnée elle-même
de son courage, enfin, on accourt, les assassins sont arrêtés, l'héroïne sauvée.

« Le comte Henri paya d'une précieuse récompense la belle
action d'Anne Meusnier, à laquelle il devait la vie. Elle et son
mari, Gérard de Langres, furent anoblis par lettres patentes de
1175, exemptés, ainsi que leurs descendants, « de toutes tailles,
» subsides, impositions, droits de guerre, chevauchées et autres
» servitudes ; enfin, gratifiés du privilége de ne pouvoir être con-
» traints de plaider, quelle que cause que ce fût, que devant la
» personne du prince. »

« Henri, à l'occasion de sa miraculeuse délivrance, voua un voyage à la Terre-Sainte, et fit bâtir une chapelle, en l'honneur de la sainte Vierge, dans son palais de Provins, transporté du Pinacle à l'extrémité de la colline qui domine le bassin de la ville basse. Quatre chanoines et un chapelain furent chargés de faire l'office divin dans la nouvelle maison de Dieu, et un revenu considérable leur fut assigné sur le domaine du comte. »

Henri-le-libéral fit deux fois le voyage de la Terre-Sainte. Il partit, en 1179, pour la seconde croisade, laissant pour gouverner la Brie Pierre Bristand, vicomte de Provins, dont la famille habita longtemps une grande maison dite l'*Hôtel des Bristands*, rue Sainte-Croix, vis-à-vis de l'église.

Le comte de Champagne mourut à Troyes, sept jours après son retour d'outre-mer, le 17 mars 1181. Son règne est marqué, dans l'histoire de Provins, par les priviléges qu'il accorda aux chanoines de Saint-Quiriace et aux moines de Saint-Ayoul, par la confirmation de l'institution de la foire de mai, et par la fondation de la maladrerie ou léproserie de Clos-le-Barbe, dont on voit encore les ruines à une lieue de Provins.

Après la mort de Henri-le-Libéral, sa veuve Marie, ses frères, Guillaume archevêque de Reims, et les comtes Thibaut et Etienne, renouvelèrent, à Provins, en 1181, avec Baudoin, comte de Hainaut, et Philippe, comte de Flandre, les promesses de mariage, qui, déjà deux fois, avaient été faites, et paraissaient violées par l'union d'Elisabeth-Alix, fille de Guillaume de Hainaut, et nièce de Philippe de Flandre, avec le jeune roi Philippe-Auguste. C'est dans le vieux palais de la ville haute que furent prêtés les solennels serments entre les parties, en présence de la veuve de Louis le-Jeune et de plusieurs grands seigneurs; on convint que Henri, fils aîné du comte de Champagne, épouserait Yolande, fille de Baudouin de Hainaut, et que le fils de ce dernier aurait pour femme Marie, sœur de Henri. Le premier de ces mariages ne se fit pas; Henri contracta de nouveaux engagements avec Henri-l'Aveugle, comte de Namur, dont la fille était encore à la mamelle, et, enfin, épousa, pendant la croisade, Isabelle, veuve du roi de Jérusalem, Conrad de Montferrat.

Sous le comte Henri-le-Jeune, successeur de Henri-le-Libéral, il n'y a rien d'important à noter pour l'histoire de Provins, si ce n'est la fondation ou reconstruction d'une église de Notre-Dame-du-Val, et un incendie qui détruisit, en 1188, une partie de la ville basse.

En 1193, les Templiers vinrent s'établir à Provins, par la libéralité de Henri Bristand et de sa mère Héloïse, dame de Nangis et vicomtesse de Provins, dans la maison des Bristands dont j'ai déjà parlé, et qui devint une commanderie. Il se forma bientôt d'autres établissements de Templiers, l'hôpital de la Madelaine, dans la rue de Jouy, à la ville haute, et l'hôpital des Templiers, dans la vallée, près du hameau de Fontaine-Riante.

Thibaut V succéda, en 1197, à son frère Henri-le-Jeune, tué, par accident, en Palestine, au moment où il venait d'être nommé roi de Jérusalem. Les historiens ont noté, comme une chose remarquable, le nombre considérable de juifs qui habitaient Provins sous le comte Thibaut V. Les rois et les barons cherchaient à concentrer dans leurs domaines le commerce des Israélites, dont ils retiraient un profit important. En 1198, le comte Thibaut et le roi Philippe-Auguste convinrent qu'ils ne permettraient pas à leurs juifs de contracter des obligations les uns envers les autres. Il était, en outre, interdit à ces malheureux de transférer leur domicile d'un lieu dans un autre sans la permission du seigneur. Après la mort de Thibaut V, plusieurs juifs ayant quitté les terres du comte de Champagne pour celles du roi, Blanche, veuve du comte, réclama, et le roi ordonna aux juifs de rentrer en Champagne, en stipulant cependant que Blanche ne les soumettrait qu'aux impositions ordinaires, sans extorquer, par la force, des tailles plus onéreuses. Il y avait alors en Champagne un juif très riche, nommé Cresselin, que nous trouvons maître d'une maison de la ville haute de Provins, et d'une place près d'elle ; cet homme, las de l'oppression sous laquelle il vivait, quitta, comme ses frères, les domaines de la comtesse Blanche. Il y eut alors, de la part de celle-ci, tant de démarches auprès de Philippe-Auguste, tant de prières et de menaces au fugitif, que Cresselin se décida à revenir, en promettant, par un acte auquel le roi prit part, qu'il ne s'en irait plus, donnerait des ôtages, et consentirait à perdre, en cas de contravention, toutes ses créances dont la comtesse s'emparerait. On voit encore, en 1210, un engagement réciproque, fait par Philippe et Blanche, de ne pas recevoir ni retenir désormais les juifs l'un de l'autre.

La quatrième croisade, prêchée par Foulques de Neuilly, devait avoir pour chef le comte de Champagne, Thibaut V ; mais ce prince mourut à 25 ans, en 1201, avant le départ de l'expédition, laissant sa femme, Blanche de Navarre, enceinte d'un enfant qui naquit quelques mois après. Cet enfant fut l'un des princes et l'un des poètes le plus célèbres du XIIIe siècle, Thibaut VI, dit le *Posthume* et le *Chansonnier*.

Malgré la mort du comte Thibaut V, la Champagne et en particulier la ville de Provins, ne méritèrent pas moins une grande part de l'honneur que fit rejaillir sur les Latins la conquête de l'empire grec. « Provins compta de nobles représentants dans l'armée chrétienne : Geoffroy de Sourdun, le valeureux Miles ou Milon de Bréban (1), le poète Guyot (2), Jean de Choisy, qui entra un des premiers dans Constantinople, et peut-être Villehardoin lui-même, que plusieurs auteurs font naître à Provins (3). »

(1) Voir, ci-après, les *Notices biographiques*.
(2) Voir ibid.
(3) *Histoire de Provins*, t. I, p. 150.

Pendant la majorité de Thibaut-le-Chansonnier, et sous l'administration de sa mère, Blanche de Navarre, la prospérité de Provins s'accrut considérablement. « Les foires étaient une des principales sources de cette prospérité. Les marchands y accouraient de toutes parts; du midi de la France, d'Italie, d'Allemagne; Provins avait son aune particulière, son poids, sa mesure de grains; son commerce de vins était considérable; sa monnaie avait cours dans toute l'Europe, et la comtesse Blanche faisait avec l'évêque de Meaux et de Provins une société, d'après les conventions de laquelle les deux tiers des profits lui appartenaient, et le troisième à l'évêque (1208). En même temps, de nombreux chevaliers du Temple étalaient à Provins leur faste mondain; des lépreux et des juifs s'y cachaient loin d'une société qui les repoussait. Ses murailles, qui servirent de prison à Hugues d'Apremont (1211), réparées en 1216 avec l'agrément de Philippe-Auguste, ne pouvaient plus contenir la population qui débordait dans les faubourgs.

Le comte Thibaut, qui prit possession de la Champagne en 1221, et parvint au trône de Navarre en 1234, séjournait habituellement à Provins, où il était né. On sait que son amour passionné pour Blanche de Castille est un des épisodes les plus romanesques de l'histoire du xiiie siècle, sans qu'il soit prouvé, ni même probable que la sévère Blanche ait jamais répondu à sa passion. La plupart des chansons de Thibaut, dont quelques unes paraissent avoir été réellement composées pour Blanche, furent écrites par les ordres du comte, sur les murs d'une salle de son château de Provins (1).

Ce prince chansonnier se recommande à plusieurs titres à la reconnaissance des Provinois. Il passe pour avoir rapporté de la Terre-Sainte la fameuse rose rouge dont l'espèce se perpétue encore de nos jours dans sa ville natale, sous le nom de rose de Provins, et qui fut longtemps célèbre par ses propriétés médicinales, aujourd'hui un peu négligées. Cette ville lui dut aussi plusieurs fondations pieuses, entr'autres celle du couvent des Cordelières du mont sainte Catherine où il fut inhumé. La ville basse de Provins, où plusieurs paroisses existaient déjà, devint si populeuse sous Thibaut VI, que ce prince fut obligé, vers 1230, de l'entourer de murailles. Mais la preuve la plus signalée de son affection pour les habitants de Provins, ce fut la charte de commune qu'il leur accorda en 1252. (2).

L'année précédente, (1251) au mois de juillet, un concile s'était assemblé à Provins, sous la présidence de Gilles Cornu, archevêque de Sens, pour régler divers points de discipline ecclésiastique.

---

(1) « Et pour ce que porfondes pensées engendrent mélancolie, il fut loés d'aucuns sages homes qu'il s'estudiast en biaulx sons de vielle et en douls chans délitables. Si fist les plus belles chançons, les plus délitables et les plus melodieuses qui oncques furent oyes .. Et les fist escripre en sa sale de Provins et en celle de Troyes; et sont appelées les chançons au roy de Navarre. (*Chroniques de St.-Denis.*) Le recueil des poésies du roi de Navarre a été publié, au siècle dernier, par l'évêque de la Ravallière, en 2 vol. in-12.

(2) Le texte de cette pièce importante a été publié par M. Bouquelot, dans son *Histoire de Provins*, t. I, p. 199-206.

Thibaut VII, fils et successeur de Thibaut le chansonnier, fit des dons si considérables aux maisons religieuses de Provins, et en particulier aux jacobins ou frères prêcheurs qu'il établit dans cette ville, que saint Louis lui même ne put s'empêcher de blâmer ses excessives libéralités. « Il (le roi) me deist (c'est Joinville qui parle) que je disse de par lui au roi Thibaut qu'il se prensist garde de ce qu'il faisoit, et qu'il ne encombrast son âme, cuidant estre quite des grans deniers qu'il donnoit et laissoit à la meson des frères prêcheurs de Provins. (1) »

Au pieux Thibaut VII, mort en Sicile la même année que saint Louis, en 1270, avait succédé son frère, Henri-le-Gros, qui, à sa mort, en 1274, ne laissa de sa femme Blanche, fille de Robert d'Artois, frère de saint Louis, qu'une fille, Jeanne, qui, en épousant le roi Philippe-le-Bel, lui apporta pour dot le royaume de Navarre et les comtés de Champagne et de Brie.

Quelques années avant la réunion de la Champagne à la couronne de France, une catastrophe bien funeste aux Provinois causa la ruine de leur commerce et fut une des causes qui amenèrent la décadence de leur ville.

Un impôt onéreux établi par Edmond de Lancastre qui, pendant la minorité de Jeanne, administrait les comtés de Champagne et de Brie, comme ayant épousé Blanche, veuve de Henri-le-Gros, excita un soulèvement général dans la population de Provins. « Les ouvriers, tant maîtres que compagnons et journaliers employés à la préparation, au cardage et au filage des laines, aux teintures, aux manufactures de draps, refusèrent unanimement de se soumettre à la taille exorbitante qu'on leur imposait. Le maire, Guillaume Pentecoste, croit terminer la révolte « en fesant peser sur le peuple les charges contre lesquelles le riche réclamait ; » il ordonne que la retraite, annoncée d'ordinaire par l'une des cloches renfermées dans le clocher de Saint Pierre, sera désormais sonnée chaque jour une heure plus tard. Mais, au moment accoutumé du couvre-feu, les ouvriers n'entendant pas retentir le signal de la cessation des travaux, sortent en foule des ateliers, s'assemblent au nombre de quatre à cinq mille, sonnent le tocsin et assiégent en tumulte le palais fortifié des maires, le Pinacle, qui avait autrefois servi de résidence aux comtes de Champagne. Bientôt la porte est enfoncée ; Pentecoste se présente avec courage aux furieux, et cherche à les ramener par des paroles de modération. Tout est inutile, il est massacré avec plusieurs domestiques, sa maison est pillée, et les mêmes dévastations sont commises sur celles de plusieurs échevins (le mercredi avant la chandeleur 1279). Il resta pourtant au maire assassiné quelques amis qui le transportèrent et l'inhumèrent sans pompe, dans l'église de Saint Jacques. Là, on voyait encore avant la destruction de cette abbaye,

---

(1) Joinville, *Histoire de saint Louis*, édit. de Ménard, 1671, p. 11.

la statue de Guillaume Pentecoste, figuré sur sa tombe en habit de chevalier et un poignard dans la poitrine. En juin 1284, d'après les ordres du pape Martin IV, Jean de Brienne assigna 20 liv. tournois de rente pour la fondation d'une chapelle à Saint Nicolas, dans l'église de Saint Quiriace, afin d'assurer le repos de l'ame du maire Pentecoste.

La justice du roi ne se fit pas attendre longtemps. Edmond de Lancastre et Jean d'Acre ou de Brienne, grand bouteiller de France, furent chargés du châtiment. Le mari de Blanche d'Artois, à la tête d'une armée, parut devant Provins; presque tous les chefs de la révolte ayant déjà pris la fuite, les portes lui furent ouvertes sans résistance. Peu touché de tant de soumission, le vainqueur commença par interdire la mairie et l'échevinage, et par déclarer la ville déchue de ses priviléges; puis il désarma les habitants, mit dans leurs maisons des gens de guerre à discrétion, fit emporter dans la grosse tour les chaînes de fer qui barricadaient les rues, et briser la cloche qui avait sonné le tocsin. Les chefs de l'insurrection et ceux qui avaient pris part au meurtre furent condamnés à la mort et au bannissement, et Gilbert de Morry, élu maire à la place de Pentecoste, fut excommunié avec plusieurs notables. Jean de Brienne mit le comble à ses rigueurs, et des flots de sang inondèrent la ville de Provins. Les monuments historiques de l'époque témoignent de la manière atroce dont le grand bouteiller s'acquitta de sa mission. On lit dans la chronique de Rouen : « Vers la purification de la vierge Marie, le maire de Provins fut
» tué par la populace de cette ville, et, après cet attentat, plu-
» sieurs s'étant enfuis dans des monastères comme dans des lieux
» d'asile, en furent arrachés par l'ordre de messire Jean d'Acre,
» qui les fit pendre. » Il y a plus d'énergie encore dans le récit de la chronique de saint Magloire :

> Un an après, ce m'est avis,
> Fu la grant douleur à Prouvins;
> Que de penduz, que d'affolés (mutilés)
> Que d'occis, que de décolés !
> Messire Jehan d'Acre fist
> Grant pechié quant s'en entremist.

« Ainsi Provins perdait tout en un instant; plusieurs de ses citoyens étaient bannis, d'autres condamnés aux supplices; son commerce se trouvait anéanti avec eux, et sa commune tombait en ruine, comme la plupart des communes françaises à la fin du XIIIe et au commencement du XIVe siècle (1) »

En 1284, le comte Edmond accorda aux habitants de Provins une amnistie et leur permit d'avoir des cloches; mais l'industrie et la prospérité de cette ville ne se relevèrent plus.

(1) M. Bourquelot, *Histoire de Provins*. t. I.

L'importance de Provins diminua d'ailleurs sensiblement par la réunion de la Champagne et de la Brie à la couronne, lors de l'avènement de Philippe-le-Bel, et son histoire si animée, si curieuse jusqu'ici, se confond dès-lors avec celle des autres villes du royaume, parmi lesquelles elle n'occupe plus qu'un rang inférieur.

Un document de la fin du xive siècle prouve à quel point de décadence était dès-lors tombé le commerce de Provins. Les habitants s'adressant au roi Charles VI pour obtenir de lui un réglement favorable, lui exposent que « la ville, au temps passé, avait été fondée sur le labeur de draperie de laine, en laquelle étaient ordinairement *trois mille et deux cents* métiers à tisser draps de laine, et de présent n'en a plus que trente... (1) »

Je ne m'étendrai pas longtemps sur le récit des faits qui se rattachent à l'histoire de Provins pendant cette ère de décadence et de ruine. Cette ville eut sa part des maux dont la France fut accablée sous les règnes de Philippe de Valois et du roi Jean, et plus encore sous Charles VI et Charles VII. « Elle vit tour à tour entrer d'assaut dans ses murs les paysans révoltés, les compagnies de Charles-le-Mauvais, successeur indigne des vieux rois de Navarre, les routiers, les Bourguignons, les Armagnacs, et surtout les Anglais, qui la mirent à sac en 1432. En vain le Provinois Jean Demarêts, avocat général, conseiller de Charles V, essaya par tous les moyens de relever la fortune de sa patrie; en vain Charles VII, en 1455, rendit une ordonnance sur les foires, pour faire revivre le commerce de Provins.

Après l'invasion des Lanskenets de Charles Quint, en Champagne, commencent les luttes sanglantes des Huguenots et des Catholiques, les fureurs de la ligue, les guerres du Béarnais avec les princes Lorrains; et Provins passe encore par toutes ces épreuves réservées à la France du xvie siècle. (2) » En 1592, Henri IV vient en personne assiéger Provins, dont les habitants avaient embrassé le parti de Mayenne : La ville ne se rend qu'après trois jours d'une résistance opiniâtre. Enfin, sous le règne de Louis XIII, l'ancienne capitale de la Brie commence à respirer, et son histoire est finie.

Provins, situé sur le sommet et au pied d'un coteau élevé, se divise en haute et basse ville.

La plupart des rues de la ville basse sont larges, propres, bien percées, et ornées de fontaines publiques. La ville haute est ancienne, formée de rues escarpées et d'un accès difficile. Ces deux parties de la ville sont ceintes de murailles flanquées de tours de distance en distance, assez bien conservées ; des promenades en forme de boulevard entourent une partie de la ville basse et forment un couvert agréable.

(1) *Ordonnances des rois de France*, t. VIII, p. 352.
(2) *Bibliothèque de l'École des Chartes*, t. II, p. 192.

A l'extrémité sud-ouest de la ville haute s'élève un ancien édifice improprement nommé *Tour de César*, qui domine sur les campagnes environnantes. Cette tour dont la hauteur est de cent quarante pieds, présente un carré à pans coupés, flanqué à chaque angle d'une tourelle circulaire qui, engagée d'abord dans la maçonnerie, s'en détache vers le milieu de sa hauteur, à l'endroit où cette grosse tour prend la forme d'un octogone parfait, et laisse entre elle et les tourelles un espace où sont placés des arcs-boutants. Des chambres, des prisons occupent l'intérieur des quatre tourelles, surmontées, ainsi que la tour principale, de toitures pyramidales. L'intérieur offre deux vastes salles, placées l'une au-dessus de l'autre, dont les voûtes à arêtes sont courbées en ogives. De quelque point de vue que l'on observe cet édifice, il offre une masse imposante et très pittoresque : c'est un des plus beaux ouvrages de l'architecture du moyen âge.

Deux principales portes donnent entrée à la ville haute : l'une, dans la fortification de l'ouest, est appelée la porte Saint-Jean ; l'autre, pratiquée dans la partie du nord, a pris le nom de porte de Jouy. Ces portes sont composées de plusieurs cintres et arcades. Celle de Saint-Jean a huit toises d'étendue en profondeur, et autant en largeur ; c'est une masse carrée, d'un aspect imposant, dont on ne sait pas quelle était la hauteur, mais où l'on comptait, il y a peu d'années, plusieurs étages où l'on montait par des doubles escaliers. La porte de Jouy, bâtie sur un autre plan, avait aussi, à ce qu'il paraît, une grande élévation, et les mêmes dimensions en largeur et en profondeur.

Parmi les principaux édifices de Provins, on doit citer l'église de *Saint-Quiriace*, située dans la ville haute, à peu de distance de la grosse tour. Cette église est remarquable par son étendue et l'élégance de son architecture ; le chœur est parfait et semble avoir les dimensions de celui de Notre-Dame de Paris. Un dôme, surmonté d'une campanille, s'élève au-dessus de la toiture. Le portail est très simple ; au devant est une place plantée d'ormes.

L'église *Saint-Ayoul* n'a rien de remarquable ; l'intérieur offre une grande nef avec des bas côtés, sans croisées et sans rond-point. Le grand autel est orné d'un magnifique retable et d'un beau tableau de Stella.

L'église *Sainte-Croix* est bâtie sur l'emplacement d'une ancienne chapelle incendiée en partie en 1309, et reconstruite en 1538 ; la partie épargnée par le feu forme, au nord, un des bas côtés de l'édifice.

On remarque encore à Provins l'hôpital-général, autrefois couvent des Cordelières, où se trouve le monument de Thibaut VI ; la cave de la *Grange-aux-Dîmes* ; les souterrains de l'*église du Refuge* ; les ruines de l'église du *Collége* ; l'*hôtel des Lions*, (auberge de la Croix-Blanche), au bas du petit escalier qui conduit à Saint-Pierre ; le quartier de cavalerie, etc.

L'Hôtel-Dieu de Provins était autrefois le palais des comtesses de Brie et de Blois. On y remarque un superbe caveau de 140 pieds de long sur 35 de large, dont les voûtes en arceaux, élevées de 15 pieds, sont soutenues par deux rangs de piliers carrés. Les murailles ont six pieds d'épaisseur : celle du midi présente, après l'arcade du milieu, l'ouverture cintrée d'une galerie étroite, de 18 pieds de long, qui s'étend sous la cour et va aboutir à un puits creusé au milieu. On ignore l'origine et l'usage de ces voûtes souterraines. — On trouve, dans les vastes souterrains de la ville haute, de grandes salles carrées, d'où partent des galeries qui s'étendent au loin et paraissent se communiquer. Il est arrivé quelquefois que le sol s'est affaissé et a laissé des traces profondes de la ruine des voûtes qui le supportaient.

Au XIIIe siècle, la ville haute de Provins était la ville féodale ; la ville basse était la ville commerçante. D'après un historien du pays, dont les évaluations me paraissent pourtant exagérées, il y avait alors à Provins plus de 20,000 feux; 60,000 ouvriers étaient employés aux fabriques de draps et de cuirs. Un des faubourgs de la ville basse allait jusqu'à Fontenay-Saint-Brice. Le comte Thibaut y avait attiré les plus habiles ouvriers de l'Europe en tous genres, et il avait introduit, comme je l'ai dit, dans les campagnes voisines, en revenant d'une croisade, la culture du rosier, célèbre sous le nom de rosier de Provins. De nombreux teinturiers étaient établis sur le Durteint; il existait cent vingt fabriques de cuirs sur la même rivière. Les cuirs de Provins avaient et ont conservé une grande réputation. On a vu que la ville avait, à cette époque, 3,200 métiers battants, autant de foulons et de cardeurs pour les manufactures d'étoffes en laine.

« Provins était alors une espèce de Beaucaire : les foires y attiraient les négociants du midi de la France, de la Lombardie et du pays de Gênes; il s'y faisait un échange considérable de soieries, de vins, d'huiles, de fruits secs, d'aromates, de drogues médicinales de l'Arabie, d'épices, de bois de teinture, de cuirs, de draps, et même déjà de roses ; les habitants du nord, le Flamand, le Hollandais, l'Allemand y apportaient les productions de leurs pays. Ces foires étaient une source de richesses pour les comtes de Brie et pour les habitants de Provins. »

On célébrait à Provins, dans le XIVe siècle, la *fête de l'âne*. Cette cérémonie burlesque, reste des bacchanales païennes, attirait un grand concours de spectateurs. Les enfants de chœur et les sous-diacres couvraient un âne d'une grande chape, et le conduisaient à l'église, où l'animal était solennellement introduit avec des chants dignes de la fête, et dont voici un échantillon :

Un âne fort et beau
Est arrivé de l'Orient ;
Hé ! sire âne ; hé ! chantez ;

> Belle bouche rechignez,
> Vous aurez du foin assez,
> Et de l'avoine à plenté.

On faisait approcher l'âne de l'autel, et là, on chantait ainsi ses louanges : *amen, amen, asine, hé, hé, hé! sire âne! hé, hé, hé! sire âne!* Il assistait à une messe à la fin de laquelle, au lieu de l'*ite missa est*, le prêtre officiant criait trois fois : *hihan! hihan, hihan!* et le peuple répondait par le même braiement. Le dimanche des Rameaux avait lieu la *procession de l'âne*; tout le clergé de la ville se rendait à la chapelle Saint-Nicolas ; là, on entendait un sermon, puis on lâchait l'âne dans le cimetière, où les spectateurs se livraient parfois à de ridicules et indécentes folies.

On célébra aussi à Provins, jusqu'à la fin du xve siècle, la *fête des fous*. Les cérémonies n'en sont pas connues ; mais elles devaient égaler en scandale, en folies et en profanations tout ce qui se faisait dans le reste de la France en pareille circonstance.

La *fête des Innocents* a duré, à Provins, jusque dans le xviie siècle. Les enfants seuls en étaient les acteurs ; ils nommaient entre eux un *Evêque*. On n'en connaît point les détails ; mais il paraît que, dans sa célébration, il se mêlait des bouffonneries et du scandale. En 1607, le chapitre de Notre-Dame permit à son sonneur de faire son fils *Evêque des innocents*, selon l'ancien usage, avec la menace de ne plus accorder une pareille permission, s'il se commettait quelques scandales pendant la fête.

Les danses étaient en honneur à Provins · on dansait dans les églises et même on y *buvait*. Un compte de 1436 porte que le chapitre dépensa 14 pintes de vin à la *danse du chœur* « Le jour de la nativité de la Vierge, le vicaire perpétuel de Saint-Quiriace choisissait une des plus jolies filles de la paroisse; elle occupait, habillée en blanc, une place distinguée dans le chœur. Il la saluait en chantant l'antienne *Ave regina* ; après l'antienne, il la prenait par la main, et, couvert de sa chape, il la conduisait devant le portail de l'église ; et là, il commençait à danser avec elle. Cette danse était suivie de scandales, de dissolutions qui déterminèrent, en 1710, le chapitre à l'abolir. »

Le jour de Saint-Thibaut, à Provins, il se faisait une danse de jeunes filles et de jeunes garçons. Elle commençait devant l'église et se continuait jusqu'au palais des comtes (aujourd'hui le collége). On distribuait à chaque garçon et à chaque fille, du pain, des cerises et une tarte : c'était une manière de célébrer, par des réjouissances, la fête du patron du pays, et par la promenade, on voulait indiquer qu'il était de la famille des anciens comtes. Elle cessa d'avoir lieu en 1670.

D'après un antique usage, à Provins, lors de la *procession des Rogations*, le sonneur de Saint-Quiriace portait, au bout d'un long bâton, un dragon en bois peint, et celui de Notre-Dame un autre animal, appelé *lézarde*. La plupart des églises de France faisaient parade de pareils monstres. Lorsque les processions se rencontraient, les deux sonneurs faisaient mouvoir les mâchoires, armées de clous, des deux animaux, et simulant un combat entre eux, leur faisaient s'arracher réciproquement, et aux grands applaudissements du public, les guirlandes de fleurs dont ils étaient ornés. Celui qui laissait par terre la plus grande quantité de fleurs était censé vaincu. Or, en 1760, le sonneur de Saint-Quiriace, homme facétieux, s'avisa, pour assurer la victoire à son dragon, de lui remplir la gueule de pétards et d'autres artifices auxquels il mit le feu lors de la rencontre des deux processions. On peut se figurer l'épouvante des assistants, quand surtout la carcasse de l'animal, qui n'avait pas la vertu de la salamandre, s'enflammant par l'effet de la détonation, le dragon jeta feu et flammes sur les perruques et sur les surplis des chanoines. Le calme, longtemps troublé, ne fut rétabli qu'après l'immersion des débris enflammés dans le bassin de la fontaine Saint-Ayoul, près de laquelle eut lieu cette scène, malheureusement à la fois religieuse et burlesque. A dater de cette époque, cessa la lutte du Dragon et de la Lézarde.

Provins possède des sources d'eau minérale ferrugineuse froide, douées de propriétés très énergiques, et qui cependant ne sont pas aussi renommées qu'elles méritent de l'être. Leur découverte date de l'année 1648. Elle est due au docteur Prevot, qui rassembla les différentes veines des sources dans un bassin, et les appliqua le premier aux usages de la médecine. Etienne Rose, maire de Provins, contribua à l'établissement et à l'ornement de la fontaine minérale ; c'est à lui que l'on doit la construction du puits qui existe aujourd'hui. Cette fontaine joint à l'avantage d'être située près de la ville, celui d'être sur une très belle promenade.

ENVIRONS DE PROVINS.

SAINT-LOUP-DE-NAUD.

Le village de Saint-Loup, situé à huit kilom. O.-S.-O. de Provins, existe depuis une assez haute antiquité, et on le voit mentionné, à la fin du xe siècle, sous le nom de *Naudus, villa in pago Pruvinensi*. Ce mot de *Naudus* ou *Naud*, qu'on retrouve appliqué à un assez grand nombre de localités en France, et qui désigne, entre autres, un village voisin de Beauvais, *Sanctus Martinus de Nodo*, paraît appartenir à la langue primitive de la

Gaule, et signifier une fontaine, la présence de l'eau. Saint-Loup en effet, dont les habitations descendent du sommet d'une petite colline jusque dans la vallée, est placé près d'une source abondante, encore vénérée des paysans, et au pied du village coule un ruisseau qui y fait tourner un moulin. Quoiqu'il en soit de cette explication, il est certain que le nom de Naud est antérieur à la fondation du monastère de Saint-Loup : qu'il s'est conservé presque toujours seul jusqu'au XIIIᵉ siècle, et qu'à l'époque où la dénomination de Saint-Loup a prévalu, elle est toujours restée accompagnée du nom ancien, *Sanctus Lupus de Naudo*.

« Le prieuré de Saint-Loup figure pour la première fois dans l'histoire en 980. Le cartulaire Ms. de Michel Caillot, la Chronique de Saint-Pierre-le-Vif, éditée par D. Luc d'Achery, et le Recueil de M. Ythier, renferment la copie d'une ordonnance synodale de cette époque, émanée de Sévin, archevêque de Sens, qui accorde à l'abbaye de Saint-Pierre-le-Vif quatre chapelles dans lesquelles les moines s'engagent à établir convenablement des prêtres pour la célébration de l'office divin. *L'autel de Naud* est une de ces quatre chapelles.

» Il résulte des termes de cette pièce que, lors de la concession faite par le synode de Sens, le village de Naud avait déjà une chapelle sous l'invocation du bienheureux Saint-Loup. Un siècle se passa avant que nous sachions comment fut exécutée la condition imposée aux religieux de Saint-Pierre-le-Vif, entre les mains desquels tomba cette chapelle, à la fin du xᵉ siècle. Détachèrent-ils alors quelques membres de leur communauté et les transportèrent-ils à Naud ? Jetèrent-ils aussitôt les premiers fondements du prieuré et de l'église que nous admirons encore aujourd'hui ? Ces deux questions ne peuvent être résolues que par des probabilités ; mais si, d'une part, nous ne trouvons, avant la fin du xiiᵉ siècle, le nom d'aucun prieuré de Saint-Loup, d'un autre côté, l'examen archéologique nous permet de rejeter jusqu'au xiᵉ siècle la construction des parties les plus anciennes de l'église actuelle.

» En 1120, il se passa, au prieuré de Saint-Loup, une scène qui nous a été racontée par le chroniqueur de Saint-Pierre-le-Vif, et dont les détails renferment quelques indications précieuses sur l'état du couvent à cette époque. Daimbert, archevêque de Sens, ne pouvant se rendre au concile de Beauvais, y avait envoyé Arnaud, abbé de Saint-Pierre-le-Vif. Arnaud part, et, après un jour de marche, arrive à *Naud*, à l'église de Saint-Loup ; la fatigue, le mauvais temps, la maladie, la faiblesse de l'âge l'obligent à s'y arrêter dans sa propre maison. Il délègue un des moines du prieuré qui va l'excuser devant le concile. Le moine était revenu, qu'Arnaud attendait encore sa convalescence.

» Au moment où l'abbé se disposait à partir, un vertueux et digne chapelain de l'église de Saint-Loup, nommé Alexandre, se présenta devant lui, et lui offrit quatre reliquaires d'argent doré,

renfermant, l'un, du bois de la vraie croix, l'autre, un morceau de la dent de saint Nicolas ; le troisième un fragment du sépulcre de notre Seigneur, le dernier une relique de saint Georges. » Comment s'était-il procuré ces inestimables trésors ? « J'étais, ra-
» conta-t-il, chapelain du comte Etienne ; je le suivis outre-mer ;
» mais avant de partir, je reçus du pape, ainsi qu'Arnoul, main-
» tenant patriarche, le pouvoir de lier et de délier les fautes. Ar-
» rivé en Asie, je convoquais le peuple, je l'exhortais, je l'enga-
» geais à la pénitence, et je l'envoyais au combat, puissant par
» ses vertus, sinon par ses armes. Nous arrivâmes ainsi au saint
» Sépulcre, et la prière faite, nous nous rendîmes chez le roi.
» Baudouin apprenant qu'un homme aussi considérable, un guer-
» rier aussi courageux, un chrétien aussi fervent que le comte
» Etienne était dans ses états, le fit venir dans son palais, et lui
» ouvrant ses trésors, le pria d'y choisir et d'y prendre ce qui lui
» plairait. Le comte répondit qu'il était riche d'or, d'argent et de
» tous les biens de la terre, et qu'il avait besoin seulement du trésor
» des saintes reliques. Le roi fit venir alors son *scriniaire* et lui
» donna ordre de remettre, sans délai, au comte, tout ce qu'il
» choisirait dans le sanctuaire de sa chapelle. Etienne prit des re-
» liques du sépulcre, de la croix du sauveur et du corps de saint
» Georges. Moi, j'usai d'adresse pour me faire donner en secret,
» grâce aux relations d'amitié que j'avais eues avec Arnoul, quel-
» que portion de ces reliques sacrées, et je désire qu'elles soient
» déposées aux archives de Saint-Pierre avec la dent de saint
» Nicolas, que j'ai payée un marc et demi d'argent et une once
» d'or. »

« Outre ces reliques *qu'il appelait son corps et son âme*, Alexandre céda à l'abbaye de Saint-Pierre-le-Vif, des vases, des vêtements sacrés, et une maison qu'il possédait à Provins, ne demandant en retour que la célébration de son anniversaire. L'abbé consentit à tout et quitta le prieuré, emportant à Sens les présents d'Alexandre, qui furent solennellement reçus par le clergé et par le peuple.

» Après cet événement, les documents historiques, relatifs au prieuré de Saint-Loup, nous manquent encore pendant quelque temps. Mais la construction de son église doit remplir une partie de cet intervalle ; car, d'après les données archéologiques, c'est au XIe et au XIIe siècle que nous croyons pouvoir la rapporter.

» L'église de Saint-Loup, près de laquelle on voit encore quelques pans de murs et les tourelles à demi-ruinées du prieuré, est située au sommet du monticule dont nous avons déjà parlé. En suivant la longue rue du village qui s'élève des bords du ruisseau au faîte de la colline, on arrive au pied de l'édifice et on longe une de ses faces latérales ; de ce côté, ses petites fenêtres, ses nombreux contreforts, son clocher massif et à toiture aplatie, lui donnent un aspect triste et sévère ; mais, que l'on remonte un peu plus haut; qu'on s'avance jusqu'à la façade, et qu'on pénètre sous le porche qui précède et protège le portail, l'impression change. On a devant les yeux un grand tableau de pierre, où sont des figures d'hommes et d'animaux, des plantes entrelacées, des saints et des démons, des anges et des êtres fantastiques, et, au milieu de ce bizarre assemblage, Dieu, dans sa gloire, entouré de ses quatre évangélistes. Le seuil franchi, on retrouve un peu de la monotonie et de la lourdeur de l'extérieur, trois longues nefs faiblement éclairées et s'arrondissant à leur extrémité orientale, des voûtes nues, des piliers très simples, des chapiteaux d'une extrême grossièreté.

» En examinant avec attention l'intérieur de l'église de Saint-Loup, on s'aperçoit que les caractères architechtoniques ne sont pas les mêmes dans toute son étendue. Ainsi, tandis que la façade et les quatre premières travées présentent l'union du plein-cintre et de l'ogive, tandis que dans la partie antérieure on remarque des nervures aux voûtes, des piliers et des faisceaux de piliers arrondis, des chapiteaux historiés; les quatres dernières travées n'offrent plus de traces d'ogives, les chapiteaux se réduisent à des tailloirs; les piliers, sauf deux, sont carrés, et les voûtes manquent de nervures croisées. Le chœur est compris entre quatre arcs triomphaux de même forme, cintrés et d'égale dimension; deux de ces arcs s'ouvrent sur les transsepts, qui ne se distinguent que par la longueur des voûtes; le troisième forme l'entrée de la nef, et le quatrième celle de la chapelle au fond de laquelle est l'autel principal. A l'extrémité des bas-côtés sont pratiquées des chapelles arrondies comme celle du milieu, mais un peu moins profondes. Toute cette partie postérieure du moment en est évidemment la plus ancienne; c'est le noyau, pour ainsi dire, de l'église. Primitivement, la petite chapelle du milieu avait sept fenêtres, dont trois seulement sont restées ouvertes; les quatre autres, placées sur les côtés, se trouvent bouchées par la voûte des chapelles latérales, dont la postériorité est démontrée par cette circonstance.

» Au-delà des arcs triomphaux, en se rapprochant de l'entrée de l'église, la ligne de la nef est tracée de chaque côté par trois grands piliers, dont le premier fait le corps avec la façade. Entre chacun d'eux s'élève une colonne soutenant un double cintre, tandis que sept arcades figurées, tombant sur des piliers engagés dans les murailles latérales de l'édifice, répondent à celles de la nef. Les voûtes des bas-côtés s'appuient sur les mêmes chapiteaux. Le vaisseau est infiniment plus élevé qu'elles; sa première voûte, après le chœur, est en berceau; les deux autres travées ont des voûtes ogivales, au centre desquelles se croise une nervure formée d'un double tore.

» Le portail est la partie la plus intéressante du monument. La porte est divisée en deux parties égales par une colonne en forme de statue, représentant saint Loup, archevêque de Sens, qui vivait au VIIe siècle, et qu'il ne faut pas confondre avec l'évêque de Troyes, du même nom. Il porte le costume épiscopal, tient dans la main une crosse, et a les pieds posés sur des oiseaux à queue de serpent, c'est-à-dire sur des démons. Le chapiteau qui surmonte la tête du bienheureux, placé, comme le personnage principal, au point le plus apparent, représente une scène de sa vie. Saint Loup, suivi d'un clerc portant un livre, prie, les mains jointes, devant un autel; au milieu de l'autel est un calice, au-dessus duquel se tient un petit corps arrondi. Deux autres personnages, l'un à genoux, l'autre debout, en costume de clerc, remplissent le reste du chapiteau.

» De chaque côté de la porte se voient trois personnages formant colonne comme le trumeau. Le premier a un double nimbe autour de la tête, une petite barbe et des clés à la main gauche : c'est, à n'en pas douter, saint Pierre. Celui qui vient après porte un rouleau, et semble avoir sur la tête un bandeau royal; le troisième est aussi un homme barbu, vêtu d'une longue robe à manches et d'une tunique par-dessus. A gauche, la première statue représente probablement saint Paul. A côté de lui est une femme aux cheveux pendants et nattés, ornés d'un nimbe, ayant une couronne sur la tête et un rouleau à la main, et vêtue d'un grand manteau par-dessus ses autres habits; enfin, le dernier personnage n'a de remarquable que son auréole et sa barbe courte. Ces six statues sont exécutées avec une habileté assez grande; les figures sont belles et bien caractérisées; les plis des vêtements ne manquent pas d'une certaine ampleur; la femme a moins de raideur qu'on en trouve en général dans les statues de ce genre et de cette époque.

» Le tympan commence par une espèce de frise, au milieu de laquelle est la Vierge assise. A chacun de ses côtés, dans des niches cintrées et soutenues par des colonnes torses, se tiennent quatre personnages barbus, excepté un seul, et portant des livres ou des rouleaux. Au-dessus se montre le Christ assis, la main droite levée, la gauche tenant un livre, les pieds nus, la main posée sur un nimbe croisé. Il est entouré des évangélistes sous leurs emblêmes respectifs. Des nuages environnent le tableau.

» L'archivolte est ogivale, et se compose de trois bandes. Dans la première, c'est-à-dire tout près de la divinité, sont représentés des anges ailés portant des chandeliers ou des encensoirs; au sommet de la voussure paraît l'agneau pascal avec la croix et la bannière. La seconde bande renferme treize sujets. La troisième bande en contient quatorze. »

» Les reliques de Saint-Loup faisaient la principale richesse du prieuré de Naud, et la mémoire du bienheureux évêque de Sens était encore, à la fin du siècle dernier, en grande vénération dans les environs du prieuré, où l'on venait en pèlerinage à différentes époques de l'année. Au mois de septembre, surtout, la foule était grande ; des marchands de joucts et de gâteaux occupaient tout l'espace compris entre le pont du ruisseau et l'église, et les offrandes des fidèles étaient si nombreuses, que les moines ne comptaient pas, dit-on, les sous qu'ils recevaient, mais les mesuraient au boisseau. Maintenant, encore, à la même époque de l'année, quelques mères amènent au village leurs enfants chétifs ou malades, et leur font boire l'eau d'une fontaine miraculeuse, que nos pères ont ornée de sculptures représentant la passion du Christ et des épisodes de la vie de saint Loup.

Le prieuré de Saint-Loup n'était pas seulement riche et renommé au moyen-âge. En 1178, Henri-le-Libéral, comte palatin de Troyes, remet et quitte à perpétuité, à cette église, la justice qu'il avait sur les hommes de Saint-Loup-de-Naud, demeurant à Courton, et sur quelques autres serfs habitant à Naud, avec un denier de cens qui lui était dû, et cela en échange de la cession d'une tenure, libre de cens, qu'il reçoit des religieux.

A la fin du XIIIe siècle, d'assez nombreuses habitations avaient dû se grouper autour de l'église. En 1296, 1297, 1298 et 1299, Saint-Loup figurait parmi les prévôtés et terres du domaine de Champagne, dans le registre des baux à fermes de cette province.

Au treizième siècle, les habitants de Saint-Loup, comme ceux de Provins, avaient droit d'envoyer leurs lépreux à la maladrerie de Clos-le-Barbe, et les religieux, s'il faut en croire un compte de Quiriace, de 1465, pouvaient assister, sans payer, à la fête des fous de Provins.

Au XVe siècle, lorsque les Anglais et les routiers commirent en France de si terribles dévastations, Saint-Loup souffrit sa part du dommage. Longtemps maîtres de plusieurs châteaux de la Brie, et entre autres de la place forte de Provins, dont ils s'emparèrent en 1432, les ennemis incendièrent, dit-on, les bâtiments du prieuré, et le réduisirent au plus fâcheux état. En 1438, le prieur, frère Guillaume Quatrain, adressa à Charles VII une supplique par laquelle nous pouvons apprécier l'étendue des malheurs de son église. Les gens d'armes qui ont été et sont encore dans le royaume, dit-il, ont désolé le pays, ruiné le prieuré ; les héritages, les maisons, les terres, les moulins, ont été gâtés ; les droits, cens et revenus sont devenus à rien ; le prieuré se trouve obéré de grosses dettes qu'il est impossible de payer ; le prieur a à peine de quoi vivre, lui et ses religieux, et, si l'on ne vient à leur secours, il leur faudra cesser le service divin, abandonner leur église et chercher un autre asile. Charles ordonna une enquête à Jehan de Milly, lieutenant de Denis de Chally, bailli de Meaux, et voulut que l'administration du temporel du prieuré fût confiée, pendant trois ans, *à aucunes bonnes personnes suffisant et convenables* qui recevraient les rentes et revenus, et les diviseraient en trois parts : l'une pour la célébration du service divin, le vivre et l'entretien des religieux ; l'autre pour l'entretien des biens et édifices appartenant au prieuré, et les frais de ses procès; et la troisième pour l'extinction de ses dettes.

Ces mesures assurèrent le salut du prieuré de Saint-Loup-de-Naud. Un siècle plus tard, de nouveaux malheurs fondirent sur lui. La guerre civile divisait toute la France; les protestants renouvelèrent les fureurs des étrangers, et mirent encore une fois le feu au prieuré (1560). L'église, cependant, paraît avoir miraculeusement échappé à la destruction qui atteignit alors bien des monuments du culte catholique, et l'office continua à y être célébré. Mais, en 1569, il n'y avait plus dans la maison que le prieur et deux religieux, et les pauvres moines étaient obligés de soutenir procès contre leur supérieur pour en obtenir les vivres et le vêtement qu'il leur devait. La pauvreté n'était pourtant pas encore le seul malheur qui les affligeât : des bandes ennemies parcouraient les campagnes, et les monastères sans défense avaient tout à craindre de leurs haines aveugles. Vers 1580, on voit les religieux de Saint-Loup, ne se croyant pas en sûreté chez eux, s'enfermer dans Provins avec les moines de Saint-Léonard, de Tourvoye, du Metz-la-Madeleine, de la Fontaine-aux-Bois, de Jouy et les cordelières du mont Sainte-Catherine. On attendit là que la tempête fût passée, en dépit d'autres dangers et d'autres terreurs, de la peste et de la famine.

» Depuis ce moment, l'histoire du prieuré de Saint-Loup cesse de présenter de l'intérêt. Trois pauvres moines tiennent, au milieu des ruines de leur cloître, la place des anciens religieux. On suit encore, jusqu'à la révolution, la liste des prieurs devenus commendataires, et toujours nommés par l'abbaye de Saint-Pierre-le-Vif; des réparations à l'église sont opérées en 1727, 1752 et 1756. Mais c'est le tableau d'une monotone agonie; quelques procès-verbaux de visites faites au prieuré et aux reliques, des transactions entre les religieux et leurs supérieurs, pour assurer leurs vivres, des actes destinés à empêcher les empiétements des curés de Saint-Loup, signalent seuls les dernières années de l'existence de la communauté jadis si florissante.

» Aujourd'hui le curé est l'unique et le paisible maître de la vaste église couventuelle. Une tour, dont on a fait un colombier, un joli pavillon, qui appartenait autrefois aux seigneurs de Saint-Loup, restes inoffensifs de la féodalité, sont seuls debout à côté du monument que nous avons essayé de faire connaître, et dont quelques vandales méditent déjà la destruction (1). »

(1) *Notice sur le prieuré de Saint-Loup-de-Naud*, par M. Bourquelot. (*Bibliothèque de l'École des Chartes*, t. II.)

MONTAIGUILLON.

A peu de distance du village de *Louan*, situé à quatre lieues et demie de Provins, on remarque les ruines majestueuses et pittoresques du château-fort de Montaiguillon, dont plusieurs parties sont dans un bel état de conservation, et méritent, à plusieurs égards, de fixer l'attention. Cette ancienne forteresse est située sur un mont sablonneux, au milieu d'une forêt de 700 arpents; elle passait autrefois pour la plus forte place de la Brie. Les Anglais l'assiégèrent sans succès en 1424. L'ordre de saint Jean de Jérusalem la possédait en 1452, époque où elle fut prise et brûlée par les Anglais, après le siége qu'ils firent de Provins. On lit, dans une chronique de Villenauxe, que la forteresse de Montaiguillon fut démantelée, en 1613, par ordre de Louis XIII, qui donna en dédommagement à M. de Villemontée, son possesseur, une somme de 60,000 écus. La situation de ces ruines isolées au milieu d'un bois, leur masse imposante, les arbustes et le lierre rampant qui en tapissent les murs, tout se réunit pour leur donner un aspect des plus romantiques. Le château se composait de plusieurs tours rondes, encore debout, réunies par des terrasses, au haut desquelles on avait pratiqué un chemin de ronde que l'on voit encore en partie. Des pans de murs énormes, détruits par les efforts de la mine, et qui semblent être tombés d'hier, gisent dans les larges douves qui environnent la forteresse : de nombreux étages multipliaient les logements pour les seigneurs et leur suite; mais la séparation de ces étages a disparu : on aperçoit seulement les ruines distinctes d'une chapelle, ainsi que quelques débris d'escaliers et de cheminées gothiques, qui pendent, dans les angles des murs, à trente ou quarante pieds de hauteur.

On ignore l'époque de la construction du château de Montaiguillon. Tout porte à croire qu'il fut bâti, vers le milieu du XIIIe siècle, par des chevaliers de saint Jean de Jérusalem.

BRAY-SUR-SEINE

La petite ville de Bray-sur-Seine est riante, tant par son commerce que par l'agrément de sa situation, au milieu d'une contrée fertile et sur la rive droite de la Seine, que l'on y passe sur un pont en pierre de vingt-deux arches.

En 1192, il se commit en cette ville un attentat horrible, qui donne une étrange idée des mœurs de ce temps. Les Juifs, dit-on, avec la permisson de la comtesse de Champagne, se saisirent d'un chrétien, le couronnèrent d'épines, le déchirèrent à coups de fouet, et, dans cet état, l'attachèrent à une croix, sur laquelle il expira. Philippe-Auguste, de retour, en cette année, de la troisième croisade, crut devoir tirer une éclatante vengeance de ce forfait : il n'eût rien de plus pressé que de se rendre en personne au château de Bray, où le crime s'était commis; et, pour l'expier d'une manière qui imprimât la terreur, il fit brûler vifs plus de quatre-vingts Juifs.

C'est dans cette ville que se trouvait le duc de Bourgogne, Jean-sans-Peur, lorsqu'il fut sollicité de se rendre à l'entrevue de Montereau avec Charles VII, en présence duquel il fut assassiné.

Bray-sur-Seine, aujourd'hui chef-lieu de canton, était autrefois une seigneurie très importante. La ville réunissait, avant la révolution, une église collégiale, un bailliage royal, une maîtrise particulière des eaux et forêts et une subdélégation de l'intendance de Paris.

Bray-sur-Seine présente une population d'environ 2,000 habitants.

MONTIGNY-LANCOUP

Ce village est situé sur la route de Montereau à Provins, et à six lieues et demie de cette dernière ville. Il est remarquable par un grand et beau château, sur la pente d'un coteau couvert de bois; on y arrive par une majestueuse avenue percée dans la forêt qui l'entoure. On voit, dans le parc de ce château, un des plus beaux cèdres du Liban qui existent en Europe. La population de Montigny-Lancoup se compose d'environ 1,000 habitants, dont l'industrie principale est la fabrication des briques, tuiles et poterie de terre. Ils ont aussi beaucoup de vignes et de terres labourables.

DONNEMARIE.

Donnemarie est une petite ville commerçante, d'un aspect gai et pittoresque, située dans un joli vallon tapissé de prairies et entouré de collines couvertes de vignes. Ce vallon est traversé par une petite rivière qui sépare Donnemarie du village de Dontilly. 1,100 habitants forment la population de cette ville, qui n'est célèbre que pour avoir eu autrefois une abbaye de Bénédictins. Le chapitre de Saint-Martin de Tours y possédait aussi un château, dont les ruines subsistent encore.

NANGIS.

Nangis, petite ville située dans une des plus jolies plaines de la Brie, et à six lieues de Provins, avait, avant la révolution, le titre de marquisat. Les seigneurs de Nangis n'ont guère de célébrité. Les ruines d'un château fort dont il reste encore deux tours solidement construites en grès, attestent cependant que là ont vécu de puissants barons. Les portraits de quelques uns des derniers seigneurs de Nangis, se voient encore aujourd'hui sur le mur d'une des chapelles latérales de l'église. Ils représentent M. de Brichanteau, tué au siége de Bergus, en 1658, et le marquis de Nangis, tué la même année, à l'âge de trente-deux ans. Un autre marquis de Nangis figurait à la cour de Louis XIV.

A peu de distance du château s'élève l'église, qui est belle, malgré plusieurs défauts de détail. Les bas côtés se prolongent en rond point; les arcades de la nef et du chœur sont surmontées de galeries et de grandes croisées en ogives.

Environ 2,000 habitants peuplent cette ville. Il s'y fait un commerce considérable de bestiaux, grains, fromages de Brie, volailles, etc. On y voit beaucoup de tanneries.

JOUY-LE-CHATEL.

Près de la source de l'Yères, et à trois lieues et demie de Provins, ce bourg, qui fut autrefois une petite ville, ne se recommande par aucune célébrité historique. On ignore quels seigneurs habitèrent l'antique manoir dont on voit encore le donjon en ruines. Il tient au château de Vigneaux. Ce château est entouré de fossés, les dehors en sont fort agréables. Jouy-le Châtel est peuplé de 1200 habitants.

JAULNES.

A cinq lieues et demie de Provins on trouve le village de Jaulnes qui a été le théâtre d'une fameuse bataille dont parlent Pithou dans ses notes sur la coutume de Troyes, et l'abbé Velly dans son histoire de France, tome II, p. 57. Mais ni l'un ni l'autre ne dit à quelle occasion cette bataille fut donnée, ni quelles en furent les suites. Tout ce que l'on en sait, c'est que les nobles de Champagne furent défaits aux fossés de Jaulnes, qu'ils périrent presque tous, et que les comtes de Champagne, pour rétablir le corps de la noblesse qui, sans cela, aurait couru les risques d'une entière

extinction, furent forcés de déroger à l'usage constant de la France, en accordant aux Champenois le droit de pouvoir tirer leur noblesse du côté de la mère. Ce droit, par lequel le *ventre anoblit*, est ainsi exprimé dans le premier article de la coutume de de Troyes : « Les aucuns sont nobles, les autres non nobles :
» ceux sont nobles qui sont issus en mariage de père ou de mère
» noble, et suffit que le père ou la mère soit noble, posé que l'au-
» tre desdits conjoints soit non noble, ou de serve condition. »
Jaulnes n'a que 400 habitants.

NOTICES BIOGRAPHIQUES
DES HOMMES CÉLÈBRES DE L'ARRONDISSEMENT DE PROVINS.

Bréban de Miles ou *Milon*, chevalier et seigneur du Plessis, naquit en ce château, à la fin du XIIe siècle. Le comte Henri lui fit plusieurs donations en échange de ses biens, en 1187; Milon se croisa avec Thibaut en 1198, et fut député avec Villehardouin, pour régler avec les Vénitiens les conventions du transport. Il eut part à la prise de Zara, et arrivé en Asie, contribua à celle du port et du château de Galatha. Il fut l'un des ambassadeurs envoyés au jeune empereur Alexis l'Ange, pour réclamer de lui l'exécution des conventions faites avec les Latins. Murtzulphe, assassin d'Alexis, ayant été bientôt après détrôné par les croisés, Baudouin, comte de Flandre, fut élu empereur, et les autres seigneurs s'étant partagé les charges de l'empire, Milon fut fait bouteiller de Romanie. Milon resta fidèle à la fortune des Français en Asie : il commanda un des bataillons des quatre cents européens qui osèrent marcher contre quarante mille ennemis, le 24 juin 1206; puis fut envoyé au secours de Renaud de Trit, enfermé dans la forteresse de Séninac; il fut ensuite chargé avec Villehardouin, par l'empereur Henri, d'aller chercher la fille de Conrad de Montferrat, et fit enfin partie de toutes les expéditions périlleuses. Ce fut lui qui envoya à sa ville natale la tête de saint Quiriace, que les habitants de Provins reçurent avec une grande solennité.

Carré (Louis) mathématicien, de l'académie des sciences, né en en 1663, à Closfontaine dans le canton de Nangis. Il fut disciple de Malebranche, et fit une étude particulière de la métaphysique: Fontenelle a fait son éloge. Il mourut en 1711. On a de lui un ouvrage sur le calcul intégral, et plusieurs mémoires dans le recueil de l'Académie.

Desmarets (Jean), orateur célèbre, né à Provins dans le XIV siècle. En 1381, sous le règne de Charles VI, Paris s'étant révolté à l'occasion de nouveaux impôts, Desmarets fut chargé de haranguer le peuple, qu'il ne put calmer. Plus tard, étant échevin de

Paris, cet homme dont le caractère était fort honorable, fut faussement accusé de conspiration, et condamné, presque sans examen, à avoir la tête tranchée. Ce qui fut exécuté aux halles (1).

Guillaume de Nangis, célèbre religieux bénédictin de l'abbaye de Saint Denis au XIIIe siècle, dont on a deux *chroniques*, et la vie de saint Louis avec celle de son fils, Philippe-le-Hardi; il mourut vers 1302.

Guyot de Provins, l'un de nos poètes populaires du moyen-âge. C'est lui qui, dans ses vers, a fait la plus ancienne mention de l'aimant et de la boussole. Guyot de Provins est l'auteur d'une satire des mœurs de son temps, qui a été publiée dans le recueil de fabliaux de MM. Barbazan et Méon. Né pendant le XIIe siècle, et adonné à la poésie dès sa jeunesse, le troubadour provinois promena ses talents dans les principales cités de l'Europe, où il reçut presque toujours des louanges et des présents, assista à la diète de Mayence, assemblée par l'empereur Frédéric Barberousse pour le couronnement de son fils Henri, roi des Romains, en 1181. Il suivit, dans la quatrième croisade, le célèbre Milon de Bréban. Quelques auteurs prétendent qu'il n'alla à Jérusalem que dans le but d'accomplir quelques actes de dévotion. A son retour, il se fit moine, passa quelque temps à Clairvaux, prit l'habit de saint Benoît à Cluny, et, dans son nouvel état, manquant de liberté, persécuté, gêné, il répandit en vers le fiel de sa misantropie; il anathématisa son siècle, siècle *puant et orrible*; il dévoila toutes les turpitudes de ses contemporains, et donna à cette satire le nom de *Bible*, parce que, disait-il, elle contient toute vérité. On ne sait l'époque précise ni de la naissance, ni de la mort de Guyot de Provins.

Lucence (sainte), née à Provins à la fin du Xe siècle, de parents pauvres, gagnait sa vie à filer de la laine. Se livrant avec ardeur aux exercices de piété, assistant à tous les offices de saint Quiriace, jeûnant trois fois la semaine, elle excita la jalousie par ses vertus, et fut accusée d'impureté; mais une de ces épreuves si fréquentes au moyen-âge confondit les calomniateurs : elle fit mettre dans son tablier des charbons embrasés pour preuve de son innocence, et le tablier resta intact comme sa virginité. Suivant une autre tradition, sa mère l'ayant envoyée chercher du feu chez un fournier, celui-ci jeta dans son tablier une pellée de charbons ardents, qu'elle rapporta sans aucune brûlure. On ignore combien d'années vécut sainte Lucence, et à quelle époque elle mourut. Tout ce qu'on sait, c'est que sa fête était célébrée le lendemain de l'Ascension, et que ses ossements étaient renfermés dans une châsse revêtue de lames d'argent, déposée au dessus du maître-autel de Saint-Quiriace, et qu'on descendait comme celle de sainte Gene-

(1) Voyez t. III, p. 6 et 10.

viève, dans les grandes calamités. Jamais, dit-on, Provins n'implora vainement le secours de sainte Lucence.

Michelin (Louis) imprimeur, né à Provins en 1732. A l'âge de vingt-neuf ans, il fut mis à la Bastille en vertu d'une lettre de cachet pour avoir imprimé l'*Esprit* d'Helvétius. Michelin fit, à cette occasion, l'épigramme suivante :

> Sur un ingénieux écrit
> Philinte usa *son caractère*,
> Et crut en tirer grand profit.
> Il fut trompé ; la fortune contraire,
> Comme il arrive d'ordinaire,
> Refusa de marcher à côté de *l'esprit*.

Mais l'*Esprit* n'était, dit-on, que le prétexte de l'emprisonnement du pauvre Michelin ; une satire qu'il avait faite contre madame de Pompadour en était le motif réel. Pendant sa captivité, qui dura seize à dix-huit mois, il exerça encore son talent poétique, mais ses vers eurent peu de succès. Rendu à la liberté, il fit plusieurs voyages dans le nord de l'Europe, et fit enfin un ouvrage fort utile en publiant le *Dictionnaire de l'Imprimerie*. Il mourut à Paris en 1794.

Pacifique (le père), de Provins, fonda le couvent des Capucins de cette ville, fut missionnaire en Perse, en Turquie, à la Terre-Sainte et en Amérique, où il fut, dit-on, massacré par les sauvages. On lui doit une curieuse relation de son voyage en Perse, qu'il publia en 1628.

Thibaut VI, dit le Chansonnier, comte de Champagne et roi de Navarre, né à Provins en 1201. Nous avons parlé de ce poète chansonnier, à propos de l'histoire de la ville de Provins.

Villegagnon (Nicolas Damiens de), commandeur de l'ordre de Malte, et l'homme de mer le plus expérimenté de son temps, né à Provins en 1500. En 1541, il se distingua dans une campagne contre Alger ; il ne s'illustra pas moins à la défense de Malte en 1553. Il a donné une relation française de cette guerre. Henri II lui confia la mission difficile d'amener en France Marie Stuart, âgée de six ans ; par une manœuvre habile, qui fit l'étonnement de tous les gens de mer de l'époque, Villegagnon échappe à la flotte sortie des ports d'Angleterre pour enlever la jeune reine, et entra dans le port de Brest sans acccident. Le commandeur de Villegagnon fonda la première colonie établie au Brésil ; cet homme célèbre mourut en 1571.

§ II.

ARRONDISSEMENT DE COULOMMIERS.

COULOMMIERS.

Cette petite ville, située à douze lieues N.-O. de Melun, paraît devoir son origine à une église dédiée à saint Denis, autour de laquelle se groupèrent des maisons, qui formaient un bourg au xie siècle. Cette église était desservie par deux chapelains, à la nomination des comtes de Champagne et de Brie. Thibaut III, voyant la ville s'accroître, y fonda une seconde église sous le titre de Sainte-Foi. Il la donna à l'abbaye de Conques, dont elle devint un prieuré, à qui avaient été donnés les revenus de l'ancienne église érigée en cure. Plus tard, ce prieuré fut sécularisé par une bulle du pape Paul III. En 1231, Thibaut VI affranchit la commune de Coulommiers à prix d'argent, mais il se réserva certains droits, tels que celui de rendre la justice lorsque l'objet en contestation s'élevait au-dessus de 20 sous.... « Je re-
» tiens, ajoute-t-il dans sa charte, le meurtre, le rapt, les lar-
» rons et les champions vaincus dans les combats judiciaires, des-
» quels j'aurai l'amende. »

Un Hôtel-Dieu, fondé à Coulommiers, au xiiie siècle, par un seigneur nommé Jean de Patras, offrit l'inconvénient, si fréquent à cette époque, d'être desservi à la fois par des religieux de l'un et de l'autre sexe. Cet hospice, accru par la réunion d'autres fondations charitables, a été, depuis saint Vincent de Paul, administré uniquement par des sœurs de la charité, et subsiste encore.

Les guerres civiles du xive siècle, et l'invasion anglaise, étendirent leurs ravages sur Coulommiers. Le prieuré en souffrit particulièrement. Cette ville passa, en 1404, sous la domination du roi de Navarre; elle fut prise et saccagée (1595) par les ligueurs. Catherine de Gonzague, mère du duc de Longueville, qui en fut ensuite possesseur, la releva de ses désastres passés, et y fit bâtir un magnifique château dans une île que forme la rivière du Morin, qui arrose Coulommiers. Elle fit aussi construire un couvent de capucins, dont l'église, ouvrage de l'architecte Argentan, est fort élégante. Le château, appartenant au duc de Chevreuse, en 1736, a été détruit par lui; il en reste encore quelques ruines pittoresques. Des bâtiments du couvent, l'église est seule restée debout.

Coulommiers a 3,335 habitants. Cette ville, située dans une belle et fertile contrée, fait un commerce considérable pour l'approvisionnement de Paris. Les rues de Coulommiers sont étroites et mal percées, et les maisons sont peu remarquables en général;

on montre cependant, avec vénération, celle où fut élevé La Fontaine, chez son aïeul, François Pidaux, bailli de la ville. Il y a peu d'années qu'on voyait encore une partie de l'ancienne enceinte de Coulommiers, qui, aujourd'hui, est entourée d'une promenade plantée d'arbres, appelée le Rempart.

Le titre de sous-préfecture a remplacé les anciennes attributions de cette ville.

Parmi les localités qui avoisinent Coulommiers, on remarque le village de *Boissy-le-Châtel*, qui doit son surnom à un ancien château fortifié. Il ne reste plus aujourd'hui, de ce château, qu'une grosse tour et les débris d'une chapelle. Ces ruines sont entourées de fossés profonds remplies d'eau vive.

Les hommes célèbres dont Coulommiers fut la patrie sont : *Le Valentin*, excellent peintre, né en 1600 et mort en 1632; il entra fort jeune dans l'école de Vouet, et alla ensuite en Italie, où il s'efforça d'imiter les tableaux de Caravage ; il réussit, surtout, à représenter des joueurs, des soldats et des bohémiens. Valentin manque de grâce et de correction ; mais il a consulté la nature, et a un coloris vigoureux. On croit que sa mort prématurée est due à un bain pris sans précaution, et qui lui occasiona une fièvre violente.

Barbier (Antoine-Alexandre), l'un des plus savants bibliographes des temps modernes, né à Coulommiers le 11 janvier 1765, et mort à Paris en 1825. Ayant embrassé l'état ecclésiastique, il fut curé de Dammartin et de La Ferté-sous-Jouarre; mais, à la révolution, il embrassa la vie séculière, se maria, et fut envoyé, en 1794, par l'administration départementale, à l'école normale de Paris. Ses progrès y furent rapides. Nommé bientôt de la Commission des arts, Barbier développa, dès lors, ses talents de bibliographe par l'ordre qu'il mit dans les bibliothèques réunies de plusieurs couvents supprimés. Nommé bibliothécaire du directoire, puis du conseil d'état, il obtint enfin, vers 1807, le titre d'administrateur des bibliothèques impériales de Paris, Fontainebleau, Trianon, Compiègne et Rambouillet. L'empereur Napoléon estimait beaucoup son savoir, et se plaisait à sa conversation. La restauration maintint Barbier dans son poste. Le *Dictionnaire des Ouvrages anonymes et pseudonymes* est ce qui a surtout fait la réputation de Barbier. Il est encore auteur de *Lettres sur l'histoire de Marie Stuart*. On lui doit aussi la réimpression de plusieurs bons ouvrages dont il s'est fait l'éditeur, entre autres les *Lettres de madame de Sévigné*.

A une lieue de Coulommiers est le village d'*Aulnoy*, sur un coteau pittoresque, où se trouve une source qui alimente une jolie fontaine publique. On y voit un château gothique, flanqué de quatre tours et entouré de fossés. De ce château, la vue domine tous les environs.

REBAIS.

La petite ville de Rebais, à trois lieues de Coulommiers, vers l'E., chef-lieu de canton, peuplée d'environ 1,200 habitants, doit sa formation à un antique monastère de Bénédictins, qui fut fondé près de là, vers 634, par saint Ouen, archevêque de Rouen.

Dagobert et saint Faron, évêque de Meaux, accordèrent d'immenses priviléges à cette abbaye, appelée, dans les chartes, *monasterium Resbacense*. De saints et illustres personnages : saint Aile, saint Philibert, saint Rieul, saint Gonthier, Noël, chancelier de Louis-le-Jeune, furent successivement abbés de Rebais, et contribuèrent à la splendeur de cette maison religieuse, dont les chefs luttaient de puissance avec les évêques.

Au XVIe siècle, Philippe de Lenoncourt et deux autres personnages de sa famille, possédèrent l'abbaye de Rebais; puis, dans les guerres de la ligue, le parti de Mayenne s'empara du monastère; mais, le maréchal de Biron, à la tête de six mille hommes, en reprit possession au nom du roi.

Outre l'église de l'abbaye, il y avait à Rebais deux paroisses, dont les curés étaient nommés sur la présentation de l'abbé, Saint-Jean et Saint-Nicolas, et un Hôtel-Dieu qui subsiste encore.

LA FERTÉ-GAUCHER.

Nous avons dit ailleurs que Ferté (*Firmitas*), signifie, en latin du moyen-âge, *château-fort, forteresse* (1).

Au XIe siècle, un seigneur, nommé Gaucher, possédait et avait probablement fait construire, dans ce lieu, une habitation fortifiée. Sa femme, Elisabeth, y fonda une église dédiée à saint Martin, qui fut occupée, dans la suite, par les chanoines réguliers de Saint-Jean-des-Vignes.

Au XIIe siècle, la seigneurie de La Ferté-Gaucher appartint à Geoffroy, marié à Mathilde, troisième fille de Hugues de Vermandois, et, après lui, à sa fille Ade, épouse de Hugues d'Oisy. A la fin du siècle suivant, Jean de Guignes, vicomte de Meaux, posséda les seigneuries de La Ferté-Gaucher et de La Ferté-Ancoul.

Il y avait autrefois à La Ferté-Gaucher un couvent de chanoinesses régulières fondé, en 1620, par deux sœurs, Barbe et Louise Drouin.

Cette petite ville, qui était autrefois le siége d'un bailliage et d'une maîtrise des eaux et forêts, est aujourd'hui l'un des chefs-

(1) Voyez la Ferté-Milon.

lieux de canton de l'arrondissement de Coulommiers. Sa population est de 1,950 habitants.

FARMOUTIER OU FAREMOUTIER.

Cette petite ville, située sur le Petit-Morin, doit, comme beaucoup d'autres, son origine à un monastère autour duquel elle s'est formée.

L'abbaye de Faremoutier (*Faræ-Monasterium*), fondée, au commencement du VII° siècle, par sainte Fare, sœur de saint Faron, évêque de Meaux, était, pendant le moyen-âge, l'une des plus riches des environs de Paris. Elle a été détruite à l'époque de la révolution; mais les bâtiments de l'abbatiale subsistent encore, et forment une résidence fort agréable par sa situation, ses points de vue et la beauté de ses jardins.

Le pélerinage de sainte Fare attire encore à Farmoutier, le 10 mai de chaque année, une grande affluence de monde. La population de cette petite ville est d'environ 1,200 habitants.

A peu de distance de Farmoutier, sur le Grand-Morin, et dans les dépendances du village de *Pommeuse*, on trouve, au milieu d'une belle vallée, la papeterie de *Courtalin*. Cette manufacture, l'une des plus considérables de France, a été fondée en 1767; on y fabrique des papiers de toute espèce et de toutes dimensions. C'est de là que sortirent, en 1792, les premiers papiers vélins, ou sans vergeure, qui aient été fabriqués en France, et dont l'invention est due aux Anglais. Ce succès valut à cette papeterie la qualification de *royale*. C'est la première usine qui se soit procuré un puits artésien; l'eau s'en élève à cent soixante pieds. Enfin, elle est aussi la première qui, pour la trituration, ait adopté les cylindres à la hollandaise, concurremment avec les maillets ou pilons qu'on y a conservés.

MAUPERTUIS.

Le beau château de ce nom, rendu célèbre par Delille, était situé à une lieue et demie au S. de Coulommiers, dans le vallon qu'arrose la rivière d'Aubertin. Il a été démoli pendant la révolution. Une maison de plaisance de fort bon goût le remplace; ce n'était d'abord qu'une fabrique d'agrément à laquelle on a fait d'heureuses additions. Les irrégularités en sont dissimulées par de belles plantations groupées avec art. Un petit portique de quatre colonnes doriques lui donne une élégance particulière. Les jardins, chantés par le Virgile français n'ont conservé que la magnifique végétation qu'ils tiennent de la nature. Tous les objets d'art ont disparu; on voit encore les vestiges d'une pyramide de fort bon style, auprès de laquelle était le tombeau de Coligny.

ROSAY OU ROZOY.

Rosay, situé dans une vallée agréable sur la petite rivière d'Yères, est fermé de murs flanqués de tourelles de distance en distance, et entouré de remparts plantés de beaux arbres, qui offrent une fort jolie promenade.

Ces fortifications ruinées attestent que cette petite ville eut autrefois plus d'importance qu'elle n'en a aujourd'hui. On y voyait un chapitre de chanoines fondé, en 1016, par un seigneur nommé Helgand, et un couvent de religieuses de l'ordre de Saint-Dominique, aujourd'hui converti en hospice.

On remarque à Rosay une belle église de construction gothique, dont l'architecture est d'une grande légèreté et très riche d'ornements.

La population de Rosay est de 1,550 habitants.

LA GRANGE BLÉNEAU.

Sur le territoire du village de Courpalais, situé à cinq lieues trois quarts de Coulommiers, se trouve le château de la Grange-Bléneau, antique construction d'un aspect imposant.

Cette terre appartenait, en 1399, au sire de Courtenay, seigneur de Bléneau, qui lui donna son nom. Le domaine de la Grange passa ensuite dans la famille d'Aubusson La Feuillade. Au dernier siècle, il devint la propriété de la maison d'Aguesseau et ensuite de la famille d'Ayen. A la mort de madame d'Ayen, mère de madame de La Fafayette, le château de la Grange devint la propriété du général La Fayette.

Cet antique château présente trois corps de bâtiments flanqués de cinq grosses tours bâties en grès. Ces bâtiments bordent de trois côtés une vaste cour qui laisse voir du quatrième côté le riant tableau que présente le parc, dont la vue est on ne peut plus pittoresque. De belles masses de peupliers, de saules et d'arbres verts de plusieurs espèces, offrent à chaque pas de gracieux points de vue. L'entrée du château est remarquable : après le pont, construit sur le fossé, on rencontre une porte flanquée de deux grosses tours presque entièrement tapissées de lierre planté par le célèbre Fox.

Nous avons fait mention, à l'article *Coulommiers*, des seules illustrations biographiques que nous ayons à signaler dans l'arrondissement de Coulommiers.

§ III.

ARRONDISSEMENT DE MEAUX.

MEAUX.

La ville de Meaux, l'une des plus anciennes des environs de Paris, est située sur le bord de la Marne, à dix lieues vers le N.-E. de la capitale.

On ne sait rien de certain sur l'origine de Meaux; mais peu de villes en France peuvent prétendre à une aussi haute antiquité, car c'était déjà, sous la domination romaine, une ville importante, appelée *Jatinum*, par Ptolémée, et *Fixtiunum* par la table théodosienne. Au milieu du IVe siècle, cette ville, comme la plupart des autres capitales de la Gaule, prit le nom du peuple dont elle était le chef-lieu. On l'appela dès lors *Meldi*, nom de la nation qui habitait son territoire.

L'établissement du christianisme à Meaux remonte au IIIe siècle; dès cette époque, cette ville devint le siége d'un évêché. Saint Sanctin, saint Rigomer, saint Faron, figurent parmi les premiers évêques de ce siége, que devait illustrer plus tard le grand Bossuet.

Les rois de la première race avaient préposé à Meaux des officiers appelés comtes. A la fin du VIe siècle, on voit Gondebaud et Guerpin en possession de cet office, suivant le témoignage de Grégoire de Tours.

Cette ville fit partie du royaume d'Austrasie jusqu'au règne de Clotaire II, qui réunit la monarchie tout entière sous sa puissance. Les Normands s'en emparèrent en 862; mais, par les soins de Charles-le-Chauve, elle fut préservée du pillage. Quelques années après, elle fut prise et en partie consumée par les flammes.

En 1179, la ville de Meaux fut érigée en commune par Henri Ier, comte de Champagne et de Brie. Lors de la guerre de la Jacquerie, le château et la plupart des maisons situées au pied des remparts furent incendiés. Les Anglais s'en emparèrent en 1421; le connétable de Richemont la reprit en 1436; mais, en 1439, elle retomba de nouveau sous la domination anglaise. En 1595, Meaux était au pouvoir des ligueurs. L'Hôpital de Vitry, qui les commandait, la rendit à Henri IV, moyennant 20,000 écus, et à condition qu'il en serait nommé bailli et gouverneur. Meaux se glorifie d'être la première ville du royaume qui ait renoncé au parti de la ligue pour se soumettre à Henri IV. C'est ce que rappelle l'inscription suivante, qu'on lit encore sur la porte Saint-Nicolas, par laquelle ce prince fit son entrée dans la ville :

Henricum prima agnovi regemque recepi.
Est mihi nunc eadem quæ fuit ante fides.

Cette ville est très agréablement située, près du canal de l'Ourcq, sur la Marne, qui la divise en deux parties inégales, et y fait mouvoir un grand nombre de moulins, servant particulièrement à la mouture des grains destinés à l'approvisionnement de Paris. Elle est assez bien bâtie; la place publique est vaste, mais irrégulière; les promenades sont belles, mais peu fréquentées.

La cathédrale de Meaux, dédiée à saint Etienne, est un chef-d'œuvre d'architecture gothique. Elle a été commencée, dans le XIe siècle, par Gauthier Ier, évêque de Meaux, sur l'emplacement de l'ancienne cathédrale détruite par les Normands, et n'a jamais été achevée; une de ses tours reste à construire. Les dernières constructions datent du XVIe siècle. Le chœur et le sanctuaire sont admirables; les ornements en sont riches et d'une extrême délicatesse. Cet édifice est redevable de sa perfection à Jeanne, reine de Navarre, dont on voit le buste à la clé de la voûte.

Cette église porte, depuis le grand portail jusqu'à la chapelle Notre-Dame-du-Chevet, cinquante-deux toises de long sur vingt-deux de large; dans la croisée, depuis la porte du midi jusqu'à celle du nord, elle a seize toises sous clé de hauteur, sans compter neuf autres toises d'espace entre le dessus de la voûte et le fait du bâtiment. La tour a environ deux cents pieds de hauteur; elle était couverte de sculptures extrêmement déliées, dont une partie existe encore du côté du N. et de l'E. : à l'extrémité est une plate-forme environnée d'une balustrade d'où, quand le temps est beau, on découvre facilement Montmartre et le Mont-Valérien. Le sanctuaire est un des plus beaux que présentent nos églises gothiques; dix-huit piliers en faisceau, ou colonnes rondes, soutiennent les voûtes de la nef, et quatorze celles du chœur. Les six colonnes qui ferment ce sanctuaire sont particulièrement remarquables par leur hauteur et par leur délicatesse; elles sont disposées avec tant d'art, que la lumière se répand par toute l'église, et la rend parfaitement claire. Le chœur a vingt toises de long sur dix de large; les chapelles qui règnent autour offrent un ouvrage achevé; elles sont d'une forme circulaire et si bien proportionnées, que du milieu du sanctuaire on les découvre à travers les arcades. C'est dans cette église qu'est placé le monument que le département de Seine-et-Marne a fait ériger à Bossuet.

Outre l'église cathédrale, on remarque encore à Meaux le bâtiment, le jardin et la terrasse de l'évêché, où l'on a conservé le cabinet de Bossuet ; la bibliothèque publique, contenant 14,000 vol.; le collége, les hospices, la salle de spectacle, l'hôtel-de-ville et un beau quartier de cavalerie.

Un manuscrit de la bibliothèque de Meaux nous a conservé la description d'un théâtre de cette ville au xvie siècle ; la voici : « En l'année 1547, fut représenté à Meaux, par personnages, plusieurs mystères, tant du Vieux que Nouveau Testament ; la première représentation en fut faite le premier jour de mai : c'étoit quelque chose de beau et de bon à voir ; cela attira grand nombre de peuple de toutes parts. Le théâtre étoit dans la rue Poitevine, au lieu où a été le collége et où est de présent le couvent des Ursulines, lequel théâtre étoit creux par-dessous, par le moyen de quoi se faisoient de belles machines, y ayant gens expérimentés pour cet effet. Lesdites représentations durèrent deux années, excepté les hivers ; le premier été, ledit théâtre étoit couvert de toile, quoiqu'il fût grand ; mais cela ne dura guère, en ce qu'elle fut rompue du vent, nonobstant qu'il y eût grande quantité de cordes par-dessus et par dessous. Le circuit dudit théâtre étoit haut et fait par degrés de planches, et au haut *il y avoit des loges tout au tour, fermant à clés, lesquelles étoient louées* à des habitants de Meaux. Il se trouva auxdites représentations des habitants dudit Meaux qui faisoient fort bien leurs personnages, et étoient tellement affectionnés à cela, qu'ils préféroient ces exercices à leurs ouvrages ordinaires, dont plusieurs devinrent gueux ; et ce que l'on a remarqué de plus singulier, c'est que ceux qui faisoient les rôles des diables moururent fort pauvres ; celui qui joua Satan fut pendu, et celui qui représentoit le Désespoir s'empoisonna lui-même...»

La plupart des villes de la Brie ont eu jusqu'au commencement de la révolution des compagnies de l'arquebuse, dont les habitants tenaient à honneur de faire partie. Celle de Meaux, quoiqu'elle ne fût pas la plus ancienne, avait le pas sur toutes les autres, et figurait dans les cérémonies publiques. Ses membres prenaient le titre de *chevaliers royaux de l'arquebuse*. Ils jouissaient de divers priviléges qui leur avaient été accordés par Henri II, en 1556, et confirmés par ses successeurs. Cette compagnie était la générale de la Brie ; elle avait le drapeau blanc : elle se composait d'un capitaine-commandant, d'un lieutenant, d'un sous-lieutenant, d'un enseigne, d'un major, d'un guidon et d'un certain nombre de chevaliers : en outre de ses officiers militaires, dits *officiers hausse-cols*, elle avait deux officiers civils, un prévôt et un procureur du roi, qui jugeaient les différends entre les chevaliers et maintenaient l'observation des statuts. Deux chanoines de la cathédrale en étaient les aumôniers. L'uniforme était habit de drap bleu céleste, galonné en argent, épaulettes d'argent, culotte bleu céleste, veste blanche, chapeau bordé en argent et cocarde blanche. Les rangs se distinguaient par les épaulettes. Le *marqueur*, qui dans les marches faisait le tambour major, avait l'habit vert et la veste rouge galonnés en argent. Il y avait quelques tambours et un fifre. La devise de la compagnie était : *Ludit mox Lædit*.

MONTCEAUX.

A deux lieues de Meaux, on voit les ruines, encore intéressantes, de l'ancien château royal de *Montceaux*, construit par Catherine de Médicis, vers 1547, habité souvent par Henri II et Charles IX, et embelli par Henri IV, qui, dans la suite, le donna à Gabrielle d'Estrées.

Vers la fin de la ligue, une entrevue eut lieu, dans le château de Montceaux, entre Henri IV et le duc de Mayenne.

Le principal bâtiment resté debout, est un pavillon que le dernier prince de Condé avait fait réparer comme rendez-vous de chasse.

FRESNES.

On remarque encore dans les environs de Meaux, au village de Fresnes, une très belle chapelle formant un pavillon d'un magnifique château démoli en 1828. Cette chapelle, construite sur les dessins de Mansard, est le modèle de celle du Val-de-Grâce, à Paris, et passe pour un chef-d'œuvre.

Tout le monde sait que le château de Fresnes, a été illustré par le séjour du célèbre chancelier d'Aguesseau, dont les descendants l'ont possédé jusqu'en 1826. A la mort du dernier d'entre eux, cette belle résidence fut vendue à des spéculateurs qui firent abattre tous les bâtiments, à l'exception de la chapelle dont nous venons de parler.

LA FERTÉ-SOUS-JOUARRE.

Firmitas, forteresse, ainsi que nous l'avons dit au sujet de la Ferté-Milon et de la Ferté-Gaucher, telle est aussi l'étymologie du nom de la Ferté-sous-Jouarre, petite ville située sur la Marne, à quatre lieues et demie à l'est de Meaux. Une espèce de château-fort y avait effectivement été bâti au Xe ou au XIe siècle, par un seigneur nommé *Anscoux* ou *Ansculphus*, et cette petite cité fut longtemps connue sous le nom de la *Ferté-Ancoul*.

Au XIIIe siècle, outre un prieuré appartenant à Saint-Jean-des-Vignes de Soissons, il y avait dans cette ville un Hôtel-Dieu tenu par des religieuses. Cet hôpital, qui a reçu depuis plusieurs accroissements à diverses époques, s'enrichit surtout des biens confisqués sur le consistoire calviniste, en 1685. La Ferté avait été comme le chef-lieu que ces religionnaires s'étaient fait dans la Brie.

Cette ville subit bien des vicissitudes au temps des ligueurs, qui la prirent deux fois ; elle fut reprise deux fois par le roi. Henri IV en ayant pris possession, lui rendit la paix. La situation de la Ferté est très agréable. Parmi les habitations qu'on y remarque, est un pavillon autrefois seigneurial, appartenant au duc de La Rochefoucauld ; il est situé à l'extrémité orientale d'une île formée par la Marne. Une autre maison, dite *le Château de l'Ile*, est surtout intéressante pour avoir reçu Louis XVI et Marie-Antoinette à leur retour de Varenne, en 1791. Plusieurs autres châteaux ornent la vallée où s'élève cette ville, entre autres le château de *la Barre*, flanqué de tourelles, et situé sur la rive droite de la Marne.

JOUARRE.

Le bourg de Jouarre, à une très petite distance de la Ferté, est bâti dans une situation délicieuse, sur une haute éminence d'où l'on jouit d'une vue unique pour la variété et la beauté du paysage : de ce point, on découvre la ville entière de la Ferté, traversée par la Marne, avec une grande étendue de cette rivière, ainsi que quantité de villages, hameaux, châteaux et autres habitations, disséminés dans une superbe vallée dont les deux côtés sont couverts de vignes et couronnés de bois.

On remarque dans le cimetière de l'église paroissiale une petite chapelle basse, en forme de grotte ou crypte, sous le vocable de saint-Paul, à laquelle est adossée une autre chapelle souterraine. On descend dans ce double sanctuaire, connu sous le nom de sainte chapelle de Jouarre, par un degré de cinq marches, qui mène à un parvis soutenu de tous côtés par des murs en terrasses, et de ce parvis on descend par un autre degré de neuf marches. Cette chapelle contient six rangs de tombeaux, placés sur une estrade le long du mur. Six colonnes corinthiennes, dont deux d'albâtre cannelées, deux de jaspe et deux de porphyre, toutes surmontées d'une corniche d'un dessin différent en soutiennent la voûte. Un septième tombeau occupe l'angle du fond.

Tous les ans, le mardi de la Pentecôte, les habitants des environs viennent en pèlerinage à la sainte chapelle de Jouarre ; l'affluence est quelquefois si considérable qu'on y compte jusqu'à dix mille personnes.

La population de Jouarre est de 2,900 habitants.

CHAMIGNY.

Dans le canton de la Ferté-sous-Jouarre, et à peu de distance de la rive droite de la Marne, est le village de Chamigny, peuplé de 750 habitants.

Ce qu'il y a de remarquable dans ce village, c'est sa curieuse église, l'un des monuments les plus vénérables du diocèse par l'antiquité de sa construction.

Le chœur est de l'époque gothique; mais les petites figures d'hommes et d'animaux qui décorent les chapiteaux des piliers, indiquent que cette construction remonte au Ve ou au VIe siècle. Sous le chœur est une chapelle souterraine très remarquable qui en occupe toute l'étendue; elle est voûtée en ogive et forme trois carrés égaux. Quatre piliers, placés dans le milieu, soutiennent la masse énorme de l'édifice; ils sont, ainsi que les socles, formés d'une seule pierre, et n'ont que huit pouces de diamètre. Cette chapelle est éclairée par quatre croisées; on y descend du milieu de la nef par douze degrés. L'entrée décorée d'une espèce de portique, est surmontée d'une rampe en fer travaillé.

Le château de *Tanqueux*, dont le site est un des plus beaux de la contrée, celui du *Saussoy*, bâti dans une situation très agréable, et celui de *Rouge-Bourse*, dépendent de la commune de Chamigny.

LIZY-SUR-OURCQ. — COCHEREL.

Le bourg de Lizy, chef-lieu de canton, à trois lieues et demie N.-O. de Meaux, au confluent de l'Ourcq et de la Marne, et à la naissance du canal de l'Ourcq, ne rappelle aucun souvenir historique. Mais c'est à peu de distance de ce bourg que s'est livrée, le 6 mai 1364, la bataille de Cocherel, où Du Guesclin battit les troupes du roi de Navarre.

CROUY-SUR-OURCQ.

La petite ville de Crouy, qui fait partie du canton de Lizy, est située dans un joli vallon entouré de bois.

De son ancien château, aujourd'hui converti en ferme, il ne reste plus qu'une tour antique, qui sert aujourd'hui de prison.

L'église paroissiale de Crouy, fondée en en 1550, est d'une architecture assez remarquable. La voûte, très hardie, est supportée par des piliers fort délicats; le bas-côté à droite de la nef est resté inachevé.

MAY EN MULTIEN.

L'église de ce joli village est une des plus anciennes du déparment; les pleins-cintres de ses deux portiques paraissent être du IXe siècle. Sa tour est la plus belle de toutes celles du diocèse, après celle de la cathédrale de Meaux.

La population de May est de 900 habitants.

CRÉCY.

La rivière du Grand-Morin arrose la jolie vallée où est située la petite ville de Crécy, qui fut autrefois le siége d'une seigneurie considérable, possédée successivement par la maison de Châtillon, par les comtes de Champagne, immédiatement, et par la famille des Chabannes, comtes de Dammartin.

Il existait autrefois à Crécy un château-fort très redoutable, un Hôtel-Dieu, et plusieurs maisons religieuses. La ville était entourée de murailles dès le XIVe siècle.

La ville se divise en trois îlots formés par plusieurs bras du Morin. On y entre par trois portes et autant de ponts. Elle était jadis fortifiée de doubles remparts flanqués de quatre-vingt-dix-neuf tours, suivant quelques antiquaires, de cinquante seulement, suivant d'autres. Une partie de ces petits forts existe encore, avec de bons fossés alimentés par la rivière. Les plus remarquables de ces tours, dont plusieurs ont été converties en logements, sont la *Tour Fallot*, et la *Grosse Tour*, dont les murs sont parfaitement conservés.

La population de Crécy est de 1,100 habitants.

LA CHAPELLE-SUR-CRÉCY.

La chapelle qui a donné son nom à ce village, était autrefois une dépendance du prieuré voisin de *Saint Martin-sur-Crécy*. Elle fut, en 1502, érigée en église collégiale et paroissiale.

Cette église est une des plus belles du département après celle de Meaux. C'est un édifice gothique très élevé, de la fin du XIIIᵒ siècle ou du commencement du XIVᵉ, remarquable par son architecture et par sa régularité. Cette église est surmontée d'une tour également gothique, placée à l'extrémité occidentale de l'aile gauche, et terminée par quatre pignons au-dessus desquels s'élève une haute flèche octogone couverte en ardoise.

On voit aussi dans ce village un vieux château bâti par Sully ; c'est un ancien manoir, aujourd'hui inhabité et tombant en ruine, entouré de larges et profonds fossés remplis d'eau vive, et aussi agréablement qu'avantageusement situé.

Serbonne est un hameau considérable dépendant de la Chapelle-sur-Crécy, situé sur la rive droite du Grand-Morin, qui le sépare d'une haute montagne de roches. Il est remarquable par la belle perspective qu'offre sa situation ; par un moulin d'un mécanisme ingénieux, et par un joli pont suspendu, en fil de fer, dont l'arche unique a plus de soixante pieds d'ouverture.

LAGNY.

La jolie ville de Lagny, appelée en latin du moyen-âge *Latiniacum*, nom dont on ne connaît pas l'origine, est située en amphithéâtre sur la rive gauche de la Marne, à quatre lieues de Meaux, à sept lieues de Paris, entre de belles prairies et des coteaux couverts de vignes.

Elle doit sa formation à une abbaye de Bénédictins, fondée en 645, par un noble écossais nommé Furcy. Ce monastère, qui fut, dès les premiers temps de sa fondation, illustré par de saints personnages, fut pillé et détruit de fond en comble par les Normands, au IXᵉ siècle. Les religieux furent dispersés, et les ronces croissaient sur les débris de l'abbaye, lorsque Herbert II, comte de Vermandois, de Champagne et de Brie, chassant dans les bois voisins, s'arrêta triste et pensif devant ces ruines. Il obtint de Hugues Capet, alors régnant, l'autorisation de rebâtir le monastère; mais la dédicace du nouvel édifice n'eut lieu qu'en 1018, en présence du roi Robert, qui assista pieds nus à cette cérémonie, et donna à l'abbaye plusieurs reliques précieuses.

L'abbaye de Lagny, enrichie des libéralités des Comtes de Champagne, fut plusieurs fois incendiée et reconstruite. On croit qu'il existe encore, dans la cour d'une maison particulière, quelques restes des bâtiments élevés par Herbert.

La ville de Lagny n'était point encore fermée de murs au XIIIᵉ siècle. Elle ne devint place de guerre que dans les premières années du siècle suivant. Prise et brûlée par les Anglais en 1358, elle sontint contre eux, en 1431, un siége mémorable que le duc de Bedfort fut obligé de lever.

L'abbaye souffrit beaucoup de ces désastres, qui ruinèrent le commerce de la ville, très florissant à cette époque.

En 1544, les moines de Lagny se soulevèrent contre leur abbé, qui voulait y introduire la réforme, et entraînèrent le peuple dans leur rébellion. L'abbé obtint du roi la permission de faire marcher contre les révoltés des troupes que commandait Jacques de Montgommery, seigneur de Lorges, père de ce Montgommery qui blessa mortellement Henri II, dans un tournoi. La ville fut prise après la plus opiniâtre résistance, les hommes passés au fil de l'épée, les femmes abandonnées à la brutalité du soldat, l'abbaye livrée au pillage.

Ces excès ne furent pas les seuls que la ville eut à souffrir. Un capitaine nommé Montevrain, pilla l'église de l'abbaye, brisa et vola plus de quarante châsses, et fit brûler sur la place publique les saintes reliques qu'elles renfermaient. Ce sacrilége ne resta pas impuni. Montevrain, arrêté par ordre du roi, fut décapité à Paris, en place de Grève, et sa tête, transportée à Lagny, fut longtemps exposée sur la place publique.

Le cruel souvenir de tant d'horreurs est resté longtemps gravé dans la mémoire des habitants de Lagny, auxquels, il y a peu d'années encore, il eut été imprudent de demander, en faisant allusion à cet événement : *combien vaut l'orge?* Cette question excitait la fureur du peuple ; et malgré les ordonnances sévères rendues à ce sujet, le malheureux questionneur était plongé dans la fontaine publique aux cris de *l'orge! l'orge!*.

La petite ville de Lagny n'a plus aujourd'hui aucunes des manufactures considérables qui faisaient sa renommée au moyen-âge. Son commerce, jadis si important, ne consiste plus aujourd'hui qu'en grains et fromages de Brie.

Sous le rapport des arts, Lagny offre encore à la curiosité des voyageurs sa belle église paroissiale, autrefois abbatiale, un petit Hôtel-Dieu très simple, mais bien disposé ; enfin, la fatale fontaine dont l'eau est abondante et pure, et sur laquelle on lisait, avant la révolution, l'inscription suivante :

> Siste gradum, nays, nec amicas desere sedes ;
> Talibus auspiciis, quæ metuenda tibi ?
> Vendice te, spernit civis convicia linguæ ;
> Si quis enim nugax, unda silere docet.

Lagny est l'un des chef-lieux de canton de l'arrondissement de Meaux ; sa population est de 2,000 habitants.

POMPONNE.

Sur la rive droite de la Marne, vis à vis de Lagny, est le petit village de Pomponne, sans importance aujourd'hui, mais qui eut des seigneurs puissants au XIIe et au XIIIe siècle. Louis-le-Gros séjourna à Pomponne en 1121, pendant la guerre qu'il soutint contre Thibaut, comte de Champagne et de Brie. En 1610, la terre de Pomponne appartenait à Robert Arnauld, seigneur d'Andilly, frère de celui qui fonda la société de Port-Royal. Balzac disait de Robert Arnaud d'Andilly : « Il ne rougit point des vertus chrétiennes, et ne tire point vanité des vertus morales. » Simon Arnauld fit ériger la terre de Pomponne en marquisat. Les restes de plusieurs membres de cette famille ont été transférés en 1710, lors de la destruction de Port-Royal, dans l'église de Pomponne, édifice du XIIIe siècle qui, aujourd'hui, menace ruine.

Le château de Pomponne est remarquable, moins cependant par sa décoration que par la belle disposition de son plan, son agréable situation au bord de la rivière, la vaste étendue de son parc et ses belles avenues; les bois d'alentour ajoutent encore beaucoup à ses agréments.

Pomponne n'a guère plus de 300 habitants.

CHELLES.

Au milieu du riche bassin qu'arrose la Marne, s'élève l'antique bourg de Chelles, qui compte 1,250 habitants. Les rois de la première race y avaient un palais. C'est là que Chilpéric fut assassiné en 584, par Landry, à l'instigation de Frédégonde dont il était l'amant. Une grosse pierre, appelée pierre de Chilpéric, indique l'endroit où la tradition rapporte que ce prince fut frappé. Clovis II séjourna aussi dans ce palais.

Thierry, avant-dernier des rois fainéants, est appelé *de Chelles* parce qu'il y avait été élevé.

Clotilde, épouse de Clovis Ier, avait fondé à Chelles une petite abbaye de femmes. Ce monastère fut considérablement augmenté par la reine Bathilde, veuve de Clovis II, qui finit par y prendre le voile. Plusieurs autres princesses, parmi lesquelles on cite une fille et une sœur de Charlemagne, suivirent cet exemple.

Le monastère de Chelles, enrichi des dons de tant de personnes illustres, rivalisait avec celui de Saint-Denis pour la magnificence de l'église et de ses ornements. Malgré les richesses immenses de cette abbaye, les religieuses, dont la discipline s'était singulièrement relâchée, subirent de grandes calamités lors des guerres civiles qui se succédèrent en France. Non seulement elles furent

dispersées plusieurs fois, mais leur misère devint telle qu'elles furent obligées de mendier en parcourant les campagnes ; un incendie causé par la foudre vient se joindre aux désastres de la guerre pour les ruiner entièrement.

A la suite de cet événement arrivé au xve siècle, le monastère fut renouvelé, la réforme établie, et des religieuses de l'ordre de Fontevrauld y furent introduites. Mais l'ancienne opulence y revint aussi, et les fastes de cette abbaye privilégiée de tant de princesses, offrirent encore des circonstances peu édifiantes, surtout sous le gouvernement de Louise-Adélaïde d'Orléans, fille du régent.

La république s'empara de tous les trésors de l'abbaye de Chelles, et détruisit les bâtiments du monastère, sauf quelques fragments que l'industrie a utilisés. Un ancien couvent de bénédictins qui se trouvait aussi établi à Chelles, a cessé d'exister depuis plus longtemps.

CLAYE.

Claye, autrefois *Cloye*, est un gros bourg à quatre lieues de Meaux, traversé par la route d'Allemagne, et arrosé par la Beuvronne et le canal de l'Ourcq. Cette heureuse situation favorise son commerce et son industrie ; sa population est d'environ 1,000 habitants.

Au xiie siècle, la seigneurie de Claye appartenait à la maison de Châtillon, qui y avait un château-fort. Lors des guerres de religion, cette forteresse fut prise et reprise plusieurs fois. Enfin les ligueurs en firent raser le donjon en 1592. En 1814, ce village fut témoin de plusieurs engagements entre les troupes françaises et étrangères. L'empereur de Russie coucha à Claye la veille de son entrée dans Paris.

Dans le canton de Claye et sur le territoire de la commune de Villevaudé ou Vilvaudé, est le hameau de *Montjay*, d'où l'on jouit d'une vue très étendue. On y remarque la tour de Montjay, reste d'un antique château-fort, assiégé et pris par les Anglais en 1430. Il ne reste aucun vestige du château ; mais la tour, haute d'environ quatre-vingts pieds, et dont la moitié s'est écroulée, laisse voir dans son intérieur trois voûtes formant trois étages, les restes d'un escalier en pierre, et plusieurs galeries pratiquées dans le mur de douze pieds d'épaisseur.

Entre Claye et Dammartin, on rencontre deux villages intéressants par les souvenirs qu'ils rappellent : *Monthyon*, dont la vue s'étend très loin sur les plaines les plus fertiles du département, et dont le dernier seigneur était le vénérable M. de Monthyon, fondateur des prix de vertu et de plusieurs établissements philantropiques; *Nantouillet*, à trois lieues et demie de Meaux, remarquable par un ancien château-fort, bâti par François Ier, et dont l'architecture est fort belle. C'est là que mourut, en 1535, à l'âge de soixante-douze ans, le chancelier Duprat, odieux au peuple qu'il avait foulé, et méprisé du prince. Les amateurs des ouvrages que la renaissance des arts a produits au xvie siècle, trouveront dans diverses parties de ce château des détails pleins d'intérêt.

C'est aussi entre Claye et Dammartin que se trouve le village de *Juilly*, connu par l'institution célèbre qui y subsiste depuis plus de deux siècles.

En 1182, un seigneur nommé Foucauld bâtit dans ce lieu une église, qui peu de temps après fut érigée en abbaye. En 1555, le cœur du roi de Navarre, Henri d'Albret, y fut déposé. En 1658, des pères de l'Oratoire furent établis à Juilly, où ils fondèrent un collège devenu fameux dans la suite. Ce collège reçut de Louis XIII le titre d'académie royale; il devint célèbre par les principes d'ordre et les solides études qui s'y faisaient remarquer. La révolution n'a point détruit cet établissement, qui jouit encore aujourd'hui d'une réputation justement méritée. La maison n'est pas remarquable, mais elle est convenablement distribuée. Un parc de trente arpents, bien planté, contribue, avec la bonté de l'air et des eaux, à rendre cet établissement très salubre.

DAMMARTIN.

A cinq lieues de Meaux, sur le penchant d'une colline d'où l'œil embrasse un magnifique point de vue, s'élève la ville de Dammartin, dont le nom vient évidemment d'un oratoire dédié à saint Martin: *dominus Martinus*. Elle était, dès le xe siècle, chef-lieu d'un comté. Le premier de ses comtes qui soit connu dans l'histoire s'appelait Manassès et vivait en 1028.

Tout ce qu'on sait de l'histoire de Dammartin à ses commencements, c'est que cette petite ville fut incendiée en 1230.

Cette terre appartenait, au xve siècle, aux seigneurs de Fayel, dont le nom est devenu célèbre par l'horrible mets qu'un de leurs ancêtres fit servir à Gabrielle de Vergy. Après eux les sires de Chabannes (1), puis les seigneurs de Montmorency, la possédèrent jusqu'à la confiscation qui en fut faite sur Henri de Montmorency, en 1632. Les derniers possesseurs de Dammartin furent les princes de Condé.

---

(1) L'un d'eux, Antoine de Chabannes, fameux par ses exploits, ne l'est pas moins par ses brigandages. Il fut chef des *écorcheurs*. Chargé de la garde de Jacques-Cœur, prisonnier, il eut une large part dans la confiscation de ses biens. Plus tard, il fut en guerre avec Louis XI qui, après une paix plâtrée, le fit mettre à la Bastille. Pendant ce temps, un laboureur eut soin de sa femme et de ses enfants. Rentré en grâce, Chabannes fut plus tard maître d'hôtel du roi et gouverneur de Paris.

Après la mort de Henri de Montmorency on esseya de détruire le château-fort de Dammartin. Les efforts de la mine ne purent en renverser les épaisses murailles et ne firent que les cribler de crevasses ; le temps même n'a pas achevé entièrement cette œuvre de destruction. Les habitants de la ville se sont servis de ces débris pour bâtir leurs propres maisons. On en voit cependant encore quelques restes solides situés à l'extrémité de la ville près du grand chemin qui conduit à Nanteuil. De belles promenades ont été plantées en cet endroit.

Les églises encore subsistantes à Dammartin, sont une paroisse et une ancienne collégiale ; cette dernière, sous l'invocation de Notre-Dame, a été fondée par Antoine de Chabannes, qui y fut enterré. On voit encore à Dammartin un hospice dont la fondation remonte au XIIe siècle.

La population de Dammartin est de 1,800 habitants. Cette ville, traversée par la route de Soissons, est très animée ; son commerce consiste principalement en bestiaux.

Dammartin est un des chefs-lieux de canton de l'arrondissement de Meaux.

MITRY.

Le grand village de Mitry, qui fait partie du canton de Claye, est situé sur le canal de l'Ourcq, au milieu d'une vallée fertile, à cinq lieues de Meaux et à sept lieues de Paris.

Les plaines qui l'entourent furent le théâtre de plusieurs combats sanglants lors des guerres du XIVe et du XVe siècle.

L'église de Mitry est fort belle et bien entretenue. Le peintre Lesueur avait décoré le maître-autel d'un de ses meilleurs tableaux représentant l'Annonciation ; ce tableau orne maintenant les galeries du Musée royal.

Ce village est peuplé de 1,450 habitants. On remarque dans les environs plusieurs belles maisons de campagne, et l'ancien château de *Bois-le-Vicomte*.

NOTICES BIOGRAPHIQUES

SUR LES HOMMES CÉLÈBRES DE L'ARRONDISSEMENT DE MEAUX.

Le Camus (Charles-Louis-Étienne), né à Crécy, en 1710, mathématicien célèbre, administrateur du corps royal des ingénieurs de France et de l'artillerie, et secrétaire perpétuel de l'académie d'architecture. On lui doit un *Cours de Mathématiques*, des *Eléments de Mathématiques*, des *Éléments de Mécanique*, un *Essai d'hydraulique*.

Noue (Jean Sauvé de La), acteur et poète dramatique, naquit à Meaux en 1700, et mourut à Paris en 1761. En sortant du collége, il débuta, à Lyon, dans les rôles de jeunes premiers. La Noue devint ensuite directeur du théâtre de Rouen, puis de celui de Lille. Plus tard, il aborda les rôles tragiques, et débuta, à Fontainebleau, dans le *Comte d'Essex*. Parmi les pièces dont il fut auteur, on cite *Zéliska*, qu'il fit pour le mariage du Dauphin ; elle lui valut une pension de mille francs et la place de répétiteur des spectacles des petits appartements. Cet auteur-acteur avait depuis plusieurs années quitté le théâtre, quand il mourut à l'âge de 61 ans. La Noue était un homme d'un esprit élevé ; s'il eut été moins paresseux, ses ouvrages eussent pris rang parmi nos meilleures compositions dramatiques. Sa tragédie de *Mahomet II* offre des beautés ; elle eut des succès et se soutient à la lecture. Sa *Coquette corrigée*, bonne pièce à caractère, est restée au théâtre ; c'était un des beaux fleurons de la couronne de Mlle Mars.

Orgemont (Pierre d'), magistrat célèbre, naquit à Lagny, au commencement du xive siècle. Conseiller au parlement de Paris, en 1352, il fut maître des requêtes et second président du parlement, en 1356. L'année suivante il fut du nombre des officiers royaux, dont les états, assemblés à Paris, obtinrent la dissolution. Réintégré dans ses fonctions, en 1359, le roi Charles V le fit son chancelier du Dauphiné, le 21 février 1371. L'année suivante, il fut créé premier président du parlement de Paris, mais il n'en remplit pas longtemps les fonctions ; car, dès le 20 novembre 1373, il fut élu chancelier de France, par voie de scrutin, en présence de Charles-le-Sage, tenant son grand conseil au Louvre. Il fut nommé par le roi l'un de ses exécuteurs testamentaires en 1374. Se voyant sur l'âge et indisposé, il remit les sceaux entre les mains de Charles VI, le 1er octobre 1380, ne conservant que sa charge de chancelier du Dauphiné. Il se retira dès lors dans ses maisons de Méry-sur-Oise et de Chantilly, dont il était seigneur. Sa mort arriva le 3 juin 1389. Il résulte d'une dissertation intéressante, publiée par M. Lacabane, dans le tome II de la *Bibliothèque de l'École des Chartes*, que le chancelier Pierre d'Orgemont mérite une place distinguée parmi nos historiens, comme étant l'auteur de toute la partie des *Grandes chroniques de Saint-Denis* qui s'étend depuis l'avènement du roi Jean à la couronne, jusqu'en 1377.

CHAPITRE TROISIÈME.

DÉPARTEMENT DE SEINE-ET-OISE.

§ 1er

ARRONDISSEMENT DE PONTOISE.

LIVRY. — LE RAINCY.

Le village de Livry, en latin *Livriacum*, situé à quatre lieues de Paris, sur la route de Meaux, fut jadis célèbre par un château-fort détruit sous Louis-le-Gros, et par une abbaye fondée en 1200.

Les plus anciens titres qui fassent mention de Livry sont du XIIe siècle. Sa forteresse, déjà redoutable, était alors possédée par Étienne de Garlande, qui avait pris parti, contre le roi Louis-le-Gros, pour Amaury de Montfort. Le roi vint en personne assiéger ce château et le prit après une vive attaque. Comme il avait été blessé à ce siége ainsi que son cousin Raoul, comte de Vermandois, il ordonna que la forteresse de Livry fût détruite de fond en comble.

La famille de Garlande fit reconstruire dans la suite son manoir de Livry, et fit entourer le village de murailles.

La seigneurie de Livry passa, au XVIe siècle, dans la famille des Sanguins, de Paris, et fut érigée en marquisat, l'an 1689, en faveur de Louis Sanguin, premier maître d'hôtel du roi. Le nouveau château, que cette famille fit bâtir sur les dessins de l'architecte Levau, a, depuis, changé de physionomie autant de fois que de maîtres. Il a appartenu, sous la restauration, au comte de Damas. Le parc a 1,400 arpents d'étendue.

L'abbaye de Livry, dont on voit encore les ruines à peu de distance de la route, entre Livry et le Raincy, fut fondée en 1200 par Étienne de Garlande. Elle eut longtemps pour abbés des hommes remarquables par leur savoir et par leur piété. Madame de Sévigné y fit quelque séjour. Les bâtiments de ce monastère ont été convertis en maison de campagne.

C'est sur le territoire de la commune de Livry qu'est situé le château *du Raincy*, l'une des plus belles propriétés des environs de Paris, et qui appartient aujourd'hui au roi Louis-Philippe.

Ce château fut construit, au XVIIe siècle, sur l'emplacement d'un ancien prieuré dépendant de l'abbaye de Tiron, au diocèse de

Chartres. Ce fut Jacques Bordier, secrétaire du conseil des finances, qui le fit bâtir, en 1652, sur les dessins de l'architecte Levau. Il y dépensa, dit l'abbé Lebeuf, quatre millions cinq cent mille livres.

Cette propriété appartint ensuite à la princesse palatine, puis aux seigneurs de Livry qui la cédèrent, en 1750, au duc d'Orléans. A la révolution, le château du Raincy fut vendu à un descendant des anciens possesseurs, le marquis Sanguin de Livry, qui y donna souvent des fêtes où brillèrent mesdames Tallien et Récamier, si célèbres par leur beauté. Cette terre fut possédée ensuite par M. Perrin, ex-fermier des jeux.

Depuis que le château du Raincy est redevenu la propriété de la famille d'Orléans, une grande partie du château a été abattue; il ne reste du péristyle que six colonnes ioniques. Les écuries et le chenil sont d'un beau style, et parfaitement accompagnés par des masses d'arbres groupés avec art. Un hameau, formé d'une suite de maisons élégantes qui s'étendent le long d'une belle pièce d'eau, offre d'agréables logements aux hôtes du château, lorsqu'ils sont très nombreux. L'orangerie mérite aussi d'être remarquée. Le parc est un des premiers qui aient été plantés dans le genre paysager. La disposition des fabriques, des rochers, des ponts jetés sur des eaux courantes, et des plantations, en font un modèle en ce genre.

VAUJOURS.

Ce petit village doit son nom (en latin *vallis jocosa*, vallée joyeuse) à l'agrément de sa situation dans une vallée profonde, au pied d'une colline.

Le terre de Vaujours, qui fut la propriété de madame de Lavallière, a été érigée en baronnie en faveur de la famille de Maistre, dont un descendant la possédait encore sous l'empire.

Près de ce château, qui a pour perspective un paysage des plus variés, il existe un gouffre, connu sous le nom de *Four de la vallée joyeuse,* et par corruption *Fourgoyeuse,* où s'absorbent en un instant les eaux de toute la vallée, qui s'y rendent en abondance.

MONTFERMEIL.

Sur la lisière de la forêt de Bondy, entre le Raincy et Chelles, est le joli village de Montfermeil où l'on trouve de charmantes habitations, et d'où la vue s'étend au loin sur la vallée de la Marne.

Ce village, très ancien, avait autrefois une léproserie considérable fondée dans le xiiie siècle.

On distingue, parmi les maisons de campagne de Montfermeil, celle qui a été habitée par M. de Dillon, ancien archevêque de Narbonne.

Il est impossible de ne pas mentionner, à propos de Montfermeil, une coutume bizarre imposée, assure-t-on, à cette seigneurie par le monastère de Chelles, dont elle relevait. « Lors de la prestation de serment, le seigneur qui prenait possession de la terre de Chelles se présentait au monastère dans un état de nudité complet, le corps ceint d'une corde, et, dans cet état, on le conduisait à l'abbesse, qui, prenant le bout de la corde, disait : *A qui tient-il ?* » Les détails de cette cérémonie, qui ont inspiré aux écrivains modernes des plaisanteries sans fin, ont été sans doute dénaturés ou exagérés par la tradition. Aucun document ancien et digne de foi n'en fait mention.

GOURNAY-SUR-MARNE. — NEUILLY-SUR-MARNE. NOISY-LE-GRAND.

A peu de distance de Chelles, et sur la rive gauche de la Marne, que l'on passe sur un pont construit depuis peu d'années, on trouve le village de *Gournay*, autrefois siége d'une prévôté royale. Il existait dans ce village un prieuré conventuel actuellement converti en maison de campagne. Parmi les autres habitations de Gournay, la plus remarquable est celle qui a appartenu à M. de Chabrillant.

De l'autre côté de la Marne, sur la route de Paris à Coulommiers, est le joli village de *Neuilly-sur-Marne*, aux environs duquel sont les châteaux d'*Avron* et de *Ville-Evrard*.

Noisy-le-Grand, situé vis-à-vis de Neuilly, sur la rive gauche de la Marne, a plus d'importance que les deux villages dont nous venons de parler. Sa population est de 1,200 habitants, et sa position avantageuse et très pittoresque.

On croit que les rois de la première race avaient à Noisy-le-Grand (*Nucetum*), une maison de plaisance. Du moins, c'est là que Clovis, fils de Chilpéric, fut assassiné par ordre de Frédégonde. Ce jeune prince, qu'elle accusait d'avoir mal parlé d'elle à son père, étant venu à Chelles où résidait le roi, Frédégonde sut persuader à celui-ci que Clovis voulait le détrôner. Le roi donna l'ordre d'arrêter son fils qu'il livra à Frédégonde. Aussitôt que cette princesse eut en son pouvoir l'objet de sa haine, elle le fit garotter, charger de chaînes, et, ajoute Grégoire de Tours, conduire de l'autre côté de la Marne, dans un village appelé Noisy, où il fut étroitement gardé. Là, il fut tué à coups de couteau par ses meurtriers, et enterré sur le lieu même, sous le porche d'un oratoire. Bientôt après,

Frédégonde craignant que la découverte du cadavre ne déposât contre elle, le fit jeter dans la Marne, où un pêcheur le trouva, en 585, sous le règne de Clotaire II. Gontran, qui habitait alors Paris, fit faire au jeune Clovis, son neveu, des funérailles magnifiques. L'évêque de Paris vint, avec son clergé, chercher à Noisy le corps de Clovis et l'accompagna jusqu'à l'église de Saint-Germain-des-Prés où il fut inhumé.

(Pour les notices biographiques de l'arrondissement de Pontoise, *V*. p. 174.)

§ II.

ARRONDISSEMENT DE CORBEIL.

CHENEVIÈRES-SUR-MARNE.

Chenevières est dans une position des plus agréables, sur un des nombreux coteaux qui bordent la rive gauche de la Marne, à trois lieues et demie de Paris, par la route de Rosay.

Ce village est connu depuis le XII° siècle. Son territoire était alors en grande partie planté de vignes. Au siècle suivant, on entreprit d'y construire une église; commencée sur un plan trop vaste, elle fut continuée ensuite sur d'autres proportions, d'où il résulte que le chœur en est moins élevé que la nef. Cette église fut donnée à l'abbaye de Mont-Etif, à deux lieues de Chenevières.

Plusieurs autres communautés avaient des fiefs sur le territoire de ce village. Les abbés de Saint-Maur, qui y possédaient des serfs, les affranchirent en 1250. Charles VI affranchit aussi les habitants du *droit de prise*, par une ordonnance de 1406, à condition qu'ils lui paieraient seulement un tribut de plusieurs charretées de paille. Ce *droit de prise* consistait, ainsi que nous l'avons déjà dit, en ce que les fournisseurs de la maison du roi pouvaient enlever impunément, dans les campagnes, tout ce qui convenait au service de sa majesté.

Plusieurs maisons de campagne remarquables ornent le village de Chenevières. L'une d'elles a une pépinière qui est une des plus considérables et des plus complètes qu'il y ait en France. L'ancien château d'*Ormesson*, bâti du temps de Henri IV, est aussi dans ses dépendances; il est aujourd'hui en ruines. On prétend que c'est un des nombreux châteaux qui ont appartenu à Gabrielle d'Estrées.

La population de Chenevières n'est que de 200 habitants.

LA QUEUE-EN-BRIE.

La Queue (en latin *Cauda*), existait au XIIe siècle. On croit que ce nom vient de ce que le château seigneurial de ce village était situé près de la queue d'un étang. Les évêques de Paris en étaient suzerains.

Constance, fille de Louis-le-Gros, acquit ce château d'un seigneur nommé *Hascherus*. En 1269, cette seigneurie appartenait à Alix de Bretagne, épouse de Jean de Châtillon.

La forteresse de la Queue était formidable. Elle résista assez longtemps aux guerres civiles qui désolèrent la France au XIVe et au XVe siècle; mais elle fut prise en 1430 sur les Armagnacs, par le comte de Suffolk, qui la fit démolir. Le château de la Queue ne s'est jamais rétabli; et cependant, depuis un aussi long espace de temps, ses imposantes ruines subsistent encore; on voit le squelette d'une tour orgueilleuse s'élever au-dessus du village moderne et former un contraste avec les riantes campagnes qui l'environnent.

Ce village est à quatre lieues sud-est de Paris, près de la route de Rosay. Plusieurs jolies maisons de campagne en dépendent. Sa population est d'environ 1,000 habitants.

SUCY.

Le village de Sucy, situé sur une montagne, près de Boissy-saint-Léger (voir ci-dessus, *Région du sud*, p. 440) jouit d'une vue magnifique sur les plaines environnantes.

Les habitants de Sucy furent exemptés par Louis-le-Gros, en 1135, des droits de corvée et de gîte.

En 1544, ils obtinrent de François Ier la permission de clore leur village de murs et de fossés, avec des tours et des pont-levis. Sous le règne du même prince, deux foires y furent établies. Philippe de Coulanges, conseiller d'état et maître des comptes, fit bâtir à Sucy, en 1637, un château qui subsiste encore.

La population de ce village est de 1,250 habitants.

(Pour les notices biographiques de l'arrondissement de Corbeil, voir ci-dessus, page 174.)

CHAPITRE QUATRIÈME.

DÉPARTEMENT DE LA SEINE.

§ Ier.

ARRONDISSEMENT DE SAINT-DENIS.

BONDY.

Le village de Bondy (autrefois *Bonsic, Bonisiaca*), situé à deux lieues et demie à l'est de Paris, est remarquable par son ancienneté et par l'agrément de sa situation.

Il est fait mention de ce lieu dans une charte de l'an 700. Il est désigné aussi dans des titres du xie siècle.

Le joli château de Bondy, entouré d'un fort beau parc, a été construit au commencement du dernier siècle. Plusieurs belles maisons de campagne ornent ce village, dont la population est de 2,500 habitants.

Bondy donne son nom à une forêt autrefois infestée par des voleurs, et tellement redoutée qu'elle est passée en proverbe pour désigner un lieu de brigandage. Aujourd'hui cette forêt, percée de routes nombreuses, et traversée par le canal de l'Ourcq et la grande route d'Allemagne, offre de très belles promenades.

Le 27 mars 1814, un combat meurtrier eut lieu dans la forêt de Bondy, entre les troupes anglo-prussiennes, commandées par le duc d'York, et les corps français qui se repliaient sur Paris.

BAUBIGNY.

A peu de distance de Bondy, on trouve dans une plaine, près du canal de l'Ourcq, le village de Baubigny, d'une origine fort ancienne, puisqu'il est mentionné en même temps que Bondy, sous le nom de *Babiniacum*, dans la charte de l'an 700 que j'ai déjà citée.

Le plus ancien seigneur connu de Baubigny, était un gentilhomme commensal de l'abbé Suger. Une partie de cette seigneurie relevait en effet de l'abbé de Saint-Denis; l'autre dépendait du fief de Livry.

L'église de Baubigny, sous l'invocation de saint André, eut pour curé Jean Bonneau, aumônier d'Etienne Pourcher, évêque de Paris, et plus tard, attaché à la personne du roi Charles VII. Le curé Bonneau fut assassiné le 13 juillet 1504, et inhumé dans son église, qui a été démolie au siècle dernier.

Il y avait à Baubigny un assez beau château qui a été détruit. Au milieu du parc qui subsiste encore, jaillissent trois sources qui donnent naissance au ru de Montfort.

NOISY-LE-SEC.

Dans la plaine qui s'étend de Bondy à Pantin, on trouve, à peu de distance de Romainville, le village de *Noisy-le-Sec*, *Nucidum* et *Nucetum*, connu dès l'an 842, et qui compte parmi ses anciens seigneurs le fameux Enguerrand de Marigny, Louis, duc d'Orléans, et Nicolas Balue, maître des comptes sous Louis XI.

L'église de Noisy est vaste et bien éclairée. Le village, où l'on remarque beaucoup de jolies maisons de campagne, est peuplé de 1,600 habitants.

ROMAINVILLE.

Le riant village de Romainville est placé à l'extrémité septentrionale du coteau où Belleville est assis, et jouit d'une vue admirable. Il est entouré de maisons de campagne charmantes : celle qui porte le nom de château de Romainville est surtout remarquable par sa position sur une éminence, et par son parc, pourvu d'eaux abondantes et renfermant une belle collection d'arbres et d'arbustes étrangers.

Le bois de Romainville n'est pas fort étendu, mais sa proximité de la capitale et ses beaux ombrages, en font un but naturel de promenades champêtres très fréquentées dans la belle saison.

Quoique le nom de ce village indique une origine antique, il n'en est point fait mention dans les titres, avant le règne de Philippe-Auguste. La seigneurie de Romainville était possédée, en 1580, par Jacques de Roncey, valet de chambre du roi; en 1634, par M. de Machault, conseiller du roi; en 1740, par le marquis de Ségur; en 1755, par M. Morand, qui fit bâtir le château.

La population de Romainville est d'environ 900 habitants.

PANTIN. — LE PRÉ SAINT-GERVAIS.

Le grand village de Pantin, traversé par la route d'Allemagne, à trois quarts de lieue de Paris, paraît avoir une origine ancienne. L'orthographe de son nom a beaucoup varié. Au XIIIe siècle, on l'appelait *Pentin*, ce qui a fait penser à quelques étymologistes que ce village doit son nom à sa situation près de la pente d'une colline.

Pantin est situé près du canal de l'Ourcq, et environné de beaux jardins et de maisons de campagne, à la proximité des belles promenades de Romainville et du pré Saint-Gervais. La partie de ce village située sur la grande route se compose d'auberges et de fermes; l'autre partie, au sud-est de la route, contient l'église paroissiale, des maisons d'agriculteurs et des maisons de campagne.

En 1806, la garde impériale, à son retour de la brillante campagne d'Austerlitz, campa dans la plaine de Pantin. Ce fut un des villages où les Français signalèrent avec le plus de gloire et de courage, en 1814, leur persistance à défendre la capitale : Pantin fut pris et repris plusieurs fois les 29 et 30 mars par les Austro-Russes et par le corps d'armée commandé par le général Campans, qui s'y couvrit d'une gloire immortelle.

La population de Pantin est de 1,900 habitants.

Entre Pantin et Belleville est le joli village du *Pré-Saint-Gervais*, qui n'était, avant la révolution, qu'un hameau dépendant de la paroisse de Pantin.

La belle Gabrielle d'Estrées, qui avait tant de maisons aux environs de Paris, en possédait une au Pré-Saint-Gervais; c'est du moins une tradition accréditée dans le village, où l'on montre encore cette maison ornée du buste de Henri IV.

Les champs fleuris et fertiles qui entourent ce village sont toujours en grande réputation parmi les Parisiens; cependant, le sol, dont les accidents variés offrent à chaque pas de riants tableaux, est sans cesse foulé par une si grande quantité de promeneurs, que les lilas et les rosiers peuvent à peine y fleurir en paix.

On voyait naguère au Pré-Saint-Gervais beaucoup de jolies maisons de campagne. Aujourd'hui les marchands de vin et les guinguettes ont à peu près envahi tout le village.

BELLEVILLE. — MÉNIL-MONTANT.

Belleville est un village fort ancien, où les rois de la première race avaient un château; son premier nom était *Saviæ*, qu'il changea en celui de Poitronville, dit Belleville. Il s'est beaucoup augmenté depuis soixante ans, et touche maintenant aux barrières de Paris.

Ce village est bâti dans une charmante situation, sur une hauteur en grande partie couverte de maisons de campagne agréables, et peuplé de guinguettes placées sous des berceaux, dans des jardins bien ombragés, où, les jours de fête, pendant la belle saison, se porte une foule innombrable de Parisiens qui viennent y goûter les plaisirs de la danse et de la promenade. L'avantage de sa position, à proximité de Paris et des prés Saint-Gervais, et la salubrité de l'air qu'on y respire, l'ont aussi fait choisir pour y placer plusieurs maisons d'éducation des deux sexes.

Belleville fut habité par Favart, qui y mourut le 18 mai 1792, à l'âge de 82 ans; par le galant abbé de Voisenon, et, dans ces derniers temps, par le spirituel journaliste Colnet.

Les hauteurs de Belleville, de Ménil-Montant et de la butte Saint-Chaumont, sont célèbres par le courage héroïque que les élèves de l'Ecole polytechnique y déployèrent, le 30 mars 1814, contre les armées réunies de toutes les puissances de l'Europe. Aux environs on remarque de vastes carrières de plâtre, qui forment des galeries, dont les voûtes élevées sont soutenues par des piliers conservés dans la masse de l'exploitation.

Belleville, qui n'a que le titre de village, a plus d'habitants que beaucoup de nos petites villes : sa population, qui s'accroît chaque année, s'élève aujourd'hui à 10,000 habitants, y compris le hameau de Ménil-Montant, qui en dépend.

Le joli hameau de Ménil-Montant, autrefois *Menil-Mautemps,* possédait, au dernier siècle, un château qui appartint successivement au président de Bellièvre, au procureur-général de Harlai, et plus récemment à M. Pelletier de Saint-Fargeau. Ce château a été détruit, des rues ont été percées, des habitations se sont élevées sur l'emplacement de son immense parc.

BAGNOLET.

Vers le milieu de la vallée située entre Romainville et Montreuil, on trouve, à une lieue trois quarts de Paris, le village de Bagnolet, autrefois *Baigniaux*, en latin *Bagnolia*, nom qui indique la présence d'un ancien établissement de bains.

Le plus ancien titre qui fasse mention de Bagnolet est de 1256. Une paroisse y existait déjà en 1377.

Le duc d'Orléans, régent pendant la minorité de Louis XV, acheta la seigneurie de Bagnolet. Il y possédait une fort belle maison ornée d'un riche ameublement et de tableaux précieux. Après la mort de ce prince, ce château fut vendu, et on le détruisit pour construire sur son emplacement des maisons particulières.

Le cardinal Duperron avait à Bagnolet une magnifique propriété où il passait tout le temps qu'il ne donnait point aux affaires.

La population de Bagnolet est de 1,150 habitants.

CHARONNE.

Le village de *Charonne*, qui se distingue en *Grand* et *Petit-Charonne*, est situé près des barrières de Paris, et touche au faubourg Saint-Antoine.

Il est connu, depuis le temps de Hugues Capet et du roi Robert, par des donations que ces princes firent au monastère de Saint-Magloire.

L'église, une des plus anciennes des environs de Paris, paraît avoir été d'abord un oratoire élevé en mémoire de quelques miracles opérés par saint Germain, évêque d'Auxerre. Plusieurs écrivains assurent que saint Germain lui-même fonda cette église au retour de son second voyage en Angleterre.

Une chronique rimée du xiiie siècle nous apprend que, sous le règne de saint Louis, il y avait à Charonne une *devineresse* qui prédit l'incendie de la ville de Dammartin arrivé en 1230.

Il existait à Charonne un couvent des Filles de Notre-Dame-de-la-Paix fondé par Marguerite de Lorraine, épouse de Gaston d'Orléans, frère de Louis XIII.

La population de la commune de Charonne est de 2,400 habitants.

§ II.

ARRONDISSEMENT DE SCEAUX.

MONTREUIL-SOUS-BOIS.

Le bourg de Montreuil, situé à deux lieues de Paris, vers l'E., doit sans doute son origine, comme tous les autres lieux du même nom, à un petit monastère *(monasteriolum)*; mais il n'existe aucune trace de l'abbaye qui paraît y avoir été fondée.

En 1113, ce village est nommé, dans la charte de l'abbaye de Saint-Victor, *Musteriolum*.

L'église de Montreuil paraît être d'une architecture du xiiie siècle. On assure que Charles V y fut baptisé.

La flèche du clocher, qui menaçait ruine, a été démolie il y a quelques années.

Ce village, assis sur un coteau fertile, est un des plus intéressants des environs de Paris sous le rapport de la culture des fruits. Il est devenu célèbre par les excellentes pêches que son territoire produit en abondance. Les habiles cultivateurs de Montreuil ont perfectionné au plus haut degré la greffe, la taille et le palissage des arbres fruitiers; presque toutes les maisons ont des jardins entourés et divisés par des murs tapissés des plus beaux espaliers qu'on puisse voir.

Tillemont, hameau dépendant du territoire de Montreuil, est remarquable comme ayant servi de retraite, en 1679, au savant *Le Nain*, qui composa, dans la modeste habitation qu'il s'y était choisie, la plus grande partie de ses ouvrages, entre autres une *Histoire de saint Louis* restée inédite (1). La maison habitée par Le Nain de Tillemont avait été remplacée, au siècle dernier, par un fort beau château qui a été démoli il y a quelques années.

Le château de Montereau, situé sur une éminence, fait aussi partie de la commune de Montreuil, dont la population totale est de 3,400 habitants.

FONTENAY-SOUS-BOIS.

Ce joli village doit son nom à sa situation près du bois de Vincennes et à ses sources abondantes qui, sous le règne de Charles V, fournissait de l'eau au château de Beauté construit par ce prince. Comme les habitants étaient souvent obligés de nettoyer les canaux qui traversaient leurs champs, le roi, en considération de cette servitude, les exempta des impôts qu'il levait sur le pays pour la chasse au loup. Les eaux de Fontenay sont aujourd'hui conduites par un aqueduc au château de Vincennes.

L'ancien château seigneurial de Fontenay subsiste encore : il n'a rien de remarquable.

L'église paroissiale, qui est fort jolie, renferme le tombeau du célèbre compositeur de musique Dalayrac.

Il existait autrefois dans le bois de Vincennes et sur le territoire de Fontenay un ancien couvent de Minimes, d'abord habité par des religieux de l'ordre de Grammont connus sous le nom de *Bons-Hommes*. Ce couvent, qui avait été fondé par Louis VII, a été détruit. Dans le lieu ombragé et solitaire où il était situé, s'élève aujourd'hui une des plus jolies maisons de campagne des environs.

Le célèbre château de *Beauté* bâti, comme je viens de le dire, par Charles V, faisait aussi partie des dépendances de Fontenay. Il était placé à mi-côte d'une colline, d'où l'on découvrait un paysage enchanteur. Charles VII fit présent de ce château à la belle Agnès Sorel. Une femme non moins célèbre qu'Agnès, la duchesse d'Étampes, l'a habité postérieurement. Dans le siècle suivant, Beauté ne consistait plus qu'en une seule tour; mais depuis, la tour elle-même a disparu : il n'en reste plus que quelques débris. L'une des portes du bois Vincennes, appelée porte de Beauté, et le Moulin de Beauté, sur la Marne, rappellent encore le souvenir de la demeure d'Agnès.

(1) Cet ouvrage, le plus important de tous ceux qui ont écrit sur le règne de saint Louis, va être publié, par les soins de M. le ministre de l'instruction publique, dans la collection des documents inédits de l'histoire de France.

NOGENT-SUR-MARNE.

A l'extrémité du bois de Vincennes, et sur la rive droite de la Marne, à deux lieues et demie de Paris, se trouve Nogent, en latin *Novigentum*, dont l'origine remonte à une haute antiquité.

Comme tous les villages du même nom, qui sont nombreux en France, Nogent doit son appellation aux colonies d'étrangers, *Novigentes*, que les Romains envoyaient dans les Gaules en les contraignant à vivre du travail de leurs mains.

Chilpéric possédait à Nogent un domaine royal, que Clovis III habita en 692 et Childebert III, en 695. On ne trouve aucune trace de l'emplacement qu'occupait cet ancien palais de nos premiers rois.

Charles VI exempta les habitants de Nogent du droit de prise, à condition qu'ils faucheraient trois arpents de pré que le roi possédait dans la prairie voisine, et qu'ils en conduiraient le foin à Vincennes pour la nourriture des daims entretenus dans le parc.

La seigneurie de Nogent, après avoir appartenu à plusieurs personnages peu connus, devint un fief dépendant du monastère de Saint-Maur-les-Fossés.

Madame de Lambert, amie de Fontenelle, avait à Nogent une maison qui fut souvent le rendez-vous des beaux esprits du temps. Le peintre Watcau habita aussi ce village, où il mourut, en 1721, à trente-sept ans.

Du haut de la colline où est situé Nogent, on découvre une perspective charmante. D'un côté on domine une plaine immense arrosée par la Marne; de l'autre on aperçoit Paris dans le lointain, et plus près la plaine et le château de Vincennes. La population de Nogent est de 1,250 habitants.

BRIE-SUR-MARNE.

Vis-à-vis de Nogent, et sur l'autre rive de la Marne, est le joli petit village de Brie, dont le château, remarquable par sa situation et par la richesse de ses points de vue, a été construit, en 1759, par M. Silhouette.

L'église est du XIIIe siècle. Le maître-autel est orné d'un excellent tableau de Debroye.

CHAMPIGNY.

Le village de Champigny est situé dans une plaine fertile, sur la rive gauche de la Marne, à trois lieues E. de Paris, et fort près de Saint-Maur.

Le plus ancien titre qui fasse mention de Champigny est de 1060; il y est nommé *Campenninum*; plus tard on trouve le même lieu désigné, dans un grand nombre de titres, sous le nom de *Campiniacum*.

Un château-fort, de l'aspect le plus sombre, existait autrefois à Champigny. En 1419, les Armagnacs mirent le feu à une partie de ce château, et y brûlèrent femmes, enfants, hommes, bestiaux et grains. Henri VI, roi d'Angleterre, confisqua la terre de Champigny sur Charles de La Rivière, et en fit don au comte de Salisbury, qui la posséda pendant tout le temps que la domination anglaise pesa sur la France.

Dans le siècle suivant, sous le règne de François Ier, le village de Champigny fut entouré de murailles.

C'est dans le château de Champigny, dont il ne reste plus de traces, que Diane de Poitiers fut reléguée pendant quelque temps.

Le beau château du Tremblay, qui dépendait du territoire de Champigny, a été détruit; on voit encore aux environs celui de Cueilly, remarquable par la beauté et l'étendue de son parc.

Champigny est peuplé de 1,400 habitants.

SAINT-MAUR.

Saint-Maur-les-Fossés, l'un des villages de cette contrée qui offrent le plus de souvenirs historiques, est agréablement situé à l'extrémité du bois de Vincennes, dans la presqu'île formée par la Marne.

L'origine de ce village paraît remonter à une haute antiquité; suivant quelques historiens, il a été fondé par des vétérans que César laissa dans les Gaules.

Saint-Maur est devenu célèbre par une abbaye de Bénédictins, fondée sous le règne de Clovis II, par un diacre de l'église de Paris, nommé Blidegisile. Après avoir subsisté pendant environ neuf cents ans, ce monastère fut sécularisé en 1533; son chapitre fut réuni, en 1750, à celui de Saint-Louis-du-Louvre, à Paris, et l'abbaye presque entièrement détruite en 1786.

Les religieux de Saint-Maur, de même que tous les moines de l'ordre de Saint-Benoît, s'occupaient beaucoup de la culture des lettres; ils ont rendu des services éminents à la science par leurs nombreuses publications. Cette illustre congrégation avait rassemblé, à Saint-Maur, la plus belle et la plus nombreuse bibliothèque de ce temps, laquelle passa, après la sécularisation, dans la bibliothèque du roi et dans celle de Saint-Germain-des-Prés, à Paris.

Rabelais avait été moine de ce couvent, et l'on prétend qu'il y composa son Pantagruel.

832 habitants composent la population de Saint-Maur.

Le village de *Saint-Maur-le-Pont*, situé à la naissance du canal de son nom et sur la rive gauche de la Marne est peu important en lui-même, mais le canal dont nous parlons est très remarquable. Il a été entrepris en 1809 dans le but d'abréger de trois lieues la navigation sur la Marne dans un endroit où elle devient difficile ; il a fallu pour cela couper la côte autour de laquelle la Marne fait un circuit. Ce canal est formé d'un seul alignement et se compose de deux parties distinctes, l'une souterraine, dont la longueur est d'environ six cents mètres, et l'autre à ciel ouvert dont la longueur est de cinq cents mètres. La partie souterraine, creusée presque en entier dans le roc vif, est recouverte d'une immense voûte de plein cintre, en pierre meulière ; cette route souterraine présente un effet imposant. L'extrados de la voûte est peuplé de quatre rangs d'arbres, qui forment une promenade aussi pittoresque par sa situation que pour la vue étendue et variée dont on jouit à l'extrémité inférieure de la voûte.

Ce canal a été livré à la navigation le 10 octobre 1825 ; il a coûté environ 1,760,000 francs.

—

VINCENNES.

Le bourg et le château de Vincennes sont situés à l'extrémité d'une avenue qui commence à la barrière du Trône, à l'entrée du bois du même nom.

C'est le bois de Vincennes qui a donné son nom au château. Un titre de l'an 847 le désigne sous la dénomination de *Vilcenna.* De *Vilcenne* on a fait *Vicenne,* puis *Vincennes.*

Le château doit son origine à Philippe-Auguste, qui fit entourer le bois de Vincennes d'épaisses murailles, et construisit à son extrémité un hôtel de plaisance, pour se livrer plus commodément aux plaisirs de la chasse. Louis IX visita souvent ce manoir, « où, dit le naïf Joinville, le bon saint, après qu'il avoit ouï la messe en esté, » se alloit esbattre au bois de Vincennes, et se séoit au pied d'un » chesne, et nous faisoit asseoir tous auprès de lui. Et tous ceulx » qui avoient affaire à lui venoient lui parler, sans ce que aucun » huissier ne autre leur donnast empeschement. » Philippe-le-Hardi augmenta de plusieurs acquisitions le parc de Vincennes, et l'entoura d'une nouvelle clôture. Jeanne de France, femme de Philippe-le-Bel, Louis-le-Hutin, Charles-le-Bel, moururent à Vincennes. Le manoir bâti par Philippe-Auguste fut rasé en 1337, et Philippe de Valois entreprit la construction du donjon que nous voyons aujourd'hui. Charles habita souvent Vincennes ; c'est à lui qu'on doit la sainte chapelle qu'on admire encore de nos jours. Louis XI, qui se plaisait beaucoup dans ce château, y fit plusieurs augmentations et embellissements, c'est sous son règne que le donjon devint une prison d'état ; il y renfermait ses victimes, qu'il aimait à avoir près de lui. Les successeurs de ce farouche tyran, abandonnèrent le séjour de Vincennes jusqu'au règne de Charles IX, qui y traîna souvent sa mélancolie, et y termina des jours empoisonnés par l'homicide journée de la Saint-Barthélemy, le 30 mars 1574. Marie de Médicis, qui avait pris Vincennes en affection, joignit aux bâtiments déjà existants la magnifique galerie que l'on voit encore, Louis XIII ajouta aux nouvelles constructions faites par sa mère, les deux corps de logis qui sont au midi, lesquels ne furent achevés que sous le règne de Louis XIV. Le château ayant cessé d'être habité par les rois de France, le marquis de Furcy, qui en était gouverneur, y établit, en 1738, une manufacture de porcelaine qui n'eut pas de succès et fut transférée à Sèvres.

Les fréquents séjours que firent les rois au château de Vincennes n'ôtèrent point au donjon son odieuse célébrité. Depuis Louis XI, il n'avait point cessé d'être prison d'état. Parmi les personnages qui y furent enfermés, nous citerons le prince de Condé, qui y entra en 1627, et dont l'épouse eut la générosité de rester près de lui pendant les trois années qu'il y resta; le maréchal Ornano, qui y mourut en 1724; le duc de Vendôme; le célèbre Mirabeau, qui y resta depuis 1777 jusqu'en 1780; Diderot, qui y gémit pendant six mois. Sous le règne de Louis XVI, cette prison devint à peu près inutile; le baron de Breteuil en ordonna l'ouverture, et il fut permis d'en visiter l'intérieur. En 1791, les prisons de Paris étant encombrées, le gouvernement y fit faire des réparations propres à lui rendre son ancienne destination; mais le peuple, qui venait de renverser la Bastille, alarmé d'un tel projet, se porta à Vincennes et manifestait l'intention de démolir la forteresse, lorsqu'il en fut empêché par l'intervention du général Lafayette. Sous l'empire, le château de Vincennes redevint prison d'état : le duc de Polignac y fut enfermé une première fois; le duc d'Enghien, arrêté à Ettenheim, le 15 mars 1804, y arriva le 20 à cinq heures, fut condamné à mort dans la nuit suivante, par une commission militaire, et fusillé le lendemain, à quatre heures et demie du soir, dans la partie des fossés du château qui sont au nord de la forêt. En 1830, les ministres de Charles X y furent enfermés après leur condamnation, et y restèrent jusqu'à l'époque de leur translation dans le fort de Ham.

Lorsque les armées des puissances coalisées envahirent la France, en 1813, le château de Vincennes fut fortifié de manière à devenir place de guerre. Après la prise de Paris, cette forteresse fut sommée de se rendre, mais le brave Daumesnil, qui en avait le commandement, refusa de la remettre aux étrangers, et ne la rendit que le 12 avril 1814, au gouvernement français. A la seconde invasion de la France, en 1815, le château de Vincennes était devenu un arsenal, où des munitions et des armes de guerre de toute espèce étaient amoncelées. Daumesnil, qui en était de nouveau gouverneur, y tint la même conduite qu'en 1814; il refusa opiniâtrément de la rendre aux étrangers, et, par sa fermeté, il conserva à la France l'immense matériel qu'elle contenait. Après la révolution de Juillet, Daumesnil fut nommé une troisième fois gouverneur de la place de Vincennes, où il a terminé ses jours en 1834.

La disposition générale du château de Vincennes forme un rectangle d'environ cent soixante-dix toises de longueur sur cent de largeur ; il se compose d'anciens bâtiments terminés ou construits par Charles V, et de nouvelles constructions élevées par Marie de Médicis, Louis XIII et Louis XIV. Autour de ce parallélogramme, on voit encore des restes de tours carrées, disposées avec symétrie, et dont la seule aujourd'hui conservée, et qui fut la plus célèbre, est le donjon. De larges fossés avec revêtements, autrefois remplis d'eau vive et maintenant à sec, entourent l'ensemble de l'édifice, dans lequel on n'entre que par deux ponts-levis. En entrant dans ce château par le bourg, on traverse la première partie, divisée en plusieurs cours par divers bâtiments irréguliers et sans symétrie, dont une partie remonte au temps de la construction du premier château. A l'extrémité de la première cour, on en trouve une seconde à droite de laquelle s'élève le donjon, et à gauche, la sainte Chapelle.

Le donjon est entouré d'une enceinte et de fossés particuliers, profonds de quarante pieds, avec un revêtement à pic. Cette enceinte, composée d'une épaisse muraille et d'une porte défendue par deux tourelles, est couronnée d'une galerie percée de meurtrières et flanquée de quatre tourelles ; deux ponts-levis, dont un pour les voitures et l'autre pour les gens à pied, donnent accès dans la cour. A droite du premier pont, on lit sur une table de marbre l'inscription suivante :

> Qui bien considère cet œuvre,
> Si comme se montre et descœuvre,
> Il peut dire que oncques à tour
> Ne vit avoir plus noble atour,
> La tour du bois de Vinciennes
> Sur tours neufves et anciennes
> A le prix. Or saurez, en ça
> Qui la parfist et commença :
> Premièrement, Philippe roys,
> Fils de Charles, comte de Valois,
> Qui de grandes prouësses habonda,
> Jusques sur terre la fonda
> Pour s'en soulacier et esbattre
> L'an mil trois cent trente trois ou quatre.
> Après vingt et quatre ans passé,
> Et qu'il était jà trépassé,
> Le roi Jean, son fils, cet ouvrage
> Fist lever jusqu'au tiers étage ;
> Dedens trois ans par mort cessa ;
> Mais Charles roi son fils lessa
> Qui parfist en brièves saisons
> Tours, pons, braies, fossez, maisons.

Nez fut en ce lieu délectable :
Pour ce l'avoit pour agréable.
De la fille au roy de Babaigne (Bohême)
Et or a espouse et compaigne
Jeanne fille au duc de Bourbon,
Pierre, en toute valour bon ;
De lui il a noble lignie
Charles-le Delphin et Marie.
Mestre Philippe Ogier tesmoigne
Tout le fait de cette besoigne.
Achesverons. *Chacun supplie*
Qu'en ce mond leur bien multiplie,
Et que les nobles fleurs de liz
Es saints cieux aient leur déliz.

La tour du donjon est carrée et flanquée de quatre tourelles ; elle a cinq étages, auxquels on monte par un escalier d'une construction hardie. Chaque étage est composé d'une vaste salle carrée, dont la voûte en pierre est soutenue par un gros pilier, et dans laquelle est une immense cheminée. Chaque tourelle forme aux angles de la grande salle une chambre de treize pieds de diamètre, avec une cheminée. A la hauteur du quatrième étage, on fait extérieurement le tour de l'édifice sur une galerie qui règne en saillie. Le comble qui termine le cinquième étage est voûté en pierres, d'une coupe très curieuse, et forme une terrasse d'où l'on jouit de la vue la plus magnifique. A l'un des angles de cette terrasse, s'élève une guérite en pierre, dont l'exécution est de la plus grande délicatesse. — Les murs de ce donjon, qui ont seize pieds d'épaisseur, ont été construits d'une manière si solide, qu'ils ne portent aucun signe de vétusté. Les neuf autres tours carrées servaient aussi de prison ; celle dite la Tour de la Surintendance contient quatre cachots de cinq à six pieds en carré, où les lits sont en pierre, et un grand caveau où l'on ne peut descendre que par un trou pratiqué dans la voûte ; c'est un véritable tombeau.

La sainte chapelle, fondée par Charles V, en 1379, et rebâtie en grande partie sous les règnes de François Ier et de Henri II, est un bel édifice gothique, svelte et gracieux, dont les différentes parties présentent le style de ce genre de décoration, à l'époque du retour du bon goût, c'est-à-dire qu'elles sont de la plus grande richesse. L'intérieur, très simplement orné, n'est remarquable que par les restes de ses riches vitraux, peints par Jean Cousin, sur les dessins de Raphaël.

La sainte chapelle a été restaurée récemment ; l'autel, construit dans un style analogue au reste de l'édifice, est surmonté d'un baldaquin élégant. On y remarque le monument élevé à la mémoire du duc d'Enghien, composé et exécuté par Deseine. Le prince, appuyé sur la religion, soutenu par l'innocence, lève un regard assuré vers le ciel, et indique de sa main la place où il doit être frappé, tandis que le crime, sous la figure d'un homme tenant un poignard, s'élance vers lui. De l'autre côté du groupe principal, la France, dans l'attitude d'une femme éplorée et retenue captive, tient un sceptre brisé, et paraît chercher en vain à secourir le jeune prince.

La troisième cour, dite cour royale, dans laquelle on parvient en traversant des portiques qui ne manquent pas de beauté, est formée par deux grands bâtiments commencés par Marie de Médicis, et terminés sous Louis XIV. Ces deux bâtiments renferment de vastes appartements richement décorés et embellis de peintures assez bien conservées, ainsi qu'une salle d'armes magnifique. Les façades sont décorées d'une ordonnance dorique en pilastres, qui embrasse deux étages, et d'un attique; des vases, à l'aplomb des pilastres, terminent cette décoration. Ces deux bâtiments sont réunis à leur extrémité par deux murs ou galeries découvertes, ornés de bossages, couronnés de balustrades et percés de grandes arcades. La porte de cette cour, du côté du bourg, est décorée intérieurement de quatre colonnes toscanes, d'un bon style. En face est la porte qui donne entrée sur le parc; de ce côté, elle a conservé son ancienne construction, mais sur la cour, elle représente un bel arc de triomphe, décoré d'une riche ordonnance de six colonnes doriques.

Dans le fossé, du côté de l'esplanade, à droite du pont-levis et dans l'angle rentrant formé par la tour de la Reine, on remarque sur un fût de colonne en granit rouge, élevé sur une base de marbre noir, cette simple inscription :

HIC CECIDIT !

qui rappelle que là est tombé le duc d'Enghien, tandis qu'une petite croix de pierre, située à quelques pieds plus loin, indique la fosse dans laquelle son corps a reposé quinze ans. Un beau saule pleureur ombrage ce monument. Les restes mortels du prince ont été déposés dans une salle basse du pavillon du milieu, faisant face au bois. Sur le cercueil, est une inscription qui indique son âge et le jour de sa mort.

Le bourg de Vincennes, dont une partie s'appelait autrefois la Pissote, est grand, bien bâti et bien percé.

Le bois de Vincennes est, ainsi que nous l'avons déjà fait remarquer, contigu au bourg; son étendue est de 1,477 arpents; au centre d'une étoile où neuf routes viennent aboutir, on a élevé un obélisque d'ordre rustique, surmonté d'un globe et d'une aiguille dorée, avec deux écussons portant des inscriptions indiquant que la nouvelle plantation du bois de Vincennes eut lieu en 1731. Ce bois offre une multitude de promenades charmantes, très fréquentées dans la belle saison par les habitants de Paris.

La fête patronale de Vincennes, qui a lieu le 15 août est une des plus renommées des environs; elle attire une affluence considérable.

La population du bourg est de près de 3,000 habitants; la garnison du château est de 2,000 hommes.

SAINT-MANDÉ.

En sortant de Paris par l'avenue de Vincennes, on trouve à droite, entre cette avenue et le bois de Vincennes, le joli village de Saint-Mandé, presque entièrement composé de maisons de campagne.

L'origine de ce village est ancienne. On croit qu'il doit son nom à des reliques de Saint-Mandé qui y furent apportées, au IXe siècle, par des religieux bas-bretons. Une chapelle y fut fondée en l'honneur de ce saint, fils d'un roi d'Irlande et de la reine Giétuse.

Saint-Mandé était jadis beaucoup plus considérable qu'aujourd'hui. Philippe-le-Hardi et plusieurs de ses successeurs en détruisirent une grande partie pour l'agrandissement du parc de Vincennes, et le village se trouve, depuis plusieurs siècles, réduit à peu près à une seule rue parallèle aux murs du parc.

Il existait autrefois à Saint-Mandé un prieuré, dont la chapelle est devenue église paroissiale lorsque le village eut été érigé en commune en 1790. C'était auparavant une annexe de la paroisse de Charenton-saint-Maurice.

Le surintendant Fouquet et le duc d'Estrées, possédèrent à Saint Mandé de fort belles habitations. Aujourd'hui, les plus jolies maisons de campagne du village, sont celles de l'avenue de Bel-Air.

On remarque à Saint-Mandé un bel hôpital, fondé, il y a quelques années, par M. Boulard, ancien tapissier de la cour.

La population de ce village est de 1,800 habitants.

BONNEUIL-SUR-MARNE.

A une demi-lieue au-dessus de Creteil, et sur le bord de la Marne, est le village de Bonneuil, l'un des plus anciens des environs de Paris.

Une résidence royale y existait dès l'an 615 ou 616. Ce fut là que Clotaire II tint une importante assemblée des grands du royaume, dont j'ai eu occasion de parler ailleurs (1). L'empereur Lothaire séjourna à Bonneuil en 842.

(1) *V*. t. 1 p. 78.

L'église, sous l'invocation de saint Martin, est du XIV siècle. Elle offre de très jolis détails d'architecture. Dix-sept cercueils de plomb, placés autrefois au fond d'un caveau, dans la chapelle latérale à droite, ont été enlevés et fondus à l'époque de la révolution.

Bonneuil est peuplé de 300 habitants. Les eaux de la Marne y forment un embranchement connu sous le nom de Mort-Bras ou Morbras, et qu'on croit avoir été l'ancien lit de cette rivière.

CRETEIL.

Au delà du pont de Charenton, le premier village que l'on rencontre sur la route de Troyes, après Alfort, est Creteil, en latin *Vicus Christoïlus et Cristolium*), dont l'origine remonte à une haute antiquité.

Suivant le martyrologe d'Usuard, saint Agoard et saint Agilbert reçurent le martyr à Creteil; la tradition y ajoute saint Félix, et veut que ces trois saints soient nés à Creteil, qu'ils aient demeuré à la *porte Caillotin* et qu'ils soient morts à la *croix Taboury*.

Le plus ancien monument authentique qui fasse mention de Créteil, est de l'an 900. C'est une donation faite par Charles-le-Simple, à l'église du village, placée sous l'invocation de saint Christophe.

Depuis le xe siècle, le chapitre de Paris possédait la terre de Créteil. J'ai rapporté (t. I, pag. 445) une aventure arrivée au roi Louis VII à Créteil, et qui prouve, en même temps, la toute-puissance des chanoines de Paris et la faiblesse de l'autorité royale à cette époque.

En 1547, Jean du Bellay, évêque de Paris, échangea, avec les chanoines, sa seigneurie de Wissous contre celle de Créteil. Ses successeurs firent bâtir à Créteil, sur cette dernière terre, un très beau château qu'habitaient souvent les archevêques. Ce château, qui a appartenu de nos jours au maréchal Serrurier, a été vendu et démoli en 1821.

Au hameau du *Buisson*, dépendant du territoire de Créteil, on voyait autrefois une maison que Charles VI avait fait bâtir pour sa maîtresse Odette de Champdivers, surnommée *la petite reine*.

C'est au hameau de *Mély (Massolacum)*, autre dépendance de la même commune, que Clotaire II tint, en 613, une assemblée des grands de son royaume, et que, deux ans après, Dagobert Ier fut reconnu roi.

MAISONS-ALFORT.

En quittant Creteil pour se rendre à Charenton, on aperçoit à gauche, sur la grande route de Lyon, le clocher de *Maisons* ou *Maisons-Alfort*, village situé dans un territoire fertile, et dont les dépendances s'étendent jusqu'au pont de Charenton.

En 988, Hugues Capet donna à l'abbaye de Saint-Maur-les-Fossés plusieurs terres et une chapelle, du titre de Saint-Germain, situées à Maisons (*Mansioniles*).

Sous le règne de Louis XIV il existait à Maisons un château qu'on disait avoir été construit pour Diane de Poitiers, et où elle aurait demeuré quelque temps.

En 1665, la terre de Maisons fut vendue par la congrégation de Saint Maur à l'archevêché de Paris.

L'église de Maisons paraît avoir été construite pendant la domination anglaise.

Les châteaux de Charentonneau et de Château Gaillart, sont situés sur le territoire de Maisons.

Le hameau d'*Alfort*, remarquable par sa célèbre école vétérinaire, dépend aussi de la commune de Maisons-Alfort.

Ce hameau est situé vis-à-vis de Charenton, dont il n'est séparé que par la Marne. L'origine de ce lieu est due à une ancienne maison de plaisance nommée, dans des titres de 1362 et 1612, hôtel d'*Harrefort* et d'*Hallefort*; cette maison a sans doute été rebâtie plus d'une fois depuis. Le château qui existe aujourd'hui est vaste, mais sans aucune décoration. On y jouit d'un point de vue étendu et varié.

Le célèbre Bourgelat, qui avait fondé à Lyon, sa patrie, la première école vétérinaire, fut chargé, en 1766, par le ministre Bertin, d'en établir une seconde dans le château d'Alfort. Ce nouvel établissement surpassa bientôt le premier, et depuis, sa proximité de Paris et un choix de professeurs distingués, lui ont conservé la supériorité sur l'école de Lyon.

L'anatomie, la botanique, la pharmacie, l'étude des maladies tant internes qu'externes des animaux, de leurs traitements, des soins qu'on doit donner à leur éducation, font l'objet d'autant de cours que l'on y professe. Cet établissement renferme une bibliothèque spéciale de zoologie domestique, un très beau cabinet d'anatomie comparée et un autre de pathologie, ouverts tous les jours au public, de vastes hôpitaux où les propriétaires d'animaux malades peuvent les placer en traitement. Des forges, un laboratoire de chimie, une pharmacie, un jardin botanique, sont attachés à cet établissement. Un beau troupeau de mérinos pour le croisement des races et l'amélioration des laines, y est entretenu avec le plus grand soin. La ménagerie doit aussi fixer l'attention des amateurs de l'histoire naturelle : elle renferme plusieurs espèces d'animaux étrangers. Un amphithéâtre est destiné aux leçons des différentes parties de l'art vétérinaire et de l'économie rurale. Dans la salle du concours, on remarque un très beau buste, en marbre blanc, élevé à la mémoire de Bourgelat.

Cette école, par la manière dont l'instruction y est dirigée, et par les soins constants et infatigables de ses savants professeurs, rend les services les plus éminents à la science, à l'agriculture et à l'état. Partie des élèves est au frais du gouvernement; d'autres paient une pension. Leur admission doit être autorisée par le ministre de l'intérieur. La durée des cours est de huit années.

En 1814, lorsque les étrangers menacèrent la capitale, l'école d'Alfort fut tout à coup transformée en un camp militaire. Le château fut fortifié par les élèves; les murs du parc furent crénelés. Ces jeunes braves restèrent fermes aux postes où ils avaient été placés; plusieurs même y perdirent la vie.

CHARENTON.

Le beau bourg de Charenton, avantageusement situé en amphithéâtre sur la rive droite de la Marne, au confluent de cette rivière avec la Seine, se divise en deux communes, dont l'une porte le nom de Charenton-le-Pont, et l'autre celui de Charenton-Saint-Maurice.

Charenton-le-Pont doit son surnom à un pont sur la Marne, qui est un des plus anciennement bâtis pour faciliter, par terre, les arrivages à Paris; aussi sa possession a-t-elle toujours été regardée comme une des clefs de la capitale. Les Normands s'emparèrent de ce pont et le rompirent en 865. Les Anglais le prirent en 1436, et en furent chassés en 1437, sous le règne de Charles VII. En 1465, l'armée de la ligue dite du *Bien public* s'y porta pour protéger ses opérations contre Louis XI. Les calvinistes le prirent en 1567. Henri IV l'enleva, en 1590, aux soldats de la Ligue, qui s'y défendirent avec acharnement. Sa défense fut confiée, en 1814, aux élèves de l'école d'Alfort, qui résistèrent avec un grand courage aux attaques des armées étrangères.

Ce pont a été rebâti plusieurs fois. Sa dernière construction date de 1714. Il se compose de dix arches, dont six en pierre et quatre en bois. Bien qu'irrégulier, la manière dont il se groupe avec les moulins, les maisons du bourg, les grands arbres des îles de la Marne et les coteaux environnants, en fait un des points de vue les plus pittoresques des environs de Paris.

Charenton-Saint-Maurice est bien bâti, dans une belle position, et renferme plusieurs jolies maisons de campagne; l'une des plus remarquables est celle dite de Gabrielle d'Estrées, que l'on voit à gauche, à l'entrée du bourg, en arrivant de Paris.

Charenton-Saint-Maurice possède une célèbre maison de santé pour le traitement des aliénés, où l'on peut recevoir quatre cents individus des deux sexes. Cette maison, bâtie sur une colline au pied de laquelle coule la Marne, offre de toute part une vue ravissante; l'air qu'on y respire est pur, les enclos vastes, les jardins charmants et les promenades délicieuses. Les caves, bâties à cent pieds au-dessous du sol des jardins, et pouvant contenir quinze cents pièces de vin, sont regardées comme un ouvrage de maçonnerie de la plus grande hardiesse : elles sont composées de quatre nefs, chacune de trois cents pieds de long sur quatorze pieds de large et douze de hauteur; le jour y parvient par quatre lanternes en forme de puits.

La population totale de Charenton est de 3,500 habitants, y compris celle de ses deux annexes : *les Carrières-Charenton* et *Conflans-l'Archevêque.*

Les Carrières, hameau situé entre Charenton et Conflans forme la continuation du bourg de Charenton-le-Pont.

Les rois de France avaient en ce lieu une maison de plaisance dont il restait des vestiges au siècle dernier, et qui avaient conservé le nom de *Séjour du Roi.* Charles V y logea, en 1357, et, l'année suivante, il y campa avec 30,000 chevaux, pendant que Paris était au pouvoir de Charles-le-Mauvais, roi de Navarre.

C'est dans cette partie de la commune de Charenton qu'est située la belle fonderie de fer établie par MM. Mauby, Wilson et compagnie.

Sur la même rive de la Seine, et en se dirigeant vers Paris, par Bercy, on rencontre le joli village de *Conflans* ou *Conflans-l'Archevêque,* réuni presque au bourg de Charenton-le-Pont par le hameau des Carrières. Ce lieu doit son nom au confluent de la Marne et de la Seine, près duquel il est situé.

L'église de Conflans, dédiée à saint Pierre, existait dès le xie siècle.

En 1672, François de Harlay, archevêque de Paris, acheta, du duc de Richelieu, une maison à Conflans, avec une île sur la rivière, et y fit construire, pour lui et ses successeurs, un château, où il mourut le 6 août 1695.

Ce château, irrégulièrement bâti, mais admirablement situé, a continué, jusque dans ces dernières années, de servir de maison de campagne aux archevêques de Paris. On sait qu'en 1831 les démolisseurs de l'archevêché, commirent, dans le château de Conflans, de déplorables dévastations.

BERCY.

En continuant de suivre la rive droite de la Seine pour se diriger vers Paris, on trouve, à peu de distance des barrières, le bourg de Bercy, l'un des plus animés et des plus industrieux de ceux qui touchent à la capitale.

L'espace compris entre Conflans et Paris, était autrefois occupé par des habitations particulières, parmi lesquelles on remarquait surtout les châteanx du petit et du grand Bercy.

Le plus important de ces deux châteaux, celui du grand Bercy, fut reconstruit par Louis Levau, architecte de Louis XIV, pour le marquis de Nointel. Le Nôtre en dessina le parc, qui a près de 900 arpents d'étendue. Ce château appartint depuis au frère du financier Pâris de Montmartel, qui y fit élever un pavillon à l'extrémité de la belle terrasse qui borde la Seine. Depuis la restauration, le château de Bercy a appartenu à M. de Nicolaï.

Le château du petit Bercy, plus rapproché de Paris, et situé à l'ouest de la rue Grange-aux-Merciers, a été compris, ainsi que son parc, dans l'emplacement occupé par l'entrepôt des vins.

Le village ou bourg de Bercy, aujourd'hui peuplé de 4,000 habitants, doit son origine à quelques guinguettes et autres habitations construites hors de la barrière, où les boissons, franches du droit d'entrée, et à un prix moindre qu'à Paris, attirent journellement un grand nombre d'artisans. La plus grande partie des vins et autres liquides imposables arrivant par la haute Seine, et passant nécessairement devant Bercy, le commerce sentit la nécessité d'y former un entrepôt, et bientôt toute la partie qui s'étend depuis la barrière de la Rapée jusqu'à la rue de la Grange-aux-Merciers, fut achetée et couverte de magasins, dont les bâtiments, élevés sur les bords de la Seine, formèrent un quai nouveau, qui offre aujourd'hui un des plus beaux ports de Paris, communiquant avec la rive gauche du fleuve par un pont suspendu.

Le 31 juillet 1820, dans l'après-midi, presque tous les bâtiments construits sur ce quai, furent dévorés par un effroyable incendie; quelque zèle que l'on ait mis dans les secours qui furent prodigués de suite, il fut impossible de se rendre maître de la flamme; le vin, l'eau-de-vie, les huiles s'échappaient des tonneaux et coulaient en torrents enflammés, et l'on ne put empêcher les bâtiments voisins du principal foyer d'être entièrement consumés. Les papiers, les registres et le portefeuille de l'entrepôt furent seuls sauvés. Plus de 40,000 pièces de vins, d'eau-de-vie et d'esprit furent consumées. La perte totale dépassa la somme de dix millions.

Cet événement, qui ruina un grand nombre de négociants, n'empêcha point les maisons du port de Bercy de se reconstruire; les dommages furent promptement réparés, et l'entrepôt offre aujourd'hui un des plus beaux et des plus importants établissements qui existent en ce genre.

FIN DU CINQUIÈME ET DERNIER VOLUME.

TABLE DES MATIÈRES

CONTENUES DANS CE VOLUME.

PREMIÈRE PARTIE.

RÉGION DU NORD.

CHAPITRE PREMIER.

DÉPARTEMENT DE L'OISE.

§ I. ARRONDISSEMENT DE SENLIS.	3.
I. Senlis.	id.
II. Environs de Senlis.	13
Abbaye de la Victoire.	id.
Montepiloy.	14
Le Plessis-Chamant.	15
Ermenonville.	16
Mortefontaine.	18
Pont-Sainte-Maxence.	19
Crépy.	21
Verberie.	23
Béthisy.	26
Morienval.	29
Bonneuil.	30
Vez.	id.
Montataire.	31
Chambly.	id.
Beaumont-sur-Oise.	32
Creil.	33
Verneuil-sur-Oise.	35
Nogent-les-Vierges.	36
Nantheuil-le-Haudoin.	37
Chantilly.	38
§ II. ARRONDISSEMENT DE COMPIÈGNE.	45
I. Compiègne.	id.
II. Environs de Compiègne.	55
Cuise.	id.
Saint-Jean-aux-Bois.	56
Pierrefonds.	id.
Trosly-Breuil.	62
Fayel.	id.
Séchelles.	63
Bois-Dajeux.	id.
Noyon.	64
Chartreuse-de-Mont-Renault.	66
Varesne.	68
Salency.	69
§ III. ARRONDISSEMENT DE BEAUVAIS.	71
I. Beauvais.	id.
II. Environs de Beauvais.	92
Saint-Lucien.	92
Marissel.	94
Épaubourg.	95
Chaumont.	96
Trie-le-Château.	97
Le Mont-Javoult.	100
Noailles.	101
Méru.	id.
Montchevreuil.	102
Bresle ou Presle.	103
Froidmont.	105
§ IV. ARRONDISSEMENT DE CLERMONT.	id.
I. Clermont-en-Beauvaisis.	id.
Francastel.	109
Plainville.	id.
Maignelay.	110
Ferrières.	112
Dompierre.	113
Saint-Just.	114
Sacy-le-Grand.	115
Pronleroy.	116
Bulles.	117
Liancourt.	118
Notices biographiques sur les hommes célèbres du département de l'Oise.	121

CHAPITRE DEUXIÈME.

DÉPARTEMENT DE L'EURE.

EXCURSION DANS LE DÉPARTEMENT DE SEINE-INFÉRIEURE.

Gisors.	131
Etrepagny.	134
Ecouis.	id.
Les Andelys.	135
Rouen.	136
Elbeuf.	138

CHAPITRE TROISIÈME.

DÉPARTEMENT DE SEINE-ET-OISE.

§ I. ARRONDISSEMENT DE PONTOISE.	139
I. Pontoise.	id.

TABLE DES MATIÈRES.

II. Environs de Pontoise.	146	Margency	170
Saint-Ouen-l'Aumône. — Abbaye de Maubuisson.	147	Andilly.	id.
		Montbignon.	id.
Ecouen.	149	Saint-Prix.	171
Villiers-le-Bel.	150	Saint-Leu-Taverny.	id.
Moisselles.	151	Franconville.	id
Saint-Brice.	id.	Sannois.	172
Sarcelles.	id.	Taverny.	id.
Piscop.	152	Bessancourt.	173
Daumont.	id.	Notices Biographiques sur les hommes célèbres de l'arrondissement de Pontoise	174
Bouffémont.	153		
Baillet.	id.		
Gonesse.	id.		
Arnouville.	154	CHAPITRE QUATRIÈME.	
Garges.	155	DÉPARTEMENT DE LA SEINE.	
Louvres.	id.		
Champlâtreux.	156	ARRONDISSEMENT DE SAINT-DENIS.	178
Lusarches.	id.	Saint-Denis.	id.
Royaumont.	157	Ile Saint-Denis.	189
Asnières-sur-Oise.	158	Villetaneuse.	id.
Survilliers.	id.	Stains.	id.
Belloy.	id.	Dugny.	190
L'Ile-Adam.	159	Le Bourget.	id.
Villiers-Adam. — Abbaye du Val.	id.	Blanc-Mesnil.	191
Nesle.	160	Aubervilliers-ou-Notre-Dame-des-Vertus.	id.
Marines.	id.		
Chars.	161	Saint Ouen.	id.
Cormeilles-en-Vexin.	id.	Clichy-la-Garenne.	192
Montmorency	162	La Chapelle.	193
Groslay.	166	La Villette.	id.
Montmagny.	id.	Les Batignolles-Monceaux.	194
Deuil-la-Barre.	167	Montmartre.	195
Enghein-les-Bains.	id.	Asnières.	196
Saint-Gratien.	id.	Colombes.	id.
Soisy.	168	Gennevilliers.	197
Eaubonne.	id.	Epinay.	id.
Ermont.	169	Pierrefitte.	198
Le Plessis-Bouchard.	170		

DEUXIÈME PARTIE.

RÉGION DE L'OUEST.

CHAPITRE PREMIER.		Grand Trianon.	id.
		Petit Trianon.	235
DÉPARTEMENT DE SEINE-ET-OISE.		Saint-Cyr.	236
		Glatigny.	237
§ I. ARRONDISSEMENT DE VERSAILLES.		Clagny.	238
		Marly-le-Roy.	id.
Versailles	199	La machine de Marly-Luciennes.	239
I. Le château.	id.	La Malmaison.	240
II. Intérieur du château. — Le Musée.	208	Rocquencourt.	241
		Le Chesnay.	id.
III. Les jardins.	219	Vaucresson.	242
IV. La ville.	230	Marnes.	id.
§ II. Environs de Versailles.	233	Ville d'Avray.	243

# TABLE DES MATIÈRES.

Garches.	243	Notices biographiques sur les hommes célèbres de l'arrondissement de Rambouillet.	294
Saint-Cloud.	id.		
Montreuil.	245		
Viroflay.	246		
Chaville.	id	**CHAPITRE DEUXIÈME.**	
Sèvres.	id.		
Bellevue.	247	DÉPARTEMENT D'EURE-ET-LOIR.	
Meudon.	id.		
Velizy.	249	§ I. ARRONDISSEMENT DE CHARTRES.	296
Trappes.	250		
Jouy-en-Josas.	id.	I. Chartres.	id.
Buc.	id.	II. Environs de Chartres.	303
Guyencourt.	251	Maintenon.	id.
Châteaufort.	id.	Epernon.	304
Saint-Germain-en-Laye.	252	Auneau.	id.
I. Le château.	id.	Gallardon.	305
II. La ville. — La Forêt. — Le chemin de fer.	255	Notices biographiques sur les hommes célèbres de l'arrondissement de Chartres.	306
Le Pecq.	257		
Bougival.	258		
Chatou.	259	§ II. ARRONDISSEMENT DE DREUX.	310
Maisons-sur-Seine.	id.	I. Dreux.	id.
Bezons.	260	II. Environs de Dreux.	id.
Argenteuil.	id.	Anet.	311
Poissy.	261	Nogent-le-Roi.	313
Les Alluets-le-Roi.	263	Notices biographiques sur les hommes célèbres de l'arrondissement de Dreux.	314
Triel.	id.		
Andresis.	id.		
Conflans-Sainte-Honorine.	264		
Herblay.	id.	**CHAPITRE TROISIÈME.**	
Vaux.	id.		
Meulan.	265	DÉPARTEMENT DE LA SEINE.	
Notices biographiques sur les hommes célèbres de l'arrondissement de Versailles.	266	§ I. ARRONDISSEMENT DE SAINT-DENIS.	315
§ II. ARRONDISSEMENT DE MANTES.	277	Neuilly.	id.
Mantes.	id.	Courbevoye.	317
Limay.	279	Puteaux.	id.
Rosny.	id.	Suresne.	318
Magny-en-Vexin.	280	Nanterre. — Le Mont-Valérien.	319
La Roche-Guyon.	281	Boulogne. — Le village. — Le bois.	322
Houdan.	283	Château de Madrid.	323
Notices biographiques sur les hommes célèbres de l'arrondissement de Mantes.	id.	Bagatelle.	325
		Longchamps.	326
§ III. ARRONDISSEMENT DE RAMBOUILLET.	285	Le Point-du-Jour.	327
		Billancourt.	id.
Rambouillet.	id.	Auteuil.	id.
Chevreuse.	288	Passy.	328
Dampierre.	289		
Port-Royal-de-Champs.	id.	§ II. ARRONDISSEMENT DE SCEAUX.	331
Montfort-l'Amaury.	290	Grenelle.	id.
Jouars-Pontchartrain.	291	Vaugirard.	332
Limours.	id.	Issy.	333
Rochefort.	292	Vanvres.	334
Saint-Arnoult.	id.	Clamart-sous-Meudon.	335
Dourdan.	293		

TABLE DES MATIÈRES.
TROISIÈME PARTIE.

RÉGION DU SUD.

CHAPITRE PREMIER.
DÉPARTEMENT DE SEINE-ET-MARNE

§ I. ARRONDISSEMENT DE MELUN. 336
I. Melun. *id.*
II. Environs de Melun. 340
Le Jard. *id.*
Abbaye du Lys. 341
Boissise-la-Bertrand. — Boissise-le-Roi. — Seine-Assise. *id.*
Boissette. 342
Chartrettes. *id.*
Vaux-le-Praslin. 343
Le Mée. — Les Fourneaux. 344
Vaux-le-Peny. *id.*
Villiers-en-Bière. — Fortoiseau. *id.*
Le Chatelet. 345
Fontaine-le-Fort. — Abbaye de Barbeaux. *id.*
Blandy. 346
Champeaux. 347
Mormant. 348
Guignes. *id.*
Chaume. *id.*
Château du Vivier. 349
Tournon. 358
Coubert. *id.*
Brie-comte-Robert. 359
Combs-la-Ville. 360
Evry-les-Châteaux. 361
Lieusaint. *id.*
Notices biographiques sur les hommes célèbres de l'arrondissement de Melun. *id.*
§ II. ARRONDISSEMENT DE FONTAINEBLEAU. 363
I. Fontainebleau. *id.*
Le château. *id.*
Intérieur du château. 395
Jardins et parc. 400
La ville. 401
La forêt. 403
Environs de Fontainebleau. 404
Moret 406
Montereau-Faut-Yonne. 409
Nemours. 413
Environs de Nemours. 415
Larchant. *id.*
Château-Landon. 416
Egreville. 417
Villecerf. 418
Souppes. *id.*
Notices biographiques sur les hommes célèbres de l'arrondsement de Fontainebleau. 419

CHAPITRE DEUXIÈME.
DÉPARTEMENT DE SEINE-ET-OISE.

§ I. ARRONDISSEMENT D'ÉTAMPES. 422
Etampes. *id.*
Etrechy. 424
Méréville. 425
Milly. *id.*
Courance. 426
La Ferté-Alais. 427
Notices biographiques sur les hommes célèbres de l'arrondissement d'Étampes. 428
§ II. ARRONDISSEMENT DE CORBEIL. 430
Corbeil. *id.*
Essonne. 433
Juvisy. *id.*
Ris. 435
Petit-Bourg. *id.*
Villeneuve-Saint-Georges. 436
Crosne. 437
Valenton-Limeil. — Brevannes. *id.*
Hières ou Yères. 438
Brunoy. *id.*
Ablon. — Athis. 439
Villeneuve-le-Roi. *id.*
Boissy-Saint-Léger. — Grosbois. 440
Mennecy. 441
Arpajon. 442
Saint-Vrain. 443
Basville. 444
Bruyères-le-Châtel. *id.*
Montlhéry. 446
Longpont. 449
Longjumeau. 452
Chilly. *id.*
Massy. 454
Paray. — La Cour de France. 455
Notices biographiques sur les hommes célèbres de l'arrondissement de Corbeil. 456
§ III. ARRONDISSEMENT DE VERSAILLES. 457
Palaiseau. *id.*
Orsay. *id.*
Bièvre. 458
Verrière. 459

CHAPITRE TROISIÈME.
DÉPARTEMENT DE LA SEINE.

ARRONDISSEMENT DU SCEAUX 460
Sceaux. *id.*

TABLE DES MATIÈRES.

Bourg-la-Reine.	461	Orly.	469
Fontenay-aux-Roses.	463	Villejuif.	id.
Bagneux.	id.	Ivry.	470
Châtillon.	464	Vitry.	471
Châtenay-Aunay.	465	Arcueil.	472
Plessis-Piquet.	466	Rungis.	473
Antony.	id.	Fresnes-le-Rungis.	id.
Laï.	467	Gentilly.	474
Choisy-le-Roi.	id.	Bicêtre.	475
Thiais.	468	Montrouge.	491

QUATRIÈME PARTIE.

RÉGION DE L'EST.

CHAPITRE PREMIER.

DÉPARTEMENT DE L'AISNE.

§ I. ARRONDISSEMENT DE SOISSONS.	497
Villers-Cotterets.	id.
§ II. ARRONDISSEMENT DE CHATEAU-THIERRY.	502
Château-Thierry.	id.
La Ferté-Milon.	504
Neuilly-Saint-Front.	508
Charly. — Chezy. — Nogent-l'Artaud.	id.

CHAPITRE DEUXIÈME.

DÉPARTEMENT DE SEINE-ET-MARNE.

§ I. ARRONDISSEMENT DE PROVINS.	509
Provins.	id.
Environs de Provins.	525
Saint-Loup-de-Naud.	id.
Montaiguillon.	532
Bray-sur-Seine.	id
Montigny-Lancoup.	533
Donnemarie.	id.
Nangis.	534
Jouy-le-Châtel.	id.
Jaulnes.	id.
Notices biographiques sur les hommes célèbres de l'arrondissement de Provins.	535
§ II. ARRONDISSEMENT DE COULOMMIERS.	538
Coulommiers.	id.
Rebais.	540
La Ferté-Gaucher.	id.
Farmoutier ou Faremoutier.	541
Maupertuis.	id.
Rosay ou Rosoy.	542
La Grange-Bléneau.	id.
§ III. ARRONDISSEMENT DE MEAUX.	id.
Meaux.	543
Montceaux.	546
Fresnes.	id.
La Ferté-sous Jouarre.	id.
Jouarre.	547
Chamigny.	548
Lizy-sur-Ourcq. — Cocherel.	id.
Crouy-sur-Ourcq.	id.
May-en-Multien.	549
Crécy.	id.
La Chapelle-sur-Crécy.	id.
Lagny.	550
Pomponne.	552
Chelles.	id.
Claye.	553
Dammartin.	554
Mitry.	555
Notices biographiques sur les hommes célèbres de l'arrondissement de Meaux.	id.

CHAPITRE TROISIÈME.

DÉPARTEMENT DE SEINE-ET-OISE.

§ I. ARRONDISSEMENT DE PONTOISE.	557
Livry. — Le Raincy.	id.
Vaujours.	558
Montfermeil.	id.
Gournay-sur-Marne. — Neuilly-sur-Marne. — Noisy-le-Grand.	559
§ II. ARRONDISSEMENT DE CORBEIL.	
Chenevières-sur-Marne.	560
La Queue-en-Brie.	561
Sucy.	id.

T. V.

TABLE DES MATIÈRES.

CHAPITRE QUATRIÈME.

DÉPARTEMENT DE LA SEINE.

§ I. ARRONDISSEMENT DE SAINT-DENIS. 562
Bondy. id.
Baubigny. id.
Noisy-le-Sec. 563
Romainville. id.
Pantin. — Le Pré-Saint-Gervais. id.
Belleville. — Ménilmontant. 564
Bagnolet. 565
Charonne. 566

§ II. ARRONDISSEMENT DE SCEAUX. 566
Montreuil-sous-Bois. id.
Fontenay-sous-Bois. 567
Nogent-sur-Marne. 568
Brie-sur-Marne. id.
Champigny. id.
Saint-Maur. 569
Vincennes. 570
Saint-Mandé. 575
Bonneuil-sur-Marne. id.
Creteil. id.
Maisons-Alfort. 577
Charenton. 578
Bercy. 579

FIN DE LA TABLE.

www.ingramcontent.com/pod-product-compliance
Lightning Source LLC
Chambersburg PA
CBHW051322230426
43668CB00010B/1118